KB071813

더 박스

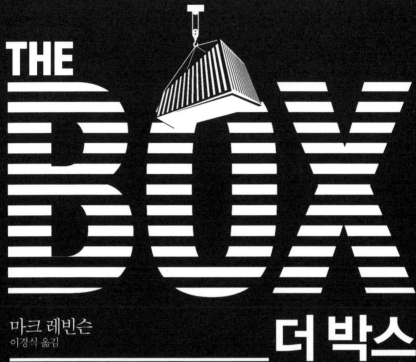

THE BOX 더 박스

마크 레빈슨
이경식 옮김

컨테이너는
어떻게 세계 경제를 바꾸었는가

청림출판

한 그루의 나무가 모여 푸른 숲을 이루듯이
청림의 책들은 삶을 풍요롭게 합니다.

20세기의 후반 50년 동안에 전 세계의 무역 방식을 완전히 바꾸어놓을 혁신이 진행되었다. (…) 해운 산업 이야기인데, 이 분야에서 이런 혁신이 나타나리라는 생각을 조금이라도 한 사람은 많지 않을 것이다. 이번 여름에 읽은 책 《더 박스》가 바로 이 주제를 다룬 탁월한 책이다. (…) 이 혁신적인 전환을 둘러싼 이야기는 매혹적이며, 충분히 읽을 가치가 있다. 또한 이 책은 비즈니스 및 혁신의 역할에 대해 사람들의 일반적인 견해들을 여러 가지 섬세한 방식으로 반박한다.

– 빌 게이츠 Bill Gates

국제무역의 기하급수적인 성장은 너무도 평범해서 아무도 눈여겨보지 않았던 것, 즉 금속 컨테이너 덕분이었다. (…) 레빈슨은 영화 〈워터프론트〉에 나오는 낡은 방식을 고집하는 사람들과 컨테이너를 모든 것에 통용되는 것으로 만들려는 사람의 투쟁을 생생하게 묘사한다.

– 마이클 안트 Michael Arndt**, 영화 〈인사이드 아웃〉의 작가**

저자는 경제사를 크게 훑으면서 각 항구에서 어떤 일이 일어났는지를 시시콜콜하면서도 유기적이고 생기 넘치게 서술했다. 그리하여 전 세계의 각 지역이 어떻게 연관을 맺으며 맞물려 돌아갈지 궁금해하는 사람이라면 누구나 몰입해서 읽을 놀라운 저서를 완성했다.

– 닐 어윈 Neil Irwin, 《연금술사들》의 저자

저자는 오늘날의 현대적인 컨테이너화가 맥린의 창의적인 발상에서 시작되었음을 설득력 있게 보여준다. 컨테이너화는 해상운송의 경제학과 함께 세계 무역의 흐름을 완전히 바꾸어놓았다. 컨테이너가 없었다면 세계화도 없었을 것이다.

– 〈이코노미스트 Economist〉

마크 레빈슨의 관심은 거대한 스케일의 비즈니스 역사다. 그는 어떤 교훈을 이야기한다. 이 책에는 악당들이 등장하며 (…) 그리고 말콤 맥린이라는 위대한 영웅이 활약을 펼친다. 강철 컨테이너의 낭만을 매혹적으로 펼쳐낸 책을 읽고 나니, 이제는 도로를 달리는 트럭을 예전과는 전혀 다른 눈으로 바라보게 되었다.

– 하워드 데이비스 Howard Davies, 《금융위기, 누구의 책임인가》의 저자

독창성을 놓고 따질 때 그 어떤 책도 마크 레빈슨의 이 책을 이길 수 없다. 이 책은 오늘날의 세계화 시대가 어떻게 가능할 수 있었는지 설명한다. 이것을 가능하게 만든 것은 관세와 쿼터를 결정하는 무역협정을 체결한 정치인이 아닌 평범하기 짝이 없는 컨테이너다.

– 데이비드 스미스 David Smith

계몽적인 새로운 역사서. (…) 컨테이너는 인터넷 혁명의 실제 세상 버전이다.

— 저스틴 폭스 Justin Fox, 《죽은 경제학자들의 만찬》의 저자

저자는 컨테이너라는 별것 아닌 것이 세계 통상에 혁명을 몰고 오기까지의 이야기를 딱딱한 경제학 통계와 인간적인 관심을 버무려 흥미진진하게 펼쳐낸다. (…) 운송경제학과 혁신과 지정학을 우아하게 섞은 이 책은 최고의 경제사 이야기를 담았다.

— 데이비드 허스트 David K. Hurst, 《조직의 위기와 갱신》의 저자

오늘날의 국제 화물처럼 마크 레빈슨의 이 책은 '제때'에 도착했다. (…) 이 책은 지금은 우리에게 너무도 중요한 존재가 되어버린 상자에 바치는 헌사다. 상자는 무역을 편하게 만들어주었고, 운송 시간을 줄였으며, 운송 가격을 낮추었고 또 어느 배송지든 간에 보낼 수 있는 상품 종류의 폭을 넓혔다. 너무도 단순한 컨테이너가 가능하게 해준 놀라운 이득이다.

— 팀 W. 퍼거슨 Tim W. Ferguson

밋밋한 박스가
한국 경제의 변화를 부르다

한국도 배에 싣는 컨테이너 덕분에 과거와는 완전히 다른 나라가 되었다.

컨테이너선이 부산항에 맨 처음 기항寄港한 때가 1970년이다. 그 이전에 한국은 세계 경제권 끄트머리에 있는 작은 나라에 불과했다. 한반도는 전쟁이 끝난 지 20년이 지났지만, 여전히 전쟁의 비극으로 인해 황폐해진 상태였기 때문이다. 한국은 가난했고, 대부분의 한국인은 경제적 어려움으로 허덕였다. 당시 1인당 연 소득은 250달러도 채 되지 않았다.

한국에는 수출할 천연자원은 물론 아무것도 없었다. 그래서 정부는 국민의 생활수준을 개선할 유일한 길은 제조업 상품을 해외에 수출하는 방법뿐이라고 판단했다. 그때 일어난 베트남전쟁은 한국 경제에 활력을 불어넣는 계기가 됐다. 1969년까지만 보면, 빠르게 늘어나던 한국 수출품 중 5분의 1 가까이가 전쟁 관련 물자였다.[1]

그러나 한국을 수출 강국으로 만들려는 계획은 몇 가지 심각한 장해물에 맞닥뜨렸다. 한국에는 제조업에 투자할 민간 자본이 부족했다. 또 노동조합은 임금 인상을 강력하게 요구했지만, 임금 인상은 가격 상승으로 이어져 수출 시장에서 한국 상품의 경쟁력을 떨어뜨릴 수도 있었다. 하지만 한국이 품었던 국제적인 야망에 가장 중요한 걸림돌은 지정학적 위치가 아니었을까 싶다. 북아메리카와 서유럽이라는 부유한 시장들은 한국에서 너무도 멀리 떨어져 있었다. 한국산 제품을 지구 반대편의 나라로 운송하는 데 들어가는 높은 비용은 수출 강국을 꿈꾸던 한국 제품의 발목을 잡는 족쇄였다. 그래서 1969년 기준, 미국의 수입품 규모 중 한국이 차지하는 비중은 1퍼센트 미만이었고, 유럽 시장에서 한국의 수출품은 거의 없다시피 했다. '수출 강국 한국'이라는 미래 전망은 밝지 않았다. 미국 상무부U.S. Department of Commerce의 한 연구 논문은 장차 어떤 나라가 미국의 중요 무역 동반자가 될지 예측했는데, 이 논문에서 한국의 순위는 30위였다. 파키스탄이나 페루보다도 뒤처지는 순위였다.[2]

가난한 나라의 컨테이너라는 대안

그런데 '컨테이너화containerization'가 전혀 다른 두 가지 점에서, 세계 경제에서 한국의 지위를 바꾸어놓았다. 첫째, 컨테이너화는 한국이 멀리 떨어져 있는 나라와 무역하는 시간과 비용을 획기적으로 줄여주었다. 미국 해운사인 맷슨라인Matson Line이 1970년에 부산항으로 컨테이너 서비스를 시작했고, 그 밖의 다른 미국 해운사들과 일본의 해운사들도 재

빠르게 그 뒤를 따랐다. 컨테이너화 덕분에 한층 낮아진 운송비에 힘입어 무역의 유형을 바꾸려던 한국의 정부 정책이 탄력을 받았다.

1960년대에 한국의 수출품은 주로 국내에서 조달되는 원재료를 사용해 만든 옷, 합판, 가발 등과 같은 노동집약적인 상품들이 대부분이었다. 그러나 1970년대에 들어서서는 화물운송비가 낮아진 덕분에 한국의 제조업자들은 외국(주로 일본)에서 부품을 수입한 다음 이것을 가지고 라디오나 텔레비전과 같은 고부가가치 상품을 만드는 일이 훨씬 높은 수익을 보장한다는 사실을 깨달았다. 1970년에는 도자기와 의복이 한국의 전체 수출액에서 43퍼센트나 차지했지만, 이 비율은 1980년에는 20퍼센트로 줄어들었다.[3] 그만큼 한국 경제가 정교해지고 수준이 높아졌다는 뜻이다.

컨테이너화가 한국 경제에 기여한 두 번째 부분은, 컨테이너화 덕분에 한국의 산업은 컨테이너선container ship이라는 완전히 새로운 제품을 만들 수 있게 되었다는 점이다. 1972년부터 시작된 한국의 제3차 경제개발 5개년 계획 아래 한국 정부는 조선 산업을 집중적으로 육성하기로 결정했다. 당시 정부 정책 입안자들은 집중 육성 대상으로 유조선을 생각하고 있었다. 하지만 석유 수출국들이 유가를 계속 올리기 시작하자 유조선 시장은 취약해지기 시작했고, 한국의 조선소들은 어쩔 수 없이 다른 일감을 찾아야 했다. 이때 폭발적으로 늘어난 컨테이너선 수요가 유조선을 대신해 새로운 대안으로 떠올랐고, 한국의 조선 산업은 이를 통해 발전을 꾀할 수 있었다.

조선소들은 컨테이너선 제작에 필요한 품질이 좋은 강철과 최첨단 전자제품 및 그 밖의 여러 첨단 기술제품들을 국내의 다른 제조업체들에 주문했다. 이렇게 해서 2005년 말이 되면 전 세계 컨테이너선 생산 능력의 40퍼센트를 한국의 대우조선, 현대중공업, 삼성중공업이 가질 정도로 한국의 조선 산업은 발전했다. 그래서 무려 745척이나 되는 한국산 컨테이너선이 대양을 누비고 다녔던 것이다.[4]

1970년에는 한국의 회사 중 컨테이너선을 보유했던 회사는 단 한 곳도 없었다. 그리고 한진 그룹 소속으로 1972년에 설립된 대진해운이 한국 최초로 컨테이너 서비스를 제공한 해운사였다.

당시 대진해운은 소규모 선박들을 이용해 미국 해운사인 시랜드서비스Sea-Land Service의 대형 화물선으로 항구에 있던 컨테이너를 실어 나르거나, 또 시랜드서비스의 화물선에 있는 컨테이너를 항구로 옮기기도 하였다. 그리고 5년 뒤에 한진 그룹과 시랜드서비스는 합작 투자를 해서 컨테이너 전용 선사인 한진해운Hanjin Container Lines을 설립했는데, 이 회사는 1979년에 처음으로 태평양 횡단 항해를 시작했다. 그 밖의 많은 한국 기업도 정부의 전폭적인 지원을 받아 이 사업에 뛰어들었다. 하지만 1980년대 초반에 정부 보조금이 끊기고 운송 수요가 줄어들자 우후죽순으로 생겼던 많은 해운사가 위기를 맞이했다. 1984년에 한국 정부는 조선업계의 인수 합병을 추진함으로써 위기를 타개하고자 했다. 1988년에 한진해운은 경영난을 겪던 대한해운공사를 인수해 한국 최대의 해운사로 우뚝 섰고, 21세기로 접어들 무렵에는 전 세계적으로도 손꼽히는 해운사로까지 성장했다.

그러나 경제 위기가 터졌다. 2010년 이후 무역 성장률은 가파르게 떨어졌다. 심지어 대형 컨테이너선이 점점 더 많이 운항에 나서는 상황에서도 그랬다. 운임률은 수직으로 떨어졌으며, 많은 해운사가 도산하거나 원치 않는 합병을 어쩔 수 없이 선택해야 했다.

위기,
하지만 변화는 계속된다

한진해운은 여러 해 동안 적자를 보던 끝에 2016년 8월, 파산을 막기 위한 마지막 수단으로 법정 관리를 신청했다. 그러나 결국 파산해 보유하던 컨테이너선들은 다른 해운사들에 매각되었으며, 회사는 청산 절차에 들어갔다. 새로운 건조 주문도 끊어지면서 한국의 3대 조선소들은 2016년에만 수조 달러 규모의 적자를 기록했는데, 한국에서 가장 중요한 산업들 중 하나로 꼽히는 조선 산업의 생존까지 위협받는 지경에 이르렀다.

항구의 사정은 그래도 한결 나은 편이다. 1887년에 개항한 이후로 부산항은 줄곧 한국의 핵심 국제무역항의 자리를 지켜왔다. 특히 한국을 식민 지배했던 일본은 부산항을 국제무역을 담당하는 3대 항구 중 하나로 개발했다. 그런데 1940년대부터 1960년대까지 부산항의 상업 규모는 크지 않았다가, 1974년에 최초의 컨테이너선 전용 부두가 생기면서 부산항으로 화물이 물밀듯이 들어왔다. 그 뒤 부산항은 확장에 확장을 거듭했다. 컨테이너를 통한 수출 화물은 1970년부터 1980년까지 10년 동안 일곱 배로 늘어났으며, 이후 10년 동안에는 다시 세 배로 늘어났다. 1995년이 되면 부산항은 뉴욕항이나 함부르크항과 같은 유서 깊은 항구들까지 제치면서 세계 5위의 항구로 성장했다. 부산항의 이런 눈부신 성장을 놓고 미국의 한 기자는 2016년에 다음과 같이 썼다.

"밀실공포증을 유발할 것만 같은 부산항의 주₩도로는 해안선과 거의 맞닿은 채로 이어져 있지만, 이 도로에서는 바닷물이 아예 보이지도 않는다. 도로 양쪽으로 강철로 만든 빨간색, 초록색, 파란색의 컨테이너들

12

이 마치 어린아이들이 가지고 노는 블록처럼 2층이나 3층으로 쌓여 있기 때문이다."

2016년에는 40피트(약 12미터) 길이의 컨테이너가 무려 천만 개 가깝게 부산항의 여러 부두를 통해서 들어오거나 나갔다. 부산항이 얼마나 혼잡했던지 부산신항을 따로 만들어 확장해야 했을 정도였다. 2014년에 부산신항의 연간 컨테이너 처리량은 40피트 컨테이너 600만 개에 육박했는데, 이것도 모자라 부산항은 추가 확장을 진행했다.[5]

50년 전만 하더라도 우아함과는 거리가 멀었던, 단순하기 그지없는 컨테이너가 이런 거대한 변화를 가지고 오리라고 상상한 사람은 아무도 없었다. 한국이 가난에서 벗어나 세계의 무역 강국으로 우뚝 선 것도 이 '박스'가 빚어낸 아무도 예상하지 못했던 수많은 결과 중 하나다.

| 차례 |

1장 금속 상자가 만든 세상

밋밋한 금속 상자가 세상을 얼마나 많이 바꾸었는지 사람들은 상상도 하지 못한다. 금속 상자인 컨테이너는 운송비를 줄였고 세계 경제의 틀을 바꾸었다. 1956년 아이디얼엑스호에 컨테이너가 실리면서 혁명이 시작됐다.

2장 정체된 부두

'컨테이너 운송'이 등장하지 않았을 때, 모든 짐은 사람이 일일이 싣거나 내려야 했다. 이 때문에 배는 항해하는 시간보다 항구에 묶여 있는 시간이 더 많았다. 모두가 변화를 원했지만 아무도 이뤄내지 못했다.

3장 트럭운송업자 말콤 맥린

맥린은 경쟁업체보다 낮은 운송료로 트럭운송업계를 장악하고자 했다. 방법을 찾던 중 짐을 실은 트럭 트레일러를 통째로 배에 실어 운반할 생각을 했다. 이 생각은 혁신을 만드는 씨앗이었다.

13장 선적인의 복수

화물운송료를 사이에 두고 선적인들은 해운사들의 담합에 맞섰다. 선적인들은 이전보다 더욱 치밀해지고 조직화됐다. 더 이상 해운사에 매여 있지 않았고, 독자적으로 새로운 해운사를 찾아나섰다. 막강해진 선적인의 영향력은 운송료를 떨어뜨리는 또 다른 요인이었다.

14장 저스트 인 타임

컨테이너는 전 세계를 다니며 기업들이 원하는 때 원재료나 부품을 공급받게 했고, 소비자에게는 약속된 시점에 제품을 운송했다. 공장들은 재고를 쌓아두지 않았고 운송 거리는 더는 문제되지 않았다. 세계 시장은 컨테이너를 통해 하나가 됐다.

15장 부가가치 창출

항구 산업은 극적인 변화를 맞이했다. 운송하는 화물량 중심에서 고용과 다양화, 부가가치를 창출하는 게임으로 새롭게 룰은 바뀌었다. 부가가치를 창출하는 컨테이너의 변화는 여전히 계속되고 있다.

컨테이너라는,
아무도 몰랐던 세계화의 시작점

    책을 쓰는 작업은 대개 외롭기 그지없는 모험이다. 그러나 이 책을 쓰
는 과정은 그 어떤 경우보다 더 개인적인 작업이었다. 의도한 것은 아니
었다. 왜 그런지 설명하면 이렇다. 작업 초기에 사람들은 나더러 요즘 무
엇을 하느냐고 물었는데, 그럴 때마다 자랑스럽게 말하곤 했다. 화물운
송용 컨테이너의 역사를 쓰고 있다고……. 그 순간, 상대방은 놀라서 벌
린 입을 다물지 못했다. 아무 말도 하지 못했다. 금속으로 만든 따분하기
짝이 없는 커다란 상자에 대한 무언가를 떠올리려 애써보지만 잘되지
않는 눈치가 역력했다. 그러면 결국 나는 다른 화제로 이야기를 돌려야
만 했다. 더 이야기를 해봐야 상대방은 당황스러워만 할 텐데 굳이 그런
상황을 만들고 싶지 않았던 것이다.

    2006년 봄에 이 책(초판)이 출간되었는데, 시장의 반응에 나는 깜짝
놀랐다. 컨테이너 운송의 역사가 독자가 생각하는 것보다 훨씬 더 흥미

18

진진한 소재임은 진작 알고 있었다. 하지만 운송비용을 낮춘 것이 세계화가 시작되는 결정적 요인이었다는 나의 주장에 경제학자들과 물류 전문가들이 깊은 관심을 가진다는 사실에 매우 놀랐던 것이다.

컨테이너가
세상에 미친 영향들

나도 모르는 사이에 컨테이너가 최신 유행 제품으로 진화하고 있었고, 컨테이너와 관련된 온갖 곳에서 초청장이 날아들었다. 그래서 컨테이너를 사용해 사무실용 건물이나 아파트를 설계하는 건축가들을 뉴욕에서 만나 의견을 나누었고, 제노바에서는 컨테이너를 임시 전시관으로 개조하는 사업가와 흥미로운 이야기를 주고받았다. 또 캘리포니아의 산타바바라에서는 내가 하리라고는 단 한 번도 생각한 적 없었던 일, 지역 미술관이 지역의 대학교와 함께 컨테이너가 세상에 끼친 영향을 주제로 한 행사를 준비하고 홍보하는 일에 참여하게 되었다.

버려진 컨테이너들이 흉하게 쌓여 있고, 확인되지 않은 내용물을 담은 수백만 개의 금속 상자가 제기하는 보안 위협, 화물의 대량 이송에 따른 환경 파괴 등의 문제가 서평이나 비판적인 기사에서도 등장했다.

기업계에서 내로라하는 사람들도 컨테이너를 둘러싼 논의에 합류했다. 선도적인 어느 컴퓨터 제조업체는 이 상자를 모듈 제품을 상징하는 은유로 받아들이고 '박스 속의 데이터 센터data center in a box(공장에서 생산돼 고객이 원하는 곳으로 운송되는 컴퓨터 설비-옮긴이)'를 발표했다. 메이저 석유회사는 캐나다 북극 지역의 탐사 비용을 절감하는 데 도움이 되는 통찰을 컨테이너에서 얻었다.

　여러 컨설팅 회사는 '컨테이너화'라는 발상에서 얻은 교훈을 화물운송과 전혀 상관이 없는 다양한 기업 경영 관련 문제들에 적용했다. 또 어떤 소프트웨어 업체는 '컨테이너화'한 데이터 조각들을 한 영역에서 다른 영역으로 이동시키는 컴퓨터 시스템 개념을 개발했다. 컨테이너화가 내가 상상하던 범위를 훌쩍 넘어서는 영역으로 확장하고 있었던 것이다.

　학계에서는 이 책에 파고들어 몇 가지 새로운 지적 탐구의 갈래를 열었다. 나도 쓰면서 깨달은 사실이지만, 이 책이 출판되기 이전에는 컨테이너 및 컨테이너가 불러온 결과에 대한 진지한 연구가 거의 없었다. 기껏해야 부두노동자 문제를 다루는 영역에서만 조금 있었을 뿐이다. 이 영역이 무시당할 수밖에 없었던 한 가지 이유로 자료 부족을 꼽을 수 있다. 13장에서는 1950년대 이후 컨테이너가 화물운송에 들어가는 비용을 어떻게 낮추었는지 추적하는 과정에서 만났던 장해물들을 근거와 함께 보여줄 것이다. 학계에서는 기존의 학문 영역을 넘지 않으려는 경향이 있는데, 이런 경향 역시 컨테이너가 우리 사회에 준 영향을 학문적으로 탐구하려는 노력을 막았다.

　예를 들어, 어느 물류 전문가는 컨테이너선에 대해 매우 잘 알았지만, 컨테이너가 항구 및 해안 도시의 삶에 미치는 영향은 생각해본 적이 없다고 했다. 그러나 내가 생각하기에 학계가 컨테이너를 그토록 오랜 세월 동안 무시했던 이유는 컨테이너가 너무 평범하게 보였기 때문이 아닐까 싶다.

　어느 유명한 경제사학자는 이 책을 읽고 나에게 고백했다. 컨테이너가 매우 중요한 발전을 상징하는 발명품이지만, 깊은 연구의 대상이 될 수 없을 만큼 단순한 것이라고 학생들에게 잘못 이야기했노라고…….
적어도 이 책은 컨테이너가 단순한 것이라는 생각은 깨부쉈다고 말할
수 있다.

이 책이 그동안 온갖 다양한 주제의 회의나 심포지엄에 소재를 제공
하면서, 화물운송이 경제 변화에 기여한 역할에 대한 새로운 지적 논의
를 일으켰음은 분명하다. 언론도 마찬가지로 컨테이너를 놓고 비슷한
인식 전환을 해왔다. 1980년대 후반 이후로 비평가들은 세계화에 대한
온갖 이야기들로 신문 지면이나 방송을 떠들썩하게 했는데, 주된 내용은
세계화를 단순히 '비트와 바이트' 그리고 기업의 비용 절감 차원에서 설
명하는 것이었다.

하지만 이 책이 세상에 나타난 뒤로 온라인 및 오프라인 언론의 많은
기사가 세계 경제의 통합은 콜센터나 대양을 넘나드는 화물운송의 기술
서비스보다 상품을 더욱 저렴한 비용으로 한곳에서 다른 곳으로 옮기는
능력이 더 많이 좌우한다는 사실을 인정하고 나섰다.

항구나 도로나 철도 등의 기간 시설이 컨테이너 운송에 적합하지 않
을 때 화물운송비용이 높아져 경제의 발전을 저해하는 영향을 줄 수 있
음을 이 책을 통해 많은 사람이 이해할 수 있으면 좋겠다.

혁신,
그 이상의 놀라움

이 책에 대한 반응 중 가장 큰 것을 꼽자면 놀라움이었다. 그런데 가
장 기대하지 않았던 반응도 있었다. 그것은 바로 혁신을 바라보는 어떤

생각, 즉 사람들 사이에 만연한 고정관념이다. 3장에서는 트럭 운전사로 일하다 금속 컨테이너를 발명해 이 세상의 모습을 예전과 완전히 바꾼 말콤 맥린Malcom Mclean의 이야기를 담고 있다. 그는 컨테이너라는 발상을 어떻게 떠올렸느냐는 질문을 많이 받았으며, 만년에 이 질문에 대한 답변을 다음과 같이 했다.

1937년 말이었고, 그는 저지시티의 부두에서 트럭에 실린 짐을 내려서 배에 싣는 작업을 벌써 몇 시간째 지켜보고 있었다. 그런데 어느 한 순간에 이런 생각이 들었다. 크레인으로 트럭의 짐칸만 통째로 번쩍 들어다가 배에 내려놓으면 얼마나 쉬울까? 그리고 바로 이 순간부터 정확하게 18년 뒤, 그는 2차 세계대전이 끝나고 남아돌던 정부 소유의 유조선(tanker, 배의 적재공간에 액체 화물을 적재해 운송할 수 있도록 큰 구획 여러 개로 나누고 탱크로 사용할 수 있게 만든 배들의 총칭-옮긴이)을 한 척 산 다음에 33피트(약 10미터) 길이의 컨테이너를 실을 수 있도록 개조했다.

이 놀라운 깨달음의 순간을 나는 이 책 본문에서는 소개하지 않았다. 왜냐하면 그런 일이 실제로 일어났을 거라 믿지 않기 때문이다. 맥린이 그러한 천재적인 발상을 떠올렸다는 이야기는, 수십 년 뒤에 선의를 가진 어떤 사람이 맥린에게 컨테이너가 어디에서 나왔는지 순수하게 물었을 때 비로소 탄생한 게 아닐까 하는 게 내 추측이다. 2장에서 설명하겠지만, 배와 기차는 말콤 맥린이 저지시티로 가기 전에 이미 각각 바다와 육지에서 거의 50년 동안이나 컨테이너를 놓고 실험을 계속하고 있었으며, 맥린의 배가 최초로 컨테이너 화물운송에 나섰던 1956년 당시에 이미 컨테이너는 북아메리카와 유럽에서 널리 쓰이고 있었다.

그렇다면 말콤 맥린이 컨테이너화의 발전에 실제 기여한 부분은 무엇일까? 내 생각에 그것은 물류 관리 차원의 통찰로 빚어낸 '금속으로 만든 상자', 즉 컨테이너를 실을 수 있도록 설계한 배다. 그리고 맥린은 운송 회사가 초점을 맞추어야 할 과업은 배나 기차의 운항이 아니라 화물의 이동이라고 이해했다. 이런 이해가 있었기에 수많은 사람이 실패했던 컨테이너화라는 분야에서 그는 성공할 수 있었다.

하지만 정말 놀랍게도, 많은 사람들이 저지시티의 하역장에서 맥린이 컨테이너를 발명했다는 동화 같은 이야기를 마치 예수공현 사건처럼 믿고 있었다. 단 한 차례의 영감, 예를 들어 사과가 자기 머리에 떨어지는 순간이 아이작 뉴턴이 만유인력의 법칙을 깨닫도록 했다는 이야기는 영혼을 울린다. 설령 이 이야기가 의심스러운 이야기로 밝혀진다 하더라도 마찬가지다. 하지만 혁신의 발상은 때때로 불쑥불쑥 나타난다. 이런 생각을 가진 사람들은 기존 발상에 새로운 무언가를 덧붙이기도 하고 혹은 새로운 생각을 이용해 돈을 벌 방법을 궁리한다. 그런데 중요한 것은 불쑥 나타난 이 발상이 처음에는 그다지 매력적으로 보이지 않는다는 점이다.

세상은 영웅을 좋아한다. 설령 어떤 사람의 영웅적인 노력이 실제 있었던 기술 발전의 복잡한 경로를 정확하게 표현하지 않더라도, 아니 그 경로를 터무니없이 왜곡하더라도 사람들은 상관하지 않는다. 숭배할 만한 영웅적인 모습만 있으면 그것으로 충분하다.

현실에서 혁신이 어떤 식으로 작동할까 하는 것은 분명히 이 책이 일러주는 여러 교훈 중 하나다. 하지만 내가 보기에 이것보다 훨씬 더 큰 교훈이 있다. 그것은 바로 의도하지 않았던 결과의 역할이다. 나를 포함해 경제학자들은 미래를 예측하는 일을 한다. 과거에 일어난 일들을 분석함으로써 미래에 무엇이 일어날지 예측할 수 있다고 생각하기 때문이다. 대학교의 경영학도들 역시 비슷한 방식으로 접근하여 양적인 분석을 역사 자료에 적용함으로써 미래에 대한 결론을 끌어내는 방법을 배운다. 기업계 및 경영학의 세상에서는 스프레드시트^{spread sheet}를 통해 세상을 바라보는 이런 방법을 현대 경영의 사고방식이라고 여긴다. 세계에서 가장 유명하고 또 컨설팅 수수료를 많이 받는 컨설팅업체는 이런 사고방식 및 접근을 기본이라 여긴다.

그런데 컨테이너화와 관련된 이야기는 이런 합리적 분석으로는 도저히 예측할 수 없는 한계를 보여준다. 왜냐하면 이 책에서 자세하게 설명하는 컨테이너의 발전 과정은 경제학자들이 짐작도 못했던 것이기 때문이다. 어찌됐든, 컨테이너화는 말콤 맥린의 트럭들을 뉴욕과 노스캐롤라이나 사이의 화물운송비용을 몇 푼이나마 절약하기 위한 수단으로 쓰면서 시작되었다.

그러므로 컨테이너화는 기껏해야 사소한 혁신, 또는 1958년에 선도적인 어떤 조선造船 기사의 표현을 빌리자면 '임시방편에 지나지 않는 편법'으로 치부되었다. 어쩌면 당시 물류 전문가들은 미국에서 점점 쇠락하던 연안 해운업의 아주 작은 틈새시장을 컨테이너가 점유할 수도 있겠다고 생각했을지 모른다. 컨테이너는 대부분의 화물 유형에 특히 아시아처럼 매우 먼 곳까지 가야 하는 화물에는 전혀 실용적이지 않다고 생각했으니까, 컨테이너의 역할을 그렇게밖에 여기지 못한 것도 당연하다.

컨테이너화가 상품이 제조되는 지역이나 방식에 거대한 변화를 가져다줄 것이라고는 그 누구도 예상하지 못했다. 또 컨테이너화가 운송과 관련된 여러 가지 제약을 획기적으로 줄일 주된 동력이 될 거라는 사실도 알지 못했으며, 당시만 해도 북대서양이 중심이던 세계 경제에 동아시아가 들어올 것이라고는 전혀 눈치채지 못했다. 또한 컨테이너화로 인해 부두노동자의 일자리가 없어질 것은 처음부터 분명히 보였지만, 제조업 일자리 및 오랜 세월 부두 인근에서 부두와 함께 이어져 왔던 도매업 일자리마저 대량으로 사라질 거라고는 아무도 생각하지 않았다. 정치 지도자들과 노동조합 지도자들 그리고 기업의 이사들은 컨테이너가 얼마나 막대한 영향력을 행사할지 제대로 이해하지 못함으로써 여러 번 비싼 대가를 치러야 했다.

미국의 철도는 1960년대와 1970년대에 컨테이너화에 맞서서 그야말로 죽기 살기로 싸웠다. 컨테이너화가 철도를 달리던 전통적인 유개화차 (지붕이 있는 화물 기차-옮긴이) 사업을 완전히 파괴할 것이라고 믿었지만, 2010년대에 들어서면 철도가 한 해에 1,400만 개의 컨테이너를 나를 줄은 상상도 못했기 때문이다. 해운업계의 여러 거물들은 (여기에는 맥린도 포함된다) 컨테이너 산업의 발전 경로를 잘못 판단해 자기가 운영하던 해운사를 실패의 길로 이끌었다. 컨테이너 운송 초기, 미국에서 태어난 컨테이너 산업이 시대에 뒤떨어진 보호주의, 즉 과도한 시장 규제에 짓눌려 빠른 변화에 적응하지 못해 경쟁력을 잃고 결국 유럽과 아시아 해운사들의 지배를 받을 것이라는 걸 아무도 예측하지 못했다. 그리고 물론 컨테이너 발전에 관여했던 사람들 중 금속으로 만든 이 상자가 장차 보안 위협의 주된 원인으로 떠오를 것이라 상상한 사람 역시 아무도 없었다. 역설적이게도 처음에 컨테이너의 큰 강점 중 하나가 보안 문제 개선이었다. 단단하게 잠긴 컨테이너 안에 실은 화물이 느슨하게 포장된 화물보다 도둑질을 당하거나 파손될 가능성이 훨씬 적었으니까 말이다.

여전히 예측할 수 없는
컨테이너의 이동

그런데 1980년대에 해운사들 및 국경 관리자들이 깜짝 놀랄 일이 일어났다. 밀수업자들이 컨테이너를 밀수 도구로 사용한 것이다. 컨테이너는 비교적 상품의 익명성이 잘 보장되고 가림막 역할을 톡톡히 하기 때문에 밀수업자들이 컨테이너에 마약을 숨겨 국경을 넘거나 불법 이민자들이 컨테이너에 숨는 일이 일어난 것이다. 당시에는 컨테이너를 임시로 두는 야적장에 울타리를 치는 일이 이런 문제에 대비하는 최고의 해결책이라고 생각했다.

그리고 20년 뒤, 참혹한 테러 공격 사건이 일어난 뒤였다. 반反 테러 전문가들은 잠재적인 테러의 여러 가능성을 연구하던 끝에 테러리스트들이 컨테이너 안에 핵무기를 숨긴 뒤에 터트림으로써 세계 무역을 휘청거리게 만들 수도 있다는 생각을 했다. 이런 위험이 가져다줄 심각성은 계산조차 하기 어려울 정도로 어마어마했다. 비록 경험칙으로 볼 때 대규모 살상을 노리는 테러리스트들은 굳이 '더러운 폭탄dirty bomb(재래식 폭탄에 방사능 물질을 채운 일종의 방사능 무기-옮긴이)'을 만드는 수고를 들이지 않아도, 질산암모늄 비료, 프로판, 다량의 못 등 금속 파편을 담은 폭탄 등과 같이 쉽게 이용할 수 있는 물질로 얼마든지 그런 짓을 저지를 수 있긴 했지만 말이다.

그럼에도 불구하고 컨테이너는 갑자기 긴급 위험물로 대중의 인식에 자리를 잡았고, 이런 위험에 대처할 준비를 했던 정부는 전 세계를 통틀어 한 군데도 없었다. 그래서 대규모로 다급한 조치가 이루어졌다. 항구의 출입문마다 방사능 탐지기가 설치되었고 부두노동자들에게는 위변조가 불가능한 (정확하게 말하면, 불가능하다고 하는) 신분증이 배부되었다. 이런 노력이 보안 문제를 개선했는지는 분명하지 않다. 위성을 이용해 컨테이너 운송을 출발지에서부터 도착지까지 추적하는 기술을 시험하고 있으나 아직 완벽한 상태가 아니다. 게다가 항구에서 보안을 강화하기 위한 이런 광적인 노력은 오히려 대응이 어려운 위험을 만들었다. 그것은 바로 실제 혹은 가짜 테러 행동을 저지하기 위해 항구의 보안 당국이 배를 억류하거나 항구를 폐쇄하는 명령을 내릴 수 있었는데, 이런 조치가 전 세계 각국의 경제에 심각한 타격을 줄 수 있었다. 예상치 못한 위험이었던 것이다.

운송용 컨테이너의 역사는 길지 않다. 세심한 계획과 철저한 분석은 기본이므로 역사는 언제나 자기 역할을 충분히 한다. 하지만 이 역사는 어떤 산업의 기본 토대를 바꾸는 급격한 변화 앞에서는 무력할 뿐이다. 이런 상황에서 융통성이야말로 중요한 미덕이다. 변화에 저항하는 행동은 최악의 수가 될 수 있다. 하지만 서둘러 변화의 등에 올라타려는 행동도 마찬가지로 악수惡手일 수 있다. 이런 종류의 상황에서는 '예상하지 않았던 것을 예상하는 것'이 무엇보다도 좋은 구호가 아닐까 싶다.

초기 컨테이너 시대에 1만 대의 트럭이 동원돼 옮겨야 할 화물을 배 한 척이 거뜬히 옮길 것이라고는, 또 전 세계의 항구가 1주일에 40피트 길이의 컨테이너 200만 개를 처리할 것이라고는 아무도 상상하지 못했던 것처럼, 그 누구도 강철로 만든 컨테이너가 집이나 조각품이 될 수 있다거나 혹은 버려진 컨테이너가 심각한 폐기물이 되리라고 생각하지 못했다. 이 단순한 금속 상자는 오늘날 우리가 '파괴적인 기술(다른 기술이나 상품을 쓸모없는 것으로 만들어버린다는 뜻에서 '파괴적'이다-옮긴이)'이라고 이름을 붙인 바로 그 놀라운 발명품이다. 심지어 지금도 컨테이너는 우리가 사는 세상에 전혀 예상하지 못한 방식으로 영향을 주고 있다.

2015년 8월.

컨테이너의 재발견을
도와준 사람들

컨테이너 운송은 고대 역사가 아니다. 그러나 상대적으로 최근 자료 중에서도 많은 부분이 놀랄 정도로 찾기 어렵다. 관련 기록들이 상당수 파기되고 없어졌기 때문이다. 컨테이너화의 초기 과정은 뉴욕항만청The Port of New York Authority (지금은 뉴욕뉴저지항만관리청The Port Authority of New York & New Jersey 으로 바뀌었다)이 이끌었지만, 이 기관이 보관하던 기록 대부분이 2001년에 발생한 9.11사태로 사라졌다. 이 책이 지금 모습으로 나올 수 있었던 것은 그나마 남은 자료를 찾는 데 헌신적으로 도움을 준 도서관의 사서나 기록 보관 담당자들 덕분이다(이런 자료들은 일반 연구자들로서는 좀처럼 접근하기 어렵다). 그리고 내가 필요한 자료를 본인이 갖고 있던 자료에서 구석구석 뒤져 모아 준 사람들은 말할 것도 없다.

내가 처음 말콤 맥린을 소재로 책을 쓰겠다는 생각을 했던 1990년대 초에 노스캐롤라이나주州 기록관State Archives의 조지 스티븐슨George Stevenson이

좀처럼 구하기 어려운 맥린 가족 관련 자료를 가져다주었다. 보다 더 최근에는 내가 컨테이너화를 다시 한번 더 집중적으로 연구해야겠다고 마음먹었을 때 뉴욕시기록관의 케네스 코브Kenneth Cobb, 뉴욕에 있는 라구아디아 커뮤니티컬리지의 '라구아디아-와그너 기록관'의 더그 디카를로Doug DiCarlo 그리고 트렌턴에 있는 뉴저지주립기록관의 베티 M. 엡스타인Bette M. Epstein은 컨테이너가 뉴욕시의 항구를 서서히 죽여 온 이야기를 퍼즐 맞추듯 맞춰 나갈 수 있도록 도와주었다.

국제부두노동자연맹International Longshoremen's Association, ILA에 대한 역사 자료가 부족했는데 이 때문에 부두노동자와 해운사의 노사 관계 역사를 확인하는 일에 어려움이 있었다. 하지만 뉴욕대학교의 '로버트 와그너 노동 기록관'의 게일 말름그린Gail Malmgreen이 문서 자료 및 구술 역사 자료가 어디에 있는지 정확하게 알려주었다. 그리고 코넬대학교 산업 및 노사 관계 대학원의 캐서우드도서관에 있는 킬센터Kheel Center의 패트리시아 사이원Patrizia Sione과 멜리사 홀랜드Melissa Holland는 버넌 젠슨Vernon Jensen의 온갖 문건을 그나마 쉽게 찾을 수 있도록 도움을 줬는데, 이 문건들은 국제부두노동자연맹에 관한 세부 사항들을 풍성하게 담고 있다.

군대 혹은 전쟁의 역사는 내가 잘 알지 못하는 분야였다. 베트남전쟁에서 컨테이너 운송의 역할은 많은 전문가의 도움을 받았다. 워싱턴에 있는 (미국) 해군역사센터 작전기록부의 지나 에이커스Gina Akers와 웨이드 와이코프Wade Wyckoff는 군해상수송지원단Military Sea Transportation Service, MSTS의 기록 및 미 해군이 가지고 있는 방대한 규모의 구술 역사 자료를 찾아볼 수 있게 도와주었다. 메릴랜드에 있는 칼리지파크의 국립기록보존소 현대군사기록 부서의 지닌 스위프트Jeannine Swift와 리치 보일란Rich Boylan은 베트남전쟁의 병참·물류에 관한 자료로서 거의 이용되지 않던 자료를 찾아내려고 온갖 수고를 다했다. 버지니아의 포트벨브워에 있는 미국 육군 물자사령부의 역사 사무소 소속의 윌리엄 모예William Moye는 컨테이너화를 받아들이도록 미국 군대를 설득한 프랭크 S. 베슨 주니어Frank S. Besson Jr. 장군에 대한 중요한 정보를 주었다.

델라웨어의 윌밍턴에 있는 '해글리 박물관 겸 도서관'의 로저 호로위츠Roger Horowitz와 크리스토퍼 T. 베어Christopher T. Baer는 내가 접할 것이라고는 생각도 하지 않았던 자료가 철도 회사 펜실베이니아센트럴레일로드Penn Central Railroad의 문서기록관에 있다고 가르쳐주었다. 뉴욕시립대학교 그레듀에이트센터의 베스 포스너Beth Posner는 분명하게 내용이 밝혀지지 않은 모호한 자료들을 찾아주었다. 나는 또한 캘리포니아대학교 버클리 캠퍼스의 밴크로프트도서관, 의회도서관, 코넬대학교의 도서관 시스템, 뉴욕공립도서관 그리고 시애틀공립도서관에서도 자료를 찾아서 확인했다. 그리하여 이런 사람들 및 기관들이 이 책을 쓰는 데 많은 도움이 되었음을 분명하게 적어두고 싶다.

고인이 된 앤드루 깁슨Andrew Gibson과 미국해양사관학교의 퇴직 교수인 아서 도노반Arthur Donovan이 스미스소니언협회에 제공한 구술 역사는 이 분야를 연구하겠다는 연구자들에게 소중한 자료다. 도노반 교수는 또한 컨테이너 표준과 관련된 여러 문건을 알려주었다. 오클랜드 항구의 마릴린 샌디퍼Marilyn Sandifur, 미도리 타바타Midori Tabata, 제롬 배틀Jerome Battle, 그리고 마이크 베르디조프Mike Beritzhoff는 친절하게도 일부러 시간을 내어 항구 여기저기를 안내했으며 화물운송 터미널 관리에 관한 지식을 최종적으로 업데이트해주었다. 특히 나는 짐 도이그Jim Doig와 레스 할랜더Les

Harlander에게 큰 빚을 졌는데, 도이그는 뉴욕항만청에 관한 책을 쓰려고 준비하면서 모아둔 자료를 내가 쓸 수 있도록 해주었고(이 자료는 지금 '뉴저지주 기록보관소'에 보관되어 있다), 할랜더가 가지고 있는 컨테이너 표준 설정 관련 협상 자료는 이 책 7장 원고를 쓸 때 기본적인 자료가 되었기 때문이다.

그리고 많은 사람이 나에게 보여주고 나눠준 호의와 지식이 《더 박스THE BOX》의 개정증보판을 준비하는 데 도움이 되었다. 비록 반드시 적어야 함에도 누군가를 빼먹을지도 모르는 위험이 있지만, 특히 다음 사람들에게 고마운 마음을 전하고 싶다. 모하메드 알리 아메드Mohammed Ali Ahmed, 얀 블로메Jan Blomme, 세르지오 볼로내Sergio Bologna, 저스틴 보이어Justin Boyar, 엔리크 클레멘트Enrique Clement, 후안 카를로스 크로스턴Juan Carlos Croston, 애닉 더크스Annik Dirkx, 피터 포드Peter Ford, 힐다 기아라Hilda Ghiara, 잰 고더리스Jan Goderis, 대니얼 이사자Daniel Isaza, 허큘러스 하라람비데스Hercules Haralambides, 장 피에르 르콩트Jean Pierre Lecomte, 사라 로키Sarah Lockie, 코더 마키Khoder Makki, 카를로스 모타Carlos Motta, 링키 모타Linky Motta, 루이스 카를로스 모타Luis Carlos Motta, 스탠리 모타Stanley Motta, 엔리코 무소Enrico Musso, 잰 내이터Jan Nater, 데모스테네스 페레즈Demostenes Perez, 서스 피어포인트Surse Pierpoint, 조지 퀴아노Jorge Quijano, 로돌포 사본헤Rodolfo Sabonge, 에버트 스밋Evert Smit, 카를로스 우리올라Carlos Urriola, 미리암 벨더만Mirjam Veldman, 리처드 드 빌리어스Richard de Villiers 그리고 마지막으로 로베르타 바이스브로드Roberta Weisbrod이다. 또한 나는 독자와 청중들이 보내준 통찰력이 넘치는 논평이나 일화에서도 많은 도움을 받았다.

그리고 많은 사람이 이 책을 읽고서는 당혹스러운 오류들을 지적했고 추가 자료를 알려줬으며 또 소중한 논평을 해주었다. 이런 점에서 특히 다음 사람들에게 고마운 마음을 전하고 싶다. 짐 도이그, 조슈아 프리먼Joshua Freeman, 빈센트 그레이Vincent Grey, 레스 할랜더, 토머스 케스너Thomas Kessner, 넬슨 리히텐슈타인Nelson Lichtenstein, 케이스린 매카시Kathleen McCarthy, 브루스 넬슨Bruce Nelson 그리고 주디스 스타인Judith Stein이 바로 그 사람들이다. 5장의 내용은 경영역사협회Business History Conference의 도움을 많이 받았는데, 이 협회의 회원 여러 명이 유익한 통찰과 제안을 해주었다.

5장 내용의 몇몇 부분은 〈비즈니스 히스토리 리뷰Business History Review〉에 먼저 실렸다. 여기에 의견을 제시한 익명의 여러 논평자들의 제안은 이 책에 매우 많은 도움이 되었으며, (이 책을 출판한) 프린스턴대학교출판부의 논평자들이 해준 제안 역시 이 책의 내용을 개선하는 데 많은 도움이 되었다. 또한 팀 설리번Tim Sullivan에게도 고마운 마음을 전하고 싶다. 설리번은 이 책의 성공 가능성과 컨테이너가 세상을 바꾸었다는 나의 믿음에 열정적으로 동의하면서 프린스턴대학교출판부에 다리를 놓아주었다.

1장

금속 상자가
만든 세상

1956년 4월 26일이었다. 크레인이 뉴저지주 뉴어크항에 정박한 낡은 유조선 아이디얼엑스Ideal-X호에 알루미늄 소재로 된 트럭 바디 58개를 실었다. 5일 뒤 배는 휴스턴항에 도착했다. 그곳에서 대기하던 58대의 트럭은 금속 상자를 하나씩 나눠 싣고 목적지로 향했다. 혁명이 시작되는 순간이었다.

그리고 수십 년이 지난 지금, 금속 상자를 실은 거대한 트레일러트럭들이 고속도로를 점령했다. 기차도 금속 상자들을 잔뜩 싣고 밤새 달린다. 하지만 지금 사람들은 이 금속 상자가 세상을 얼마나 많이 바꾸었는지 상상조차 하지 못한다.

1956년만 하더라도 중국은 세계의 공장이 아니었다. 지금은 당연하게 여기지만 그때는 캔자스의 소비자가 동네 가게에서 브라질산 신발을 사거나 멕시코산 진공청소기를 사는 것은 전혀 일상적인 일이 아니었다. 일본인 가족은 미국 와이오밍의 축산업자가 기른 소에서 나온 쇠고기를 먹지 않았으며, 프랑스의 패션 디자이너들은 자기가 디자인한 옷을 터키나 베트남에서 생산하지도 않았다. 컨테이너가 나타나기 전에는 운송비용이 비쌌다. 지구의 절반을 도는 비용은 고사하고 미국 땅의 절반을 운송하는 비용도 엄두를 내지 못했다.

그렇다면 컨테이너의 어떤 점이 그토록 중요할까? 컨테이너 자체는 분명 아닐 것이다. 컨테이너는 알루미늄이나 강철을 용접하고 굵은 못인 리벳으로 이어 바닥을 나무로 깔고 한 면에 문 두 개를 단 직육면체 상자에 불과했다. 그러나 이런 일반 컨테이너는 주석으로 만든 깡통이 담을 수 있는 모든 설렘을 다 가지고 있다. 실용적인 물건의 가치는 물건 그 자체가 아닌 사용 방식에 있다. 컨테이너는 적은 비용을 들이면서 동시에 발생할 수 있는 문제를 최소화해 상품을 어디에서든, 그리고 어디까지든 운송하는 고도로 자동화된 시스템의 핵심이다.

컨테이너는 운송비를 줄였고, 그럼으로써 세계 경제의 틀을 바꾸었다. 낮은 급여와 나쁜 처우를 받으며 배에 짐을 싣고 또 내리는 일로 생계를 꾸리던 부두노동자 군대는 이제 사라지고 없다. 그들이 나누던 끈끈하던 동료애도 옛날이야기가 되고 말았다. 뉴욕이나 리버풀처럼 수백 년 동안 해상 통상의 중심지로 번성하던 도시들은 컨테이너 무역이라는 바뀐 상황에 적응하지 못하거나, 자기의 역할이 불필요해지자 놀랍도록 빠른 속도로 몰락하고 말았다. 소비자 및 공급자와 조금이라도 가까운 곳에 있으려고 높은 비용과 도시의 낡은 설비를 감수하면서까지 항구 주변에 자리를 잡았던 공장들도 다른 곳으로 멀리 옮겨간 지 벌써 오래다. 수백 년의 역사를 자랑하는 유서 깊은 해운사들은 컨테이너 운송에 적합하도록 체제를 바꾸는 데 들어가는 막대한 비용의 무게에 짓눌리다 결국 문을 닫았다. 화물선을 타고 해외에 나간 해운사 직원들은 예전에는 며칠씩 휴가를 즐겼지만 이제는 그런 풍경도 사라졌다. 화물선은 컨테이너를 임시로 두는 야적장 근처에서 그저 잠깐 머물 뿐이었다. 거대한 크레인이 빠른 속도로 배에서 금속 상자를 내리고, 다른 금속 상자를 빈 자리에 다시 실을 때까지만 기다렸다 곧바로 닻을 올려 출발해야 하기 때문이다.

컨테이너는 낡은 경제 체제를 파괴하는 동시에 새로운 경제 체제를 일으켰다. 부산항이나 시애틀항처럼 한산하던 항구들은 세계 일류 항구 대열에 진입했으며, 영국의 펠릭스토우와 말레이시아의 탄중 펠레파스 등에서는 거대한 항구가 새로 생겼다. 제조업체의 공장들은 예전에는 항구 가까이에서 값싼 운송비용이라는 이익을 누렸지만 이제 그럴 필요 없이 대도시와 멀리 떨어진 작은 도시로 들어갔다. 땅값이 싸고 임금이 낮기 때문이다.

수천 명의 노동자가 제품을 생산하던 예전의 공업 단지는 그때그때 필요에 따라 크기를 확장해 원재료부터 완제품까지의 공정을 처리했다. 하지만 이런 형태는 사라지고 소규모에 전문화된 공장으로 바뀌었다. 이 공장들은 전체적인 공급망에서 부품을 만드는 집단, 반제품을 만드는 집단, 이 부품들을 모두 모아 완제품을 만드는 집단 등으로 세분화되었다. 환경이 이렇게 바뀌자, 경제개발의 사다리에서 한 단계라도 위로 올라가려고 필사적이었던 가난한 나라들은 멀리 있는 선진국에 물자를 수출해 경제 규모를 키운다는 꿈을 꿀 수 있게 되었다. 이런 꿈을 바탕으로 거대한 공업 단지들이 로스앤젤레스와 홍콩 등과 같은 곳에 우후

죽순처럼 생겼다. 원재료를 외국에서 수입해 완제품을 수출하는 비용이 획기적으로 줄었기 때문이다.[1]

새로운 경제 지형 덕분에 예전에는 국내 소비에만 관심을 두던 기업들이 세계로 진출할 야망을 품었다. 해외에 상품을 수출하는 일이 국내 소비자에게 파는 일에 비해 특별히 더 많은 노력이 들지 않았기 때문이다. 그리고 낮은 운송비용 덕분에 태국이나 이탈리아에 공장을 두는 것이 더 유리하다는 사실도 깨달았다. 애초 해외로 진출할 마음이 없던 기업들, 즉 국내 소비자에게만 신경 쓰던 기업들도 이제는 선택의 여지가 없음을 깨달았다. 외국 기업이 국내시장으로 마구 들어오면서 좋든 싫든 국제적인 차원에서 경쟁해야만 했기 때문이다. 소비자와의 거리가 물리적으로 가깝다는 강점을 누리던 생산업체들에게 경쟁업체가 부담하는 운송비용은 더 이상 그들의 방패막이가 되지 못했다. 심지어 헤럴드스퀘어의 메이시백화점 같은 쇼핑몰은 관세나 시간 부담을 고려해도 말레이시아산 블라우스를 인근의 도매 중심지 뉴욕 가먼트지구보다 더 낮은 가격에 팔 수 있었다. 여러 국가에 공장을 둔 다국적기업은 각 지역에 흩어졌던 공장들을 하나의 네트워크로 통합해 운용하고, 특정 상품은 특정 공장에서만 생산했다. 비용이나 환율이 변동하는 상황에 맞춰 생산비용을 낮출 수 있어서였다.

1956년의 세상에서는 주변 지역에 상품을 파는 소규모 생산업체가 많았지만 20세기가 끝나갈 무렵에는 순수하게 지역의 소비자만을 고객으로 삼는 기업은 거의 사라졌다.

소비자는 컨테이너가 일으킨 세계 무역 활성화 덕분에 선택의 폭이 넓어졌다. 비록 공식적인 통계치는 아니지만, 어떤 연구에 의하면 2002년 기준 미국의 수입 품목은 1972년보다 네 배나 늘어났다. 게다가 미국 전체 경제의 3퍼센트에 달하는 소비자 편익이 발생했다. 무역이 증가하면서 필연적으로 따라온 경쟁이 새로운 제품들을 놀라운 속도로 퍼트렸고 보통 가정이라면 얼마든지 감당할 수 있는 수준으로 가격을 크게 낮춘 것이다. 값싼 수입품을 손쉽게 구매하면서 전 세계 사람들의 생활수준은 빠른 속도로 높아졌다.[2]

그러나 임금을 받고 일하는 노동자 입장에서는 이런 변화가 좋기만 한 건 아니었다. 2차 세계대전 이후 수십 년간 전쟁으로 인한 파괴 때문에 거대한 규모의 특별 수요가 지속되었고, 당시만 하더라도 국제무역 규모가 크지 않아 각 지역의 기업은 나름대로 경쟁력을 유지하며 특수特需를 누렸다. 이런 예외적인 환경에서 북아메리카, 서유럽, 일본의 노동자와 노동조합은 회사에 임금이나 처우 개선 요구를 지속적으로 할 수 있었다. 각국 정부도 여러 가지 정책과 제도를 통해 강력한 안전망을 노동자에게 제공했다. 법률적으로 제한하는 노동시간은 줄어들었고, 장애 보상비용은 늘어났으며, 정년퇴직 연령도 60세나 62세가 보편적인 것으로 자리를 잡았다. 그런데 컨테이너가 이 유례없는 낙원을 끝내는 데 영향을 줬다. 운송비용이 낮아지자 자본의 유동성은 한층 더 높아졌다. 고용주는 유동성이 적은 노동자보다 협상에서 큰 힘을 발휘할 수 있었다. 이렇게 고도로 통합된 세계 경제 체제 안에서 미국 사우스캐롤라이나의 노동자가 받는 임금은 중국 선전深圳의 노동자가 받는 임금에 맞춰졌다. 프랑스 정부가 기업에 주당 노동시간을 줄여도 임금은 줄이지 말라고 명령하자, 프랑스 기업은 높은 비용을 피해 해외로 공장을 이전했다. 낮은 운송비 덕분에 다른 비용을 상쇄하고도 이익이 남았기 때문이다.[3]

오늘날의 컨테이너 항구 규모는 상상을 초월한다. 세계에서 내로라 하는 항구들에 수십 개씩 자리 잡은 정박소에는 최대 길이 430미터에 최대 폭 60미터나 되는 거대한 배가 오로지 금속으로 만든 컨테이너만 운반하면서 드나든다.

배의 갑판에는 빨간색, 파란색, 초록색, 은색의 컨테이너들이 8단에서 10단까지 15줄이나 20줄로 빽빽하게 적재되어 있다. 갑판 아래에도 컨테이너들이 6단이나 8단으로 쌓여 있다. 항해선교航海船橋 아래 승무원이 거주하는 곳은 뱃머리를 향하고 있는데, 컨테이너를 쌓은 곳 위에서 봐도 잘 보이지 않는다. 선원들이 사용하는 공간은 작고 선원 수도 몇 명 되지 않는다. 20만 톤 분량의 신발, 옷, 가전제품을 담은 길이 40피트 컨테이너 9,000개를 실은 배가 홍콩에서 수에즈운하를 지나 독일까지 3주간 항해하는 데 고작 20명의 선원만 있으면 된다.[4]

배가 부두에 정박하자마자 일렬로 늘어선 크레인들이 작업을 시작한다. 이 크레인들은 거대한 강철 구조물로 높이가 60미터나 되며 각각 900톤이 넘는 무게를 지탱한다. 크레인의 양다리는 15미터까지 벌어져 그 아래로 여러 대의 트럭이 늘어서 있을 수 있다. 심지어 기차가 다니는 선로를 놓을 수도 있다. 크레인들은 배와 나란한 방향으로 놓인 레일 위에 설치돼 필요할 때마다 앞뒤로 이동한다. 또 크레인은 부두 위 약 35미터 높이까지 팔을 뻗을 수 있으며, 폭이 파나마운하보다 더 넓은 배라도 거뜬하게 작업할 수 있을 만큼 팔을 넓게 벌릴 수 있다.

크레인 상단에서 운전기사는 트롤리(짐을 매달고 주행할 수 있는 대차. 짐을 매달고 내리거나 주행을 위한 장치 등이 부착되어 있다–옮긴이)를 타고 붐(수평활대)을 따라 이동할 수 있으며, 트롤리는 최대 무게가 25톤인 컨테이너의 윗부분 네 모서리를 잡을 수 있는 강철 구조물인 스프레더를 하나씩 달고 있다.

하역 작업이 시작되면 운전기사는 트롤리를 조작해 배 위에 실린 컨테이너 위치까지 이동한다. 그다음 스프레더를 내려 컨테이너를 잡아 올린 채 부두 쪽으로 이동하고 크레인의 다리 사이에서 대기하던 트랜스포터에 컨테이너를 내려놓는다. 트랜스포터는 컨테이너를 인근의 야적장으로 옮기고, 그동안 트롤리는 다른 컨테이너를 내리기 위해 돌아간다. 이 공정은 2분이 걸린다. 심지어 90초마다 한 번씩 이루어지기도 하는데, 크레인 하나가 한 시간에 컨테이너 30~40개를 배에서 부두로 내려놓는다.

컨테이너가 어느 정도 내려져 배에 여유 공간이 생기면, 이때부터 신고 나갈 컨테이너를 배에 올리는 작업이 동시에 진행된다. 이 작업은 한층 더 분주하다. 크레인이 배에 있는 컨테이너 하나를 그대로 부두에 내려놓고는 새 컨테이너를 집어 배에 싣는 것이다. 그러니까 컨테이너를 내리는 작업과 싣는 작업이 동시에 처리된다.

컨테이너 야적장에는 길이 1.5킬로미터 정도의 아스팔트가 깔려 있다. 이곳에 컨테이너가 들어오면 스태커크레인 아래 놓인다. 적재 역할을 하는 스태커크레인은 고무바퀴가 달려 있는데, 각 바퀴들의 간격은 15미터나 되므로 트럭 한 대와 4단으로 쌓은 컨테이너가 가뿐히 드나들 수 있다. 크레인의 바퀴들은 높이 21미터의 금속 구조물과 연결되어 있어 컨테이너를 여섯 개씩 열을 지어 쌓아놓은 곳 위에서도 앞뒤로 움직일 수 있다. 스태커크레인은 트랜스포터에 실린 컨테이너를 들어 올린 뒤, 컨테이너들을 쌓은 곳 위를 지나 정해진 자리에 내려놓는다. 그리고 몇 시간이 지나면 이 과정은 반대로 진행된다. 컨테이너를 들어 올려 트럭의 강철 섀시(육상을 운행하는 트레일러에서 컨테이너를 싣는 부분-옮긴이) 위에 올려놓는다. 그러면 트럭은 수백 킬로미터를 달려 목적지까지 컨테이너를 운반할 수도 있고, 아니면 인근의 철도 야적장까지만 운반할 수도 있다. 철도 야적장에는 컨테이너용으로 특수하게 설계된 차대가 낮은 차가 컨테이너가 실리길 기다린다. 컨테이너 터미널에서는 이제 예전의 부산스러운 모습은 찾아볼 수 없다. 커피 자루를 옮기는 건장한 부두노동자의 모습도 눈에 띄지 않는다. 영화 〈워터프론트On The Waterfront〉(1954)에서 배우 말론 브란도가 연기했던 근육질의 영웅 테리 말로이가 이 광경을 바라본다면 아마 무척 마음이 불편할 것이다. 컨테이너를 실은 배가 항구에 도착하기 오래전 이미, 배에서 컨테이너들을 내리고 또 다른 컨테이너들을 싣는 작업과 관련된 작은 움직임 하나하나가 모두 컴퓨터로 계산되고 설정된다. 컴퓨터와 이 컴퓨터를 사용해 하역 작업 계획을 세우는 사람들은, 배의 균형을 유지하면서도 작업 과정을 신속하게 하기 위해 컨테이너를 내릴 순서를 미리 결정한다.

컨테이너 크레인과 야적장 장비의 모든 움직임은 미리 컴퓨터에 입력되어 있다. 크레인을 조작하는 사람은 모니터 화면을 바라보면서 어디로 이동해서 어느 컨테이너를 들어 올려야 할지 일일이 지시하는 내용을 듣고 따르기만 하면 된다. 기사는 높은 허공이 아니라 지상에서 리모컨으로 크레인을 조작한다. 그러므로 인근 건물의 창문 없는 방에 느긋하게 앉아서도 모든 작업을 할 수 있다. 부두에서 작업하는 장비에도 모니터 화면이 있다. 이 모니터를 통해 각 컨테이너가 어디로 가야 할지 안다. 혹은 무인 트랜스포터를 운용하거나 야적장에서 컨테이너를 다루는 스태커크레인을 중앙에서 통제함으로써 공정에 사람이 한 명도 투입되지 않게 할 수도 있다.

예를 들어 컴퓨터가 수입 컨테이너 'ABLQ 998435'를 특정 트럭에 실어야 할 때, 오전 10시 45분에 터미널에 대기하도록 설정해둔다. 그리고 이 컨테이너는 약 26만 톤의 기계류를 담고 미국 뉴어크항으로 가기로 한다. 현재 야적장 A-52-G-6 위치에 있는 40피트짜리 수출 컨테이너 'JKFC 119395'는 앞쪽 홀드의 두 번째 줄에서 네 번째 슬롯(선박에 적재된 컨테이너의 일련번호를 매길 때 가로 방향을 나타내는 명칭이다-옮긴이)에서 아래로부터 세 번째 위치에 놓기로 결정한다. 또한 컴퓨터는 냉동 설비 가동이 필요한 컨테이너들을 전기 연결선이 있는 위치에 놓도록 하고, 위험 물질을 담은 컨테이너들은 오염될 위험이 높은 컨테이너들과 최대한 멀리 떨어진 위치에 두도록 계산한다. 전체 조작은 한 치의 오차도 없이 그리고 인간의 어리석은 실수가 개입되지 않도록 진행한다. 그리고 24시간 안에 배는 수천 개의 컨테이너를 모두 내리고, 싣는 작업을 끝낸 뒤 새로운 목적지를 향해 항해에 나선다.

주요 항구에서는 날마다 수천 개의 컨테이너가 배는 물론, 트럭 혹은 기차로 들어오고 나간다. 수출용 컨테이너를 실은 트럭은 항구의 출입문을 지나갈 때 스캐너가 각 컨테이너의 고유 번호를 읽고, 컴퓨터가 이 데이터를 배의 화물 목록과 대조한 다음 트럭 기사에게 컨테이너를 내릴 위치를 일러준다. 그러면 여러 컨테이너를 한꺼번에 운반하는 야드 트랙터는 섀시를 연결해 방금 도착한 배에서 내린 컨테이너를 운반한다.

2단으로 쌓은 컨테이너만 운송하는 기차도 있다. 기차가 부두와 가까운 종합터미널에 들어가면, 다리를 벌리고 선 형태를 한 거대한 크레인이 기차 위에 컨테이너를 싣는다. 외국으로 나가는 컨테이너를 실은 기차는 약 3,200킬로미터를 달려 가장 가까운 야적장까지 가는 동안 몇 군데만 정차하는데, 기차는 트럭이 컨테이너를 하역할 때 사용하는 것과 동일한 트랙에서, 또 동일한 크레인을 사용해 컨테이너를 하역한다.

빈틈없이 바쁘게 돌아가는 움직임은 전 세계 화물운송에서 똑같이 볼 수 있다. 말레이시아 공장에서 생산된 커피메이커를 담은 25톤 무게의 컨테이너가 말레이시아 항구에서 선적되어 로스앤젤레스까지 1만 4,500킬로미터를 항해하는 데 23일 걸린다. 그리고 하루 뒤에 컨테이너는 기차를 통해 시카고로 운반되고, 시카고에서 곧바로 트럭으로 옮겨져 신시내티로 간다. 말레이시아의 공장 정문에서 오하이오에 있는 물류 창고 정문까지 1만 7,700킬로미터의 거리를 이동하는 데 28일밖에 걸리지 않는다. 하루에 약 640킬로미터를 가는 속도다. 그런데 여기에 들어가는 비용이라고 해봐야, 같은 거리를 비즈니스클래스 좌석으로 비행 여행할 때의 편도 티켓 한 장보다 적게 든다. 게다가 커피메이커를 담은 컨테이너가 운송되는 동안 누구도 내용물에 손을 대기는커녕 컨테이너 문도 열지 않는다.

고도로 능률적인 이 운송 도구는 수출업자 및 수입업자에게는 축복이다. 그러나 세관원이나 보안 담당자에게는 저주이기도 하다. 각 컨테이너에는 안에 든 화물의 목록이 붙어 있지만, 어떤 해운사나 항구도 실제 내용물과 일치한다고 보증하지 못한다. 뿐만 아니라 내용물을 쉽게 확인할 방법도 없다. 컨테이너 한 면에 달려 있는 문을 열어봐야 대개는 운송용 판지 상자만 보일 뿐이다. 화물선 한 척이 길이 40피트짜리 컨테이너 9,000개를 불과 몇 시간 만에 쏟아낼 수 있고, 부산항이나 로테르담항처럼 항구 하나가 하루에 평균 4만 개의 컨테이너를 처리하며, 또 컨테이너마다 바닥에서 천장까지 화물을 포장한 상자가 줄을 지어 빼곡하게 들어차 있으니, 아무리 눈이 밝고 세심한 검사관도 모든 화물을 다 확인하기란 불가능하다. 컨테이너는 합법적인 화물을 운송할 때와 마찬가지로 신고하지 않은 상품이나 마약을 들여오거나 불법 이민자나 테러리스트의 폭탄을 밀반입하는 데도 매우 효과적일 수밖에 없다.[5]

▥

아이디얼엑스호에서 처음 시작해 해마다 수천만 개의 컨테이너를 운송하는 현재의 체계로 발전하기까지는 결코 쉬운 여정이 아니었다. 그러나 컨테이너를 찬성한 사람이나 반대한 사람 모두 컨테이너가 세상이 돌아가는 방식 자체를 바꾸는 발명품임을 처음부터 알아보았다.

1956년에 시작된 첫 번째 컨테이너 운송은 배에 대해 아무것도 모르던 기업가가 지칠 줄 모르는 탐구와 도전 끝에 막연했던 발상을 현실에서 실현한 도전이었다. 그 뒤 10년이 넘는 세월 동안 전 세계에서 컨테이너를 둘러싼 전쟁이 벌어졌다. 운송업계의 거물들은 컨테이너를 쫓아낼 온갖 궁리를 했다. 노동계의 지도자들은 컨테이너의 발전을 막기 위해 수십 개의 항구에서 파업을 벌이며 강력하게 맞섰다. 어떤 항구들에서는 컨테이너화를 위해 많은 돈을 투자했지만 일부 항구들은 컨테이너가 그저 지나가는 유행에 그칠 것이라는 믿음을 헛되이 안고 전통적인 방식의 부두를 부흥시키기 위해 막대한 돈을 들이는 어리석은 선택을 했다. 세계 각국의 정부도 수익, 일자리, 기존 사회적 관계들을 해치지 않으면서 편익을 누릴 수 있는 방법을 찾으려 노력했지만 실제로는 혼란 그 자체였다. 예를 들어 거의 모든 크레인이 거의 모든 항구에서 대부분의 컨테이너를 들어 올릴 수 있는 철강재 장치를 설계하는 일도 얼핏 보면 단순하지만, 이 표준을 제정하기까지는 몇 년에 걸친 논쟁을 지나야만 했다. 결국 미국이 베트남전쟁이라는 고통스러운 경험을 치르고 나서야 이 혁명적인 접근법이 화물을 운송할 때 엄청난 장점을 발휘한다는 사실이 입증되었다.

컨테이너가 세계 경제에 얼마나 크게 기여했는지 정확한 수치로 확인하고 싶지만 매우 어려운 문제다. 가령 이상적인 조건을 설정해 1955년, 방콕에서 제네바로 남성용 셔츠 1만 벌을 보낼 때 비용이 얼마나 드는지, 컨테이너가 도입된 뒤에는 얼마나 절약되는지 알고 싶을 것이다.

하지만 그런 수치를 제시할 자료는 지금 남아 있지 않다. 그래도 컨테이너가 화물운송비용을 크게 낮춘 것만은 분명하다. 수십 개의 컨테이너를 실은 작은 유조선 한 척에서 시작된 (당시에는 유조선 말고는 그런 컨테이너를 실을 수 있는 배가 없었다) 컨테이너 산업은 현재 고도로 자동화되고 고도로 표준화된 국제적인 산업으로 발전했다. 오늘날 거대한 컨테이너선 한 척에 필요한 인력과 시간은 반세기 전 작은 선박이 필요로 했던 인력과 시간의 절반밖에 되지 않는다. 몇 명 되지 않는 승무원들이 풋볼 경기장 네 개보다 더 긴 배를 몰고 대양을 항해할 수 있다. 컨테이너를 실은 트럭 기사도 트레일러에 컨테이너를 옮겨 싣기만 하면 곧바로 다른 일을 시작할 수 있다. 예전처럼 화물이 트럭에서 하역되는 동안 값비싼 운송 장비를 가만히 세울 필요가 없어졌다. 이 모든 변화는 컨테이너 혁명이 가져온 결과이다. 운송이 지금은 매우 효율적으로 바뀐 덕분에 화물운송비용은 어떤 목적에서든 경제적인 의사 결정을 내리는 데 그다지 큰 영향을 미치지 않는다. 이런 맥락에서 경제학자 에드워드 L. 글레이저^{Edward L. Glaeser}와 자네트 E. 콜하스^{Janet E. Kohlhase}는 다음과 같이 주장했다.

"상품 운송이 생산 과정에서 중요한 요소라고 생각하는 것보다 화물운송에는 거의 비용이 들지 않는다고 생각하는 편이 더 유익하다."

컨테이너가 등장하기 전에는 불가능한 발상이었다.[6]

1961년, 컨테이너가 세계적으로 사용되기 전에는 운송비용이 수출품 가격에서 차지하는 비율이 12퍼센트였고, 수입품 가격에서 차지하는 비율은 10퍼센트였다. 이런 맥락에서 상하원합동경제위원회^{Joint Economic Committee, JEC}의 한 고문관은 "이 비용은 정부가 설정하는 무역 장벽보다 더 의미가 있다"라고 말했는데 당시 수입관세는 상품 가격의 7퍼센트였다. 해상운송비는 매우 비쌌지만 제품을 다른 나라로 운송하는 전체 비용의 일부에 지나지 않았다.

1960년에 한 제약 회사는 미국 중서부 지역에 있던 공장에서 유럽 내륙의 도시로 트럭 한 대 분량의 의약품을 운송하는 데 약 2,400달러를 운송비용으로 들였을 것이다(〈표-1〉 참조). 이 과정에는 시카고의 트럭 기사, 트럭을 싣고 뉴욕이나 볼티모어로 운송하는 기차, 항구도시의 트럭 기사, 항구의 창고, 증기선 회사, 유럽의 창고와 트럭 회사, 보험사, 유럽의 관세청, 그리고 이 모든 복잡한 여정을 총괄하는 운송취급인(선적인의 의뢰를 받아 다른 운송업자의 운송수단을 사용해 화물을 운송하는 사람-옮긴이) 등 10여 군데의 외부 협력업체(혹은 협력업자)가 동원되었으며, 전

표 - 1
트럭 한 대 분의 의약품을 미국 시카고에서 프랑스 낭시로 운송할 때 드는 비용(1960년)

	지출 비용(달러)	비율(퍼센트)
미국 항구까지의 운송비	341	14.3
항구 인근에서의 운송비	95	4.0
항구에서 발생한 총비용	1,163	48.7
해상운송비	581	24.4
유럽 육상운송비	206	8.6
합계	2,386	

출처 : 존 L. 에이레John L. Eyre가 미국항만청에 보고한 자료. 주[7]참조

체 비용의 절반은 항구와 관련된 항목에 지출되었다.[7]

이 과정은 비용이 너무 많이 들었기에 대부분 외국 수출은 타산이 맞지 않았다. 그래서 실무 기술자 두 명이 1959년부터의 자료를 면밀히 검토한 끝에 다음과 같이 결론을 내렸다.

"몇몇 물품은 제품 가격에서 화물운송비용이 25퍼센트나 차지할 수도 있다."

1962년에 강철관을 뉴욕에서 브라질까지 운송할 때 드는 비용은 1톤당 평균 57달러였는데, 수출 강철관에 들어가는 전체 비용의 13퍼센트나 되었다(게다가 강철관을 제철소에서 선적 장소까지 운송하는 비용은 포함하지도 않았다). 런던에서 케이프타운까지 냉장고를 운송하는 데는 제곱피트당 68센트가 들었는데, 중간 크기의 냉장고 가격에 20달러나 추가되는 비용이었다. 이런 상황이었던 만큼 미국의 1960년대 국제 거래 규모가

1950년보다, 심지어 1930년 대공황 때보다 더 작았던 것은 놀랄 일이 아니다. 해외 무역에 들어가는 비용이 너무 높은 바람에 대부분 무역으로 이익을 남길 수 없었다.[8]

그런데 운송 과정에서 가장 큰 비용이 드는 부분이 화물을 육상운송에서 출발지 항구까지 옮기는 과정, 도착지 항구에서 다시 트럭이나 기차로 옮기는 과정이었다. 한 전문가는 다음과 같이 설명했다.

"6,400킬로미터에 걸쳐 운송하는 비용의 절반이 항구에서 선적되기까지의 16킬로미터와 항구에서 하역돼서부터 16킬로미터까지, 도합 32킬로미터 구간에 들어간다."

바로 이 부분에 컨테이너가 가장 먼저 영향을 미쳤다. 컨테이너가 도입되면서 화물을 작은 포장으로 일일이 나눠 다룰 필요가 없어졌고, 덕분에 부두노동자, 보험사, 부두 사용료 등에 들어가는 비용이 크게 줄었다. 컨테이너는 육상운송에도 빠르게 보급됐다. 그리하여 육상으로만 운송되는 상품도 화물을 싣고, 또 옮겨 싣는 데 들어가는 시간과 비용이 감소했다. 해운사들이 컨테이너를 실을 수 있도록 설계한 대규모 컨테이너 전용선을 도입하자 해상운송비는 수직으로 떨어졌다. 게다가 컨테이너 운송이 통합되면서 컨테이너는 통째로 트럭이나 기차에서 배로, 다시 트럭이나 기차로 옮길 수 있었다. 아시아 지역의 공장에서 나온 상품이 곧바로 북아메리카나 유럽에 있는 소매유통업체의 창고로 직행했다. 이에 따른 전체 운송비용은 회사의 비용 분석에서 그저 작은 금액을 표시하는 주석 정도에 불과했다.[9]

그러나 운송의 효율성이라는 모호한 표현만으로는 컨테이너화가 경제에 미치는 영향을 거의 설명하지 못한다. 컨테이너는 운송비용을 낮추었을 뿐만 아니라 시간을 절약했다. 재고품을 더욱 빠르게, 더욱 적은 시간을 들여 처리한다는 것은 공장에서 나온 상품이 소비자의 손에 들어가기까지 운송 시간이 짧아진다는 뜻이다. 이는 상품이 철로나 부둣가의 창고에서 선적되기를 기다리는 동안 지출되는 무의미한 재고비용을 줄인다는 뜻이기도 하다. 그런데 컴퓨터와 결합된 컨테이너가 도요타나 혼다와 같은 기업들의 '적기생산just-in-time manufacturing'을 가능하게 만들었다. 적기생산은 생산업체가 고객이 상품을 원할 때만 상품을 생산해 컨테이너로 배에 선적한 다음 약속된 시점에 소비자에게 인도하는 방식이다. 컨테이너가 등장하기 전에는 상상도 못했던 일이었다. 이런 정확성 덕분에 기업은 재고를 획기적으로 줄이고 그만큼 많은 비용을 절약했다. 소매유통업체들도 이 교훈을 물류 관리에 적용해 수십억 달러의 비용을 절감했다. 운송비용과 재고비용을 절약하고 또 상품을 적절한 때 시장에 내보내 시간을 줄임으로써 한층 더 길고 세분화된 공급망이 가능해졌다. 이에 따라 한 국가의 수입업자는 지구 반대편 다른 나라의 수출업자와 계약하더라도 약속한 개스킷(철근 콘크리트의 접합부나 유리를 끼운 부분에 사용하는 합성 고무제의 재료-옮긴이)이 필요한 시점에 도착하지 않거나, 인형이 크리스마스 이전에 상품 진열대에 올라가지 못할지도 모른다는 두려움에 떨지 않아도 된다. 공급망을 신뢰할수록 많은 소매유통업체, 도매업체, 생산업체가 낮은 생산비용이라는 이익을 누릴 수 있다. 그 결과, 고용주는 먼 곳에 있어도 비용이 상대적으로 적게 발생하는 공급업체를 찾는다. 그러나 공장이 해외 이전을 함으로써 기존 공장의 노동자는 해고의 위협을 느끼기도 했다.

　몇몇 학자들은 컨테이너 도입에 따른 운송비용 절감이라고 해봐야 무역 흐름에 미미한 영향을 줬을 것이라고 주장했는데, 이런 견해를 이 책은 정면으로 반박한다.

컨테이너가 국제무역에 도입된 지 10년이 지난 1966년, 제조업 상품의 국제 거래 규모 증가는 전 세계 제조업의 생산량 규모 증가보다 두 배 이상으로 커졌으며, 세계 경제 생산량 증가보다 두 배 반이나 올랐다. 통상적으로 무역을 자극하는 경제성장이 약했으나 무언가가 무역 규모의 발전을 가속화했다. 또 석유파동이 세계 경제를 휘청거리게 했음에도 불구하고 제조업 상품의 국제 거래 규모를 엄청나게 증가시키고 있었다. 세계 경제에서 일어난 이런 급격한 변화의 요인을 컨테이너라는 단 하나에만 돌리는 판단은 어리석을 수 있지만, 운송비용의 극단적 하락이 세계 경제의 통합 수준을 높이는 데 중요한 역할을 한 가능성을 외면해서는 안 된다.[10]

▥

이 책의 주제는 중요한 여러 연구 갈래가 합쳐지는 지점에 놓여 있다. 그중 한 갈래는 운송 기술의 변화가 미친 영향을 탐구하는 것이다. 이것은 역사학자나 경제학자가 전통적으로 중요하게 다룬 분야다. 증기선은 1780년대에 발명돼 1807년에 이르러 보편적으로 사용됐으며, 뉴욕시를 중요한 항구도시로 만들었다. 유례없이 거대한 규모의 이리운하는 증기선보다 한층 더 커다란 영향을 미쳤다. 19세기 과학기술의 변화와 항해 기술 개선의 결과로 해상운송료가 급격하게 줄어든 부분 또한 세계 무역의 대폭적인 증가를 자극했으며 유럽 열강들이 식민지를 개척하겠다는 열망을 한층 더 부추겼다. 철도 발달과 미국 경제성장의 상관성을 둘러싼 논의는 지금까지도 여전히 뜨겁게 이어진다. 하지만 낮아진 철도 운임이 농업 생산성을 높이고 남북전쟁 이전에 북부를 하나로 묶어주었으며, 궁극적으로 시카고를 1,600킬로미터 넘게 떨어진 서쪽으로 뻗어나가는 지역 중심 도시로 만들었다는 사실에 대한 논의는 거의 없었다.

1880년대에 일어났던 운송 혁신인 냉동열차 덕분에 축산업자가 굳이 소를 산 채로 데리고 대륙을 가로지르지 않고, 소를 도축해서 운송해도 되었다. 덕분에 일반 가정에서도 예전처럼 비싸지 않은 가격에 쇠고기를 먹을 수 있었다. 트럭과 승용차는 1920년대에 시작한 도시 발전의 형태를 완전히 새롭게 바꾸었다. 그 뒤 상업용 비행기가 등장해 고립된 지역을 대도시들과 몇 시간 안에 연결될 수 있도록 만듦으로써 경제 지도를 완전히 새로 그려야 할 정도가 되었다. 이 책은 컨테이너 운송 역시 지금 언급한 요인들과 비슷하게 무역 및 경제 발전을 자극하는 역할을 했다고 주장할 것이다. 그리고 증기선, 철도, 비행기처럼 정부의 개입이 컨테이너 산업의 성장을 돕기도 했지만 동시에 방해하기도 했다는 사실도 함께 설명할 것이다.[11]

두 번째로 들 수 있는 연구 갈래는 혁신의 중요성이며, 현재 이 분야에 대한 연구는 빠르게 발전하고 있다. 자본과 노동과 토지는 생산의 기본 요소다. 그러나 이 요소들은 경제가 성장하는 이유를 이해하려는 사람들에게 예전과 같은 매력이 없다. 오늘날 제기하는 핵심 질문은 어떤 생산 요소가 얼마나 많은 자본과 노동을 축적하게 할 수 있는가 하는 전통적인 질문이 아니다. 혁신이 얼마만큼 자원에 영향을 미쳐 많은 제품과 용역을 효과적으로 생산하는가 하는 질문이 중요하다. 혁신을 다루는 연구에서 분명히 밝힌 사실은 새로운 기술 그 자체는 경제적 편익을 거의 발휘하지 않는다는 점이다. 경제학자인 네이선 로젠버그^{Nathan} ^{Rosenberg}도 이렇게 말했다.

"혁신은 보통 초기 단계에서는, 궁극적으로 활용되기보다 특수한 곳이나 광범위한 곳에 엉뚱하게 적용되는 경향이 있다."

새로운 방법론에 대한 저항감이 혁신의 적용을 방해할 수 있다. 새로운 방법이나 도구의 잠재적 사용자들도 미래가 확실해지기 전에는 앞장서서 혁신의 초기 실험자가 되기를 망설인다. 베타맥스^{betamax} 비디오 플레이어의 초기 구매자들이 입증하듯 곧 사장될 기술에 투자하는 일은 위험하기 때문이다(베타맥스는 소니가 1975년에 개발한 비디오테이프 녹음 기술로 VHS 방식보다 기술적으로는 뛰어났지만 표준 설정 전쟁에서 밀려 결국 시장에서 퇴출되었다-옮긴이). 심지어 새로운 기술의 가치가 충분히 입증되었더라도 보편적으로 확산되려면 그 기술 이전에 나왔던 기술이 시장에 투자한 금액을 회수할 때까지 기다려야 하는 경우도 자주 있다.

1879년에 토머스 에디슨이 백열등을 발명했지만, 그로부터 20년이 지난 뒤에도 미국 가정의 3퍼센트만이 전등을 사용했다. 경제적 편익은 혁신 자체에서 나오는 것이 아니다. 실질적인 사용처와 결합하는 방법을 찾아내는 기업가에게서, 그리고 경제학자 에릭 브린욜프슨^{Erik} ^{Brynjolfsson}과 로린 M. 히트$^{Lorin\ M.\ Hitt}$가 지적했듯이 기업이 새로운 기술을 활용하기 위해 자기를 바꾸는 조직 형태의 변화에서 나온다.[12]

이 책은, 1870년대에 전기를 상용화하는 기술이 발명되었지만 실제로 전기가 널리 사용되기까지 수십 년이라는 세월이 걸렸던 것처럼, 컨테이너가 처음 등장하고 보편화되기까지도 많은 시간이 걸렸다는 이야기를 할 것이다. 부두에서 화물을 싣고 내리는 데 들어가는 비용을 크게 줄였다고 해서 전체 운송비용을 떨어뜨리는 결과로 바로 이어지지 않았다는 뜻이다. 대개 운송 회사들은 컨테이너의 장점을 최대한 활용할 수 있는 시설이나 장비를 갖추고 있지 않았으며, 선적인shipper(화물의 소유자이자 생산자이며, 통상적으로 수출업자를 지칭한다—옮긴이)들도 원가 설정이 제각각이었다. 이런 상황은 시간이 흐른 뒤에야 바뀌었다. 컨테이너 운송이 육지에서든 바다에서든 상품을 운송하는 새로운 체계로 발전한 다음에야 비로소 컨테이너라는 혁신은 무역의 양상과 경제 지리에 영향을 미치기 시작했다. 그리고 일단 세상이 바뀌기 시작하자 변화의 속도는 점점 더 빨라졌다. 더욱 많은 기업이 컨테이너 방식을 채택할수록 운송비용과 총비용이 절감되고 컨테이너 운송 체계는 보편화됐다.[13]

그리고 세 번째 갈래는 운송비용과 경제지리학, 즉 누가 어디에서 무엇을 만들 것인가 하는 문제 사이의 연관성이다. 이 연관성은 너무도 분명한 것처럼 보이지만 사실은 그렇지 않다. 데이비드 리카도David Ricardo가 1817년에 포르투갈과 영국이 각각 자기 나라가 비교 우위에 있는 제품을 만드는 일에 집중함으로써 이득을 얻을 수 있음을 논리적으로 입증했는데, 이때 그는 상품에 들어가는 비용으로 생산원가만 계산했다. 포르투갈에서 생산된 와인을 영국으로 운송하는 데 들어가는 비용, 영국에서 생산된 옷을 포르투갈로 운송하는 데 들어가는 비용을 고려하지 않았던 것이다. 운송비용이 0원이라는 리카도의 가정을 경제학자들은 그대로 받아들였다. 하지만 실제 현실에서는 운송비용이 매우 중요한 변수였다.[14]

경제학자들이 운송비용에서 지리적 요인이 차지하는 의미를 진지하게 연구하기 시작한 때는 1990년대 초부터다. 새로운 연구 갈래는 이제는 상식적인 개념을 비로소 공식적으로 입증했다. 운송비용이 높을 때 제조업자의 주된 관심은 공장을 고객 가까운 곳에 두는 것이다. 설사 공장의 규모를 줄이거나 공장 운영에 들어가는 비용이 많아도 어쩔 수가 없다. 운송비용이 다른 여러 비용보다 낮게 떨어지면, 제조업자는 상대적으로 커 보이는 다른 비용들을 줄이기 위해 공장을 이전한다. 처음에는 국내의 다른 지역으로 옮기고 그다음에는 아예 해외로 옮긴다. 경제 활동이 국경선을 초월해서 이루어지는 것, 즉 세계화란 바로 이런 과정의 필연적 결과다. 운송비용이 극단적으로 낮아지면, 생산자는 임금이 높은 국가에서 임금이 낮은 국가로 공장을 옮긴다. 그 결과, 모든 국가의 임금이 동일한 수준으로 정리된다. 이런 지리적인 차원의 변동은 갑자기, 그리고 빠르게 일어날 수 있는데, 경제활동이 진행되면서 오랫동안 이용한 산업 기반이 이용 가치가 없어져 방치되기도 한다.[15]

운송비용의 하락이 정말로 이런 경제 변동의 원인일까? 몇몇 학자는 해상운송비용이 20세기 중반 이후 크게 줄어들었다는 사실에 의심을 품는다. 어떤 학자들은 인접한 국가들이 멀리 떨어진 국가들보다 무역 규모가 크다는 사실을 들어 거리에 따른 운송비용이 국가 무역에서 여전히 큰 영향을 준다고 주장한다. 이런 주장을 펼치는 연구 저작물들은 의도적으로 비계량적인 접근법을 취한다. 1950년대 중반부터 1970년대까지 운송비용 관련 자료가 거의 없다시피 하므로, 이 방면에 관한 한 그 누구도 결정적인 증거를 제시할 수는 없다. 하지만 아무도 부인할 수 없는 사실이 있다. 운송업계에서 컨테이너화를 경쟁적으로 도입했다는 사실이다. 이것은 새로운 운송 기술이 운송비용을 상당한 수준으로 낮췄음을 강력하게 입증한다. 이 책은 컨테이너가 세계 경제에 준 영향력을 증명하기 위해 경제학 모델을 적용하지는 않을 것이다. 환율 체계의 붕괴, 반복되는 석유 위기, 식민주의 종식, 제트기 발명, 컴퓨터의 보급, 연장 거리가 수십만 킬로미터나 되는 고속도로 건설, 그리고 그 밖의 많은 발전이 있었던 기간 동안에 세계 경제에 나타났던 거대한 여러 변화를 염두에 둘 때, 컨테이너화만 따로 놓고 차별성을 주기는 쉽지 않다. 그럼에도 불구하고 지난 반세기 동안에 무역의 양상 및 경제활동이 일어나는 지리적 위치에서 나타났던 극적인 변화들은 컨테이너화와 경제지리학 사이에 매우 강력한 연관성이 있음을 암시한다.[16]

그런데 신기하게 최근까지도 컨테이너는 앞서 언급한 세 가지 갈래의 연구 분야 어디에도 연구 대상으로 포함되지 않았다. 컨테이너에는 엔진도, 바퀴도, 돛도 없다. 배나 기차나 비행기에 매료되었던 사람들, 혹은 선원이나 비행기 조종사에게 컨테이너가 매력적으로 보일리가 없다. 또한 기술 혁신을 연구하는 사람들의 관심을 끌 정도로 번쩍거리는 무엇도 없다. 20세기 중반 이후로 너무도 많은 요인이 경제지리학과 결합해 학자들의 관심을 끌었기 때문에 멋대가리 없는 컨테이너는 학자들의 관심 밖에 놓여 있었다. 컨테이너가 세상에 태어난 지 반세기가 지났음에도 아직 컨테이너의 역사조차 제대로 정리되어 있지 않다.[17]

이 책은 컨테이너화의 놀라운 이야기를 들려주면서 역사에 생긴 공백을 메우려 한다. 컨테이너화를 운송 관련 뉴스가 아니라 전 세계의 노동자와 소비자에게 어마어마한 결과를 안겨준 발전이라는 면에서, 요컨대 컨테이너가 없었다면 세상은 지금 모습과 완전히 다를 것이라는 관점에서 다룰 것이다.

2장
정체된 부두

'컨테이너 운송'이라는 개념이 형성조차 되어 있
지 않던 1950년대 초에는 전 세계의 내로라하는 상업 중심지는 대개 부
두를 끼고 있었다. 화물운송은 도시 산업이었다. 도시 곳곳에서 항구로,
항구에서 도시 곳곳으로 화물을 나르는 사람, 운전하는 사람, 짐을 지는
사람 등이 있었으며 이들이 수백만 명이나 되는 거대한 산업이었다. 부
둣가에서는 수많은 사람이 짐을 지고 배를 들락거렸다. 배 안 곳곳에서
는 짐을 쌓는 사람들로 가득했다. 부두 근처에는 창고들이 즐비했고 공
장들이 있었다. 제조업자들은 수백 년 동안 부두 근처에 있었다. 원재료
를 쉽게 공장으로 들여오거나 완제품을 빠르게 내어갈 수 있었기 때문
이다. 샌프란시스코, 몬트리올, 함부르크, 런던, 리오, 부에노스아이레스
항구 주변에는 항구와 관련된 일로 생계를 꾸리던 사람들이 살았다. 이
들은 부두노동이 가지는 특성에서 비롯된 문화로 집단을 형성했다.

비록 배는 수천 년 동안 바다를 누볐지만, 배를 이용해 상품을 운송하는 일은 1950년대에도 여전히 복잡했다. 화물은 선적인의 공장이나 창고에서 트럭이나 기차에 하나씩 따로 실어야 했다. 트럭이나 기차가 수백 개 혹은 수천 개의 물품을 부두가 있는 해변으로 날랐다. 각각의 화물은 따로 내려지고 기록된 다음 임시창고에 보관되었다. 그리고 배가 들어와 선적 준비를 마치면 물품을 임시창고에서 꺼내 다시 기록 절차를 거치고, 배 옆으로 지고 가거나 끌고 갔다. 부두에는 보통 종이 상자나 나무 상자, 양동이 등이 어지럽게 널려 있었다. 화학 청소용품이나 쇠기름을 담은 강철 통들, 동물 가죽이나 면화를 묶은 200킬로그램짜리 뭉치들도 여기저기 널려 있을 수 있었다. 남자 두 명이 간신히 들 수 있는 붕사 자루, 목재 더미, 갓 딴 오렌지를 담은 바구니, 철사 뭉치 등이 혼합화물mixed cargo(둘 이상의 다른 화물이 같은 선박, 같은 갑판으로 운송되는 화물-옮긴이)이라는 이름으로 단단한 밧줄과 돛의 줄 등이 뒤엉킨 사이에서 선적되기를 기다리고 있었다. 이런 가운데 부두노동자는 소형 운반차나 손수레를 부지런히 움직이며 화물들을 배에다 실었다.

모든 화물을 배에 싣는 일은 부두노동자의 몫이었다. 부두나 인근 창고에서 부두노동자는 온갖 종류의 상자와 통을 가지고 '한 짐a draft of cargo'을 만들어 목제 팔릿 위에 올려 둔다(크레인의 일종인 양화기sling로 화물을 들어 올릴 때 한 번에 옮길 수 있는 화물량을 'a draft of cargo'라고 말한다-옮긴이). 그런데 어떤 짐은 밧줄로 감겨 있지만 팔릿 위에는 상자나 가방이 느슨하게 쌓여 있는 게 보통이다. '한 짐'이 준비되면 부두에 있는 사람이 팔릿 아래에도 밧줄을 집어넣어 팔릿과 단단하게 묶는다. 이런 작업이 진행되는 동안 배의 갑판에서는 윈치(밧줄이나 쇠사슬로 물건을 들어 올리거나 끌어당기는 기계-옮긴이) 조작 기사가 팰릿을 들어 올리라는 신호를 기다렸다. 신호가 오면 기사는 갑판 크레인의 갈고리를 내려 보내고, 아래에 있던 사람이 팰릿을 묶은 줄을 갈고리에 걸면, 다시 갑판에 있는 기사가 화물을 끌어 올린 다음 선창(화물 적재를 위한 갑판 하부의 공간-옮긴이)으로 내려 보낸다. 그러면 거기에 있던 사람이 갈고리를 벗겨내고, 갑판의 기사는 다시 크레인을 올려 다른 짐을 끌어 올릴 준비를 한다. 이때 기사는 "아직 갈고리가 걸려 있어!"라는 감독의 고함을 듣지 않도록 조심해야 한다. 한편 선창의 어두컴컴한 공간에서는 한 무리의 부두노동자가 팰릿에서 짐을 내린 뒤에 적당한 공간을 찾아 짐을 둔다. 이때 네 바퀴가 달린 수레나 지게차, 완력을 사용한다. 부두노동자는 모두 손잡이가 나무로 된 강철 소재의 개인 갈고리를 가지고 다닌다. 무거워서 다루기 어려운 짐을 오로지 인간의 근육 힘만으로 붙잡을 수 있도록 설계한 것이다.

배에서 짐을 내리는 작업도 어렵고 힘들기는 마찬가지다. 예를 들어, 부두에 도착한 배에 100킬로그램짜리 설탕 자루들과 약 10킬로그램짜리 치즈 자루들, 그 옆에 2톤이나 되는 강철 코일이 실려 있다. 어떤 짐하나를 옮기면서 다른 짐을 파손하지 않는 일만으로도 충분히 힘들 것이다. 강철 코일은 크레인을 이용해 선창 밖으로 꺼내지만 설탕 자루나 치즈 자루는 사람이 들고 나가야 한다. 바나나를 실어내릴 때 부두노동자는 35킬로그램이나 되는 무게를 어깨로 지탱하며 널판을 건너 배 밖으로 나가야 한다. 커피를 내리는 과정은 선창에 있는 목재 팰릿 위에 60킬로그램짜리의 커피 자루 15개를 올리는 일부터 시작한다.

팰릿을 크레인이 갑판 위로 끌어올린 뒤에 부두로 내려놓으면, 인부들이 달려들어 팰릿에서 자루들을 들어내 거대한 커피자루 더미로 차곡

차곡 옮긴다. 이 모든 작업은 고된 육체노동을 필요로 한다. 에든버러에서 짐칸에 가득한 시멘트 자루를 내리는 작업은 9미터 높이로 서로 단단히 묶인 채로 쌓여 있는, 먼지 풀풀 날리는 자루를 양화기에 하나씩 집어넣는 일부터 시작한다. 페루에서 뉴욕으로 운송되는 구리 막대기는 사람의 힘으로 다루기에는 너무 크고 무겁다. 인부들은 갑판을 가로질러 바지선으로 거대한 금속 덩어리를 옮겨야 한다. 그러면 이 바지선은 뉴저지에 있는 공장으로 구리를 실어 나른다. 예전에 부두에서 감독관으로 일했던 사람은 이렇게 기억한다.

"부두노동자는 하루 종일 허리를 구부리고 일해야 했으므로, 이 사람들이 일을 끝내고 집으로 돌아갈 때는 모두 오랑우탄 같은 자세로 걸어갔지요. 이렇게 굽은 허리는 다음 날이 되어서야 펴졌습니다."[1]

자동화는 2차 세계대전 도중에 시작되었다. 그러나 일부분에서만 그랬다. 1920년대 이후로 공장에서 사용하던 지게차는 1950년대가 되면 팰릿을 창고에서 선적할 배 옆으로 옮기는 작업을 할 때 널리 쓰였다. 그리고 몇몇 항구에서는 컨베이어벨트를 설치해 커피 자루나 토마토 자루를 하역할 때 썼다. 그러나 아무리 기계가 가까이 있다고 해도 사람의 힘이 최종 해결책이 될 수밖에 없는 경우가 흔했다. 부두노동자들은 어느 날에는 조금만 잘못 건드려도 상하는 적도 과일이 담긴 작은 상자를 조심스럽게 다루다가 다음 날에는 더러운 석탄을 몇 톤씩 처리해야 했다. 뜨거운 햇빛 아래 일하기도 했고 밤에 일하기도 했다. 비가 오나 눈이 오나 일했다. 땀이 비 오듯 쏟아지는 후텁지근한 선창 안이나 얼어붙은 부두에서 일했다. 빗물에 미끄러운 좁은 통로를 짐을 지고 걸어 다녀야 했다. 쌓아둔 파이프 위로 넘어지거나 머리 위로 떨어지는 짐에 깔릴 위험도 있었다. 늘 위험이 도사렸다.

말레이시아에서는 1947년에서 1957년 사이, 10년 동안 47명의 노동자가 부두에서 일하던 중 사망했다. 아일랜드해에서 운하로 들어오는 대양 화물선의 짐을 날라야 했던 맨체스터의 부두노동자는 1950년, 두 명에 한 명꼴로 부상을 당했고 여섯 명에 한 명꼴로 병원 신세를 졌다. 상대적으로 사고가 적은 뉴욕항도 1950년 2,208건의 심각한 사고가 일어났다. 정부가 정한 안전수칙이나 감독은 거의 없었다. 사정을 모르는 외부 사람들의 눈에는 낭만과 부두노동자의 단단한 연대밖에 보이지 않았지만 부두노동자들에게 노동은 결코 즐겁지 않았으며 위험천만한 일이었다. 건설업과 비교하면 노동자 부상률이 세 배였고 제조업과 비교하면 여덟 배나 되었다.[2]

당시 배들은 브레이크벌크선breakbulk ship('산적화물선'이라고도 한다-옮긴이)이었는데, 갑판 아래에 여러 층의 트인 공간을 마련해 수분이 없는 건조한 화물의 대부분 품목을 적재할 수 있게 한 구조였다('벌크' 화물은 따로 포장하거나 분류하는 과정 없이 싣는 석탄이나 곡물 그리고 귀중품 등과 같은 상품이다. 그러나 '브레이크벌크' 화물은 개별적으로 포장해야 하는 화물을 가리킨다).

배들 중 2,400척 이상이 미국의 조선소에서 1941년에서 1945년 사이에 대량으로 건조한 리버티선船,Liberty Ships이었다. 처음에는 호위함으로 설계되었으며, 70일도 안 되는 짧은 기간에 조립식 부품들로 만들어진 리버티선은 속도가 느리고 또 독일군의 어뢰에 격침한다고 하더라도 크게 아깝지 않을 정도로 값이 쌌다. 이 배는 만일 격침되더라도 손실 화물의 양이 많지 않도록 의도적으로 작게 만들어졌는데, 길이가 134미터밖에 되지 않았다. 1944년에 미국의 조선소에서는 빅토리선Victory ship을 만들기 시작했다. 이 배는 리버티선의 속도인 11노트(시속 약 20.4킬로미터) 보다 훨씬 빠른 속도로 운항했지만 길이와 폭은 겨우 몇 미터 더 길었을 뿐이다. 전쟁이 끝난 뒤 미 해군은 450척의 리버티선을 미국 해운사에 팔았고, 또 다른 450척을 유럽과 중국에 팔았다. 전쟁에서 살아남은 빅 토리선은 540척이 넘었는데, 해군은 남은 빅토리선도 1945년 말부터 팔아 치우기 시작했다.[3]

리버티선이나 빅토리선 모두 상업성에 초점을 두고 설계한 배가 아 니었다. 실내는 지독할 정도로 좁았으며, 배 양옆의 구부러진 정도 때문 에 다섯 개의 선창 위쪽은 넓었지만 바닥으로 내려갈수록 좁았다. 또 앞 뒷면보다 가운데가 폭이 넓었다. 부두노동자들은 이 고약한 공간에다 빈자리 없이 화물로 채우는 방법을 찾아야만 했다. 선주 입장에서 빈자 리는 비용 낭비와 같은 뜻이었기 때문이다.

그리고 각 선창은 창구艙口, hatch로 뚜껑이 덮였는데, 방수용 금속 뚜껑 은 갑판에서 열고 닫을 수 있도록 되어 있었다. 그러므로 첫 번째 기항지 에서 하역할 화물은 창구 가까이 있어야 했고, 종착지까지 가는 화물은 창구에서 가장 먼 곳에 놓여 있어야 했다. 또한 단일 품목의 화물들은 서 로 단단히 묶여 있어야 했다. 바다에서 배가 흔들릴 때 화물들이 제멋대 로 나뒹구는 일이 없도록 해야 했는데, 느슨하게 묶은 상자나 통이 파손 돼 내용물이나 다른 화물이 손상될 수도 있었기 때문이다. 숙련된 노동 자는 벽면 쪽의 정돈되지 않은 공간에 어떤 화물을 넣어야 하는지, 칸막 이벽에는 어떤 화물을 넣어야 하는지 잘 알았으며, 상자와 자루를 목재 와 함께 실어 화물이 섞이지 않도록 했다. 이런 조치들은 배가 항구에 도 착해 하역할 때도 유용했다. 짐을 실을 때 저지른 사소한 실수도 치명적일 수 있었다. 거대한 파도를 만날 때 이리저리 짐이 움직이기라도 하면 배가 무게중심을 잃고 뒤집어질 수도 있었기 때문이다.[4]

최종 목적지에 도착해 항해가 끝났을 때는 배에 실린 모든 화물을 하나도 남김없이 넘긴 뒤에야 비로소 싣고 나갈 화물을 넣을 수 있었다. 선창의 화물들은 분류가 어려울 정도로 단단하게 묶여 있었다. 그래서 때로는 덩어리째 부두에 쌓아 둔 뒤 하나하나 풀어헤쳐 꼬리표를 보면서 임시창고에 들어갈 것과 현장에서 화물 수령자에게 인도할 것을 분류했다. 만일 외국에서 들어온 배라면 세관원이 다니면서 관세를 매겼다. 상품 구매자 측 사람도 부두에 와서 주문한 상품이 온전하게 도착했는지 확인했다. 육류나 기타 제품을 거래하는 업체에서 나온 사람도 신상품을 둘러보았다.

부두에서 일하는 사람들 중에는 목수와 통 제조업자도 있었다. 이들은 손상된 상자나 통을 보수했다. 바로 이 시점에 시끄러운 소음을 내는 디젤 트럭이 후진해 들어와 짐을 실었고, 임시창고에서 나온 지게차도 부지런히 화물을 실어날랐다. 싣고 들어온 혼합화물을 배에서 임시창고로 옮기고, 나갈 화물을 배에 싣는 동안 배는 부두에 최소 한 주 이상 발이 묶여 있어야 했다.[5]

이런 모습은 전쟁이 끝난 시기에 운송업은 고도로 노동집약적인 산업이라는 사실을 보여준다. 1920년대 이후 불황과 전쟁 때문에 민간 상선 건조는 급격하게 줄었다. 해운사가 자본을 투자하지 않았다는 뜻이다. 미국에서 1930년부터 1951년까지 (바지선을 포함해) 배에 들인 민간 경비 지출 총액은 25억 달러밖에 되지 않았는데, 이것은 선주가 1920년대에 10년 동안 투자한 금액보다 적은 돈이다. 해운사들은 여분의 배로 리버티선과 빅토리선 그리고 유조선을 한 척당 30만 달러면 살 수 있었다. 그러므로 출항하지 않고 항구에 그냥 묶여 있는 배에 들어가는 재고 유지비용carrying cost은 그다지 높지 않았다. 부두 시설에 대한 투자도 큰 부담이 없었다. 가장 크게 비용이 들어가는 항목은 부두노동자에게 지급하는 임금이었는데, 대양 화물선 항해에 들어가는 총비용의 절반 가까이를 차지했다. 1959년에 두 분석가는, 부두 소유권자에게 지급하는 톤당 수수료까지 포함하면, "대양을 건너 상품을 운송하는 데 들어가는 비용의 60~75퍼센트는 항해할 때가 아니라 부두에 정박해 있을 때 발생한다"고 결론을 내렸다. 화물을 사람이 일일이 처리해야 하는 상황이니 짐을 싣고 내리는 데까지 걸리는 시간을 줄이기도, 부두나 배를 더욱 효율적으로 사용하기도 쉽지 않았다. 그러니 이전보다 멋진 부두를 만들기 위해, 또 큰 배를 사기 위해 투자를 하는 일은 어리석은 짓이었다.[6]

||||||||||

전통적으로 부두의 풍경을 결정한 한 가지 요소가 있었는데, 바로 부두노동자 고용이 매우 불규칙하다는 사실이었다. 쉽게 상하는 화물을 실은 배가 부두에 들어와 서둘러 하역 작업을 해야 할 때는 부두 주변의 노동자들이 모두 동원돼 일자리가 넘쳐났다. 하지만 전혀 일자리가 없는 날도 있었다. 항구로서는 화물을 최대한 많이 처리할 수 있도록 노동자가 늘 대기하길 원했다. 결국 평균적으로 일자리는 일을 구하는 사람에 비해 훨씬 적었다. 짐을 싣고 내리는 노동자, 트럭 기사, 창고에서 일하는 사람, 이들은 비정규적인 임시직의 사회를 이루었고, 이런 조건이

부두를 중심으로 살아가는 사람들의 공동체 의식을 형성하는 토대가 되었다.[7]

세계 어느 항구를 막론하고 부두노동자들은 아주 오랜 옛날부터 그랬던 것처럼 아침마다 일거리를 쟁취하기 위한 경쟁으로 내몰렸다. 일자리를 원하는 인부를 세우고 일을 시킬 사람을 뽑는 것을 미국에서는 '구성하기shape-up'라고 불렀고, 호주에서는 '선발하기pick-up'라고 불렀으며, 영국에서는 직설적으로 '쟁탈전scramble'이라 표현했다. 대부분 항구에서는 일자리를 다투는 과정에 애걸, 아부, 뇌물 등이 성행했다.

스코틀랜드에서 부두노동자로 일했던 조지 박스터George Baxter는 1930년대 에든버러 항구의 풍경을 다음과 같이 회상했다.

"아침 5시부터 8시까지 부두에서는 십장(작업조의 반장)들이 나타나는데, 그 빌어먹을 일자리를 따내려고 사람들이 미친 듯이 쟁탈전이 벌였지요."

오리건의 포틀랜드에서도 비슷한 풍경이 펼쳐졌음을 또 다른 목격자가 증언했다.

"회사에서 인부를 채용하는데, 여기에 뽑히려면 화요일 오전 7시에 부두에 나가 있어야 합니다. 그런데 짐을 내릴 배는 화요일 오후 9시에 들어옵니다. 비록 고용이 돼도 하루 종일 한 푼도 받지 못한 채 배가 올 때까지 기다려야 했지요."

1947년 프랑스 마르세유의 부두노동자의 하루는 오전 6시 30분 줄리엣 광장에서 시작되었다. 이곳에서 노동자들이 겨울의 어둠을 맞으며 보도에 빽빽하게 모여 서 있으면 십장이 와 일할 사람을 선택했다. 선택된 사람들은 인근의 카페에 가 일을 시작할 때까지 기다리고, 선택받지 못한 사람들은 다른 십장을 기다렸다. 샌프란시스코의 페리빌딩 근처 부두에서도 노동자를 뽑았다. 리버풀에서는 '리버풀고가철로'라는 공식적인 이름이 있었지만, 부두노동자들이 '부두노동자의 우산'이라고 부른 콘크리트 구조물 아래에 모여 십장이 자기 어깨를 두드려주길 간절하게 기다렸다.[8]

그런데 이런 인부 선발 과정에는 단순한 의식 이상의 의미가 담겨 있었다. 그것은 부패 행위를 자극했다. 영화 〈워터프론트〉는 허구적 사실을 극화한 것에 불과하다. 당시 현실에서는 십장에게 뇌물을 바치는 행동은 일자리를 얻고자 한 관행이었다. 뉴어크항에서 부두노동자로 일하던 모리스 멀맨Morris Mullman은 1953년에 노동조합 간부의 '휴가 기금' 조성을 거부한 뒤 일자리를 얻을 수 없었다고 증언했다. 뉴올리언스에서 부두노동자들은 급료에서 한 주에 2달러 혹은 3달러씩을 떼였는데, 다음 주에도 일자리를 얻으려면 감수해야 하는 희생이었다. 강제로 내기에 돈을 걸도록 하는 일도 노동자에게 돈을 뜯기 위함이었다. 이렇게 하지 않는 사람은 십장에게 선발될 수 없었다. 많은 항구에서 십장들은 노동자들에게 돈을 빌려주는 일로 부수입을 올렸다. 리버풀의 십장 중 일부는 강제로 돈을 빌려줬다. 이들은 '고리대금업자gombeen man'로 불렸는데 고리대금을 뜻하는 아일랜드 단어 'gaimbin'에서 나온 말이었다. 고리대금업자들이 요구했던 이자는 단기 대출이었음에도 불구하고 1실링당 3페니로 이자가 무려 25퍼센트나 되었다. 이 돈을 빌리는 사람은 다음 채용이 보장되었다. 원금과 이자를 뺀 나머지를 급료로 준다는 암묵적인 약속이 있었기 때문이다.[9]

1934년, 미국 태평양 연안에서는 노동조합과 정부가 고약한 관행을 조금씩 몰아냈다. 한 차례 강력한 파업이 일어난 뒤, 채용 과정을 통제하던 권한은 고용주에게서 노동조합에 넘어갔다. 그 뒤 채용 명령은 노동조합이 통제하는 직업소개소 쉼터에서 부두노동자 조합원의 배지 번호에 따라 아침마다 결정되었다. 호주에서도 2차 세계대전 이후에 호주자선하역위원회Australian Stevedoring Board가 부두노동 작업 할당권을 넘겨받았으며, 영국에서는 1947년에 국립부두노동자위원회National Dock Labour Board가 발족하면서 부두노동자들의 '쟁탈전'은 사라졌다. 로테르담에서는 1945년과 1946년에 노동 조건을 둘러싸고 격렬한 파업이 여러 차례 벌어졌다. 결국 고용주들은 부두노동자를 임시직으로 채용하는 것보다 정규직으로 채용하는 편이 낫다는 논리를 받아들였다. 그리하여 1952년에는 항구의 부두노동자들의 절반 이상이 정규직으로 일했다. 뉴질랜드와 프랑스는 부두노동자 채용을 관리하는 정부 기관을 발족했다. 또 뉴욕과 뉴저지주 정부는 부두를 중심으로 만연하던 부패를 척결하기 위해 뉴욕항해양위원회Waterfront Commission of New York Harbor를 발족했다.[10]

이런 개혁이 부두노동자 고용 양상에 중대한 변화를 만들었다. 부두노동자 수가 2차 세계대전 직후 몇 년 동안 엄청나게 많았음에도 불구하고(1951년에 뉴욕에서 5만 1,000명이 넘었고, 런던에서 등록된 부두노동자만도 5만 명이었다), 그중 소수만 일자리를 보장받았다. 불합리한 채용 과정이 사라지면서 각 나라의 정부와 노동조합은 부두노동자의 추가 유입, 특히 다른 곳에서 일하다 그 일이 없을 때 부두노동을 지원하는 일용직 노동자를 제한함으로써 기존 부두노동자의 소득을 높일 방안을 찾았다. 새로 제정된 규칙은 새로운 부두노동자의 진입을 막아 승인받은 부두노동자만이 등록증을 교부받았다. 해운사나 하역 인부 관리 회사는 등록증이 없는 사람을 채용할 수 없었다. 이렇게 등록증을 가진 노동자들은 나이에 따라 몇 개의 집단으로 서열이 정해졌다. 채용 순서는 서열이 가장 높은 집단에 속하는 노동자들부터 무작위 추첨으로 이루어졌는데 (가장 높은 단계의 서열 집단을 뉴욕에서는 'A급^A men^'이라고 불렀고 마르세유에서는 '전문가'라고 불렀다), 이 집단에 속한 노동자 모두가 채용되고 난 다음 그 아래 등급에 속하는 노동자들이 채용 기회를 얻었다. 부두노동자로 일할 기회가 상대적으로 적은 사람들은 다른 일자리를 찾아 떠나게 함으로써 나머지 사람들이 보다 나은 대우와 안정적인 소득이라는 혜택을 누릴 수 있도록 하자는 게 이 제도의 취지였다.[11]

제도 변화 덕분에 부두노동자는 아침마다 일자리를 얻기 위해 온갖 굴욕을 참아야 하는 일은 없어졌다. 하지만 소득은 여전히 불안정했는데 수요의 변동이 컸기 때문이다. 극단적인 경우지만 리버풀의 하역 회사들은 바쁜 날에는 조용한 날보다 두 배나 많은 인력을 필요로 했다. 1960년 이전까지 런던에서는 부두노동자가 연금 혜택을 받지 못했는데 그러다 보니 일흔 살이 넘은 노인도 힘에 부치지 않은 일거리라도 하기 위해 기대를 갖고 현역 부두노동자 무리에 들어왔다. 일자리를 구하지 못한 부두노동자에게 일정 금액의 정부 지원금이 나오기도 했지만, 일반적인 기본급에 비해 터무니없이 적었고 조건마저 까다로워 많은 사람이 혜택을 받지 못했다. 비╫공산권에 속하는 세계적인 항구 중에는 오로지 로테르담과 함부르크의 부두노동자들만 꾸준한 소득을 보장받을 수 있었다. 이곳에서는 1948년부터 반╫일용직 노동자가 주 5일 근무에 해당하는 소득을 보장받았다.[12]

부두노동자의 삶은 오래전부터 다른 직업의 노동자들과 달랐으므로 뚜렷하게 구분되는 그들만의 문화가 만들어졌다. 이들은 한 회사에 오래 근무하는 경우가 드물었다. 동료들에게는 충성을 다했지만 '회사'에는 그렇지 않았다. 많은 사람이 자기에게 주어진 일을 얼마나 잘하는지, 아무도 알아주지 않고 신경쓰지 않는다고 믿었기 때문이다. 게다가 이들의 노동은 몹시 힘든 일이었고 위험했다. 외부 사람들도 이들이 하는 노동을 높이 평가하지 않았다. 그랬기에 더 단단하게 단결할 수 있었다. 그리고 근무시간을 스스로 조절할 수 없었으므로 출퇴근 시간이 일정한 사람들과 미리 시간을 정해 일과 후 어떤 활동을 함께하기도 어려웠다. 오리건의 부두노동자 윌리엄 필처William Pilcher(필처는 부두노동자면서 부두노동자를 연구한 사람이기도 하다)도 "부두노동자의 아내는 남편이 언제 일하러 갈지 거의 알지 못했다. 작업 시간도 들쭉날쭉해 남편이 저녁을 먹으러 언제 집으로 돌아올지 아는 경우도 드물었다"고 적었다. 소득도 매우 불규칙했다. 대부분 부두노동자는 같은 지역의 육체노동자가 받는 평균 임금보다 높은 시급을 받았다. 물론 일할 때만 그랬다. 하루에 절반밖에 일하지 못하거나 며칠씩 혹은 몇 주씩 일이 없는 경우가 흔했으므로, 전체 소득으로 따지면 다른 육체노동자보다 높은 것도 아니었다.

한편 많은 부두노동자가 회사에 얽매여 있지 않다는 사실을 늘 가슴에 담고 있었다. 어떤 부두노동자가 특정한 날에 일하지 않겠다고 마음먹더라도, 즉 직업소개소로 나가서 '선발'되기 위해서 '쟁탈전'을 벌이기를 포기하고 대신 낚시를 가겠다고 결심하더라도, 그것은 온전히 그가 누릴 수 있는 권리였다.[13]

이런 특성들 때문에 부두노동자들 사이에 독특한 문화가 형성됐다. 어느 사회학자는 "대도시의 다른 직업군과 비교해도 부두노동자 공동체는 매우 남다른 것 같다"고 정리하기도 했다. 흔히 부두노동자는 전 생애를 부두 가까이에서 보냈다. 2차 세계대전이 끝난 뒤 몇 년 동안 영국 맨체스터항에서 일한 부두노동자의 54퍼센트가 부두 1마일(약 1.6킬로미터) 반경 안에 살았다. 비록 이들이 살던 집은 좁고 낡아 빠졌고 여러 가지 편의시설이 부족했음에도 '그곳에 살던 부두노동자들 중 다른 곳으로 이사 가고 싶어 한 사람은 별로 없다'는 사실을 여러 사회학자가 확인했다. 1950년대 호주 서부의 프리맨틀에는 전체 부두노동자 중 절반이 부두 2마일 반경 안에 살았다. 이탈리아 출신 이민자들이 모여 살던 미국 사우스 브루클린에서도 1960년을 기준으로 노동자 다섯 명에 한 명꼴로 트럭 기사나 부두에서 짐을 나르는 일을 하며 부두에서 살았다.[14]

또 부두노동자들은 아버지, 아들, 형제, 삼촌, 사촌 등이 함께 부두에서 일했으며 대개 같은 동네에서 살았다. 인종이나 민족이 다른 사람은 이들 사회에서 결코 환영받지 못했다. 런던항과 리버풀항에서는 아일랜드인이 부두를 지배했다. 특히 서인도제도나 아프리카 출신의 비⼗백인 이민자들은 부두에서 일자리를 구할 생각은 아예 하지도 못했다. 전체 부두노동자 중 약 4분의 3이 흑인인 미국 남부에서는 백인과 흑인이 따로 노동조합을 만들었으며 각각 다른 배에서 일하는 경우도 많았다. 그러나 예외도 있었다. 뉴올리언스에서는 흑인과 백인이 동맹을 결성해 어떤 배에서든 같은 비율로 일할 수 있도록 협력했다. 그러나 이것도 1923년, 고용주가 강력한 압력을 행사하며 해체되고 말았다. 보스턴에서는 1929년에 파업에 불참한 흑인들이 상당수 고용됐지만 아일랜드인이 지배하던 부두노동자노동조합은 이들을 부두노동자로 등록하려고 하지 않았다. 뉴욕에 있던 국제부두노동자연맹International Longshoremen's

Association, ILA은 아일랜드인, 이탈리아인, 흑인(공식적으로는 흑인이라는 표현이 아니었지만 실질적으로는 흑인이었다)으로 구성된 하부 조직을 거느렸다. 볼티모어 지부도 흑인과 백인을 구분하는 하부 조직이 따로 있었다. 비록 태평양 연안에 있던 국제항만노동조합International Longshoremen's and Warehousemen's Union, ILWU이 인종차별을 금지했지만 포틀랜드와 로스앤젤레스 지부들은 1960년대 들어서까지 백인으로 가득했다. 심지어 포틀랜드 지부는 곡물을 처리하는 사람들 중 일부가 흑인이라는 사실을 알고는 곡물 처리 조합원 전체를 조합원으로 인정하지 않겠다고 했다.[15]

부두노동자노동조합은 인종이나 민족을 문제 삼지 않았지만 조합원의 친척에게 조금이라도 더 많이 일자리가 돌아가도록 하려고 공공연히 이방인들을 배척했다. 부두노동은 고되기 짝이 없었지만 고등학교를 졸업하지 못한 육체노동자가 쉽게 구할 수 있는 직업 중 가장 보수가 좋았다. 부두노동자의 세계에서는 열여섯 살 아들을 아침 인력시장에 데리고 나가 채용을 부탁하는 일이 통과의례였다. 포틀랜드 부두노동자들의 아버지 직업으로 가장 흔한 것도 바로 부두노동자였다. 앤트워프항에서는 부두노동자의 58퍼센트가 부두노동자의 아들이었고, 맨체스터항에서는 무려 75퍼센트였다. 그리고 그 외 많은 곳에서 부두노동자의 딸과 결혼해 연줄로 부두노동자가 되는 경우도 허다했다. 1950년대 중반에 에든버러항에서 부두노동자로 일했던 에디 트로터Eddie Trotter는 "어느 한 사람이 부두노동자이면 그 사람의 아들이든 손자든 조카든 형제든 누구 하나 부두노동자가 되지 않는 사람이 없었습니다"고 회상했다. 영국 수상 해럴드 맥밀런Harold Macmillan은 1962년에 부두노동자가 파업하겠다고 나서자 이렇게 말했다.

"부두에서 일하는 사람들은 정말 다루기 어렵다. 아버지나 아들이나 삼촌이나 조카도 마찬가지다. 이 사람들이 하는 일은 상원의원처럼 세습이 되지만 지성은 전혀 필요가 없다."[16]

가혹한 노동 조건, 경제적 불안정성, 편협한 생활 방식 등으로 부두노동자들은 독특한 관습과 문화를 만들었다. 또한 스스로를 거칠고 남에게 얽매이지 않은 사람으로 여겼다. 필처는 이들이 술고래와 싸움꾼으로서 명성을 쌓으려고 은연중에 애쓴다는 사실을 알았다.

"부두노동자들은 스스로를 뭐든 뚝딱 해치우는 사람으로 인정받길 좋아한다. 이 이미지는 외부 사람들에게, 또 서로에게 보여주고 싶어 하는 것이기도 하다."

이 이미지는 대중이 바라보는 이미지기도 했다. 1950년에 발표된 영국의 조사에 따르면 부두노동자라는 직업은 호감도 부분에서 30개의 직업 중 29위였다. 유일하게 거리청소부보다 좋다는 평가를 받았는데, 당시에는 거리청소부보다 평균 임금을 더 많이 받았기 때문이다. 부두노동자에 대한 낮은 평가는 성별 및 사회계층을 통틀어 동일하게 나타났다. 어떤 사람이 부두노동자라는 것은 주류 사회에 대한 동일한 소외감과 인생관을 가진 전 세계의 동료들과 강력한 유대를 느끼는 일원이 된다는 뜻이었다.[17]

부두노동자의 호전성은 직업의 특수성에 따른 당연한 결과였다. 전 세계의 부두노동자는 자기들이 받는 처우가 전적으로 집단행동에 따라 좌우된다는 사실을 잘 알고 있었다. 육체노동에 목을 매는 노동자들이 널려 있었으므로 집단행동을 하지 않으면 노동력 공급 과잉으로 굶주림만 겨우 면할 수준으로 임금이 떨어지는 게 당연했기 때문이다. 대부분의 경우, 이들을 고용하는 고용주들은 보호해야 할 자산이나 명성을 가지고 있는 해운사나 터미널 운영사가 아니라 특정 부두나 배에 관련된 용역 계약을 맺은 도급업자들이었다. 이런 체계 때문에 선주들은 부두 노동자와 관련된 여러 가지 까다로운 일은 도급업자의 책임으로 돌릴 수 있었다. 관리에 책임지는 중심 집단이 없었던 양상은 노동조합에도 그대로 나타났다. 고용을 둘러싼 분쟁을 정해진 방식에 따라 해결하는 체계가 아니었다. 노동조합은 서로 선명성을 경쟁하면서도 실질적 분쟁 해결 능력이 없어 자주 파업이 일어났다. 어느 한 사람의 불평이 항구 전체를 마비시킬 수도 있었다. 11개국을 대상으로 한 연구 논문에 따르면, 부두노동자는 광부나 선원과 함께 다른 어떤 직업군에 속한 사람들보다 노동 분쟁 때문에 채우지 못하는 노동 일수가 많았다. 영국만 하더라도 부두노동자의 파업으로 1948년부터 1951년까지 100만 인·일$^{man \cdot day}$(일반적으로 노동자 한 명이 하루 일하는 단위-옮긴이)의 노동 손실이 발생했으며, 1954년 한 해에만 130만 명이나 되었다. 부두노동자들은 급진주의 노동 개혁의 최전선에 있었고 이런 사실을 자랑스럽게 여겼다.[18]

이들의 연대는 역사에서 얻은 교훈을 통해 강화되었다. 부두노동자의 단결된 힘은 19세기 중반 이후로 산업화가 활발했던 선진국에서는 점차 줄어들기 시작했는데, 그만큼 일은 더 힘들어지고 임금은 내려갔기 때문이다.

1928년, 호주에서는 부두 운영 회사들이 부두노동자가 일으킨 파업을 무산시킨 뒤 주말 수당을 대폭 줄였으며 반일제 채용을 함으로써 노동조합의 핵심 성과였던 하루 1교대를 없앴다. 1차 세계대전 이후 몇 년 동안 단체교섭권을 법적으로 보장하지 않던 미국 전역에서는 운송 회사들과 하역 회사들이 노동조합을 파괴하고 나섰다. 이런 시도들은 대개 성공했다. 1923년에 고용주들이 노동조합과 싸워서 이긴 뒤, 뉴올리언스의 부두노동자 임금은 시간당 80센트에서 40센트로 반이나 내려갔다. 태평양 연안의 고용주들은 1919년과 1924년 사이에 시애틀에서 샌디에이고에 이르는 모든 항구에서 노동조합을 공격하고 짓밟아 임금은 깎으면서 작업량은 대폭 늘렸다. 2교대 요구는 일상적이었다. 몇몇 항구에서는 시간당 임금이 아닌 성과급이라는 도급제 방식으로 보수를 지급함으로써 선적 속도를 높이려는 시도를 했다. 1950년, 마르세유에서 고용주들이 노동조합을 파괴하자 당시 부두노동자로 일했던 알프레드 파치니Alfred Pacini는 "부두노동은 무법천지의 일자리가 되고 말았다"고 말했다. 1947년 국립부두노동자위원회 발족 이후 처우가 대폭 개선되었다는 에든버러항의 부두노동자의 회상보다 그들의 전통적인 지위를 더 잘 설명해주는 것은 없다. 개인 사물함과 샤워장을 갖춘 '휴게 시설amenity block'은 예전에 그 어떤 고용주도 전혀 생각하지 않았던 것이다.[19]

노사 대립 관계의 역사는 전 세계의 운송 산업을 힘들게 만들었던 두 가지 문제점을 불러왔다. 하나는 절도였다. 도둑질은 부두에서 늘 있던 골칫거리였는데, 2차 세계대전 이후로 고가품 무역이 늘어나면서 심각할 정도로 만연했다.

일부 노동자는 처우가 나빠진 만큼 손해를 채우기 위한 도둑질은 당연하다고 합리화했다. 그러나 노동조합과 정부가 나서 임금 수준을 개선한 뒤에도 고약한 관행은 사라지지 않고 골칫거리로 남았다. 영국에는 부두노동자와 관련해 1960년대부터 내려오는 냉소적 농담이 하나 있다. 노동자가 금괴 하나를 훔치다 들켰는데 다음 봉급에서 금괴 값을 공제받는 처벌을 받았다는 내용이다. 1950년대에 부두노동자로 일했던 어느 아일랜드인은 다음과 같이 당시를 회상했다.

"나를 정말 화나게 만든 건 좀도둑질이었습니다. 끔찍하고, 끔찍하고, 정말 끔찍할 정도였습니다."

부두노동자들은 배의 선창에 안전하게 봉해진 채 보관된 위스키 통에서 꼭지를 틀어 위스키를 훔쳐 마실 수 있는 등의 놀라운 기술을 자랑스럽게 여겼다. 포틀랜드에서는 트랜지스터라디오나 술병과 같은 작은 물건이 자주 도난당했다. 이런 도둑질은 물건을 팔아 돈을 마련하기 위해서라기보다 자기가 집에서 쓰거나 친구에게 주기 위해서였다. 그런데 뉴욕에서는 모든 품목에서 도둑질이 만연했다. 해운사 그레이스라인Grace Line은 무게가 60킬로그램이나 되는 커피콩 자루조차도 도둑질 대상이 될 수 있다는 사실을 알았다. 그래서 인장이 찍힌 저울을 도입해 트럭에 실려 항구를 빠져나가는 자루의 개수를 확인해 검사관들이 변조된 저울로 절도를 돕는 방법을 막았다.[20]

두 번째 문제는 고용주가 일자리를 줄일 것 같다고 의심되는 모든 행위나 조치에 부두노동자가 저항하고 나서 결과적으로 일자리를 줄인다는 점이었다. 노동조합은 부두에 거점을 확보할 때마다 계약서대로 모든 것을 이행해야 한다고 주장했다. 고용자의 오랜 학대의 역사에 맞서 스스로를 보호하기 위해서였다. 창구 하나당 일할 사람의 수, 화물을 실은 배의 선창 안이나 화물을 내려놓을 부두에 배치될 사람의 수, 화물을 들어 올리는 양화기의 최대 하중, 노동자들이 사용할 장비 그리고 그 밖에 수없이 많은 자잘한 것을 단체교섭 협상문에 빽빽하게 적었던 것이다.

그러나 리버풀의 해운 관계자들은 이른바 '웰트welt'라는 관행을 없애려고 여러 차례 시도했다. 웰트는 전체 노동자의 절반이 일할 때 절반은 부두를 비우고 (대개는 인근에 있는 술집으로 갔다) 한두 시간이 지난 뒤 부두로 돌아오면 이번에는 그동안 일했던 사람들이 긴 시간 동안 휴식을 취하는 것이었다. 전 세계의 항구에서는 이런 노동 관행을 바꾸려는 고용주들의 시도에 팽팽하게 맞서는 파업이 일어나곤 했다. 로스앤젤레스에서는 노동자와 고용주가 기계화를 사이에 두고 날카롭게 대립했다. 그 결과 1954년의 노동생산성은 1928년의 75퍼센트 수준으로 떨어졌다. 태평양 연안의 항구에서는 1954년의 노동시간 대비 화물 처리량은 1952년보다 9퍼센트 줄어들었다. 뉴욕항에서도 1950년에는 한 사람이 1톤의 화물을 처리하는 데 1.9시간밖에 걸리지 않았지만 1956년에는 2.5시간이 걸렸다.

영국에서도 하역노동자 한 사람이 1년에 처리하는 화물 무게는 1948년부터 1952년까지는 거의 일정하다가, 1953년에 화물량의 증가로 30퍼센트 넘게 늘어났다. 그 뒤 다시 예전의 수준 아래로까지 내려갔다.[21]

||||||||

화물 처리에 들어가는 고비용 문제의 해법은 분명했다. 수천 가지 품목의 화물을 싣고, 내리고, 옮기고, 다시 올리는 과정을 일일이 따로 할게 아니라 커다란 상자에 화물을 집어넣고 상자째 옮기면 되지 않을까?

사실 운송 화물을 커다란 상자에 넣는다는 발상은 수십 년 전부터 있었다. 19세기 후반에 영국과 프랑스의 철도 회사들은 가구를 목제 컨테이너에 넣은 다음 크레인을 이용해, 이 상자를 철도 화물차에서 말이 끄는 수레로 옮기는 시도를 했었다. 1차 세계대전이 끝날 무렵 동력 기관을 장착한 트럭이 민간에서 널리 사용된 때와 거의 동시에 신시내티모터터미널사Cincinnati Motor Terminals Company는 트럭의 몸체를 분리할 수 있도록 만들었다. 그리고 크레인으로 이 트럭 몸체를 옮긴다는 발상을 했다. 선견지명이 있는 사람들은 이미 '트럭에 연결할 수 있는 표준화된 컨테이너를 만들면 크레인으로 철도 화물차, 트럭, 창고 바닥에서 배까지 쉽게 옮길 수 있을 것이다'라는 혁신적인 생각을 했다. 이 발상을 최초로 실천한 미국의 철도 회사는 뉴욕센트럴New York Central이었다. 이 회사는 1920년경에 강철 컨테이너를 도입했다. 컨테이너가 일정한 규격을 갖추고 있어 서로 딱 들어맞았는데, 옆으로 문을 열고 화물을 내리게 되어 있었다. 또 바닥이 낮은 화차에 컨테이너 여섯 개를 나란히 해서 실었다.[22]

미국에서 가장 큰 철도 회사이던 펜실베이니아레일로드는 새로운 발상의 강력한 지지자였다. 이 회사의 고민은 고객들이 특정 목적지로 배송하는 화물의 양이 컨테이너 하나에 담기에 너무 적다는 점이었다. 어느 작은 공장이 한 주 동안 유개화차 하나를 빌려 여러 곳의 목적지로 향할 물품을 채운다고 가정하자. 그러면 철도 회사는 컨테이너를 채워도 한 목적지만 가는 것이 아니라 여러 군데에 있는 구매자들에게 흩어져 배송된다는 말이었다. 그래서 철도 회사는 화차를 기관차에 연결해 가장 가까운 교차역까지 운행한 다음, 거기에서 화물을 꺼내 분류한다. 그리고 분류된 화물을 다시 손수레를 이용해 제각각 다른 목적지로 향하는 여러 화차에 실어 보냈다. 그래서 회사가 내놓은 대안은 폭이 9피트(약 2.7미터)가 조금 넘는 강철 컨테이너였다. 당시 평균적인 화차 길이의 약 6분의 1이 되는 크기였다. 선적인은 각 컨테이너에 화물을 실어 디트로이트로, 시카고로, 세인트루이스로 보낼 수 있었다. 그리고 교차역에서는 지게차를 이용해 이 컨테이너를 다른 철도선에서 대기하는 기차에 옮기면 되었다. 교차역에서 화물을 분류하는 비용을 계산하니 1톤에 85센트, 5톤의 컨테이너를 옮겨 싣는 데는 1톤당 4센트밖에 들지 않았다. 심지어 파손에 따른 변상 위험도 낮출 수 있었고 운송에 소요되는 화차의 수도 줄일 수 있었다.[23]

몇몇 철도 회사들은 비용을 낮출 뿐만 아니라 선적인에게 운송료를 부과하는 방식을 바꾼다는 점에서 컨테이너의 장점을 최대한 활용하고자 했다. 1880년대에 미국 연방 정부의 규제가 시작된 뒤, 주간통상위원회Interstate Commerce Commission는 각 화물별로 다른 운송료가 적용되어야 한다는 원칙을 철저하게 고집했다. 물론 이 운송료는 위원회의 승인을 받아야 했다. 그러나 컨테이너를 도입하면 철도 회사들은 화물의 상세 품목을 신경쓰지 않고, 컨테이너의 크기와 무게만 따지면 되었다. 그래서 철도 회사들은 오로지 무게만 따지는 운송료를 처음으로 제시했다. 시카고와 밀워키 구간을 오가는 노스쇼어라인North Shore Line은 3톤짜리 컨테이너 하나를 운송하는 데 화물 품목과 상관없이 무조건 100파운드(약 45킬로그램)에 40센트의 운송료를 매겼다. 10톤짜리 컨테이너 하나를 운송하는 데도 내용물과 상관없이 100파운드에 20센트의 운송료를 매겼다.

그러나 1931년에 공청회가 4개월에 걸쳐 이어진 뒤 최종적으로 주간통상위원회는 무게를 기반으로 하는 운송료 산정은 불법이라는 명령을 내렸다. 비록 컨테이너가 '추천할 만한 장비'라고 판단했지만, 내부에

고가품이 들어 있을 때 화물의 무게로만 운송료를 정하는 일은 합리적이지 않다는 것이었다. 이 명령으로 컨테이너는 철도 운송에서 경제적 강점을 잃어버렸다.[24]

그런데 1920년대에 다른 대륙에서 트럭이라는 경쟁력이 있는 새로운 운송수단이 등장하자, 철도 회사는 컨테이너 체계를 들고 나왔다. 비포장도로가 많은 육로에서 트럭으로 화물을 운송하는 방법은 비실용적이었지만 단거리에서는 분명한 강점이 있었다. 철도 회사는 트럭의 가격을 어떻게든 따라잡아야 했다. 호주의 철도 회사 선샤인비스킷은 뚜껑과 벽이 없는 무개화차에 제품을 실어 운송할 때 내용물을 광고하는 문구를 붙인 컨테이너를 사용했다. 런던·미드랜드·스코티시레일웨이는 1927년에 3,000개의 컨테이너를 날랐다. 프랑스국영철도는 농부가 육류와 치즈를 도시로 운송하는 효율적인 방법으로 컨테이너를 권장했다. 1933년에 이 철도 회사는 다른 철도 회사들과 함께 국제컨테이너국International Container Bureau을 만들었다. 이 기관은 유럽에서 국가 간 컨테이너 화물의 운송을 실용적으로 만들 목적으로 만든 조직이었다. 미국과 캐나다의 여러 연안 해운사는 1930년대에 컨테이너와 트럭 트레일러를 운반하려는 시도를 했으며, 그레이스라인은 뉴욕과 베네수엘라를 왕복하는 구간에서 화물을 노리는 좀도둑질을 막기 위해 목제 상자를 금속판으로 덧대었다. 센트럴오브조지아레일로드Central of Georgia Railroad는 화물이 실린 화차를 서배너(미국 조지아주 남동부의 서배너강 하구에 있는 항구도시-옮긴이)와 뉴욕 구간에서 운용할 목적으로 오션시핑Ocean Shipping Company이라는 자회사를 설립했다. 운송하던 화물을 다른 철도 회사에 옮기지 않고 화물의 최종 목적지까지 옮겨 매출을 높이겠다는 목적이었다.[25]

컨테이너 실험은 2차 세계대전이 끝난 뒤에도 계속되었다. 상륙작전 때 군대와 탱크를 육지에 내려놓기 위한 목적으로 개발되었던 수륙양용선을 발전시켜 트럭을 육지로 운송하기 위한 로로선Roll On/Roll Off Vessel(차량이 바로 타고 내릴 수 있는 배-옮긴이)으로 개조했다.

1948년, 국제컨테이너국이 재창립되었다. 미군은 병사들의 개인 소지품 및 기계 관련 보급품을 수송하는 용도로 소형 강철 컨테이너를 사용하기 시작했는데 이를 '코넥스 박스Conex boxes(컨테이너와 익스프레스의 합성 조어. 즉 '컨테이너 급행'이라는 뜻-옮긴이)로 불렀다. 1951년에 덴마크의 유나이티드시핑은 맥주와 식품을 덴마크의 여러 항구로 운송하는 서비스를 개시하면서 컨테이너를 싣는 목적으로 설계한 최초의 배를 선보였다. 드라보코퍼레이션 오브 피츠버그Dravo Corporation of Pittsburgh는 '트랜스포테이너Transportainer'라는 이름의 강철 상자를 개발했는데, 길이가 7피트 9인치(약 2.4미터)로 1954년에는 전 세계에서 3,000개 이상 사용되었다. 미주리퍼시픽레일웨이Missouri Pacific Railway는 1951년에 알루미늄 컨테이너인 '스피드 박스'를 광고했고, 알래스카스팀십Alaska Steamship Company은 1953년에 시애틀에서 알래스카의 여러 항구까지 목재 및 강철 컨테이너를 운송하기 시작했다. 화이트패스앤유콘루트레일로드White Pass and Yukon Route Railroad는 1955년에 소형 컨테이너를 운송할 특수 컨테이너 선박을 건조해 브리티시컬럼비아에 있는 밴쿠버와 알래스카의 스캐그웨이를 오갔다. 컨테이너들은 알래스카에서 기차에 적재돼 캐나다 유콘 안에 있는 화이트호스까지 177킬로미터의 거리를 이동했다. 해운사 시트레인라인스 Seatrain Lines는 이전과는 다른 방식으로 컨테이너화에 접근했는데, 화차를 통째로 배에 실어 미국의 여러 항구에서 쿠바까지 갔다. 이 모든 시도들은 전체 화물운송량 규모나 범위로만 보자면 아직 대단한 수준은 아니었지만 목적은 같았다. 느리고 비효율적이기만 한 항구들을 경유하는 방식으로 화물을 운송하는 데 드는 비용을 줄이자는 것이었다.[26]

그리고 이 노력들은 모두 실패로 끝나고 말았다. 유럽의 영향력 있는 전문가도 "처음 생각과 다르게 컨테이너 사용에 따른 비용 절감 효과는 거의 나타나지 않았다"고 인정했다. 1955년에 이루어진 조사에 따르면 공산권 국가들을 제외한 유럽에서 총 15만 4,907개의 운송용 컨테이너가 사용되었다. 이 수치는 적지 않지만 큰 의미가 없었다. 그중 52퍼센트는 적재량이 세 면의 길이가 1.5미터인 상자보다 작은 컨테이너들이었다. 게다가 유럽의 대부분 컨테이너는 나무로 만들었으며, 대부분 윗면은 없이 그냥 뚫려 있었다. 사람들은 물품을 컨테이너 안에 담고 위를 천으로 덮었다. 그러니 안전하게 화물을 운송하는 효과가 없었다. 벨기에의 국립 철도 회사가 권장한 컨테이너는 트럭 차대에 마련한 경사로를 타고 미끄러져 들어가서 딱 들어맞게 만들어졌는데, 컨테이너를 처리하려면 추가 과정이 필요했다. 미국의 컨테이너들은 대개 강철로 만들어 내용물을 보다 완벽하게 보호했지만, 엄청나게 많은 제작비가 들어갔다. 게다가 화물을 가득 실었을 때 컨테이너 자체 무게가 4분의 1이었다.[27]

2차 세계대전 이후 몇 년 동안 전 세계에서 컨테이너를 활용하기 위해 제시되었던 여러 방법 중 핵심으로 꼽힌 방법들도 기존 방식과 비교할 때 특별히 나은 점이 없었다. 그래서 1955년에 선도적인 해운사의 한 임원은 "화물 컨테이너는 도움보다 오히려 방해되는 실정이다"라는 말까지 했다. 많은 컨테이너가 윗면의 네 모서리에 금속제 구멍을 달고 있는데, 컨테이너를 들어 올리는 작업을 할 때는 작업자가 컨테이너 위로 올라가 각 구멍에 갈고리를 끼워야 했다. 그런데 컨테이너가 충분한 무게를 버티도록 설계되어 있지 않으면 컨테이너를 들어 올리는 작업이 매우 위험했다. 또 지게차를 이용해 옮길 때도 컨테이너가 자주 파손됐다. 그러니 컨테이너를 사용하더라도 많은 비용이 들어가는 대규모의 부두노동자가 여전히 필요했다. 이들이 직접 배의 선창에서 일반화물(단위화되지 않은 화물. 일반적으로 컨테이너에 채워지지 않는 화물 및 팰릿화되지 않는 화물을 가리킨다-옮긴이) 옆에 컨테이너를 실어야 했기 때문이다. 게다가 선창에 장착되어 있는 기둥이나 사다리를 피해 상자들을 이동시키는 작업도 곤혹스러웠다. 이런 문제점을 프랑스의 하역 회사 임원도 1954년에 다음과 같이 인정했다.

"상품을 컨테이너에 담지 않고 개별적으로 적재하면, 공간을 훨씬 적게 차지하는 게 확실하다. 컨테이너 때문에 낭비되는 공간이 상당해 아마 전체 적재량의 10퍼센트도 넘을 것이다."

화물선이 화물을 운송하는 데 컨테이너 때문에 적재공간을 10퍼센트나 낭비해야 한다면 그만큼 경제적 부담이었다. 국제 화물운송에서 세관 당국이 컨테이너의 내용물뿐만 아니라 컨테이너 자체에도 관세를 매기는 경우가 허다했다. 또 빈 컨테이너를 돌려보내는 것도 비용 발생의 원인이었다. 1948년에 프랑스 국립철도의 책임자 장 레비Jean Levy도 이런 점이 "컨테이너 운송에서는 늘 커다란 핸디캡으로 작용한다"고 인정했다. 1956년의 한 논문에 따르면, 펜실베이니아에 있는 한 창고에서 래브라도에 있는 공군 기지까지 식료품을 운송할 때 컨테이너를 이용하는 것이 전통 방식보다 (설령 빈 컨테이너를 되가져오지 않고 공군 기지에 둔다

표-2
워리어호가 운송한 해외 화물

	개수	무게 비율(퍼센트)
케이스	74,903	27.9
종이 상자	71,726	27.6
가방	24,036	12.9
박스	10,671	12.8
다발	2,880	1.0
포장 상품	2,877	1.9
개별 상품	2,634	1.8
원통	1,538	3.5
깡통	888	0.3
통	815	0.3
바퀴 달린 장치	53	6.7
대형상자	21	0.3
트랜스포터	10	0.5
감개	5	0.1
분류 불가능 제품	1,525	0.8
합계	194,582	98.4

출처 : U.S. National Research Council, Maritime Cargo Transportation Conference,The SS Warrior, p.8

고 하더라도) 비용이 10퍼센트 더 들었다. 만일 빈 컨테이너를 다시 출발

지점으로 되가져올 때 드는 비용을 계산한다면, 컨테이너 운송이 기존

운송보다 75퍼센트나 비용이 더 많이 든다고 했다.[28]

1950년대 초가 되면서 화물 터미널은 교통 정체로 몸살을 앓았다. 1954년에 국가의 예산 지원을 받은 특별 연구가 진행되었는데, 화물 처리가 얼마나 후진적으로 이루어지는지 적나라하게 드러났다. 연구 분석 대상은 워리어Warrior호였다. 전형적인 C-2 유형(1937년에 연방해사위원회가 설계한 화물선. 다섯 개의 선창을 가지고 있었으며, 배의 길이는 140미터 내외였다-옮긴이)의 화물선으로, 워터맨스팀십Waterman Steamship Corp이 소유하고 있었지만 미군이 전세를 내 1954년 3월에 브루클린항에서 독일의 브레머하펜항까지 항해했다. 상선은 전형적으로 운송하던 화물을 싣고 있었으며 민간 부두노동자들이 짐을 싣고 내리는 작업을 했다. 연구자들은 군 당국의 승인 아래 화물의 품목 및 항해 과정을 세부 사항까지 꼼꼼하게 확인했다(〈표-2〉 참조).

워리어호는 총 5,095톤의 화물을 실었다. 주로 음식, 미군 면세점에서 판매할 물건, 가정용품, 우편물 그리고 기계와 자동차에 들어갈 부품 등이었고, 자동차도 53대 있었다. 다양한 크기와 형태의 물품이 19만 4,582개나 되었다.

이 물품들은 미국의 151개 도시에서 온 것들로 총 1,156차례에 걸쳐 브루클린으로 배송됐다. 맨 처음 선적된 물품은 배가 출항하기까지 1개월 이상 부두에서 기다려야 했다. 각 물품은 임시창고에 보관되어 있다가 팰릿에 놓였다. 그리고 이 팰릿이 갑판 아래의 선창으로 옮겨지면, 노동자들이 일일이 물품을 분리해 적당한 자리에 놓았다. 이때 모든 물품을 꽁꽁 묶어 배가 흔들려도 짐이 쏠리거나 섞이지 않도록 하는 데 쓴 목재와 밧줄의 가격만 5만 31달러 69센트였다. 부두노동자들은 일요일을 제외하고 하루 1교대 체제로 여덟 시간 일했다. 배에 짐을 모두 싣는 데는 6일이 걸렸다(6일에는 파업을 하느라 보낸 하루도 포함되었다). 그리고 대서양을 건너는 데는 10.5일이 걸렸으며, 독일 브레머하펜항에서 하역을 하는 데는 4일이 걸렸다. 이곳에서는 부두노동자들이 한가할 틈도 없이 계속 일했다. 결국 워리어호는 전체 일정의 절반을 항구에서 보낸 셈이다.

　브레머하펜항에서 하역된 화물 중 맨 마지막 물품이 목적지에 도착한 것은 워리어호가 브레머하펜항에 도착한 지 33일 뒤였다. 또한 배가 뉴욕을 떠난 지 44일 뒤였으며, 아울러 미국의 어떤 지점에서 배에 실을 유럽행 화물을 맨 처음 발송한 지 95일 뒤였다. 워리어호가 전체 화물을 운송하는 데 들어간 총비용은 23만 7,577달러였다. 이 금액에는 워리어호가 뉴욕항으로 돌아오는 데 들어가는 비용이나 상품을 임시창고에 저장함으로써 발생한 재고비용은 포함되어 있지 않았다. 운송비용에서 항해에 들어간 비용은 11.5퍼센트밖에 되지 않았다. 출발지와 도착지 양쪽에서 짐을 배에 싣고 내리는 데 들어간 비용은 36.8퍼센트를 차지했다. 해운사에서 흔히 50퍼센트 이상이 짐을 싣고 내리는 과정에서 발생한다고 말했지만, 그보다는 적게 든 셈이었다. 하지만 독일 부두노동자의 임금이 인상되기 전이어서 그랬을 뿐이다. 연구를 진행한 연구자들도, 독일의 부두노동자가 미국의 부두노동자의 5분의 1도 되지 않는 급료를 받고 일했기 때문에 가능했다고 적고 있다. 그러면서 외국으로 나갈 화물을 접수, 임시창고에 보관, 배에 싣는 일련의 과정에 들어가는 비용을 줄이는 방법이야말로 총 운송비용을 줄이는 가장 좋은 방법이라고 결론을 내렸다. 이들은 부두노동자의 생산성을 높이고 비능률적인 작업 규칙이나 관행을 개선하라는 통상적인 지적에 그치지 않고, 전체 과정을 근본적으로 새롭게 생각할 필요가 있다고 강력하게 촉구했다.

"어쩌면 브레이크벌크가 아닌 방식으로 화물을 포장하고 운반하고 적재하는 방법을 찾아내는 데서 해결책을 찾아야 하지 않을까 싶다."[29]

그들이 말한 해결책에 대한 관심이 널리 퍼졌다. 선적인들은 보다 싼 수송 수단, 도둑질 피해 감소, 물건 파손, 보험료 절약을 원했다. 선주들은 보다 큰 배를 만들길 바랐다. 하지만 이것도 바다에서 항해하며 생산적인 경제활동을 하는 시간이 항구에 묶여 쓸모없이 낭비되는 시간보다 더 많아야 한다는 전제에서였다. 트럭 기사들이 원하는 것은 부두에서 숱한 시간을 기다리지 않고 바로바로 화물을 싣거나 내릴 수 있는 작업 환경이었다. 항구도시에서 기업가들의 관심은 항구에서 빚어지는 화물 정체 현상을 말끔히 해소하는 것이었다. 하지만 변화를 향한 여러 집단의 다양한 갈망에도 불구하고, 많은 실험이 이루어졌음에도 불구하고 생산성을 높이고자 한 운송업계의 방침은 기껏해야 한 번에 나르는 짐의 무게를 더 무겁게 하는 것이었다. 다시 말해 부두노동자들을 더 힘들게 몰아붙이는 방법이었다. 그들 중 항구와 부두에서 빚어지는 정체 현상을 해소할 방법을 찾아낸 사람은 없었다. 그런데 배에 대한 경험이 전혀 없는 외부인이 해결책을 내놓았다.[30]

3장
트럭운송업자
말콤 맥린

2차 세계대전이 끝나고 몇 년 동안 미국 경제는 호황을 누렸다. 하지만 해양 산업은 예외였다. 미국은 전쟁에 참여하면서 모든 상선을 징발했고, 많은 배가 전쟁이 끝난 지 거의 2년 뒤인 1947년 7월이 되어서야 민간인에게로 통제권이 넘어갔다. 독일의 잠수함이 상선 여러 척을 침몰시킨 뒤로 해양 사업은 개점휴업 상태나 마찬가지였다. 1945년에 전쟁이 끝난 뒤에도 해안 교통 흐름은 여전히 전쟁 이전 수준을 밑돌았다. 이런 이유로 트럭은 국내운송에서 상당한 점유율을 자랑했다. 그러나 화물선이 항구에 들어올 때마다 배에 실린 화물을 처리하는 데 길고 지루한 시간이 걸렸다. 그 바람에 해운 산업은 운송 비용을 낮추지도, 경쟁력을 찾지도 못했다. 이런 분위기 속에서 1951년, 캘리포니아주 상원위원회는 "화물을 처리하는 비용을 낮추지 않는 한 연안 경기가 되살아날 가능성은 거의 없다"고 경고했다.[1]

그러나 미국의 대규모 해운사들은 비록 높은 수익을 남기지 못했지만 상대적으로 보호받고 있었다. 외국 해운사들이 미국 내 섬을 포함한 연안으로 운송하지 못하도록 정부가 법률로 규제했기 때문이다. 또 미국인이 소유한 기업도 다른 해운사에 손해를 입히지 않음을 주간통상위원회에 입증하지 않는 한 국내운송 분야에 새롭게 진입할 수 없었다. 국제운송 분야에서도 제약이 있었는데, 대부분 해운사가 카르텔을 형성해 각 상품에 일률적인 운송료를 받고 있었기 때문이다. 또한 미국 국적의 국제 해운사는 정부에 보조금을 받아 미국인 선원에게 상대적으로 높은 임금을 지급했다. 그리고 국내 해운사와 국제 해운사 모두 (규제와 관련된 여러 이유로 국제무역 서비스는 개별적인 회사들이 담당했다) 전시에 동원되었던 미 해군 소유의 선박을 배정받을 수 있었다. 사정이 이렇다 보니 해운 산업은 비효율적이어도 변화에 대한 다급한 압박을 거의 느끼지 못했다. 결국 운송 분야의 재편은 해운 산업 경험이 전혀 없는 외부인이 이루는데, 바로 트럭운송 산업으로 자수성가한 거물 말콤 퍼셀 맥린Malcom Purcell McLean이었다.

맥린은 1913년 노스캐롤라이나의 남동부에 있는 작은 마을 맥스턴에서 태어났다. 한때 '구두언덕Shoe Heel'이라고 불렸던 맥스턴은 18세기에 스코틀랜드 고지대 사람들이 이주해 정착했던 곳이다. 그래서 지역 신문의 이름도 '스코티시치프Scottish Chief'였다. 그런데 이 이름이 언제부터인가 맥스턴으로 바뀌었는데, 기차를 타고 가던 어떤 승객이 차창 밖으로 "안녕, 맥!"이라고 외치자 적어도 10명 정도 되는 사람이 자기를 부르는 줄 알고 돌아보았다고 해 그런 이름이 붙었다고 한다. 맥린이 태어났을 무렵에 주민이 약 3,500명이 살고 있던 맥스턴은 무척 시골이었고 가난했다. 전기도 1901년에야 로브슨 카운티에 들어왔다. 약 1,300명이 살았던 맥스턴 시가지에는 전화가 들어와 있었지만, 다른 지역에는 전화가 들어오지 않았다. 그래서 카운티에서 가장 큰 마을이던 럼버턴의 주민들은 1907년까지도 장거리 전화를 하려면 기차를 타고 맥스턴으로 가야 했다.[2]

맥린은 말년에 자기 인생을 가난하게 태어나 자수성가한 허레이쇼 앨저Horatio Alger의 이야기에 빗대어 소개했다. 이 이야기 속에서 앨저의 어머니는 그에게 길가에 좌판을 벌이고 달걀을 파는 일을 맡김으로써 사업을 가르쳤다. 하지만 이야기 속 앨저의 삶이 그다지 처참하지는 않아 보인다. 그의 집안은 굉장한 부자는 아니었지만 어느 정도는 풍족하게 살았던 것 같다. 1942년에 부고 기사에 따르면 맥린의 아버지는 '저명하고 사회의 연줄이 많은 가문'의 자손이었다(아버지의 이름 역시 말콤 P. 맥린Malcolm P. McLean이었다. 아들 맥린은 태어나면서 'Malcolm'이라는 이름을 받았고 1950년 이후까지 자기 이름을 이렇게 쓰다가 나중에 'Malcom'으로 바꾸었다). 1884년에 발행된 카운티 지도를 보면 맥린가 사람이 운영하던 농장이 슈힐 가까이 여섯 개 있었고, 럼버턴에도 맥린가 사람의 농장이 여러 개 있었으며 변호사 개업을 한 맥린도 있었다. 맥린의 사촌으로 추정되는 앵거스 윌턴 맥린Angus Wilton McLean은 (그의 어머니의 성도 말콤의 어머니처럼 퍼셀이었다) 럼버턴에서 은행업과 철도 사업을 시작했으며, 1920년부터 다음 해까지 연방 정부의 재무부 차관보로 일했다. 게다가 1925년부터 1929년까지는 노스캐롤라이나의 주지사를 지냈다.

아버지 맥린은 농사일을 했지만 수입이 부족해 이를 벌충하기 위해 1904년에 시골 우편배달부로 취직했는데, 이것도 가문의 연줄과 지원 덕분이었을 것이다. 아들 말콤 맥린은 대공황이 한창 기세를 떨치던 1931년에 고등학교를 졸업했는데 그 역시 가문의 지원에 힘입어 청과물 가게에서 선반에 물품을 채우는 일자리를 얻었다. 석유 회사가 인근 마을 레드스프링스의 주유소에서 관리인을 구할 때도 맥린 가족과 잘 알던 사람이 돈을 빌려주어 맥린은 자기 인생 최초의 화물이던 '휘발유 한 짐'을 살 수 있었다.[3]

맥린이 1950년에 〈아메리칸 매거진American Magazine〉에서 밝혔듯이, 그의 성공은 트럭 기사가 45킬로미터 떨어져 있던 페이엣빌역에서 주유소까지 기름을 운송하고 5달러를 받는다는 사실을 아는 것에서부터 시작되었다. 맥린은 직접 그 일을 하겠다고 나섰다. 그러자 주유소 사장은 녹슨 채 마당에 방치되어 있던 낡은 트레일러를 쓰라고 내주었다. 이렇게 맥린트럭McLean Trucking Company이 1934년 3월에 만들어졌다. 맥린은 맥린트럭의 사장이면서도 여전히 주유소 운영을 맡아서 했다. 그리고 얼마 뒤 인맥의 힘이 다시 발휘되는 일이 일어났다. 맥린이 동네 사람에게 한 주에 3달러씩 갚는 할부 조건으로 중고 덤프트럭을 구입한 것이다. 이 트럭을 가지고 맥린은 쓰레기를 치우는 계약을 따냈다. 한때 로버슨 카운티에서 700명이 넘는 사람을 고용하기도 했던 연방 정부의 공공산업진흥국Works Progress Administration 사업의 일환이었다. 맥린은 운전기사 한 명을 고용한 뒤에도 트럭을 새로 한 대 더 살 수 있을 정도로 돈을 벌었다. 이 돈으로 지역 농장들의 채소를 운송할 트럭을 한 대 샀다. 자주 인용되는 이야기에 따르면, 한 번은 맥린이 트럭으로 화물을 싣고 가다 다리 통행료를 낼 돈이 없음을 깨달았다. 맥린은 통행료 대신 렌치를 맡겼다가 뉴욕에서 싣고 온 물건을 팔아 돈을 마련한 뒤에야 렌치를 찾아왔다.[4]

물론 밑바닥부터 시작해 거부가 되었다는 이야기만으로는 맥린이 품은 거대한 야망을 다 설명하지 못한다. 1935년에 그는 겨우 스물두 살이었고 트럭 운전 경험은 1년밖에 되지 않았다. 하지만 이미 트럭 두 대와 트레일러 한 대를 소유하고 있었다. 자신의 대형트럭을 소유한 기사 아홉 명을 고용하고 있었으며, 노스캐롤라이나에서 뉴저지로 스틸 드럼을, 뉴잉글랜드의 여러 직물 공장으로 면사를 운송하고 있었다.

1940년에는 전쟁 준비로 경제가 되살아나고 있었다. 이때 창립한 지 6년 밖에 안 되는 맥린트럭은 트럭 30대를 소유하고 있었으며 23만 달러의 매출을 올렸다. 맥린은 전쟁 기간 동안에도 독자적으로 영업을 해 운송 일거리를 추가로 따냈다. 이 와중에 경쟁업체 일곱 군데가 합병했다. 맥린은 합병을 반대해 연방 대법원까지 소송을 끌고 갔지만 결국 패소했다. 합병 공세에도 맥린의 트럭 회사는 거의 영향을 받지 않았다.

1945년, 전쟁 막바지에 맥린은 162대의 트럭을 가질 정도로 사업체를 계속 키웠다. 주로 직물과 담배를 노스캐롤라이나에서 필라델피아, 뉴욕 그리고 뉴잉글랜드 남부 지역으로 운송했다. 다음 해인 1946년의 매출액은 220만 달러로 1940년보다 10배 가까이 늘어났다. 서른네 살에 이미 부자가 됐지만 맥린은 여기에 만족하지 않았다. 단지 시작일 뿐이라 보았다. 세월이 지난 뒤에 그는 당시를 다음과 같이 회상했다.

"나에게 주어진 유일한 기회는 내 회사를 계속 키우고 또 키워 고만고만한 트럭 회사들 중 우뚝 서는 거대한 회사로 만드는 것이라고 생각했습니다."[5]

1940년대 후반의 미국 경제는 소규모 트럭 회사가 크게 성장할 수 있는 기회를 많이 제공했다. 철도 화물 총량이 줄어든 반면, 장거리 트럭

운송의 화물 총량은 1946년부터 1950년 사이 두 배 넘게 늘어났다. 그러나 트럭 회사가 크게 도약하려면 주간통상위원회의 도움이 필요했다. 1935년에 의결된 트럭운송법Motor Carrier Act은 주를 넘나드는 트럭운송에 대한 감독권을 1887년 이후부터 철도 관련 감독권이 있던 주간통상위원회에 주도록 규정했다.

주간통상위원회는 일반 대중에 용역을 제공하는 운송 사업에 대한 거의 모든 부분을 통제했다. 즉 운송업자는 주간통상위원회가 승인한 물품만 운송할 수 있었다. 또 운송 노선과 운송료도 주간통상위원회의 승인을 받아야 했다. 신생 기업이 이 사업에 뛰어들거나 기존 기업이 새로운 운송 노선을 원하거나 새로운 품목을 운송하고 싶을 때는 변호사를 고용해 위원회를 설득해야 했다. 기존 관행과 다른 변화가 도입되려면 반드시 청문회가 열려 다른 트럭 회사 및 철도 회사가 반대할 기회가 주어졌다. 이런 규제 때문에 트럭 사업은 매우 비효율적이었다. 내슈빌에서 필라델피아 사이 노선에서 종이를 운송하도록 허가받은 트럭운송업자는 아무리 적재공간이 비어 있어도 타이어나 화학물질을 담은 드럼통을 실을 수 없었다. 허가받은 물품을 운송해주고 돌아오는 길에 신고 올 다른 허가받은 화물이 없으면 빈 차로 돌아와야 했다. 주간통상위원회의 관심은 효율성이 아니라 질서였다. 규제는 경쟁을 제한함으로써 기존의 트럭운송사를 보호했으며, 또 트럭 회사로 하여금 철도 회사보다 비싼 운송료를 받도록 강제해 철도 회사를 보호했다. 주간통상위원회는 기본적으로 운송 산업을 안정적으로 유지하길 원했다.[6]

이런 규제가 트럭운송업에서 경쟁 정신을 없애버렸다. 맥린은 장차 자신의 특징으로 여겨질 천재성을 발휘해 규제의 장벽을 피할 몇 가지

길을 찾아냈다. 만약 새로운 노선을 허가받는 방법이 어렵다면, 이미 매력적인 노선을 가지고 있는 운송업체를 매입하면 되지 않겠는가? 하지만 다른 트럭 회사를 사들이는 방법이 돈이 많이 든다면 임대하면 되지 않겠는가? 전쟁 이후의 노동자 소요 때문에 적지 않은 트럭 회사가 어려움을 겪었고, 맥린은 몇 차례의 기회를 놓치지 않고 잡았다. 1946년부터 1954년 사이에 맥린트럭은 최소 10여 개의 트럭 회사를 사거나 임대해 애틀랜타에서 보스턴까지 사업 영역을 확대했다. 그리고 1947년에서 1949년 사이에는 연방 정부를 연방 정부도 모르게 금융업자로 삼아 600대의 트럭을 추가로 구입했다. 당시 정부가 제대군인에게 싼 이자로 돈을 빌려줘 트럭 자영업자가 될 수 있도록 지원하는 제도가 있었다. 맥린은 제대군인들에게 이 제도를 이용해 트럭을 사게 한 다음 그들이 맥린트럭의 소속 기사가 되도록 계약을 체결했던 것이다.[7]

강박적일 정도로 원가절감에 초점을 맞춘 것이 맥린트럭의 성공 비결이었다. 트럭 회사가 사업을 개척할 유일한 길은 경쟁업체보다 낮은 운송료를 고객에게 제시하는 것이었다. 트럭 회사의 영업 사원은 잠재고객에게 전화해 얼마나 많은 화물을 각지로 배송하고 있는지 파악한 다음, 현재 그 업체와 계약을 맺은 트럭 회사가 주간통상위원회에 운송료를 얼마로 신고했는지 연구한다. 그리고 그보다 낮은 운송료를 제시하는 것이었다. 하지만 핵심은 낮은 운송료로도 얼마든지 수익을 낼 수 있음을 주간통상위원회에 입증하는 것이었다. 이것은 경쟁업체보다 비용을 줄이면서 이익을 내지 않는 한 원하는 노선을 뺏어오지 못한다는 뜻이었다. 그런데 맥린은 그 틈새를 예리하게 파고들었다.

1946년에 맥린은 파업 때문에 문을 닫기 직전 상태에까지 몰린 애틀랜틱스테이츠모터Atlantic States Motor Lines의 노선 몇 개를 임대하는 계약을 맺었다. 이 회사는 고속도로를 사용할 수 있는 권리를 주간통상위원회로부터 허가받고 있어 맥린트럭은 노스캐롤라이나와 북동부지역 사이의 운송 거리를 112킬로미터 이상 단축할 수 있었다. 운송 거리가 짧다는 말은 주행 시간이 줄어든다는 뜻이었고, 따라서 비용 및 운송료를 절감할 수 있다는 의미이기도 했다. 1948년에는 가퍼드트럭Garford Truck 으로부터 뉴잉글랜드에서 남쪽으로 가는 화물을 취급하는 노선을 사들이면서 맥린트럭은 담배를 운송하는 트럭이 돌아올 때 빈 차로 돌아오지 않아도 되었다. 이것은 맥린트럭이 북쪽으로 향하는 화물운송료를 그만큼 낮출 수 있다는 뜻이었다.[8]

치열하게 전개된 운송료 인하 경쟁의 또 다른 사례는 맥린의 원가절감 노력이 어떠했는지 잘 보여준다. 1947년 3월, 맥린트럭은 노스캐롤라이나의 더럼에서 애틀랜타까지 가는 노선의 담배 운송료를 기존 가격의 절반밖에 되지 않는 100파운드에 68센트밖에 받지 않겠다고 제안했다. 그리고 트럭 한 대를 통째로 쓰지 않고 부분적으로 쓸 경우에는 1.10달러를 받겠다고 제안했다. 당시 다른 트럭 회사들의 운송료는 트럭 한 대를 통째로 쓸 때는 100파운드에 1.34달러였고, 부분적으로만 쓸 때에는 1.70달러였다. 심지어 맥린은 트럭에 비해 운송 속도가 느린 기차보다도 더 낮은 운송료를 책정하고자 했다. 이에 철도 회사에서는 '불공정하고 파괴적'이라고 주장했다. 그러나 맥린트럭은 원가의 세부 내역을 공개하면서 담배 화물은 다른 제품보다 운송료가 더 쌀 수밖에 없다고 반박했다. 담배 화물에 들어가는 관리 비용은 다른 제품의 평균보다 트럭 한 대당 1마일에 1.02센트 낮다는 이유였다. 게다가 영업 및 마케팅

비용은 50퍼센트에서 60퍼센트 낮으며, 터미널 관련 비용도 트럭에 화물을 가득 실었을 경우에 트럭 한 대당 1마일에 3센트 낮다고 주장했던 것이다. 주간통상위원회는 담배 제품의 밀도를 고려하고, 담배 운송과 관련된 맥린트럭의 보험금 청구 이력을 살핀 뒤, 맥린트럭이 제안한 부분 적재 운송료는 기각했지만 전체 적재 운송료는 '정당하고 합리적'이라고 받아들였다. 이로써 맥린트럭은 담배 산업과 손을 잡고 사업 영역을 확장하는 길을 활짝 열었다.[9]

맥린트럭은 성장을 계속하면서 원가절감 혁신도 이어갔다. 맥린트럭은 노스캐롤라이나의 윈스턴세일럼에서 화물을 한 트럭에서 다른 트럭으로 옮겨 실을 때 컨베이어벨트를 사용해 시간과 인력을 단축하는 제도를 도입했다. 이로써 운송업계 최초의 자동화 터미널 시대를 열었다. 대부분 트럭이 휘발유 엔진을 썼지만, 맥린트럭은 디젤 엔진을 탑재한 트럭을 주도적으로 사용했다. 또한 당시에는 트럭 기사들이 원하는 주유소 아무 곳에서나 연료를 샀는데, 맥린은 회사의 트럭이 다니는 노선에 있는 특정 주유소들과 협약을 맺고 할인된 가격으로 연료를 사도록 해 연료비도 줄였다.

한편 맥린트럭 소속의 트럭이 끄는 트레일러의 옆면은 매끄럽지 않고 톱니 모양으로 되어 있었다. 이러한 트레일러 디자인이 공기 저항을 낮춰 연료 소모를 줄일 수 있다는 노스캐롤라이나대학교의 전문가 연구를 바탕으로 맥린이 표면에 그런 처리를 하도록 했던 것이다. 1950년대 초에 맥린트럭은 대학교 졸업생들을 고용해 미국 기업사에서도 최초의 경영 훈련 과정 중 하나로 꼽히는 교육을 받도록 했다. 그들은 윈스턴세일럼으로 발령을 받았는데 처음 맡은 일은 트럭 운전을 배우는 것이었다. 연수생들은 6개월 동안 화물운송 업무를 했다. 이 과정이 끝난 뒤에는 터미널에 발령받아 다시 몇 개월 동안 트럭에서 화물을 내리는 업무를 직접 하며 배웠다. 그 뒤 사무실에서 잠재적인 고객에게 정밀한 원가 분석을 한 결과를 보여주면서 사업 제안 방법을 익혔다. 이 과정까지 모두 마친 연수생들은 비로소 정식 사원으로 첫 발령을 받았다. 대개 그들에게 맡겨진 업무는 롤리나 보스턴, 필라델피아에서 화물운송 영업을 하는 것이었다.[10]

맥린트럭은 답답해 보이는 운송업계에서 보기 드문 역동적인 기업이라는 소문이 났다. 1954년에 이미 거대한 미국 트럭 회사 중 하나로 꼽혔는데, 매출액 순위는 8위, 세후 영업 이익은 3위였다. 1946년에 72만 8,197달러이던 자산은 1954년에 1,140만 달러로 증가했다. 그동안 트럭이 617대로 늘어났기 때문이다. 단기간에 그토록 빠른 속도로 성장할 수 있었던 것은 채무 활용 방법에 있다. 1946년에 20만 달러이던 맥린트럭의 장기부채는 트럭을 점점 더 많이 사들이면서 1951년에는 620만 달러로 무려 31배나 늘어났다.

"맥린은 빚을 엄청나게 끌어당겨 썼습니다. 현금 흐름을 잘 아는 사람이었지요. 당시 철도 회사에 가 현금 흐름에 관해 이야기하면 도대체 무슨 소리인가 하고 물을 정도로 업계 사람들은 이에 무지했습니다."[11]

월터 리스턴Walter Wriston이 말콤 맥린을 회고한 내용이다. 그는 1954년에 내셔널시티뱅크에 근무하면서 맥린트럭에 대출해주기 시작했으며 나중에 은행이 시티뱅크라는 이름으로 세계 최대 은행이 되었을 때 은행을 지휘했다.

물론 지나치게 많은 빚은 위험했다. 매출이 떨어지면 원리금 상환의 압박은 감당할 수 없다. 따라서 부채를 활용하는 맥린트럭은 필연적으로 효율성에 초점을 맞출 수밖에 없었다. 말콤 맥린과 회사의 일상 업무를 책임지던 그의 동생 제임스는 효율성에 대해 남다른 열정을 가지고 있었다. 두 사람은 맥린트럭이 수행하는 모든 활동의 세세한 부분을 꿰뚫고 있었으며 비용 절감 방법을 잘 알았다. 당시 맥린트럭의 직원이었던 사람은 이렇게 말했다.

"트럭 기사가 트럭을 몰고 일을 시작하면 먼저 트럭의 무게를 재고 이어 화물칸을 봉인합니다. 그리고 회전속도계(자동차의 회전 속도를 측정하는 기기-옮긴이)가 가동되고 구체적인 작업 지시를 받습니다. '3A 노선을 따라서 가다 세콘디의 주유소에서 주유한 다음 계속 주행하다가 어쩌고저쩌고……' 하는 내용이지요. 이 작업 지시 내용에서 한 치도 벗어나서는 안 됩니다."

그러나 여러 해가 지난 뒤 맥린은 원가절감은 트럭 기사들이 주체적으로 노력하도록 만드는 길이 가장 쉬운 방법임을 깨달았다. 예를 들어 보험료와 수리비를 줄이려면 기사가 안전 의식을 갖도록 하는 것이 우선이었다. 그래서 신참 기사는 윈스턴세일럼에서 애틀랜타를 왕복하는 노선을 고참 기사가 모는 트럭에 동승해 교육을 받게 했다. 신참 기사가 1년 동안 한 차례도 사고를 내지 않으면 신참 기사를 훈련시킨 고참 기사에게 보너스를 지급했다. 인센티브 제도는 강력한 효과를 발휘했다. 고참 기사는 신참 기사를 가르치는 일에 동기를 가졌으며, 신참 기사는 회사에 오래 근무하려면 모범 운전자가 되어야 한다는 사실을 확실하게 인식했기 때문이다.[12]

말콤 맥린은 성공에 느긋하게 만족하는 사람이 아니었다. 성공한 기업가는 으레 자선단체와 관련된 활동을 하지만, 그는 전혀 관심이 없었다. 사업을 생각하면서 끊임없이 경쟁하고 계산했다. 맥린의 오랜 동료는 맥린이 죽기 전에 당시를 이렇게 회상했다.

"의자에 5분도 가만히 앉아 있지 못했지요. 하다못해 카드게임이라도 하든가 아니면 사업 이야기를 해야 했습니다. 메추라기 사냥을 나갈 때도 그랬습니다. 누가 먼저 한 마리를 잡을지, 누가 가장 많이 잡을지, 누가 가장 큰 놈을 잡을지 내기를 했거든요."[13]

그의 창의적인 두뇌는 돈을 벌 생각을 끊임없이 쏟아내었다. 그런 발상 중 하나가 1953년에 나왔다. 맥린은 고속도로 정체 현상에 초조해했다. 또 국내 해운사가 정부로부터 거의 공짜나 다름없는 가격으로 전쟁 때 사용된 화물선을 불하받으면서 해운사들이 트럭운송 사업에 진출하지 않을까 걱정했다. 맥린은 꽉 막힌 연안 고속도로로 트럭을 달리게 할 게 아니라 배에다 트럭 트레일러를 싣고 대서양 연안을 왕복하게 하면 되지 않을까 하는 생각을 했다.

그해 말, 맥린은 트럭이 진입해 트레일러를 배에 실을 수 있도록 특수하게 설계된 해상운송 터미널을 짓자고 제안했다. 고속도로가 많지 않고 부두와도 거리가 멀던 노스캐롤라이나, 뉴욕, 로드아일랜드 사이를 배가 오가며 트레일러를 운송할 수 있지 않겠느냐는 것이었다. 트레일러를 실은 배가 항구에 들어오면 대기하던 다른 트럭이 트레일러를 받아 최종 목적지까지 운송하면 된다는 발상이었다.[14]

1950년대의 시각으로 보자면 맥린의 계획은 혁명적이었다. 법률로 따지면 트럭과 배는 공통점이 전혀 없었다. 트럭 회사는 트럭을 몰고 해운사는 배를 몰았기 때문이다. 하지만 많은 해운사와 바지선 회사들이 이미 맥린이 생각했던 것처럼 자사 배에 트럭을 싣고 운송했다. 그러나 돈을 주겠다는 트럭 회사에 해상운송을 제공하는 것뿐이었다. 하지만 트럭 노선을 운영하는 트럭 회사가 자사의 트럭을 이용해 트레일러를 자사의 배에 싣고, 연안항로를 따라 항구까지 운송한 뒤, 다시 트레일러를 자사의 트럭에 달아 최종 목적지까지 운송한다는 발상은 주간통상위원회의 기본 지침을 어기는 것이었다.

또한 트럭과 배를 하나로 묶겠다는 계획은 다른 이유로도 놀라웠다. 당시 연안항로 운송은 사양 산업으로 인식되고 있었다. 1950년대 초에 뉴욕의 여러 부두는 불황기이던 1930년대보다 절반 정도밖에 되지 않는 화물을 처리하고 있었다. 지난 30년 동안 연안항로 운송 분야에 막대한 금액을 투자하겠다는 사람은 아무도 없었다. 하지만 맥린의 관심은 오로지 원가절감과 비용이었다. 주간통상위원회는 국내운송에 관한 규제 감독권을 가지고 있었으며, 해상운송 속도가 트럭이나 기차에 비해 느리다는 점을 감안해 해상운송료를 트럭이나 기차보다 훨씬 낮게 책정하고 있었다. 그러니 트레일러를 해상으로만 운송할 수 있다면 노스캐롤라이나와 북동부지역을 오가는 다른 트럭 회사보다 가격 경쟁력에서 우위에 설 수 있었다.

1953년 말, 맥린트럭을 대리하는 부동산 회사가 터미널 부지를 물색하기 시작했다. 시기도 좋았다. 뉴욕과 뉴저지 두 주가 공동으로 설립한 기관인 뉴욕항만청Port of New York Authority이 지지부진하던 사업에 활기를 불어넣고 사업을 확장하고 싶어 안달이던 때였기 때문이다. 뉴욕항만청은 6년 전인 1947년에 뉴저지의 뉴어크에 있는 부두 몇 개를 떠안았는데, 만성 적자에 시달렸다. 그래서 골칫덩이들이던 부두들을 새 사업으로 활성화할 방법을 찾기 위해 고심하던 참이었다. 게다가 뉴욕시 건너편의 뉴어크에 있는 항구는 맥린트럭이 찾던 조건에도 딱 맞았다. 트럭을 한꺼번에 둘 공간도 넉넉했고 1951년에 개통한 뉴저지고속도로에 접근하기도 쉬웠기 때문이다. 무엇보다 맥린이 보기에 뉴욕항만청은 세입 보전채권revenue bond(특정 프로젝트나 세수 등에서 발생하는 수익으로 원리금 상환이 이루어지는 채권-옮긴이)을 발행할 권한을 가지고 있었다. 그렇다면 뉴욕항만청이 터미널을 지어 맥린트럭에 임대해줄 수도 있다는 말이었다. 맥린은 굳이 터미널을 자기 돈을 들여 지을 필요가 없으니 그만큼 수고와 위험을 덜 수 있었다. 뉴욕항만청은 맥린의 계획을 환영했고, 뉴욕항만청 사무총장이던 오스틴 토빈Austin Tobin과 해운 터미널 책임자이던 라일 킹Lyle King은 기차와 배로 트럭 트레일러를 운송하는 방식의 열렬한 초기 신봉자이자 전도사가 되었다.[15]

뉴욕항만청이 맥린트럭의 새로운 해운터미널을 준비하는 동안 말콤 맥린이 처음 생각했던 계획은 계속 진화하고 있었다. 맥린은 1953년부터 소규모 바지선 업체이던 S. C 로브랜드S. C. Loveland를 인수할 마음이 있었다. 연안항로 운송 영업권을 확보하기 위해서였다. 하지만 이제 그는 더 큰 판을 생각했다. 1954년에 로브랜드 인수를 위해 공을 들이던 와중에 〈무디스Moody's〉에서 워터맨스팀십과 관련한 기사를 우연히 보았다. 앨라배마의 모빌에 있던 이 회사는 유럽과 아시아까지 항해하는 탄탄한 대형 해운사였다.

그런데 워터맨스팀십의 소규모 자회사인 팬애틀랜틱스팀십^{Pan-Atlantic}
^{Steamship Corporation}(이하 '팬애틀랜틱'으로 표기–옮긴이)이 네 척의 배를 가지고
보스턴과 휴스턴을 잇는 연안항로에서 영업을 하고 있었다. 맥린은 이
회사의 강점을 곧바로 알아보았다. 그런데 워터맨스팀십은 1954년 뉴
욕에서 일어난 부두노동자 파업으로 한 해 동안 항해를 64회밖에 하지
못해 심각한 손해를 입었다. 그럼에도 불구하고 16개 항구에 걸쳐 영업
권이 있었기에 영업권만 하더라도 상당한 가치가 나갔다. 게다가 모회
사인 워터맨스팀십은 부채가 없었고 배 37척과 현금 2,000만 달러의
자산을 가지고 있었다. 맥린은 이 회사를 상대로 사전 의사 타진을 몇 차
례 하며 4,200만 달러에 인수할 수 있음을 확인했다.[16]

그 뒤 유례가 없을 정도로 복잡한 재정·법률 작업이 뒤따랐다. 맥린
은 1955년이 되자 완전히 새로운 회사를 만들었다. 주간통상위원회의
승인에 필요한 규정을 피해 트럭 회사가 해운 노선을 소유하도록 하기
위해서였다. 이 회사가 맥린인더스트리즈^{McLean Industries}였다. 비록 주식회
사였지만 분명 맥린 가문의 지배를 받는 회사였다. 말콤 맥린이 사장이
었고 동생 제임스 맥린^{James McLean}이 부사장이었으며, 여동생 클라라 맥린
^{Clara McLean}은 비서이자 부회계장이었다. 세 사람은 회사를 신탁 지배하에
두었고 자신들을 신탁 수익자로 설정했다. 말콤 맥린은 500만 달러어
치의 주식을 계속 보유했지만, 남은 피신탁인은 나머지 주식을 매각했
다. 그리고 신탁증서에 서명이 이루어지자마자 맥린 형제들은 맥린트럭
의 이사직에서 사임했다. 그리고 한 시간 만에 맥린인더스트리즈는 팬
애틀랜틱을 소유하게 되었다. 미국에서 가장 유명하던 트럭업계의 거물
이 새로운 트럭 회사를 설립하기 위해 자기가 설립한 회사에서 빠져나

온 것이다. 그것도 운송에 대해 전혀 검증되지 않은 발상을 토대로 한 꿈을 좇기 위해서 말이다.[17]

여러 철도 회사가 이 거래에 문제를 제기하고 나섰다. 맥린 형제들이 맥린트럭과 해운 노선을 불법적으로 동시에 지배하게 되었다는 게 이들의 주장이었다. 주간통상위원회는 이 주장에 동의하면서도 "일련의 절차는 변호사의 자문에 따라서 진행되었으며 실질적으로 법률을 위반한 것은 아니다"라고 입장을 발표했다. 어쨌든 1955년 9월에 피신탁인들이 맥린트럭의 주식을 처분했으니 법률 차원에서 문제될 것은 전혀 없었다. 그리고 일련의 과정에서 말콤 맥린이 불공정한 거래를 한 것도 아니었다. 그는 맥린트럭을 인수하는 데 1,400만 달러를 결제했다. 1955년 당시에 맥린의 재산은 2,500만 달러였다(이 금액을 2015년 기준으로 환산하면 2억 2,000만 달러다). 그로부터 오랜 세월이 지난 뒤, 모든 재산을 몽땅 해운 사업에 몰아넣기보다는 일부를 따로 떼 안전하게 유지할 방법을 고려하지 않았느냐는 질문을 받았을 때 맥린은 그런 적은 없었다고 일축했다. "죽기 아니면 살기로 완전히 모든 것을 다 던져야 했다"고 말했다.[18]

팬애틀랜틱 인수가 전부는 아니었다. 그건 맛보기에 지나지 않았다. 1955년 5월에 맥린인더스트리즈는 워터맨스팀십을 통째로 인수하는 데 나섰다. 맥린과 그를 지원하는 은행원들은 거대하고 복잡한 금융 거래를 성사시켰다. 주간통상위원회의 관할권을 배제하기 위해 워터맨스팀십에 모든 국내 서비스 및 주간통상위원회 운영 자격증을 포기하는 조건으로 7만 5,000달러를 주는 계획을 세웠다. 또한 이 과정이 진행되면, 내셔널시티뱅크로부터 4,200만 달러를 빌리기로 했다. 이 금액은 단일 대출에 법적 최고 한도에 육박하는 수치였다. 맥린인더스트리즈는 우선주 700만 달러어치를 어음으로 발행해 추가로 자금을 조성하기로 했다. 그리고 최종적으로 거래가 성사되면 워터맨스팀십이 가지고 있던 2,000만 달러 규모의 현금과 각종 자산으로 부채의 절반을 상환할 계획이었다. 내셔널시티뱅크에서 맥린과의 거래를 담당하던 리스턴이 은행 고위 간부들에게 보고하자, 그들은 워터맨사의 현금을 제외한 나머지 2,200만 달러나 되는 은행 자금이 커다란 위험에 노출된다는 사실에 기절초풍했다. 그도 그럴 것이 트럭과 배를 결합한 운송 서비스를 과연 누가 이용하려고 들지 확실한 게 없었기 때문이다. 게다가 또 누가 모든 설비와 장비에 돈을 댈 것이란 말인가? 배에 실은 트레일러가 바다의 풍랑을 거뜬히 견뎌낼지도 의문이었다. 마지막 순간에 간부들은 거래를 중단하라는 지시를 내렸다. 리스턴은 뉴욕의 호텔 에섹스하우스에 있던 맥린에게 전화했다.

"당장 오셔야겠습니다. 계획이 틀어지고 있습니다."

맥린이 월스트리트의 내셔널시티뱅크 본부에 갔을 때 리스턴은 은행의 대출 최고책임자를 설득해 대출을 승인받으라고 했다. 간부들은 맥린에게 문제의 대출이 너무 위험하며 리스턴은 경험이 부족해 잘 알지 못해 일을 진행한 것이라고 말했다. 한 사람은 맥린에게 이렇게 말했다.

"그 친구는 아직 은행 일을 배우는 직원이란 말이오."

그러자 맥린이 곧바로 받아쳤다.

"그가 아직 은행 일을 배우는 직원은 맞습니다. 그러나 머지않아 당신들 두 사람은 그를 상관으로 모셔야 할 겁니다."

나중에 맥린은 당시를 다음과 같이 회상했다.

"그 사람들이 이렇게 말했습니다. '그렇다면, 우리가 다시 한 번 더 검토해보지요'라고 말입니다."

이렇게 우여곡절을 거친 끝에 대출 승인이 떨어졌다.[19]

그러나 넘어야 할 산은 또 남아 있었다. 내셔널시티뱅크의 융자를 받던 다른 경쟁자도 워터맨스팀십 인수에 큰 관심을 두고 있었다. 변호사들은 혹시 차질이 생길까 대출 집행과 동시에 인수 거래가 진행되도록 서둘렀다. 5월 6일, 워터맨스팀십의 이사진과 맥린 측의 은행원들 및 변호사들이 모빌에 있는 워터맨스팀십의 이사회 회의실에 모였다. 그런데 워터맨스팀십 이사진의 정족수가 부족해 최종 의사 결정을 할 수 없다는 사실이 뒤늦게 드러났다. 그러자 한 변호사가 엘리베이터를 타고 서둘러 내려가 지나가던 행인을 붙잡고 잠깐만 시간을 내주면 50달러를 주겠다고 설득해 데리고 올라왔다. 그 사람은 그 자리에서 워터맨스팀십의 이사로 선임되었다. 그 뒤 일은 일사천리로 진행되었다. 이사진은 한꺼번에 사임했고, 그 자리는 맥린이 지명한 사람들로 채워졌다. 새로 구성된 이사진은 곧바로 2,500만 달러의 배당금을 맥린인더스트리즈에 지급하기로 했다. 이 돈은 내셔널시티뱅크에 즉시 입금되었다. 회의가 끝났을 때 매각에 반대하던 변호사들이 배당금 송금을 막기 위해 법적 서류로 조치를 취하고자 했다. 그러나 그 시점에 은행은 이미 돈을 받았고 맥린은 워터맨스팀십을 가지고 있었다.

금융 수완이 뛰어났던 말콤 맥린은 미국 최대 해운사를 인수하며 자기 주머니에서는 겨우 1만 달러의 현금밖에 내놓지 않았다. 많은 세월이 지난 뒤 일련의 행위는 '레버리지 매수leveraged buyout, LBO'라는 방법, 즉 차입자금을 이용해 회사를 사들이는 금융 기법이라고 불리게 되었다. 리스턴도 나중에 이렇게 회상했다.

"어떤 의미에서 보자면 워터맨스팀십 인수가 최초의 LBO였던 셈입니다."[20]

이렇게 맥린이 따낸 회사는 그간 빚이 한 푼도 없었지만, 1955년에는 은행 대출금과 선박 저당금이 무려 2,260만 달러나 되는 회사가 됐다. 이 금액은 1955년의 세금을 뺀 순수입이던 230만 달러의 10배나 되는 어마어마한 돈이었다. 미래의 LBO 표준을 만든 거래에서 맥린은 빚을 갚기 위해 진짜 목적이 아니었던 워터맨스팀십의 자산을 처분했다. 호텔과 건선거dry dock(선박을 수리하거나 청소할 때 배를 넣을 수 있도록 만든 구조물-옮긴이), 그 밖의 여러 사업체들을 팔아 인수 2개월 만에 400만 달러에 가까운 자금을 마련해 빚을 갚는 데 썼다. 그래도 빚은 여전히 무겁게 남아 있었다. 맥린은 정부로부터 지원금을 받을 궁리를 하기 시작했다. 마침 연방 정부는 트럭 트레일러를 배로 운송하는 데 관심을 보이고 있었다. 그리하여 팬애틀랜틱은 6,300만 달러를 정부 보증 대출 형태로 받았는데, 이 돈은 트럭이 트레일러를 끌고 들어갈 수 있게 설계한 로로선 일곱 척을 사기 위한 자금 명목이었다. 새로운 배는 트럭 트레일러를 한 번에 288대나 싣고 운반하며 화물 처리 비용을 75퍼센트 이상 절약할 수 있었다.[21]

그런데 맥린은 로로선에 한 푼도 지출하지 않았다. 왜냐하면 자기가 세웠던 계획을 점검하면서 바꾸었기 때문이다. 트레일러를 배에 싣는 일은 비효율적이었다. 트레일러 밑의 바퀴가 귀중한 적재공간을 쓸데없이 잡아먹을 것이었다. 이 문제를 놓고 곰곰이 생각하던 그는 한층 더 혁신적인 발상을 떠올렸다. 당시 정부는 해운 산업 진흥 정책의 일환으로 전쟁 때 사용하던 유조선을 민간 해운사에 헐값에 팔았다. 팬애틀랜틱

110

이 유조선 두 척을 사 트럭 트레일러의 몸체만 (트레일러에서 바퀴와 차축 그리고 강철 바닥을 뺀 몸체만) 적재할 수 있도록 개조하면 어떨까 하는 생각을 했다. 이렇게 하면 차지하는 적재공간도 3분의 1로 줄어들었고, 층층이 쌓을 수도 있었다. 바퀴가 달린 트레일러라면 도저히 불가능한 적재 방식이었다.

맥린은 머릿속으로 상상했다. 트럭이 20톤의 화물이 든 트레일러를 끌고 배 근처에 선다. 화물이 실린 트레일러 몸체만 분리해 배에 올린다. 배가 목적지 항구에 도착하면 그곳에서 대기하던 트레일러에 화물이 다시 실리고, 트럭이 이 트레일러를 끌고 최종 목적지로 향한다. 근사한 생각이었다.[22]

맥린은 이 발상을 가지고 당시 맥린트럭이 뉴어크항에서부터 운송하던 볼티모어 맥주 제품의 비용을 추정했다. 뉴욕항만청의 분석가들이 전통적인 방식으로 화물을 배에 실어 마이애미까지 운송할 경우, 양조장에서 맥주를 트럭에 실어 항구로 보내고, 임시창고에 보관했다가 다시 창고에서 한 박스씩 그물로 싸 배에다 싣는다. 그 뒤 부두노동자가 맥주를 적절한 공간에 쌓는다. 도착지인 마이애미에서 동일한 과정을 거꾸로 반복하며 이 방식으로 운송할 때는 1톤당 4달러의 비용이 들었다. 그런데 컨테이너를 사용하면, 맥주를 양조장에서부터 컨테이너에 넣고 특수 제작한 배에 실어 운송할 때는 1톤에 25센트밖에 들지 않았다. 그러니까 컨테이너 운송이 브레이크벌크 운송보다 (심지어 컨테이너 비용을 고려하더라도) 94퍼센트나 싸다는 말이었다.[23]

물론 화물운송에 유조선이 최상의 선박은 아니었지만 재정적인 위험부담은 줄일 수 있었다. 휴스턴항에서 뉴어크항으로 돌아오는 길에 컨테이너를 적재하려는 선적인이 없더라도 석유를 싣고 오는 일만으로도 돈을 벌 수 있었기 때문이다. 맥린은 이런 '수직하역lift on-lift off' 방식(따로 짐을 싣고 내리는 장비를 갖추고 있지 않아 육상의 크레인이 수직으로 짐을 싣거나 내리는 작업을 한다-옮긴이)의 배를, 정부의 지원금을 받아 건조하고자 했던 '수평하역roll on-roll off' 방식(컨테이너를 적재한 트럭이나 트레일러가 그대로 배와 육상을 연결하는 램프웨이를 건너 수평 방향으로 컨테이너를 반입하는 방식-옮긴이)의 배의 '선구자'라고 불렀다. 그러나 이런 트레일러선 계획은 여자저차 미루어지다 결국 무산되었다.[24]

▥

역사에서 컨테이너 운송을 개념화한 사람은 맥린이다. 그러나 1955년 초에 맥린은 팬애틀랜틱이 가지고 있던 배에 트럭 트레일러를 통째로 운반하겠다는 계획을 포기하고 트레일러의 몸체만을 싣고 운반하겠다고 결정했지만, 그런 설비를 구입하는 일은 어려웠다. 작은 강철 상자는 쉽게 구할 수 있었지만, 이 상자들을 선창으로 내린 다음 온갖 가방과 짐짝이 널려 있는 곳에 여기저기 쌓아 운반한다고 해서 비용이 절약되지 않음은 누가 봐도 명백했다. 트럭 트레일러 몸체를 살 수는 있었지만, 모두 합하면 수만 톤이나 되는 몸체를 트레일러에서 분리해 옮기는 일은 결코 단순한 작업이 아니었다.

그러나 자기 아이디어를 하루라도 빨리 실현하고 싶어 안달이 난 맥린은 부하 직원을 다그쳤다. 그리고 3월에 팬애틀랜틱의 이사 윌렛 켐프턴Willett Kempton이 키스 탠틀링거Keith Tantlinger에게 전화를 걸었다.

당시 서른다섯 살이던 탠틀링거는 워싱턴의 스포캔에 있던 브라운인더스트리즈Brown Industries의 수석엔지니어였으며 컨테이너 전문가로 명성이 자자했다. 브라운사는 1932년부터 트럭 트레일러를 만들어왔으며, 탠틀링거가 하던 일은 트럭 회사의 주문을 받아 트레일러를 설계하는 것이었다. 이 외에도 관련 업계의 총회 등 여러 자리에서 브라운인더스트리즈의 제품을 홍보하는 연설이나 강연을 하기도 했다. 1949년에 그는 장차 최초의 현대식 운송용 컨테이너로 기록될 컨테이너를 설계했다. 바지선 위에 2단 높이로 쌓을 수도 있었고 트럭의 차대에 실어 시애틀과 알래스카 사이를 오가는 트럭이 운송할 수도 있는 30피트(약 9.1미터)짜리 알루미늄 상자였다. 브라운인더스트리즈가 주문받은 물량은 모두 200개밖에 되지 않았다. 업계 사람들이 상당한 관심을 보이긴 했지만 추가 주문을 하는 업체는 한 군데도 없었다. 당시를 탠틀링거는 이렇게 회상했다.

"모든 사람이 관심을 보이긴 했지만, 지갑을 열겠다는 사람은 아무도 없었지요."[25]

트럭운송 사업만 줄곧 해왔던 맥린으로서는 브라운인더스트리즈와 거래할 일이 없었다. 그러나 해운 사업에 발을 디뎠으니 상황은 달라졌다. 맥린은 탠틀링거의 전문성을 원했다. 그것도 당장 말이다. 켐프턴의 전화를 받은 탠틀링거는 다음 날 아침 팬애틀랜틱이 있는 모빌로 비행기를 타고 날아가 맥린을 만났다.

"내가 듣기로 컨테이너에 관해 알아야 할 모든 것을 당신이 알고 있다고 하던데 맞습니까?"

맥린의 무뚝뚝한 첫 인사였다. 이어서 그는 자기 계획을 설명하면서

33피트(약 10미터) 길이의 컨테이너를 제안했다. 굳이 이 길이가 되어야 하는 이유는 T-2 유조선(2차 세계대전 때 미국이 생산했던 유조선의 유형-옮긴이)의 갑판 적재공간을 33피트씩으로 나눌 수 있었기 때문이다. 이 정도 길이의 컨테이너는 당시 일반적으로 사용되던 다른 컨테이너보다 적어도 일곱 배는 컸다. 또 부두노동자가 직접 다른 화물들과 함께 선창에 싣는 방식이 아니라, 우선 두 유조선 갑판을 어지럽게 덮고 있는 배관들 위로 경갑판輕甲板이라 불리는 금속제 구조물을 설치한 다음, 그 위에 컨테이너를 여덟 줄로 나란히 싣는 방법이 좋겠다고 제안했다.

이 아이디어의 핵심은, 밑부분에 작은 구멍이 나 있는 약 30센티미터 길이의 강철 구조물을 여섯 개씩 컨테이너의 바닥면 네 모서리에 붙이는 것이다. 그리고 컨테이너를 배에 실을 때, 컨테이너 네 모서리에 붙어 있는 강철 피스들을 경갑판의 구조물에 만들어둔 구멍에 수직으로 넣은 다음 강철 피스들의 구멍에 고정 막대를 끼워 컨테이너를 단단하게 고박하는 것이다. 무엇보다 중요한 점은 컨테이너들이 배에서 트럭으로, 또 트럭에서 기차로, 혹은 그 반대 과정으로도 쉽게 옮길 수 있어야 한다는 것이었다.[26]

그런데 맥린트럭의 관리자였던 세실 에거Cecil Egger는 'A' 모양의 강철 브래킷(특정 대상을 떠받칠 목적으로 외부에 부착된 구조재-옮긴이)을 컨테이너의 양면에 부착해 두 대의 낡은 푸리아우프Fruehauf 트럭 트레일러를 견고하게 하는 실험을 하고 있었다. 탠틀링거는 이 방식이 효과가 없을 것을 곧바로 눈치챘다. 바닥 아래로 튀어나온 강철 피스로 컨테이너가 움직이지 않도록 고정되어야 했는데, 여러 단을 쌓을 수 없었다. 'A' 모양 브래킷 때문에 트레일러의 폭과 높이가 너무 넓고 높아져 고속도로 상황에 맞지 않을 것이었다. 탠틀링거는 맥린에게 브라운인더스트리즈의 표준 컨테이너가 적합할 것이라고 말했다. 이 컨테이너는 알루미늄 벽면과 지붕이 하중 대부분을 지탱하도록 설계되어 있었다. 맥린은 33피트 길이의 컨테이너 두 대를 2주 안에 만들어 인도해 달라고 주문했다. 배송지는 두 척의 유조선 개조 작업이 이루어지는 볼티모어의 베들레헴 스틸Bethlehem Steel 조선소였다.

약속한 날, 탠틀링거는 팬애틀랜틱의 이사들과 로드볼티모어호텔에서 아침을 함께 먹기로 되어 있었다. 아무도 나타나지 않자 탠틀링거는 조선소로 전화를 했고, 이미 그곳에 모두 있다는 사실을 알았다. 그는 서둘러 조선소로 갔다. 거기에는 말콤 맥린과 제임스 맥린 형제, 켐프턴 그리고 에거가 컨테이너에 부지런히 오르내리고 있었다. 탠틀링거는 말콤 맥린에게 알루미늄 지붕이 얇지만 충분히 튼튼해 컨테이너 형태를 단단하게 유지할 수 있다고 말했다. 맥린을 비롯한 여러 사람이 이 말이 사실인지 확인하고 싶었던 것이다. 탠틀링거의 말이 잘못됐음을 입증하려고 지붕 위에서 발을 구르기도 하고 쾅쾅 뛰기도 했지만 소용없었다. 브라운인더스트리즈의 컨테이너의 장점을 흡족하게 여긴 맥린은 200개를 추가로 주문하고, 내키지 않아 하는 탠틀링거에게 모빌로 와 자신의 수석엔지니어가 되어 달라고 부탁했다.

탠틀링거의 일 중 하나는, 해상보험 관련 표준을 설정하는 미국선급협회American Bureau of Shipping를 상대로 아이디얼엑스호가 컨테이너를 적재하고도 아무 문제없이 항해할 수 있음을 증명하는 것이었다. 당시 미국연안경비대는 컨테이너가 승무원들을 위험에 빠뜨리지 않을 것이라는 확실한 증거를 요구했다. 탠틀링거는 연안경비대와 협상해 시험 항해를 승인받았다. 팬애틀랜틱은 트럭 회사 노동자들에게 화학제품인 코크스 연탄이 가득 든 판지 소재의 상자들로 채워진 컨테이너 두 개를 배에 실으라고 했다. 시험 항해의 화물로 코크스 연탄을 선택한 이유는 당시 운송 화물의 평균 밀도였고 만에 하나 잘못돼도 아깝지 않게 비용 처리를 할 수 있었기 때문이다.

개조된 두 척의 T-2 유조선 중 하나가 컨테이너 두 개를 싣고 뉴어크항과 휴스턴항 사이를 오갔다. 연안경비대는 한 차례씩 항해할 때마다 화물을 점검했다. 그리고 높은 파도에도 컨테이너에 적재된 화물의 상태가 아무런 문제가 없음이 입증되었고, 컨테이너 운송이 안전하다는 사실을 미국선급협회도 인정했다. 항해를 마치고 난 뒤에도 컨테이너 속의 판지 상자들이 건조한 상태로 안전하게 보존되어 있는 모습을 보고 컨테이너 운송을 승인한 것이다.

이제는 컨테이너를 배에 싣고 내리는 일이 문제였다. 1950년대에는 대부분의 화물선이 윈치를 가지고 있어 어떤 항구에서든 이것을 이용해 화물을 올리고 내렸다. 그렇지만 기존 윈치로는 20톤 무게의 컨테이너를 싣고 내리려면 배가 중심을 잃을 수 있었다. 해결책의 출발점은 펜실베이니아의 체스터에 있는 어느 폐조선소에 방치된 두 대의 거대한 회전식 크레인revolving crane이었다. 부두 위 23미터 높이에 팔boom을 달고 있는 이 크레인은 부두에 깔린 철로를 따라 배와 수평으로 이동하며 작업할 수 있도록 설계됐다. 팬애틀랜틱은 이 크레인을 해체하고 몸체 6미터를 잘라낸 다음 뉴어크항과 휴스턴항에 각각 한 대씩 싣고 가 설치했다. 무게를 충분히 지탱할 수 있도록 바닥과 크레인이 움직이는 철로를 강화했음은 물론이다. 그리고 또 다른 비용 절감 방법을 맥린 일거가 고안했다. 바로 컨테이너 하나의 전체 폭과 길이만큼 활짝 펴지는 스프레더 바 spreader bar였다. 컨테이너를 움켜쥐고 들어 올릴 이 장치를 크레인에 장착함에 따라 노동자가 사다리로 컨테이너 지붕으로 올라가 크레인의 갈고리를 컨테이너와 연결하거나 풀 일이 없어진 것이다. 크레인 기사가 상공 18미터 높이의 운전석에 앉아 간단하게 스위치를 조작하는 작업만으로도 컨테이너 위로 스프레더를 내려 갈고리를 윗부분 네 모서리에 고정할 수 있었다. 컨테이너를 들어서 옮긴 뒤에도 굳이 사람이 컨테이너에 올라갈 필요 없이 크레인 기사가 스위치를 조작해 갈고리를 풀 수 있었다.[27]

맥린은 팬애틀랜틱의 새로운 서비스를 1955년에 시작하고 싶었다. 하지만 정부는 그렇게 빠르게 움직여주지 않았다. 청문회가 여러 달에 걸쳐 여러 차례 진행되었다. 이 모든 것이 끝난 시점이 1955년 말이었다. 그제야 주간통상위원회는 철도 회사들의 문제 제기를 기각하고 팬애틀랜틱이 뉴어크항과 휴스턴항 구간에서 컨테이너를 운송해도 좋다고 승인했다. 그런데 연안 경비대 승인을 얻기까지 다시 시간이 걸리는 바람에 서비스 개시 일자가 또 미루어졌다. 그러다 마침내 1956년 4월 26일에 관련 업계 저명인사 100명이 뉴어크항에 모여 크레인이 7분에 한 개씩 컨테이너를 아이디얼엘스호에 싣는 모습을 지켜보았다. 여덟 시간도 걸리지 않아 모든 선적 작업이 끝났으며, 날이 바뀌기 전에 배는 출항했다. 맥린을 포함한 팬애틀랜틱 이사들은 비행기를 타고 휴스턴으로 날아가서 배가 도착하기를 기다렸다. 당시 이 모습을 지켜보았던 사람이 그때를 다음과 같이 회상했다.

"그들은 모두 제2부두에서 배가 도착하기를 기다렸습니다. 그리고 마침내 아이디얼엑스호가 모습을 드러내자 부두노동자들과 근처에 있던 모든 사람이 모여들었습니다. 사람들은 거대한 상자를 갑판에 차곡차곡 싣고 있는 유조선을 보고 눈이 휘둥그레졌습니다. 우리는 휴스턴에서 유조선이라면 수천 척을 봤지만 그런 유조선은 처음이었지요. 그래서 모든 사람은 이 거대한 괴물을 바라보면서도 자기 눈을 믿지 못했습니다.”

그러나 맥린으로서는 이 운송에 들어간 비용 계산 결과야말로 진정한 승리였다. 1956년에 일반화물을 중간 크기의 화물선으로 운송할 때 드는 비용은 1톤당 5.83달러였다. 그런데 맥린 회사의 전문가들은 아이디얼엑스호에 컨테이너 방식으로 화물을 운송할 때는 1톤당 15.8센트밖에 들지 않았음을 밝혀냈다. 컨테이너의 미래는 장밋빛으로 환하게 밝았다.[28]

팬애틀랜틱의 시랜드서비스가 본격적으로 시작되었다. 뉴어크항과 휴스턴항 구간을 한 주에 한 번씩 편도 운항하는 일정이었다(‘시랜드서비스’는 처음에 팬애틀랜틱의 서비스 명칭이었지만, 나중에 이 회사의 이름이 된다-옮긴이). 팬애틀랜틱은 이제 트럭을 소유할 수 없었지만 트럭 회사들과 계약을 맺어 공장에서 부두까지, 부두에서 최종 목적지까지 화물을 날랐다. 4월부터 12월 사이 팬애틀랜틱이 대서양 연안과 멕시코만 연안의 항로를 통해 수행한 컨테이너 운송 항해는 44회였다. 비용 낭비로 이어지는 적재공간 낭비를 철저하게 싫어했던 맥린이었기에 엔지니어들은 컨테이너를 실을 경갑판을 조금이라도 더 넓힘으로써 실을 수 있는 컨테이너 수를 58개에서 60개 그리고 62개로 늘리는 방법을 고민했다. 낡은 유조선에서 단 1달러라도 추가 수익을 낼 방법이 있었다면 맥린은

분명 그 방법을 적용할 기세였다.[29]

철도와 트럭 회사들은 가만히 구경만 하고 있지 않았다. 그들에게는 팬애틀랜틱이 펼치는 끔찍한 쇼를 파탄으로 이끌 시도를 한 것이다. 이들은 맥린이 주간통상위원회의 승인을 받지도 않은 채 워터맨스팀십을 인수한 일은 주간통상법을 명백하게 위반한 행위라고 강렬하게 주장했다. 비록 워터맨스팀십이 주간통상위원회의 감독권을 피하려 국내운송권을 포기하는 꼼수를 부렸지만, 이 포기 행위를 주간통상위원회가 공식적으로 인정하지 않았다는 것이었다. 그리고 팬애틀랜틱이 워터맨스팀십의 권리를 승계하는 '임시 권한'을 요청함으로써 두 회사가 동일한 계통의 회사 관계를 유지한 것을 볼 때 전체 인수 거래 자체가 의심스럽다는 것이었다. 1956년 11월에 주간통상위원회 심사관은 그들의 주장에 동의했다. 말콤 맥린이 '전망과 결단력과 상당한 경영 수완을 갖춘 사람'이지만, 위원회의 승인을 받지도 않은 상태에서 워터맨스팀십을 인수한 일은 불법 행위라고 말했다. 그러면서 심사관은 맥린에게 워터맨스팀십을 박탈하는 처벌을 내리겠다는 최종 의견을 냈다. 그러나 1957년, 주간통상위원회는 심사관의 권고안을 기각했다. 이로써 맥린은 팬애틀랜틱과 워터맨스팀십을 동시에 지배하게 되었다. 그보다 더 중요한 점은 워터맨스팀십의 대규모 선단을 손에 넣은 것이다.[30]

말콤 맥린은 운송용 컨테이너의 '발명자'가 아니다. 다양한 크기와 형태의 금속제 화물 상자들은 이미 수십 년 전부터 사용되고 있었다. 수많은 보고서와 연구서가 아이디얼엑스호 이전에도 컨테이너에 화물을 실어 배로 운송했음을 말해준다. 미국의 증기선 해운사이던 시트레인은 아이디얼엑스호보다 훨씬 전인 1929년에 이미 철도의 유개화차를 실을 수 있도록 특수하게 제작된 배를 동원했으며, 부두에 설치한 대형 크레인으로 철도의 유개화차를 이 배에 싣고 또 내렸다. 이런 많은 선례 때문에 역사학자들은 말콤 맥린의 성취를 평가절하했다. 프랑스 역사학자 르네 보루이^{René Borruey}는 맥린의 컨테이너가 단지 '20세기 초부터 사용되던 운송방식을 새롭게 응용한 물건'에 지나지 않는다고 주장한다. 또한 미국 역사학자 도널드 피츠제럴드^{Donald Fitzgerald}도 같은 맥락에서 다음과 같이 말했다.

"1950년대의 컨테이너화는 혁명이기보다 해운 역사에서 발달 과정을 구성하는 하나의 단계일 뿐이었다."[31]

물론 좁은 의미에서 보자면 이런 비평이 틀린 것은 아니다. 화물 처리에 들어가는 높은 비용은 1950년대 초에 중요한 문제로 널리 인식되었다. 컨테이너를 잠재적인 해결책으로 바라보고 예전보다 훨씬 많은 논의가 이루어졌다. 말콤 맥린은 백지에서 시작한 게 아니었다. 그러나 학자들의 논의는 맥린이 운송 분야에서 이룩한 업적의 의미를 놓쳤다. 맥린 이전에 많은 회사가 화물을 컨테이너에 담아 운송하려는 시도를 했지만, 초기의 컨테이너들은 운송비용을 의미 있는 수준으로 낮추지 못했고, 널리 보급되지도 못했다.

말콤 맥린의 통찰은 현대사회에서는 상식이지만 1950년대에는 매우 급진적이었다. 이 통찰은 운송 산업의 본질은 배를 항해하는 것이 아니라 화물을 이동시키는 것이라는 인식이었다. 덕분에 맥린은 예전과 전혀 다른 컨테이너화라는 발상을 할 수 있었다. 상품의 운송비용을 줄이려면 단지 금속으로 만든 상자만 필요한 게 아니라 화물 처리 전반을 새롭게 바꾸어야 한다는 사실을 깨달은 것이다. 전체 체계, 즉 컨테이너화를 구성하는 모든 요소가 (항구, 배, 크레인, 임시저장 창고, 트럭, 기차 그리고 선적인의 화물운송 방식 등) 바뀌어야만 했다. 이런 인식에서 맥린은 운송업계에 속한 다른 사람들보다 훨씬 앞서 있었다. 그의 통찰이 눈부신 변화를 불러왔고, 심지어 수십 년째 컨테이너 도입을 위해서 애를 썼던 국제컨테이너국의 전문가들조차도 맥린이 거둔 성취에 깜짝 놀랐다. 이 기관을 이끌던 운영자는 다음과 같이 털어놓았다.

"우리는 당시에 미국에서 혁명이 일어나고 있다는 사실조차 제대로 이해하지 못했습니다."[32]

4장

컨테이너
운송 시스템

1956년 가을 대서양 연안 곳곳에서 부두 파업이 일어났다. 팬애틀랜틱과 워터맨스팀십 소속 선단은 아무래도 한가로운 시간을 보내야 할 것 같았다. 이런 전망을 하던 말콤 맥린은 이 시간을 유용하게 쓰기로 마음먹었다. 워터맨스팀십의 C-2 화물선 여섯 척을 팬애틀랜틱 소유로 돌렸다. 그리고 이 배는 모빌에 있는 워터맨스팀십 조선소로 보냈다. 조선소는 2차 세계대전이 끝난 뒤 폐쇄되었다가 배들을 개조하기 위해 다시 문을 열었다. C-2 화물선 개조의 기본은 아이디얼엑스호에 실었던 컨테이너보다 길이가 2피트 긴 35피트(약 10.7미터) 짜리 컨테이너를 선창에 5, 6단 높이로 쌓아 적재할 수 있도록, 금속으로 벌집 모양의 방, 즉 셀cell을 여러 개 만드는 것이었다. 배들은 개조 작업을 마치고 1957년까지는 바다로 되돌아갈 예정이었다. 참고할 완벽한 컨테이너화의 선례나 모범은 없었다. 금속으로 만든 벌집 모양의 방들도 없었고, 이전에는 컨테이너를 다섯, 여섯 개씩 쌓은 사람도 없었다. 컨테이너가 그 셀에 얼마나 단단하게 밀착된 상태로 적재되어야 할지도 몰랐다. 배가 항해 도중 거대한 파도를 만나 좌우로 흔들릴 때 6단으로 쌓은 컨테이너가 쓰러지지 않고 무사할지도 몰랐다. 그리고 육상에 크레인이 설치되어 있지 않은 부두에서는 배에 실린 컨테이너를 어떻게 꺼내야 할지도 알지 못했다. 하지만 맥린은 늘 그랬듯 이런 세세한 사항에는 혼자 머리를 싸매며 해결하려 하지 않았다. 그저 부하 직원에게 해결책을 찾아 처리하라는 이야기를 했을 뿐이다.[1]

C-2는 T-2와 다르게 선창 다섯 개를 이용해 대량의 혼합화물을 나르는 데 적합하도록 설계되었다. 선창을 개조한다고 해서 문제가 될 것은 없었다. 갑판의 폭은 약 20미터에서 22미터로 늘어났으며, 창구도 확장돼 컨테이너 적재 영역이 위에서도 접근할 수 있도록 만들었다. 배 내부에서 컨테이너를 붙잡아 둘 금속제 셀들을 설치하는 일은 여간 힘든 일이 아니었다. 모빌에 있는 앨라배마 주립 부두에서 키스 탬틀링거는 약 6미터 높이의 실물 모형을 만들었다. 강철로 만든 수직 구조물로 컨테이너의 네 모서리와는 직각을 이루도록 설치한 셀 가이드^{cell guide}(컨테이너가 선창 내에 적재될 때 공간 손실을 최소화하고, 하역 효율을 높이기 위한 선창의 격자형 셀 구조-옮긴이)는 유압잭 위에 설치했다. 유압잭은 파도의 충격 때문에 기울어지는 배를 시뮬레이션하기 위한 것으로 위에 놓인 컨테이너의 한쪽 모서리를 올리거나 내릴 수도 있었다. 크레인 기사가 셀 안에 있는 컨테이너를 다양한 각도에서 분리하도록 지시했으며, 이 과정에서 컨테이너가 이리저리 기울 때 컨테이너에 가해지는 힘의 강도와 비틀림 정도를 측정했다. 탬틀링거는 수백 번의 실험 끝에 각 셀은 셀 안

에 들어갈 컨테이너보다 길이는 15인치(약 38센티미터) 더 길어야 하고, 폭은 4분의 3인치(약 2센티미터) 더 넓어야 한다는 결론을 내렸다. 여유 공간이 좁을수록 크레인 기사가 컨테이너를 셀 안으로 넣기 힘들었으며, 반대로 넓으면 셀 안의 컨테이너가 운송 도중에 많이 흔들렸다. 이런 결과를 바탕으로 226개의 컨테이너를 적재할 수 있도록 셀을 만드는 등 C-2의 선창을 개조했다. 이 규모는 아이디얼엑스호가 실었던 컨테이너의 네 배 가까이에 달하는 양이었다.[2]

보다 큰 화물을 실은 큰 배의 경우, 화물을 싣고 내리는 과정이 더욱 복잡해진다. 따라서 이 경우에는 상대적으로 작은 배인 T-2에 컨테이너를 싣던 방법은 효과가 없다. 예를 들어 컨테이너 226개를 실을 만큼 큰 배는 컨테이너 하나를 싣는 시간이 7분 걸리는 것을 감안하면, 배를 가득 채우는 데는 꼬박 24시간 넘게 걸리기 때문이다. 그러므로 더욱 신속하게 처리하려면 선적과 하역의 모든 요소를 새롭게 설계할 필요가 있었다. 탠틀링거는 새로운 트레일러 섀시를 발명했다. 모서리가 경사져 있어 크레인이 컨테이너를 기울이기만 하면 자연히 제자리로 미끄러져 들어가도록 한 것이었다. 그리고 새로운 잠금장치도 개발해 부두노동자가 핸들을 작동해 컨테이너를 고정하거나 풀 수 있도록 했다. 이로써 사람이 트럭에서 컨테이너가 미끄러지지 않도록 철제 사슬로 일일이 묶는 노동집약적인 작업 공정을 없앨 수 있었다. 이런 변화들은 트럭이 부두에서 귀중한 공간을 오랫동안 차지할 필요 없이 신속하게 컨테이너를 싣거나 내리고 곧바로 다음 기항지로 갈 수 있다는 뜻이었다. 컨테이너에도 각 모서리 부분에 무거운 강철 기둥을 덧붙였다. 보다 많은 층을 쌓을 때의 무게를 버틸 수 있도록 한 것이다.

문도 옆으로 튀어나온 모습이 아닌 뒷면에다 오목하게 들어가는 방식으로 달았다. 그리고 이 모든 새로운 컨테이너들은 모서리 여덟 개에 특수 제작된 강 주물steel casting이 내장되어 있었다. 강 주물에는 컨테이너 발전 과정에서 무엇보다도 중요한 발명품인 트위스트록twist lock과 결합될 목적으로 설계된 타원 형태의 구멍이 나 있었다. 원뿔 모양이며 아래를 향하는 것과 위로 향하는 것이 있는 트위스트록은, 컨테이너가 층층이 쌓일 때 컨테이너 모서리의 강 주물 구멍에 삽입된다. 컨테이너를 쌓을 때 선적 작업을 하는 노동자가 핸들을 돌리면 컨테이너 두 개는 단단하게 결합한다. 하역할 때는 핸들을 반대로 돌리면 두 컨테이너 사이의 결합은 순식간에 풀린다. 이런 트위스트록을 도입함으로써 컨테이너의 선적·하역 작업의 시간은 획기적으로 줄었다.[3]

셀과 컨테이너 역시 팬애틀랜틱이 컨테이너 운용의 또 다른 중요한 요소인 크레인에 초점을 맞추고 나서야 비로소 설계될 수 있었다. 뉴욕항과 휴스턴항에 있는 거대한 부두용 크레인은 새로운 컨테이너를 옮기기에는 적당하지 않았다. 맥린이 염두에 둔 다른 항구들에도 대형 크레인이 부족했다. 배의 갑판에 장착된 크레인이 확실한 해결책이었지만, 기존의 갑판 크레인으로는 길이 11미터에 무게 18톤이나 되는 컨테이너를 들어 올릴 수 없었다. 맥린의 야심찬 일정으로는 90일 안에 테스트 모델이 나와야 했지만, 그 기간 안에 그가 원하는 크레인을 만들 해상크레인 제작업체가 없었다. 그래서 워싱턴주에 있을 때부터 벌목 산업에 대해 조금 알던 탠틀링거가 벌목용 디젤 엔진 크레인을 제작하는 여러 업체를 알아보기 위해 전화를 걸었다. 다행히 선박과 터미널 재설계 과정에 도움을 준 회사의 운영자 로버트 캠벨Robert Campbell, 일명 '부즈Booze(술꾼)'가 우연히 워싱턴 세드로울리에 있던 스카깃스틸앤아이런웍스Skagit Steel & Iron Works라는 회사를 알려주었다.

스카깃스틸사의 소유주인 시드니 매킨타이어Sidney McIntyre는 선박과 관련된 일을 한 번도 한 적이 없었으며 전기 크레인은 낯설지만 제작해보겠다고 나섰다. 그는 캠벨의 표현을 빌자면 '기계 분야의 천재'였다. 결국 90일 안에 거대한 크레인을 제작했는데, 배 위로 다리를 놓을 정도로 거대한 갠트리크레인gantry crane이었다. C-2 유조선은 배 가운데 조타실이 있어 하나는 앞에서, 하나는 뒤에서 작업할 수 있도록 크레인 두 개를 필요로 했다. 이 크레인들은 배의 양옆에 깔아놓은 철로를 따라 앞뒤로 이동했으며, 긴 팔을 가지고 있어 부두에 있는 컨테이너를 집어 지브(호이스트를 가능한 한 멀리까지 연장하는 장치-옮긴이)를 따라 이동할 수 있었기에 배의 폭을 온전하게 작업 범위 안에 두고 가로와 세로 좌표의 어느 곳에든 컨테이너를 싣거나 내릴 수 있었다.[4]

셀과 갠트리크레인이 결합함에 따라 컨테이너를 유례없이 빠른 속도로 처리할 수 있었다. 첫 번째 세로 단으로 쌓인 컨테이너들을 들어내면, 짐을 싣거나 내리는 작업이 동시에 이루어질 수 있었다. 크레인이 배에서 컨테이너 하나를 집어내 방금 들어온 트레일러에 얹고, 다시 배로 돌아갈 때는 선적할 컨테이너를 집어서 비어 있는 세로 단에 하나씩 쌓아가는 방식이다. 두 대의 크레인이 한 시간에 15개의 컨테이너를 싣고 또 내릴 때 최초의 C-2 개조선인 게이트웨이시티Gateway City호는 항구에 가득 싣고 들어온 모든 화물을 내리고, 새로운 목적지로 싣고 나갈 화물을 전부 싣는 데 걸리는 시간이 여덟 시간밖에 되지 않았다. 하원 의원이자 상선위원회 위원장인 허버트 보너Herbert Bonner는 개조된 C-2 유조선들을 두고

"우리 시대에 미국 상선이 이룩한 가장 위대한 발전"이라고 말했다.

1957년 10월 4일, 게이트웨이시티호가 항해 개시를 앞둔 날이었다. 보너는 뉴어크에 있는 F.W.울워스 잡화점 가게에 들렀다. 그러고는 가게에 있던 점토를 모두 사, 주머니칼로 점토를 여러 조각으로 만든 다음 선창에 적재된 컨테이너 중 최상층에 있는 컨테이너와 셀의 금속 구조물 사이의 좁은 공간 여러 곳에 끼워 넣었다. 그리고 3일 뒤에 게이트웨이시티호가 마이애미 항구에 댔을 때 점토 조각들이 얼마나 움직였는지 확인했다. 점토에 난 자국을 살펴본 결과, 0.8센티미터밖에 움직이지 않았다. 선창에 컨테이너를 층층이 쌓더라도, 항해 도중에 아무리 배가 흔들려도 화물은 전혀 손상되지 않는다는 증거였다.[5]

1957년 말까지 팬애틀랜틱은 (처음부터 컨테이너선으로 건조된) '순수한' 컨테이너선 여섯 척 중 네 척을 노선에 투입했는데, 4, 5일마다 뉴욕에서 남쪽으로 혹은 휴스턴항에서 동쪽으로 항해하도록 운행했다. 다음 해에 개조된 다른 두 척의 C-2도 이 대열에 합류했다. 아이디얼엑스호와 자매 유조선들, 이 배들과 맞는 33피트 길이 컨테이너 490개와 이 컨테이너에 맞는 300개의 섀시도 함께 팔렸다. 1년 전보다 다섯 배나 많은 처리 용량을 확보한 팬애틀랜틱의 시랜드서비스는 폭발적인 성장을 눈앞에 두고 있는 것처럼 보였다.[6]

하지만 그게 아니었다. 배들은 난관 속으로 항해해 들어갔다. 맥린은 1958년 3월에 푸에르토리코로 가는 새로운 노선을 열고 두 척의 순수한 컨테이너선을 투입하겠다는 계획이 있었다. 푸에르토리코는 잠재성이 높은 시장이었다. 섬이었기에 거의 모든 소비재 조달이 배가 없으면 불가능했다. 미국령이었고, 따라서 미국의 항구들 사이를 오가는 화물은 미국 국적의 배를 미국인 승무원이 몰아야 한다는 존스법^{Jones Law}(연안 무역법)이 적용되었다. 이처럼 경쟁이 제한되어 있었으므로 푸에르토리코를 오가는 소수의 화물선은 매우 높은 운송료를 매기고 있었는데, 맥린은 팬애틀랜틱의 컨테이너선이 어렵지 않게 그 시장에 들어갈 수 있을 것이라 판단했다. 그런데 뉴어크항에서 출발한 팬애틀랜틱의 첫 번째 화물선이 산후안항에 도착했을 때 부두노동자들이 컨테이너 하역을 거부했다. 두 달 동안 지루한 협상이 이어지는 동안 배 두 척은 항구에 묶여 있었고 그만큼 비용은 낭비되었다. 팬애틀랜틱은 결국 컨테이너선의 화물을 처리하는 데 네 명 단위 1조로, 20조 노동자를 써야 한다는 부두노동자의 요구에 굴복했으며, 8월에 정기 노선을 개통했다. 시간이 지연되었을 뿐만 아니라 너무 낡은 유조선들을 처리하는 데 비용이 재추가됨에 따라 맥린인더스트리즈는 위험한 수준의 적자를 기록했다. 1958년의 420만 달러라는 순손실은 회사가 처음 3년 동안 축적했던 수익을 대부분 까먹었을 정도였다.[7]

그러나 맥린은 단념하지 않았다. 그는 팬애틀랜틱이 안고 있는 여러 문제가 해운 산업 특유의 수동적이고 느리게 움직이는 문화 때문에 발생한 것이라 판단했다. 팬애틀랜틱과 같은 국내 해운사들은 기업가 정신이 발휘될 여지란 찾아볼 수 없을 정도로 제약이 심한 환경에서 운영되고 있었다. 워터맨스팀십처럼 국제시장에서 기업 운영을 하는 미국인 소유 해운사들은 운송료를 책정하는 국제 기업연합에 가입하는 게 허용되어 있었다. 당시 미국인 승무원이 일하는 미국 국적의 배들은 군수품을 포함해 미국 정부가 발주하는 거대한 규모의 화물을 독점적으로 운송할 권리를 가지고 있었다. 많은 해운사가 정부로부터 따로 보조금까지 받았다. 이런 보호주의 문화 때문에 모빌에 있는 워터맨스팀십 본사 건물은 16층에 이사들 전용의 사치스러운 특별 공간을 마련하는 등 온갖 낭비를 해도 괜찮다는 인식과 문화가 생겨났다. 하지만 이런 문화에서는 말콤 맥린이 원하는 창의적이고 추진력이 있으며 목표 달성에 끊임없이 허기와 갈증을 느끼는 직원이 나올 수 없었다. 맥린은 전과는 다르게 바꾸어야 할 때가 되었다고 판단했다. 1958년 6월, 컨테이너선만 운항하는 것으로 체제를 바꾼 팬애틀랜틱은 뉴어크 부두에서 멀지 않은 곳에 있던 파인애플 창고를 개조해 그곳으로 본사를 옮겼다. 그리고 전통적인 브레이크벌크 노선을 운영하던 워터맨스팀십은 의도적으로 모빌에 두었다.

새로 이사한 팬애틀랜틱 사무실은 예전과 전혀 다른 분위기였다. 말콤 맥린의 개인 사무실 인테리어는 소박하고 단순했으며 유리로 된 칸막이를 통해 탁 트인 넓은 공간을 바라볼 수 있게 되어 있었다. 넓은 공간에는 직원들이 일하는 책상이 줄지어 놓여 있었다. 아침마다 맥린은 사무실 안을 돌아다니면서 가장 최근의 현금수지계산서와 운송계획표를 확인하고, 원하는 정보를 얻기 위해 기업 대표 특유의 '권위적인' 분위기를 스스로 깼다. 무엇보다 회사의 분위기는 여동생 클라라가 좌우했다. 그녀의 책상은 넓은 직원 사무실 한가운데 있었는데, 그 자리에서 그녀는 모든 사람과 모든 일을 지켜보았다. 누가 지각을 얼마나 했는지까지 훤하게 꿰뚫었다. 그녀는 사무실 장식도 직접 했다. 승진을 해서 유리로 칸막이가 있는 개인 사무실을 가지게 된 관리자가 사용할 가구도 그녀가 직접 골랐다. 벽에 걸어 두는 그림까지도 그랬다. 한 직원은 다음과 같이 회상했다.

"만일 누가 자기 마음대로 벽에 그림이나 달력을 걸면, 그는 다음 날 아침에 반드시 그녀가 보낸 쪽지를 받습니다."

그녀는 여러 가지 규칙을 정했다. 커피는 아무 곳에서나 마시지 말고 반드시 휴게실에서만 마실 것, 개인적인 전화는 하지 말 것, 퇴근하기 전에 반드시 책상을 정리할 것 등. 그녀는 모든 사람의 근무시간표를 확인했으며, 직원 채용은 반드시 그녀의 승인을 받아야 했다.[8]

컨테이너화에 관심을 가졌던 운송업계의 거물은 말콤 맥린만이 아니었다. 1954년 대서양 연안에서 로로선 운항에 필요한 터미널들을 임대해서 쓰던 때, 맷슨내비게이션Matson Navigation Company이 화물 처리에 관한 학술적 차원의 연구를 후원하기 시작했다. 샌프란시스코에 본사가 있던 맷슨내비게이션은 컨테이너 작업을 생각하고 있었지만 맥린과는 정반대로 접근했다.

1882년에 설립된 맷슨내비게이션은 처음에는 가족 기업으로 느슨하게 관리되었는데, 하와이에서 배 한 척으로 시작해 운송업계의 거물로 성장한 기업이었다. 캘리포니아의 유정油井 여러 곳과 유조선들을 가지고 있었으며 하와이에 석유를 저장하는 탱크도 상당수 소유했다. 또한 여객선 여러 척과 와이키키 해변에 관광객을 유치하기 위한 호텔도 여러 개 있었다. 하와이에 사탕수수 농장들과 설탕을 본토로 나를 배도 여러 척 있었다. 2차 세계대전 이후 꽤 오랜 기간 동안에는 항공 노선도 가지고 있을 정도였다. 하지만 이런 재산들이 큰돈을 벌어다주지는 못했는데, 이 회사의 근본적 문제는 상당수의 거대 주주들이 많은 수입을 버는 데 관심이 없었다. 회사의 이사진에는 하와이에서 사탕수수와 파인애플을 재배하는 대농장주들을 대표하는 사람들도 있었는데, 그들의 관심사는 설탕과 파인애플을 될 수 있으면 비용을 적게 들이고 시장으로 내보내는 것이었다. 운송 서비스의 수익 여부는 이들에게 중요한 문제가 아니었다.[9]

그런데 1947년부터 변화가 시작되었다. 맷슨 가문이 증기선 운영에 경험이 많은 존 E. 쿠싱John E. Cushing을 영입한 것이다. 맷슨은 은퇴하려는 쿠싱을 설득해 3년 동안 회사의 대표를 맡아 달라고 했다. 회사는 창립 이후 처음으로 긴축 재정에 돌입했다. 쿠싱은 회사의 낮은 생산성 문제를 해결하는 데 초점을 두었다. 그 결과, 1948년에 맷슨은 설탕을 본토로 운송할 때 100파운드 짜리 자루를 쓰지 않는 벌크화물로 운송하는 제도를 혁신적으로 도입했다. 설탕을 벌크화물로 다루려면 대규모 투자가 필요했다. 우선 하와이에서 원당을 담을 거대한 규모의 통, 원당을 가공한 설탕을 공장에서 부두까지 옮길 특수 트럭, 설탕을 트럭에서 통의 주입구로 옮길 컨베이어벨트, 또 통 안에서 설탕이 눌어붙지 않도록 저어줄 장치가 따로 있어야 했다. 하지만 이런 설비 및 장치들이 운송비용을 대폭 낮추었다. 이 경험으로 맷슨은 자동화가 어떤 이득을 가져다주는지 기본 원리를 깨달았다. 쿠싱이 떠난 직후, 맷슨내비게이션은 하와이와 본토의 태평양 연안을 오가며 운송하던 일반화물을 처리하는 과정을 기계화하는 방안을 검토하기로 했다.[10]

맷슨내비게이션은 신중하게 움직였다. 맥린이 지배하던 팬애틀랜틱은 갑자기 성장한 기업이었던 터라 신속히 움직인다 해서 특별히 감수해야 할 위험은 없었다. 그러나 맷슨내비게이션은 그렇지 않았다. 보호해야 할 계열사의 사업들이 워낙 많았으며, 이사진들은 돈줄을 꽉 움켜쥐고 쉽게 주머니를 열려고 하지 않았다. 맷슨내비게이션은 2년에 걸쳐 운송업계 지형 연구를 후원한 뒤 (바로 이 기간에 말콤 맥린은 컨테이너화라는 발상을 구체적인 사업으로 실현시켰다) 1956년에 회사 내에 연구소를 설치했다. 이 연구소를 운영하기 위해 발탁한 사람이 포스터 웰던Foster Weldon이었다. 그는 제1세대 탄도미사일 발사 핵잠수함인 폴라리스 원자력 잠수함 개발에 참여했던 지구물리학자였다.

연구원의 배경만 보더라도 팬애틀랜틱과 맷슨내비게이션의 차이는 뚜렷하게 보인다. 키스 탠틀링거나 로버트 캠벨과 같은 맥린의 엔지니어들은 학문 영역이 아니라 실제 산업 현장에서 잔뼈가 굵고 자신의 배경과 계보를 공공연하게 과시하지 말라는 조언을 늘 가슴에 새기던 사람들이었다. 이에 비해 웰던은 존스홉킨스대학교라는 명문대학교의 교수였으며, 복잡한 체계를 효율적으로 관리하는 방법을 연구하는 오퍼레이션리서치OR라는 새로운 과학 분야에서도 잘 알려진 사람이었다. 팬애틀랜틱이 채용했던 최초 기술은 낡은 유조선과 선박 건조용 크레인 그리고 유조선의 크기에 맞춰 길이가 결정되는 크레인 등을 사용해 그때그때 상황에 따라 작업을 하는 것이었다. 팬애틀랜틱은 일을 진행하면서 문제점을 하나씩 개선할 수 있다는 믿음이 있었기 때문에 이런 접근법을 구사했던 것이다. 그러나 웰던으로서는 '닥치는 대로 하는' 팬애틀랜틱의 전략이 당혹스러웠다. 이와 관련해 다음과 같이 신랄하게 지적했다.

"모든 운송 회사는 '최고의' 컨테이너 체계를 구성하기 위한 세부적인 장치나 설비에 관해 자기만의 이론을 가지고 있다. 그러나 운송에 소요되는 비용과 관련 있는 컨테이너의 크기와 같은 여러 특징들을 계량한 자료는 찾아볼 수 없다."

그가 설정한 목표는 (본인이 직접 쓴 표현을 빌자면) 유익한 자료를 축적하고, 이것을 바탕으로 맷슨내비게이션이 컨테이너 운송 사업을 시작하는 데 최적의 방법을 찾는 것이었다.[11]

웰던은 맷슨내비게이션의 접근 방식의 토대가 될 몇 가지 쟁점들과 맞닥뜨렸다. 우선, 맷슨내비게이션이 다루는 일반화물의 절반은 컨테이너 운송에 적합했지만, 갈 때와 올 때의 화물 규모가 너무 많이 달랐다. 회사가 하와이에서 본토로 운송하는 양이 1톤이라면 본토에서 하와이로 돌아올 때 운송하는 양은 3톤이었다. 서쪽으로 가는 항해에서 남긴 수익을 동쪽으로 가는 항해에 고스란히 쏟아부어야 할 판이었다. 설상가상으로, 맷슨내비게이션의 주 고객은 캘리포니아의 식품가공업자들이었는데, 이들은 소규모 화물을 여러 섬에 흩어져 있는 구멍가게 수준의 식품점으로 보내고 있었다. 맷슨내비게이션은 캘리포니아에서 소규모 화물을 컨테이너에 실어야 했고 그런 다음에는 호놀룰루에서 컨테이너를 열고 화물을 최종 목적지별로 정리해 꾸러미를 만들어야 했다. 이럴 경우, 컨테이너 운송에 들어가는 비용이 비싸질 수밖에 없었다.

웰던은 해결책을 생각했다. 컨테이너를 사용할 때 개별 화물을 트럭에서 배로, 다시 배에서 트럭으로 옮겨 싣는 과정을 없앰으로써, 기존 방식보다 비용을 절반 가까이 줄일 수 있음을 확인했다. 그리고 다음과 같이 말했다.

"인건비는 지금까지 줄곧 증가했으며 사람의 손을 빌리는 방식을 고집하는 한 앞으로도 무한대로 늘 것이다. 그리고 노동생산성 향상과 상관없이 부두노동자의 임금은 계속 올라갈 것이고, 현재로서는 이런 추세가 바뀔 것이라는 조짐이 보이지 않는다."

이런 인식을 바탕으로 자동화가 빨리 필요하다고 느낀 웰던은 컨테이너 작업에 적용할 방식을 생각해냈다. 맷슨내비게이션이 소규모 화물들을 경로 순서별로 컨테이너에 실을 수 있다면, 배달 트럭들이 호놀룰루에서 컨테이너들을 받아 (컨테이너를 열어 최종 목적지별로 화물 꾸러미를 다시 정리할 필요 없이) 곧바로 지정 경로대로 운송할 수 있지 않을까 하는 것이었다. 이럴 경우 식품점별로 배송될 상품은 트럭이 최종 목적지인 해당 식품점에 도착했을 때 처리하는 것이다. 하와이에서의 컨테이너화는 경제적인 비용으로 운영될 수 있었다.[12]

컨테이너가 의미 있는 대안이라고 한다면, 컨테이너의 크기를 어느 정도로 해야 할까? 웰던은 이 문제를 분석한 끝에, 컨테이너의 크기가 작아도 화물을 가짓수를 늘려 짐을 나누면 선적인에게서 최종 수령자까지 중간에 화물을 내렸다가 다시 싣는 과정 없이 간다는 사실을 확인했다. 한편, 10피트(약 3미터)짜리의 컨테이너 두 개는 20피트(약 6미터)짜리 컨테이너 하나보다 배에 싣는 시간이 두 배 걸리므로 회사가 투자한 크레인이나 배를 그만큼 비효율적으로 운용하는 셈이었다. 웰던의 연구팀은 맷슨내비게이션의 운송 사례 수천 가지를 수천 개의 천공카드로 자료를 입력해, 컴퓨터로 분석했다. 그리고 하와이에서는 20~25피트 길이의 밴(van)이 가장 효율적이라는 결론을 내렸다. 이보다 큰 컨테이너를 사용하면 너무 많은 공간을 비운 채로 운용하게 되고, 20피트 미만의 컨테이너는 화물을 싣고 내리는 데 너무 많은 시간을 허비한다는 것이 이유였다. 그래서 웰던의 연구팀은 맺슨내비게이션이 팬애틀랜틱과 마찬가지로 컨테이너를 부두로 운송하는 작업부터 시작하되, 전통적인 브레이크벌크 화물은 선창에 적재하는 방법이 좋다고 추천했다. C-3 화물선 15척 중 여섯 척을 갑판에 컨테이너를 싣고 운송할 수 있게 개조하면, 맺슨내비게이션은 호놀룰루와 로스앤젤레스, 호놀룰루와 샌프란시스코 노선을 한 주에 한 차례씩 운항할 수 있도록 화물선을 배치할 수 있었다. 이렇게 되면 웰던은 컨테이너 운송 사업이 작은 규모여도 충분히 수익을 올릴 수 있다고 판단했다. 만약 시장이 커지면 기존의 화물선을 컨테이너 전용 화물선으로 개조해 추가로 투입하면 되었다. 그래서 그는 최종적으로 결론을 내렸다.

"컨테이너화는, 원하는 만큼 얼마든지 멀리 나가거나 철저한 계획이 지시하는 어느 곳에서도 멈출 수 있도록 선택권을 주는, 전도유망한 최초의 환경을 제시할 것이다."[13]

1957년 1월, 맺슨내비게이션의 경영진은 웰던의 제안을 받아들였다. 새로 영입된 조선공학자인 레슬리 할랜더Leslie Harlander는 기술 분야의 책임을 맡았다. 할랜더는 직원 한 명을 따로 고용했고, 컨테이너 운영과 관련된 모든 부분에 구체적인 계획을 세우라는 지시를 받았다. 특히 돈 문제는 주의를 기울여야 한다는 지침이 있었다. 모든 선택은 다른 대안들보다 조금이라도 더 높은 수익률을 보장하는지 여부에 따라 이루어져야 했다.[14]

레슬리 할랜더의 동생이자 크레인을 전공한 엔지니어인 도널드Don는 1957년 7월에 크레인을 만드는 데 필요한 것들을 살피기 시작했다. 그리고 같은 해 10월에 형제는 휴스턴으로 가 컨테이너선으로 개조된 게이트웨이시티호에 첫 항해를 끝내고 도착하는 광경을 지켜보았다. C-2형 배였다. 맷슨내비게이션이 보유하던 C-3형 배보다 조금 더 작고 속도도 느렸으며, 특이한 크레인 두 대를 갑판에 탑재하고 있었다. 두 대의 갑판 크레인을 가동해 게이트웨이시티호가 적재된 화물을 모두 내리고 다시 다른 화물을 적재하는 데 걸린 시간은 그 배보다 훨씬 작은 아이디얼엑스호와 비교해도 더 걸리지 않았다.

그런데 할랜더 형제는 게이트웨이시티호의 갑판 크레인의 몇 가지 단점을 금방 눈치챘다. 팬애틀랜틱의 두 크레인을 조종하는 기사들은 각각 갑판보다 높은 위치에 앉아 두 가지 불빛 신호를 바라보고 있었다. 초록불은 크레인 트롤리를 배 옆으로 이동해 부두에 컨테이너를 내려놓으라는 뜻이었고, 빨간불은 순서를 기다리라는 뜻이었다. 그런데 두 대의 크레인이 18톤 무게의 컨테이너를 매달면서 동시에 부두 쪽으로 향할 경우, 배의 균형이 무너질 수도 있었다. 맷슨내비게이션은 다수의 작은 항구들 대신 소수의 큰 항구 위주로 영업할 계획이어서 이런 위험을 굳이 감수할 필요는 없었다. 최초의 결심은 쉬웠다. 맷슨내비게이션은 갑판 크레인을 선택한 팬애들랜틱과 다르게 지상 크레인으로 간다는 결정을 내렸다.[15]

지상 크레인은 팬애틀랜틱이 1956년에 문 닫은 조선소의 크레인을 재활용했던 방법처럼, 다른 용도로 사용됐던 크레인을 다시 쓸 수도 있었다. 팬애틀랜틱의 크레인은 원래 회전식이었다. 배의 갑판에 적재된 컨테이너를 집어 원을 그리며 이동해 부두에다 내려놓는 작업을 수행했다. 그러나 회전식 크레인으로는 부두에 대기하는 트레일러 섀시에 컨테이너를 정확하게 내려놓기가 어려웠다. 그래서 작업 시간이 많이 걸렸다. 맷슨내비게이션의 크레인 설계 작업은 완전 백지 상태에서 시작했다. 충족해야 할 조건은 명확했다. 들어온 컨테이너 하나를 배에서 내리고, 나갈 컨테이너 하나를 배로 올리는 한 주기의 작업에 걸리는 시간을 5분 이내로 줄이는 것이었다. 팬애틀랜틱 크레인의 작업 시간인 7분에서 2분 단축해야 한다는 뜻이었다. 맷슨내비게이션의 크레인은 부두에서 약 29미터 떨어진 지점에서도 작업할 수 있어야 했다. 29미터라면 맷슨내비게이션이 보유하던 화물선의 폭을 충분히 감당할 수 있었다. 그리고 크레인 기사는 트롤리를 조작해 리프팅 빔을 배 위로 이동시키고, 리프팅 빔을 내리고, 컨테이너를 묶은 줄을 리프팅 빔에 걸고 들어올린 다음 1분당 125미터의 속도로 컨테이너를 부두로 이동시킨다는 게 기본 계획이었다.

그런데 속도가 높을 경우 크레인이 공중에서 잡고 있는 컨테이너가 흔들릴 수 있었다. 레슬리 할랜더는 컨테이너가 흔들리는 문제를 해결하기 위해 특수 리프팅 스프레더를 설계한 다음 모형을 만들어 1957년 크리스마스 때 자기 아들의 장난감 이렉터세트Erector Set(어린이용 조립 완구, 상표명-옮긴이)를 가지고 가능성을 시험했다.[16]

그리고 웰던은 길이 20피트에서 25피트의 컨테이너를 제작하라고 일단락지었다. 할랜더는 크레인 설계를 계속 진행해야 했다. 1957년 말에 맷슨내비게이션은 트럭 트레일러 제조업체인 트레일모빌Trailmobile에 의뢰해 컨테이너와 섀시 시제품을 각각 두 개씩 제작하게 했다. 그리고 또 다른 업체에게는 리프팅 스프레더 두 개와 배 내부의 컨테이너 셀 모형으로 삼을 강철 프레임을 하나 제작하게 했다. 이렇게 여러 달 동안 실험이 진행되었다. 연구팀은 변형 정도를 측정하는 계측기를 해당 설비에 부착했다. 그리고 다양한 밀도와 무게의 컨테이너를 셀 안에 넣었다 빼 섀시에 내려놓으면서 그때마다 발생하는 압력 정도를 측정했다. 컨테이너와 각 셀의 모서리를 형성하는 수직 기둥 사이에는 얼마만큼 여유공간을 설정해야 할지 알아보기 위해 시험용 셀을 놓고 다양한 각도에서 컨테이너를 넣고 또 빼는 실험도 했다. 또한 화물을 채운 컨테이너들을 층층이 쌓아 맨 아래에 있는 컨테이너가 받는 압력을 측정했다. 컨테이너 안으로 지게차를 운전해 들어가 컨테이너 바닥이 하중에 견디는 정도도 측정했다.

이 모든 시험 결과를 바탕으로 할랜더의 연구팀은 맷슨내비게이션이 선택할 수 있는 가장 경제적인 컨테이너의 크기는 길이 24피트(약 7.3미터)에 높이 8.5피트(약 2.6미터)라는 결론을 내렸다. 길이만 보자면 팬애틀랜틱의 컨테이너보다 11피트(약 3.4미터) 짧았다. 이 규격 결정은, 무게 1파운드(약 0.45킬로그램)가 줄면 20센트가 절약되며, 부피를 1세제곱피트(약 28리터) 줄이면 20달러가 절약된다는 웰던의 발견을 참고해 이루어졌다. 구조완전성structural integrity을 강화하기 위해 컨테이너 지붕을 만들 때는 트레일모빌사가 고속도로를 달리는 트레일러를 제작할 때처럼 여러 판들을 이어붙이지 않고, 단일 강판을 사용해야 했다. 강철 소재의 모서리 기둥은 컨테이너를 여러 개 쌓았을 때의 무게인 12만 파운드(약 54.4톤)를 버틸 수 있어야 했다. 이것은 팬애틀랜틱의 최초 컨테이너가 지탱할 수 있는 무게보다 더 무거운 것이었다. 보강재와 함께 알루미늄을 두 겹 붙여서 만든 문짝 두 개는 배가 바다에서 파도에 흔들릴 때 받는 압력에도 충분히 잘 견딜 수 있도록 열장이음(한 부재에는 주먹장을 내고 다른 부재에는 주먹장 구멍을 파서 서로 물리게 하는 길이이음-옮긴이) 방식으로 만들어야 했다. 바닥은 더글러스 전나무로 제혀맞춤(제혀맞춤 방식은 옆판과의 결합 접촉면이 넓어져서 결합력이 우수하다-옮긴이)으로 해야 했다. 특수 크레인 및 지게차에 맞도록 맞춘 특수 장치들은 비용 때문에 제외했다. 이 점에 대해서 할랜더는 다음과 같이 말했다.

"추가로 어떤 장치를 다는 데는 컨테이너 하나에 추가 비용이 200달러밖에 들지 않는다. 그러나 이 장치의 비용이 일을 만족스럽게 수행하는 데 필요한 예산보다 10퍼센트만 더 높더라도 전체 수익은 큰 폭으로 줄어들 것이다."[17]

맥린이 푸에르토리코 신항로를 준비하던 1958년 초에 퍼시픽코우스트엔지니어링Pacific Coast Engineering Company, PACECO이 17개 입찰업체 중 가장 낮은 입찰금을 제시하고, 맷슨내비게이션의 컨테이너 제작 계약을 따냈다. 하지만 맷슨내비게이션의 일반적이지 않은 설계가 불편했다. 결국 컨테이너가 흔들리는 문제, 트롤리와 관련된 문제, 맷슨내비게이션이 빠르게 작업을 수행하지 못하는 문제 등에 책임을 지지 않겠다고 못을 박았다. 할랜더는 설계에 관해서는 맷슨내비게이션이 전적으로 책임질 것이라는 점에 동의했다.

마침내 부두 지면부터 잼 높이가 약 35미터에 육박하고 다리만 하더라도 서로 10미터 넘게 떨어져 있어 트럭 두 대 혹은 철도 두 량이 너끈하게 지나가는 'A' 자 형태의 거대한 구조물을 만드는 작업에 착수했다. 트레일모빌은 맷슨내비게이션의 특별 주문 등을 꼼꼼하게 챙겨 컨테이너 600개, 섀시 400개를 제작했다. 맷슨내비게이션은 자기만의 고박 방식을 개발했는데, 컨테이너를 최대 5단으로 쌓아도 항해 도중 컨테이너가 손상되지 않도록 해주는 방법이었다(컨테이너선에 컨테이너를 적재할 때, 선창 내에서는 셀 가이드에 따라 적재되기 때문에 컨테이너를 고정할 필요가 없다. 그러나 갑판에 선적하는 경우에는 항해 중 화물의 안전을 위해 와이어 등으로 고정해야 한다-옮긴이).[18]

한편 웰던의 연구소는 맷슨내비게이션 소유의 화물 선박을 가장 효율적으로 운용할 방법을 연구했다. 대여료만 1분에 수백 달러씩 하는 IBM의 704 컴퓨터를 빌려, 연중 내내 운영하는 항구별로 300개가 넘는 품목들의 물량과 비용 자료를 입력해 완벽한 시뮬레이션 모델을 만들었다. 그런 다음 여러 가지 의문들, 하와이로 향하는 거대 화물선이 힐로항과 라나이항에 기항해야 하는지, 호놀룰루에서 피더선feeder ship(대형 선박과 항구를 오가며 컨테이너를 나르는 보조선-옮긴이)에 화물을 옮겨 실어야 하는지, 호놀룰루에서 오클랜드까지 파인애플을 운송하면 하루 중 언제 출발할 때 총비용을 절약할 수 있을지 등에 대한 해답을 실시간으로 얻고자 했다. 항구별 노동력 관련 비용, 부두 및 크레인의 활용도, 각 선박에 적재된 화물 등에 관한 자료가 입력됐다. 1950년대에는 굉장히 획기적인 작업 방식으로 다른 해운사들은 생각하지도 못했다.[19]

1958년 8월 31일, 맷슨내비게이션은 마침내 컨테이너 시대로 진입했다. 바로 이날 갑판에 컨테이너 20개를 싣고 선창에 일반화물을 실은 하와이안머천트Hawaiian Merchant호가 샌프란시스코항을 나섰던 것이다. 하와이안머천트호와 다른 C-3형 선박 다섯 척도 얼마 뒤에 각각 컨테이너 75개를 싣고 바다로 나섰다. 이때 컨테이너 선적 작업은 구식 회전식 크레인이 힘겹게 처리했다. 맷슨내비게이션이 야심 차게 준비하던 크레인은 샌프란시스코만 동쪽에서 한창 제작 중이었기 때문이다. 그리고 1959년 1월 9일, 세계 최초 '컨테이너 전용 크레인'이 운전을 시작해,

무게 18톤의 컨테이너를 3분에 하나씩 선적했다. 앨러미다 터미널에서 한 시간에 400톤의 화물을 처리할 수 있는 속도였다. 부두노동자들이 갑판 크레인을 사용해 선적하던 양에 비하면 무려 40배나 되는 생산성 이었다. 그 후 1960년에는 로스앤젤레스항과 호놀룰루항에도 이 크레 인과 비슷한 크레인들이 설치되었다.[20]

그 무렵 맷슨내비게이션은 웰던이 1957년 벽두에 제시했던 계획을 실행하는 단계로 진입해 있었다. 또 다른 C-3 화물선인 하와이안시티 즌Hawaiian Citizen호는 컨테이너를 갑판뿐만 아니라 선창에도 6단 높이로 여 섯 줄을 쌓아 운송할 수 있도록 개조되었다. 배 내부에 수직으로 연결된 강철 기둥 네 개는 컨테이너를 쌓은 각 층을 지탱하는 기능이었다. 각 앵 글 바angle bar 위에 있는 커다란 강철 앵글들은 크레인이 컨테이너를 내릴 때 컨테이너가 자리를 잡을 수 있도록 도왔다. 적재된 모든 컨테이너에 크레인이 접근할 수 있도록 창구가 넓게 개조(창구 덮개는 가로와 세로 폭 이 모두 16미터 내외다)됐다. 크레인은 위쪽 컨테이너들을 먼저 내린 다음 컨테이너 아래쪽 다른 짐을 내릴 수 있었다. 선창 다섯 개 중 하나는 냉 동이 필요한 화물을 적재할 목적으로 냉동장치가 설치되었다. 엔진실에 설치된 경고등은 냉동 컨테이너 72개 중 하나라도 기온이 너무 높거나 반대로 너무 낮으면 알려주었다. 선창에 모두 적재되고 선창의 문을 닫 은 뒤에도 창구 위에 컨테이너를 2단 높이로 적재할 수 있었다. 이렇게 되면 이 배는 25톤 무게의 컨테이너를 총 408개 실을 수 있었다.

균형을 유지하는 일은 해상운송의 영원한 숙제였다. 특히 화물을 가 득 싣고 하와이로 갈 때는 더 그랬다. 그래서 맷슨내비게이션은 이 문제 해결을 위해 가장 무거운 컨테이너를 각 단의 맨 아래에 놓아 무게중심을 최대한 낮추었다.

이 모든 사항이 포함된 380만 달러짜리 개조 작업이 6개월 만에 완성됐다. 1960년 5월에 하와이안시티즌호는 로스앤젤레스와 오클랜드 그리고 호놀룰루를 잇는 삼각 항로 항해를 시작했다. 배가 항구에 도착하면 부두노동자들은 가장 먼저 갑판에 적재된 컨테이너의 고박 장치를 제거했다. 이어 크레인이 갑판 위의 컨테이너를 부두에서 대기하는 트랜스포터의 섀시에 얹고, 트랜스포터는 컨테이너를 컨테이너 계류장으로 옮겼다. 그러면 컨테이너는 트레일러에 실려 최종 목적지에 도착한다. 이런 과정을 반복해 갑판의 모든 컨테이너가 하역되면, 창구를 열어 컨테이너 여섯 개가 층층이 쌓인 첫 번째 셀에 있는 컨테이너들을 들어낸다. 첫 번째 셀이 비면 크레인은 짐을 싣고 내리는 작업을 동시에 진행한다. 선적될 컨테이너를 실은 트랜스포터와 빈 섀시가 나란히 크레인 아래에 대기하는데, 3분에 한 번씩 호이스트가 배에 실린 컨테이너를 꺼내 비어 있는 섀시에 얹어두고 돌아갈 때는 선적될 컨테이너를 들고 간다. 한 열을 처리하는 작업이 모두 끝나면 크레인은 부두를 따라 이동하고, 붐이 다음 열에 정확하게 일치하도록 조정한 다음, 다시 항구에 들어온 컨테이너를 내리는 동시에 항구에서 나갈 컨테이너를 싣는 작업을 이어가는 식이다.

이렇게 함으로써 하와이안시티즌호는 동일한 항로를 다니는 다른 배들처럼 전체 항해 기간의 절반 동안 항구에 발이 묶이지 않아도 되었다. 화물운송일 15일 중 12.5일을 항해했다. 맷슨내비게이션의 경영진은 효율성에 만족하며 1964년까지 컨테이너선 마련에 3,000만 달러를 투입하는 데 동의했다.[21]

이제 해운 산업과 관련 있는 사람 모두가 컨테이너를 이야기했다. 하지만 말만 떠들썩할 뿐 행동으로 옮기지는 못했다. 태평양의 맷슨내비게이션과 시랜드서비스로 이름을 바꾼 대서양 연안의 팬애틀랜틱을 제외하고는 정기 항로에서 컨테이너를 사용하는 해운사는 거의 없었다. 해운사들은 지금까지 전쟁 때 썼던 유조선을 화물선으로 개조해 운항했는데, 낡은 선박들을 교체해야 할 필요를 느꼈다. 다만 운송 산업이 기술 변화의 가파른 상승곡선을 타고 있던 과도기적 시기였기에 선뜻 결정을 내리지 못했다.

컨테이너가 산업을 바꿀 것이라는 결론을 내리기는 쉬웠지만, 컨테이너가 과연 산업을 어떻게 혁명적으로 바꾸어놓을 것인지는 믿기 어려웠다. 선도적인 조선공학자이던 제롬 L. 골드만^{Jerome L. Goldman}도 컨테이너는 하나의 '임시방편'일 뿐이라 운송비용을 줄이는 데는 거의 기여하지 못할 것이라고 말했다. 많은 전문가가 컨테이너를 틈새 기술로만 여겼다. 즉 미국의 연안항로나 미국령의 여러 섬을 오가는 항로에서는 유용할지 몰라도 국제무역에서는 실용적이지 않다고 생각했던 것이다. 이런 관점에서 바라볼 때, 잘못된 기술이라고 판명될 수 있는 컨테이너에 수백만 달러를 투자하는 데 따르는 위험은 너무도 컸다. 시랜드서비스의 갑판 크레인은 급진적으로 새로운 기계였지만, 유지 보수와 관련된 여러 문제가 자주 발생해 배의 출항이 미뤄지기 일쑤였다. 태평양을 횡단하는 항로를 운영하던 해운사인 아메리칸프레지던트라인스^{American President Lines}는 트럭이 섀시 없이 그냥 컨테이너를 끌고 운반할 수 있도록 바퀴

두 개가 달린 컨테이너를 개발했다. 그러나 섀시를 대체하기 위해 모든 컨테이너에 바퀴 장치를 달아야 했는데, 여기에 들어가는 비용 때문에 결국 이 발상을 포기하고 말았다. 아울러 그레이스라인의 경험이 거대한 경고가 돼 해운업계에 퍼졌다. 그레이스라인은 정부 보조금 700만 달러를 받아 두 척의 배를 컨테이너선으로 개조했으며, 추가로 300만 달러를 들여 섀시와 지게차 그리고 1,500대의 알루미늄 컨테이너를 마련했다. 하지만 널리 알려진 이 회사의 배들에 대한 화물 처리를 베네수엘라의 부두노동자들이 거부하는 역풍을 만나고 말았다. 컨테이너 해상 운송의 정치학과 경제학을 심각하게 잘못 판단한 대가는 혹독해, 결국 시랜드서비스에 손해를 보고 배를 팔아야만 했던 것이다. 이에 대해 그레이스라인의 한 임원은 당시를 회상하며 다음과 같이 말했다.

"발상은 좋았지만 시기가 맞지 않았습니다."[22]

시랜드서비스도 컨테이너 사업이 만만치 않다는 사실을 깨달았다. 푸에르토리코 노선에서는 기존에 이 노선을 확실히 잡고 있던 불인슐라라인Bull Insular Line과 힘겹게 경쟁해야 했다. 불인슐라라인은 1960년 4월에 트레일러선 서비스를 개시했다. 1961년 5월에는 컨테이너선도 추가로 투입했으나 말콤 맥린이 컨테이너선으로 개조하면서 고객으로 잡으려고 했던 선적인들도 가로챘다. 시랜드서비스는 본토에서의 사업 결과도 좋지 않았다. 나비스코Nabisco나 브리스톨마이어스Bristol-Myers와 같은 식품사들 및 제약사들 일부만 자사 제품을 컨테이너선으로 뉴욕 지역의 공장에서 휴스턴으로 운송하겠다고 계약했다. 또 휴스턴의 몇몇 화학 공장은 비료와 살충제를 북동부 지역으로 보내는 데 컨테이너선을 사용했다. 그러나 대부분의 대기업은 컨테이너 운송의 필요성을 느끼지 못했다. 뉴욕에서 뉴올리언스로 화물을 운송하면 그곳에서 항공사가 중앙아메리카로 운송하는 방식으로 해상운송과 항공운송을 결합하는 전략도 내놓았지만, 고객을 확보하기에는 무리였다.

뉴어크항에 있는 팬애틀랜틱의 본거지 터미널에서 나오는 화물 양은 푸에르토리코 노선이 개시되면서 1957년에 22만 8,000톤에서 1959년에 110만 톤으로 껑충 뛰었다. 그러나 거기에서 성장세는 얼어붙고 말았다. 1959년에 일어난 부두노동자 파업도 심각한 손해를 줘 매출은 뚝 떨어졌다. 1957년부터 1960년까지 시랜드서비스의 컨테이너 운송 사업은 총 800만 달러의 적자를 기록했다. 맥린인더스트리즈는 어쩔 수 없이 배당금 지급을 보류해야 했다.[23]

이런 상황에서 맥린은 시트레인을 인수하려고 필사적인 노력을 기울였다. 이 회사는 1959년에 대서양 연안에서 시랜드서비스와 경쟁하던 유일한 해운사이자 여러 국제노선에서 운영 보조금을 놓고 워터맨스팀십과 치열하게 경쟁하던 회사였다. 그러나 시트레인 경영진은 맥린의 제안을 거부했다. 해운업계의 경쟁사들은 맥린인더스트리즈가 조만간 파산할 것이라는 소문을 퍼트렸다. 맥린은 보조금을 받지 않고는 수익을 내지 못하던 워터맨스팀십을, 1955년에 맥린에게 그토록 매력적인 회사로 보이도록 만들었던 배들 다수와 현금은 제외한 상태로 결국 시장에 내놓았다.[24]

문제는 해상운송을 바라보는 사고방식이라고 맥린은 판단했다. 팬애틀랜틱의 직원들은 느린 속도로 움직이는 해운 산업에 익숙해져 있었다. 게다가 배에는 관심 없이 오로지 자사의 화물을 고객에게 제 일정에 저비용으로 배송할 수 있을 것인지만 생각하는 물류 담당자에게 적합한 운송 서비스를 판매하는 방법을 알지 못했다.

맥린은 이런 환경을 뒤집기 위해서 트럭운송 분야에서 젊고 추진력 있는 이사들을 중심으로 팀을 만들었다. 그는 1955년에 맥린트럭을 포기할 때 이 회사 직원들을 따로 빼돌리지 않겠다는 약속을 했었다. 그런데 맥린트럭의 예전 직원 중 2,30대 청년들이 많이 있었는데, 이들을 팬애틀랜틱의 요직에 앉히기 시작했다. 아울러 다른 대형 트럭 회사의 재능 넘치는 젊은 인재들 스카우트했다. 당시에 자리를 옮겼던 사람은 이렇게 회상했다.

"미식축구 구단이 선수 선발하듯이 뽑았습니다. 최고의 쿼터백을 뽑았지요."

많은 사람이 뉴어크항으로 초대받았다. 하지만 맥린이 자기에게 어떤 직무를 맡길지는 한 마디도 듣지 못했다. 초대받은 사람들은 지능과 인성 검사를 받았다. 1950년대에 이런 시험은 매우 드물었다. 맥린은 똑똑하고 추진력 있고 기업가 정신이 충만한 사람을 원했다. 그래서 두 검사에서 성적이 나쁜 사람은 취업이 되지 못했다. 학벌은 중요하지 않았다. 말콤 맥린은 메트로폴리탄 오페라극장에 전용 좌석을 가지고 있긴 했지만, 지적인 척하는 태도에는 눈살을 찌푸리던 사람이었다. 그래서 신입사원들은 트럭 기사들과 스스럼없이 어울리려면 문법을 따지지 말라는 충고를 듣곤 했다. MIT 졸업생으로 1960년에 맥린의 회사에 입사한 조선공학자인 찰스 쿠싱Charles Cushing은 당시를 이렇게 회상했다.

"할 일이 없을 때면 우리는 동전 던지기 게임을 하곤 했습니다. 휘턴스쿨에서는 이런 걸 가르쳐주지 않았겠지요."[25]

두 검사에서 좋은 성적을 받은 사람들에게는 큰 책임이 주어졌다. 버나드 차코브스키[Bernard Czachowski]는 맥린트럭에 있다가 팬애틀랜틱으로 스카우트되었다. 그의 업무는 독립적으로 화물을 수합해 배송하던 트럭 회사들과의 거래를 감독하는 중요한 일이었다. 로드웨이프레이트[Roadway Freight]에서 스카우트된 케네스 영거[Kenneth Younger]는 푸에르토리코 사업을 관리했다. 1952년에 대학교를 졸업한 폴 리처드슨[Paul Richardson]은 맥린트럭의 경영 훈련 프로그램에 참여했다. 그리고 맥린이 이 회사를 떠날 때 1960년에 뉴잉글랜드 영업 관리 책임자로 맥린의 새 회사에 다시 입사했으며 8개월도 안 돼 전국 영업 관리 책임자로 승진했다. 리처드슨의 비밀 무기는 '총운송비용 분석'이라는 장대한 제목이 붙은 단순한 양식이었다. 이 양식은 트럭, 철도, 컨테이너선으로 운송할 때의 각 비용을 나란히 놓고 비교할 수 있게 만든 것이었다. 운송료뿐만 아니라 지역에서의 픽업 및 배송, 창고, 보험 등에 들어가는 비용까지 모두 포함되어 있었다. 영업 사원들은 각 열에 컨테이너를 이용할 때 절약할 수 있는 금액을 기재하고, 이어서 해당 회사가 1년 동안 운송할 화물의 숫자를 곱해 절약할 수 있는 총액을 따로 산출하도록 교육받았다. 이 경우 1톤당 몇 달러를 절약할 수 있다는 식으로 쓸 때보다 고객이 눈으로 느끼는 금액이 훨씬 크고, 그만큼 설득력이 높았다.[26]

1960년 초에 팬애틀랜틱은 회사명을 시랜드서비스로 바꾸었다. 화물운송 산업의 선두주자임을 강조하게 위해서였다. 일은 주말과 휴일 없이 일주일 내내 활기찬 분위기 속에서 치열하게 지속되었다. 이사진들 사이에 이견이 생기는 것은 당연했다. 그럼 모두 만나 차이점을 끊임없이 토론했고 결과를 행동으로 옮겼다. 성과는 지속적으로 기록되었고, 보상은 현금이 아닌 빠르게 성장하는 회사의 주식이었다. 수십 년 뒤에 시랜드서비스의 초창기 직원들은 컨테이너 운송 산업이라는 새로운 산업을 만들던 때를 인생의 황금기로 회상했다.

"맹렬하고 빠르게 성장하던 회사였지요. 말콤이 우리에게 업무를 주면 질문 따위 하지도 않았습니다. 그냥 밖으로 나가 해야 할 일을 해치웠습니다."

말콤 맥린은 (직원들은 모두 그를 '미스터 맥린'이라고 불렀지만 보통 그가 없는 자리에서는 말콤이라고 편하게 불렀다) 모든 것을 관리하며 온갖 수치를 끊임없이 점검하고 현금 흐름이 원활하게 이루어지도록 했다.[27]

1960년에 150만 달러라는 뼈아픈 손실을 겪은 뒤에도 맥린은 의연하게 본래의 자기 방식대로 어려움을 돌파하고자 했다. 바로 부채를 지렛대 삼아 도약하는 것이었다.

1961년에 시랜드서비스는 2차 세계대전 때 사용된 유조선 네 척을 추가로 사들인 다음 독일의 조선소에서 '미드보디midbody'를 유조선의 가운데에 끼워 넣어 길이를 늘이는 개조 작업을 했다. 이렇게 확장 개조된 배들에 476개의 컨테이너를 적재할 수 있었는데, 시랜드서비스의 기존 컨테이너선보다 두 배, 아이디얼엑스호보다 여덟 배가 많았다. 경쟁 해운사들은 독일 조선소에서 개조 작업을 했다는 이유로 미국 국내 항로를 다니지 못하게 해야 한다고 당국에 이의를 제기했지만 통하지 않았다. 정부는 1962년에 이 배들을 뉴어크에서 캘리포니아를 오가는 노선에 투입하겠다는 맥린의 신청을 승인했다. 이로써 시랜드서비스는 이른바 인트라코스탈Intracoastal 항로를 운항하는 유일한 해운사가 되었다. 그런데 갈 때와 올 때의 화물 적재량이 차이가 많이 나 이 노선의 경제성이 위협을 받았다. 동쪽으로 향할 때는 캘리포니아의 센트럴밸리에서 생산된 온갖 채소, 깡통, 과일을 배에 가득 실어 1개월에 1만 톤이나 되는 화물을 처리했지만, 캘리포니아로 향할 때는 7,000톤의 화물밖에 싣지 못해 빈 컨테이너들을 운송해야 했다. 그런데 이 현상을 뒤집어 보면, 다른 해운사가 이 노선에 뛰어들어 시랜드서비스와 경쟁을 벌일 일은 거의 일어나지 않는다는 뜻이기도 했다. 운송해야 할 화물의 양이 충분하지 않다는 게 문제일 뿐이었다.[28]

시랜드서비스가 사업 영역을 태평양 연안으로 확대할 때조차 맥린은 푸에르토리코를 향한 관심을 거두지 않았다. 푸에르토리코는 미국 해운사에게 매력적인 시장이었다. 그곳 경제는 미국 정부가 세운 경제개발 계획, 이른바 '오퍼레이션 부트스트랩Operation Bootstrap'으로 빠르게 성장하고 있었다. 이 계획의 핵심은 기업에 세제 혜택을 넉넉히 보장하는 것이었다. 그래서 1950년대만 하더라도 찢어지게 가난한 농촌 사회였던 이 섬에 미국에 본사를 둔 수백 개의 제조업체들이 몰려들었다. 제조업체들은 미국 본토의 원료와 현지의 값싼 노동력으로 만든 제품을 주된 소비자가 있는 미국으로 운송했다. 1953년에서 1958년 사이 개인 투자는 두 배로 늘어났고, 푸에르토리코의 경제성장률은 연 8~10퍼센트를 기록했다. 해운 수요도 가파르게 늘어났다. 게다가 복잡한 미국 법률 덕분에 오로지 미국 해운사만 운송 수요를 맡아 처리할 수 있었다. 외국 회사가 노선을 운항하는 일은 불법이었고, 미국 회사도 국제노선을 운영하면서 정부 보조금을 받는 해운사는 이 노선을 운항할 수 없었던 것이다.[29]

시랜드서비스는 1958년부터 푸에르토리코의 수도인 산후안으로 운항했지만, 이 사업은 그저 구색 맞추기용이었다. 시랜드서비스가 소유하는 터미널도 없었다. 산후안항으로 들어오는 컨테이너에 실린 화물의 고객들은 다양했다. 컨테이너들은 부두 인근에 있는 알루미늄으로 만든 낡은 창고에서 개봉됐지만 몇 개월씩 방치되는 일이 자주 있었다. 화물의 도착을 고객에게 알려주는 체계가 없었기 때문이다. 그사이 트럭에 실었던 컨테이너들은 어딘가로 사라지기 일쑤였다. 사라진 컨테이너들은 가게나 임시창고 혹은 집으로 개조되었다. "그야말로 무법천지였습니다"라고 당시 푸에르토리코 사업을 담당했던 사람은 회상한다. 푸에르토리코에서 시장점유율을 확보하고자 했던 시랜드서비스의 노력은 거의 성과를 거두지 못했다.

푸에르토리코에서 막강한 시장점유율을 자랑하던 해운사인 불인슐라라인은, 미국 본토에서 푸에르토리코로 들어오는 전체 화물의 절반 이상과 푸에르토리코에서 미국 본토로 나가는 전체 화물의 90퍼센트를 장악하고 있었다.[30]

1961년 3월에 맥린인터스트리즈는 불인슐라라인을 인수하겠다는 깜짝 발표를 했다. 제시 금액은 1천만 달러였는데, 위기에 몰린 회사로서는 어마어마한 금액이었다. 맥린인더스트리즈는 1960년에 막대한 손실을 기록했는데, 그때까지 쌓았던 이익잉여금을 전부 까먹을 정도였다. 시랜드서비스도 (비록 맥린이 실제 상황보다 나쁘게 보이려고 일부러 회계를 조작했지만) 순자산이 마이너스 110만 달러였다. 불인슐라라인 역시 지난 2년 동안 시랜드서비스와 경쟁하며 무거운 빚을 진 상태였다. 그래서 불인슐라라인의 경영진은 회사를 매각하고 싶은 마음이 간절했다.

이를 안 맥린은 인수를 통해 푸에르토리코에서 독점권을 얻고자 했다. 그러나 독점 문제를 반대하는 연방 정부는 인수 합병을 막고자 했다. 불인슐라라인의 경영진 앞으로 전보를 보내 맥린과의 매각 논의를 중단하라고 했고, 이를 받아들인 경영진은 곧바로 다른 인수자를 찾았다. 맥린은 화가 나 복수를 마음먹었다. 그리하여 해군에게 두 척의 중고 선박을 구입하려는 불인슐라라인의 노력을 방해하려고 나섰다.[31]

행운은 맥린의 편이었다. 불인슐라라인을 인수한 기업은 개인 소유의 해상 대기업이었으나 무리한 확장 때문에 자금의 원활한 흐름이 막히는 심각한 유동성 위기에 몰린 상태였다. 회사는 우선 불인슐라라인에서 인수했던 배 두 척을 개조하는 작업을 중단했고, 이어서 1962년 6월에는 운항까지 중단했다. 불인슐라라인이 파산하자 맥린은 그 배들을 손에 넣었다. 시랜드서비스는 하룻밤 사이에 오로지 미국 해운사에만 전적으로 의존하는 푸에르토리코를 독점했다. 그리고 곧바로 다른 경쟁사가 진입하기 전에 입지 다지기에 착수했다. 뉴어크에서 산후안으로 가는 컨테이너선 운항 일정을 이틀에 한 번으로 잡고 태평양 연안 및 볼티모어에서 산후안으로 가는 노선도 추가했다. 1962년과 1963년에 산후안에 두 개의 터미널을 신설하는 데 200만 달러가 넘는 돈이 나갔다. 정치적으로도 수완을 발휘한 끝에 폰세(푸에르토리코 남부 항구도시-옮긴이)와 마야궤스(푸에르토리코 서부의 항구도시-옮긴이)로 운항하는 노선도 열었다.

이 두 도시 어느 곳에서도 참치 통조림을 운반할 시스템이 갖추어져 있지 않았다. 그러나 컨테이너 운송 서비스 덕분에 맥린은 푸에르토리코 경제개발계획 '오퍼레이션 부트스트랩' 입안자이자, 기업가이며 정

치인인 테오도로 모스코소^{Teodoro Moscoso}의 신뢰를 얻을 수 있었다.[32]

시랜드서비스가 푸에르토리코로 사업을 확장하던 시기는 우연히도 푸에르토리코가 경제적으로 놀라운 성장을 하던 시기와 겹쳤다. 1950년 대에 오퍼레이션 부트스트랩은 소규모의 노동집약적인 공장들을 푸에르토리코로 끌어들였다. 많은 노동자가 처음으로 정규직 임금을 받았으며, 주민의 소득은 소비 증가로 이어졌다. 1954년에서 1963년까지의 소매유통업체의 매출액은 (인플레이션을 고려해 보정한 수치로) 91퍼센트 늘어났다. 이렇게 소비되는 많은 상품이 미국 본토에서 건너왔고 이 화물은 푸에르토리코를 오가는 해운사의 화물선에 실렸다. 그러나 푸에르토리코의 임금 수준이 향상되어 노동집약적인 공장들이 더는 푸에르토리코에 매력을 느끼지 못하자, 오퍼레이션 부트스트랩은 대규모의 자본집약적 업체들을 유치하기 위해 팔을 걷고 나섰다. 1955년 기준으로 푸에르토리코의 경제생산량에서 제조업 비중은 18퍼센트밖에 되지 않았다. 그런데 1960년에는 21퍼센트, 1970년에는 25퍼센트까지 늘어났다. 성장의 대부분은 의약품이나 금속제품과 같은 비전통적인 여러 분야에서 비롯되었다. 푸에르토리코와 미국 본토 사이에서 이루어진 무역 총액은 1960년대에 거의 세 배로 늘어났으며, 무역품의 대부분은 해상으로 운송되었다.[33]

시랜드서비스는 호황 덕을 톡톡하게 보았다. 하지만 거꾸로 시랜드서비스가 푸에르토리코의 호황에 도움을 준 부분도 있다. 해상운송에 의존하는 푸에르토리코 경제는 높은 운송료에 옴짝달싹하지 못했다. 1947년부터 1957년까지 10년 동안 미국의 물가는 31퍼센트 올랐지만, 미국 본토에서 푸에르토리코를 오가는 화물의 1톤당 운송료는 약

50퍼센트나 올랐다. 연방 정부는 10년 동안 다섯 차례에 걸쳐 운송료 인상을 승인했는데, 결과적으로 미국 해운사의 비효율성이 초래한 가격 인상 부담을 푸에르토리코 소비자가 떠안은 셈이었다. 그러나 맥린이 1958년에 푸에르토리코 무역에 뛰어들면서 불인슐라라인만 혜택을 보던 운송료 구조가 흔들리기 시작했다. 그 뒤 10년 사이 뉴욕에서 산후 안으로 운송되는 소비재의 가격은 19퍼센트 떨어졌으며, 1톤당 트럭 운 송료도 예전의 3분의 2 수준으로 낮아졌다고 한다. 푸에르토리코로 향 하는 원재료 및 부품, 푸에르토리코에서 북쪽으로 향하는 완제품 운송 료가 낮아지면서 공장을 푸에르토리코로 이전하도록 유도하는 요인은 한층 강화되었다. 맥린인더스트리즈는 이런 흐름을 타고 푸에르토리코 에 자리를 잡으려는 제조업체들에 편의를 제공하는 사업을 하는 자회사 를 설립했다. 1967년 기준으로 시랜드서비스는 푸에르토리코와 미국 본토 사이에 한 주에 1,800개의 컨테이너를 운송했는데, 절반은 푸에르 토리코의 여러 공장으로 들어가거나 거기에서 나오는 화물이었다.[34]

푸에르토리코에서의 높은 위상 덕에 시랜드서비스는 더욱 성장할 수 있었다. 1962년 말 기준으로 컨테이너 7,848개, 섀시 4,876대, 트랙터 386대를 보유했다. 그러다 1965년 말에는 컨테이너 1만 3,535개에 푸 에르토리코를 기반으로 버진아일랜드를 오가며 15개의 항구를 운항하 는 15척의 컨테이너선을 가지고 있었다. 점점 확장하는 시랜드서비스 제국의 중심은 뉴저지 엘리자베스항에 있는 새로운 사무실이었다. 사무 실 건물에서는 최초의 컨테이너 전용 터미널이자 새로운 시랜드서비스 의 터미널이 창문 밖으로 보였다. 엘리자베스항에 있는 다른 복합건물 과 마찬가지로 뉴욕항만청이 지었으며 시랜드서비스는 한 푼도 들이지 않았다. 1962년에 시랜드서비스에 입사한 제럴드 투미Gerald Toomey는 당시를 이렇게 회상했다.

"많은 사람은 말콤이 거대하고 화려한 탑을 짓는다고 생각했습니다. 하지만 그는 자기가 하는 일을 잘 알았습니다. 그 탑을 짓는 데 든 비용과 회사에 남은 이익을 계산하면, 그가 한 일이 충분히 남는 장사임을 알 수 있습니다."[35]

1963년 시랜드서비스는 직원이 3,000명 가까이 되는 거대 기업이었다. 따라서 직원을 관리하는 일이 점점 어려워졌다. 1962년에 컴퓨터가 도입됐지만, 임금 관리와 같은 행정 목적으로만 쓰였다. 시랜드서비스는 들어오고 나가는 컨테이너들을 엘리자베스항의 팔각형의 중앙통제실 벽에 높이 걸려 있는 자석 칠판에 기록했다. 컨테이너가 부두와 컨테이너 계류장 등으로 이동할 때마다 직원들은 컨테이너에 해당하는 자석 칠판 위의 금속 조각을 긴 막대기로 움직였다. 그리고 하루 일과가 끝나면 기록 보존을 위해 자석 칠판을 사진으로 찍었다.

한편 컨테이너들은 자주 없어졌다. 푸에르토리코에서 특히 그랬는데 창고 공간이 부족해지자 화물 수령자들은 화물을 담아온 컨테이너를 창고로 사용했다. 그래서 본부에서는 한 주 동안 보이지 않는 컨테이너 목록을 정리해 '미회수 보고서aging report'를 작성했다. 그러면 해당 지역에서는 책임자가 상급자의 전화가 오기 전에 사라진 컨테이너의 위치를 알아내려고 전화통을 붙잡고 미친 듯이 여기저기 수소문했다. 여러 배의 운항 일정을 짜는 직원들도 각 배에 화물을 적재할 최상의 방식을 찾기 위해 각 컨테이너의 무게와 목적지를 적은 내용을 꼼꼼하게 살폈다. 1965년이 되어서야 컴퓨터가 이 일들을 하기 시작했다.[36]

이쯤 되니 말콤 맥린이 모든 의사 결정에 관여할 수 없었다. 그러나 기본 경영 방침은 변하지 않았다. 맥린은 여전히 매일 본사에 출근했다. 오랜 기간 시랜드서비스에 회계사로 근무했던 어떤 사람은 당시를 다음과 같이 회상했다.

"직원이 출근하면 말콤이 '굿모닝! 오늘은 좀 어때?'라고 인사를 하는 게 전혀 어색하지 않았지요. 말콤은 훌륭한 영업 사원이었습니다. 말콤과 마주한 사람은 누구나 그가 자기를 잘 안다는 느낌을 받으니까요."

맥린은 컨테이너 화물과 관련된 작업을 하기 위해 건물 하나가 볼티모어나 잭슨빌에 필요하면, 직접 현장에 가 살펴보고 후보군 중 하나를 선택했다. 언젠가 한 번은 냉동 컨테이너가 필요해 관리자들이 수량을 몇 개로 정해야 할지를 놓고 논의하느라 이틀을 허비했다. 그 이야기를 듣고 맥린은 이렇게 말했다.

"열심히 토론한 일은 높이 평가하지만, 사실은 이미 500개 구입하겠다고 계약하고 서명했다네."

1963년에 알래스카프레이트라인스Alaska Freight Lines를 인수할 기회가 왔을 때 맥린은 겨울에 앵커리지항에 접근할 수 있을까 하는 운영상의 쟁점을 따져보지 않은 것은 물론, 이 회사의 재무 상태조차 살피지 않았다. 그는 앞뒤 재지 않고 서둘렀는데, 그 거래를 마다할 수 없을 정도로 매력적이었기 때문이다.[37]

무엇보다도 그는 돈의 흐름에서 눈을 떼지 않았다. 각지의 터미널에서 본사로 회계 정보를 보내는 텔레타이프 소리가 끊이지 않았다. 회계 직원들은 각 컨테이너가 운송 수익을 창출하는 데 며칠이 걸렸는지, 화물을 몇 톤 운송했는지, 돈을 얼마나 벌어들였는지 등을 보여주는 기록과 자료를 계속 갱신했다. 그리고 시랜드서비스가 처리하는 육상운송 패턴들을 철저하게 정리해 지리 분석을 했다. 월별 재무보고서는 시랜드서비스가 뉴어크에서 텍사스로 운송한 각 품목에서 얼마나 많은 매출을 올렸는지 상세하게 조사하고 기록했다. 예를 들어, 술을 적재한 18톤 무게의 컨테이너 하나가 장난감을 적재한 4톤 무게의 컨테이너 하나보다 수익성이 두 배나 높다는 사실을 상기시켰다. 주간 보고서는 현금 흐름을 상세하게 보여주었다. 비용, 즉 원가 관리를 잘하라는 요구는 언제나 끊이지 않았다. 폰세에서 100파운드 무게의 화물을 처리하는 데 드는 비용을 1.6센트 절감할 때 한 해에 1만 4,300달러를 절약할 수 있다고 했다. 부두노동자 한 조가 한 시간 일하는 동안 컨테이너 작업을 추가로 한 번 더 할 때 한 해에 18만 달러를 절약할 수 있다고 했다. 장거리 통화 시간을 3분으로 제한하면 한 해에 6만 5,000달러를 절약할 수 있다고 했다. 이와 관련해 시랜드서비스의 최고재무책임자가 되는 얼 홀 Earl Hall이 다음과 같이 회상했다.

"오늘날 비용 절감을 외치는 회사들의 어떤 노력도 당시 우리 회사가 비용 절감에 기울였던 노력을 따라가지는 못할 것입니다."

컨테이너 사업을 시작한 지 6년째이던 1961년에 시랜드서비스는 마침내 흑자로 돌아섰다. 그리고 그 뒤로 맥린이 시랜드서비스 경영에 관여하는 동안 단 한 번도 적자를 기록한 적이 없었다.[38]

158

5장

뉴욕항에서
벌어진 전쟁

팬애틀랜틱에 본부 건물을 제공한 뉴욕항만청에 컨테이너는 신이 보낸 선물이었다. 그러나 뉴욕시에 컨테이너화는 재앙이었다. 시의 공무원들은 뉴욕시를 운송 산업의 중심지로 유지하기 위해 엄청난 노력을 기울였지만 소용없었다. 뉴욕시는 운송 산업의 변화를 받아들이지 못했다. 비싼 비용을 들이며 노력했음에도 불구하고, 운송 산업에 도입된 컨테이너화라는 신기술은 미국 최대 항구인 뉴욕항을 낡은 유물로 만들었고 뉴욕시의 경제는 파탄의 길로 들어섰다.

컨테이너 운송이 발상으로만 존재하던 1950년대 초만 하더라도 뉴욕항은 미국 제조품의 해상운송 물동량 중 약 3분의 1을 처리했다. 무게 기준의 물동량이 아닌 금액 기준으로 따지면 뉴욕항의 역할은 한층 더 컸다. 특별히 고가품 화물을 취급했기 때문이다. 쉽게 얻은 성공은 아니었다. 뉴욕항은 몇 가지 치명적인 약점을 안고 있었다. 우선 항구의 부두들은 (부두 중 283개는 도시 한가운데 있었고, 98개만 대양 항해 선박을 처리했다) 맨해튼과 브루클린의 해안을 따라 한 줄로 길게 줄지어 있었으나, 주요 철도 연결 지점은 항구 건너편과 허드슨강 건너편, 즉 뉴저지에 있었다. 북쪽, 남쪽, 서쪽에서 화물을 싣고 들어온 기차는 내륙에 있는 철도역 부지로 집결했다. 이곳에서 화물을 목적지별로 분류하면 구내 기관차가 각 화차를 뉴저지항으로 이어진 철도 터미널로 끌고 갔다. 철도 회사들은 예인선(다른 배를 끌고 가는 배-옮긴이)이 끄는 바지선들을 소유하고 있었다. 이 바지선으로 화차를 실어 화물을 주고받았다. 한편 대양 화물선이 정박한 부두로도 바지선을 끌고 갔다. 애크런에서 싣고 온 타이어를 유럽행 화물선에 실으려면 철도선을 몇 번이나 바꾸어 화차를 대는 과정을 반복해야 했다. 복잡한 선적 과정이 경제적으로 가능했던 이유는 주간통상위원회가 철도 회사들에게 브루클린과 맨해튼의 운송료를 뉴저지 운송료와 동일하게 부과한 덕분이었다. 아닌 게 아니라 뉴욕항이 태평양 연안의 다른 항구들에 뒤지지 않는 경쟁력을 계속 유지하려면 바지선에 화물을 실어 항구의 이쪽저쪽을 오가며 운항하는 서비스를 제공해야만 했다.[1]

1920년대에 시작된 트럭 산업이 점차 커지며 뉴욕항의 부두들이 제 역할을 하기에 적절하지 않다는 사실은 더욱 분명하게 드러났다. 1950년대 부두를 들고나는 화물의 약 절반은 기차가 아닌 트럭이 처리했다. 뉴욕주와 뉴저지주를 연결하는 링컨 터널과 홀랜드 터널이 등장한 뒤로, 트럭 기사들은 부두 쪽의 도로를 이용해야 했다. 이에 따라 차량들이 몰리면서 1952년에는 뉴욕시가 직접 나섰다. 맨해튼 중심가의 해안도로인 12번가에서 나오는 차량 중 부두로 향하는 차량만 통과시키고 나머지 차량은 아예 진입을 금지했다. 만일 서쪽에서 브루클린에 있는 부두로 가는 트럭 기사는 맨해튼을 통과해 이스트강에 있는 여러 다리 중 하나를 건너기 위해 한바탕 전쟁을 치러야 했다. 화물을 받아가려는 트럭도, 화물을 임시창고에 내려놓고 가려는 트럭도 부두에 들어가는 데만 한두 시간을 낭비했다.

임시창고는 통상적으로 트럭에 맞게 설계되었다(물론 기차에 맞게 설계된 것도 있었다). 즉 트럭에서 편하게 짐을 내리거나 실을 수 있도록 부두를 따라 길게 늘어선 육지 쪽에 창고가 있었다. 창고 건너편 바다 쪽에서는 배에서 짐을 내리거나 싣도록 된 공간이 있었다. 밖으로 나갈 화물은 지게차나 노동자가 직접 트럭에서 내렸고, 싣고 나갈 배가 부두에 도착할 때까지 화물은 임시창고에 보관되었다. 그러다가 배가 들어오면 부두에 다시 놓였다. 이 과정이 한 번씩 진행될 때마다 비용은 그만큼 더 들 수밖에 없었다.[2]

트럭으로 화물을 운송하려면 특이하게도 뉴욕에만 있던 기업 유형인 '공인부두노동자public loader'와 계약해야 했다. 공인부두노동자는 특정 부두에서 트럭 화물을 싣고 내리는 일에 독점을 주장하던 노동자 집단으로, ILA라는 든든한 배경이 있었다.

운송업자, 시장, 주지사, 팀스터스조합Teamsters Union(미국의 전국 단위 트럭 운전사 조합-옮긴이) 등은 자기와 관련된 집단이 화물 처리 작업을 맡길 원했으며 공인부두노동자를 몰아내기 위해 수십 년 동안 여러 시도를 했다. 뉴욕항에서 선적 및 하역 노동을 하던 사람들은 썩을 대로 썩은 ILA의 지부인 로컬 1757의 조합원이었으며, 형식적으로는 '협동조합'의 조합원이었다. 그러나 공인부두노동자들은 ILA의 지도자들의 통제를 은

162

밀히 받았다. ILA는 트럭운송 조직과 결합해 '트럭화물감독회Truck Loading Authority'를 만들었는데, 아몬드나 대리석 조각 100파운드 자루 하나당 5.5센트, 자동차 부품이나 타이어 혹은 생선 내장 100파운드당 6.5센트, 캔맥주 100파운드당 8센트 등과 같은 '공식' 수수료를 발표했다. 그리고 오후 5시 이후에 이루어지는 작업의 임금은 무조건 1.5배였다. 그래서 선적인이나 운송업체는 이들의 지배를 받지 않는 부두노동자를 구하려고 했지만 그들의 무자비한 폭력 때문에 뜻대로 이루어지지 않았다. 선적인이 직접 부두노동자를 모아 자기 화물을 처리하는 방식으로 공인부두노동자의 불법적인 독점 행태에 맞서려는 경우도 있었다. 그러나 이런 선적인들은 배가 자기 화물만 부두에 내팽개쳐둔 채 항구를 빠져나가는 모습을 절망적으로 바라보아야 했다. 심지어 새로 발족한 부두위원회Waterfront Commission가 1953년 12월에 공인부두노동자 제도를 금지한 뒤에도 무뢰한들은 여전히 부두 접근권을 통제했다.[3]

뉴욕항은 뉴욕시의 중요한 일자리 원천이었다. 전쟁이 끝나고 모든 경제활동이 예전의 일상적인 상태로 돌아가던 1951년을 기준으로, 철도 회사나 뉴욕시가 운영하는 페리선사에 소속돼 일하는 사람을 제외해도 해상운송, 트럭운송, 화물 창고에서 일하는 뉴욕시민은 10만 명이 넘었다. 이들 외에도, 그때는 지금과 다르게 대금 결제나 여행 관련 서류가 복잡했는데 중개인 역할을 포함해 여행 및 무역 관련 업무 즉 '운송 서비스'를 맡던 사람도 뉴욕시에는 1만 4,000명이 있었다. 미국 전역에서 '운송 서비스업'에 종사하는 사람들 중 3분의 1 이상이 뉴욕시에 있었다. 그리고 1950년대에 이루어지던 미국 전체 무역의 약 4분의 3이 뉴욕항에서 이루어졌다. 심지어 실제 화물이 뉴욕항을 통해 오가지 않을 경우

에도 그랬다. 1951년에 미국을 통틀어(철도 회사에 고용된 사람을 제외하고)
민간 분야 노동자 가운데 도매업 관련 분야에서 일하는 사람의 비율이
25명 중 한 명꼴이었는데, 뉴욕은 자그마치 15명 중 한 명꼴이었다.[4]

그리고 당시 많은 공장이 화물운송의 편의성을 고려해 해안가에 자
리 잡았다. 1925년까지 식품 처리 공장들은 허드슨강과 브루클린 해안
을 따라 줄지어 있었고, 염료와 페인트 공장, 제약 공장, 특수 화학 공장
등 수십 개의 공장이 퀸스의 롱아일랜드 시티부터 브루클린의 베이리지

164

에 이르는 해안 곳곳에 있었다. 그러다 20세기 중반에 접어들면서 기세를 확장하던 뉴욕의 제조업 직종 종사자도 늘어났다. 화학 공장에서 일하는 노동자는 3만 3,000명이 넘었고, 식품 처리 공장에서 일하는 노동자는 7만 8,000명이 넘었다. 반드시 화물운송료가 싸야만 했던 산업인 조선업과 전기기기 제작업에 종사하는 노동자도 수천 명이었다. 통계에 따르면, 1956년에 뉴욕시 안에 있는 9만 개의 제조업 일자리는 뉴욕항을 통해 들어오는 수입품과 '상당히 직접적인' 연관성이 있었다.[5]

해양 공사와 선박 수리 직종도 수천 개의 일자리를 제공했다. 해운사에서 일하거나 해운사를 고객으로 삼던 변호사나 은행원이나 보험사 직원까지 포함하면 족히 50만 명은 뉴욕항에 생계를 의존하던 셈이었다. 맨해튼 남쪽에 있는 볼링 그린 인근 지역에는 해운사 사무실이 빽빽하게 들어차 있었고, 여기에서 몇 블록 떨어진 존 스트리트를 차지하던 보험업자들이 해운사의 일을 돕고 있었다. 인구가 가장 많은 브루클린에는 해운 관련 사무직 일자리가 상대적으로 적었지만, 그럼에도 불구하고 지역 전체 일자리의 13퍼센트가 부두와 직접 관계가 있었다.[6]

그런데 이 강력한 경제 엔진이 2차 세계대전 이후 몇 년 동안 주춤했다. 뉴욕항의 지리적 위치는 전쟁 동안 시장 점유율을 높이는 데 도움이 되었다. 브루클린과 뉴저지 해안 지대를 따라 형성된 제련 시설들 및 군사용 터미널들이 북대서양으로 수천 척의 배를 내보냈다. 뉴욕항이 미국의 전체 해상무역량의 3분의 1에 육박하는 물동량을 움직이던 1944년에는 1928년의 두 배나 되는 화물을 처리했으며, 최악의 대공황 시기인 1933년과 비교하면 화물 처리량은 무려 다섯 배나 되었다. 그러나 전쟁 기간 중 이미 전문가들은 뉴욕항 부두의 경제 상태가 위험하다고 여러 차례 경고했었다. 이 경고는 전쟁이 끝난 뒤에 효과를 발휘했다. 유럽 경제가 힘을 쓰지 못함에 따라 수입 물량이 줄어들었고 화물 물동량도 줄었던 것이다. 비록 유럽 경제 부흥이 일시적으로 수출을 늘리긴 했지만, 한국전쟁이 다시 미국 경제를 전쟁에 기대는 구조로 되돌려놓으며 외국과의 무역을 황폐하게 만들었다. 미국의 항구를 통해 드나드는 수출입 규모는 1951년에 185억 달러에서 3년 뒤 156억 달러로 줄어들었다. 특히 수출 분야가 큰 타격을 받았는데, 공장들이 소비재 생산에서 전쟁 물자 생산으로 체제를 바꾸었기 때문이다.[7]

뉴욕항은 수출 물동량에서 밀렸다. 2차 세계대전은 서부와 남부의 경제 성장을 자극했고, 댈러스와 로스앤젤레스의 공장들이 뉴욕항을 통해 상품을 수출할 가능성은 로체스터나 클리블랜드의 공장들보다 훨씬 낮았다. 게다가 세인트로렌스 수로(북아메리카의 오대호와 대서양을 연결하는 수로-옮긴이)가 1956년에 개통될 예정이었는데, 개통되면 오대호의 항구들과 유럽 사이의 직항로를 통해 화물이 운송될 터였다.

이 경우 어떤 전문가는 1965년까지 뉴욕항을 통한 수출 화물과 수입 화물이 각각 8퍼센트와 3퍼센트 줄어들 것이라 예측하기도 했다.[8]

육상운송의 높은 운송료도 뉴욕항이 안고 있던 또 다른 약점이었다. 뉴욕시는 철도 회사들이 필라델피아나 볼티모어 혹은 노퍽 등의 항구에만 유리하게 운송료를 책정한다고 불평했지만, 사실 철도 회사나 트럭 회사로서는 그 지역으로 보내는 화물에 기존보다 더 낮은 운송료를 받을 수도 있었다. 화차는 바지선을 타지 않고도 곧바로 부두로 갈 수 있었으며 트럭도 뉴욕항에서만큼 혼잡에 시달리지 않았기 때문이다. 뉴욕항은 철도 화물보다 트럭 화물에서 운송료의 불이익을 더 많이 받았다. 트

표-3

1951년 뉴욕시 항구 산업 고용 현황

산업	노동자 수	기업 수
도매상	206,315	22,135
물 운송	67,453	637
트럭운송 및 창고 관리	36,164	3,494
화학 관련 제품	33,472	1,129
운송 서비스	13,968	1,030
펄프, 종이, 상자류	12,977	294
1차금속산업	11,452	249
돌, 점토, 유리 제조	9,880	590
선박 수리	9,469	84
육류 공급	7,345	183
석유 정제	1,161	7
곡물 공급	1,061	30
합계	410,717	29,862
뉴욕시의 총고용	3,008,364	

출처: 미국통계국, County Business Patterns, (1951)

럭을 이용해 화물을 보낼 때 클리블랜드에서 볼티모어로 보낼 때보다 뉴욕 부두로 보낼 때 1톤당 4달러의 비용이 더 들었다. 트럭 회사들은 뉴욕항에서 운송이 지연되는 데 들어가는 비용을 고객에게 청구해 맨해튼의 다른 지점으로 운송할 때보다 1톤당 60센트에서 80센트씩 추가로 운송료를 매겼던 것이다. 그리하여 뉴욕시는 감독권을 갖고 있는 연방해사위원회Federal Maritime Commission에 불만을 토로하기도 했다.[9]

그러나 이런 뉴욕항의 많은 문제가 자초한 것이었다. 1915년에서 1945년, 30년 동안 부두노동자의 파업이 일어나지 않았지만, 전쟁이 끝난 뒤로는 고용자와 부두노동자 사이의 분규는 일상이었다. 1945년, 1947년, 1948년, 1951년 그리고 1954년에 뉴욕항의 부두들은 전부 혹은 일부가 파업으로 폐쇄되었다. 1945년과 1955년 사이 부두노동자를 대변하는 합법적인 기관이던 ILA는 미국노동총동맹American Federation of Labor, AFL 그리고 공산주의자들의 후원을 받던 전국해양노동조합National Maritime Union과 전투를 벌였다. AFL은 1953년에 ILA가 부패한 조직이라고 거부하며 새로운 조직인 미국부두노동자동맹American Federation of Longshoremen을 창립했다. 공인부두노동자 개념이 사라진 뒤에는 트럭 기사 조합인 팀스터스조합이 부두에서 화물을 싣고 내릴 권리가 있다고 주장하고 나섰다. 그 바람에 1954년에는 트럭 기사와 부두노동자 사이에 격렬한 충돌이 여러 차례 일어났다. 개별 부두에서 살쾡이파업(노동조합 지도부가 주관하지 않는 비공인 파업-옮긴이)은, ILA가 일련의 선거에서 승리를 거두고 1950년대에 부두노동자 사회에서 통제력을 장악하기 전까지 일상적인 부두 풍경으로 자리를 잡았다. 그런데 ILA의 승리는 해운사 및 그 밖의 해운 관계자들이 노동조합끼리 투명성을 강조하며 끊임없이 갈등하는 상황보다, 부패했어도 믿음직한 협상 파트너로 삼을 수 있는 노동조합 하나만 존재하는 게 유리하다고 보고 노동조합을 부추긴 결과이기도 하다. 결국 1950년대를 통틀어 뉴욕항은 노동자 분규가 가장 많이 일어나는 항구가 되었고 따라서 고객들은 다른 항구로 발길을 돌렸다.[10]

뉴욕항에 만연한 범죄도 고객이 뉴욕항을 피하게 만든 이유였다. 화물을 훔치는 행위는 일상적으로 일어났다. 화물은 대부분 작은 상자나 꾸러미로 포장되어 있었으므로, 손목시계나 술 같은 화물을 훔치는 일이 어렵지 않았다. 뉴욕주지사 토머스 E. 듀이Thomas E. Dewey가 강력하게 제안해 1953년에 뉴욕주와 뉴저지주가 공동으로 만든 해양위원회는 '공인부두노동자'를 금지하고 부두노동자 채용 권한을 가짐으로써 부두에서 벌어지는 갈취 행위를 근절하겠다고 나섰다. 그리고 부두노동자의 소득이 높아지면 도둑질도 덜할 것이라는 기대를 하며 전체 노동자의 수를 줄이고 개인에게 돌아가는 소득을 높이려 했다. 위원회는 범죄 경력이 있는 670명이 부두노동을 하지 못하도록 조치를 취했지만, 부두노동자 다섯 명 중 한 명꼴로 범죄 경력이 있었기 때문에 운송 화물 절도는 해결되지 않은 채 거대한 문제로 남았다. 이 문제가 어느 정도로 심각했는가 하면, 할리우드에서 제임스 카그니James Cagney가 출연하는 코미디 영화 〈아무리 작은 것도 절대로 손대지 마라Never Steal Anything Small〉를 제작할 때 뉴욕항만청과 뉴욕시는 제목을 바꾸지 않는 한 절대로 촬영에 협조할 수 없다고 했을 정도다.[11]

그리고 육상운송의 높은 운송료와 노동자 파업, 화물 절도 외에도 고객들이 뉴욕항을 통한 화물 운송을 기피한 이유는 또 있었다. 낡은 시설 때문이었다. 루스벨트 스트리트의 이스트강 부두는 1870년대에 지어졌으며, 웨스트26번 스트리트의 허드슨 부두는 1882년에 지어졌다. 또 크리스토퍼 스트리트의 시 소유 부두는 1876년에 지어졌다. 이와 비슷한 수십 개의 부두는 바다를 향한 손가락들처럼 각 부두가 좁고 불쑥 튀어나온 구조로 나란히 이어져 있었는데, 이것은 배가 수로를 지나가면서 90도로 회전해 정박하던 시절의 설계였다. 당시 배들은 뱃머리를 해변 쪽으로 향한 채 며칠씩 계속 부두에 묶여 있곤 했다. 그리고 몇몇 부두의 공간은 조금이라도 큰 트럭은 차를 돌릴 수 없을 정도로 좁았다. 해운사들은 이 낡은 시설을 임대하면서 1평방피트당 1년에 96센트에서 2달러의 임대료를 냈다. 이는 이스트코스트의 다른 항구들이 받던 임대료의 세 배에서 여섯 배까지 되는 금액이었다.

1947년에 뉴욕시는 뉴욕항을 수리하고 화재가 쉽게 일어나지 않도록 공사하겠다는 계획을 세웠지만 새 부두를 짓는 비용이 엄두도 내지 못할 정도로 비싸다고 판단해 결국 하지 못했다. 많은 부두가 문자 그대로 금방이라도 허물어져 물에 잠길 것만 같았다. 버려진 말뚝들과 낡은 부두에서 나온 부유물 쓰레기들은 눈살이 찌푸려질 뿐만 아니라, 선박의 항해에 방해를 주는 위험 요소이기도 했다. 이와 관련해 뉴욕항만청의 사무총장 오스틴 J. 토빈은 1954년에 다음과 같이 말했다.

"지금부터 30년이 지나 1980년대가 되면 어떤 포경박물관에서도 1870년대만 해도 흔히 볼 수 있었던 부두들, 그로부터 50년이란 시간이 지난 1920년대에 낡을 대로 낡은 것으로 눈총을 받던 그 부두들이 들어갈 자리를 찾기란 무척 어려운 일이 될 것이다."[12]

그만큼 부두의 가치가 없어졌다는 말이었다.

IIIIIIIII

뉴욕항만청은 그 이름에도 불구하고 해상 관련 사항에 관한 한 역사가 깊지 않았다. 뉴저지주와 뉴욕주가 1921년에 공동으로 협의해 설립

해 교량과 터널을 짓고 운영하는 일을 주로 해왔다. 그러나 혼란스럽게 엉켜 있는 철도 회사들의 노선 및 뉴욕 지역 터미널을 합리적으로 재배치하는 초기의 노력이 철도 회사들의 반발로 성과를 거두지 못한 뒤로, 화물운송에 관해서는 손을 떼고 멀찌감치 물러나 있었다.[13]

그러나 1960년에 정치학자 월레스 S. 세이어Wallace S. Sayre와 허버트 카우프만Herbert Kaufman이 언급했듯, 뉴욕항만청을 포함해 뉴욕의 공공 기관들은 독립성을 보장받고 폭넓은 정치적 지지를 받았는데, 덕분에 '자기 에너지를 쏟을 새로운 기회를 모색'할 수 있었다.

1940년대 뉴욕의 주지사와 뉴저지의 주지사는 이 기관에 해상운송에 관여해 달라고 요청했다. 이때 두 주지사의 속마음은 전혀 달랐다. 뉴욕 주지사 듀이는 뉴욕항만청이 부두에 만연한 온갖 비리와 부패를 몰아낼 것이라 생각했고, 뉴저지 주지사 월터 에지Walter Edge는 뉴저지 쪽에 부두를 개발하길 원했던 것이다. 뉴욕항만청의 사무총장 토빈과 뉴욕항만청장 하워드 컬먼Howard Cullman은 하늘이 준 기회를 놓치지 않았다. 항구와 관련된 사업 몇 개만 떠맡으면 뉴욕항만청의 숙원 사업이었던 항공 사업의 기반까지 마련할 것이라 계산했다.[14]

1947년에 경제계의 핵심 인물이 후원하던 뉴욕주의 새로운 단체 뉴욕월드트레이드조합New York World Trade Corporation이 도시의 모든 부두를 인수를 제안했으며, 또 얼마 뒤에는 모든 민간 소유 부두와 해안 창고들까지 인수하는 계획을 발표했다. 뉴욕시장 윌리엄 오드와이어William O'Dwyer는 이 계획을 거부하고 뉴욕항만청이 뉴욕시의 부두들을 살펴달라고 건의했다.

3개월 뒤 뉴욕항만청은 1억 1,400만 달러의 세입보전채권을 발행해

증기선 정박지 13개와 철도 차량 해상수송 터미널 네 개, 그리고 150만 평방피트(약 4만 2,000평) 넓이의 농산물 터미널을 짓고 뉴욕시에는 임대료로 매년 500만 달러씩 지급하겠다고 제안했다. 결코 작은 사업이 아니었다. 2015년의 물가로 환산하면 무려 12억 달러나 되는 이 어마어마한 금액은 뉴욕시가 수십 년 동안 부두에 썼던 총액보다도 많았다. 이 제안은 즉각 거친 반발을 샀다. 우선 ILA가 반대하고 나섰다. 뉴욕항의 부두들을 운영하던 뉴욕시의 해양항공국^{Department of Marine and Aviation}도 마찬가지였다. 해양항공국은 1947년에 뉴욕항만청이 뉴욕시의 주요 공항 두 개를 넘겨받지 못하도록 하려고 치열한 싸움을 벌였지만 결국 실패하고 만, 최근의 경험을 뼈아프게 생각하던 터라 자기가 관할하는 영역의 한 부분을 떼어 뉴욕항만청에 넘겨주고 싶지 않았던 것이다. 무엇보다 뉴욕시의 정치인들은 뉴욕항만청이 자기들 밥그릇에 숟가락 얹는 꼴을 보고 싶지 않았다. 뉴욕시의 공무원들은 부두들이 낡은 기반 시설이 아니라 언젠가는 황금 광맥이 될 것이라고 확신했다. 당시 맨해튼 자치구 회장이자 뉴욕시 예산위원회 위원이기도 했던 로버트 F. 와그너^{Robert F. Wagner}는 나중에 이렇게 말했다.

"부두는 돈을 버는 시설들이었습니다. 그들이 위생 시설이 아닌 부두를 인수하자고 나선 일도 그래서였지요."

예산위원회는 1948년에 뉴욕항만청의 제안을 기각하고, 1949년의 개정 제안도 승인하지 않았다.[15]

뉴욕시의 공무원들은 뉴욕항만청 없이도 얼마든지 부두를 현대화할 수 있다고 생각했지만, 재정 형편이 좋지 않던 뉴저지의 뉴어크시는 이런 환상이 전혀 없었다. 예산만 축내는 시 소유의 부두들은 그야말로 (아닌 게 아니라 물리적으로도!) 무너지기 직전이었다. 뉴어크는 이 부두들을 뉴어크의 공항과 함께 뉴욕항만청에 임대하기로 1947년 말에 합의했다.

1948년과 1952년 사이 뉴욕항만청은 1,100만 달러를 들여 수로들을 준설하고 부두들을 새로 지었다. 그런 다음 뉴욕항의 뉴저지에 최대 크기의 터미널을 짓겠다고 발표했다. 이 터미널은 워터맨스팀십을 위해 맞춤형으로 설계되었는데, 브루클린에 있던 워터맨스팀십을 이곳으로 이전할 예정이었다. 워터맨스팀십의 터미널은 약 460미터 길이로 빠른 접안과 손쉬운 선적을 위해 해안과 나란한 방향으로 설계되었다. 이런 특성과 강점은 뉴욕시티의 어떤 부두도 감히 경쟁할 수 없는 부분이었다.

뉴욕시티의 부두 관리자는 뉴어크에서 지어지는 새로운 부두와 증기선을 버리고 컨테이너선으로 갈아타는, 오랜 세월 자기와 함께 해왔던 뉴어크 부두 관리자의 변절을 바라보면서 자기들도 부두를 포기하는 것이 옳을지도 모른다고 말했다. 이런 맥락에서 〈뉴욕월드텔레그램New York World-Telegram〉은 다음과 같이 보도했다.

"얼마 전부터 뉴욕항만청이 제시했던 부두 관리 계획이 좋아 보이기 시작했다. 뉴욕항만청의 제안을 계속해서 거부하는 일은 어쩌면, 뉴욕시가 정치적인 목적 때문에 해안의 여러 시설들을 포기하지 않으려 하는 태도로 비칠 수 있다."

그러나 뉴욕항만청의 대변인은 뉴욕시의 심경 변화를 두고 자기들은 뉴욕시와 협상을 재개할 생각이 없다는 말로 분명하게 선을 그었다.[16]

워터맨스팀십의 터미널이 완공을 눈앞에 두던 1953년 말에 뉴욕항만청은 맥린트럭이 뉴욕항에 터미널을 짓고 싶어 한다는 말을 처음 들었다. 뉴욕항만청으로서는 최신 시설을 임대해주고 싶은 마음이 드는 후보를 한 줄로 세운다면 트럭 회사는 맨 꼴찌였다. 게다가 트럭을 통째로 배에 싣겠다는 발상은 괴상하기까지 했다. 그러나 맥린트럭도 뉴욕항만청도 시기가 너무 좋았다. 뉴욕항만청 관리들은 뉴어크항에서 거둔 성공을 토대로 또 다른 사업을 벌이고 싶어 안달이던 상태였고, 뉴욕항만청이 제시하는 서비스가 우연이라고 하기에는 놀라울 정도로 맥린트럭이 원하던 바와 정확하게 일치했다. 뉴어크 해안 지역에는 트럭이 정렬할 수 있는 넓은 부지가 있었다. 인근에는 철도가 연결되어 있었으며, 새로 개통한 고속도로 뉴저지주 신축 유료 고속도로와도 쉽게 연결되었다. 뉴욕항만청은 세입보전채권을 발행할 수 있었으므로 필요한 시설은 무엇이든 지을 수 있는 재정적인 수단을 가지고 있었다. 이 모든 사항이 뉴욕시를 압도하는 강점이었다. 그랬기에 말콤 맥린과 뉴욕항만청의 해상터미널 책임자 라일은 서둘러 계약을 체결했다.[17]

뉴욕항만청은 한 걸음 더 나아갔다. 맥린과 계약을 체결한 뒤 뉴어크에 고무 수입업자들이 사용할 수 있는 터미널을 짓겠다고 제안했다. 이 터미널이 완공되면 브루클린의 비좁은 터미널에 있던 고무 수입업자들은 이곳으로 옮겨와 넓게 사용할 수 있었다.

1955년 중반, 뉴욕항만청은 브루클린의 민간 소유이던 수 마일의 해안 부두를 사들임으로써 뉴저지 쪽이 아닌 뉴욕 쪽에도 발판을 마련했다. 이곳 부두는 예전에 두 차례나 사들이기를 거부했던 곳이지만 정치적으로 계산하니 지금은 사들이는 편이 적절하다고 판단했던 것이다. 브루클린에 관심이 있음을 공표함으로써 뉴저지에 대한 또 다른 투자를 단행할 수 있었다. 이 투자는 930만 달러 규모의 투자로 뉴어크에 네 척의 선박이 정박할 수 있는 정박지를 터미널을 만드는 공사였는데, 해운사 노턴릴리Norton Lilly를 위한 것이었다. 1955년 11월에 정박지 터미널이 완공된 뒤에 노턴릴리는 뉴욕항 안에서도 브루클린에서 뉴저지 쪽으로 이사했다.[18]

그리고 다시 가장 공격적인 행보가 이어졌다. 1955년 12월 2일, 뉴저지 주지사 로버트 메이너Robert Meyner는 뉴욕항만청이 뉴어크항 바로 남쪽에 있는 민간 소유 감조습지(조석의 오르내림에 따라 물에 잠겼다 드러났다 하는 습지-옮긴이) 450에이커(약 55만 평)를 개발할 것이라고 발표했다. 미국 역사상 최대 규모의 항만 사업인, 새로운 엘리자베스항 개발 사업 계획이 세워졌다. 대양 항해 선박 25척을 동시에 수용할 수 있는 항구였다. 실현된다면 뉴저지항이 뉴욕항이 취급하는 전체 화물 중 4분의 1 이상을 처리할 수 있었다. 이전에 뉴욕항만청은 엘리자베스의 습지에 거의 관심을 보이지 않았다. 그런데 트럭 트레일러를 배에 통째로 싣겠다는 맥린의 발상이 뉴욕항만청의 생각을 완전히 바꿨다. 이제 항구 설계자들은 연안 해운의 부활을 예견했다. 새로 건설될 엘리자베스항은 '적재 선박에 맞춤형으로 제작된 대형 컨테이너의 사용'을 가능하게 하는 넓은 부두와 고지대를 동시에 갖출 터였다. 심지어 부두 건설에서 가장 많은 비용이 들어가는 부분이자, 화물 임시 적재공간인 임시창고가 필요 없을 수도 있었다.

최초의 컨테이너선은 아직 등장하지 않은 시점이었지만 뉴욕항만청은 컨테이너 운송의 미래는 뉴욕이 아니라 뉴저지에 있음을 확신했고 또 그렇게 만들고 있었다.[19]

뉴욕항의 뉴저지 쪽 움직임이 활기를 띠자 뉴욕시는 긴장했다. 과거에 뉴저지의 부두들은 경제활동이 활발하지 않았다. 주로 목재 화물이 뉴어크항을 통해 드나들었지만 1940년대까지 이 항구의 비석유 화물의 겨우 2퍼센트만 운송됐다. 그러나 해운사들이 뉴저지 쪽으로 옮겨오면서 뉴저지의 화물 비중이 높아졌다. 일반화물의 전체 양이 일정한 상황에서 뉴저지에서 처리하는 화물만 늘어난다면 뉴욕에서 처리하는 화물이 그만큼 줄어드는 것이었고, 뉴욕시의 일자리도 그만큼 없어진다는 뜻이었다.[20]

계산은 간단했지만 뉴욕 정치인들에게는 중요한 문제였다. 맨해튼 자치구 회장으로 있을 때부터 부두가 익숙한 로버트 F. 와그너가 1953년에 시장으로 선출되었다. 노동조합 및 다문화 인구 집단을 상대로 유례가 없을 정도로 폭넓은 연대를 했기에 가능한 일이었다. 그런데 그가 놓친 집단이 있었는데 바로 이탈리아 이민자였다. 이들은 현직 시장이던 빈센트 임펠리테리Vincent Impellitteri를 압도적인 비율로 지지했다. 와그너가 임기 첫 해인 1954년 말에 발표한 예산 편성 계획에서 해양항공국의 예산을 예년 수준의 두 배가 넘는 1,320억 달러로 책정한 것도 뉴욕 부두 노동자의 대부분을 차지하는 이탈리아 이민자 집단의 지지를 얻기 위함이었다. 그리고 그는 연설로써 부두노동자들의 지지를 끌어올리고자 나섰다. 1955년 여름, 뉴욕시의 해양항공국 국장이던 빈센트 오코너Vincent O'Connor는, '해양 관련 자산을 뉴욕항만청에 내주지 않은 채로 해양 관련 문제들을 극복하겠다는 뉴욕시의 단호한 의지가 중요하게 대두되는 상황'에서 뉴욕항만청이 뉴욕시의 노력을 '무력화'하려는 시도를 했다고 비판하고 나섰다. 변호사였던 오코너는 ILA에 가까웠으며 일자리가 줄어드는 현상을 와그너만큼이나 우려했다. 그해 9월에 와그너 시장은 부두 재건축 사업을 교육 사업, 교통 사업 그리고 오염 억제 사업과 함께 예산 편성상 네 가지 최고 우선순위의 사업으로 설정했다.[21]

부두에 관련된 우려는 올버니까지도 확산되었다. 뉴욕 주지사이던 애버럴 해리먼Averell Harriman은 뉴욕항만청이 뉴욕시를 희생해 뉴저지를 띄운다는 뉴욕시의 주장에 어느 정도 동의하긴 했지만, 뉴욕시가 부두를 새로 지을 예산이 부족하다는 사실 또한 알았다. 엘리자베스항 계획이 발표되고 한 주가 지난 뒤, 해리먼의 수석보좌관이였으며, 전직 와그너 선거운동 본부의 연설문 작성자였던 조너선 빙엄Jonathan Bingham은 뉴욕항만청 사무부총장이던 마티아스 루켄스Matthias Lukens와 뉴욕항만청장 하워드 컬먼에게 전화했다. 그리고 주지사가 해운사 노턴릴리가 브루클린에서 뉴저지로 옮기는 일을 "우려한다"고 보고했다. 이와 관련해 루켄스는 개인 파일에 다음과 같은 비밀 메모를 남겼다.

"그는 또한 뉴욕시의 사업을 뺏어가는 사업에 우리가 예산을 지출해서는 안 된다고 확신한다는 의견을 말했다."

컬먼도 루켄스에게 보내는 편지에서 다음과 같이 썼다.

"빙엄은 뉴욕의 부두들이 충격적인 상태임은 자신도 잘 알고 있다고 말했지만, 주지사가 공식적으로 나서 뉴욕항만청이 그 부두들을 운영해야 한다는 주장에는 동의하지 않았습니다."[22]

컨테이너는 1955년 당시에는 현실적인 실체가 아니었으며, 말콤 맥린이 해운 산업에서 이방인이었다는 사실을 고려하면, 그의 계획이 사람들의 관심을 크게 끌지 못했을 것이라 예상할 수 있다. 와그너 시장이 뉴욕의 해운 산업에 강한 의지를 가지고 있는 와중에 오코너는 새로운 부두와 임시창고들을 짓겠다는 6개년 계획을 내놓았다. 뉴욕시는 거대한 금액을 뉴욕항에 들이붓기 시작했다. 1956년의 뉴욕시 예산안에는 총 1억 3,000만 달러로 추정되는 항구 사업의 초기 지출금으로 1,480만 달러가 해양 시설 건축비로 배정되어 있었다. 부두들을 해안선과 나란하게 짓고, 터미널의 보행자 공간과 화물 공간의 높이를 분리하고, 트럭이 임시창고 쪽에서 화물 싣는 곳으로 후진할 수 있도록 포장도로를 만드는 일 등을 포함한 계획이었다. 1950년대 중반 당시로서는 선도적이었다. 바지선을 타고 건너편에서 넘어온 철도 화차를 처리할 수 있는 화물 창고 다섯 개와 커나드라인Cunard Line의 대서양 횡단 여객선을 위한 대형 터미널도 새로 지을 계획이었다.

뉴욕항만청에게 날릴 결정타로 삼을 의도가 분명했던 회심의 사업은 홀랜드아메리카라인Holland-America Line을 위한 1,700만 달러 규모의 화물 및 여객 복합터미널이었다. 이 회사는 66년 동안 뉴저지에 둥지를 틀고 있었다. 그러나 뉴욕시는 뉴욕항만청이 시도했던 대세를 거슬러 맨해튼으로 위치를 옮길 것을 기대했다.[23]

그런데 그 뒤에 수십 년 동안 이어지는 인플레이션을 생각하면, 애초 설정된 공사비로는 뉴욕시의 계획을 모두 실현할 수 없었다. 와그너 시장이 제안했던 6년에 걸친 항구 재건축 계획의 비용은 1억 3,000만 달러(2015년 화폐가치로는 11억 달러)였다. 그런데 1945년부터 1954년까지 10년에 걸쳐 완성된 로스앤젤레스항에는 2,500만 달러가 들어갔다. 그런데 와그너는 홀랜드아메리카 터미널 하나에만 그 금액의 3분의 2에 해당하는 돈을 쓰자고 제안한 것이었다.

게다가 이런 제안 중 어떤 것도 뉴욕시 부두들의 근본 문제들까지 해결할 수는 없었다. 다른 항구들과 비교할 때 비용 관련 경쟁력이 터무니없이 부족했고, 지리적 위치가 불리하다는 점도 바뀌지 않았다. 바지선 터미널들을 새로 만든다면 뉴욕항으로 들어오는 철도 화차 처리가 한결 쉬워지겠지만, 외국으로 나갈 배에 선적할 화물을 실은 화차는 바지선을 타고 항구를 가로지른 다음, 부두에 내려졌다가 다시 화물선에 실어야 했으니 번거로운 건 마찬가지였다. 시내에서 부두로 진입하려는 트럭들이 홀랜드 터널과 링컨 터널 그리고 해안도로에서 교통 정체에 시달리는 현상도 계속될 터였다. 또한 새로 건설된 부두라고 해도 부두노동자들이 안고 있던 문제를 해결할 수 없었다. 부두노동자들을 힘들게 한 문제들이 얼마나 심각했던지는, 뉴욕시가 개건축한 첫 번째 부두의 개장을 앞두고 ILA 조합원들이 이 부두에서 우선 채용될 수 있도록 특혜를 줄 것인가 말 것인가 하는 논의가 열띠고도 길게 이어지는 바람에, 부두의 재개장이 연기되었다는 사실로도 짐작할 수 있다. 그랬기에 오코너는 1955년 여름에 ILA 지도자들에게 노동조합이 하는 행동들은 "뉴욕시가 특정 지역들에서 좋은 부두 시설을 임대하고자 하는 노력을 방해하는 것"이라고 대놓고 말하기도 했다.[24]

뉴욕시장 와그너의 도시계획위원회City Planning Commission조차 오코너의 항구 재건축 사업을 회의적으로 바라보며 시 소유의 부두들을 뉴욕항만청에 매각하는 협상을 다시 시작하라고 제안했다. '뉴욕항만청이 항구를 발전시키고 효과적으로 활용하면 뉴욕시의 경제도 큰 도움을 얻을 것'이라는 점이 위원회의 요지였는데, 와그너는 이 제안에 아무런 반응을 보이지 않았다. 대규모 건설 작업이 와그너 재임기를 보장할 도구가 될 수 있었으나, 와그너로서는 해양 시설 재건축 사업을 외부 기관인 뉴욕항만청에 넘겨줄 생각이 전혀 없었던 것이다. 와그너는 노동자 집단과 가까웠으며, 뉴욕시의 노동자 지도자들은 뉴욕항만청이 뉴욕의 부두들을 인수할 경우 몇몇 부두의 실권을 포기해야 할지도 모른다는 두려움이 있었고, 이 두려움은 틀리지 않았다.

한편 와그너는 정치계에서 민족적 지지 기반이 약했다. 이와 관련해 당시 영향력이 강력했던 흑인 정치인 토머스 러셀 존스Thomas Russell Jones도 "뉴욕에는 독일계 미국인 유권자가 그다지 많지 않았습니다"고 회상했다. 이런 약점 때문에 와그너는 해운 관련업에 종사하는 흑인, 아일랜드인, 이탈리아인의 지지가 절실했다.

결국 그는 이들의 지지를 얻는 데 성공했다. 1957년 첫 번째 재임 선거에서 이탈리아인 유권자 절반의 지지를 받았다. 1953년과 비교하면 큰 진전이었다. 기업가들도 뉴욕시의 항구 재개발 노력을 지지했다. 체이스내셔널뱅크의 은행장 데이비드 록펠러David Rockefeller가 출범시킨 새로운 시민단체 DLMDowntown-Lower Manhattan Association은 이스트강에 있는 부두 네 군데를 제외한 로어 맨해튼의 모든 부두가 상업용 해운 시설로 유지되어야 한다고 촉구했다. 이 단체는 1958년에 발표했던 초기 계획에서 다음과 같이 밝혔다.

"우리는 이 지역에서 적합한 부두들을 찾아 부두 현대화 및 독립적인 기반을 갖춘 임대 방안을 찾고자 하는 해양항공국의 추진 사업을 지지한다."[25]

항구에 들어가는 예산 비율은 유례없이 높았다. 1957년 9월에 미쓰이스팀십Mitsui Steamship Company은 브루클린에 있는 1,060만 달러짜리 뉴욕시 소유 터미널에 입주하는 데 합의했다. 또한 홀랜드아메리카도 맨해튼에 새로 지은 터미널을 20년 동안 임대한다는 계약서에 서명했다. 1957년에 오코너는 1962년까지 해운 관련 시설에 2억 달러(2015년 화폐가치로 환산하면 17억 달러)의 투자가 이루어질 것이라 생각했다.

시 소유의 부두들을 뉴욕항만청에 매각하자는 이야기는 쑥 들어갔다. 한편 뉴욕항만청의 토빈과 킹은 컨테이너가 세계 무역의 미래라고 확신했다. 뉴욕항만청은 컨테이너화가 진행될 경우 컨테이너 야적장이나 환적장으로 사용할 공간이 없는 뉴욕시 소유의 부두들에는 전혀 관심을 두지 않았다. 비록 뉴욕항만청이 브루클린에 있는 27개의 낡은 부두들을 현대적인 시설로 바꾸겠다는 계획을 계속 진행했지만, 컨테이너 해상운송이 활발해지면서 재건축된 부두들이 부실해지기 전 투자 금액을 회수해야 함을 잘 알았다. 이와 관련해 당시 뉴욕항만청의 부두 계획 책임자이던 가이 F. 토졸리Guy F. Tozzoli는 다음과 같이 말했다.

"우리는 투자한 만큼은 뽑아낼 수 있는 시설을 브루클린에 짓고 있지만, 그것이 우리의 미래가 아님은 이미 잘 알고 있었습니다."

뉴욕항만청의 관심사는 뉴욕시가 부두 임대료를 떨어뜨릴 수 있는 보조금을 푼다는 데 있었다. 토빈은 뉴욕시가 홀랜드아메리카에 부두를 임대하면서 보조금을 지급하는 것을 "터무니없이 부당한 일"이라고 공격했다. 연간 보조금 45만 8,000달러와 관련해 "민간 선적인들에게 보조금을 지급함으로써 기존의 부두 임대료 수준을 낮추는 새로운 관행을 만들고 있다"고 주장했다. 그러자 오코너는 이렇게 반격했다.

"뉴욕항의 기득권자들은 뉴욕시의 바람과 노력을 헛되이 만들려고 온갖 선동을 다한다. 즉 해운 관련 시설에 책임지지 않는 기관, 즉 뉴욕과 뉴저지 두 주가 설립한 뉴욕항만청이 아닌 시민의 통제 밑에 두고자 하는 노력 말이다."[26]

한편 뉴욕시의 도시계획위원회는 뉴욕항이 뉴욕시의 경제를 밝게 할 미래가 아닐 거라는 여론을 퍼트렸다. 도시계획위원회는 로어 맨해튼의 이스트강 연안에 새로운 주거 및 사무용 건물이 들어서길 바랐다. 그래서 1959년, 낡은 부두를 새롭게 재건축하는 방법이 귀중한 연안 지역을 활용하는 최선이 아니라고 주장했다. 그러자 오코너는 당시 뉴욕시의 공원 담당 국장이자 도시계획위원회의 위원이던 로버트 모지스Robert Moses가 자기 견해를 지지한다고 밝히는 한편, 다음과 같이 도시계획위원회를 공격했다.

"도시계획위원회가 정교하게 구성한 주장은 뉴욕항의 잠재성을 미래지향적으로 보지 않고 최근의 과거를 기준으로 판단해야 한다는 것이다. 이 주장은 건설적이지 않고 부정적인 차원의 계획이 보여주는 사례일 뿐이다. 뉴욕시의 역동성과는 전혀 어울리지 않는 주장이다."[27]

그러나 오코너는 뉴욕시가 투자한 금액의 많은 부분이 이미 낭비되고 있다는 이야기는 하지 않았다. 항구를 오가는 바지선을 처리하기 위한 터미널을 다섯 개 짓자고 처음 제안했던 1955년 기준으로, 뉴욕항의 뉴저지 쪽 부두와 뉴욕 쪽 부두를 오가는 바지선은 950만 톤 조금 못 미치는 화물을 나르고 있었다. 그러나 뉴욕시가 1,000만 달러를 들여 새로운 바지선 터미널을 만든 뒤인 1960년에는 그 화물량 중 3분의 1이 줄어들었고, 하향 추세는 계속 이어지고 있었다. 허드슨강에 새로 건설된 57부두는 승객 및 화물 복합 운송사이던 그레이스라인에 맞춰 설계된 것으로 충분히 현대적이었지만, 항공 여행이 빠르게 성장하자 예전과 마찬가지로 한적해졌다. 부두를 새로 짓는 일만으로는 뉴욕시를 예전과 같은 상업의 중심지로 돌릴 수 없음은 이미 분명해졌다. 그리고 뉴욕시의 공무원들이 인식하지 못했던 컨테이너가 드디어 뉴욕시가 누운 관 뚜껑에 마지막 못질을 할 참이었다.[28]

팬애틀랜틱의 컨테이너 해상운송 서비스는 출범 6개월 만에 뉴어크항과 휴스턴항 사이 노선에서 한 주에 120개의 컨테이너를 운송했다. 뉴어크항에 있는 팬애틀랜틱의 터미널은 화물을 옮겨 싣는 중심 기지가 되었다. 이곳에서 부두노동자들은 상대적으로 작은 꾸러미의 화물을 컨테이너에 가득가득 채워 넣는 작업을 했다. 컨테이너 서비스를 시작한 지 겨우 9개월밖에 지나지 않았던 1957년 초에 팬애틀랜틱은 원래 면적의 12배나 되는 6에이커(약 7,300평) 부지를 뉴어크에서 추가로 임대해 컨테이너와 새시를 모으는 공간으로 사용했다.

정부가 지원한 연구조사 결과 컨테이너 해상운송비용이 전통적인 방식의 운송의 39~74퍼센트밖에 들지 않는다는 사실이 밝혀진 뒤, 해운사 경영자 모임인 프로펠러클럽Propeller Club은 1958년 총회 일정에서 하루를 통째로 비워 컨테이너 관련 논의를 했다. 전통적인 방식의 해상운송이 머지않아 위기를 맞을 것임을 모두가 알았다.[29]

컨테이너 화물이 늘어나자 뉴어크항도 호황을 누렸다. 뉴어크항에서 처리하는 화물의 양은 1956년부터 1960년 사이 두 배로 뛰었다. 반면 같은 기간에 뉴욕항에서 처리하는 화물의 양은 조금 줄어들었다. 뉴저지 쪽의 화물 점유율은 4년 만에 9퍼센트에서 18퍼센트로 늘어났다. 1960년에 시랜드서비스로 이름을 바꾼 팬애틀랜틱은 뉴어크항에서 처리하는 일반화물의 3분의 1 이상을 운송했으며, 뉴욕항 전체로 보자면 그 비율은 9퍼센트나 되었다. 이 모든 것은 한때 빈사 상태로 떨어졌던 국내 거래 분야에서 기록된 것인데, 이제 국내 해운 대부분은 맨해튼 바깥으로, 다시 말해 뉴저지로 빠져나갔다.[30]

시랜드서비스의 뉴어크 터미널에서 남쪽으로 손을 뻗으면 닿을 만큼 가까운 거리에서 불도저와 준설기가 엘리자베스항의 꼴을 잡아가고 있었다. 계획 단계에서부터 2년이 지난 시점이던 1958년, 뉴욕항만청은 날카롭게 경계하던 지역 공무원들의 저항을 극복하고자 거대한 건설 프로젝트인 엘리자베스항 건설 사업을 출범시켰었다. 엘리자베스항은 뉴어크항 바로 맞은편에 자리 잡았다. 수로 길이 약 2,700미터에 폭은 약 240미터, 깊이는 10.5미터 정도였다. 수백 미터 길이의 부두가 이어지고 철로가 놓이고 폭이 30미터나 되는 도로도 마련되었다. 뉴욕항만청의 항구 계획 책임자는 엘리자베스항이 연간 250만 톤의 컨테이너 화물을 처리할 것이라 전망했다. 이 화물량은 당시 뉴어크항에서 처리되던 화물의 네 배 규모였다. 엘리자베스항은 뉴욕의 부두 재건축과 분명히 달랐다. 1961년에 뉴욕시의 해양항공국 국장이던 오코너는 뉴욕시의 항구 재개발을 주제로 연설할 때 '컨테이너'라는 단어는 단 한 번도 입 밖으로 내지 않았다. 그때 그가 짓고자 했던 부두는 혼합화물과 승객과 작은 수화물을 운송하는 배들을 위한 부두였을 뿐이다.

그러나 엘리자베스항은 처음부터 컨테이너 항구로 설계되었다. 공사 부지가 습지여서 뉴욕항만청은 우선 수로를 파는 작업부터 한 뒤 부두 지역을 흙으로 메우고 평편하게 땅을 다졌다. 부두와 도로는 1961년이 되어서야 본격적인 건설에 들어갔는데, 그 무렵에는 말콤 맥린의 컨테이너화가 더욱 발전해 있었다. 완성된 엘리자베스항의 각 정박지는 약 18에이커(약 2만 2,000평) 면적의 포장된 부지가 나란히 딸려 있었다. 이는 컨테이너를 창고에서 배로 옮기는 비용을 줄이기 위해서였다. 뉴욕 항만청이 발행한 잡지는 이 설계를 다음과 같이 설명했다.

"이 설계는 조립 공장의 '조립라인'과 마찬가지 방식으로, 배 옆으로 들어와 컨테이너를 넘겨주고 나가는 트레일러의 흐름이 끊어지지 않고 이어지도록 하기 위함이다."[31]

엘리자베스항에 새로 마련된 시랜드서비스 터미널은 1962년에 문을 열었다. 뉴욕시에서는 상상도 할 수 없었던 거대한 규모로 화물을 처리했다. 맥린은 뉴어크항에서 출발해 파나마운하를 지나 태평양 연안으로 운항할 수 있는 노선 허가를 정부로부터 받았다. 시랜드서비스의 운송 화물량은 가파르게 증가했다. 1962년에 뉴욕항은 1941년 이후 그 어떤 해보다 많은 국내 일반화물을 처리했다. 이 화물의 대부분은 뉴저지에 있는 시랜드서비스의 부두를 통해 이동했으며, 반대로 뉴욕시를 경유한 화물은 거의 없었다. 모든 일이 분주하게 돌아갔다.

1950년대 화물선이 항구에 들어왔을 때의 여유로웠던 풍경은 옛날 이야기가 되고 말았다. 그런데 컨테이너와 브레이크벌크 화물(이 화물은, 뉴욕시에서 새로 지은 부두들에서 처리하려고 했던 부류의 화물이었다)이 한데 섞여 있는 경우가 문제였다. 컨테이너화하지 않은 화물이 배가 항구에 묶여 있는 시간을 추가로 더 잡아먹어 결과적으로 컨테이너화 덕분에 생긴 이익을 몽땅 낭비했다.

뉴욕시의 부두들은 수천 개의 컨테이너와 섀시를 모아둘 공간이 없었다. 항구를 들고나는 배의 화물을 나를 수백 대의 트럭과 화차를 처리

할 수 없어 뉴어크항이나 엘리자베스항의 부두를 상대로 도무지 경쟁이
되지 않았다.

███

　그러나 전체적으로 보자면 1962년 기준으로 컨테이너화는 여전히
주류가 아니었다. 뉴욕항의 전체 일반화물 중 컨테이너가 차지하는 양
은 8퍼센트밖에 되지 않았다. 게다가 국내운송 화물에만 사용되었던 것
이다. 맨해튼과 브루클린에 남아 있던 국제 화물 중 컨테이너로 운송된
화물은 하나도 없었다. 그러나 조금씩 움직임이 있었다. 시랜드서비스
가 카리브해로 진출하면서 브루클린에 있던 불인슐라라인의 부두를 통
해 대규모로 나가던 화물이 엘리자베스항에 있는 시랜드서비스의 복합
터미널로 자리를 옮겼다. 그리하여 1964년 기준으로 뉴욕항 전체의 일
반화물에서 뉴저지항의 점유율은 12퍼센트에 다다랐다.
　뉴욕시는 위기감을 느끼고 더 많은 투자를 했다. 마침 미국 최대 해운
사 유나이티드스테이츠라인스United States Lines의 주문을 받아 고속 선박을
제때 처리하기 위해 2,500만 달러를 부두에 투자한 일도 그런 사례 중
하나다. 그러나 뉴욕시가 소유한 부두의 미래는 날이 갈수록 어두워졌
다. 그럼에도 불구하고 해양항공국은 1964년과 1965년에 부두 건설비
로 4,000만 달러를 추가로 요청했다. 이때 도시의 해안 지역을 주거지
나 상업지로 활용하는 입장에 반대하던 ILA는 자신들이 해안 사용 경쟁
에서 밀릴까봐 맨해튼의 새로운 해안 개발 사업은 아파트와 부두를 결
합한 것이 되어야 한다고 선수쳤다. 전투적이던 오코너는 자리를 떠나
고 없었다. 도시계획위원회는 주저하지 않고 그의 후임자인 레오 브라

운Leo Brown을 채용했다. 와그너 시장의 시대는 저물던 시기였다. 그리고 1964년에 도시계획위원회는 다음과 같이 밝혔다.

"우리는 '시계를 되돌려' 화물용 부두를 재건설하거나, 맨해튼의 해안 지역에 추가로 화물 부두를 2마일 더 건설하려는 시도는 필요하거나 바람직하지도 않으며 가능성도 없다고 믿는다."

본질적인 문제는 해결되지 않았다. 해운사는 부두의 부패와 '해안선을 따라 육지에서 배로 화물을 옮겨 싣는 과정에 존재하는 무질서'에 끊임없이 불평했다. 콘크리트로 아무리 새로 보수하고 단장하더라도 뉴욕시 구역 안에 해운사들이 자리를 잡게 만들기에는 역부족이었다.[32]

컨테이너 해운이 국제적인 사업이 되면서 뉴욕항만청은 쉬지 않고 확장을 거듭했다. 1965년까지 해운사 여섯 군데가 1966년에 유럽 노선에 컨테이너 서비스를 도입하겠다고 발표했으며, 수십 척의 배가 주문에 들어가 있었다. 맨해튼이나 브루클린에서 컨테이너 사업을 처리할 수 있지나 않을까 하는 이야기는 더는 나오지 않았다. 오로지 엘리자베스항만이 가파르게 늘어나는 컨테이너 관련 시설을 수용할 공간을 가지고 있었기 때문이다.

뉴욕항만청은 1965년 말에 서둘러 엘리자베스항을 확장했다. 부두를 다섯 개 더 짓고, 65에이커(약 8만 평) 부지를 트레일러 및 섀시 계류장으로 확보하고 포장까지 마쳤다. 그 시점에 해운사 일곱 군데가 뉴욕시 구역의 낡은 시설에서 항구 건너편의 뉴저지 쪽으로 옮길 의사를 밝혔다. 그리고 불과 10개월 뒤에 뉴욕항만청은 다시 확장 사업에 들어갔다. 이 사업이 끝나면 엘리자베스항은 20척의 컨테이너선을 동시에 처리할 수 있었다. 컨테이너 물결이 너무도 강력했기에, 뉴욕항만청은 맨해튼과 브루클린이 해양 산업 분야에서 자기 자리를 회복할 것이라는 생각도 하지 않았다. 뉴욕항만청의 해사海事 책임자 라일 킹은 텔레비전 프로그램에 출연해 이렇게 말했다.

"앞으로 10년 뒤를 내다보면, 화물운송의 중심이 도시의 거대한 건물들이 우뚝우뚝 솟아 있는 항구에서 뉴어크항과 엘리자베스항 쪽으로 이동할 것은 그 누구도 의심하지 않을 것입니다. 그러므로 사람들은 지금 새로운 컨테이너선과 관련된 계획을 놓고 이런저런 이야기를 하는 것입니다."

뉴욕시 공무원이 월드트레이드센터 건물 신축을 허가하는 대가로 브루클린과 스태튼아일랜드에 컨테이너 터미널들을 지어야 한다고 요구했지만, 뉴욕항만청은 검토하겠다는 약속만 했다. 최소한 뉴욕시 여론만 보자면, 뉴욕항만청이 뉴저지에 둥지를 트는 일은 이제 받아들일 수밖에 없는 일이었다. 〈뉴욕타임스〉도 이렇게 썼다.

"뉴저지주와 뉴욕주가 공동으로 설립한 뉴욕항만청은 뉴욕항을 하나의 실체로 여겨야 하며 이 시설들을 지리학과 경제학 차원에서 보고 최적의 위치에 설치해야지 정치적인 부분을 생각해서는 안 된다."[33]

여러 가지 수치가 뉴욕항에 관한 이야기를 말해준다. ILA와의 계약하에 시랜드서비스만이 유일하게 컨테이너를 운송할 수 있는 허가를 받았으며 1960년에는 컨테이너화한 화물의 규모는 뉴욕항 전체 일반화물의 8퍼센트 미만이었다. 모든 일반화물의 4분의 3 이상은 여전히 브루클린과 맨해튼으로 들어오고 있었다. 그런데 엘리자베스항이 문을 연 1966년에는 뉴욕항 전체 화물의 3분의 1이 엘리자베스항을 포함한 뉴저지에서 처리되었으며, 13퍼센트는 컨테이너로 운송되었다.

'뉴욕항, 미국 컨테이너의 수도'는 뉴욕항만청이 전 세계를 상대로 내세웠던 홍보 문구이다. 금융적인 차원의 관심은 맨해튼의 해안 지역에 들어설 수 있는 '가치 있는 활동들' 예를 들어 주상복합건물을 짓거나 요트를 포함한 작은 배의 정박지로 활용해야 한다는 등의 이야기를 공공연하게 했다. 그러나 이제 맨해튼의 부두들은 너무도 깊은 침묵에 빠져드는 나머지 ILA의 한 간부는 '부두를 주차 시설로 운영'하고 있다는 말로 뉴욕시의 해양항공국장 레오 브라운을 신랄하게 비난했다.[34]

뉴욕시의 부두 관계자 및 정치인들은 월드트레이드센터의 건립을 반대하며, 시청과 싸우려고 피켓 시위로 반격에 나섰다. 1966년에 뉴욕시장 존 V. 린지John V. Lindsay 휘하의 부시장이던 로버트 프라이스Robert Price는 다음과 같이 물었다.

"뉴욕항만청이 엘리자베스항과 뉴어크항에 그렇게 많은 돈을 퍼부었으면서도 뉴욕에는 왜 돈을 쓰지 않는지 묻고 싶다. 브루클린해군조선소Brooklyn Navy Yard의 이전으로 일자리를 잃은 사람들의 일자리를 마련하는 데 힘을 보태야 하지 않는가 말이다."

그는 불공정이 문제라고 지적했다.

"뉴욕시는 원양 화물의 3분의 2를 처리하지만 뉴욕항만청은 전체 투자비 중 3분의 1만 뉴욕시에 투자한다."

그러나 뉴욕항만청은, 비록 '브레이크벌크 화물이 줄어드는 추세 속에서 전통적인 방식의 부두가 앞으로 건설될 가능성은 없겠지만', 상대적으로 현대적인 브루클린의 부두들이 브레이크벌크 화물을 계속 처리하게 해주겠다는 반응이 고작이었다.[35]

린지 시장이 공개적으로 엄포를 놓았지만 공무원들은 맨해튼의 부두들에 미래가 없음을 깨달았다.

1966년에 뉴욕시의 공원 책임자인 토머스 호빙Thomas Hoving이 그리니치빌리지에 있는 42부두를 레저 시설로 개조할 수 있도록 허가해달라고 요청했다. 해양항공국은 빗발치는 반대에도 불구하고 부두 건물의 위층을 내줄 수밖에 없었다. 그리고 다음 해에 해운사 10여 군데가 선창과 갑판에 컨테이너만을 싣는 화물선을 새로 건조하겠다는 주문을 조선소에 했다. 이렇게 최소 64척의 거대한 화물선이 건조 중이었고, 뉴욕항만청은 뉴욕항이 처리하는 일반화물의 75퍼센트를 컨테이너로 운송할 수 있다고 홍보했다. 이런 상황에서 ILA의 맨해튼 지부는 일자리를 보장할 새로운 부두를 지어달라고 요구하며 뉴욕시장 린지를 만나려는 가운데 신임 해양항공국장 허버트 할버그Herbert Halberg은 다음과 같이 말했다.

"맨해튼에 해상터미널을 짓는 일, 그것도 당신들이 요구하는 큰 규모로 짓는 일은, 현재 해양 산업의 필요성 차원이나 바람직한 도시계획 차원에서 보나 경제적으로 현명한 계획이 아니다."[36]

그러자 부두노동자들은 부두를 지키기 위한 마지막 수단을 동원했다. 와그너 시장이 재임할 때 해양항공국장이던 빈센트 오코너를 앞세워 뉴욕시 구역에 부두를 건설하도록 로비 작업을 한 것이다. 오코너는 로어 맨해튼에 지붕에 비행기 활주로를 설치한 선박·철도·트럭 복합터미널 계획서를 전달했다. 또한 컨테이너를 배에서 들어 올려 이스트강 위의 허공에 보관할 수 있는 자동화된 시설인 이른바 '수직 부두vertical pier'를 짓는다는 것이었다. 하지만 이런 환상은 아무런 소용이 없었다. 뉴욕항만청은 1969년에 "예외 없이, 뉴욕항에서 컨테이너선을 운항하는 주요 대양 해운사들은 엘리자베스항에 정박한다"고 보고했다. 1970년에는 새로운 여객선 터미널에 관한 계획들이 세간의 관심을 끌자 린지 사장은 뉴욕시는 장기적으로 항구 사업을 접을 것이라고 결정했다. 그는 뉴욕항만청의 수장인 오스틴 J. 토빈에게 몇 년 전만 해도 상상할 수 없었던 부드러운 말로 편지를 썼다.

"친애하는 오스틴에게 (…) 우리가 대안으로 삼을 수 있는 여러 가지 방안을 두고 생각했습니다. 그리고 터미널을 짓고 또 운영하는 적임자는 항만청이라는 확신에 도달했습니다."

여객선 터미널은 궁극적으로 맨해튼에 들어서는 것으로 정리가 되었다. 어쨌거나 뉴욕항만청은 (이 명칭은 머지않아 '뉴욕뉴저지항만청'으로 바꾼다) 뉴욕시로부터 더는 비판과 반대의 소리를 듣지 않아도 되었다. 자신의 지리적인 뿌리에서 상당히 멀리 떨어진 곳에 크고 새로운 항구를 지었기 때문이다.[37]

컨테이너선이 전통적인 화물선을 대체하면서 전체 화물 중 뉴저지가 처리하는 화물의 비율은 1970년에 63퍼센트까지 높아졌다. 그리고 2년 뒤에는 54만 9,731개의 컨테이너가 뉴저지에서 처리되었다. 한편 뉴욕시는 추락하는 길만 남았을 뿐이었다. 브루클린의 부두에서 처리하는 화물의 비율은 1965년부터 1970년까지 18퍼센트 떨어졌다. ILA 회장 토머스 글리슨Thomas Gleason은 "컨테이너가 우리의 무덤을 파고 있는데, 우리는 컨테이너 없이는 살 수도 없다"고 불평했다. 그의 말은 크게 틀리지 않았다. 1963년부터 다음 해까지 맨해튼의 고용자들은 140만 인·일만큼의 부두노동자의 노동력을 사용했다. 고용은 1967년과 1968년 사이에 100만 명 아래로 떨어졌고, 1970년과 1971년 사이에는 35만 명 아래로 줄었다. 심지어 1975년과 1976년 사이에는 수치가 12만 7,041명으로 떨어졌다. 20년 만에 91퍼센트나 떨어진 셈이었다. 맨해튼의 사무직 포함 해양 관련 총 일자리의 수는 1964년에 1만 9,007개에서 1976년에 7,934개로 줄어들었다. 브루클린의 상황은 뉴욕항만청의 투자 덕분에 조금 나은 편이었지만 그 영향도 오래가지 않았다. 맨해튼의 부두노동 자 고용이 장기적으로 감소하기 시작하고 2년이 지난 뒤부터, 브루클린 도 이 추세를 뒤따랐다. 1965년부터 1966년까지는 채용 수치가 230만 이었으나, 1970년부터 1971년에는 160만으로 줄어들었으며 1975년 부터 1976년까지는 93만으로 다시 줄었다. 뉴욕항해양위원회가 1971 년에 부시부두Bush Docks에서 부두노동자 채용을 중단할 무렵에 이곳과 인 근의 브루클린아미터미널Brooklyn Army Terminal의 고용 수준은 10년 사이에 78퍼센트 줄어들었다. 브루클린에서 한때 가장 강력했던 화물 산업은 그저 옛날의 추억으로만 남았다.[38]

반면에 뉴저지에서는 모든 예상을 뒤엎는 고용 성장이 이어졌다. 해 운사와 화물 하역 회사는 일손이 부족하다고 크게 불평했다. 1973년에 뉴어크항과 엘리자베스항에서는 해운사 40개가 자리를 잡았다. 새로 건설된 항구가 급성장하면서, 컨테이너화로 인력 수요가 상대적으로 적 게 발생했으나 1963년과 1970년 사이 고용은 30퍼센트나 증가했다.

1970년대 중반이 되면 뉴욕 쪽 부두의 영광은 대부분 과거의 일이 되고 말았다. 1974년 기준으로 바지선은 총 12만 9,000톤의 화물을 선 적을 기다리는 화물선으로 날랐는데, 이 양은 1970년에 비하면 10분의 1밖에 되지 않았고 1960년에 비하면 50분의 1밖에 되지 않았다. 몇몇 해운사는 여전히 브루클린에 남았지만 1950년대에 재건축돼 일본 해운 사들이 주로 입주해 '리틀 재팬'이라고 불리던 6부두와 7부두 그리고 8부두는 일본 해운사 다섯 곳이 뉴저지로 이주하면서 텅 비고 말았다. 브루클린의 부두들을 주로 차지하고 푸에르토리코 노선을 운영하던 불인슐라라인도 급격하게 기세가 꺾이었다가 결국 1977년에 문을 닫았다. 14번가 북쪽의 허드슨강에 있던 복합 4부두는 1963년에 유나이티드스테이츠라인스를 위해 당시 수준에서 최첨단으로 재건축되었지만, 아무 해운사도 입주하지 않고 텅 빈 채 남았다. 그리하여 항구로서 영화를 누리던 시대가 끝나버렸다는 사실, 뉴욕시로서는 받아들이고 싶지 않은 진실을 증언했다. 여러 해가 지난 뒤에 새로운 입주자들이 나타났다. 그러나 첼시 부두가 재개장한 것은 해운사를 위해서가 아니었다. 이 부두는 해상 운송과는 완전히 다른 용도인 유원지로 사용되었다.[39]

∭

부두의 몰락은 뉴욕시 경제 전반에 영향을 미쳤다. 특히 가난하게 살던 브루클린 주민에게 준 영향은 너무 강력했다. 1960년에 뉴욕시의 전체 인구조사 표준 지역 836개 중 겨우 23개만 브루클린에 있었는데, 이 지역에서 노동자의 최소 10퍼센트가 트럭운송업 및 해양 산업에 종사했다. 지도상으로 보면 브루클린의 표준 지역들은 북쪽의 애틀랜틱애비뉴에서 남쪽의 선셋파크에 이르기까지 해안과 나란히 달리는 띠 모양으로 존재하는데, 지역들끼리 공통점이 많았다. 우선 이민자의 수가 많았으며 주로 이탈리아인으로 구성되었다. 그리고 소득이 적고 교육 수준이 낮았다. 사우스브루클린의 67번 표준 지역에서는 성인 57퍼센트가 학력이 8학년 미만이었다. 또 사우스브루클린의 49번 표준 지역(현재의 코블힐)에서는 성인의 64퍼센트가 8학년까지밖에 학교 교육을 받지 못했다. 사우스브루클린의 63번 표준 지역에서는 1,071명이 실업자였다. 이 사람들 중 대학 학위를 가지고 있는 사람은 네 명밖에 없었다.

1970년이 되면 운송 산업 종사 비율이 전체 지역에서 급격하게 줄어든 상태였으며 인구도 감소했다. 이런 변화가 얼마나 심각하게 진행되었던지는 몇 년 뒤의 주택 관련 연구에서 분명하게 확인할 수 있다. 주민이 10만 명 넘게 살았지만, 부두에 인접해 있던 지역인 선셋파크 및 윈저테라스 지역에서 1975년에 개인 소유의 주택 건설은 단 한 건도 없었다.[40]

화물 처리 방식에서의 혁명적 변화는 부두와 직접적인 관련 없이 운송 및 배송 분야에 종사하던 노동자에게도 한층 더 강력한 영향을 주었다. 1964년부터 1976년 사이 트럭 및 창고 분야에 종사하던 노동자의 수는 전국적으로 증가했지만 뉴욕시에서는 1970년 이후로 급격하게 감소했다. 뉴욕시에 기항하는 배가 줄어들면서 뉴욕시 소유의 부두로 화물을 싣고 오거나 혹은 여기에서 화물을 싣고 나가는 트럭의 수도 줄어들었다. 화물을 옮겨 싣던 공간으로 사용되던 창고는 버려지거나 노동집약성이 훨씬 덜한 용도로 (예를 들면 주차장으로) 사용되었다. 예전과는 완전히 다른 운송 양상이었다. 수출용 화물을 가득 채운 컨테이너들이 뉴어크와 엘리자베스로 운송되고 여기에서 컨테이너들은 배가 도착할 때까지 층층이 쌓인 채 대기했다. 오로지 소규모 화물들만이 창고에서 분류 작업을 거쳐 다시 컨테이너에 담길 뿐이었다. 한편 수입되는 컨테이너들은 부두에서 뉴저지 중부와 펜실베이니아 동부에 대규모로 세워진 단층 창고로 직행했다. 이렇게 함으로써 화물을 보내거나 받는 기업들은 인건비를 적게 들여도 되고, 또 점점 촘촘해지는 고속도로망을 통해 항구로 쉽게 접근하는 일석이조의 이점을 누렸다. 이들 지역에서의 트럭운송 및 창고업 관련 일자리 수는 뉴욕시보다 전국적인 추세를 따라가고 있었다.

도매 산업 분야는 뉴욕시가 선두였던 산업이었다. 하지만 전국적으로 이 분야의 고용이 빠르게 성장했을 때 정작 뉴욕시는 큰 타격을 입었다. 1964년부터 1976년까지 맨해튼과 브루클린의 도매 산업 분야 고용 변화가 전국적인 추세를 반영했다면, 사무직을 포함해 일자리가 20만 개나 늘어야 했다. 그러나 항구 관련 여러 산업 분야의 일자리가 전국적으로 32퍼센트 증가하는 상황에서도 뉴욕시에서는 이 분야의 일자리가 7만 개 넘게 사라졌다.

컨테이너화에 따른 운송비 감소라는 요인도 제조업에 영향을 줬다. 공장들이 뉴욕시를 빠져나온 바람에 공장 현장뿐만 아니라 관련된 운송 분야 일자리까지 사라졌다. 뉴욕시의 공장 고용자 수는 컨테이너가 널리 사용되기 10년 전인 1950년대 중반부터 줄어들기 시작했다. 그러나 1960년대까지만 해도 여전히 공장이 대세였다. 1964년에 뉴욕시의 자치구 다섯 군데에는 3만 개가 넘는 제조업체들이 입주해 있었고, 여기에서 일하는 노동자는 90만 명 정도였다. 그중 3분의 2는 맨해튼에 있었는데, 특히 의류와 인쇄 산업이 강세였다.

그런데 공장의 수가 1967년까지 정체하더니 줄어들기 시작했다. 1967년과 1976년 사이 뉴욕시에서는 공장이 4분의 1이 줄어들었고 제조업 일자리는 3분의 1이 줄었다. 이런 반산업화 현상이 나타난 범위는 충격적일 정도로 넓었는데, 제조업 분야의 47개 주요 산업 중 45개 산업에 두 자릿수 고용 감소가 일어났다.[41]

이런 현상에 컨테이너가 얼마나 많은 원인이 있을까? 확실한 답을 할수는 없다. 왜냐하면 컨테이너화는 1960년대와 1970년대 전반, 제조업에 영향을 준 여러 요인 중 하나일 뿐이기 때문이다. 이 기간 동안 고속도로 체계가 완성되어 도시 외곽 시대라는 산업 발전 단계가 열렸다. 뉴욕시의 높은 전기료도 몇몇 공장이 이 도시를 빠져나간 원인이었다. 또인구가 남쪽 및 서쪽으로 이동하는 추세도 두드러졌는데, 그 바람에 뉴욕에 있는 공장들은 시장 확장에 불리했다. 1970년대 초의 경제 불황도전국적으로 제조업 일자리 감소에 영향을 주었으며, 시대에 뒤처진 뉴욕시의 공장들은 (이 공장들은 흔히 확장이나 재건축을 할 여유가 없는 오래된 건물에 입주해 있었다) 인구 감소의 타격을 크게 받았다.

　　그러나 컨테이너화가 뉴욕시 안에서 공장을 운영해야만 하는 중요한 이유들 중 하나를 없애버렸다는 사실은 의심할 여지가 없다. 컨테이너화로 상품 운송 과정이 쉬워졌기 때문이다. 뉴욕시의 지리적 입지는해외시장은 물론, 국내의 먼 곳에 있는 시장에 팔 상품을 만드는 공장들에게 싼 운송비라는 매력을 오랫동안 보여줬다. 항구에 가까이 있는 공장은 내륙에 있는 공장보다 제품을 훨씬 쉽게 그리고 값싸게 배에 실을수 있었기 때문이다. 그런데 컨테이너화가 이런 지정학적 이점을 뒤엎었다. 브루클린이나 맨해튼에서는 여러 층을 사용하면서도 협소한 공간때문에 힘들어했던 공장들이 뉴저지나 펜실베이니아로 옮기면서 널찍한 단층짜리 공장이라는 여유를 부릴 수 있게 되었다. 세금이나 전기료도 절약할 수 있었고, 제품을 가득 채운 컨테이너를 엘리자베스항까지보내는 데 들어가는 비용도 맨해튼이나 브루클린에서 운영할 때에 비하면 푼돈에 지나지 않았다. 결국, 1961년과 1976년 사이 뉴욕시를 떠났던 제조업 일자리의 83퍼센트가 펜실베이니아주나 뉴욕주 북부 지역 혹은 코네티컷주로 옮기는 일이 이어졌다.[42]

1962년에 브루클린의 해안은 여전히 배들과 넓은 임시창고들 그리고 부두에서 지척의 위치에 있던 다층 공장 건물들로 북적거리는 부두들로 길게 이어져 있었다. 그런데 그 뒤 1960년대 내내 해운사들이 뉴저지로 옮겨갔고 또 엎친 데 덮친 격으로 1966년에 브루클린해군조선소가 문을 닫으며 미국 최대의 산업 중심지였던 뉴욕의 산업 기반은 허물어지기 시작했다. 브루클린은 오랜 세월 동안 뉴욕시의 공장 지대로 압도적인 위치를 자랑했지만, 1980년에는 브루클린이 제조업에서 차지하는 위상은 초라하기 짝이 없었다. 경제적 조건이 너무도 좋지 않아 브루클린 사람들은 줄줄이 살던 곳을 떠났다. 1971년과 1980년 사이 인구는 14퍼센트 줄어들었다. 인플레이션을 고려해도 개인소득은 8년 연속 떨어졌다. 그러다 1986년이 되어서야 노동자들은 비로소 1972년의 소득 수준을 겨우 회복했다.[43]

컨테이너가 1960년대와 1970년대에 나타났던 놀랍고도 쓰라린 경제 변화의 유일한 원인이었다고 말할 수는 없다. 하지만 컨테이너 기술은 이 기술을 누구보다도 열렬하게 주장하고 지지했던 사람들의 상상보다 훨씬 더 빠르게 발전했고 운송 산업에 막대한 영향을 주었다. 뉴욕시는 컨테이너가 세상에 등장하기 이전에는 상상도 할 수 없었던 여러 가지 변화를 최초로 겪은 해상운송 중심지였을 뿐이다.

6장

노동조합의
투쟁

토머스 윌리엄 글리슨Thomas William Gleason 일명 '테디'
와 해리 브리지스Harry Bridges 사이의 불화는 태생적인 것이었다. 뉴욕의 부
둣가에서 태어난 유쾌한 아일랜드인이던 글리슨은 인간적인 매력과 따
뜻한 유머가 있었고 인내심이 깊었으며, 부패에도 가끔 관용을 베푸는
부드러운 성품이었다. 메인주에서부터 텍사스주까지 부두노동자들을
대변하는 노동조합인 ILA를 부두노동자 단결의 구심점으로 만든 인물
이기도 했다. 브리지스는 호주 출신의 금욕주의자로 혹독한 노동자 투
쟁 속에서 ILWU가 태평양 연안의 여러 항구에서 강력한 힘을 발휘하
도록 만들었으며, 부두노동자들 사이에서 전설적인 존재로 명성이 높던
인물이었다.

　두 지도자는 부두노동자의 일자리를 위협하는 자동화에 대처하는 투
쟁을 어떤 노선으로 할 것인가라는 문제를 포함해 대부분 사안에서 의

견이 달랐다. 1956년부터 10년 동안 두 사람은 매우 비슷한 쟁점에 매우 다른 방식으로 접근했다. 그들은 자동화가 수만 개의 일자리를 날려 버릴 것임을, 부두와 연관된 노동(즉, 자기 동료들의 노동)을 임시 일용직으로 전락시킬 것임을 처음부터 잘 알았다. 그러나 컨테이너가 긴 세월에 걸쳐 부두 주변에 형성된 문화와 삶의 모습을 완전히 바꾸더라도 그 상황에서 조합원들이 이익을 얻을 방법을 모색했다. 하지만 두 사람이 찾아낸 길은 달랐다.

글리슨은 뉴욕에서 ILA 지부를 이끌었다. 윌리엄 브래들리William Bradley, 일명 '캡틴'에 이어 ILA의 2인자가 된 곳도 뉴욕에서였다. 뉴욕은 자동화 문제가 가장 먼저 노사 문제의 쟁점으로 떠오른 곳이었다. ILA와 계약 중이던 해운사와 하역 회사의 연합체인 뉴욕해운협회New York Shipping Association는 1954년에 예사롭지 않은 제안을 했다. 당시 선적인들은 화물을 목제 팰릿 위에 묶어서 보냈는데, 한 팰릿씩 운송하기 위함이었다. 그런데 팰릿은 부두에서나 배 안에서 지게차로 옮기기 쉬웠으므로, 해운협회는 선박의 창구에서 일하는 작업조의 노동자 수를 줄여달라고 노동조합에 요청했다. 21, 22명이던 작업조의 정원을 16명으로 줄여달라는 내용이었다. ILA는 곧바로 계산을 했고, 결과는 간단했다. 다섯 개의 창구가 있는 배 한 척당 30명의 일자리가 사라진다는 뜻이었다. 노동조합은 강력히 거부했고 해운협회도 한발 물러서 더는 아무 말도 하지 않았다.[1]

그로부터 2년 뒤, 뉴어크항의 팬애틀랜틱은 처음에는 노동조합의 관심 밖이었다. 뉴욕의 다른 항들처럼 뉴어크항도 ILA와의 계약 하에 운영되었다. 글리슨은 말콤 맥린을 알고 있었고 (ILA는 맥린트럭의 창고 노동자들을 1939년에 조합원으로 가입시켰었기 때문이다) 노동조합은 1956년에 아이디얼엑스호가 최초로 컨테이너를 싣고 운항에 나설 때 팬애틀랜틱의 컨테이너를 처리하기도 했다. 노동조합의 몇몇 지도자는 컨테이너를 탐탁치 않게 여긴다는 사실을 분명 밝혔지만, 당시 ILA로서는 이 문제보다 긴박한 과제들이 산적해 있었다. 우선 뉴욕 항구들의 유일한 노동조합이라는 위상을 위협하는 내분이 있었고, 뉴욕항 전체를 아우르는 계약 만료일이 1956년 9월 30일로 임박한 시점이었다. 또 대서양과 멕시코만 연안 전체를 포함하는 가장 큰 단일 계약이 해운업체 경영진의 강력한 반발을 사고 있었다. 뉴어크항의 ILA 조합원들은 노동자들의 소득 평준화를 목표로 삼는 현재의 작업 배정 체제가 계속 유지되지 못할까 불안해했다. 이런 급박한 상황에서 무명의 회사가 작은 화물선 두 척으로 컨테이너 몇 개를 운송하는 문제는 맨해튼의 웨스트14번 스트리트에 있는 ILA 본부에서는 전혀 급한 문제가 아니었다. 게다가 ILA의 간부가 나중에 의회에서 증언한 바에 따르면, ILA의 관점에서 팬애틀랜틱은 기존 일자리를 없애는 회사가 아니라 새로운 일자리를 창출하는 회사였다. 터미널에서 작은 화물 꾸러미들을 컨테이너 안으로 넣는 일을 포함해 컨테이너선의 화물을 처리하는 부두노동자의 일이 그랬다. 이 작업을 위해 ILA의 두 지부가 각각 노동자를 파견했는데 (한 지부는 백인, 한 지부는 흑인 노동자로 구성되어 있었다) 화물을 싣고 내리는 작업에 각 작업조에 속한 21명의 노동자 대부분이 필요하지 않고 빈둥거려도 될 것이라 판단했기 때문이다.[2]

그런데 1956년 가을, ILA가 새로운 계약을 놓고 협상할 때 자동화가 뜨거운 쟁점으로 떠올랐다. 뉴욕해운협회는 맥린의 컨테이너 운송을 지켜본 뒤에 '지금과는 다른 어떤 작업 방식이든' 자기들이 필요한 숫자만큼만 부두노동자를 고용하려고 했다. 그리고 더욱 심각한 사태가 뉴올리언스에서 나타났다. 고용주들이 터미널 이외의 지역에서 화물을 처리하는 작업에만 부두노동자를 쓰겠다고 밝힌 것이다. 이는 터미널 지역에서 컨테이너에 화물을 싣고 내리는 작업이나 컨테이너를 옮기는 작업에 ILA를 배제하겠다는 뜻이었다. 그러나 해운업자의 두 가지 요구는 결국 이루어지지 않았다. 노동조합은 10일에 걸친 파업으로 메인주에서 버지니아주에 걸쳐 임금과 연금 전체를 올리는 단일계약을 달성하는 등 목표의 많은 부분을 이뤘다. 뉴욕에서 노동조합의 협상 책임자였던 글리슨은 자동화와 관련된 고용자의 요구에 맞서 한 발도 물러서지 않았다. 그러나 전투의 전선은 명백히 그어졌다. 파업이 끝난 뒤 한 조사위원이 건조하게 언급했던 것처럼, 부두노동자 작업조의 인원 축소는 '노동조합과의 논란의 핵심'이었다.[3]

1958년에 ILA는 뉴욕에서 다른 노동조합들을 평정하고 나서야 자동화라는 문제에 집중할 수 있었다. 컨테이너 운송이 해운사에 가져다준 수익은 놀라웠다. 맥린인더스트리즈는 활동을 시작한 지 2년이 지난 뒤 주주들에게 말했다.

"컨테이너선은 전통적인 방식의 화물선에 비해 화물을 선적하고 하역하는 시간이 6분의 1밖에 걸리지 않으며, 노동력도 3분의 1밖에 들지 않습니다."

다른 해운사들도 컨테이너를 연구하기 시작했다. 이들은 팬애틀랜틱과 다르게 부두 대신 ILA의 힘이 미치지 않는 내륙의 특정 장소로 작은 화물들을 옮겨 그곳에서 화물들을 하나로 합치는 작업을 하고자 했다. 이 일을 가장 먼저 시작한 해운사는 남아메리카와의 무역을 전문으로 하던 그레이스라인이었다.

1958년 11월에 그레이스라인은 새로 마련한 산타로사호를 허드슨 강에 정박시켰다. 이 배는 노동자들이 기존 방식처럼 호이스트를 이용해 컨테이너와 혼합화물을 갑판에 있는 창구로 적재하는 것이 아니라, 배 옆에 만든 문으로 굴려 넣어 선적하도록 설계되었다. 그레이스라인은 선적의 편리성을 강조하며 각 창구당 노동자를 다섯 명 내지 여섯 명만 채용하겠다고 했다. 그러자 ILA 791 지부는 곧바로 배의 작업을 거부했다. 그레이스라인이 아랑곳하지 않자 ILA는 팬애틀랜틱의 컨테이너를 제외한 모든 컨테이너 처리 작업을 중단하겠다고 선언했다. 뉴욕의 ILA 지부들로 구성된 협의회의 대표였던 프레드 필드^{Fred Field}는 해운사들이 "미리 포장한 컨테이너의 화물을 구하려 든다"며 분노했다.[4]

ILA와 해운사의 긴장이 고조되었고, 결국 ILA는 11월 18일에 파업을 선언했다. 부두노동자 2만 1,000명은 자동화의 위협을 알리는 연설을 들으려고 매디슨스퀘어가든에 모였다. 노동조합 지도자들은 고용주가 "이익을 노동자와 나누어야 한다"고 요구했으며, 인원이 줄어든 작업조를 받아들이지 않을 것이라고 주장했다. 이 쟁점은 노동조합에게 매우 중요했다. 만일 그레이스라인의 요구대로 진행된다면 갑판에서 일하는 노동자의 수가 훨씬 줄어들 테기 때문이었다. 협상은 치열하게 진행되었고, 12월에 일시적 타협이 이루어졌다. 1958년 11월 12일 이전에 컨테이너를 사용한 회사들이어도 (이 회사들에는 그레이스라인도 포함되어 있었다) 각 창구당 21명으로 구성된 작업조를 배치하는 조건으로 작업을 재개한다는 데 ILA가 동의한 것이다. 그리고 12월 17일에 노동중재자는 "컨테이너와 관련된 문제는 양측이 모두 만족하는 해결점을 향해

순항하고 있다"고 선언했다.[5]

　하지만 실상은 그렇지 않았다. 컨테이너 사용에 관한 협상은 1959년 1월에 재개되었지만 양측은 타협점을 찾지 못했다. 8월까지 타협의 실마리를 전혀 얻지 못했는데, 8월은 대서양 연안 및 멕시코만에 있는 모든 항구들에 새로운 계약을 둘러싼 협상이 시작되는 시점이기도 했다. 뉴욕항 전체를 대표하는 가장 중요한 자리에서 ILA는 해운사들에게 '자동화에 따른 이익을 함께 나눌 것'을 요구했다. 그러면서 각 작업조에서 한두 명은 뺄 수 있지만, 대신 하루 여섯 시간 노동과 다른 조건을 제시했다. 출발지를 가리지 않고 모든 컨테이너는 부두의 ILA 조합원이 화물을 비우고, 다시 화물로 채운다는 조건, 즉 '비우고 채우기'를 제시했다. 물론 이 '비우고 채우기'는 순전히 사람이 하는 일이었고, 따라서 해운사나 하역 회사 입장에서는 컨테이너화에 따른 비용 절감 효과가 무색해졌다. 며칠 뒤 뉴욕해운협회는 자동화에 대한 무제한의 자유를 보장하면 부두노동자의 정규직 일자리를 보호하겠다는 보편적인 수준의 수정 제안을 내놓았다.[6]

　전통적인 노사 관리 차원에서 보자면 자동화를 허용하면 대가로 일자리를 보장하겠다는 경영진의 제안은 협상의 우선 쟁점으로 다루어지는 게 당연했지만, ILA와의 협상은 그렇지 않았다. 협상의 초점이 흐려지는 온갖 일들이 끊임없이 일어났다. 노동조합은 아무런 경고도 하지 않은 채로, 계약 만료 2주를 앞둔 시점이던 9월 14일에 (이때는 구 AFL이 ILA가 부패했다면서 조직에서 축출한 지 6년이 지난 시점이기도 했다) ILA가 미국노동총연맹·산업노동별조합회의AFL-CIO(미국의 양대 노동조합이던 미국노동총연맹과 산업별조합회의가 1955년 12월에 합쳐져서 만든 조직-옮긴이)와

제휴할 것인지 말 것인지를 결정할 조합원 투표 일정을 잡았다. 노동조합 간부들이 조합원들을 상대로 찬성표를 이끌어내려고 설득하는 동안 투표 이외의 다른 일은 모두 중단되었다. 결국 협상은 계약 만료일인 1959년 9월 30일을 불과 며칠 앞두고서야 비로소 재개되었다. 대화는 긍정적인 분위기로 흘러갔으나 계약 만료가 불과 몇 시간밖에 남지 않았다. 상세한 사항들은 여전히 합의가 이루어지지 않은 상태에서 글리슨과 뉴욕해운협회 회장 알렉산더 쇼팽Alexander Chopin이 기존 계약을 15일 연장한다는 데 합의했다. 그러자 뉴욕의 ILA 지부 협의회 대표이던 필드는 이 계약 연장은 ILA가 오랜 세월 지켜온 '계약 없으면 일을 하지 않는다no contract, no work'는 원칙을 깼다고 주장했다.

맨해튼 지부는 즉각 파업에 들어갔다. 그리고 몇 시간 뒤에 남쪽 지역의 항구들을 담당하는 지부들이 따로 진행하던 협상이 실패로 돌아갔고, 노스캐롤라이나주에서 텍사스주에 이르는 지역의 부두노동자들도 파업에 돌입했다. 두 곳에서 파업이 시작되자 글리슨도 계약 연장을 취소하며 파업을 선언했다. 하지만 이 선택은 브루클린을 강력하게 지배하던 ILA 지도자 앤서니 아나스타샤Anthony Anastasia와의 충돌을 야기했다. 변덕스러운 이탈리아 이민자 아나스타샤는 글리슨을 포함해 ILA를 지배하고 있던 다른 아일랜드 지도자들을 탐탁지 않게 여겼다. 그가 자기 조합원들에게는 계속 일을 하라고 지시하면서, 글리슨이 파업을 지지하고 나선 것은 순전히 필드를 이롭게 하기 위한 행위일 뿐이라고 비난했다. 그리고 법원이 10월 6일에 모든 항구들은 적어도 80일 동안 다시 문을 열고 정상적으로 운영되어야 한다는 판결을 내림으로써 일시적이긴 하지만 혼란은 종지부를 찍었다.[7]

고용주들도 백퍼센트 단결되어 있지 않기는 노동조합과 별반 다를 게 없었다. 모든 해운사는 자기 나름의 자동화 계획을 가지고 있었지만, 컨테이너 사업의 의미를 진정으로 꿰뚫고 있던 유일한 해운사 팬애틀랜틱은 협상 테이블에 앉지 않았다. 11월 1일에 협상이 재개되었을 때 해운협회는, 모든 부두에서 컨테이너를 비우고 채우겠다는 노동조합의 제안을 거부했지만 자동화 때문에 손해 보는 노동자에게 보상을 해줄 목적으로 떼는, 이른바 '컨테이너 세금'은 동의했다. 그런데 이와 관련된 구체적인 내용이 썩 만족스럽지 않았다. 고용주들은 일자리를 잃은 부두노동자에게 퇴직금을 주겠다고 타협안을 제시했으나, 노동조합은 소득을 보장해주길 원했다. 하루 단위로 채용되는 부두노동자의 상황을 감안할 때 자동화는 모든 실업자에게 일정한 소득을 보장하는 게 아니라, 모든 노동자에게 더욱 적은 일거리밖에 주지 않는다는 뜻이므로 퇴직금이라는 대안은 현실성이 없었다.

이런 우여곡절을 거친 끝에 마침내 1959년 12월에 합의안이 나왔다. 뉴욕의 고용자들은 자동화를 진행할 권리를 가지되 부두노동자의 소득을 보장한다는 내용의 3년 계약이었다. 이 큰 틀에 합의하는 대신 상세한 사항은 중재에 맡기기로 했다. 그러자 ILA 간부 한 사람이 고함을 질렀다.

"선적인이 우리에게 겨우 파이 한 조각만 나누어주겠다는 것이다. 컨테이너로 그 사람들이 절약하는 돈이 엄청나지만, 거기에서 겨우 몇 푼만 떼서 우리에게 주겠다는 뜻이다."

뉴욕해운협회도 컨테이너화에 따른 경제적 편익에 대해서는 비슷한 이야기를 했는데, 이 단체의 대표이던 빈센트 바넷Vincent Barnett은 회원들에게 다음과 같이 썼다.

"해운사와 선적인은 새로운 발전들로 비롯되는 경제적 가치를 온전하게 검증하고 평가하는 자리에 처음으로 섰다."

뉴욕시의 부두들이 쇠퇴하는 추세를 안타깝게 바라보던 뉴욕시의 인사들은 뉴욕항이 재기할 기회라고 홍보했다. 새로 맺은 계약이 '국제 해운 사업에서 거대한 컨테이너 사용을 개발하는 데 경쟁사를 따돌리기 위한 발판'이 될 수 있을 것이라고 〈헤럴드트리뷴 Herald Tribune〉은 설명했다. 〈뉴욕타임스〉도 그 계약이 '컨테이너가 홍수처럼 쏟아지는 세상의 문을 열 것'이라고 생각했다.[8]

하지만 홍수는 없었다. 일반적인 원칙 말고는 어느 것도 합의되지 않았기 때문이다. 글리슨과 고용자 측 대표 그리고 중립적인 인사로 구성된 세 명의 중재단이 타협점을 찾기 시작했다. 그러나 각 컨테이너당 노동자에게 돌아갈 수익금을 정하면 이것이 '또 하나의 장기 부채가 될지도 모른다'는 해운사의 우려와 해운사가 약속한 수익금 지급을 회피할 방안을 찾을지도 모른다는 ILA의 우려를 좁힐 세부 사항들을 검토하는 데 여러 달을 보냈다. 그리고 마침내 1960년 가을, 세 사람은 2 대 1의 투표 결과로 최종 합의안을 도출했다. 뉴욕항의 고용자는 컨테이너를 처리하는 설비를 아무런 제약 없이 사용할 수 있는 대신, 컨테이너선이 운송하는 모든 컨테이너에는 1톤에 1달러를, 컨테이너와 혼합화물 둘 다를 적재하도록 설계된 배에 실린 컨테이너에는 1톤당 0.70달러, 전통적인 브레이크벌크선으로 운송되는 컨테이너에는 1톤당 0.35달러를 각각 지급한다는 내용이었다. 중재단은 ILA의 입장을 고려해 해운사나 하역 회사가 자사의 터미널에서 컨테이너에 화물을 채우거나 화물을 비

울 때 ILA 조합원을 고용해야 한다는 조항도 따로 추가했다.[9]

1960년의 이 중재 결정으로 뉴욕항은 컨테이너로 화물을 운송하고 자 하는 모든 해운사에 공식적으로 개방되었다. 그런데 현실은 달랐다. 중재단은 각 컨테이너별로 발생하는 조합원 수익금이 기금 형태로 축적 되어야 한다고 결정했지만, 기금 지출 방식은 밝히기를 거부했다. 게다 가 '컨테이너'라는 용어를 정확하게 정의하는 세부 항목을 빠트렸다. 중 재단의 노동조합 측 대표이던 글리슨은 이 실수가 노동조합과 고용자 사이에 또 다른 갈등을 불러일으킬 것이라고 예측했는데, 과연 그 예측 은 틀리지 않았다.

━━━━━

대서양 연안에 ILA가 있었다면 태평양 연안에는 ILWU가 있었다. ILWU는 해운 산업에서 일어나는 자동화에 관해 ILA와 전혀 다르게 접 근했다.

ILWU는 길고 긴 고난의 역사를 보냈다. 이따금 태평양 연안 항구의 고용자들과 격렬하게 투쟁하기도 했다. 당시 ILA의 태평양 지부였던 노 동조합은 1934년에 피로 물든 파업을 거친 뒤에 공식적인 인정을 받았 으며, 그 뒤 14년 동안 자기 권리를 주장하기 위해 합법과 비합법의 경 계를 넘나들며 1,399번이나 투쟁했다. 이런 끊임없는 저항의 결과로 방 대한 양의 노사 규칙이 정립되었다. 문서로 정리된 규정도 있고 그렇지 않은 규정도 있었지만 항구 운영 및 무역과 관련된 제반 사항들을 세세 하게 담고 있었다. 그리고 이 규정은 항구의 모든 행위를 지배했다. 규정

중 한 가지는 어떤 노동자가 특정한 배의 특정한 창구에서 일하기로 약정이 되면 계약한 배가 운항하는 한 언제까지고 그곳에서 일할 수 있다는 내용이었다. 또 만일 어떤 창구에서 선적이 끝났는데 다른 창구에서는 선적이 끝나지 않았을 경우, 일을 빨리 마친 노동자는 아직 일이 진행되는 창구에 가서 일하지 않아도 되었다. 다른 중요한 규칙으로 이른바 '뒷주머니hip pocket' 규칙이 있었다. 문서화된 사항은 아니지만 필요하다면 작업 조장이 강제로 시행했다. 트럭 기사가 팰릿으로 화물을 부두로 운반할 때는 각 화물 품목을 팰릿에서 분리해 부두에 내려놓는 것까지 트럭 기사가 해야 하는 일로 규정한 규칙이었다. 작업을 끝내고 트럭 기사가 가면, 부두노동자가 그 화물을 다시 팰릿에 올려서 배의 선창에 실을 수 있도록 준비했고, 선창에서는 다시 부두노동자가 팰릿에서 화물을 내려 적재공간에 적재했다. 이렇게 비용을 일부러 들이는 이유는 선적인이 팰릿을 사용하지 못하도록 하기 위함이었고, 이런 작전은 효과가 있었다.[10]

　나중에 ILWU의 한 고위 간부는 이런 규칙을 만들려면 "한없이 많은 상상력이 동원되어야 했다"고 털어놓았다. 조합 측은 일자리를 지키고 경쟁자들 사이에서 동일한 비용을 유지하기 위해 이런 규칙들이 꼭 필요하다고 여겼다. ILWU가 협상했던 하역 회사들은 끝없이 이어지는 '살쾡이파업'을 피하기 위해서라도 그런 규칙을 인정할 수밖에 없었다. ILWU에서 오랫동안 비서 겸 회계 책임자로 일했던 루이스 골드블래트 Louis Goldblatt는, 하역 회사들은 해운사들로부터 인·시간(노동자 한 사람이 한 시간 일하는 단위-옮긴이)당 30퍼센트의 추가 요금을 따로 지급받으므로 일부 규칙을 반기기도 했다고 주장했다. 어떤 배에 짐을 싣거나 내릴 때

필요한 인·시간이 많을수록 하역 회사로서는 더 많은 돈을 벌 수 있었기 때문이다.[11]

엄격한 작업 규칙이 인정되었던 또 다른 이유는 이 규칙을 받아들이지 않고는 달리 선택의 여지가 없었다는 데 있다. 하역회사협회stevedores' association는 1948년에 계약 협상을 하면서 많은 규칙을 느슨하게 만들려는 시도를 했었다. 그런데 어리석게도 ILWU의 대표 해리 브리지스를 공격함으로써 목적을 이루고자 했다. 호주에서 청년 시절을 보낼 때부터 정치적으로 급진적 성향이던 브리지스는 사회주의에 공감한다는 사실을 거리낌 없이 말했는데, 고용주들은 그에게 사회주의자라는 딱지를 붙이고 공산주의자와는 어떤 거래도 할 수 없다고 밝힌 것이다. 하지만 이런 조치는 오히려 부두노동자들 사이에서 브리지스의 위상만 높여주었다. 계약이 만료되자 ILWU는 파업에 돌입했고, 브리지스는 노동자의 연대를 효과적으로 선전해 조합원들은 95일 동안 굳건하게 파업을 이어갔다. 마침내 주요 해운사들은 갈등을 끝내기 위해 하역 회사들 및 이들을 대리하던 광신적인 반反공산주의 조언자를 밀어내고 직접 협상 테이블에 앉았다.

이로써 노동조합은 가장 큰 염원을 이뤘다. 하역 회사라는 경제적으로 빈약한 중개인이 아니라 일하는 대가를 실질적으로 지불하는 해운사들과 직접 마주 앉아 협상을 벌일 수 있게 된 것이었다.[12]

태평양 연안의 해운사 중 가장 큰 회사이던 맷슨내비게이션은 금융 압박에 시달리고 있었다. 맷슨내비게이션은 노사 관계를 새롭게 정리할 시기라고 다른 해운사들을 설득했다. 그래서 해운사들은 기존 작업 규칙들은 둔 채, 노동자가 일을 쫓기듯 하지 않는 범위에서 하역 회사들이 새로운 장치나 방법을 사용할 수 있는 조항을 계약에 포함하기로 합의했다. 이제 혁신이 자동적으로 파업을 촉발하는 시기는 지났다. 만일 어떤 작업조가 위험한 일이나 과도한 업무를 요구받는다면 노동조합 대표나 감독관이 이 문제를 해결하기로 했다. 대신 작업조는 선적이나 하역작업을 중단하지 않고 계속 진행하는 것이다. 만일 문제가 발생한 현장에서 즉각 조정 작업이 이루어지지 않을 때는 곧바로 한 단계 높은 단계의 협상 테이블로 올라가고, 필요한 경우에는 구속력이 있는 조정이 이루어지도록 했다. 이런 조항들 덕분에 작업 현장에는 새로운 노동 유연성이 마련되었다. 그리하여 효율성 증가에 따른 비용 절감 이익이 노동자에게 돌아가는 한 새로운 설비를 도입하거나 작업조의 인원을 줄이는 일을 노동조합이 허용하는 등 기존 작업 규칙이 자주 느슨해졌다. 2차 세계대전 이전보다 화물량이 4분의 1 정도 줄어든 상황에서 ILWU는 (캘리포니아에 있는 두 명의 노동 전문가에게 보낸 문건에서) '해상 통상의 감소 추세를 막을 수 있는 근본 조치들이 필요하다'는 사실을 인정했다.[13]

그러나 1950년대 초에 한 사람의 노동자가 한 시간에 처리하는 화물의 양은 여전히 놀라울 정도로 적었다. 로스앤젤레스항 및 롱비치항에 대한 1955년의 의회 조사 보고서가 비공식적인 여러 관행을 밝혀냈는데, 이 보고서로 ILWU는 궁지에 몰렸다. 여덟 명으로 구성된 한 작업조에서 네 명이 잠깐 휴식을 취하게 하는 취지에서 출발했지만 이후 노동자들이 자기 근무시간의 절반만 일하는, '4인 노동 4인 휴식four-on, four-off' 관행 등이었다. 이런 관행이 모두 공산주의적인 전술이라는 비판은 오래전부터 있었다.

정부는 여러 차례에 걸쳐 브리지스를 부두노동 현장에 쫓아낼 기회를 노리고 있었다. 그리하여 귀화시민이라는 지위를 박탈하는 일은 물론이고 국외로 강제로 추방하고자 했다. 노동운동에서 좌익으로 분류되던 산업별노동조합회의Congress of Industrial Organizations, CIO는 1951년에 ILWU가 공산주의 세력과 연계되어 있다는 이유를 들어 ILWU를 자기 조직에서 분리했다. 그리고 AFL와 CIO가 1955년에 조직을 합친 뒤에 브리지스는 팀스터스조합과 다른 AFL-CIO 노동조합들이 부두를 장악할지도 모른다는 두려움에 떨었다. 심지어 ILWU 소속이었던 ILA조차 다른 노동운동 세력에서 고립되는 위험을 감수하면서까지 ILWU와 엮이는 걸 원치 않았다. 1956년에 ILA가 대서양 연안 부두 파업을 벌일 때, 브리지스가 ILA 대표 윌리엄 브래들리에게 지원을 제안했지만 브래들리는 브리지스의 도움은 바라지 않는다고 잘라 말했다. 치밀한 전술가였던 브래들리는 ILWU가 정부의 압박에 매우 취약하다는 사실을 고통스럽긴 하지만 깨닫고 있었다. 또 불공정한 계약을 없애고 생산성을 높이는 것이야말로 정부가 노동조합 일에 끼어들지 못하게 하는 필수 조건임을 잘 알았다. 브리지스는 의회의 조사위원회에서 다음과 같이 말했다.

"여러분에게 그리고 고용자들에게, 우리는 분명 약속했습니다. 일반 조합원들에게로 다가가 설득하고 밀어붙이며 최선을 다하겠노라고 말입니다."[14]

팬애틀랜틱이 컨테이너 서비스를 대서양 연안에서 막 시작하던 시점이었다. 태평양 연안 최대 해운사이던 맷슨내이비게이션이 컨테이너 연구를 계속한다는 사실은 선주들이 화물 자동화 처리 방식 도입에 몰두하고 있음을 뜻했다. 비록 많은 조합원이 어떤 양보도 안 된다는 입장을 강경하게 고수했지만 브리지스는 조합이 멀리 미래를 내다봐야 함을 공개적으로 주장했다. 그가 이런 주장을 할 수 있었던 것은 지금까지 투쟁한 그의 이력이 호전적이며 부패하지 않았다는 신뢰를 조합원들로부터 받고 있었기 때문이다.

"우리가 기계화를 저지할 수 있다고 생각하는 사람들은 여전히 1930년대 사고방식으로 살면서 그때의 싸움을 하고 있다."[15]

ILWU는 19세기에서 20세기로 바뀌던 무렵에 태평양 연안에서 일어났던 과격한 노동운동에 뿌리를 두고 있다. 그들은 1934년 파업과 1948년 파업에서 눈부신 승리를 거두었다. 조합 간부들이 사회주의적인 이념을 가지고 있었기에, ILWU의 평조합원들까지도 특별한 권한이 있었다. 그랬기에 작업 규칙과 자동화에 대한 노동조합의 태도 변화는 하향식 지시로 이루어질 수 없었다. 태평양 연안의 각 조합이 선출한 대표단을 통해 공식적으로 인정받고, 이후 전체 조합원이 투표로써 합의해야만 가능했다. 새로운 접근이 필요함을 알려야 하는 과제가 브리지스에게 주어졌다. 그는 먼저 이 문제를 조합의 협상위원회에 제시했는데, 본인 역시 협상위원회에 소속되어 있었다. 1956년 3월, ILWU 간부회의에서 계약 협상 시 다룰 내용의 우선순위를 놓고 토론했다. 협상위원회는 조합이 자동화를 받아들이는 대신 임금 인상과 작업 시간 단축이라는 결과를 얻어야 한다고 강력하게 주장했다.

"지난 세월 우리는 산업 자동화라는 역사의 수레바퀴를 거꾸로 돌리기 위해 많은 노력을 기울였습니다만, 결국 실패했습니다. 대부분 우리가 기울인 노력은 새로운 제도를 받아들이는 식이었으며 새로운 작업장을 장악하지 못하는 것으로 귀결되었습니다. (…) 우리가 속한 산업에서 기계화를 허용하면서도 노동조합의 영향력을 굳건하게 지킬 수 있음을 믿습니다. 작업조의 규모를 실질적으로 최소한으로 하더라도 괜찮습니다. 부두 바깥에 있는 철로부터 배의 선창까지 모든 곳의 모든 일을 우리 ILWU가 장악할 것입니다." [16]

이런 관점은 ILWU 내부에서 매우 민감한 논쟁을 불러오는 것이었다. 1948년 계약으로 ILWU는 태평양 연안의 거의 모든 항구를 장악했다. 이 지역의 모든 부두노동자는 ILWU의 조합원이었고, 'A맨'이거나 'B맨'이었다. 'B맨'은 'A맨'이 모두 채용되었을 때 투입되는 보조 인력이었다. 'B맨'들은 경험을 충분히 쌓아 'A맨'으로 진입하겠다는 희망을 품고 살았다. 대부분의 'A맨'은 정규 작업조였는데, 선출직 조장 밑에서 직업소개소가 파견한 사람들과 함께 일했다. 그리고 각 배의 화물 처리를 감독하는 일은 이동반장walking boss이 맡아서 했는데, 이동반장 역시 ILWU의 조합원이었다. 하역 회사 측 감독관들은 계약 사항을 엄격하게 들이대면서 빡빡하게 굴기보다 조합과 우호적으로 협력하는 것이 현명하다는 사실을 잘 알고 있었다. 그랬기에 부두노동자들은 자기 작업장을 이례적일 정도로 잘 장악했다.

그런데 1956년 협상이 시작되자마자 ILWU와 태평양해운협회Pacific Maritime Association가 협상에서 전제하는 몇 가지 기본 원칙을 정리한 공동성명서를 내놓았는데, 이 공동성명서 내용이 부두노동자의 안락한 근로조건을 위협하는 것처럼 비춰졌다. 양측이 정한 기본 원칙에서 핵심 조항은 이랬다.

"작업 현장에 필요하지 않은 노동자를 고용하라고 요구하지 않는다." [17]

브리지스는 기본 원칙들을 조합원 투표에 붙였는데, 40퍼센트가 반대표를 던졌다. 상황이 이렇게 되니 브리지스는 이제 인력 배치와 관련된 안건에 합의할 권한조차 잃어버린 셈이었다. 그래서 ILWU와 해운협회는 이 쟁점은 미루고 통상적인 경제 문제를 처리하는 계약서에 서명했다. 그리고 기계화와 작업 규칙에 관한 합의는 별도로 논의해 처리하기로 정리했다.

1957년 초에 논의가 시작되었지만, 조합원들이 기존 계약을 무시한다는 고용자의 불만이 쏟아졌다. 태평양해운협회 회장이던 J. 폴 세인트 슈어J. Paul St. Sure는 브리지스가 어떤 합의를 해도 ILWU 지부들이 따르지 않는 한 선주들은 작업 규칙을 없애는 대가에 따른 돈을 지불할 생각이 없음을 밝혔다. 고용자 측의 완강한 태도로 ILWU 내부에서는 지도부의 권위를 존중하자는 편과 그렇게 할 수 없다는 편 사이에 격렬한 논쟁이 무려 1년 동안 이어졌다. 브리지스는 1957년에 조합 간부 집회에서 했던 연설에서 지부들은 계약 사항들을 준수하고 생산성을 높이는 데 기여해야 한다고 요구했다. 그러나 반대 측은 여전히 강경했고 양측의 입장 차는 쉽게 좁혀지지 않았다.

일단 자동화 쟁점은 연안노동자위원회Coast Labor Committee에서 논의한다는 단서와 함께 보류되었다. 브리지스와 북서부 대표 한 명 그리고 캘리포니아 대표 한 명으로 구성된 협의회는 10월에 열린 다른 노동조합 간부 집회에 참석했다. 그들이 밝힌 바에 따르면 선적인은 자기 화물이 부두에서 단일 단위로 처리될 수 있도록 가급적 팰릿이나 밴 등을 이용해 포장하길 원하는 추세가 점점 더 강해진다는 것이다. 또한 이런 방식이 확산되면 전체 부두노동의 11퍼센트가 사라질 것이라 추산했다. 위원회는 보고 문서를 다음과 같이 쓰며 너무나 다른 두 선택지를 내놓았다.

"선적인들이 바라는 대로 단위적재unit load가 상당한 수준으로 늘어나는 추세에 대처할 방법은 우리가 단위적재 화물을 적극적으로 처리하겠다는 의지 말고는 아무것도 없습니다. 우리는 현재 방침을 고수하면서 게릴라식 저항을 계속해야겠습니까, 아니면 보다 많은 이득을 얻기 위해 유연한 정책을 펼쳐야겠습니까?"[18]

이 보고서는 간부들이 모인 회의 자리에서 주목할 만한 논쟁으로 이어졌다. 조합 내의 간부나 평조합원이 함께 해운 산업에서 일어나는 변화를 처음으로 상세하게 알 수 있는 자리이기도 했다. 당시 현장에 있었던 노동자 기자는 다음과 같이 회상했다.

"기계화 환경에서 모든 부두노동자가 무엇을 할 수 있을지, 일자리와 소득, 여러 가지 혜택과 연금 등을 계속 누릴 수 있을지 등을 놓고 토론하기 시작했다."

팰릿으로 반입되는 화물을 팰릿에서 내렸다가 다시 올리는 노동으로 가장 활발하게 저항하던 로스앤젤레스 및 롱비치 대표들은 가장 강건한 입장을 고수하면서 어떤 타협도 반대한다는 입장을 표명했다. 로스앤젤레스에서 온 한 대표는 이렇게 불평했다.

"어쩌면 우리 지부가 다른 지부보다도 많은 것을 잃겠군."

브리지스의 출신지인 샌프란시스코의 지부에서 온 대표들은 자동화 협상을 지지하면서, 새로운 노동 방식을 무조건 막을 게 아니라 이 방식이 주는 이득을 함께 나눌 생각을 해야 한다는 점을 조합이 분명히 인식하고 지지해야 한다고 주장했다. 토론은 이틀 동안 진행되었다. 그 뒤에 한 구두 투표는 자동화 쟁점을 놓고 비공식적인 협상을 시작하자는 브리지스의 제안을 지지하는 결과가 나왔다. 그리고 11월 19일, 조합은 태평양해운협회에 편지를 보내 새로운 작업 방식과 작업 규칙 철폐에 관해 논의를 시작하자고 했다. 편지에는 다음과 같이 조합의 바람이 담겼다.

"현재 등록된 노동자들을 계속 기본 노동 인력으로 유지해줄 것과 새로운 작업 방식을 도입함으로써 발생하는 비용 절감 효과의 일부분을 노동자들에게 나누어줄 것을 원합니다."[19]

그러나 이번에도 고용자 측 태도는 미적지근했다. 세인트 슈어는 이렇게 설명했다.

"애초에 노동자를 고용할 때 당연히 하기로 약속했던 일을 시키면서 그 일을 해주는 대가로 따로 뇌물을 주는 게 말이 되느냐? 이것이 많은 사람의 생각이다."

긴밀한 협력 관계를 유지하던 브리지스와 세인트 슈어는 자동화 쟁점이 계약 만료 시점인 1958년 6월까지는 도저히 해결할 수 없을 정도로 복잡한 문제인 만큼 우선 계약과 관련해 매우 중요한 한 가지 변화에만 중점을 맞추기로 했다. ILWU는 1934년에 하루 여섯 시간 노동제를 쟁취했었다. 그러나 명문화되지 않은 규칙으로 노동자들 사이 관행처럼 지켜지고 있었다. 즉 여섯 시간 노동이 끝났더라도 선적이나 하역 작업이 끝나지 않았다면 고용주가 작업 중단 지시를 내리지 못하도록 한 것이었다. 비록 계약서는 부두노동자가 채용될 때 최소 네 시간의 급료를 보장했지만, 통상적인 노동시간은 아홉 시간으로 이 가운데 여섯 시간은 정상 작업 시간이었고 세 시간은 50퍼센트 초과근무수당이 지급되는 작업 시간이었다. 브리지스와 세인트 슈어가 1958년에 협상했던 계약은 '여섯 시간 노동제'를 정규직 전일제 근무로 바꾸었다. 이렇게 부두노동자들은 하루 여덟 시간 임금을 기본급으로 보장받을 수 있었다. 하지만 어떤 사람들에게는 도움이 되었지만 어떤 사람들에게는 그렇지 않았다. 150퍼센트 지급되던 초과근무수당이 없어지면서 많은 노동자의 소득이 오히려 줄었기 때문이다. 그래서 ILWU 조합원 중 겨우 56퍼센트만이 계약안 비준에 찬성했다.[20]

맷슨내비게이션이 1959년부터 태평양 연안에서 하와이 구간을 오가는 서비스를 시작하면서 자동화 쟁점에 관한 협상이 시급해졌다. 로스앤젤레스의 부두노동자는 당시를 다음과 같이 회상했다.

"맷슨내비게이션의 화물을 선적하기 위해 제작된 특수 크레인이 있었습니다. 이 크레인을 직접 보거나 혹은 이와 관련한 내용을 ILWU가 발행하던 신문인 〈디스패처Dispatcher〉에서 본 사람들은 앞으로 화물을 싣고 내리는 일이 어떤 식으로 이루어질지 알아차렸지요."

조합 지도부는 4월에 열린 간부 집회에서 "해운 산업에서 급격한 변화가 일어나고 있으므로 앞으로 몇 년 지나지 않아 지금과 완전 다른 모습으로 바뀔 것이다"라고 경고했다. 그러나 태평양해운협회는 일자리가 사라질 위험은 높지 않다고 했다. 세인트 슈어는 1959년 5월에 ILWU와 협상하는 자리에서 이렇게 말했다.

"우리 생각으로는, 지금 노동자가 자동화의 영향을 받는 때는 앞으로 상당한 시간이 더 지나야 하지 않을까 싶네요."

브리지스도 이에 동의했다. 당시 〈디스패처〉의 편집장은 그때를 회상하면서 "해리는 컨테이너화가 그렇게 중요하다고 믿는 눈치가 아니었습니다"고 말했다.[21]

이런 배경 아래에서 고용주들은 1959년에 구체적인 안을 내놓았다.

작업 규칙을 철폐하는 대가로 1958년 기준으로 'A맨'으로 등록된 노동자는 앞으로 몇 년 동안 최소한 1958년 수준의 소득을 보장하겠으며, 본인 의사로 퇴사하거나 은퇴하는 경우 외에 인위적으로 노동자의 수를 줄이는 조치는 취하지 않겠다는 내용이었다. 그러자 조합은 11월에 수정안을 보냈다. 화물 처리 자동화 방식이 도입되면서 작업에 필요한 노동자의 수가 줄어들면, 그만큼의 인·시간당 평균 임금을 계산해 보상금으로 불입해달라는 안이었다. 그런데 문제는 고용자 측이 노동자 기금에 지급할 금액이 얼마나 될지 아무도 모른다는 사실이었다. 하지만 세인트 슈어는 근거도 없이 수치를 정해 노동조합에 제시했다. 1960년 6월 이전에 자동화가 도입되면서 줄어들 노동시간에 대한 보상으로 100만 달러를 노동조합에 주겠다고 했다. 당연한 이야기겠지만 브리지스는 더 많이 달라고 요구하며 150만 달러를 불렀다. 세인트 슈어는 이를 받아들였고 잠정적으로 합의가 이루어졌다. 보상금 150만 달러와 현재의 'A맨'은 해고되지 않는다는 보장을 대가로 노동조합은 작업 방식을 바꿔도 좋다는 데 합의한 것이다. 그러나 이를 둘러싼 협상들은 앞으로도 이어질 터였다.[22]

여러 달에 걸쳐 ILWU 지도부와 태평양해운협회 대표, 두 집단에 있으면서 의견이 다른 여러 분파를 대표하는 사람들 사이에 진지한 연구와 대화가 이어졌다.

1960년 5월 17일에 공식적으로 협상이 재개되었다. 이때 세인트 슈어는 고용주들은 이제 자동화에 관한 잠정적인 합의는 원하지 않으며 완전한 계약에 최종 서명하고 싶다는 입장을 전했다. 조합은 줄어드는 단위 인·시간을 기준으로 보상금을 지급할 것을 다시 한 번 요구했다.

해운사에서는 이미 1959년에 그런 방식을 지지했다. 그러나 그사이 이들의 태도가 바뀌었다. 그들은 노동조합에 작업 현장을 오랜 세월 지배한 작업 규칙을 고정된 가격으로 사들이겠다고 했다. 즉 미래에 발생할 절감에 따른 이익을 장기적으로 노동조합과 나눌 생각이 없다는 뜻이었다. 3일 뒤에 브리지스는 원칙적인 차원에서 이 제안을 받아들였다. 그리고 노동조합은 작업 규칙의 구체적인 매각 금액을 협상 테이블에 올렸다. 4년 동안 연간 500만 달러였다. 이것은 1959년에 행해진 인·시간당 노동을 기준으로 연간 20센트에 해당하는 금액이었다.[23]

수십 차례의 팽팽한 협상이 이어졌고 마침내 1960년 10월 18일에 기념비적인 '기계근대화협정Mechanization and Modernization Agreement'이 체결되었다. 그런데 이 과정이 순조롭지 않았다. 소규모 연안 해운사, 일본 증기선 해운사, 하역 회사 등에서는 수익금 일부를 노동조합 기금에 불입하는 것에 반대한다고 입을 모았다. 조합 측 문제는 더 심각했다. ILWU 샌프란시스코 지부는 맷슨내비게이션의 새로운 컨테이너선인 하와이안시티즌호의 화물을 처리하겠다고 합의했지만, 이 배가 1960년 8월에 로스앤젤레스에 기항했을 때, 즉 기계화 논의가 결정적 국면에 다다른 그 시점에 화물 처리를 거부하고 나섰다. 해운협회는 항구 전체를 폐쇄했다. 여러 해운사도 이웃 항구나 13지부 관할이 아닌 롱비치항으로 배를 돌리겠다고 위협했다. 로스앤젤레스감독위원회는 항구 노동자를 파업권이 없는 공무원 신분으로 만드는 법령을 제정하겠다고 대응했다. ILWU에게는 저주나 다름없는 발상이었다. 브리지스는 어쩔 수 없이 13지부를 엄중하게 단속할 수밖에 없었다. 이렇게 해서 항구와 조합과 해운협회 대표들이 지시받은 작업을 거부하는 사람에게 벌칙을 부과한다는 유례없는 합의에 서명했다. 세인트 슈어와 브리지스는 감독위원회에 함께 출석해 항구에서 일어나는 어떤 노사 문제든 신속하게 처리하는 전업 중재관 제도를 실시하겠다고 약속했다. 로스앤젤레스항의 부두들이 2주 만에 다시 문을 열었지만 ILWU의 지부 간부들과 전국 단위 지도자들 사이의 격렬한 갈등은 해소되지 않았다.[24]

2개월 뒤 기계근대화협정 초안이 ILWU의 10월 간부 회의에 제출되었다. 각 지부 대표단은 그 협정이 한 시대를 끝낸다는 뜻임을 알았다. 핵심 조항은 이랬다.

"협약의 의도는 작업 규칙과 노동자 파견 규칙이 작업에 필요하지 않은 사람을 채용해도 되는 것처럼 해석되지 않도록 하는 것이다."

협정 문안에 '컨테이너'라는 단어는 등장하지 않았지만, 안전하지 않은 작업 조건이나 '매우 힘든' 업무를 요구하지 않는 한 고용자는 모든 유형의 화물을 처리하도록 작업 방법을 바꿀 권리가 있음이 분명히 명시되었다. 그래도 ILWU는 여전히 부두에서 화물을 분류하는 과정에 대한 통제권은 가졌다. 하지만 화물을 가득 실은 컨테이너나 팰릿을 부두 노동자가 비우고 채우는 일을 더는 조합원에게 지시할 수 없었다.

총체적인 유연성을 보장받는 대가로 고용주 측은 연간 500만 달러를 지급하는 데 동의했다. 일부 금액은 퇴직자 지원 자금으로 들어가기로 했는데, 25년 경력의 부두노동자가 65세에 은퇴하면 약 70주의 기본급에 해당하는 7,920달러를 즉시 받고, 따로 ILWU 연금으로 1개월에 100달러씩 받게 되었다. 62세에서 65세의 노동자가 조기 퇴직을 하면 65세까지 1개월에 220달러를 지급받게 되었다.

나머지 돈은 모든 'A맨'이 부두에 나가 일하든 안 하든 일률적으로 주당 35시간 노동에 해당하는 평균 임금을 보장하는 데 쓰일 예정이었다. 한편 협약이 체결된 뒤, 채용된 부두노동자는 이런 보장을 받을 수 없었는데, 노동조합의 대변인의 말을 빌려 설명하면 '그들은 아무것도 포기한 게 없기 때문'이었다.[25]

간부들은 초안이 조합원 투표에 붙여지기 전에 수많은 수정을 요구했다. ILWU 조합원의 3분의 1 이상이 반대표를 던졌다. 샌프란시스코의 유명한 부두노동자 철학자인 에릭 호퍼Eric Hoffer는 이데올로기적인 면에서 분노해 펄펄 뛰었다.

"이 세대는 전 세대가 물려준 작업 조건을 포기하거나 돈을 받고 팔아치울 권리가 없다."

로스앤젤레스의 부두노동자들은 브리지스가 그들 지부의 정당한 저항을 방해했다고 분노했으며 또한 컨테이너 '비우기와 채우기'를 통해 확보했던 노동시간을 포기한 사실에 분노했는데, 세 명 중 두 명꼴로 협정안에 반대했다. 하지만 시애틀 지부와 브리지스의 출신지인 샌프란시스코 지부는 브리지스를 지지했다. 특히 조합원 중 3분의 2 가까이가 45세 이상인 샌프란시스코 지부는 퇴직 관련 조항을 반겼다. 두 지부의 조합원들은 새 계약에 대부분 찬성표를 던졌다.[26]

기계근대화협정은 사방에 놀라움을 안겼다. 충분히 예상했던 첫 번째 결과는 퇴직자 물결이 꼬리를 물고 이어진다는 것이었고, 예상대로였다. 고령 부두노동자들의 은퇴를 장려하는 보상 제도의 영향으로 65세 이상 노동자 수가 1960년에는 831명이었지만 1964년에는 321명으로 줄었으며, 60세에서 65세 사이의 노동자 수도 20퍼센트 감소했다. 그런데 양측의 기대와 다르게 현업 노동자에게 지급하기로 한 소득 보장은 불필요했다. 일거리가 줄어 부두노동자가 남아돌 것이라는 예상과 달리 화물 흐름이 늘어남에 따라 오히려 인력이 부족해졌다. 몇 년 동안 'B맨'에 속해 있던 노동자가 대거 'A맨' 대열로 진입한 시기도 바로 이때였다.[27]

그리고 이 협정은 해운사들이 생산성 향상이라는 기준에서 기대했던 모든 일이 이루어지게 만들었다. 1960년 이전까지 20년 동안 노동생산성은 정체 상태였다. 고용주가 비‖컨테이너화 화물을 처리하는 작업 방식을 바꿀 수 있게 되면서 한 사람이 한 시간에 처리하는 화물의 무게는 5년 만에 41퍼센트 늘어났으며, 전반적 생산성도 (화물 혼합 비율 변화를 고려한 보정 수치로 판단하건대) 8년 만에 두 배로 올랐다. 선적인들도 통조림 상태의 제품, 자루에 담은 쌀이나 밀가루 혹은 이와 비슷한 것들을, 부두노동자가 팰릿을 '비우고 채우는' 데 들어가는 추가 비용을 걱정하지 않고 팰릿에 실어 보낼 수 있었다. 강철 제품도 갑판에서 예전처럼 네 명이나 여섯 명이 달라붙지 않고 두 명이 처리했으며, 면화 뭉치 여섯 개도 3,000파운드(약 1.4톤) 무게의 팰릿 하나에 실어서 보낼 수 있었다. 기계화 이전에는 너무 무거워 불가능했던 포장 단위였지만 가능해진 것이다. 한 사람이 한 시간에 처리하는 설탕도 1960년에서 1963년까지 무게 기준 74퍼센트 증가했다. 목재와 쌀도 각각 53퍼센트와 130퍼센트 늘어났다. 기계근대화협정이 체결되고 3년이 지난 뒤 태평양 연안의 항구들은 이전의 계약이 계속 유지될 경우와 비교해 250만 인·시간이나 적은 노동력이 동원되었다. 이것은 1960년에 이들 항구에서 동원한 전체 노동력의 8퍼센트나 되는 양이었다.[28]

그런데 조합의 예측과 다르게 거대한 생산성은 자동화가 아닌 노동자의 땀의 결과였다. 경제학자 폴 하트만Paul Hartman은 그 기간 동안의 추세를 면밀히 분석한 뒤 이렇게 썼다.

"여러 정황을 보면, 고용주들은 대부분 혁신하거나 새로운 투자를 하기보다 작업 현장의 노동자들을 쥐어짜 물리적인 노동의 양을 늘리는 데 더 많은 노력을 기울였다."

자루는 예전보다 더 커졌고, 줄에 매달아 배로 끌어올리거나 끌어내리는 화물의 무게도 예전에는 2,100파운드(약 1톤)라는 제한이 있었지만 무려 4,000파운드(약 1.8톤)까지 늘어났다. 갑판 아래 선창에서 무거운 화물을 옮겨야 하는 노동자는 한층 더 힘들었다. 줄에 매달아 배로 짐을 올리거나 부두에 내리던 화물의 무게는 오랜 세월 동안 규제를 받았지만 이제는 그런 규제가 사라졌다. 결국 무거운 화물을 감당해야 했던 부두노동자들은 그것을 '브리지스의 화물'이라고 불렀다.[29]

기묘하게도 고용주와 노동조합의 처지가 바뀌었다. 노동조합은 고용주에게 물리적으로 힘든 노동을 기계로 대체하는 기계화를 서둘러 시행하라고 요구했다. 1963년에 해리 브리지스는 협상장에서 고용자 대표에게 말했다.

"우리는 기계화를 의무적으로 이행해야 하는 조건으로 밀고나갈 생각입니다. 이런 일에 힘든 땀을 쏟아야 하는 시대를 끝내야 합니다. 그것이 우리의 목표입니다."

하지만 해운사들은 자동화에 돈을 지출하기를 꺼렸다. ILWU는 갑판과 선창에 기계 장치가 없는 상황에 불만을 제기했다. 결국 다른 산업에서는 유례없는 중재가 한 차례 진행된 뒤 1965년 6월에 고용주들은 지게차와 윈치를 보다 많이 부두노동자에게 지급하라는 명령을 받았다.[30]

1966년 한 해 동안 태평양 연안의 해운 산업 관계자들은 노동자의 조기 퇴직, 사망, 장애에 대한 보상, 대체된 노동자의 임금 보전 등의 명목으로 2,900만 달러의 돈을 기금으로 지급했다. 그럼에도 불구하고 막대한 수익이 남는 투자임이 밝혀졌다. 어떤 추정에 따르면, 기계근대화협정 덕분에 해운사들은 1965년 한 해에만 5,940만 달러를 절약했다. 이것은 해운사가 노동자에게 지급하는 연간 지급액의 12배나 되는 금액이었다. 효율성이 높아지면서 해운사는 엄청난 수익 증가를 선물로 받았는데, 컨테이너가 태평양 연안에서 존재감을 과시하기도 전이었다. 1960년에 태평양 연안 항구들에서 컨테이너가 담당하던 화물의 양은 겨우 1.5퍼센트밖에 되지 않았고, 1963년에도 이 비율은 5퍼센트 미만이었다. 그런데 이런 상태에서 컨테이너가 도입돼 생산성이 예전에는 상상도 할 수 없을 만큼 증가한 효과가 추가로 발생했다. 자동화가 일어나면 일자리가 모두 사라진다고 믿었던 로스앤젤레스항은 누구도 예상하지 못한 호황을 누렸다. 반면 기계근대화협정을 어떤 노동자들보다 지지했음에도 샌프란시스코항은 활기를 잃어갔다.

1960년에 자동화를 놓고 협상을 벌일 때 고용주 측이나 노동자 측 모두 어느 곳도 컨테이너가 어떤 세상을 가져다줄지 알지 못했다. '예상치 않은 결과의 법칙'이 작용한 것이다. 이와 관련해 브리지스도 나중에 다음과 같이 솔직하게 고백했다.

"솔직히 많은 해운사처럼 우리 ILWU도 허를 찔렸습니다."[31]

미국 태평양 연안 항구들이 받아들인 기계근대화협정은 곧바로 캐나다의 태평양 연안 항구들로 확대되었다. 대서양 연안에서는 엄격한 ILA가 이런 자동화 쟁점이 아예 제기되지도 못하게 막았다. ILA는 메인주에서 텍사스주에 이르는 항구의 부두노동자를 대표했다. 그러나 해안선을 따라 남북으로 오르내리며 항구별로 따로 협상을 진행했다. 태평양 연안에서처럼 전체 지역을 아우르는 계약은 없었다. 또한 다른 사람 같았으면 충분히 의심을 받을 수 있는 계약 사항에 대해 해리 브리지스처럼 조합원들의 지지를 이끌어낼 신뢰받는 지도자도 없었다. 그러나 ILA 본부는 산하 지부의 지도자들에 제한적인 영향력밖에 행사하지 못했고, 덕분에 산하 지부들의 지도자들은 마음껏 할 수 있었다. 그래서 칼럼니스트인 머레이 켐프턴Murray Kempton은 ILA를 가리켜 〈뉴욕포스트New York Post〉에서 "그저 무정부주의적 노동조합일 뿐"이라고 썼다.[32]

1953년부터 1963년까지 ILA를 대표했던 윌리엄 브래들리는 뉴욕 항에서 예인선을 몰던 때부터 '선장'으로 불리던 성정이 온화한 사람이었다. 그는 1953년에 전임 대표 조셉 라이언Joseph Ryan이 부패 혐의 때문에 ILA의 대표직에서 물러날 때 대표가 되었다. 단 한 번도 부두에서 일한 적이 없던 그는 브루클린과 맨해튼의 부두노동자들 사이에서는 거의 신뢰를 얻지 못했다. 휴스턴과 사반나의 부두노동자들로부터는 말할 것도 없었다. 1961년, 계약 내용을 엄격하게 지킬 것과 21명 단위의 작업조를 현상대로 유지할 것을 주장하던 반대파들이 앤서니 아나스타샤의 브루클린 1814지부의 요직을 꿰찼다. 그리고 다음 해에 협상이 진행되던 와중에 아나스타샤는 자기 지부를 ILA에서 탈퇴시키고 고용주들과의 협상을 독자적으로 진행하려고 나섰다. 브래들리는 공식적으로는 ILA의 조직 담당 책임자이자 부대표이던 '테디' 글리슨에게 의존해 고용주들과의 관계뿐만 아니라 조직 내 분열을 정리하려고 했다.

글리슨은 한때 고용주에게 임명받아 부두 감독관을 지낸 인물이었지만, 부두노동자의 피가 흐르고 있었다. 그의 아버지와 할아버지가 부두노동자였으며, 그와 그의 12남매 모두 로어 맨해튼에 있는 여러 부두에서 몇 블록 떨어지지 않은 곳에서 성장했다. 하지만 그도 부두에서 하던 일은 화물의 수량을 세던 검수원이었지 육체 노동자가 아니었다. 그래서 동료 조합원이던 아일랜드인들은 글리슨이 조합을 잘 이끌어나갈 만큼 충분히 거칠다고 생각하지 않았다. 부두에서 일하던 또 다른 주요 인종 집단인 이탈리아인과 흑인도 또 한 명의 아일랜드계 미국인을 조합의 지도자로 인정해야 할지 갈등했다. 협상에 임하는 대표가 자동화와 같은 뜨거운 쟁점을 놓고 고용자들을 상대로 진전을 이끌어낼 수 있는 환경이 아니었던 셈이다.[33]

조합 내부의 갈등은 난감한 경제적 현실에 뿌리를 두고 있었다. 비록 항구는 크게 보면 활기를 띠었지만 맨해튼의 부두들은 그렇지 않았다. 맨해튼에 있던 직업소개소 다섯 군데를 통해 채용된 노동자 수는 1957~1958년에서 1961~1962년까지 20퍼센트나 떨어졌다. 같은 기간 동안 브루클린과 뉴저지에서 채용된 노동자 수가 증가한 사실과는 분명 대조적이었다. 월드트레이드센터 건립이 예정되어 있었지만 도시 재개발 사업들이 추진되면 부두는 모두 사라질 판이었다. 게다가 허드슨강 연안의 교통 혼잡 때문에 새롭게 컨테이너화가 진행되기도 어려웠다. 반면 브루클린의 부두노동자들은 적어도 가까운 미래에 직업을 잃을 전망은 없었다. 필라델피아항과 보스턴항을 포함한 많은 항에서 컨테이너 운용이 아직 시작도 되지 않았기 때문이다. 따라서 이런 지부들의 지도자들은 컨테이너 운용이 시급한 문제가 아니었다. 지부마다 상황이 다르다 보니 지부 지도자마다도 다른 견해를 가질 수밖에 없었다. 따라서 ILA는 컨테이너라는 쟁점에 같은 견해로 접근하기 어려웠다.[34]

1960년에 중재자들은 잠정적으로 타협안을 냈다. 일자리는 보호하고 고용주들이 컨테이너와 기계를 무제한으로 사용할 수 있도록 허용하며, 컨테이너로 얻은 수익 일부를 조합 기금으로 조성한다는 내용이었다. 이 타협은 큰 문제가 되지 않아 장차 수익금으로 발생할 돈을 관리할 수익금위원회Royalty Board가 만들어졌다. 그러나 1960년부터 1961년까지의 불황기 동안 항구로 유입되는 화물량이 줄었다. 이는 조합으로 들어오는 수익을 거의 기대할 수 없다는 뜻이었다. 글리슨은 해운사들이 선적인들에게 화물을 컨테이너가 아닌 팰릿으로 포장하도록 권장함으로써 수익금 지급을 피하려 한다고 주장했다. 1961년에 그는 "이것은 현재의 합의 및 수익금 사업을 명백하게 위반하는 사항"이라고 항의했다. 같은 해 12월의 부두노동자 총 노동시간은 전년도보다 4퍼센트 줄어들었고, 1956년 12월보다 무려 20퍼센트나 감소했다. 하지만 일거리가 줄어든 사람들에게 지급되는 보상금은 여전히 한 푼도 없었다.[35]

그러므로 1962년에 계약 협상이 시작되던 시점에 자동화라는 시대의 흐름 앞에서 직업 안정성은 노동조합의 압도적인 관심사였다. 그러나 직업 보장 형태는 지역마다 다르게 나타났다. 뉴욕 지부장 프랭크 필드는 ILA가 항구 전체를 대상으로 하는 연공서열 체제 확보를 목적으로 협상해야 한다고 요구했다. 그가 관리하는 로어 맨해튼의 858부두 지부에서는 일감이 말라가고 있었는데, 전통적인 방식의 연공서열 체제에서는 퇴출당한 부두노동자가 다른 부두에서 쉽게 일자리를 구할 수 없었기 때문이다. 그러나 다른 지부들의 지도자들은 필드의 조합원에게 자기 지부의 일자리를 내주고 싶은 마음이 전혀 없었다.[36]

이런 내부 분열이 뚜렷하게 드러난 상황에서 ILA는 1962년에 본격적으로 계약 협상을 시작했다. 조합은 어떤 종류든 미리 포장된 화물을 처리하는 뉴욕항의 모든 부두노동자가 추가로 한 시간에 2달러씩 더 받을 것과 모든 컨테이너는 1톤당 2달러씩 떼서 수익금 펀드에 넣을 것을 요구했다. 그러자 컨테이너의 영향을 거의 받지 않던 브루클린에서는 아나스타샤가 조합이 내건 조건이 우스꽝스럽다면서 공개적으로 비판했으며, 다시 한 번 더 ILA에서 탈퇴하겠다고 위협했다.

해운협회도 조합의 요구를 묵살하는 한편, 해운사들이 다른 화물은 16명으로 구성된 작업조가 처리하되, 컨테이너는 여덟 명으로 구성된 작업조가 처리해줄 것과 크레인 기사는 조합원이 아닌 사람을 고용한다는 조항을 제안했다. 이 제안은 항구에 있는 전체 560개의 작업조를 염두에 둘 때 ILA로서는 받아들이기 어려운 엄청난 변화였다. 경제 자문관이던 월터 아이젠버그Walter Eisenberg는 글리슨에게 고용자들의 제안을 받아들이면 컨테이너 화물량이 운송 시장의 지배량을 높일 것이며 고용자들은 계약 기간 3년 동안 1억 800만 달러~1억 4,400만 달러를 절약할 것이라 압박했다. 노동조합은 이 돈이 조합원들에게 귀속되어야 옳다고 생각했지만, 고용자들은 많은 노동자가 일도 하지 않은 채 거저 이익을 얻는다고 생각했다. 연방 정부 차원에서 조정 작업이 있었지만 대화는 진전을 보이지 않았다. 일자리를 없애는 내용이라면 어떤 계약에도 서명할 수 없을 만큼 글리슨의 정치력이 부족했기 때문이다. 그는 성난 조

합원을 달래기 위해 "브리지스처럼 일자리를 팔아넘기지는 않을 것"이라고 맹세했다.[37]

태평양 연안 항구들이 채택한 기계근대화협정과 같은 안을 받아들일 준비는 양쪽 모두 되어 있지 않았다. 연방 정부의 고위 인사 측이 보다 못해 압박에 나서자 중재자들이 개입했다. ILA와 뉴욕해운협회에 일단 1년 계약을 체결하고 자동화와 직업 안정성은 추후 함께 연구하는 것이 어떠냐는 내용의 중재안이었다. 해운협회는 마지못해 받아들였지만 ILA는 파업에 들어가 1962년 9월 말에 항구 전체를 폐쇄했다. 케네디 대통령은 조합원들에게 작업 현장으로 돌아가 8일 동안 냉각기간을 가질 것을 명령하고 교수 세 명을 보내 분쟁 내용을 조사하게 했다. 세 교수들도 1개월 전의 연방 중재관들처럼 노사 간의 협력 연구를 제안했다. 고용주들은 노동조합이 해가 끝나기 전에 파업을 중단한다면 받아들일 수 있다고 했다. ILA는 장기적으로 볼 때 일자리를 위협할 게 뻔한 연구 따위는 원하지 않았다. 결국에는 고용주들이 노동자들에게 은퇴 조건으로 돈을 지불함으로써 인력 감축을 진행할 것이라는 중재자들의 이야기에 글리슨은 발끈해 10월 말에 이렇게 말했다.

"우리는 돈을 받고 일자리를 팔고 싶지 않다. 태평양 연안에서는 자기 조합원을 팔았지만 이곳 대서양과 멕시코만 연안에서는 그런 짓을 하지 않는다."

결국 교수들도 두 손을 들고 물러났다. 1962년 크리스마스 2일 전, 냉각기간이 끝나자 노동자들은 다시 파업을 시작했다.[38]

케네디는 다시 세 명을 중재자로 임명했다. 노동 문제 중재관으로 활동한 경험이 있는 공화당 상원의원 웨인 모스Wayne Morse와 하버드대학교 비즈니스스쿨 교수 제임스 힐리^{James Healy} 그리고 뉴욕의 노동 변호사 시어도어 킬^{Theodore Kheel}이었다. 파업이 재개된 지 1개월이 되던 시점인 1963년 1월 20일, 세 사람은 제안 내용을 발표했다.

ILA는 대폭적인 임금 인상과 복지 확대를 골자로 하는 1년 기간의 계약을 체결할 것, 노동부 장관은 직업 안정성 문제를 연구해 권고 사항을 정리할 것, 두 가지였다. 그리고 나중에 ILA와 해운협회가 권고 사항을 수정·보완하는 작업을 하되, 만일 실패하면 중립적인 이사회를 만들어 이 작업을 한다는 내용까지 포함되어 있었다. 겉으로만 보자면 ILA에 유리한 계획 같았다. 따로 생산성을 높여야 한다는 전제도 없이 대폭적인 임금 인상과 복지 확대를 보장하니 그럴 수밖에 없었다. 하지만 글리슨은 반대했고, 나중에야 태도를 바꿔 수용 의사를 밝혔다. 해운협회는 완강히 거부했지만 어쩔 수 없었다. ILA는 싸움에서 이겼다고 생각했고 조합원들은 현장으로 돌아갔다.

겉으로만 보면 ILA의 승리 같았지만 사실은 아니었다. 중재 내용은 ILA에 대한 경고로도 읽힐 수 있었다.

"우리는 (…) 노동력 활용의 조건이 뚜렷이 개선되지 않는 한, 손실을 보면서 노동자들이 받는 임금과 혜택을 지금처럼 보장한다면 이 산업이 더는 지탱할 수 없다는 사실을 강조하고자 한다."

만일 ILA가 계속 컨테이너 화물 처리를 하지 않고 버틴다면 정부가 직접 개입할 의지와 준비가 되어 있다는 뜻이었다.³⁹

노동부가 그해 내내 항구 자동화를 연구하는 동안 ILA는 또 다른 내분에 휩싸였다. 공식적으로는 부대표이지만 실질적으로 조합 내에서 가장 강력한 인물이던 글리슨이 브래들리를 조합장 자리에서 쫓아내려 했다. 명목상으로만 대표인 브래들리는 글리슨이 자동화 문제를 놓고 '하지 않아도 될 파업'을 했다며 비난했다. 글리슨은 당시만 해도 널리 알려진 인물은 아니었지만, 그를 비판하는 조합원들조차 브래들리보다 강력한 힘을 가진 존재가 필요함을 인정했다. 결국 ILA는 총회를 열었다. 그리고 명예대표라는 직함을 만들어 브래들리를 그 자리로 쫓아냈다. 맨해튼 지부의 지도자 존 바우어스John Bowers가 투표를 통해 글리슨의 자리를 승계해 모빌에 있는 흑인 지부의 수장이 되었다. 그리고 글리슨이 대표가 되면서 ILA는 아일랜드계 미국인 지배 아래 컨테이너를 둘러싼 현안에 부딪치게 됐다.

글리슨이 명실상부 대표가 된 사실은 협상 환경을 바꾸었으며 뉴욕시의 침체도 협상 환경을 변화시켰다. 1963년에는 뉴욕항 전체 화물에서 컨테이너가 차지하는 비율이 처음으로 10퍼센트를 넘었다. 또 뉴욕시의 부두 사업에 심혈을 기울인 와그너 시장이 퇴임 준비를 하는 상황에서, 컨테이너 쟁점을 해결하는 문제는 뉴욕항 일대를 관리하던 ILA에게 긴급한 사안으로 대두되었다. 1964년 6월에 열린 ILA 남부 지부 연합 총회에서 자동화가 조합을 파괴할 것이라는 두려움이 팽배했다. 그러나 노동부가 7월 초 뉴욕항 연구를 중단했을 때, 글리슨은 "이제는 이 산업이 연봉을 보장할 정도로 성숙해졌을 것이다"라는 의외의 반응을 보였다.[40]

1964년 계약 협상은 이례적일 정도로 고용주가 조합을 회유하는 부드러운 분위기 속에 진행되었다. 뉴욕해운협회는 노동부 보고서가 강력하게 권고한 내용처럼 예전보다 규모가 작은 작업조를 편성할 것과 작업 배정에서 고용주가 한층 높은 유연성을 발휘하길 바랐다. 대신 그 대가로 연금 상승, 조기 퇴직 보장, 고용된 부두노동자의 여덟 시간 노동, 퇴직자 해고수당 지급, 정규직 부두노동자의 연간 소득을 보장하겠다고 제시했다. 그러나 ILA가 작업조 규모에서는 어떤 양보도 없다면서 거부하자, 다시 연방 정부의 중재관들이 나섰다.

1964년 1월에 존슨 대통령에게 임명된 중재관들은 고용주들에게 작업 성과가 높은 부두노동자의 소득 보장을 촉구했다. 대신 노동자를 이 창구에서 저 창구로, 이 업무에서 저 업무로 이동하는 권한을 ILA가 아닌 고용주들이 가지도록 했다. 그리고 일반화물을 처리하는 작업조의 규모를 1967년까지 17명으로 맞출 것을 ILA에 촉구했다. 글리슨은 작업조의 규모를 줄이는 문제는 양보할 생각이 있었지만, 노동자에게 종류가 다른 직무를 맡길 수 있도록 하자는 내용은 받아들일 수 없었다. 이들은 상대적으로 힘이 덜 드는 일자리가 사라질지도 모른다는 두려움을 느꼈다. 그래서 글리슨은 극단적 상황을 바라지 않았지만 다시 파업을 이끌 수밖에 없었다. 이렇게 해서 1964년 9월에 다시 파업이 시작되었다.[41]

존슨 정부로서는 인플레이션을 유발하는 노사 문제가 점점 더 무거운 짐이 됐다. 결국 정부는 부두노동자들에게 파업을 관두고 현업 복귀를 명령하는 한편, 80일 간의 냉각기간을 정했다. ILA와 해운협회는 이번에는 진심을 터놓고 협상을 진행했다. 노동조합은 임금 인상과 3일의 추가 유급휴가, 기존에 연 3주이던 휴가를 4주로 늘리는 안건 등을 포함한 복지 혜택을 보장받는 대가로 컨테이너를 포함한 모든 종류의 화물을 다루는 작업조 규모를 1967년까지 17명으로 축소하는 데 합의했다. 그리고 1966년부터 뉴욕항의 고용주들은 노동조합으로 귀속될 수익금을 계산해 항구를 통과하는 모든 컨테이너에 일정 금액씩 떼기로 했다.

이 수익금으로 조성한 기금은 자격을 갖춘 부두노동자가 직업소개소에 출석하는 한, 즉 이들의 고용 여부와 상관없이 연간 1,600시간에 해당하는 임금을 보장하는 데 사용하기로 합의했다. '연간보장소득^{Guaranteed Annual Income}'은 해당 노동자가 퇴직 연령에 도달할 때까지 지급하며, 해고돼 부두를 떠나는 노동자에게 지급하는 해고수당으로 삼기로 했다. 노동조합의 홍보 전단은 새로운 계약 체결이 가져다줄 엄청난 변화들을 다음과 같이 요약했다.

"이 합의로 우리는 불안한 일용직 생활에서 벗어나 안정적으로 보장된 생활을 누릴 것이다."[42]

그러나 ILA의 일은 늘 그랬듯 순탄하게 풀리지 않았다. 냉각기간이 끝나는 시점인 크리스마스 직전에 볼티모어항, 갤버스턴항, 뉴욕항에서 살쾡이파업이 일어났다. 그리고 1965년 1월 8일에 ILA 뉴욕 조합원들이 비밀 회합을 가졌다. 그들은 연간보장소득 등을 포함해 노동조합 지도부가 새로 이끌어낸 합의안을 거부함으로써, 지도부를 충격으로 몰아넣었다. 글리슨은 재투표 일정을 잡았다. 그러나 홍보 회사를 선정하지 못한 바람에, 글리슨이 직접 라디오 방송국에 출연해 새롭게 합의한 계약 내용을 설명했다. 기본적으로 보안과 비밀이 중요한 입장인 조합의 수장으로는 이례적인 일이었다.

두 번째 투표가 실시되었고 뉴욕 조합원들은 찬성표를 던졌다. 그런데 바로 다음 날 볼티모어 조합원들이 반대표를 던졌다. 필라델피아에서 별건으로 노사분쟁이 일어났고, 이어 남부의 대부분 항구에서 역시별건의 동맹 파업이 일어났다. 1965년 3월, 뉴욕과 볼티모어에서는 연간보장소득을 확정하는 새로운 계약이 체결되었다. 이 두 항구에서 컨테이너화로 나아가는 길은 분명했다. 그러나 태평양 연안과 멕시코만 연안의 다른 도시 대부분에서는 컨테이너화가 아직 시작되지 않은 상태였다.[43]

▥

태평양 연안에서의 기계근대화협정 그리고 북대서양 연안에서의 연간보장소득은 미국의 기업 역사 속 노동 협정 중에서도 독특한 계약이었으며 많은 논쟁의 중심이었다. 이 둘은 자동화 때문에 인간의 노동이 사라지는 현상을 놓고 깊은 토론이 이루어졌던 시대의 산물이었다. 미국 정부, 특히 노동부는 자동화에 영향받는 노동자를 지원할 방법을 찾기 위해 자동화가 노동 현장에 미치는 영향을 탐구하는 연구를 수행했다. 또 미국자동화·고용재단American Foundation on Automation and Employment과 같은 기관들은 많은 참고 자료를 수집했다. 케네디 대통령은 1962년에 이 문제를 직접 언급하기도 했다.

"자동화가 인간을 대체하는 시기에 자국 내 완전 고용을 유지하는 일은 지금 1960년대에 우리 미국이 해결해야 할 중요한 국가적 과제라고 생각합니다."[44]

노동조합처럼 조직된 노동자 집단에게 자동화는 가장 주목받는 뜨거운 쟁점이었다. 설문에 응답한 노동 지도자의 3분의 2가 자동화가 조합이 가장 심각하게 바라보는 사항이라고 답변했다. 자동화를 두고 "이 사회의 저주로 빠르게 자리를 잡아가고 있다"고 미국노동총연맹·산업별조합회의의 초대 회장 조지 미니George Meany가 1963년에 열린 연간총회에서 말했다. 기계가 인간의 힘을 대신하는 현상은 노동조합을 위협하고,

오랜 세월에 걸쳐 형성된 관할권의 경계를 희미하게 만들며, 공장 노동자의 수를 줄여 노사 간 협상에 소요되는 비용을 높였다. 노동자는 일자리를 잃고 쫓겨나게 생겼으니 여간 심각한 일이 아니었다. 1960년대의 많은 노동자는 기본적인 읽기 능력 및 수리 능력이 부족했으며, 학력 수준도 낮아 재교육과 관련된 여러 가지 문제가 생겼다. 당시 미국에서 제조업 분야 공장에서 일하던 노동자들 중 절반은 중학교 수준의 학력이었다.[45]

각 노동조합과 고용주들은 자기 나름의 방식대로 자동화 문제의 해결책을 찾으려고 고심했다. 1963년에 뉴욕의 전기 기술자들은 노동일을 늘리기 위해 하루 다섯 시간 노동을 놓고 고용주와 협상했다. 또 미국자동차노동조합United Auto Workers은 '유연노동주일flexible workweek'을 제안했다. 실업률이 특정한 기준 아래로 떨어지면 주간 노동시간을 48시간으로 올리고, 실업률이 높아지면 일자리를 지키기 위해 주간 노동시간을 40시간 아래로 내리겠다는 것이었다. 자동차 회사는 이를 거부했다가 결국 제안을 받아들여 노동자가 정리해고를 당한 뒤에도 소득을 계속 보상받을 수 있는 기금을 조성했다.

항공비행사협회Airline Navigators' Association는 트랜스월드에어라인스Trans World Airlines를 상대로 선불 현금 지급, 3년간 해고수당, 추가 의료보험 혜택을 받는 대신, 일자리 축소를 합의했다. 그 밖에 미국광산노동조합United Mine Workers, 미국인쇄노동조합International Typographical Union, 국제여성피복노동조합International Ladies Garment Workers Union, 미국뮤지션연맹American Federation Of Musicians 등도 모두 고용주가 자동화를 추구하자 회원들을 보호하기 위한 계약 협상에 나섰다.[46]

태평양 연안과 대서양 연안에서 이루어진 부두노동자의 합의는 이런 관심사들을 처리하는 모범 사례로 비추어졌다. 하지만 이 합의가 모든 문제를 다 해결하지는 못했다. ILWU에서 오랜 기간 동안 비서 겸 회계 책임자로 일했던 루이스 골드블래트는 1978년에 이렇게 주장했다.

"노동조합은 도가 지나칠 정도로 많은 것을 포기했다. 해운 현장에 있는 모든 일을 자기 것으로 되찾는 것은 본질적으로 조합에게 주어진 권한이었지만 그렇게 하지 못했다."

컨테이너 터미널들이 기존 부두에서 다른 곳으로 옮겨감에 따라 터미널에 대한 노동조합의 통제권을 두고 많은 투쟁이 일어났다. 대서양 연안 및 태평양 연안에서 트럭 운전사 조합인 팀스터스조합이 부두에서 짐을 싣고 내리는 일이 부두노동자의 몫임을 명시하는 노동계약을 거부했다. 이 문제는 소송으로까지 번졌다가 팀스터스조합의 승리로 끝났다. 그러나 컨테이너를 실은 바지선을 통째로 운송하는 선박은 노사 관계에 새로운 과제를 던졌다. 또한 컨테이너 운항을 점차 컴퓨터로 통제할 해운사와 사무직 노동자를 대표하는 노동조합은 수십 년에 걸친 분쟁의 원천이 될 터였다.[47]

그러나 많은 부두노동자에게는 오랜 세월 동안 생활 속에서 형성한 부두노동자의 문화가 사라지면서 생긴 변화가 더 심각한 문제였다. 해외로 나가는 브레이크벌크선에서 화물을 적재하는 기술에 관한 지식과 노하우가 가치를 잃어버렸다. 연공서열이 높은 덕에 상대적으로 힘이 더 드는 선창이 아니라 덜 드는 갑판에서 일하는 나이 많은 노동자들은, 작업조의 인원이 점점 더 줄어들면서 갑판에서 하는 일도 결코 예전처럼 쉽지 않다는 사실을 깨달아야 했다. 예전에는 아버지가 부두노동자면 아들은 쉽게 부두노동자가 될 수 있었다. 위험하고 힘든 일이지만 벌이가 괜찮은 직업을 가질 수 있었다. 그러나 일감 자체가 줄어들면서 이런 권한과 기회도 사라지고 있었다. 부두노동자 가족은 안정적인 소득을 보장받았기에 거친 바닷가 생활을 접고 안락한 도시 근교로 이사를 갈 수 있었다. 이는 결과적으로, 부두노동자의 계급적 단결을 해치는 일이었다. 하나의 작업조로 묶여 함께 일하던 시절, 사람들은 일하고 싶으면 일하러 가고 낚시하고 싶으면 언제든 낚시하러 갈 수 있었던 시절은 이제 다시는 돌아올 수 없었다. 예전에는 노동자 개개인이 누구의 통제도 받지 않고 일을 할지 말지 독립적으로 결정했었다. 그 자유롭던 일자리는 비록 임금은 많이 주지만 사람을 옭아매는 족쇄로 바뀌었다. 이런 맥락에서 뉴욕항 부두노동자 피터 벨Peter Bell은 "저 사람들이 지금 부두노동자 일자리를 공장에서 일하는 노동자의 일자리로 만들고 있단 말이야"라고 불평했다. ILWU 신문의 편집장이던 시드니 로저Sidney Roger도 이에 동의했다.

"수도 없이 많은 사람이 이런 이야기를 하는 걸 들었다. '예전에는 부두에서 일하는 게 재미있었는데 지금은 재미있지 않아. 재미는 가버렸고, 지루할 뿐이야'라고……그 재미는 다른 사람들과 함께 일하는 것, 바로 동지애였거든."[48]

이런 불만에도 불구하고, 부두노동자 조합들이 자동화를 상대로 끈질기게 저항함으로써, 기업이 혁신을 해 노동자의 일자리가 없어지더라도 노동자는 마땅히 인간적인 처우를 받아야 한다는 원칙이 세워진 것 같다. 그러나 결국 이 원칙은 미국 경제의 지극히 적은 부분에서만 인정되었으며, 법률로 끝내 명시되지 않았다. 다만 서로 뚜렷하게 대비되는 부두노동자 조합의 두 지도자 테디 글리슨과 해리 브리지스가 여러 해에 걸쳐 협상하고 이끌어낸 타협안 덕분에 성과는 있었다. 바로 자동화로 이득을 본 고용주들은, 싫어도 어쩔 수 없이 이득의 일부분을 자동화 때문에 일자리를 잃은 노동자에게 나누어주었다는 매우 특이한 선례였다.[49]

7장

세계화를 연
표준 설정

THE BOX

1950년대 말이 되면 컨테이너는 운송업계에서
단연 화제의 중심이었다. 트럭 회사도 철도 회사도 컨테이너를 날랐다.
팬애틀랜틱의 시랜드서비스는 컨테이너를 배로 날랐다. 미군은 컨테이
너를 유럽으로 보냈다. 그러나 '컨테이너'라는 개념은, 이 말을 하는 사
람들마다 모두 다르게 생각했다. 유럽에서 컨테이너는 보통 목재 상자에
강철로 보강한 컨테이너로, 높이는 4피트(약 1.2미터)~5피트(약 1.5미터)
였다. 그리고 군대에서는 길이가 약 8.5피트이고, 높이가 6피트 10.5인
치(약 2.1미터)로 군인 가족의 가정용품을 운송하는 데 사용하는 강철 상
자인 이른바 '코넥스 박스'를 주로 가리켰다. 또 어떤 컨테이너들은 크레
인으로 고리를 걸어 옮기도록 설계되었지만, 어떤 컨테이너들은 지게차
로 옮기도록 바닥에 홈이 파여 있었다. 뉴욕의 제조업체 마린스틸^{Marine}
^{Steel Corporation}은 30가지가 넘는 컨테이너 모델을 선전했는데, 이들 중에 길

이 15피트(약 4.6미터)에 옆면마다 문을 단 컨테이너도 있었고, 틀은 강철로 만들었지만 폭이 약 1.4미터인 옆면은 베니어판으로 만들어 중앙아메리카의 싸구려 잡화점으로 운송되던 컨테이너도 있었다.

1959년에 이루어진 조사에 따르면, 당시 민간이 운송 용도로 소유하던 컨테이너는 모두 5만 8,000개였다. 이 가운데 4만 3,000개는 바닥 면적이 8제곱피트(약 0.7제곱미터) 이하였지만, 주로 시랜드서비스와 맷슨내비게이션이 사용했던 나머지 1만 5,000개는 바닥의 한 변 길이가 8피트(약 2.4미터)보다 길었다.[1]

이런 다양성이 컨테이너화가 싹을 틔우고 성장하는 것을 가로막았다. 예를 들어, 어느 운송 회사의 컨테이너가 다른 운송 회사의 배나 철도 화차에 딱 맞게 설계되어 있지 않다면 많은 컨테이너를 보유해도 그만큼 많은 효율을 보장받을 수 없었다. 수출업체는 상품을 컨테이너에 실을 때 신중해야 했는데 그렇게 화물을 담아도 문제가 있을 수 있었다. 동일한 목적지로 가는 다른 해운사 소속 화물선의 출항일이 일찍 잡혀 있어도 화물선의 적재 컨테이너 규격이 달라 실을 수 없다면, 출항일이 늦은 다른 화물선을 이용할 수밖에 없었다. 유럽의 철도 컨테이너는 대서양을 건너 미국으로 들어올 수 없었다. 미국의 트럭과 철도가 규격이 다른 유럽 컨테이너를 운송할 수 없었기 때문이다. 또 미국의 여러 철도 회사는 서로 호환되지 않는 컨테이너를 사용했다. 그래서 뉴욕센트럴 소속 화차에 실린 컨테이너는 미주리퍼시픽 소속 화차에 곧바로 옮겨 실을 수 없었다. 컨테이너 사용이 보편화되면서 각 해운사는 아무리 자기가 운송하는 컨테이너 화물의 양이 미미하고 컨테이너를 실은 화물선이 드나드는 횟수가 적어도 모든 항구마다 자신의 부두와 크레인이 있어야 했다. 다른 회사의 장비로는 자사의 컨테이너를 처리할 수 없었기 때문이다. 이런 사정을 고려할 때 컨테이너의 형태와 크기가 수십 가지씩 된다면 화물운송에 들어가는 총비용은 줄어들 수 없었다.

미국해양청Maritime Administration은 1958년에 컨테이너 도입 초에 벌어진 무질서를 바로잡기로 결정했다. 해양청은 당시 두각을 나타내던 정부 기관이 아니었지만, 해양 산업에 관한 한 막강한 권한을 가지고 있었다. 해양청과 해양청의 자매기관이던 연방해사위원회는 선박 건조 보조금을 지원했고, 미국 국적의 배를 통해서만 정부가 발주한 화물을 운송하도록 관리했다. 또한 국제 화물 노선에도 보조금을 지원했고, 미국의 항구들 사이를 오가는 화물은 미국 국적의 배를 미국인 승무원이 몰아야 한다고 규정한 존스법을 집행한 강력한 기관이었다.

그런데 컨테이너의 규격이 제각각인 상황은 정부의 재정 위험성까지 높였다. 어떤 해운사가 해양청의 지원금을 받아 자사의 규격에 맞는 컨테이너를 운송하는 배를 건조했다고 가정하자. 이 해운사가 재정적인 문제에 봉착하면 해양청은 모두가 인수를 꺼리는 이 회사의 배를 울며 겨자 먹기로 떠안으며 손실을 감수할 수밖에 없었다. 이에 따라 공동 표준을 설정하고자 한 해양청의 계획을 해군이 지지하고 나섰다. 해군은 전쟁이 발발할 경우 민간 선박을 징발할 권한을 가지고 있었다. 각 해운사가 서로 호환될 수 없는 컨테이너 체계를 가지고 있으면 전쟁 시 보급에 상당한 문제가 생길 터였다. 마침 상황이 긴박하게 돌아갔다. 여러 해운사가 컨테이너선을 건조하면서 보조금을 신청했다. 공동 표준을 시급하게 설정하지 않으면 각 컨테이너선은 규격이 저마다 다른 컨테이너를 염두에 두고 제작할 판이었다. 1958년 6월에 해양청은 전문가들로 구성된 두 위원회를 소집했다. 하나는 컨테이너 크기에 관한 표준을 제시하기 위한 위원회였고, 또 하나는 컨테이너 구조를 연구하기 위한 위원회였다.

사실 두 위원회가 맞닥뜨린 문제는 새삼스러운 것이 아니었다. 철도 업계에서도 표준화 과정이 한 차례 있었다. 철로의 두 레일 사이의 거리를 궤간軌間, gauge이라고 하는데, 19세기에는 북아메리카 철도 회사들의 궤간이 제각각이었다. 영국 철도 회사 그레이트웨스턴레일웨이Great Western Railway는 궤간이 7피트(약 2.1미터)였는데 이 회사의 기차는 영국에서 가장 흔하던 4피트 8.5인치(약 1.4미터)의 궤간 철로를 달릴 수 없었다. 스페인에서도 궤간은 3피트 3.3인치(약 0.9미터)~5피트 6인치(약 1.7미터)에 이르기까지 다양했으며, 호주에서는 여러 궤간이 사용돼 20세기에 들어와서야 장거리 철로 수송이 가능해졌다. 많은 경우에 궤간 선택은 임의로 이루어졌다. 심지어 철도 회사들이 교차역에서 경쟁 철도 회사에 자기 화물을 빼앗기지 않으려고 궤간을 다르게 설정하기도 했다. 펜실베이니아레일로드는 남북전쟁이 끝난 뒤 오하이오와 뉴저지에 있던 다른 철도 회사들을 인수하고 그 회사들의 궤간을 기존의 자기 궤간 규격으로 통일했다. 1850년대에 프러시아가 네덜란드에 철로 연결을 제안했을 때, 네덜란드에서 자국 내의 철도 궤간을 좁혀 기차가 암스테르담에서 베를린까지 곧바로 달릴 수 있도록 했다.[2]

철도 선례는 정부가 명령을 내리고 강제하지 않아도 해운사들도 결국에는 컨테이너 체계가 호환될 수 있도록 규격을 통일할 것임을 암시했다. 그러나 반드시 그렇지 않을 수도 있었다. 철도에서 '표준'이 된 궤간은 특정한 기술적 우월성이 불러온 게 아니었으며, 어떤 것이 표준으로 선정돼도 그 선택이 경제적 편익을 동반하지 않는다는 뜻이었다. 또 철로의 폭에 따라 화차의 설계가 달라지거나 화차의 적재량이 달라지는 것도 아니고 화차들을 기관차에 연결하는 데 걸리는 시간이 바뀌는 것도 아니었다. 그러나 컨테이너 운송은 이야기가 달랐다. 각 업체가 자기만의 특정한 형태와 규격의 컨테이너를 선택한 데는 그럴 수밖에 없던 강력한 이유가 있었다. 최초의 컨테이너선을 보유했던 해운사인 팬애틀랜틱은 35피트 컨테이너를 사용했다. 본부가 있던 뉴저지항으로 향하는 고속도로에서 규정한 최대 길이에 맞춰 35피트라는 규격을 선택한 것이다. 하지만 이 규격의 컨테이너는 맷슨내비게이션이 다루던 화물 중 단일 품목에서 가장 규모가 큰 파인애플 통조림을 운송하기에는 효율적이지 않았다. 이 크기의 컨테이너에 파인애플 통조림을 가득 싣는다면 너무 무거워 크레인으로 들어 올릴 수 없었다. 그래서 맷슨내비게이션은 철저한 연구 끝에 24피트 컨테이너를 선택했다. 한편 베네수엘라로 운송 서비스를 계획하던 해운사 그레이스라인은 남아메리카의 험악한 산악 도로를 고려해 길이가 한층 더 짧은 17피트짜리 컨테이너를 선택했다. 또한 바닥에 작은 구멍이 뚫려 있도록 설계해 컨테이너를 지게차로 옮길 수 있게 했다. 반면, 팬애틀랜틱과 맷슨내비게이션은 처음부터 이런 생각을 하지 않았기에 컨테이너에 그런 구멍을 만들지 않았다. 두 회사는 컨테이너를 크레인으로 들어 올릴 수 있도록 하는 장치인 모서리쇠corner fitting(컨테이너의 하역·겹쳐 쌓기·결박 등을 위해 컨테이너 모서리부에 설치된 쇠붙이—옮긴이)가 배에서 빠른 속도로 짐을 싣고 내리는 작업을 하는 데는 최적이라고 판단했던 것이다. 이처럼 해운사들은 기존의 표준에 맞출 경우 자사만의 환경에 적합하지 않다고 생각하기 때문에

저마다 다른 크기와 형태를 고집해 사용하고 있었다.[3]

그리고 철도 궤간 표준화와 컨테이너 표준화에는 두 가지 중요한 차이가 있었다. 하나는 파급력의 범위였다. 궤간은 오로지 철도에만 영향을 미쳤지만, 컨테이너 설계는 해운사뿐만 아니라 철도 회사와 트럭 회사 심지어 독자적으로 자기 설비를 가지고 있는 선적인, 즉 상품 제작업체에게도 영향이 있었다. 다른 하나는 시기였다. 철로가 부설되고 수십 년이 지난 다음에야 궤간의 차이가 매우 심각한 문제로 제기된 데 비해 컨테이너 운송은 완전히 새로운 것이었다. 이 산업이 성장하기 전에 표준 설정을 밀어붙이는 일은 위험했다. 나중에 심각한 문제가 밝혀질 수 있는 표준으로 모든 관련 업체를 꼼짝달싹하지 못하게 옭아맬 수도 있었다. 경제적으로도 1958년에 시작된 표준화 과정이 과연 바람직한가 하는 점에는 모든 사람이 고개를 저을 수 있었다. 만일 당시의 정부 기관들이 비용편익 분석을 당연한 절차로 삼았다면, 컨테이너 표준화의 지난한 과정은 아예 처음부터 시작되지도 않았을 것이다.[4]

해양청이 소집한 두 전문 위원회가 1958년 11월에 하루 차이로 연달아 첫 회의를 열었다. 그러나 두 위원회에서는 앞서 언급한 우려들을 고려하지 않았다. 심지어 1958년에 컨테이너를 운용하던 단 두 회사인 팬애틀랜틱과 맷슨내비게이션은 정부로부터 화물선 건조 관련 보조금을 받고 있지 않다는 이유로 컨테이너의 표준을 설정하는 과정에 참여하라는 제안조차 받지 않았다. 첫 단추부터 잘못 꿰어진 셈이었다.

곧바로 논란이 생겼다. 많은 토론이 이루어진 뒤에 컨테이너 크기를 다루는 위원회는 유일한 표준이 되는 단 하나의 크기가 아닌 여러 개, 즉 '집단family'으로 특정하기로 합의했다. 컨테이너의 폭은 8피트가 되어야 한다고 만장일치로 정했다. 당시 유럽 기차들은 폭이 7피트 이상 되는 화물을 실을 수 없었다. 그러나 위원회는 '외국의 관행도 점차 우리의 표준에 맞춰서 조정될 것이라는 기대'를 가지고, 표준 설정의 기본 방침을 국내 상황에 맞췄다. 그다음에 위원회가 결정해야 할 부분은 컨테이너의 높이였다. 어떤 위원들은 8피트를 선호했다. 그런데 의결권은 없고 발언권만 있던 트럭운송업계 대표가 8.5피트 높이의 컨테이너를 강력하게 제안했는데, 고객들이 더욱 많은 화물을 컨테이너에 실을 수 있을 뿐만 아니라 지게차가 컨테이너 안으로 들어가 작업할 수도 있다는 이유였다. 결국 위원회는 컨테이너는 높이가 8.5피트를 초과해서는 안 되지만 그 미만은 괜찮다고 정리했다. 그런데 길이는 높이보다 한층 더 뜨거운 쟁점이었다. 당시 사용하는 제작 컨테이너의 길이가 제각각이라는 사실은 컨테이너 운용과 관련해 심각한 문제들을 제기했다. 길이가 짧은 컨테이너를 긴 컨테이너 위에 쌓을 수는 있었지만, 긴 컨테이너의 모서리 네 군데에 설치된 강철 기둥이 위에 쌓인 컨테이너의 하중을 버티지 못할 수 있었다. 아래 컨테이너가 위에 있는 컨테이너의 하중을 버티려면, 모서리 부분뿐만 아니라 옆면에 강철 기둥을 붙이거나 두껍게 설계해 하중을 견딜 수 있도록 해야 했다. 그러나 기둥을 보다 많이 설치하거나 옆면을 두껍게 만들 경우, 컨테이너의 자체 무게가 늘어나고 내부 적재공간이 줄어들어 컨테이너의 활용도가 떨어지고 제작비도 비싸게 들었다. 그래서 길이 표준 설정은 일단 보류되었다.[5]

해양청이 소집한 또 다른 위원회는 구조에 초점을 맞추어 활동했는데, 이 위원회는 화물을 최대로 실었을 때의 무게를 가장 중요한 과제로 설정했다. 무게 제한은 핵심적인 요소였다. 컨테이너를 들어 올릴 크레인에 필요한 인상력Lifting Power과 층층이 쌓인 컨테이너 중 맨 아래의 컨테이너가 견딜 수 있는 하중을 결정하는 것은 컨테이너의 무게 제한이기 때문이었다. 그러나 빈 컨테이너 무게는 크레인이나 배 혹은 트럭에 영향을 전혀 주지 않을 터였고, 그래서 위원회는 빈 컨테이너에 대해서는 따로 규정을 정하지 않았다. 모서리 기둥의 힘, 문의 설계 그리고 크레인의 컨테이너를 들어 올릴 때 컨테이너와 연결되는 장치인 모서리쇠 등과 관련된 표준화 등의 여러 복잡한 쟁점은 나중에 논의하기로 했다.[6]

그런데 해양청이 만든 두 위원회에는 경쟁자가 있었다. 바로 유서 깊은 미국규격협회American Standards Association였다. 민간 기업의 지원을 받는 단체인 미국규격협회는 표준 설정을 담당했다. 예를 들면 나사 날의 크기나 석고벽 건축의 관련 기준 등이었다. 표준을 정하는 일은 반드시 필요하긴 해도 지루하기 짝이 없는 과정이었다. 미국규격협회 산하 위원회의 엔지니어들은 대개 기술 관련 보고서들을 읽고 관련 회사들의 견해와 이해관계를 청취한 다음, 최종적으로 개별 회사들이 원하면 얼마든지 지킬 수 있는 표준안을 추천했다. 컨테이너 문제도 미국규격협회의 관심사였고, 이 문제를 다루기 위해 화물취급5분과위원회Materials Handling Sectional Committee 5 (이하 5분과 위원회-옮긴이)를 구성했다. 5분과위원회는 하부에 몇 개의 소위원회를 구성했는데, 이 소위원회들에게 '국내외의 서로 다른 화물선들이 컨테이너를 교환하며 또 팰릿 컨테이너들과 화물 컨테이너들이 호환할 수 있는' 조건의 구체적 수치들을 개발하는 과제가 주어졌다.[7]

5분과위원회가 가장 먼저 한 행동은 해양청의 두 위원회에게 활동을 접으라고 요청하는 것이었다. 해양 산업이 단독으로 표준화에 대한 결정을 내려서는 안 된다는 이유였다. 인접한 산업들까지 표준화 과정에 참여해야 하며, 표준 설정이 궁극적으로 전 세계에서 통용되려면 외국 기관이나 단체도 함께해야 한다고 주장했다. 그런데 해양청의 두 위원회는 10년 이상 걸릴 수도 있는 과정을 끈기 있게 기다릴 수 없었다. 이들은 1959년 겨울까지 최대 중량, 크레인을 들어 올리는 방법, 강철 기둥을 모서리 부분뿐만 아니라 컨테이너 벽면에 8피트마다 강철 기둥을 박을 때의 장점과 단점 등을 두고 토론을 거듭했다. 5분과위원회 산하 소위원회들도 (한 사람이 여러 소위원회에 소속되기도 했다) 같은 주제로 연구를 거듭했다. 그리고 이 소위원회들은 신속히 어떤 합의점에 도달했다. 현재 사용되거나 사용되려는 모든 쌍의 컨테이너들, 즉 12피트와 24피트, 17피트와 35피트, 20피트와 40피트 컨테이너들을 '표준'으로 인정해야 한다는 것이었다. 소위원회들은 10피트짜리 하나는 기각했다. 너무 작아 효율성이 떨어진다고 여겼는데 아닌 게 아니라 이 컨테이너는 계획된 적도 없었다.[8]

　　5분과위원회는 트레일러 제작 회사, 트럭 회사, 철도 회사가 지배하고 있었다. 이해관계자들은 컨테이너 크기가 빨리 결정되길 바랐다. 일단 표준이 결정되면 국내 컨테이너 사용률이 급성장할 것이라 기대했기 때문이었다. 그들은 세부 사항들을 심각하게 보지 않았다. 트럭 회사나 철도 회사는 주 법률이 정하는 범위 안에 모든 길이 및 무게를 수용할 수 있었다. 그러나 해양청이 조직한 두 위원회에 영향력이 있는 해양 분야 관계자들은 세부 사항에 관한 걱정이 컸다. 27피트(약 8.2미터) 컨테이너를 적재하도록 설계한 셀들을 갖춘 배는 35피트짜리 컨테이너를 적재할 수 있도록 개조하는 일이 쉽지 않았다. 당시 컨테이너를 운송하던 대부분 배들은 특정 크기의 컨테이너를 다루도록 설계된 갑판 크레인이 있었는데, 표준이 바뀌면 크레인도 개조해야 했다. 또 컨테이너가 너무 크면 그 안을 가득 채울 화물을 찾기가 쉽지 않다는 단점이 있었다. 반대로 너무 작으면 동일한 중량의 화물을 처리할 때 상대적으로 크레인이 더 많이 배에서 부두로, 부두에서 배로 움직여야 해 시간을 포함한 비용이 많이 들었다. 몇몇 해운사는 나중에 '비표준'으로 분류되기라도 하면 무용지물이 될 컨테이너 및 관련 시설에 엄청나게 많은 돈을 투자하기도 했다. 그래서 해운업계의 기업 간부들은 '비표준' 판정을 받아 해양청이 재정적인 지원을 거부하거나, 더 나아가 정부 발주 화물을 주지 않을 수 있음을 걱정했다. 길이 15피트에 높이 6피트 10인치(약 2.1미터)짜리 컨테이너를 브레이크벌크선에 실어 푸에르토리코로 운송하던 불인슐라라인은, 자기들은 컨테이너를 다른 해운사와 교환할 생각이 전혀 없으니 아무 문제가 없다면서 자사 컨테이너를 비표준으로 떨어뜨리지 말라고 사정했다. 다른 해운사들도 컨테이너 산업이 성숙해질 때 시장이 알아서 정리할 수 있기를 촉구했다.

1959년 4월, 해양청 산하의 컨테이너 크기를 따지는 위원회는 5분과위원회 산하 소위원회가 제시한 컨테이너 여섯 개의 길이 '표준'을 검토한 뒤 내부적으로 의견이 갈렸다. 5분과위원회의 표준에 대한 찬성 여부를 묻는 투표가 이루어졌고, 결과는 찬성이었다. 어떤 표준이든 서둘러서 표준을 정하겠다는 해양청의 의지에서 비롯한 결과였다.[9]

해양청의 위원회는 높이에 대한 생각도 바꾸었다. 전년도 11월에 위원회는 8.5피트를 컨테이너 높이의 최고 허용치로 정하기 위해 투표했지만, 8피트로 수정했다. 이는 8.5피트 높이의 컨테이너는 몇몇 주의 고속도로 제한 높이를 넘을 수 있다는 우려 때문이었다. 만일 그렇다면 컨테이너를 표준 트레일러 위에 얹어 트럭으로 운송할 수 없었다. 그러나 팬애틀랜틱과 맷슨내비게이션이 특수 설계해 제작한 섀시를 끄는 트럭은 상관없었다. 높이 제한을 조금 더 낮출 경우 해운사는 손해를 보지만 트럭 회사는 이득을 볼 수 있었다. 길이는 같은데 높이가 8피트인 컨테이너는 높이가 8.5피트인 컨테이너보다 컨테이너 한 개당 화물을 6퍼센트 적게 싣기 때문이다. 이런 사실은 선적인에게도 당연히 덜 매력적이었다. 높이 표준도 길이 표준과 마찬가지로 위원회 내부에서 의견이 팽팽하게 갈렸지만, 결국 정부의 의지대로 8피트로 결정되었다. 새로운 표준을 놓고 검증 작업에 들어갔다. 검증을 실시한 기업은 대니얼 K. 루드위그Daniel K. Ludwig's의 아메리칸하와이안스팀십American-Hawaiian Steamship Company이었다. 이 회사는 길이 30피트 길이의 컨테이너를 운송하는 배를 건조하고자 했다. 그러나 연방해사위원회는 비표준화 컨테이너에 연방 정부 차원의 지원을 하지 않았다. 그래서 아메리칸하와이안스팀십은 위원회에 30피트 길이의 컨테이너를 '표준'으로 선언하길 요청했다. 그러나 위원회는 3대 2로 요청을 기각했다. 연방 정부의 지원은 없었고 배는 여전히 건조 중이었다.[10]

해양청 산하에서 컨테이너의 구조 및 다른 장치와의 연결을 연구하는 위원회는 컨테이너 크기를 결정하는 소위원회와 비교할 때 비교적 매끄럽게 진행되었다. 화물을 가득 실은 컨테이너 여섯 개를 층층이 쌓을 때 맨 아래의 컨테이너는 자기 위의 컨테이너 다섯 개 무게를 견딜 수 있어야 하며, 벽이 아니라 모서리 기둥 네 개로 무게를 지탱하도록 해야 한다는 데 위원들은 금방 동의했다. 그리고 모든 컨테이너는 윗면 모서리에 장착된 모서리쇠로 스프레더 바나 갈고리에 연결되어 위에서 들 수 있게 설계했다. 윗면에 고리를 달아 갈고리로 들어 올릴 수도 있었다. 의무 사항은 아니었지만 아래쪽에 구멍(포켓)을 만들어 지게차가 들게 하도록 하기도 했다. 이런 결정들은 엔지니어들이 새로운 컨테이너를 설계할 때 기본 기준이 되었다. 위원회는 배에 여러 가지 크기의 강철 셀들을 갖추도록 설계해 다양한 크기의 컨테이너를 실을 수 있도록 하라고 권고했다. 해양청의 두 위원회는 여기까지 한 다음 추가 회의 일정을 잡지 않았다.[11]

그런데 표준 분야에 또 하나의 기관이 들어왔다. 군수품을 처리하는 회사를 대표하는 국방수송협회National Defense Transportation Association였다. 이 단체도 컨테이너의 크기를 연구하는 일을 수행 과제로 삼았다. 주요 발의자는 유나이티드스테이츠프레이트United States Freight Company를 세운 모리스 포가시Morris Forgash라는 성격 급한 기업가였다. 그는 이곳저곳의 선적인들에게 받은 소규모 화물을 트럭 트레일러나 컨테이너에 넣고 철도를 이용하는 대륙 횡단 운송 사업을 했다. 20년 만에 유나이티드스테이츠는 한 해 매출액이 1억 7,500만 달러나 되는 거대한 기업으로 성장했다. 거침없는 기업가인 포가시는 연구위원회를 조직해 서둘러 결론을 내라고 다그쳤다. 그리고 1959년 늦여름 무렵에 위원회는 '표준' 컨테이너는 길이가 20피트나 40피트, 폭과 높이가 8피트여야 한다는 결론을 만장일치로 내렸다. 5분과위원회와 해양청 산하의 두 위원회가 승인했던 다른 길이의 컨테이너나 일부 트럭 회사나 대부분의 해운사가 지지했던 8.5피트 높이의 컨테이너로는 군수품 화물을 실을 수 없었다. 포가시의 위원회가 이런 결정을 내릴 수 있었던 것은 해운 산업 관계자가 단 한 명도 그 위원회에 없었기 때문이다. 하지만 문제될 게 없었다. 개별 회사가 아무리 표준과 다른 규격을 선호해도 결국에는 통일성이라는 대의에 굴복할 수밖에 없다고 포가시는 단언했다.

"설령 목표에 늦게 도착하더라도 우리는 반드시 목표가 있어야 한다. 그렇지 않으면 아무리 각자 주장을 열심히 하더라도 결국 모두가 진부함에 따라잡히고 말 것이다."[12]

5분과위원회 산하의 소위원회들과 해양청 산하의 크기 담당 위원회가 '표준' 컨테이너 크기를 제시했고 국방수송협회가 또 다른 '표준'을 제시한 상황이 되자, 미국규격협회에서는 자기가 지지하는 안이 공식적인 표준으로 선정되도록 사람들의 온갖 권모술수가 난무하기 시작했다. 미국규격협회의 통상적인 절차에 따르면, 소위원회가 1959년 2월에 추천한 여섯 개의 길이를 '표준' 컨테이너 길이로 선정하기 위한 투표가 진행되어야 했다. 그러기 위해 이 내용이 모든 회원 단체·기업에게 발송되었겠지만, 일이 진행되지 않았다. 대신 미국규격협회 내부자들이 추천 내용을 바꾸기 위한 작업에 들어갔다.

1959년 9월 16일에 컨테이너 크기 소위원회 전담반이 모임을 가졌다. 위원장이던 E. B. 오그던^{E.B. Ogden}은 컨테이너의 길이를 재검토하는 것이 좋겠다고 말했다. 동부 지역의 주州들은 단 두 곳을 빼고 모두 40피트 길이의 트레일러를 허용하고 있었다. 따라서 35피트를 최대로 규정했던 길이 제한이 의미가 없어졌다고 오그던은 밝혔다. 서부 지역에서는 여덟 개 주가 길이 제한을 느슨하게 풀어 트럭 한 대가 길이 24피트짜리 트레일러 하나가 아니라 길이 27피트짜리 트레일러 두 개를 끌 수 있도록 허용한 상황이었다. 미국 최대의 트럭 회사이던 콘솔리데이트프레이트웨이즈Consolidated Freightways를 운영하던 오그던은 27피트 길이의 컨테이너를 서부 지역을 위한 지역 표준으로 승인할 것을 촉구했다. 물론 트럭 회사의 비용을 줄여주기 위한 요구였다.

그런데 전체 5분과위원회 의장이던 허버트 홀Herbert Hall이 개입했다. 홀은 알루미늄 소재의 얇은 판으로 컨테이너를 만들던 회사 알코아Alcoa에 다니다가 은퇴한 엔지니어였다. 그는 2년 전인 1957년에 엔지니어링협회에서 컨테이너 표준화와 관련된 발표를 해, 컨테이너 표준화 논의 및 실천이 실질적으로 진행될 수 있도록 영향을 준 인물이기도 했다. 그는 컨테이너 사용에 따른 경제 효과에 대해서는 아는 바가 없었지만, '컨테이너의 크기와 관련된 수학적인 관계'라는 발상에 매료되어 있었다(그는 '수학적인 관계'를 '숫자들'이라고 표현했다). 그는 컨테이너의 길이는 10피트, 20피트, 30피트, 40피트로 만들 때 선택의 폭이 넓어진다고 믿었다. 누구나 자사 제품을 컨테이너에 담아 보낼 때 40피트짜리 컨테이너를 선택해 많은 공간을 남겨 보내기보다 자기가 보낼 화물의 크기에 가장 적당하게 맞는 컨테이너를 선택할 터였다. 40피트짜리 컨테이너를 운송하는 장비를 갖춘 트럭은 20피트짜리 컨테이너 두 개를 실을 수도 있었고(정확하게 말하면, 20피트가 아니라 19피트 10.5인치 길이의 컨테이너다. 그래야 두 개를 이어서 실을 때 40피트 공간에 딱 들어맞는다), 아니면 20피트짜리 컨테이너 하나와 10피트짜리 컨테이너 두 개를 실을 수도 있었다. 기차와 배도 이와 같은 방식으로 보다 작은 컨테이너들의 조합을 활용할 수 있었다. 홀이 이런 생각을 가지고 열정적으로 설명했지만 철도 회사나 선박 회사들은 고개를 저었다. 왜냐하면, 10피트짜리 컨테이너 네 개를 처리할 때는 40피트짜리 컨테이너 한 개를 처리할 때보다 비용이 네 배나 들어가기 때문이었다. 홀은 컨테이너 크기 소위원회 전담반에, 미국규격협회의 상급 의결 기관인 표준검토이사회Standards Review Board는 전담반이 어떤 안을 제시하든 승인할 수밖에 없음을 상기시키는 한편, 그럼에도 불구하고 5분과위원회 소위원회가 제시했던 12피트, 17피트, 24피트 그리고 35피트 컨테이너는 승인하지 않을 것이라고 의견을 밝혔다. 이렇게 홀이 강력하게 주장하고 설득한 끝에 10피트와 20피트 그리고 40피트 길이가 즉각적으로 전담반의 승인을 받았다. 다른 길이는 '컨테이너의 표준 길이' 목록에서 삭제되었다. 이 추천안은 서부 지역을 위한 특별 크기인 27피트 및 컨테이너 제작에 필요한 여러 표준과 함께 미국규격협회 회원들이 찬반 투표를 할 수 있도록 1959년 말에 발송되었다.[13]

홀이 세우고자 했던 표준은 운송 분야에서 매우 깊은 의미가 있다. 당시 사용하거나 설계한 어떤 배나 컨테이너도 미래의 컨테이너 체계에는 맞지 않았다. 팬애틀랜틱과 맷슨내비게이션은 원치 않는 선택에 맞닥뜨려야만 했다. 만일 10피트와 20피트 그리고 40피트 길이의 컨테이너만 승인될 경우, 수천만 달러의 투자를 대손상각 처리(채권의 회수가 불가능할 때, 회계상 손실로 처리하는 것-옮긴이)해야 했다. 그것도 이 투자의 거의 대부분이 지난 2년 동안에 이루어진 것인데 말이다. 뿐만 아니라, 앞으로는 자기들의 사용 목적에 효율적이지 않는 크기로 컨테이너를 바꾸어야 하는 부담까지 져야 했다. 만일 두 회사가 정부가 제안한 규격을 표준으로 채용하기를 거부한다면 선박 건조 지원금을 받을 수도 없었고, 다른 경쟁 해운사들만 정부의 지원금을 받으며 '표준' 컨테이너선을 건조할 것이었다. 컨테이너화 후발 주자들이 이득을 보고 개척자는 손해를 볼 판이었다. 다른 회사들도 의견이 제각각이었으며, 투표권이 있던 회사들 중 12개 업체 이상이 의견을 모으지 못했다. 제안되었던 27피트 길이의 지역 표준 컨테이너는 부결되었다. 그러나 홀이 추천했던 '모듈식' 길이 규격은 많은 회사가 찬성이나 반대가 아닌 기권을 선택했다.[14]

상황이 더욱 혼란스러워지자 홀은 재투표를 진행했다. 이번에는 컨테이너 구조에 관한 질문은 투표 대상에서 빠지고 단 하나만 물었다.

"우리 협회는 컨테이너 크기와 관련해 폭 8피트에 높이 8피트, 길이는 10피트, 20피트, 30피트, 40피트의 표준 규격을 설정해야 하는가?"

그런데 30피트 길이의 컨테이너는 전담반이나 여러 소위원회에서 논의되지 않았던 사안이었음에도 홀이 제안 내용에 추가했다. '규칙적으로 제시된 여러 컨테이너 크기와 적재량들 사이의 상관관계'를 드러내기 위해서였다. 이 제안이 비좁은 도시의 거리로 거대한 컨테이너를 운송해야 하는 데 큰 부담을 느끼던 유럽인에게 상당히 매력적으로 받아졌다는 사실은 또 하나의 성공이고 성과였다. 하지만 많은 증기선 조직이나 단체가 내부적으로 의견이 정리되지 않았다는 이유로 다시 기권했다. 해양청은 한 번 더 그 안건을 지지했다. 투표 결과는 발표되지 않았지만, 홀은 의장 직권으로 10피트의 배수로 나가는 컨테이너 길이 제안이 충분한 지지를 얻었다고 의결했다.

이렇게 1961년 4월에 길이 10피트, 20피트, 30피트 그리고 40피트의 컨테이너가 다른 규격은 허용하지 않는, 배타적인 표본으로 공표되었다. 연방해사위원회는 이 규격에 맞게 설계되는 컨테이너선에는 건조

지원금을 지급할 것이라고 즉각 발표했다.[15]

░░░░░

하지만 표준을 둘러싼 전쟁은 결코 끝나지 않았다. 사실 거의 시작도
하지 않은 셈이었다. 미국의 촉구로 당시 37개국이 회원국으로 참여하
던 국제표준화기구International Organization for Standardization, ISO는 컨테이너를 연구
하는 데 동의했다. 당시 국제무역에서는 크기가 매우 작은 컨테이너들
만 주로 쓰였지만, 상대적으로 큰 컨테이너들도 점차 사용되기 시작했
다. 이런 상황에서 표준 설정과 관련된 ISO의 이 연구 사업은 기업들이
대규모 투자 전, 세계적 차원에서 컨테이너와 관련된 지침을 마련하자
는 취지였다. 11개국에서 온 대표들과 15개국 이상에서 온 참관인들이
1961년 9월 뉴욕에 모여 논의를 시작했다. 그런데 참석자들은 대부분
해당 국가의 정부에서 임명한 사람들이었는데, 미국 대표만 예외적으로
미국규격협회에서 나온 사람이었다. 그리고 미국 대표가 회의 소집자
자격으로 의장석에 앉았다.[16]

ISO는 어떤 제품을 어떻게 제작해야 하는가 하는 점이 아니라 이 제
품이 어떤 성능을 발휘해야 하는가에 초점을 맞추어 판단했다. 이것은
ISO의 104기술위원회Technical Committee 104, TC104가 컨테이너 구조의 세부 사
항보다 컨테이너가 쉽게 호환되는 데 초점을 맞춘다는 뜻이었다. 이렇
게 함으로써 TC104 기술위원회는 유럽에서 강세를 보이는 강철 컨테
이너 지지자들과 미국에서 보편적인 알루미늄 컨테이너 지지자들 사이
에 벌어질 수밖에 없는 지루한 공방을 피할 수 있었다. 알루미늄이나 강

철 사이 어떤 하나를 표준으로 정할 생각은 처음부터 없다는 뜻이었다. TC104는 세 개의 실무단을 만든 다음에 작업을 시작했다. 나중에 알게 되지만 매우 느리게 진행될 과정의 첫걸음이었고, 이 과정에는 이해관계자들 다수가 참여했다. 한편 미국규격협회의 5분과위원회 소위원회는 미국 내의 다른 컨테이너 규격들과 관련된 사항을 계속 연구했다. 이들은 자기들이 연구하고 동의를 이끌어낼 내용이 ISO에 승인을 받으면 좋겠다는 기대를 가지고 있었음은 물론이다. 미국 운송업계의 선도적인 엔지니어의 상당수는 ISO와 미국규격협회, 두 연구 집단에 동시에 소속되어 있었다.[17]

이렇게 미국에서 3년이라는 시간을 잡아먹은 컨테이너 규격 관련 논쟁은 국제적으로도 반복되었다. 1962년을 기준으로, 그때까지 유럽의 많은 국가가 상대적으로 규모가 큰 컨테이너를 미국보다 더 많이 허용하고 있었다. 따라서 높이와 폭이 각각 8피트이고 길이가 10피트, 20피트, 30피트 혹은 40피트면 된다는 미국의 새로운 컨테이너 규격 제안은 국제 수준에서 기술적으로는 아무런 장애가 없었다. 그러나 경제적으로 어떤 편익과 손해가 발생하느냐는 별개였다. 유럽 대륙의 다수 철도 회사가 40피트 길이에 72.5세제곱미터 용적의 컨테이너보다는 8~10세제곱미터 용적의 훨씬 작은 컨테이너를 소유하고 있었다. 유럽인들은 자기 컨테이너가 표준으로 설정되기를 바랐다. 그러나 영국과 일본 그리고 북아메리카의 대표들은 모두 반대했다. 유럽의 컨테이너들은 폭이 8피트보다 조금 더 컸기 때문이다. 마침내 1963년 4월에 타협안이 나왔다. 유럽의 철도 회사들이 가지고 있는 컨테이너와 미국의 5피트와 6.66피트 컨테이너를 포함한 상대적으로 작은 컨테이너들은 이른바 '시리즈 2' 컨테이너로 인정했다. 1964년에 이 작은 컨테이너들은 길이 10피트, 20피트, 30피트 그리고 40피트 컨테이너와 함께 ISO 표준으로 공식적으로 채택되었다. 해운사들 중 컨테이너선을 앞서 운영하던 두 회사인 시랜드서비스(이때 이미 회사명은 팬애틀랜틱에서 시랜드서비스로 바뀌어 있었다)와 맷슨내비게이션이 단 하나도 갖고 있지 않던 컨테이너 규격이 새로운 표준이 된 것이다.[18]

━━━━

ISO의 한 집단이 컨테이너의 규격에 관한 결론을 내는 동안 다른 전문가 집단들은 컨테이너의 내구성과 관련된 사항들 및 크레인 등의 장치로 컨테이너를 들어 올릴 때 필요한 여러 표준을 연구했다. 북아메리카와 유럽 모두 작은 컨테이너들은 흔히 지게차로 운반했으며, 몇몇 컨테이너들은 부두노동자나 철도노동자가 윈치에 연결된 갈고리를 넣을 수 있게 윗면에 구멍이 뚫려 있었다. 그러나 북아메리카에서 사용하던 상대적으로 큰 컨테이너는 여덟 개 모서리에 강철 주조물인 접합 장치가 컨테이너 기둥에 용접되어 있었다. 이 접합 장치인 모서리쇠에는 구멍이 몇 개 있는데, 이 구멍들을 연결점으로 삼아 컨테이너를 들어 올리거나 섀시에 결합하거나 또 다른 컨테이너와 연결할 수 있었다. 이 모서리쇠는 만들기도 쉬워 1961년 가격으로 하나 만드는 데 약 5달러의 비용이 들었다.[19]

그런데 문제는 구멍에 딱 들어맞는 인양 장치와 잠금장치였다. 첫 번째 주자였던 팬애틀랜틱은 자기가 개발한 특수 체계를 특허 신청했다.

260

원뿔형의 돌출부가 모서리쇠의 타원형 구멍으로 미끄러져 들어가 연결하려는 양쪽이 맞물리도록 하는 방식이었다. 따라서 컨테이너 두 개를 하나로 연결할 때는 핸들을 간단하게 비트는 작업만으로 잠금장치를 쉽게 잠그거나 풀 수 있었다. 팬애틀랜틱은 자기가 개발한 장치를 무단으로 사용하면 소송할 것이라 으름장을 놓으면서, 다른 해운사들과 트레일러 제작자들이 그들만의 방식으로 개발하도록 압박했다. 이것은 컨테이너 규격이 아무리 표준화되더라도 시랜드서비스의 크레인은 그레이스라인의 컨테이너를 들어 올릴 수 없으며 또 시랜드서비스의 컨테이너는 맷슨내비게이션의 섀시에 올려놓을 수 없다는 뜻이었다. 또 여러 해운사의 컨테이너를 운송해야 하는 철도 회사들로서는 제각기 다른 컨테이너를 모두 화차에 실으려면 한 해운사의 컨테이너에만 맞는 게 아니고 모든 해운사의 컨테이너에 맞는 매우 복잡한 설비를 갖추어야 한다는 뜻이었다. 그러므로 모서리쇠 표준에 합의하는 일은 컨테이너가 쉽게 호환될 수 있도록 하는 데 가장 시급하고도 중요한 과제였다. 그런데 모든 회사가 자기만의 접합 장치를 고집하는 데는 나름대로의 경제적인 이유가 있다는 게 문제였다. 어느 회사가 기존 방식을 버리고 새로운 표준을 따를 때, 이 회사는 자사의 모든 컨테이너에 새로운 접합 장치를 달고 인양 장치 및 잠금장치도 새로 구입해야 하며, 심지어 특허 사용료까지 지불해야 했으니까 말이다.

5분과위원회의 한 전담반이 1961년에 기존의 모든 모서리쇠와 호환하는 새로운 디자인을 개발하려고 노력했지만 실패했다. 결국 특허권을 가지고 있는 기존의 어떤 모서리쇠가 미국의 표준에 적합한가 하는 문제를 풀어야 했다. 이 질문에 홀은 1961년 12월에 열린 5분과위원회 회의에서 "널리 사용하는 모서리쇠를 적정한 사용료를 지불하고 사용할 수 있다면 얼마든지 표준화할 수 있다"는 대답을 내놓았다. 전담반의 책임자는 키스 탠틀링거였다. 그는 1955년에 말콤 맥린의 의뢰를 받아서 시랜드서비스 컨테이너의 접합 장치인 모서리쇠를 설계했던 바로 그 사람이었다. 탠틀링거는 당시 프뤼하우프트레일러^{Fruehauf Trailer Company}의 수석 엔지니어였는데 자사에서 최근에 설계한 방식의 접합 장치를 누구나 무료로 사용할 수 있도록 하겠다고 제안했다. 강철 소재의 돌출부가 모서리쇠에 나 있는 구멍 안으로 미끄러져 들어가면 핀으로 고정시켜 해당 컨테이너를 다른 컨테이너나 크레인과 결합하는 방식이었다. 그런데 경쟁사 스트릭트레일러스^{Strick Trailers}가 반대하고 나섰다. 프뤼하우프트레일러의 설계는 두 컨테이너를 연결하는 데는 적합하지 않으며, 실제 유용성이 입증되지도 않았다는 게 반대 이유였다. 그러나 스트릭트레일러스가 가지고 있던 설계는 특허권 분쟁에 휘말려 있었으며 표준 방식의 후보로 제출될 수도 없었다. 한편 내셔널캐스팅스^{National Castings Company}는 어떤 표준이든 표준이 자기 체제와 맞지 않으면 소송을 제기할 것이라고 위협했다. 이 회사의 잠금장치는 돌출부가 모서리쇠의 구멍을 통과하는 순간, 돌출부가 양쪽으로 분리돼 연결하려는 두 컨테이너가 맞물리도록 하는 방식이었다.

이런 여러 방식의 기술적 차이점들은 해운사들 입장에서는 매우 중요했다. 컨테이너선은 고도로 자본집약적이며, 따라서 사업의 성공 여부는 배가 항구에 정박해 있는 시간을 얼마나 줄일 것이며, 배가 실제 운항하는 시간을 얼마나 길게 확보하면서 매출을 얼마나 많이 창출할 것인가였다. 그러므로 해운사들은 컨테이너를 들어 올리는 크레인의 돌출 장치가 컨테이너의 모서리쇠에 나 있는 구멍 속으로 들어가 자리를 잡는 '조임 상태'에 특히 관심을 가질 수밖에 없었다. 이 조임이 느슨하다면 컨테이너를 들어 올리는 크레인 기사는 단 한 번에 끝낼 수 있는 일을 두세 번 시도해야 했다. 시간은 그만큼 지체될 터였다. 맷슨내비게이션의 수석 엔지니어 레슬리 할랜더는 만일 잠금장치의 조임 상태에 문제가 있어 크레인으로 컨테이너를 들어 올리는 데 걸리는 시간이 단 1초 지체될 경우 자사는 1년에 배 한 척당 4,000달러의 손실이 발생할 것이라 계산했다. 결국 소위원회는 온종일 토론한 끝에 프뤼하우프트레일러의 설계안을 놓고 투표에 붙였다. 의견은 심각하게 갈렸다. 표준 설정을 지지하는 목소리가 여전히 없었다.[20]

1962년 내내 회의가 몇 차례 더 진행되었지만 진전은 없었다. 그러다 5분과위원회의 간사로 활동하던 엔지니어 프레드 멀러Fred Muller가 한 가지 아이디어를 냈다. 시랜드서비스의 모서리쇠가 세계에서 가장 많은 컨테이너에 잘 적용되고 있으므로 시랜드서비스가 해당 특허권들을 포기하면 되지 않을까 생각한 것이다. 탠틀링거가 곧바로 말콤 맥린과 만날 약속을 잡았다. 하지만 맥린으로서는 미국규격협회를 호의적으로 생각할 이유가 없었다. 심지어 미국규격협회는 최근에 시랜드서비스의 길이 35피트 컨테이너를 표준 규격에서 제외했다. 그럼에도 불구하고 맥린은 기술 통일이 컨테이너화의 발전을 자극할 것을 잘 알았다. 그래서 시랜드서비스는 1963년 1월 29일에 해당 특허들을 포기했다. 이로써 5분과위원회는 특허권들을 표준적인 모서리쇠 및 트위스트록을 기반으로 사용하게 되었다.[21]

그럼에도 불구하고 단일 디자인에 대한 합의는 쉽지 않았다. 여러 트레일러 제작업체가 여전히 자사 제품이 표준이어야 한다고 고집을 부렸다. 수많은 해운사와 철도 회사는 조금씩 컨테이너들을 사들이기 시작한 상태였고, 그에 따른 온갖 인양 체제를 갖추고 있었던 것이다. 업계의 전반적인 동의가 부족했기 때문에 1964년 10월에 독일에서 ISO 컨테이너위원회가 열렸을 때 미국 대표들은 모서리쇠의 공식 디자인이 없었다. 미국 대표들은 시랜드서비스의 모서리쇠를 잠재적인 국제 표준의 기반이 될 수 있다고 홍보했으며, 이 과정에서 탠틀링거는 세라믹으로 실물 크기의 절반인 모형을 만들어 어떻게 생겼는지 보여주기도 했다. 그러나 회의 자리에서 투표에 붙여진 상세한 디자인은 없었다.[22]

급기야 상업성 논란으로 번졌다. 미국에서는 컨테이너 소유 회사들이 내셔널캐스팅스의 모서리쇠를 가장 많이 쓰고 있었다. 이 모서리쇠는 가늘고 긴 상자 형태였다. 길게 나 있는 옆면에는 직사각형 구멍이 두 개 있었고 윗면에 커다란 정사각형 구멍이 나 있었다.

거대 해운사 그레이스라인은 내셔널캐스팅스의 체제로 작동하는 현대식 컨테이너 크레인을 가지고 있었다. 그리고 컨테이너를 혼합화물과 함께 브레이크벌크선으로 운송하던 상대적으로 규모가 작은 해운사들은 내셔널캐스팅스의 모서리쇠를 선호했다. 컨테이너를 싣거나 내리는 작업을 할 때 윗면의 커다란 정사각형 구멍을 이용해 구식 갈고리를 걸기 편했기 때문이다. 그런데 시스템을 바꾸는 데는 많은 돈이 들었다. 예컨대 그레이스라인은 자사가 소유한 컨테이너들의 모서리쇠와 크레인의 접합 부분을 교체하는 데 들어가는 비용을 75만 달러로 추정했다. 이런 와중에 내셔널캐스팅스는 미국 국적선으로 운송되는 컨테이너에 한해 자사 모서리쇠 디자인 사용료를 받지 않는 데 동의하면서 보다 폭넓은 지지를 구하려고 나섰다. 그러면서 시랜드서비스의 모서리쇠가 아니라 자사의 모서리쇠가 국제적인 표준이 되어야 한다고 해양청을 설득했다.[23]

그러자 선도적인 해운사인 시랜드서비스, 맷슨내비게이션, 알래스카스팀십 그리고 아메리칸프레지던트가 반격에 나섰다. 내셔널캐스팅스의 모서리쇠가 표준으로 선정되면 자기들이 가지고 있는 모든 컨테이너의 모서리쇠를 바꾸어야 했기 때문이다. 이들은 시랜드서비스의 특허를 기반으로 5분과위원회가 설계하고 있던 접합 장치를 조금만 바꿀 것을 제안했다. 만일 모서리쇠 상단의 구멍을 0.5인치만 이동시키면 1만 개의 컨테이너가 (1만 개의 컨테이너는 미국의 철도 회사와 해운사에서 사용하는 전체 대형 컨테이너의 약 80퍼센트에 해당된다) 시랜드서비스의 모서리쇠와 '호환성이 매우 높을 것'이라고 추정했다. 그러면서 그 모서리쇠에 들어가는 비용은 내셔널캐스팅스 모서리쇠에 들어가는 비용의 절반밖에 되지 않으며 (즉 42.24달러 대 97.90달러) 무게도 거의 절반밖에 되지 않는다고 (즉 124파운드 대 236파운드) 말했다. 이처럼 싸움이 점점 거세지던 중 표준화를 둘러싼 전쟁의 지형이 갑자기 바뀌었다. 내셔널캐스팅스가 갑자기 매각되면서 이 회사는 자기 모서리쇠를 표준으로 삼고자 했던 그동안의 노력을 모두 포기했다. 내셔널캐스팅스를 지지했던 해양청도 방향을 틀어 5분과위원회가 동의하는 제안이면 무엇이든 받아들이라고 해운사들을 압박하고 나섰다. 이런 상황에서 갑자기 미국규격협회 상부에서 이례적인 결정을 내렸다.

1965년 9월 16일, 미국규격협회의 표준검토이사회가 시랜드서비스의 모서리쇠를 약간 수정한 디자인을 미국 표준으로 승인했다. 5분과위원회의 전문가들이 모서리쇠의 세부적인 사항들을 두고 열띤 토론을 벌이고 있는 중이라는 사실을 무시한 발표였다. 이는 4일 뒤에 네덜란드 헤이그에서 열리는 ISO 컨테이너 위원회의 회의를 염두에 둔 결정이었다.[24]

9월 19일, 61명의 ISO 대표단들이 모였다. 이들에게 후보 디자인이 두 가지 제출되었다. 수정된 시랜드서비스의 모서리쇠가 새로운 미국 표준으로, 내셔널캐스팅스의 모서리쇠가 영국 표준으로 제시됐다. 그런데 영국은 곧바로 시랜드서비스의 모서리쇠가 더 낫다고 인정했다. 이제 장해물은 하나밖에 남지 않았다. ISO가 정한 규정에 따르면, 어떤 표준을 제안할 때는 이 표준을 지지하는 문서를 회의 4개월 전에 미리 배포했어야 했다. 하지만 5분과위원회는 불과 며칠 전에 이 문서를 배포했기 때문에 문제가 된 것이었다. 하지만 ISO 위원회는 투표를 통해 만장일치로 그 '4개월 규정'을 적용하지 않기로 결정했다.

기업 간부들이던 탠틀링거와 할랜더 그리고 스트릭트레일러스의 유진 힌덴Eugene Hinden은 위트레흐트주 인근에 있던 철도 화차 공장을 찾아가 네덜란드의 제도공들과 함께 48시간 동안 쉬지 않고 작업을 해 ISO 의결에 필요한 도면들을 그렸다. 그리고 1965년 9월 24일에 ISO 대표들은 미국 디자인의 모서리쇠를 국제 표준으로 승인했다.[25]

화물운송의 새로운 시대가 마침내 시작된 것 같았다. 이론적으로만 따지면, 해운업체든 육운업체든 컨테이너를 서로 돌려가면서 사용할 수 있었다. 컨테이너 임대업체들도 많은 운송업체가 자사 장비들을 빌릴 것이라는 전망 아래 보유 컨테이너의 수를 늘릴 터였고, 해운사들은 컨테이너 사용을 단일 노선에만 적용하지 않아도 되었다. 헤이그에서 투표가 있은 지 몇 개월 뒤에 한 운송업계 출판물은 이런 사실을 다음과 같이 반가운 마음으로 알렸다.

"모서리쇠와 관련된 문제의 결과가 어떻게 나올지 기다리던 사업들이 이제 시작되고 있다. 관련 업체는 컨테이너 화물 처리 장비들을 한층 더 확실한 전망을 가지고서 설계할 수 있으며, 컨테이너 운송에 맞게 설계된 제품들이 점점 더 많이 시장에 나올 것이다."[26]

하지만 첫 단추가 잘못 꿰어져 마차가 말을 끄는 형국이 되었다. ISO컨테이너 위원회는 모서리쇠가 지탱할 수 있는 무게와 피로에 대한 규정은 전혀 논의하지도 않은 채 모서리쇠의 형태만 먼저 합의했기 때문이었다. 해운사 및 임대업체 수십 군데가 1965년 가을부터 시랜드서비스의 운송 사업에 맞게 설계된 것을 바탕으로 한 모서리쇠를 장착한 컨테이너를 주문하기 시작했다. 그러나 이 모서리쇠는 시랜드서비스가 사용할 때 이외의 수많은 경우에 대해서는 그 어떤 실험이나 검증도 이루어지지 않았다는 게 문제였다. ISO 위원회는 컨테이너의 무게의 최대치 등과 같은 추가 사항들에 대해 아직 규격을 설정하지 않았던 것이다. 모서리쇠의 강철이 얼마나 두꺼워야 하는지 아무도 자신 있게 말할 수 없었다. 컨테이너가 어느 정도의 무게를 지탱하는 게 좋을지 확인된 것도, 검증된 것도 없었기 때문이다.

시랜드서비스의 크레인은 컨테이너의 위쪽 각 모서리에 있는 모서리쇠에 연결해 컨테이너를 들어 올렸다. 하지만 아래쪽 각 모서리에 있는 모서리쇠에 연결해서 컨테이너를 들어 올릴 때는 모서리쇠가 어떻게 될지 몰랐다. 유럽의 철도 회사들은 미국의 철도 회사들과는 다른 연결 방식, 즉 기차에 실린 화차들이 서로 엄청난 충격을 주면서 부딪치는 방식을 사용하고 있었다. 그런데 시랜드서비스의 모서리쇠 및 잠금장치는 이런 환경에서는 단 한 번도 사용된 적이 없었다. 또 배의 갑판에 다섯 개 혹은 여섯 개 높이로 컨테이너를 층층이 쌓을 경우는 어떨까? 파도가 거친 바다에서는 이 컨테이너를 쌓은 탑이 수직에서 30도나 40도까지 기울어질 수 있는데, 컨테이너들을 연결한 새로운 표준의 모서리쇠와 잠금장치가 과연 그 기울어짐이 유발하는 압력을 무사히 견딜 수 있을까?

1966년 내내 전 세계의 엔지니어들은 새로운 연결 장치를 시험하면서 여러 가지 결함을 찾아냈다. 또 다른 ISO 위원회 회의를 앞두고 디트로이트에서 긴급 검사가 진행되었다. 컨테이너 아랫부분의 모서리쇠가 무거운 무게 아래에서는 제대로 작동하지 못했다.

1967년 1월 런던에서 열린 회의에서 TC104는 1965년에 승인한 모서리쇠가 결함이 많다는 불편한 사실을 인정해야만 했다. TC104는 아홉 명의 엔지니어를 특별위원으로 임명해 이 문제들을 신속하게 해결하도록 했다. 엔지니어들은 연결 장치가 통과해야 할 몇 가지 시험을 선정했다. 그리고 이들 중 두 사람은 (한 사람은 영국인이었고 또 한 사람은 미국인이었다) 계산자를 들고서 호텔방으로 들어갔는데, 주어진 임무는 문제의 그 시험들을 통과할 수 있도록 그 연결 장치를 새로 설계하는 것이었다. 두 사람은 이런저런 계산을 통해서 각 모서리쇠의 강철벽을 더 두껍게 하면 대부분의 문제가 해결될 수 있다고 결론을 내렸다. 기존 컨테이너 중 특별위원들이 제시한 '특별' 설계를 만족시키는 컨테이너는 단 하나도 없었다.

결국 ISO가 1965년에 최초로 모서리쇠를 승인했던 시점 이후로 제작된 수천 개의 컨테이너들은 용접 작업을 통해서 새로운 장치를 달아야 했고, 여기에 들어가는 비용은 수백만 달러였다.[27]

표준화 과정은 멋지게 진행되고 있었다. 그러나 컨테이너화에 따른 경제적 이득은 여전히 불투명했다. 길이 10피트, 20피트, 30피트 그리고 40피트의 컨테이너가 미국 및 전 세계에서 표준이 되었지만, 이 '표준' 규격 사이의 깔끔한 수리적 관계는 아직 선적인이나 해운사가 해당 컨테이너를 주문하는 결과로는 이어지지 않았다. 30피트 컨테이너를 사용하는 해운사는 단 한 곳도 없었다. 10피트 컨테이너만 조금 판매되었을 뿐이고, 이 컨테이너를 사용한 주요 운송업체는 곧바로 이 규격의 컨테이너를 구입하지 않겠다는 방침을 세웠다. 20피트 컨테이너도 기피 대상이었다. 운송업체들은 20피트 컨테이너를 증오했다. 이와 관련해 뉴욕센트럴레일로드의 한 임원은 다음과 같이 불만을 털어놓았다.

"해운사들은 항구에서 항구로 운송되는 고도로 효율적인 20피트 컨테이너 관련 설비를 설계해 사용하고 있지만, 이 컨테이너가 항구를 출발해서 최종 배송지까지 어떻게 효율적으로 운송될지는 전혀 고려하지 않았다."

트럭 회사로서는 컨테이너가 크면 클수록 트럭 기사 1인당 운송 화물의 양은 늘어났다. 트럭 회사가 어떤 컨테이너를 선호하는지는 이들이 구입해서 가지고 있는 트레일러를 보면 알 수 있다. 업체들 중 20피트 길이의 트레일러를 가지고 있는 곳은 한 군데도 없었다. 하나의 트레일러에 20피트 컨테이너 두 개를 연결해서 실을 수 있지 않겠느냐고 했던 홀의 발상이 현실성이 없음이 입증되었다. 컨테이너의 최대 중량까지 화물을 싣고, 두 개의 컨테이너를 포개서 실으면 대부분의 주에서 정한 고속도로 중량 규정에 위배되기 때문이었다. 또 컨테이너 두 개를 나란히 연결하는 방법도 비현실적이기는 마찬가지였다. 그렇게 할 바에는 차라리 24피트 컨테이너 두 개를 (많은 주州에서는 27피트 컨테이너 두 개를) 끄는 것이 더 많은 화물을 운송할 수 있기 때문이었다.[28]

국제 기준이 적합하지 않다는 가장 강력한 증거는 바로 시장에서 나왔다. 미국 정부가 '표준' 규격의 컨테이너를 사용하라고 해운사를 압박했음에도 불구하고 비표준 컨테이너들이 여전히 시장을 지배하고 있었던 것이다. 시랜드서비스의 35피트 컨테이너와 맷슨내비게이션의 24피트 컨테이너는 (둘 다 높이는 8피트 6인치로 역시 표준이 아니었다) 1965년 기준으로 미국 해운사가 소유한 전체 컨테이너의 3분의 2를 차지했다. 사용되고 있던 컨테이너들 중 겨우 16퍼센트만이 길이 표준에 맞는 것이었다. 게다가 상당수가 8피트라는 높이 표준에 맞지 않았다. 표준 컨테이너가 업계를 강타하며 대성공을 거둔 게 아닌 것만은 분명했다. 40피트 컨테이너처럼 큰 컨테이너는 적재공간이 너무 커 이 컨테이너 하나를 온전하게 화물로 채울 선적인, 즉 수출업체는 많지 않았다. 또 작은 컨테이너는 처리하는 데 일손이 너무 많이 들었다. 이와 관련해 맷슨내비게이션의 부사장이던 노먼 스콧Norman Scott은 "운송의 경제학에서는 수학적 균형의 마법이 존재하지 않는다"고 설명했다.[29]

시랜드서비스와 맷슨내비게이션은 비록 사업에 성공하긴 했어도 표준 규격의 컨테이너를 사용하라는 정부 당국의 압력을 우려했는데, 충분히 그럴 만한 이유가 있었다. 두 회사 모두 컨테이너를 운송하기 위해 관련 장비를 사고 배를 개조하는 데 수천 만 달러의 민간자본을 끌어들였으며, 또한 그때까지는 연방 정부로부터 화물선 건조 보조금을 한 푼도 받지 않았다. 그런데 상황이 바뀌고 있었다. 1965년이 되면서 두 회사는 국제시장으로 사업을 확장할 준비를 했다. 배를 새로 건조하면서 보조금이 필요할 수도 있었다. 게다가 해양청은 다른 유형의 여러 사업도 지원했다. 국제운송 노선을 운영하는 해운사가 높은 임금을 줘야만 하는 미국인 선원을 고용해야 하는 의무 사항을 이행할 때 보조금도 지급하고 있었다. 또 정부는 정부 발주 화물의 국제운송 우선권을 미국 국적 배에 주면서 규제를 강제했다. 만일 해양청이 '자발적인' 5분과위원회의 표준을 지키는 회사에만 보조금을 지급한다고 나서면 시랜드서비스와 맷슨내비게이션의 시장 경쟁력은 위축될 수밖에 없었다. 문제 인식을 공유한 두 회사의 임원이 워싱턴에서 만났다. 그리고 힘을 합쳐 미국 정부와 싸우기로 의견을 모았다.[30]

두 회사는 우선 미국규격협회에서 시작했다. 미국규격협회의 5분과위원회는 그동안 활동 없이 잠잠했지만, ISO가 컨테이너의 국제 표준을 채택하자 1965년 가을에 새로운 소위원회를 구성해 (배와 기차 그리고 트럭 간에 호환되는 컨테이너를 뜻하는) '분리식 컨테이너Demountable Container'를 연구하는 과제를 맡겼다. 이 위원회의 위원장은 맷슨내비게이션의 수석 엔지니어 할랜더였고, 당시는 1961년 상황과 다르게 시랜드서비스의 직원들이 중요한 비중을 차지하며 위원회에 참여하고 있었다. 피츠버그의 플라잉 카펫 호텔에서 열린 첫 번째 회의에서 할랜더는 위원장 자리를 사임하며 맷슨내비게이션의 24피트 컨테이너가 표준으로 인정되어야 한다고 청원했다. 그의 뒤를 이어 위원장이 된 사람은 시랜드서비스의 수석 엔지니어 론 케이팀스Ron Katims였다. 그는 소위원회를 소집해 35피트 컨테이너도 표준으로 인정받아야 한다고 주장했다. 시랜드서비스의 컨테이너들은 공간을 다 채우기도 전에 이미 제한 중량에 다다르는 경향이 있다고 했으며, 따라서 40피트 컨테이너라고 해도 실질적으로 35피트 컨테이너보다 많은 화물을 싣지 못할 때가 있다고 설명했다. 그럼에도 불구하고 40피트 컨테이너를 사용해야 한다면, 결과적으로 시랜드서비스는 배 한 척당 1,800톤에 육박하는 화물 적재량을 포기할 것이라는 말이었다. 그리고 할랜더가 회의를 소집해 소위원회가 높이 8.5피트의 컨테이너도 표준으로 수용해야 한다고 주장했다. 해양청에서 나온 대표는 이 세 가지 문제 모두 안건을 상정하자고 요청했다.[31]

1966년 초에 논의가 재개되었고 소위원회는 컨테이너 '표준' 높이를 8.5피트로 상향 조정했다. 그러나 길이 24피트와 35피트의 컨테이너를 '표준'으로 정하는 정책 변화를 놓고는 의견이 갈렸다. 그래서 이 안건을 전체 5분과위원회로 올렸는데, 5분과위원회에서도 의견은 갈렸다. 건강이 좋지 않은 상태에서도 표준화 과정을 밀어붙이던 완고한 홀은 표준으로 승인되는 모든 규격은 당연히 수학적으로 연관성을 가져야 한다는 확신을 놓지 않았다. 그런데 위원회에 관련된 여러 이해당사자들은 그 무렵 대부분 20피트 혹은 40피트 컨테이너를 채용하고 있던 터라 자기에게 돌아올 정부 지원금 지분을 시랜드나 맷슨내비게이션과 나눌 안건에 굳이 찬성표를 던질 이유가 별로 없었다. 시랜드서비스와 맷슨내비게이션과 거래하던 트럭운송 업체 다섯 군데가 24피트와 35피트의 컨테이너를 표준에 추가하는 데 찬성하는 투표를 전보로 보냈지만, 유효표로 받아들여지지 않았다. 참석한 정부 대표는 대부분 기권했다. 반대 15표, 찬성 5표, 불참이나 기권이 54표였다. 그러니 5분과위원회로서는 어떤 안건에도 합의할 수 없었다. 다음 해에 재투표가 이루어졌지

만, 참가 단체 중 24피트 컨테이너에는 찬성 24표, 반대 28표였다.[32]

시랜드서비스와 맷슨내비게이션은 보조금을 지급받는 경쟁사들의 견제로 보조금 지급 대상에서 배제될 것 같은 분위기가 보이자 의회로 방향을 틀었다. 1967년에 두 회사가 고용한 로비스트들이 정부가 컨테이너의 크기나 선박에 설치된 컨테이너 셀을 근거로 정부가 보조금을 지급하거나 정부 화물운송 발주를 결정하지 못하도록 하는 법안의 초안을 만들었다. 그리고 얼마 뒤에 하원의원과 상원의원이 컨테이너화의 모호한 사항들을 철저하게 조사했다. 한편 다른 해운사들은 정부가 표준 컨테이너 채택을 밀어붙여 모든 회사가 컨테이너를 돌려쓸 수 있도록 해야 한다고 촉구했다. 영국 해운사의 임원이던 G. E. 프라이어-팔러G.E. Prior-Palmer는 "자동화의 핵심은 표준화된 제품에 있다"고 증언했다. 경쟁사들은 시랜드서비스와 맷슨내비게이션은 컨테이너가 전 세계에서 호환되도록 하려는 노력을 무산시키려 든다고 항의했다. 1967년 9월 당시에 건조 중에 있던 107척의 컨테이너선 중 두 회사가 주문한 여섯 척을 제외하고는 모두 표준 크기에 맞춰서 제작되고 있었다. 해양청은 다른 회사들이 모두 채택한 표준을 두 회사도 인정해야 한다고 주장하며 경쟁자들을 거들었다. 해양청장을 대리하던 J. W. 굴릭J. W. Gulick은 시랜드서비스가 기존의 컨테이너 2만 5,000개와 섀시 9,000개의 길이를 5피트 더 늘이고 배와 크레인을 개조하는 데 약 3,500만 달러를 들이기만 하면 된다고 했다. 또 시랜드보다 작은 업체인 맷슨내비게이션은 24피트 컨테이너를 20피트 컨테이너로 바꾸는 데 900만 달러만 들이면 된다고 증언했다.[33]

시랜드서비스와 맷슨내비게이션이 컨테이너화에 투자한 금액은 모두 합쳐 3억 달러였다. 두 회사가 우려하던 것은 규격을 바꾸는 데 드는 비용보다 자기 용도에 맞지 않는 장비로 운송할 때 발생하는 비효율성이었다.

맷슨내비게이션의 대표 스탠리 파월Stanley Powell은 24피트 컨테이너 대신 20피트 컨테이너를 사용하면 회사의 운항 비용이 극동 노선일 경우 1년에 배 한 척당 50만 달러나 들 것이고, 또 트럭이 컨테이너를 받아 고객에게 배송하는 데 들어가는 비용도 그만큼 늘 것이라 증언했다. 이어서 말콤 맥린이 증언에 나섰다. 그는 35피트 컨테이너를 40피트 컨테이너로 교체해 푸에르토리코 노선을 운항할 때 비용 차이는 없고 수입이 7퍼센트 줄어들 것임을 보여주는 컨설팅 보고서를 들고 있었다.

"나는 어떤 크기의 컨테이너가 표준으로 채택되든지 상관하지 않습니다. 만일 시장이 어떤 컨테이너를 사용할 때 비용이 가장 싸게 든다고 판단하면, 시장은 그 컨테이너를 선택할 것입니다. 우리는 시장의 선택을 따를 수 있도록 충분히 유연한 태도를 가져야 합니다."[34]

상원은 두 회사의 바람을 담은 법안을 의결했다. 그러나 맷슨내비게이션은 법안이 하원을 통과하려면 어떤 타협안이 필요하다는 사실을 감지했다. 파월은 재빨리 하원위원회에서, 맷슨내비게이션은 혁신적으로 필요에 따라 크기를 조절할 수 있는 컨테이너 적재 셀을 설치한 새로운 특성을 갖춘 배 두 척을 건조하려고 하니 정부가 건조 보조금을 지원해주길 바란다고 말했다. 이 배들은 처음에는 24피트 컨테이너만 운송하겠지만, 만일 시장의 요구가 바뀌면 20피트 컨테이너도 동일한 공간으로 운송할 수 있도록 셀을 조정해 개조하겠다고 했다. 이렇게 개조하는 데는 1,300만 달러라는 기존 비용에 기껏 6만 5,000달러밖에 추가 되지 않을 것이라고도 했다. 하지만 그런 설계안은 애초부터 있지도 않았다. 전체 계획이나 비용 추정을 포함한 모든 것이 전날 밤 호텔방에서 순식간에 만들어진 것이었다. 하지만 문제가 되지 않았다. 의회는 해양청에 비표준 컨테이너를 사용하는 회사를 차별하지 말라는 명령을 내렸고, 맷슨내비게이션은 보조금을 지원받았다. 그리고 여러 해 뒤에 이 회사는 24피트 컨테이너를 40피트 컨테이너로 바꾸기로 결정했을 때, 하원 위원회를 설득하기 위해 임시변통으로 생각한 조절 가능한 셀 덕분에 변경 작업을 한층 싸고 또 쉽게 처리했다.[35]

쟁점 두 가지는 여전히 남았다. 5분과위원회는 컨테이너가 배와 트럭과 기차뿐만 아니라 비행기에서도 호환되도록 애를 썼지만 별 성과는 없었다. 필요한 사항들을 처리하기가 결코 쉽지 않았다. 즉 항공 컨테이너는 해상 컨테이너보다 더 튼튼해야 했으며, 크레인으로 들어 올리기 위한 연결 장치로 모서리쇠가 필요한 게 아니라 컨베이어 벨트를 타고 이동할 수 있도록 컨테이너 바닥이 매끄러워야 했다. 엔지니어들은 몇 개월 동안 연구한 끝에 빠른 운송 대가로 더 많은 운송비를 기꺼이 낼 의향이 있는 선적인은 자기 화물이 배로 운송되는 것을 바라지 않을 가능성이 크다는 사실을 깨달았다. 이렇게 해서 항공 컨테이너는 별도 기준이 개발되었다. 철도 회사들은 보다 심각한 문제를 제기했다. 컨테이너의 **단벽**end wall(컨테이너를 구성하는 면을 지붕, 측벽, 단벽, 바닥으로 구분한다-옮긴이)이 지금보다 더 무거울 필요가 있다고 주장했다. 단벽은 화물을 실은 채로 배에 적재될 때는 그다지 큰 하중을 받지 않지만, 기차에 적재될 경우에는 이야기가 달라진다. 기차에 브레이크가 작동할 때 기차에 실린 컨테이너의 단벽이 화차의 벽에 세게 부딪혀서 파손될 수 있다는 말이었다. 북아메리카의 철도들은 컨테이너 파손의 위험을 줄이기 위해 해운사들이 필요한 것보다 컨테이너 단벽이 두 배는 더 강해야 한다고 요구했다. 유럽의 철도사들은 더욱 우려했다. 연결 장치가 달라 유럽에서는 컨테이너 단벽에 가해지는 충격이 훨씬 더 클 것이기 때문이었다. 해운업계에서는 단벽을 보다 강하게 만들자는 주장에 저항하고 나섰다. 컨테이너 무게가 그만큼 더 늘어나고 또 제작비도 많이 들 것이기 때문이었다. 이 논쟁은 TC104가 철도 회사의 손을 들어주면서 철도 회사의 승리로 끝났다. 어떤 조사에 따르면, 표준 규격의 컨테이너 하나를 제작할 때 단벽을 요구에 맞게 강화하는 비용은 100달러였다.[36]

ISO가 오랜 기간 동안 끈질긴 노력을 들여 마련한 최초의 온전한 표준안을 발표할 준비를 하고 있던 1970년에 이르면, 이해관계자들 사이에 치열하게 벌어지던 전투도 마침내 끝을 보이고 있었다. 돌이켜 생각해보면 그 과정은 거의 모든 사안에서 삐걱거렸다. 모서리쇠만 해도 그랬다. 처음에 마련했던 모서리쇠의 표준은 강도가 너무 약해서 새로 설계해야 했다. 새롭게 승인을 받은 여러 개의 컨테이너 크기도 경제적이지 않아 곧 철회되었다. 단벽에 대한 표준은 지나치게 엄격했을 수도 있었다. 그러나 컨테이너를 갑판에 단단하게 고박하는 것과 관련된 표준은 한 번도 수정되지 않았다. 표준화 과정에서 여러 개의 소위원회 및 전담반이 최상의 결과를 이끌어냈다고는 말하기 어렵다. 그러나 1966년 이후로 트럭 회사, 선박 회사, 철도 회사, 컨테이너 제작업체 그리고 정부가 여러 쟁점들에 대해 하나씩 타협을 하면서, 운송업계에서 일어나는 근본적인 변화가 눈에 보이기 시작했다.

1965년만 하더라도 컨테이너의 형태와 크기가 지나치게 다양했고,

이것이 컨테이너의 발전을 가로막았지만, 결국 국제적으로 승인을 받는 표준 크기가 확정되었다. 컨테이너 임대업체들은 확신을 가지고 컨테이너에 대규모 투자를 하며 본격적으로 뛰어들었다. 이내 전체 해운사들이 소유한 것보다 더 많은 컨테이너를 보유했다. 여전히 35피트 컨테이너를 사용하던 시랜드서비스와 24피트 컨테이너를 조금씩 줄여가던 맷슨내비게이션을 제외하면 전 세계의 거의 모든 해운사가 호환되는 컨테이너를 사용하고 있었다. 미국의 캔자스시티에서 화물을 담은 컨테이너가 그 어떤 트럭이나 기차에 실려서 항구까지 가고 또 여기에서 그 어떤 배에 실려서 말레이시아의 쿠알라룸푸르까지 아무런 문제없이 운송될 수 있다는 사실을 의심할 여지가 없었다. 바야흐로 이제는 국제적인 컨테이너 운송이 꿈이 아니라 현실이 될 수 있었다.[37]

8장

컨테이너 시대가
열리다

THE BOX

아이디얼엑스호와 하와이안머천트^{Hawaiian Merchant}
호는 컨테이너의 잠재력을 작은 규모로 과시만 한 사례였다. 그러나
1957년의 게이트웨이시티호와 1960년의 하와이안시티즌^{Hawaiian Citizen}
호는 컨테이너 전용 배와 장비가 도입되면 컨테이너 운송이 얼마나 거
대한 효율성을 발휘하는지 보여주는 강력한 사례였다. 그러나 컨테이너
운송이 세상에 선보인 지 6년이 지난 뒤인 1962년에도 여전히 컨테이
너 운송은 약세를 면치 못했다. 대서양에서 컨테이너 운송 점유율은 뉴
욕항을 경유하는 일반화물의 8퍼센트밖에 되지 않았다. 시랜드서비스
의 본부가 있는 휴스턴의 잭슨빌과 푸에르토리코를 제외한 다른 곳에서
는 거의 제로에 가까웠다. 태평양 연안에서도 일반화물의 겨우 2퍼센트
만 컨테이너로 운송되었다. 대부분의 상품은 지난 수십 년간 그랬듯 여
전히 트럭이나 기차의 유개화차 혹은 브레이크벌크선의 선창에서 일반

화물로 운송되고 있었다. 컨테이너가 운송 산업의 경제에 미친 영향은 거의 없는 것이나 다름없었다.[1]

미국 해운 산업의 지도자들은 컨테이너가 운송 산업의 미래라는 점에 동의하지 않았다. 다른 나라처럼 전통적 증기선 산업에서 벗어나지 않고 있었던 것이다. 해운 산업의 주요 인물들은 여전히 바다와 짠내 나는 바람의 낭만에 젖어 있었다. 이들은 로어 맨해튼에서 서로 몇 블록 떨어지지 않은 곳에서 함께 일했으며, 또 인디아하우스나 화이트홀클럽과 같은 식당에서 동료들과 어울려 비망록을 돌려보며 우아한 식사를 했다. 이들은 온갖 호기를 다 부렸지만 전적으로 정부 지원 덕분에 살아남았다고 해도 과언이 아니었다. 국내노선은 정부가 나서서 해운사들 사이의 경쟁을 막았다. 국제노선은 모든 상품 운송료가 품목별로 정해져 있었다. 좋게 말해 카르텔이었다. 그리고 가장 중요한 군수품 화물은 정부가 미국 국적 선박에 배분했는데, 이때도 경쟁 구조는 철저하게 배제되었다. 배를 사고 건조하고 파는 문제, 터미널을 빌리는 문제, 새로운 항로를 여는 문제 모두 정부의 지시에 따라 결정됐다. 이런 환경에서 성공한 사람들, 바다 냄새를 사랑하고 자기 배를 '그녀'라고 즐겨 부르던 사람들에게는 화물을 상자에 넣어 운송한다는 발상, 낭만이라고는 손톱만큼도 찾아볼 수 없는 말콤 맥린의 발상과 관심은 전혀 매력적이지 않았다. 공상가들이야 얼마든지 컨테이너가 '필수품'이라고 말할 수 있을 테지만, 컨테이너가 아무리 성공을 거두어도 해외 무역량의 10퍼센트를 넘지는 않을 것이라는 게 당시 해운 산업의 총체적인 지혜로 내릴 수 있는 예측이었다.[2]

그러나 노동조합과 고용주 사이에 새로운 협상 내용이 정해지고 표준화를 향한 진전이 이루어지면서 해운사 관계자들은 컨테이너화를 조금 더 진지하게 바라보기 시작했다. 그러나 값비싼 대가를 치러야만 했던 실수들만 발견됐다. 말콤 맥린조차도 그런 실수들을 저질렀다. 웅대한 야망을 품고 설치한 거대한 갑판 크레인은 악몽 그 자체였다. 툭 하면 고장이 났고, 그때마다 배는 출항을 늦추어야 했다. 신중하게 투자를 했던 맷슨내비게이션조차도 벌크화물 형태의 설탕과 컨테이너를 동시에 운송할 배를 두 척 건조했지만, 효율을 얻지 못했다. 또 100퍼센트 컨테이너선으로 재빠르게 전환시키지도 못했다. 루켄바흐스팀십Luckenbach Steamship Company은 대서양 연안에서 태평양 연안을 오가는 노선에 다섯 척의 컨테이너선을 운용하려고 5,000만 달러를 투자하겠다는 계획을 세웠지만, 정부 지원금을 받을 가망이 없어지자 포기했다. 뉴어크항과 플로리다를 오가는 이리앤세인트로렌스Erie and St. Lawrence의 컨테이너 운송 서비스는 1960년에 화려한 팡파르 속에 시작했지만, 종이 제조업체와 식품가공업체로부터 충분한 화물을 제공받지 못해 결국 6개월 만에 막을 내렸다.[3]

두 회사나 선적인들이 뒤늦게 깨달은 점은 단순히 거대한 금속 상자에 화물을 싣고 대양을 항해한다고 해서 사업의 지속적 생존이 보장되지 않는다는 사실이었다. 하지만 이 과정에서 소중한 교훈이 축적되었다. 크레인, 상자, 섀시 그리고 컨테이너선 덕분에 부두에서 배에 화물을 싣거나 내리는 많은 비용이 줄어든다는 사실이었다. 그러나 선적인들은 선적비용 자체에는 관심이 없었다. 오직 상품을 공장에서부터 고객에게 보내는 데 드는 총비용만 신경을 썼다. 총비용을 기준으로 보면 컨테이너화의 이점은 두드러지지 않았다. 예를 들어 도매상이 양수기 3톤을 클리브랜드에서 푸에르토리코까지 보낸다면, 우선 양수기를 실은 트럭이 뉴어크에 있는 시랜드서비스의 창고로 갈 것이다. 그리고 트럭에서 내려진 양수기는 다른 선적인들이 보낸 여러 품목의 20톤이나 25톤 화물과 함께 컨테이너에 실린다. 뉴어크에서 푸에르토리코로 양수기를 실은 컨테이너가 내려지면, 컨테이너를 열고 안에 들어 있는 화물들을 분류한다. 이 과정을 거친 양수기는 다시 트럭에 실려 최종 목적지까지 간다. 이때는 교통량도 많지 않았다. 게다가 컨테이너는 화물로 가득 찼으며, 화물은 한 명의 선적인에게서 한 명의 수령인에게로 가는 것이었다. 이런 화물에 대해서 만큼은 컨테이너화가 경제적으로 이점이 있음은 분명했다.[4]

대부분의 대형 선적인들은 컨테이너를 사용하든 아니든 상품이 운송될 수만 있다면 해운 서비스를 고집할 이유가 없었다. 수출이나 수입을 위해 해상운송을 택해도 소량의 컨테이너만 배에 실렸다. 그 외 대부분 화물은 국내운송이었고, 트럭이나 기차로 대륙을 횡단했다. 컨테이너 기술이 육상운송비용에 영향을 주기 전까지는 컨테이너 혁명은 확실한 기반을 잡지 못했다.[5]

[IIIIIII]

2차 세계대전이 끝날 때까지만 하더라도 대부분의 기업이 화물을 운송할 때 기차를 이용했다. 철도 화물 수입은 도시와 도시를 잇는 트럭 회사 수입의 아홉 배나 되었다. 이때는 석탄과 곡물뿐만 아니라 40만 화차 분량이 넘는 제조업 제품까지 기차로 운송되었다. 그러나 1950년대는 트럭의 시대였다. 촘촘하게 건설된 고속도로 덕에 도로 사정은 한결 좋아졌고 한층 더 커진 트럭이 이전보다 많은 화물을 한층 더 빠르게 운송했다. 교통량이 넘치는 2차선도로에서 28피트(약 8.5미터)짜리 트레일러를 사용하는 방법보다 거칠 것 없는 고속도로에서 40피트짜리 트레일러를 사용할 때 생산성은 훨씬 높아졌다. 덕분에 트럭 회사들은 철도 회사들이 독점하다시피 하던 화물운송 점유율을 잠식했다. 트럭 회사들의 도시 간 화물운송 수익은 1950년대에 두 배로 뛰었다. 만일 제조업체나 소매유통업체가 소유한 트럭이나 지입차 형태로 운용되던 트럭까지 모두 합하면 운송 소득은 훨씬 높을 것이다. 반면 이 기간에 철도 화물 수입은 성장을 멈추었다. 그래서 1963년까지는 자동차를 제외한 대부분의 제조업체 생산품이 트럭으로 운송되었다.[6]

철도를 위협하는 최고의 시련은 철도 사업에서 가장 작지만 가장 이윤이 좋았던 부분에서 비롯되었다. 바로 양이 너무 적어 최종 목적지까지 가는 동안 전체 화차 한 량을 가득 채울 수 없었던 화물이었다. 화차 한 량을 다 채우지 못하는 화물은 불과 몇 배럴의 용제통에서부터 4.5톤 무게의 땅콩이나 볼트 등 품목과 적재량이 다양했다. 1946년에 소규모 화물운송은 철도가 운송하는 전체 화물의 2퍼센트가 채 되지 않았지만, 수입은 8퍼센트에 육박했다. 그러나 화물 처리가 문제였다. 철도 회사에서 고용한 직원들이 교차역에서 일일이 크레이트나 나무 상자를 이 화차에서 저 화차로 옮겨 실어야 해 그만큼 비용이 많이 들 수밖에 없었다. 트럭 회사는 이 시장을 노리며 맹렬하게 달려들었다. 그 뒤 10년 만에 화차 한 량에 다 들어가지 못하는 소량 화물의 4분의 3이 기차에서 트럭으로 옮겨갔다.[7]

운송량 감소는 철도 회사들의 큰 고민이었다. 철도 회사들은 자신들이 여전히 가장 잘할 수 있는 것이 무엇인지 진지하게 생각했다. 철도 회사의 강점, 즉 무거운 화물을 먼 곳까지 저렴하게 운송하는 능력에 집중하는 방법이 확실한 해결책이었다. 그러던 중 잠재성 있는 운송 유형이 그들의 관심망에 포착되었다. 바로 트럭이었다. 태평양 연안에서 대서양 연안까지 연결하는 고속도로들이 건설되기 전이라 트럭이 캘리포니아에서 뉴욕으로 짐을 운반하려면 운전기사 한 명이 잠자는 시간과 쉬는 시간만 빼고 꼬박 100시간을 달려야 했다. 그러나 일부 거리를 기차로 트럭 트레일러를 운송한다면 이야기는 달라졌다. 트럭 회사 입장에서는 어느 지점에서든 화물을 싣거나 내릴 수 있는 트럭의 강점을 살리면서도 노동력을 줄일 수 있었다. 아닌 게 아니라 철도 회사들은 이와 비슷한 서비스를 이미 1885년에 제공했었다. 롱아일랜드레일로드_{Long Island Railroad}는 '농부들의 기차_{farmers' trains}'라는 농산물을 실은 마차 여러 대를 뉴욕시 반대편에 있는 페리 선착장으로 운송했었다. 이때 네 대의 마차는 특수 설계된 화차에 실렸고, 농부들과 마차를 끌 말은 따로 다른 화차를 사용했다. 그리고 이 유형의 현대적 버전이 1950년대에 나타났다. 철도 회사가 트럭 트레일러를 화차에 싣고 운송하는 방식이었다. 사람들은 이 운송 방식을 '피기백_{piggyback}(목말 타기)'이라고 불렀다.[8]

피기백은 그 시대의 다른 수송 혁신과 마찬가지로 매우 커다란 장해물을 만났다. 바로 주간통상위원회였다. 주간통상위원회는 기차 및 주와 주 사이의 경계를 넘나드는 트럭의 운송료와 서비스를 규제했다. 1931년에는 불공정한 경쟁을 피해야 한다는 명분으로 트럭 트레일러를 운송하려는 철도 회사의 시도를 막았다. 트레일러를 기차에 싣는다는 발상 자체가 주간통상위원회의 기본 개념을 흔들었다. 하지만 1954년, 마침내 주간통상위원회는 철도 회사가 트럭 회사처럼 규제에 얽매이지 않고 트레일러 형태의 화물을 운송할 수 있는 몇 가지 조건을 정했다. 규제의 구조를 흔들지 않으면서도 피기백을 허용하는 여러 건의 '계획'을 승인했다.

첫 번째 계획은 일반 대중을 상대로 영업하는 트럭 회사(법률적인 용어로 일반운수업자)가 선적인에게 화물을 받아 자사 트레일러를 기차에 싣고, 수입을 철도 회사와 나누도록 했다. 그러나 조건이 붙었다. 트럭 회사가 노선 운영의 권한을 가지고 있는 경로를 따라 기차가 이동하는 경우에만 허용한다는 조건이었다. 두 번째 계획은 철도 회사가 트레일러를 소유하고 선적인들과 직접 거래하게 했다. 그러나 선적인은 트레일러를 철도역 구내에서 최종 목적지까지 옮길 트럭을 가지고 있어야만 했다. 이런 조치들이 피기백 운송이 발전하지 못하도록 가로막는 족쇄로 작용한다는 사실이 분명해지자, 주간통상위원회는 다른 계획들도 승인했다. 그리하여 철도 회사가 트레일러를 운송할 수 있도록, 심지어 운송취급인이나 선적인 소유의 무개화차까지도 운송할 수 있도록 했다. 철도 회사로서는 매우 반가운 조치였다. 재정적 난관으로 위기를 겪는 상황에서 새로운 투자를 시도할 수 없었기 때문이다. 규제가 느슨해지면서 피기백 화물이 성장하는 길이 열렸다.[9]

피기백은 철도 회사들이 안고 있는 운영상의 어려움, 즉 대규모로 보유한 유개화차를 비효율적으로 사용할 수밖에 없었던 문제를 해결했다. 1955년 기준으로 미국의 철도 회사들은 72만 3,962대의 유개화차를 소유했지만 제대로 활용하지 못했다. 평균적으로 유개화차는 전체 수명의 8퍼센트 기간만 수익 창출 활동에 동원되었다. 나머지 기간에는 그저 바퀴 달린 창고 신세로 한쪽에 처박힌 채 짐이 실리길 기다릴 뿐이었다. 트레일러가 역을 떠나면 피기백 화차를 곧바로 다른 일에 투입할 수 있다는 사실은 철도 회사들로서는 매우 고무되는 일이었다. 마지못해 화차를 무료 창고로 제공하지 않아도 되었다. 그러나 고객인 선적인의 입장에서는 피기백은 컨테이너와 마찬가지로 처음에는 실질적 비용 절감 효과가 미미했다. 게다가 모든 철도 회사가 제각기 다른 유형의 화차를 사용하고 있었다. 철도 회사가 다른 노선으로 향하는 화차에서 트레일러를 내릴 수 없을 수도 있었다. 미국 전역을 아우르는 철도 회사가 단 한 곳도 없었다는 사실을 보면 이 문제는 심각했다. 화차에 트레일러를 올리는 일도 어렵고 성가신 작업이어서 '곡예'처럼 진행되었다.

우선 빈 유개화차들을 줄지어 세우고, 화차들 사이에 금속 구조물을 놓았다. 그런 다음에 트럭이 후진하면서 맨 뒤의 화차부터 차례대로 트레일러를 실었다. 이렇게 트럭 한 대가 트레일러 하나를 유개화차 하나에 싣고 내려오면, 다시 다음 화차에 다음 트레일러를 싣는 작업을 반복해야 했다. 대부분 화차들은 한 대의 트레일러밖에 싣지 못했기 때문에 기차 하나를 운행하려면 매우 많은 화차를 연결해야 했다. 게다가 피기백이 효율성이 높은 서비스가 되려면 투자 대비 운송 화물량이 많아야 했지만, 양이 지나치게 적었다. 이런 운영상의 비효율성만 문제가 아니었다. 조합원 대부분이 도시와 도시 사이 노선을 운전하는 기사들인 팀스터스조합은 조합원들의 일감을 뺏어가는 사업에 당연히 반대했다. 이런 상황에서 팀스터스조합은 트레일러를 철도 회사에 맡겨 운송하는 트럭 회사들에 불이익을 주는 것을 노사 협의 내용에 관철시켰다. 피기백은 아주 작은 사업에 지나지 않았다. 비록 1955년에 32개 철도 회사가 트레일러를 화차에 신고 운송했지만 총 화물량은 철도 전체 화물의 0.4퍼센트에 불과했다.[10]

1954년 7월, 철도업계의 강자이던 펜실베이니아레일로드가 뉴욕과 시카고 구간에 트레일러 운송 서비스를 시작했다. 50피트(약 15미터) 길이의 화차에 트레일러를 하나씩 신는 방법이었다. 몇 개월이 지난 뒤, 철도 회사의 '트럭트레인TrucTrains' 서비스는 75피트 길이의 새로운 무개화차를 갖추고 시카고와 세인트루이스 간에 날마다 편도로 수백 대의 트럭을 운송했다. 이 철도 회사는 150개 트럭 회사와 계약하고 트레일러를 화차에 신고 운송했다. 이 사업은 얼마 지나지 않아 한 해 1억 달러의 매출을 올리는 규모로 커졌다. 펜셀베이니아레일로드는 연구 개발 부서를 만들어 (이런 조치는 철도 회사로서는 매우 이례적이었다) 트럭트레인 사업을 개선하는 임무를 맡겼다. 1955년 11월에 트럭트레인 사업부는 트레일러트레인컴퍼니Trailer Train Company라는 별도 회사로 독립했는데, 다른 철도 회사에게도 투자의 문을 개방했다. 발상 자체는 단순했다. 각 철도 회사가 자체적으로 소규모 트레일러 운송 사업을 할 게 아니라 트레일러트레인이 전국 차원에서 트럭 트레일러 화물을 처리하는 방식이었다. 이 회사는 무개화차를 소유하고, 트럭 회사들로부터 운송료를 받는다. 그리고 각 철도 회사들에게 운송료 중 일부를 철로 사용료로 지불한다. 수익이 발생하면 해당 회계연도 말에 지분에 따라 주주인 철도 회사들과 나누는 것이었다. 트레일러트레인은 1956년에 화차 500대로만 사업을 시작했다. 다른 철도 회사들도 속속 합류했고, 덕분에 트레일러트레인은 운송이 가능한 범위를 점차 넓히면서 '규모의 경제(규모가 커질수록 단위 비용은 줄어든다는 경제학 원리-옮긴이)'를 실현했다. 1957년까지 트레일러트레인은 85피트(약 26미터) 길이 화차를 계속 사들였는데, 이 화차 한 대면 길이 40피트인 트럭 트레일러 두 개를 실을 수 있었다.[11]

당시 주요 철도 회사 세 군데가 화차에 컨테이너를 싣는 방법이 복잡해 경제성이 없다고 확신하며 트레일러트레인에 합류하지 않았다. 1957년에 펜실베이니아레일로드와 쟁쟁한 경쟁사던 뉴욕센트럴레일로드는 플렉시-밴Flexi-Van이라는 서비스를 개발했다.

플렉시-밴은 컨테이너를 사용했다. 대차에서 핀을 네 개 뽑아 언더캐리지undercarriage(하부적재장치)에서 특수 트럭 트레일러를 분리할 수 있었다. 90도로 회전이 가능한 턴테이블을 갖춘 언더캐리지를 장착하고 다녔는데, 트럭을 후진해 화차 옆면에 가까이 댄 다음에 트럭 기사가 핀을 뽑아 트레일러를 분리했다. 그러면 이 트레일러는 바퀴가 없어도 턴테이블에 장착된 레일을 따라 미끄러진다. 이때 트레일러가 반쯤 턴테이블에 올라가면, 트럭 기사가 트럭 트랙터 아래에 있는 추가 핸들을 조작해 정해진 길을 따라 밀어넣어 트럭과 트레일러를 분리한다. 그리고 화물이 화차 위에 화차에 나란한 방향이 되도록 턴테이블을 돌린다. 이런 과정 덕분에 플렉시-밴 컨테이너 방식은 트레일러를 통째로 화차에 올리는 방식보다 상차 과정이 더 쉬웠다. 또 줄지어 늘어선 여러 화차 중 하나의 화차에 컨테이너를 싣거나, 또 아무 화차에서나 적재된 컨테이너를 어느 화차에도 아무런 방해를 주지 않은 채 내릴 수 있었다. 플렉시-밴은 여객 열차의 속도로 달렸는데, 시카고에서 뉴욕까지 17시간 만에 컨테이너를 운송했다.[12]

중서부 지역에서 미주리퍼시픽레일로드Missouri Pacific Railroad는 완전 다른 접근 방식을 취했다. 이 철도 회사는 상단에 있는 갈고리를 통해 분리되는 트럭 몸체를 사용했다. 방법은 우선 폭이 큰 바퀴가 달린 크레인이 대기하는 철도로 트럭을 몰고 간다. 트레일러 몸체를 언더캐리지로부터 분리하기 위해 몇 개의 핀을 뽑은 뒤 크레인을 움직여 트레일러를 화차에 옮겨 싣는다. 이 과정은 모두 합해 채 10분도 걸리지 않았다.

서던레일웨이Southern Railway는 주변에 다른 철도 회사가 없어 고객을 독점하고 있었다. 뉴잉글랜드와 남부 사이를 오가는 화물을 처리하는 방식으로 트레일러 대신 컨테이너를 싣는 것이 최선이라 보았다. 서던레일웨이는 워싱턴주에 있던 회사의 종착역과 그보다 훨씬 더 북쪽에 있는 여러 지점들 사이를 오가며 트레일러를 운송하던 트럭업체들과 계약을 체결했다. 그리하여 볼티모어와 뉴욕의 낮은 터널들 때문에 무개화차에 전통적인 형태의 트레일러를 싣고 운송할 수 없었던 불편함을 극복했다.

물론 이 세 철도 회사는 컨테이너를 서로 교환할 수 없었다. 트레일러 트레인에 참여하던 다른 철도 회사들과의 컨테이너 호환도 불가능했음은 당연했다. 표준이 설정되어 있지 않아 해운사들에게 생긴 일이 철도 회사들에게도 똑같이 일어났다. 1950년대 말이 되면 화물 처리를 단순하게 하려는 시도에 따라 여러 해법이 나왔지만, 모두 양립할 수 없었던 것이다.[13]

피기백을 확대하려는 철도 회사들의 노력은 주간통상위원회를 곤란하게 만들었다. 피기백 초기에 철도 운송료는 트럭과 마찬가지로 운송 화물의 품목에 따라서 결정되었다. 그런데 피기백 운송료는 트럭 운송료와 거의 같았고 유개화차 운송료보다는 조금 더 비쌌다. 주간통상위원회에게는 이런 운송료 체제가 좋았다. 철도 회사들이 전체 화물운송 사업을 흔들지 않으면서 화물운송량을 조금 더 늘릴 수 있었기 때문이다. 팬애틀랜틱의 육상-해상 결합 운송료는 철도의 유개화차 운송료보다 5~7.5퍼센트 낮았다. 이 역시 해운업체들이 느린 운송 서비스를 이유로 운송료를 싸게 책정할 수 있도록 했던 주간통상위원회의 여러 선례와 일치했다. 그러나 1957년 말에 철도 회사들은 팬애틀랜틱과 화물을 실은 유개화차를 배에 실어 운송하던 시트레인을 상대로 경쟁하기 위해 피기백 운송료를 낮추려는 시도를 했다. 예상대로 팬애틀랜틱과 시트레인은 철도 운송료가 지금보다 더 낮아진다면 자기들은 시장에서 밀려날 것이라며 반발했다.[14]

주간통상위원회가 해운사에 손해를 입히지 않으면서 철도 회사를 도울 방법을 찾으려고 애를 쓰던 와중에 의회가 개입해 다소 모순적인 지침들을 내렸다. 플로리다의 상원의원 조지 스마더스George Smathers의 표현을 빌리자면, 의회는 '전체 운송 체계에 어느 정도 경쟁하는 분위기가 도입되기를' 바랐다. 의회는 낮은 운송료와 새로운 서비스가 가져다주는 혜택이 경제에 긍정적으로 작용하길 바라기도 했지만, 이와 동시에 운송업체들과 이 업체에서 일하는 노동자들을 보호하고 싶은 마음도 있었다. 이렇게 해서 나온 결과가 1958년의 운송법이었다. 이 법률은 단 하나의 확실한 문장으로 주간통상위원회가 특정한 운송업체를 보호하기 위해 다른 형태의 운송업체의 운송료를 높은 수준으로 유지하는 것을 금하는 한편, 부당한 경쟁이나 파괴적인 경쟁은 철저히 차단하라고 명령했다. 이렇게 되자 주간통상위원회는 더는 해운사나 트럭 회사를 보호하기 위해 철도 운송료를 높은 수준으로 유지할 수 없었다. 동시에 해운사나 트럭 회사가 시장에서 퇴출되지 않도록 안전장치를 마련해야 하기도 했다. 주간통상위원회는 혼란 속에서 철도 회사들에게 피기백 운송료를 팬애틀랜틱의 육상-해상 결합 운송료보다 약 6퍼센트 높은 수준으로 책정하라고 지시했다. 그런데 이 지시는 법정에서 뒤집어졌다. 법정은 철도 회사들에게 비용을 상회하는 범위, 즉 손해를 보지 않는 범위 안에서는 피기백 운송료를 얼마든지 낮게 책정할 수 있다는 판결을 내렸다.[15]

운송료를 낮춰도 된다는 판결 덕분에 피기백 화물은 철도 회사들 눈에 예전보다 훨씬 더 매력적인 분야로 두드러졌다. 단거리 화물운송은 여전히 트럭 회사의 비용이 가장 낮았으며, 선적인에게 부과되던 운송료도 상대적으로 더 낮았다. 그러나 장거리 화물운송은 달랐다. 트럭 기사 임금과 연료비가 거리에 비례해 늘어나 트럭의 1마일당 총비용은 조금밖에 내려가지 않았기 때문이다. 반면 철도 회사들의 1마일당 총비용은 거리가 멀어짐에 따라 뚜렷한 하락 추세를 보였다. 트레일러든 컨테이너든 일단 화차에 상차되면, 그 이후의 철도 운행 비용은 매우 쌌기 때문이다. 500마일(약 805킬로미터)이 넘는 거리에서는 피기백이 전통적인 트럭운송보다 확실히 쌌다. 심지어 특정 선적인과 계약을 맺고 단독으로 일하던 트럭 기사들조차도 장거리 운송의 경우, 트레일러를 무개화차에 싣고 운송하는 철도 회사와는 도저히 경쟁 상대가 될 수 없었다.[16]

철도 회사들은 고객에게 낮은 비용으로 서비스를 할 수 있어 좋았고, 그럼에도 불구하고 전통적인 방식인 유개화차에 화물을 실어 운송할 때보다 더 많은 수익을 얻을 수 있었다. 운송취급인은 운송료가 상대적으로 덜 들어 좋았다. 소규모 화물 꾸러미들을 트레일러에 가득 채워 넣어

2만 파운드(약 9,072킬로그램) 화물운송비 비교(1959년)　　　　　　　　　　　　(단위: 달러)

거리(마일)	트럭	철도 유개화차	철도 무개화차 (트레일러 1대를 실은 경우)
500	244.47	206.67	236.59
1,000	445.86	337.11	404.14
1,500	647.13	467.56	571.69

* 철도 운송료는 경비와 이익을 포함한 것이다.

** 2만 파운드의 화물을 실은 트레일러 1대당 운송료

출처: 케네스 홀컴Kenneth Holcomb, 이 장의 [8]을 참조

서 상대적으로 낮은 운송료의 철도 회사를 이용했던 것이다. 제너럴일 렉트릭General Electric이나 이스트먼코닥Eastman Kodak과 같은 제조업체들은 자사 제품을 여러 개의 상자에 담아 트럭을 이용해 배송하는 방식보다 트레일러나 컨테이너에 담아 철도로 단일 수령인에게 배송할 때 비용을 절약할 수 있음을 금방 깨달았다.

1967년이 되면 석탄이나 연료 제품을 제외하고 전체 상품의 4분의 3이 최소 3,000파운드 단위로 포장돼 공장에서 출고됐다. 가공식품, 신선육, 철 및 철강제품, 비누, 맥주 등의 상품이 맨 먼저 피기백 화물로 바뀌어 운송되었고, 오렌지나 벽판 같은 대용량 화물은 20년 만에 처음으로 철도로 운송되었다.[17]

분명 규정상의 몇 가지 허점은 있었다. 주간통상위원회 규정에 따르면 혼합화물인 경우, 철도 회사는 1마일당 고정 운송료를 받고 트레일러를 운송할 수 있었다. 그러나 어떤 단일 품목이 차지하는 비율이 특정

수준을 넘을 경우에는 선적인이 그 품목에 대한 특별 운송료를 지불해야 했다. 하지만 대형 선적인들은 그런 규제에 익숙해 있었다. 이들은 피기백이 비용을 절약하게 해줄 뿐만 아니라 낮아진 운송비 덕분에 과거에 운송비가 너무 비쌌던 도시들에서도 자사 제품을 팔 수 있다는 사실을 깨달았다. 철도 회사들이 운행 속도를 높이면서 시카고에서 캘리포니아까지 트럭 트레일러를 운송하는 데 걸리는 시간은 5일에서 3일로 줄어들었다. 운송 시간이 줄자 재고관리비 지출도 그만큼 낮아졌다.

1958년에서 1960년 사이 피기백 운송 화차의 수는 두 배로 늘어났으며, 1965년까지 다시 두 배로 늘어났다. 플렉시-밴은 1964년에 무려 뉴욕센트럴 전체 매출액의 14퍼센트를 차지했다. 1956년에 100만 달러 미만이던 매출액은 1965년에 5,000만 달러로 늘어났으며 그해에 소유한 화차의 수는 2만 8,000대였다.[18]

▥

1950년대 중반에 미국 철도 회사들이 트레일러 운송 분야에서 공격적으로 나서기 시작했지만, 국제무역은 거의 고려하지 않았다. 그러나 피기백 화물과 컨테이너 운송이 하나로 결합될 가능성은 분명 존재했다. 대부분의 피기백 화물은 트럭 트레일러였다. 이 트레일러들은 바퀴를 달고 있어 배를 타고 해외로 운송될 화물이 전혀 아니었다. 그러나 피기백 화물의 약 10퍼센트는 바퀴가 분리된 트레일러였다. 미국규격협회가 1959년부터 개발하던 컨테이너 크기 및 인양 방법들에 대한 표준화 작업과 동반해 늘어났던 수치와 일치한다. 표준 컨테이너는 이미 캐나다로 자유롭게 오가고 있었는데, 캐나다에서는 철도 회사들이 미국에서보다 피기백을 더 열렬하게 도입했기 때문이다.[19]

미국과 유럽의 정기 컨테이너 서비스를 도입한 사람은 불굴의 의지를 가졌던 모리스 포가시였다. 1960년을 기점으로 그의 유나이티드스테이츠프레이트는 컨테이너를 미국에서 일본으로 운송하기 시작했다. 그 과정에서 미국 철도 회사와 일본 트럭 회사 그리고 스테이츠마린라인스States Marine Lines의 혼합화물선을 이용했다. 다음 해인 1961년에는 뉴욕센트럴이 새로운 플렉시-밴 컨테이너를 5,000개 구비해 비슷한 서비스를 일본과 유럽에 하기 시작했다. 이에 맞서 미국에서 일반화물을 처리하던 해운사들 중 가장 큰 해운사였던 유나이티드스테이츠라인스는 서던레일사의 컨테이너를 실험 삼아 유럽으로 운송했다. 이 회사를 통해 유럽에서 수십만 병력을 지원하던 미군은 40피트 길이의 컨테이너를 바다 건너로 운송하기 시작했다.[20]

초기의 이런 국제적 노력들은 크지 않은 규모였다. 맥린은 1961년에 유럽 노선 진출을 바랐지만, 부하 직원들이 만류했다. 회사로서는 대규모의 모험을 감행할 준비가 되지 않았다는 이유였다. 그 어떤 해운사도 완전하게 컨테이너화한 배를 아시아나 유럽으로 운항하고 있지 않았다. 그래서 컨테이너는 브레이크벌크선의 선창 하나에 실리거나 다른 혼합화물들과 뒤죽박죽 섞여 운송되었다. 이런 배들에 실린 화물의 대부분은 하나씩 처리해야 하는 전통적인 화물이었다. 그래서 짐을 싣거나 내리는 데 걸리는 시간은 컨테이너가 없는 경우와 거의 비슷했다. 국제노선에서 선적인들은 컨테이너를 사용해도 비용을 절약할 수 없었다. 해상 화물의 운송료를 결정하는 회의에서는 선적인들에게 유리한 어떤 조건도 마련하지 않았기 때문이다. 즉 자동차 부품 20톤을 실은 컨테이너 하나에 대한 운송료는 이 부품을 수십 개의 목재 크레이트에 담은 경우의 운송료와 거의 같았다. 컨테이너는 보통 바다를 건너 되돌아올 때는 빈 채로 돌아왔는데, 이 비용도 운송료에 포함됐다. 선적인의 관점에서 보자면 화물을 도둑질당하지 않게 되었다는 점 외에 서류 작업이 간편해졌다는 정도만 이득이었다. 예를 들어 미국에서 아시아로 갈 때, 예전처럼 화물이 이동하는 여정에 따라 그때마다 운송료를 지불하지 않고 운송취급인에게 육상-해상-육상운송의 전체 과정에 대한 통합운송료를 확인하고 한 번만 운송료를 내면 되었기 때문이다.[21]

1965년 초를 기준으로 컨테이너가 도입된 지 9년이 지났다. 그런데 이 9년 동안 컨테이너가 거둔 성과는 긍정적인 면이 있어도 대단한 정도는 아니었다. 뉴욕항의 컨테이너 화물 처리량은 정체된 상태였으며, ILA는 여전히 컨테이너의 성장에 격렬하게 반대했다. 태평양 연안에서는 비록 빠르게 발전을 했다지만 일반화물의 약 8퍼센트만 컨테이너로 운송되고 있었다. 몇몇 철도 회사들은 이론적으로는 해운사들과 호환이 가능한 컨테이너를 사용하고 있었다. 그러나 실제로 철도운송과 해상운송이 동시에 이루어지는 컨테이너 화물의 양은 미미했다. 분리가 가능한 컨테이너를 사용하던 트럭 회사도 시랜드서비스나 맷슨내비게이션과 계약을 맺고 있던 회사가 대부분이었다. 그 밖의 다른 트럭업체들은 본체와 분리되지 않는 바퀴를 달고 있어 배에 적재할 수 없는 트레일러를 압도적으로 선호했다. 컨테이너 해상운송은 1964년에 시랜드의 전체 수입에서 9,400만 달러를 차지할 정도로 성장 가능성이 충분히 있었지만 틈새시장의 일일 뿐이었다. 대부분의 제조업체, 도매업체 그리고 소매유통업체가 자사 제품을 운송하는 방식이나 방법은 예전과 거의 달라지지 않았다.[22]

그러나 장막 뒤에서는 컨테이너 혁명을 위한 조건들이 차근차근 마련되고 있었다. 우선 해운업체들이 태평양 연안과 대서양 연안에 있던 두 노동조합과의 협상에서 극적인 타결을 이끌어내면서 부두노동자에 지출되던 비용이 놀라울 정도로 줄어들었다. 또 컨테이너 크기 및 컨테이너를 들어 올리는 방식에 대한 표준을 둘러싼 국제적인 합의가 이루어졌다. 비록 이런 기준에 맞는 컨테이너는 아직 많지 않은 수준이긴 했지만 말이다. 부두들도 컨테이너 화물 처리에 적합하도록 개조했다. 제조업체들도 대규모 화물을 단일 단위로 선적해 컨테이너화의 이점을 최대한 누리고 비용을 절감해 자사 공장을 체계적으로 돌리는 방법을 깨우쳤다. 철도 회사와 트럭 회사 그리고 운송취급인 등도 이제는 '복합운송 intermodal'이라는 개념 아래 트레일러나 컨테이너를 이 운송수단에서 저 운송수단으로 옮겨 싣는 작업에 익숙해졌다(복합운송이란 화물을 선박, 기차, 트럭 등 여러 가지 운송수단을 이용해 한번에 목적지까지 중단 없이 수송하는 운송 시스템이다-옮긴이). 규제 당국도 조심스럽게 경쟁을 장려해 운송업체들이 컨테이너화에 따른 비용 절감의 혜택을 고객에게 돌려줄 수 있도록 했다. 다만 단 하나의 결정적인 요소가 부족했다. 바로 배였다.

컨테이너 시대를 연 화물선은 모두 2차 세계대전 때의 낡은 배였다. 1965년을 기준으로 시랜드서비스가 보유한 배는 모두 최소 20년은 되었다. 맷슨내비게이션이 보유한 배 중 선령이 가장 낮은 배도 1946년에 건조된 배였다. 2차 세계대전이 끝난 뒤 미국 정부로부터 헐값에 사들인 이 낡은 배들은 느리고 작았다. 그래서 컨테이너 개척자들은 막대한 자금 부담 없이 컨테이너화의 길을 개척할 수 있었다. 1960년대 초에 다른 해운사들도 컨테이너화를 시험했는데, 이때 사용된 배도 모두 2차 세계대전 때 동원되었던 화물선을 개조한 것들이었다. 새로운 배를 건조하는 비용은 너무나 막대해 웬만한 해운사는 정부로부터 보조금을 지원받더라도 감히 엄두를 내지 못할 정도였다. 또한 화물 처리의 미래 추세를 잘못 추정할 때 치러야 할 대가도 엄청났다.[23]

  세상이 이제 곧 빠르게 바뀔 것임을 누구보다 잘 알고 있던 사람은 바로 말콤 맥린이었다. 그는 이미 컨테이너에 집중하고 있었다. 시랜드서비스는 잠재적인 경쟁자의 추격을 멀찌감치 따돌리려고 1961년부터 1963년 사이 일곱 척의 배를 컨테이너선으로 개조했다. 이렇게 개조한 배들 덕분에 1962년에 태평양 연안에서 컨테이너 해상운송 서비스를 시작했으며, 이어 1964년에는 알래스카프레이트라인스를 인수했다. 그러나 불과 2년 만에 부채가 850만 달러에서 6,000만 달러로 늘어나는 부담을 감수해야 했다. 그런데 시랜드서비스가 1964년에 유럽 노선 항해를 생각하면서 훨씬 더 많은 투자가 필요했다. 맥린이 다음 목표를 발표하면 미국 거대 해운사들도 대서양을 횡단하는 컨테이너 운송 사업에 뛰어들 것이고 유럽 해운사들도 질세라 합류할 것이었다. 맥린이 선두주자의 자리를 지키려면 선택의 여지 없이 다시 한 번 모험을 감행해야 했다. 결국 맥린은 1965년에 두 차례에 걸친 거대한 규모의 금융거래를 성사시켰다.[24]

첫 번째 건은 말콤 맥린과 비슷한 점이 많은 대니얼 K. 루드위그가 관련된 금융거래였다. 1897년생인 루드위그는 열아홉 살 나이에 오대호 인근에서 당밀을 운송하는 일로 운송업계에 뛰어들었다. 그는 맥린과 마찬가지로 비용 절감에 철저하게 초점을 맞추어 회사를 운영했다. 루드위그와 관련된 유명한 일화가 있다. 한 번은 그가 '아나후악'이라는 이름의 배를 인수했는데, 배의 이름을 바꾸지 않고 그대로 쓰기로 했다. 그 이유는 '기존의 이름을 페인트로 지우는 데 50달러 비용이 들기 때문'이었다. 1950년대까지 루드위그가 소유한 내셔널벌크캐리어스^{National Bulk Carriers}는 미국 최대 해운사였으며 당시 루드위그는 세계에서 가장 부유한 사람들 중 한 명이었다. 그는 아메리칸하와이안스팀십의 경영권도 가지고 있었다. 이 회사는 1953년에 화물선 운항을 중단한 뒤 껍데기만 남아 있었다. 루드위그는 맥린의 컨테이너 사업을 유심히 지켜보고 있었다. 그리고 1961년 1월에는 아메리칸하와이안이 고속 화물선 10척을 건조해 파나마운하를 경유하는 대서양 노선을 열겠다면서 정부에 1억 달러 지원금을 신청했다. 시랜드서비스 역시 즉각 이 노선에 진입할 것이라고 공식적으로 발표한 뒤, 루드위그가 지원금을 받을 수 없도록 저지에 나섰고, 이 시도는 성공했다. 루드위그는 보조금 지급 대상을 원자로를 동력으로 사용하는 배 세 척으로 줄였다. 그리고 컨테이너 선적에서 이익을 창출할 최고의 방법은 시랜드서비스에 투자하는 것이라는 판단을 내렸다. 1965년 초에 맥린인더스트리즈의 주식은 한 주에 13달러에 거래되고 있었다. 이 회사는 주식 100만 주를 발행해서 아메리칸하와이안에 주당 8.5달러에 팔았고, 루드위그는 맥린인더스트리즈의 이사회에 참석했다. 이는 두 사람이 장차 오랫동안 협력 관계를 유지하게

될 첫 번째 사건이었다.[25]

그리고 맥린이 성사시켰던 두 번째 금융거래는 리턴인더스트리즈Litton Industries였다. 1930년대에 진공관 제조업체로 시작한 이 회사는 1950년대 10년 동안에 새로운 유형의 회사인 이른바 '복합기업conglomerate'으로 변신했다. 회사의 수많은 계열사 중 미시시피의 패스커굴라에 있는 잉걸스십야드Ingalls Shipyard가 있었다. 리턴인더스트리즈는 당시 다른 복합기업들과 마찬가지로 빠른 속도로 성장하는 데 심혈을 기울였는데 이런 맥락에서 잉걸스십야드가 무역 활동 영역으로까지 사업을 다각화하기를 열렬하게 바랐다. 맥린은 배가 필요했지만 돈이 없었고, 리턴인더스트리즈는 돈은 있었지만 자회사가 부지런하게 돌아갈 수 있는 방법을 고심하고 있었다.

양측은 협상을 거쳐 리턴리싱Litton Leasing이라는 회사를 세웠다. 1964년 11월 5일, 시랜드서비스는 리턴리싱에 컨테이너선 아홉 척을 2,800만 달러에 팔아 은행 빚 3,500만 달러를 갚는 데 보탰다. 그리고 리턴리싱은 곧바로 이 배들을 시랜드서비스에 임대했다. 리턴리싱은 워터맨스팀십이 소유하던 다른 배들도 인수해 길이와 폭을 넓히고, 시랜드서비스의 컨테이너에 딱 맞는 컨테이너 셀을 설치하는 등의 개조 작업을 했다. 연간 임대료는 146만 달러였는데, 이렇게 해서 재정난에 시달리던 시랜드서비스는 단 4년 만에 18척의 컨테이너선을 추가로 확보했다. 게다가 리턴리싱은 자사의 전환주식(발행 후, 주주株主의 희망에 따라 일정한 조건 아래에서 다른 종류의 주식으로 전환할 수 있는 권리가 인정되는 주식-옮긴이)을 맥린인더스트리의 주식 80만 주와 맞바꿈으로써 시랜드서비스의 재정 상태에 단번에 680만 달러를 보탰다.[26]

거대한 선단을 확보하기 위한 시랜드서비스의 빠른 행보로 컨테이너화의 수문이 활짝 열렸다. 1965년 늦여름의 8주 동안에 26척 이상의 컨테이너선 사업이 대대적으로 세상에 알려졌다. 배 한 척을 개조하는 데 800만 달러에서 1,000만 달러가 들었으며, 섀시와 컨테이너를 제작하는 데도 추가로 100만 달러에서 200만 달러가 들었다. 현금에 인색하기로 소문난 해운 산업에서 수익을 낼지 확신할 수 없는 일에 무려 25억 달러나 되는 돈을 투자한 것은 도무지 이해하기 힘든 과감한 모험이었다. 여러 해 동안 한 발 떨어진 위치에서 호기심을 가지고, 그러나 애매한 태도를 취한 채 컨테이너화를 지켜보던 다른 해운사들은 서둘러 나서지 않으면 거대한 홍수에 휩쓸려 흔적도 없이 사라질지도 모른다는 불안에 휩싸였다. 그러나 그들 모두가 절실하지는 않았다.

1966년 초에 시랜드서비스가 로테르담 힐튼에서 파티를 열어 네덜란드의 선적인들에게 컨테이너 해상운송 서비스를 소개할 때였다. 손님들은 야유를 보냈다. 심지어 홀랜드-아메리카라인Holland-America Line의 수장은 시랜드서비스의 임원에게 이렇게 말했다.

"당신네는 다음 배를 가지고 와 빈 컨테이너들을 모두 싣고 미국으로 되돌아가야 할 텐데요."[27]

기존 운송업체들이 가장 두려워하던 부분은 컨테이너 때문에 화물운송료가 떨어지는 상황이었다. 운임과 관련해 이해관계자들이 모이는 해운사 협회의 총회가 네 차례 열렸다(두 번은 북아메리카와 북유럽 사이를 오가는 각각의 경우 운송료를 다루었고, 다른 두 번은 북아메리카와 영국제도 사이를 오가는 화물을 다루었다). 이 총회에서 모든 화물 품목의 운송료를 정했지만, 컨테이너에 관한 조항은 단 하나도 없었다.

시랜드서비스로서는 굳이 총회에 참석할 필요는 없었다. 그러나 참석하는 편이 유럽의 여러 국가 및 항구와 거래를 보다 원활하게 할 수 있을 것이라 보았다. 그런데 이미 협회의 회원이던 유나이티드스테이츠라인스는 컨테이너에 관한 총회 규정이 결정적일 정도로 중요했다. 시랜드서비스가 운송료 전쟁을 시작할 의도가 없다고 밝히자 총회에 참석할 수 있는 문은 활짝 열렸다. 맥린은 총회에 참석하는 자사 대표단에게 북대서양대륙화물총회North Atlantic Continental Freight Conferences, NACFC에 미국과 유럽 구간의 왕복 해상권을 승인받되 분쟁을 일으키지는 말라고 지시를 내렸다. 시랜드서비스와 유나이티드스테이츠는 두 가지 조건을 제시했다. 첫째, 컨테이너를 부두에서 창고로 혹은 창고에서 부두로 옮기는 비용은 저렴해야 할 것, 두 번째, 선적인들이 추가 요금을 부담하지 않도록 다른 해운사들의 컨테이너와 섀시를 사용하는 비용까지 대양화물운송료에 포함할 것이었다. 두 회사의 유럽 경쟁사들은 컨테이너 서비스를 면밀하게 검토한 뒤 요구를 받아들였다. 이와 관련해 시랜드서비스의 한 임원은 당시를 다음과 같이 회상했다.

"우리는 커다란 양보를 바라지 않았습니다. 그저 컨테이너 사용을 받아들여달라고만 요청했을 뿐입니다. 아시다시피 그걸 받아들인 건 그 사람들로서는 대단한 실수였지요. 하지만 그들의 의지로 저지른 겁니다."

하지만 유럽 해운사의 한 임원은 전혀 다르게 기억하고 있었다.

"그들은 시랜드서비스를 두려워했습니다. 하지만 시랜드서비스를 자기 영역 바깥으로 돌게 하지 않고 안으로 끌어들여 계속 주시하고자 했습니다. 도대체 무엇을 어떻게 하는지 알고 싶었거든요."

어느 쪽이 정확한 판단이었든 시랜드서비스는 NACFC의 이방인이

아닌 당당한 회원사가 될 수 있었다.[28]

한편, 대서양 연안에서 스칸디나비아 사이 노선을 운항하면서 정부는 보조금을 지원받던 미국 해운사 무어맥코맥라인스^{Moore-McCormack Lines}는 1966년 3월에 대서양을 오가는 컨테이너 운송 서비스를 처음 시작했다. 트럭 트레일러와 컨테이너 그리고 혼합화물을 운송하는 겸용선combination ship(서로 다른 두 종류 이상의 화물을 운반하는 배-옮긴이)을 이용했다. 마찬가지로 정부에 보조금을 받던 유나이티드스테이츠도 거의 동시에 선창에 혼합화물과 함께 40피트 및 20피트 컨테이너를 운송하는 서비스를 시작했다. 그리고 시랜드서비스는 유럽의 325개 트럭 회사와 컨테이너를 항구에서부터 바젤이나 뮌헨과 같은 지점들로 운송하기로 계약을 맺었다. 그 뒤 4월에 정부의 지원 없이 기존 해운사들과는 완전히 다른 규모의 컨테이너 운송 서비스를 시작했다. 뉴어크와 볼티모어에서 로테르담과 브레머하벤으로 한 주에 한 번씩 운항하는 정기 노선에서 35피트 컨테이너를 한 번에 226개씩 운송했다.

그런데 이 세 해운사 모두 놀랄 만한 성과를 올렸다. 중간 크기의 컨테이너선 세 척으로 대양을 운항하는 브레이크벌크선의 여섯 척에 해당하는 화물량을 처리했으며, 자본비용은 절반으로 줄었고 운영 비용은 3분의 2밖에 들지 않았다. 유나이티드스테이츠는 엘리자베스항에서 크레인 하나를 운용하는 부두노동자 한 작업조가 10시간 동안 컨테이너 화물을 처리하면 10개의 작업조가 전통적인 브레이크벌크 화물을 처리하는 양과 동일한 양의 화물을 처리할 수 있다는 사실을 발견했다. 무어맥코맥라인스는 엘리자베스항에서 전통적인 방식으로 화물을 선적할 때는 1톤당 16.00달러의 비용을 지불해야 했지만 컨테이너화한 화물을

선적할 때는 1톤당 2.00달러에서 2.50달러만 지불해도 되었다.[29]

이 시기 대서양을 횡단한 컨테이너 화물은 두 가지 유형이었다. 유럽으로 갈 때는 군수품이었고, 미국으로 돌아올 때는 위스키였다. 컨테이너 운송이 등장하기 전까지 주류 수출업체들은 운송 도중 술을 도난당한다고 줄곧 불평했으므로, 이들에게 컨테이너를 사라고 설득하는 일은 어렵지 않았다.

시랜드서비스의 컨테이너선이 기항하는 항구 중에는 스코틀랜드의 그레인지머스항도 포함되어 있었는데 이곳에서 스카치 위스키를 선적했다. 이때 시랜드서비스는 스테인레스 소재의 탱크 컨테이너 사업을 따냈는데, 이 컨테이너는 수출업자가 벌크 방식으로 술을 선적해 술을 병에 담는 작업은 미국에서 할 수 있도록 설계됐다. 게다가 탱크 컨테이너 두 개가 시랜드서비스 소속 화물선의 표준적인 컨테이너 칸 안에 딱 들어맞았다. 이로써 아주 오래전부터 위스키 무역을 좀먹었던 절도 행위는 완전히 사라졌다.

군사적인 차원에서 컨테이너의 역할은 더욱 중요했다. 시랜드서비스 소속의 화물선은 미국 국적선으로서 독일 서부 지역에 주둔한 25만 명의 미군 장병들에게 지급될 군수품 중 일부를 운송할 권한을 가지고 있었다. 컨테이너화를 강력하게 지원할 방침을 세운 국방부는 시랜드서비스로 많은 화물을 운송했다. 업계에 돌던 소문에 따르면 당시 시랜드서비스가 대서양 너머로 나르던 화물의 90퍼센트 이상이 군수품이었다. 군수품 수요 덕분에 시랜드서비스의 첫 번째 컨테이너 국제운송은 수익이 날 수밖에 없었으며, 외국 해운사는 감히 넘볼 수 없는 경쟁력이 보장되었다. 1966년 여름, 미 해군이 브레이크벌크선을 운용하던 해운사들의 반대를 물리치고 유럽으로 향하는 군수품 운송 계약을 경쟁 입찰로 돌렸을 때, 시랜드서비스는 미국 내 어떤 경쟁사보다 낮은 운송료를 제시해 자기가 처리할 수 있는 화물운송량을 모두 따낸 것이다.[30]

컨테이너 화물선이 대서양을 횡단했던 첫 해, 그때의 화물운송과 관련된 믿을 만한 통계는 남아 있지 않다. 유럽까지 갔다가 돌아오는 컨테이너 중 압도적으로 많은 양이 뉴욕항을 통했으며, 따라서 당시 뉴욕항 관련 자료야말로 새 무역의 규모를 짐작할 수 있는 가장 신뢰 높은 근거가 될 수 있다. 1965년에 뉴욕항의 컨테이너 화물 처리량은 195만 톤이었는데(1966년의 첫 10주간은 컨테이너가 거의 운송되지 않았음에도 불구하고), 1966년에는 260만 톤으로 껑충 뛰었다. 이런 놀라운 증가세를 보고 이전보다 많은 미국 해운사들과 영국 해운사 두 군데, 그리고 유럽 해운사들로 구성된 컨소시엄 한 군데가 뒤질세라 컨테이너 해상운송 분야에 뛰어들었다. 다음은 당시 상황을 분석한 컨설팅 보고서의 내용이다.

"1966년에 해운사들이나 항구들이 컨테이너 사업에 몰입했는데, 이 몰입의 정도는 돌아오지 못할 지점을 이미 넘어버렸다."[31]

1966년 봄에는 미국에서 국제 컨테이너 운송 서비스를 실시하던 해운사는 단 세 군데였다. 그런데 어느 조사에 따르면, 1967년 6월이 되면 유럽과 아시아 심지어 라틴아메리카로 컨테이너 운송 서비스를 하는 해운사는 (비록 특수 컨테이너선을 이용하는 해운사는 손으로 꼽을 정도이긴 했지만) 무려 60군데가 넘었다. 1967년 하반기에만 5만 개가 넘는 컨테이너가 (이 정도면 50만 톤의 화물은 족히 실을 수 있다) 대서양을 건너 유럽으로 갔다. 여러 해운사가 업계의 표준으로 빠르게 자리를 잡아가던 폭과 높이가 모두 8피트인 상자를 최대한 많이 적재할 수 있는 첨단 컨테이너선을 주문했다. 1967년에는 뉴욕항만청이 뉴욕항의 일반화물 중 75퍼센트는 컨테이너로 운송될 수 있다는 연구 결과를 발표하면서 해운사 12군데가 주문한 총 64척의 컨테이너선이 만들어졌다. 영국의 컨테이너 운송 컨소시엄이던 오버시즈컨테이너스Overseas Containers Ltd.의 수장이던 케리 세인트 존스턴Kerry St. Johnston은 컨테이너가 처리하는 적재량이 너무 늘어나면 운송료가 터무니없는 수준으로 낮아질 우려가 있고, 이것은 컨테이너 설비 및 배에 수억 달러의 돈을 투자하는 해운사로서는 결코 바람직한 전망이 아니라고 경고했다.[32]

1968년에 또다시 컨테이너에 맞춰 설계된 새 배들이 운항을 시작했다. 그리고 그해에 한 주에 10척의 컨테이너선이 북대서양을 건너 20피트짜리 컨테이너 20만 개를 운송했다. 총 170만 톤의 화물을 나른 것이다. 아직 컨테이너선을 조선소로부터 인도받지 못한 유럽 해운사들도 나름대로 고심해 브레이크벌크선의 갑판에다 컨테이너를 층층이 쌓은 상태로 운항했다. 이들은 고객들에게 컨테이너 해상운송을 흉내낸 서비스는 제공할 수 있었다. 그러나 모든 과정이 컨테이너 중심으로 이루어지며 고층 크레인을 구비한 해운사의 효율성을 전혀 따라가지 못했다. 독일 해운사 하파그로이드Hapag-Lloyd의 사장이던 카를 하인츠 세이거Karl Heinz Sager는 "비용이 끔찍했습니다"는 말로 당시를 회상했다.[33]

선적인들이 컨테이너 화물 추세에 합류하지 않았던 유일한 이유는 컨테이너가 부족했기 때문이다. 비록 미국 국적 해운사들이 1966년 9월부터 1967년 12월까지 1만 3,000개의 컨테이너를 추가했고 유럽 해운사들이 수천 개를 구입했음에도 불구하고, 빈 컨테이너는 부족했다. 컨테이너 운송의 비용 절감 효과는 매력적이었다. 대서양을 가로지르는 노선의 운송료를 고려해도 그랬다. 시카고 인근에 본사가 있던 사무기기 제작업체 찰스브루닝Chas. Bruning Co.은 유럽 내륙에 있는 지점으로 자사 제품을 운송하는 데 평균 12일밖에 걸리지 않는다는 사실을 깨달았다. 찰스브루닝은 싼 운송료뿐만 아니라 수출용 특수 포장 비용, 제품 손상, 절도 피해 등에 따른 손해를 줄일 수 있었고, 게다가 25퍼센트의 보험료 할인 혜택도 보았다. 너무나 많은 화물이 너무도 빠르게 이동했기에 컨테이너가 처음 대서양을 건넌 지 3년 만에 순수한 브레이크벌크선만 운용하는 미국 해운사는 단 두 군데밖에 남지 않았는데, 이들은 합쳐서 1개월에 총 세 번 대서양을 건넜다.[34]

▥

전시 경제의 수요를 충족하기 위해 미국 공장들이 정신없이 돌아가던 바로 그 시기에 대서양을 건너는 컨테이너의 수량은 급격하게 늘어났다. 이 상황은 미국의 철도 회사들이 예전처럼 국내운송의 핵심으로 자리 잡을 수 있는 절호의 기회였다. 수출용으로 포장된 상품을 운송하던 철도 회사들의 전통적인 사업들은 죽어가고 있었다. 일주일에 수천 개의 컨테이너가 뉴저지와 볼티모어를 통과했다. 많은 수가 어퍼미드웨스트(미국 북중서부 지역. 미네소타주, 위스콘신주 그리고 미시간주를 가리킨다-옮긴이)의 산업 중심지에 있는 공장으로 가거나 그곳에서 나왔다. 이 거대한 규모는 트럭 회사에 유리한 요건이 아니었다. 아무리 많은 컨테이너를 처리해도 어차피 트럭 한 대는 40피트 컨테이너 하나밖에 운송하지 못했다. 규모의 경제는 기차가 동원될 때 진정한 힘을 발휘할 수 있었다.

철도 회사들로서는 수출용 화물에서 보던 손해를 어느 정도 만회할 기회가 주어진 셈이었다.

유럽의 철도 회사들도 사정은 같았다. 유럽인은 1920년대 이후로 줄곧 컨테이너로 이익을 낼 사업을 만들겠다는 시도를 했으며, 해운사들과 거래를 맺고 싶어 안달이었다. 대서양을 건너는 컨테이너 운송이 시작되자마자 이들은 화물을 끌어당기기 위해 컨테이너당 고정 운송료 지불 방식을 제안했다.

1967년에 프랑스 국립철도French National Railway는 화물을 실은 40피트 컨테이너를 독일 북부의 브레멘에서 스위스 바젤까지 운송하는 데 일률적으로 572프랑의 운송료를 부과했고, 독일 연방철도German Federal Railway는 40피트 컨테이너를 브레멘에서 뮌헨까지 운송하는 데 241달러의 운송료를 부과했다. 일찌감치 시랜드서비스는 영국에서 펠릭스토우항으로 들고나는 컨테이너 전용 기차를 이용해 육상운송과 해상운송을 결합하고자 했다. 한편 1963년부터 일찌감치 항구들을 들고나는 컨테이너 전용 기차를 운용하겠다는 제안을 했었던 브리티시레일British Rail은 컨테이너 운송의 열렬한 협력자였다.[35]

미국의 철도 회사들 특히 동부에 있는 철도 회사들은 매우 소극적인 자세였다. 이들은 컨테이너가 유개화차 화물을 뺏어가 전체 수입이 줄어들지도 모른다고 두려워했다. 이들 대부분은 트레일러트레인의 재정 지원을 받아 트럭 트레일러를 상차·하차할 수 있는 경사로를 이미 만들고 있었다. 재정 압박을 받고 있던 터라 컨테이너를 처리할 천장 크레인이나 야적장을 마련할 비용을 추가로 지출할 생각이 없었다. 뉴욕센트럴은 독창적인 플렉시-밴 서비스로 성공적인 운영을 이어가고 있었는데, 해상 컨테이너가 플렉시-밴 고객을 뺏어가지나 않을까 하는 두려움에 떨고 있었다. 철도 회사들은 컨테이너 처리 수요를 거부할 수 없었지만, 이들이 제공하는 컨테이너 운송 서비스가 너무도 형편없었던 나머지 어떤 고객도 철도를 통한 컨테이너 운송을 원하지 않았다. 1966년 2월에 펜실베이니아는 실험 삼아, 20피트 컨테이너 두 개를 무개화차에 실어 펜실베이니아 요크에 있는 캐터필라트랙터Caterpillar Tractor 회사의 창고로 운송했다. 이때 컨테이너를 화차에 올려놓은 상태에서 컨테이너에 짐을 실었고, 철도 회사는 이 컨테이너를 뉴저지항까지 운송한 것처럼 (마치 자사 공장에서 생산한 부품을 유개화차에 싣기라도 한 것처럼) 운송료를 부과했다. 이 운송은 아메리칸엑스포트라인스American Export Lines를 위한 실험 차원에서 비용이 청구되었는데, 철도 회사들은 이 실험이 실패하기를 간절히 기원했다. 당시 뉴욕센트럴 소속의 한 직원이 펜실베이니아의 담당자에게 보낸 편지에서 다음과 같이 썼다.

"우리는 컨테이너를 화차에 싣고 고박하는 데 들어가는 비용, 컨테이너를 내릴 때 들어가는 비용, 그리고 2주 동안 일감이 없어 설비를 놀림에 따라 들어가는 비용 등을 합친 높은 비용 때문에 고객들이 컨테이너 방식을 꺼릴 것이라고 기대합니다."[36]

동부 지역의 철도 회사들은 연구를 진행했고 그 결과는 철도 회사들이 서둘러 컨테이너 화물을 붙잡아야 한다는 내용이었다. 그러나 철도 회사들은 연구 결과에서 지시한 내용과 반대되는 선택을 했다. 컨테이너 사용을 기피하게 만들 새로운 운송료 체계에 합의한 것이다. 컨테이너를 가득 실었을 때를 기준으로 최저 운송료가 아닌 무게가 500파운드(약 227킬로그램)를 넘는 컨테이너는 무조건 무게 및 내용물을 따져 운송료를 매겼다. 여기에 더해 빈 컨테이너를 항구에서 내륙의 선적인 고객에게 가지고 가는 비용도 해운사에게 부담을 지우기로 했다. 선적인들로 하여금 국제운송에서 육상운송이 차지하는 부분에 기차를 사용하도록 권장하는 정책이라고는 도저히 말할 수 없는 정책이었다. 이런 조치들은 컨테이너 사업을 방해하는 효과보다 아예 철도에 발을 붙이지도 못하도록 만들었다. 1967년 봄에 월풀코퍼레이션Whirlpool Corporation이 뉴욕센트럴에 냉장고를 실은 컨테이너를 인디애나 공장에서 뉴저지항의 부두로 운송해 달라고 부탁했는데, 뉴욕센트럴은 냉장고를 유개화차에 실어 뉴저지항까지 운송하고 항구에서는 컨테이너에 싣는 게 좋겠다고 조언했다. 그러자 월풀은 아예 기차를 포기하고 트럭을 이용했다.

맷슨내비게이션은 하와이의 파인애플을 기차에 싣고 미국 대륙을 횡단하려는 계획이 있었지만, 이 계획도 철도 회사의 컨테이너 기피 정책에 맞닥뜨렸고, 결국 트럭을 선택했다. 시카고와 뉴저지 구간에서 통조림 제품을 1톤당 운송할 때 훨씬 쌌기 때문이다. 이와 관련해 뉴욕센트럴의 한 임원은 이렇게 말했다.

"우리에게 너무 중요해 그 제안을 물리칠 수밖에 없었다."[37]

말콤 맥린은 전혀 다른 전망을 했다. 그가 보기에 철도, 트럭, 선박은 화물을 운송한다는 점에서 같은 화물운송 산업이었다. 그는 시랜드서비스의 추진력 있는 영업자들을 보내 리틀록과 밀워키에서 유럽으로 상품을 수출하는 제조업체들을 붙잡으려고 했다. 1966년 시랜드서비스의 컨테이너 대서양 횡단 운송이 진행되던 때, 맥린인더스트리즈는 시카고와 세인트루이스에 철도 야적장을 지어주겠다는 대담한 제안을 했다. 맥린인더스트리즈가 소유한 운송 회사가 선적인들에게 화물을 거둬 자사의 컨테이너에 화물을 담되, 이때 풀먼컴퍼니$^{Pullman\ Company}$가 맥린 기업을 위해 컨테이너를 2단으로 쌓을 수 있도록, 풀먼이 특별히 설계한 화차에 싣는다는 내용이었다. 그리고 펜실베이니아레일로드가 컨테이너만 실은 이 기차를 엘리자베스항의 여러 부두 주위에 지을 시랜드서비스의 철도 야적장으로 옮기는 것이다. 그 뒤 엘리자베스항에서 대기하던 배에 컨테이너를 싣고 대서양을 건너 유럽의 항구에 도착하면, 유럽의 부두에서 컨테이너를 다시 트럭과 기차로 옮겨 최종 목적지까지 가는 방식이었다. 이렇게만 된다면 역사상 처음으로, 바다에서 1,500킬로미터 떨어진 선적인도 국제적인 운송 서비스를 사기만 하는 게 아니라 운송 서비스의 일정을 짤 수 있었다. 영업 사원은 해당 일정과 관련된 여러 근거를 바탕으로 고객에게 화물이 언제 최종 목적지에 도착할지 말해줄 수 있었기 때문이었다.[38]

트럭에서 기차로 다시 선박으로 이어지는 이른바 복합운송의 경제적 이점은 막대해 보였다. 트럭 회사는 자신의 강점을 가장 잘 발휘할 단거리 운송을 맡을 것이고, 기차는 단위 비용이 적게 들어가는 장거리 운송을 담당할 것이었다. 이렇게 되면 수출 상품이 항구까지 가는 과정의 운송비용은 절반으로 줄어들 수 있었다. 펜실베이니아레일로드는 이 계획에 흥미를 느꼈지만, 뉴욕센트럴과 볼티모어-오하이오레일로드^{Baltimore} $_{and\ Ohio\ Railroad}$는 반대했다. 게다가 펜실베이니아레일로드와 뉴욕센트럴이 합병한다는 발표를 하자, 맥린의 야망은 무산되고 말았다. 두 철도 회사는 주간통상위원회가 허용할 수 있는 범위에서 최소한의 수정을 제안했다. 시랜드서비스의 컨테이너 화차를, 자기들이 보유한 느린 속도의 정기 화물열차에 다른 화차들과 함께 실어 운송하겠다는 것이었다.[39]

말콤 맥린은 다시 한 번 더 시대를 앞서갔지만, 철도 회사들과의 협상에서 미래 전망을 현실에서 실현할 힘이 부족했다. 트레일러트레인의 제임스 P. 뉴엘James P. Newell처럼 미래를 내다보는 눈을 가진 철도 회사 임원들은 유개화차의 높은 운송료를 계속 유지하려는 시도가 결국에는 실패로 돌아갈 수밖에 없음을 깨달았다. 뉴엘은 맥린이 염두에 두었던 유형의 기차를 운행할 경우, 운행 비용을 포함해 철도 회사가 부담해야 할 제반 비용의 30퍼센트를 절약할 수 있을 것이라고 추정했다. 다음은 뉴엘이 했던 조언이다.

"이렇게 절약한 돈을 철도 회사와 고객인 선적인이 나눌 수 있다."

그러나 1967년과 1968년에 철도 회사들은 혁신에 마음을 열지 않았다. 피기백 화물량이 갑작스럽게 치솟았기 때문이다. 3년 사이 무려 30퍼센트나 늘어났다. 베트남전쟁에 따른 특수特需 효과였다. 100년에 걸친 규제로 경쟁 회피 쪽으로 사업 방식이 고착화된 철도 회사들은 새로운 사업을 정복하려 들지 않았다. 새로운 컨테이너 운송 사업의 육상 부분을 별 불만 없이 트럭 회사에 넘기고 자신들은 안주하고 말았던 것이다.[40]

9장
베트남전쟁

1965년 겨울, 미국 정부는 베트남 내의 미군 병력을 신속하게 강화하기 시작했다. 이 과정에서 미군 역사상 유례를 찾기 힘들 정도로 심각한 내부 혼란이 일어났다. 그리고 혼란을 해결하는 과정에서 드러났던 여러 풍경은 바야흐로 컨테이너 시대가 가까워졌음을 알렸다.[1]

　　전 세계에서 1965년 초의 남베트남만큼 현대식 군대를 지원하기에 적합하지 않은 곳은 드물었다. 베트남은 국토의 남북 길이가 약 1,100킬로미터가 넘었지만 수심이 충분히 깊은 항구는 단 한 곳밖에 없었고, 거의 운영되지 않는 철도선이 하나 있었으며, 고속도로도 대부분 비포장이었고 그마저도 군데군데 끊어져 있었다.

　　1950년대 말부터 민간인들을 지원하며 베트남에서 일했던 미군 '고문관들'에게 (1965년 초에 이들의 수는 2만 3,300명이었다) 필요한 물자를 공급하는 일은 힘에 부치는 상황이었다. 1964년 사이공에서는 소규모 미군 분견대가 항구에서 배들이 정체되는 상황을 예방하기 위한 작업을 하루 24시간 일주일 내내 벌였다. 베트남에 주둔한 여러 미군 부대가 16개의 서로 다른 병참 체계를 갖추고 있었는데, 그 바람에 각 부대들은 수송 트럭이나 창고 공간 등과 같은 기본 자원들을 확보할 경쟁을 해야 했다. 게다가 베트남에 들어오는 화물 흐름을 책임지고 살피는 체계도 없었으며, 상선을 빌려 베트남으로 군수품을 운송하는 작전을 책임지던 해군의 군해상수송지원단Military Sea Transportation Service, MSTS은 베트남에 사무실 조차 갖추지 못했다. 워싱턴에서도 1965년에 베트남의 모든 부대를 철수한다는 가정 아래 전체 작전을 진행했다. 상황이 이렇다 보니 부두나 창고 및 그 밖의 다른 항구의 기반 시설을 짓는 데는 예산을 들일 수도 없었다.[2]

1965년 4월에 린든 존슨Lyndon Johnson 대통령이 공군 비행중대를 비롯해 미군 6만 5,000명을 함께 베트남에 파병한다는 명령을 내렸을 때, 관계자들은 병참과 관련된 여러 문제의 심각함을 이미 잘 알고 있었다. 그러나 문제를 아는 것과 문제를 해결하는 것은 전혀 다른 문제였다. 베트남 내의 미군 병력의 수가 5만 9,900명에 다다랐던 6월에 이미 군수품 공급망은 형편없을 정도로 엉킨 상황이었다. 캘리포니아에서 온 배들은 베트남의 여러 항구 밖을 맴돌 뿐, 화물을 육지로 안전하게 옮길 수 없었다. 항구의 수심이 너무 낮아 대양을 항해하는 큰 배가 부두에 접안할 수 없었기 때문이다. 그래서 바지선이나 흘수吃水(배에 화물을 가득 실었을 때, 배의 정중앙부의 수면이 닿는 위치에서 배의 가장 밑바닥 부분까지의 수직 거리-옮긴이)가 작은 상륙용 주정LST이 (이 LST의 길이는 풋볼 경기장보다 길었다) 이 항구에서 화물선을 오가며 화물을 날랐다. 화물선의 승무원들이 힘들게 하역 작업을 했는데, 화물을 담은 크레이트나 상자를 밧줄로 묶어 바지선이나 LST로 내리는 모습은 흔한 광경이었다. 과정이 매우 느려 바지선이 항구에서 출발해 화물선에서 내린 탄약을 받아 다시 항구로 돌아오기까지, 짧게는 10일에서 길게는 30일까지 걸렸다. 퀴논에서는 LST가 화물을 직접 해변으로 가지고 와 거대한 경사로를 내려서 트럭과 지게차가 LST가 배 안으로 들어가서 작업하도록 했지만, 그럼에도 불구하고 LST에서 화물을 내리는 데만 8일이 걸렸다. 다낭에서는 대양 화물선이 해안에서 약 6킬로미터 넘게 떨어진 지점에서 화물을 바지선에 내려야 했다. 흘수가 5미터 미만인 배들만 부두에 접안할 수 있었지만, 이런 요건을 갖춘 연안선들도 갑자기 항구로 들어와 항구 전체가 어수선해지는 경우가 자주 있었다. 여름 우기에는 폭풍이 몰아쳤고 이럴 때면 복잡한 하역 과정은 중단될 수밖에 없었다.[3]

사이공항의 상황은 한층 더 열악했다. 베트남에서 유일하게 수심이 깊은 항구로, 사이공강에 있고 남지나해에서 약 72킬로미터 떨어진 이곳에는 넓은 수로가 좁아지면서 교통 체증이 두드러졌다. 1965년 한 해 동안 화물의 양은 절반이나 늘어났다. 사이공항은 화물 처리 불능 상태에 빠졌다. 크레인은 아예 없었고 지게차도 몇 대 없었다. 거의 모든 화물을 사람이 달라붙어 일일이 옮겨야 했다. 군수품을 싣고 온 배, 상업용 화물을 싣고 온 배, 외국 원조물자를 싣고 온 배 그리고 구호 식량을 싣고 온 배들이 10개밖에 없는 부두 중 하나를 차지하려고 치열하게 경쟁했다. 또 배 하나가 싣고 온 화물을 모두 내려놓아도 이 화물들은 부두에서 며칠씩 방치됐다. 군대 내의 화물 수령 담당자들조차도 자기가 받아야 할 화물이 있다는 사실을 알지 못하는 일이 흔했다. 상업용 화물을 수입한 수입업자들이 관세 지급을 미루려고 일부러 화물을 부두에 최대한 방치하는 일은 아예 관행이었다. 화물을 도둑맞는 일도 워낙 자주 일어나 (남베트남 사람이 많은 절도를 주도했다) 미군 소속 헌병들은 화물을 부두에서 군대 창고까지 옮기는 트럭에 산탄총을 장착하고 다녔을 정도다. 배가 항구에 묶여 지체되는 기간이 길어지면서 소송 화물선이 부족해 화물 조달은 더욱 어려움을 겪었다. 군해상수송지원단은 정부 소유의 낡은 예비 선박들을 가동하라고 아우성을 쳤지만, 그 바람에 녹슨 상선들이 대거 화물운송에 투입되었다. 이런 열악한 상황과 관련해 군해상수송지원단 부단장은 1965년 5월에 이렇게 밝혔다.

"군수품 화물은 화물이 필요한 시점보다 늘 늦게 도착했다."

창고 공간이 부족해 육군 사령관과 공군 사령관은 화물선을 바다에 떠 있는 창고로 여겼는데, 이런 태도는 해상운송 문제를 한층 더 심각하게 만들었다. 이와 관련해 해군 고위 장교였던 사람은 당시를 다음과 같이 회상했다.

"사이공은 쓰레기장이 되었습니다. 배들은 강 상류로 올라가 거기에 머물렀지요. 계속 머물렀지요. 계속이요. 화물을 내려놓지도 못한 채 말입니다. 육군에서는 전쟁의 압박 강도가 심해 배에 실린 화물을 육지로 내려놓을 여유조차 없다고 주장했습니다. 공군은 귀찮다는 듯이 아예 그런 주장조차도 하지 않았지요. '배가 거기 있으니 됐고, 준비가 되면 다 알아서 할 거야'라는 식이었습니다."[4]

모든 일을 더욱 혼란스럽게 만든 것은 발송자 위주의 '밀어내기push' 공급 방식을 고집한 합동참모본부의 결정이었다. 전투 현장의 단위부대가 필요한 군수품을 요청하는 방식인 '끌어당기기pull' 방식과 다르게 '밀어내기' 방식은 본국에서 공급 전문가들이 무엇을 보내야 할지 결정했다. 육군물자사령부Army Materiel Command는 전투 현장에서 각 부대가 얼마나 많은 양의 군수품을 필요로 할 것인가 등을 두고 여러 가지 가정을 세웠다. 게다가 100만 꾸러미가 넘는 규모의 자동재보급(재보급 시간, 장소, 내용물, 강하 지역 표지 등이 작전 개시 이전에 결정되는 재보급 방식-옮긴이)을 진행했다. 캘리포니아에 있던 공급 창고들도 식량, 의복, 통신 장비 그리고 건물 신축 등과 관련해 비슷한 판단을 내렸다. 이런 작업을 공급 전문가들이 수행했지만 사실 이들은 '손톱에 기름때가 끼어본 적이 없는' 사람들이었다. 전투 현장에서 수천 킬로미터 떨어진 곳에 있어 급박하게 변하는 현장 상황을 전혀 모른다고 육군 고위 관계자는 불평했다. 게다가 그들은 베트남을 잘 알지도 못했다.[5]

현장에서 군수품을 최대한 신속하게 보급받았다는 점에서 보자면 밀어내기 방식은 성공이었다. 육군물자사령부가 집행한 예산 지출은 1965년 회계연도에서 74억 달러였지만, 다음 해에는 143억 달러로 두 배 가까이 늘었다. 탄약, 무기, 건축자재, 운송수단 등으로 지출되는 막대한 금액의 예산이 베트남에 퍼부어졌던 것이다. 하지만 최종적으로 현장에 도착한 화물은 늘 현장에서 예상하지도 않은 것이었고, 또 필요하지도, 바라지도 않던 물건이 도착한 경우도 비일비재했다. 식품 공급이 홍수처럼 쏟아지다가, 너무 많다는 사실이 누가 봐도 명백해질 때쯤에는 갑자기 공급이 끊어졌다.

군대에서 선호했던 적재중량 5톤의 강철 컨테이너인 코넥스 박스는 각 부대의 병참 장교들이 휘하의 단위 부대들에게 나눠주기에 딱 맞을 정도의 온갖 보급품(무기, 신발, 전투복, 기타 물품)들로 가득 채워져 도착해야 했지만, 전투 현장의 부대들에게 반드시 있어야 하는 군수품이나 예비 식량이 부족해 쩔쩔매는 일은 흔하게 일어났다.[6]

합동참모본부가 부대 증강을 최종적으로 승인하기 1개월 전, 베트남의 미국 사령관 윌리엄 웨스트 모어랜드William Westmoreland와 미국대외원조 기관USOM 처장이던 제임스 S. 킬렌James S. Killen은 베트남에 군수품 공급을 원활하게 할 가장 좋은 방법은 다낭항 확장이라는 데 의견을 모았다. 다낭은 사이공에서 북쪽으로 약 690킬로미터 떨어진 작은 도시였다. 미국에서 출발한 화물선이 다낭항에 직접 정박하게 해 사이공항의 물류를 분산하겠다는 발상이었다. 그러나 이 계획은 실행에 어려움이 있었다. 다낭항은 수심이 낮았고, 화물을 처리할 기본 시설이나 장비가 마련되어 있지 않았으며, 또 LST가 이동할 주요 상륙 경사로가 도시의 주요도로 한가운데 있었기 때문이다. 그래서 웨스트 모어랜드는 1965년 4월에 다낭 대신 다낭에서 남쪽으로 약 480킬로미터 떨어진 캄란만을 미국이 개발해야 한다고 제안했다. 캄란만을 '베트남에서 수심이 깊은 두 번째 항구이자 병참 기지'로 만들어야 한다는 것이었다. 같은 해 5월에 국방부 장관 로버트 맥나마라Robert McNamara가 이 계획에 동의했다. 육군 기술자들이 신속하게 현장으로 파견돼 활주로 공사를 시작했다. 그 뒤를 이어 부두, 창고, 거대한 유지 시설을 건설하겠다는 계획이 나왔다. 얼마 뒤에는 상대적으로 작은 규모의 여러 항구에 배속된 병참부대가 캄란만으로 이동했다. 7월에 사령관 웨스트 모어랜드는 완전히 새로운 부대인 제1군수사령부를 창설했다. 새로 지은 캄란항을 포함해 남베트남 전역의 모두 항구 운영, 보급, 유지를 맡은 부대였다.[7]

캄란만은 베트남 연안에서 가장 큰 자연항이었기에 물류 단지를 건설하기 쉬운 장소가 아니었다. 자연 그대로라 아무런 기반 시설도 없었으며 바람이 불 때마다 해안을 따라 모래가 이동하는 바람에 정지 작업을 하기도 어려웠다. 표준적인 건설 기법을 적용할 수도 없었다. 항구는 그렇다고 치더라도 그 지역은 남다른 특징이 하나 더 있었다. 남베트남 시설이나 기관이 하나도 없다는 것이다. 베트남인이 운영하던 사이공항의 처리 능력이 형편없다는 사실에 미국 공무원들의 걱정은 최고조에 달했다. 1965년 7월, 주 베트남 대사이던 헨리 캐벗 로지Henry Cabot Lodge는 항구와 관련된 문제점들을 남베트남 수상이던 응우옌까오끼Nguyen Cao Ky와 직접 따로 만나 논의했다. 하지만 이런 노력들도 별다른 소득이 없었다. 항구 통제와 운영은 남베트남 장군들이 감당하기에 벅찬 일이었지만, 이들은 항만청을 새로 조직해 항만을 직접 운영하도록 하자는 미국의 제안을 받아들이지 않았다. 하지만 캄란만의 항구는 베트남인의 부패와 무능이 전혀 개입할 수 없는 상태에서 미국이 운영함으로써, 사이공항에서 나타나는 온갖 문제가 생기지 않도록 할 수 있었다. 심지어 미국 고위층의 몇몇 사람들은 항구 근처에 통상적으로 들어서는 술집이나 매음굴을 원천적으로 차단하고 항구 주변에 공업 단지나 거주 지역을 개발하는 방안까지 생각했다. 그러나 하루라도 빨리 항구를 건설하고 운영하기 위한 가장 좋은 방법은 드롱부두DeLong pier를 도입하는 것이었다. 드롱부두는 길이 90미터가 넘는 바지선 형태의 거대한 잔교棧橋다. 여러 구멍을 뚫어, 이 구멍을 통해 항구 바닥에 말뚝을 박아서 고정시키는 구조물로 높이를 조절할 수 있었다. 미 해군은 사우스캐롤라이나에서 드롱부두를 제작해, 파나마운하를 통과하고 태평양을 건너 캄란만으로 가지고 왔다. 만 안에 해군 함정 여러 척을 들여놓고 닻을 내리게 한 다음 이 배들을 전력원으로 사용함으로써 항구가 운영을 시작했다. 12월까지 미국에서 상선들이 곧바로 캄란만으로 왔으며, 보다 더 많은 드롱부두가 캄란만에 계속 건설되었다.[8]

그러나 군수품 보급과 관련된 여러 문제로 상황은 점점 나빠졌다. 1개월에 1만 7,000명씩 미군 장병이 새로 베트남 땅에 발을 디뎠다. 830명으로 구성된 보병 한 개 대대는 451톤의 보급품 및 기본 장비를 가지고 있었으며, 기계화부대는 한 개 대대가 1,119톤의 보급품 및 기본 장비를 가지고 있었다. 이 많은 장병을 먹이고 입히고 무장시키는 일은 군해상 수송지원단이 동원할 수 있는 모든 배를 다 끌어와 진행되었다. 1965년 추수감사절 무렵에는 45척의 배가 베트남의 여러 항구에 들어와 있었는데, 이 배들 외에도 식량과 무기와 탄약을 실은 75척의 배가 해안에서 멀찌감치 떨어진 곳이나 필리핀에서 대기했다. 이 배들이 굳이 멀리 있는 필리핀에서 대기한 이유는, 상선이 베트남 수역에 있을 때는 승무원들에게 상대적으로 더 비싼 급료를 줘야 해서 해운사로서는 원치 않는 추가 부담을 져야 했기 때문이다. 하역이 지체되는 상황 때문에 당시 베트남의 미군 트럭운송국 책임자는 다음과 같이 불평을 늘어놓았다.

"미국에 있는 10개의 1급 항구에서 남베트남으로 갈 화물을 가능한 한 빠르게 선적하고 있지만, 여기에서는 네 개의 4급 항구가 그 모든 화물을 받고 있다."

국방부 장관과 합동참모본부장이 1965년 11월에 베트남을 방문했다. 이들은 병참 및 보급에 관한 수많은 문제점을 들었다. 제1군수사령부 사령관은 "여러 항구에 배와 화물이 가득 차 꼼짝달싹도 못 할 지경입니다"라고 말했다. 〈라이프Life〉는 11월에 사이공항의 혼잡한 모습을 담은 사진 여러 장을 게재했으며, 베트남을 방문했던 한 의원은 웨스트모어랜드에게 항구에 초점을 맞추고 보다 많은 관심을 기울이라고 조언했다. 베트남에서의 물류 혼란은 미국 안에서도 점차 정치적이고 뜨거운 감자로 바뀌고 있었다.[9]

워싱턴에서는 해결책을 요구했다. 남베트남 정부는 강한 압박을 견디다 못해 결국 1965년 말에 미국이 사이공에 수심 깊은 새로운 항구를 건설하는 데 합의했다. 이 항구가 뉴포트항이다. 뉴포트항이 생기면 시내의 부두를 점령한 군수품을 비교적 여유 있게 돌릴 수 있었다. 국방부는 해군의 반대를 무시한 채, 독립부대인 해병대를 포함해 베트남에 있는 모든 연합군 부대에 보낼 보급품을 육군이 총괄해 책임지도록 함으로써, 군수품 공급선을 단순하게 조정했다. 또한 국방부 장관의 직접 지시에 따라 군해상수송지원단은 민간 회사인 알래스카바지앤트랜스포트Alaska Barge and Transport Co.를 고용해 연안운송을 맡겼다. 알래스카바지는 화물을 멀리 알래스카에 있는 여러 항구로 운송하는 일을 했다. 이 회사의 사장은 맥나마라 장관을 설득해 베트남에서 나타나는 온갖 물류 문제를 바로잡도록 했다. 알래스카바지는 신속하게 부두 여러 곳을 건설했다. 또 베트남인이 운영하던 부정기 연안운송을 폐지하고 해안선을 따라 남북으로 오르내리는 군수품 바지선 '셔틀 서비스'를 실시했다.

당시 군해상수송지원단 단장도 "그 회사가 없었다면 우리는 제대로 일도 못했을 것입니다"라는 말로 그때를 회상했다. 알래스카바지의 성공은 군대식 타성에 젖어 있던 군 관료들에게 강한 인상을 남겼다. 그들은 획일화된 군대보다 민간 기업이 베트남에서 더 잘할 수 있는 또 다른

일이 있지 않을까 생각하기 시작했다.[10]

||||||||

베트남 항구가 효율적으로 운영되지 못하고 정체되는 것은 화물이 지나치게 많기 때문만은 아니었다. 연료 이외에 베트남으로 운송되는 모든 화물은 군수품이건 상업용품이건 모두 브레이크벌크선의 선창에 적재되었다. 그래서 하역 작업은 모든 품목을 선창에서 끌어올린 다음 부두에 내려놓는 방식으로 진행되거나, 아니면 흘수가 낮은 바지선에 화물을 내려놓은 다음 바지선이 이 화물을 싣고 해안으로 가 다시 하역 작업을 하는 식으로 진행되었다. 그러나 많은 배가 여러 차례 하역 작업을 중단해야 했다. 어떤 배가 오클랜드나 시애틀에서 화물을 잘못 선적하면 이 화물 때문에 다른 항구에 내려져야 할 몇몇 화물들이 재선적되는 과정을 거쳐야만 했다. 또 부두에 내려진 화물의 행선지를 파악할 수 없는 경우도 많아, 수령인을 찾기 위해 추가로 복잡한 노력이 들어가야 했다. 군대의 한 연구팀은 이런 여러 가지 상황을 자세하게 조사한 뒤 1965년 11월에 운송 과정을 기본적으로 바꾸어야 한다는 권고안을 제출했다. 배가 여러 항구를 거치지 않도록 특정 배가 특정 항구로 향하는 화물들만 가득 적재해, 화물을 내린 배가 될 수 있으면 빠르게 미국으로 돌아오도록 하자는 것이었다. 또 하역하기 쉽도록 화물을 적재해야 한다고도 했다. 수령인이 제각기 다른 화물은 될 수 있으면 따로 적재해 부두에서 이루어지는 분류 작업을 최대한 간소하게 하자는 취지였다. 이 연구팀이 제시한 권고 목록 중 첫 번째 권고안이 가장 주목할 만했는데 바로 모

든 선적은 '통일된 포장' 방식으로 이루어져야 한다는 내용이었다.[11]

군수품 전문가들에게 '통일된 포장'은 브레이크벌크선의 선창에서 다른 화물과 함께 운송되던 5톤짜리 코넥스 박스를 의미했다. 개별 화물을 목제 팰릿 위에 하나로 싸서 단일 품목처럼 짐을 싣고 내리는 '팰릿화'는 1950년대 초부터 민간에서 사용되었는데, 1965년 말이 되면 캘리포니아의 군수품 기지인 샤프육군보급창 Sharpe Army Depot에서 이 팰릿화를 군사용 화물에 적용하자는 운동을 벌였다. 그러나 국방부 장관 맥나마라는 운송의 간편함을 추구하는 노력이 민간에서는 이미 작은 컨테이너나 목재 팰릿을 넘어 훨씬 더 멀리 나아갔다는 사실을 알고 있었다. 그는 업계에서 주도적 역할을 하던 해운사들의 임원들을 초대했다. 그리고 베트남에서 선원들이 굵은 밧줄을 이용해 화물을 내리는 장면을 찍은 영상을 보여주며 어떻게 하면 좋을지 조언을 구했다. 맥린의 동료는 이 영상을 접한 그의 반응을 다음과 같이 회상했다.

"맥린은 컨테이너선을 베트남에 투입하면 된다는 생각에 사로잡혔지요. 워싱턴 정가 여기저기를 들쑤시고 다니면서 사람들에게 이런 이야기를 했고, 그의 말을 들은 사람들은 '당신이 베트남에서 할 수 있는 일은 아무것도 없다'고 말했답니다."[12]

맥린은 마침내 육군 군수품 운용을 총괄하던 사성 장군 프랭크 베슨 Frank Besson에게 자기 생각을 전할 기회를 잡았다. 맥린의 설명을 들은 베슨은 1965년 크리스마스 때 맥린이 베트남 현지를 돌아볼 수 있도록 주선하겠다고 약속했다. 그러나 기회를 놓치고 싶지 않았던 맥린은 시랜드서비스의 수석 엔지니어 론 케이팀스와 컨설팅 엔지니어 로버트 캠벨에게 전화했다. 시랜드서비스의 유럽 사업 출범 계획을 세우기 위해, 막 유럽에 도착했던 두 사람에게 다음 날 아침 파리에서 자기가 타고 가는 팬 아메리칸 비행기에서 만나자고 했다. 그리고 다음 날, 모직 정장에 오버코트까지 걸친 세 사람은 푹푹 찌는 날씨의 사이공에 도착했다. 다낭과 캄란만을 방문했으며, 여러 차례에 걸친 군 담당자들의 브리핑을 들었다. 그리고 12월 16일에 사이공에 와 있었던 ILA 대표단을 우연히 만났다. 맥린 일행은 컨테이너화가 베트남의 여러 항구에서 벌어지는 혼란의 많은 부분을 해결해줄 것이라 결론 내렸다. 그리고 맥린은 ILA 회장 (뉴욕에서 10년 가까운 기간 동안 컨테이너화를 반대했던 바로 인물이기도 한) 테디 글리슨에게 적극적인 지원을 약속받았다. 글리슨은 1월 말에 베트남을 떠나자마자 정부에 될 수 있으면 많은 컨테이너선을 확보해 베트남에 보내라고 촉구했다.[13]

컨테이너화라는 개혁에 군 최고사령부는 마음을 정하지 못하고 망설였다. 한편 민간 부문 전문가를 도입하라는 정치계의 압박이 군을 거세게 밀어붙였다. 그래서 1966년 1월, 호놀룰루에서 열린 최고위급 회의 자리에서 합동참모본부는 "민간 기업과 계약을 맺어 항구의 제반 시설 운영 등, 해당 기업이 충실하게 수행할 수 있는 업무를 맡기기로 한다"는 새로운 정책을 발표했다. 그러나 군대 내에 컨테이너화와 관련한 경험이 있는 사람이 아무도 없다는 게 문제였다. 군해상수송지원단에서는 컨테이너선을 임대해 써본 적도 없었고 컨테이너를 동원해 군수품을 운송한 적도 없었다. 베트남에 '컨테이너선 서비스'를 운용하라는 국방부의 최초 요청에는 브레이크벌크 화물로 운송되는 7피트 길이의 코넥스 박스들만 포함되어 있었다. 이보다 훨씬 더 큰 알루미늄 소재의 컨테이너, 그것도 고속으로 움직이는 크레인으로 처리할 수 있고 배에서 내려져 곧바로 배송용 트럭 섀시에 상차되는 컨테이너는 없었다. 게다가 문제는 또 있었다. 1966년 초를 기준으로 할 때 캄란만의 수심 깊은 항구, 사이공의 뉴포트항 그리고 다낭과 그 밖의 다른 항구들에서 새로 마련하는 부두들 등을 포함해 수많은 항구에 건설 공사가 진행되고 있었다. 문제는 모두 전통적인 브레이크벌크 화물을 전제로 진행되었다. 민간 부문에서 컨테이너 해상운송이 아무리 효율적이어도 군대에서는 컨테이너의 개념이나 운송 방법을 잘 알지 못했던 것이다.[14]

1966년 겨울 내내 맥린은 컨테이너화가 베트남에서의 군수품 조달 문제를 해결할 수 있다는 내용으로 국방부를 설득하기 위해 온갖 노력을 다했다. 그리고 4월에 마침내 교두보를 마련했다. 맥린인더스트리즈가 새로 창립한 사업부인 이큅먼트렌탈Equipment Rental Inc.이 사이공의 부두에서 트럭운송 사업을 할 수 있는 사업권을 따냈다. 이 사업권 계약은 컨테이너와 아무런 관계가 없었지만 맥린은 자기 회사가 무엇을 할 수 있는지 확실하게 보여주고 싶은 열의로 불탔기에, 이큅먼트렌탈은 예정된 일정보다 2개월 일찍 화물을 운송하기 시작했다. 한편 베슨은 시랜드서비스와 계약을 체결해 컨테이너선 세 척이 미국의 오클랜드와 베트남의 전진 기지 격인 오키나와 사이를 오가도록 하라고 군해상수송지원단에 지시했다. 시랜드서비스가 이 사업을 따내려면 경쟁을 통과해야 했다. 그러나 현재로서는 가장 크고, 태평양을 건너는 유일한 컨테이너선 운항사이자 베트남 하역 작업에 필요한 갑판 크레인이 있는 화물선을 쉽게 확보할 수 있는 유일한 해운사였으므로 경쟁력이 독보적이었다. 여러 해운사가 공동으로 입찰했지만 군해상수송지원단은 그들의 제안을 거절했다. 마침내 맥린이 원하는 대로 일이 풀리는 것 같았다.[15]

그러나 베트남은 컨테이너 운송을 맞이할 준비가 되어 있지 않았다. 베트남에서 군항, 창고, 트럭운송을 관할하던 기관인 제1군수사령부는 컨테이너화에 전혀 열의를 보이지 않았다. 군수품 수송선의 발목을 잡던 항구에서의 지연 일수도 1966년 상반기 동안에 1월의 평균 6.9일에서 7월의 5.3일로 상당한 수준으로 줄어들었으며, 항구에서의 선박 혼잡 현상도 지상군에게는 크게 문제되지 않았기 때문이다. 또 항구에는 크레인도, 컨테이너 야적장도, 건설되는 시설도 없었다. 이런 상황에서 반가운 소식이 이어졌다. 워싱턴에 있는 베슨의 육군물자사령부가 컨테이너 운송을 공격적으로 밀어붙이고, 시랜드서비스가 오키나와에서 컨테이너선을 도입하면 브레이크벌크선에 비해 선박도 절반이면 되고, 노동력도 16분의 1밖에 필요하지 않다는 사실을 입증했다.

웨스트 모어랜드는 마침내 제1군수사령부에 컨테이너 서비스를 다시 한 번 더 적극적으로 검토하라고 지시했다. 그리고 1966년 7월에 제1군수사령부는 마침내 컨테이너선을 도입하는 것이 바람직하다는 입장을 내놓았다. 그러나 1967년 10월이 되어서야 가능하다고 했다. 시랜드서비스는 점차 범위를 넓혀가는 미 해군 기지가 있는 필리핀의 수빅만에서 컨테이너선 운송 사업을 개시한다는 계약을 체결했다. 하지만 베트남에서 컨테이너 사업 입찰은 자꾸만 연기되었다.[16]

관료의 저항은 베트남에서 운송 문제가 한 차례 크게 발생한 다음에야 비로소 꺾였다. 1966년 상반기에 물류 개선 효과가 일부 나타나긴 했지만, 군수품과 전쟁 물자가 갑자기 많이 유입되기 시작한 8월에 상황은 다시 바뀌었다. 1966년 7월 1일에 시작되는 회계연도에서 캘리포니아에서 베트남으로 들어간 화물의 양이 직전 회계연도보다 55퍼센트나 더 많았던 것이다. 배들은 다시 예전처럼 대거 항구에 들이닥쳤고 하역 작업이 지체됨에 따라 항구에 발이 묶였다. 그 바람에 기본적인 보급품이 부족했다. 심지어 오키나와에서 미 공군이 50만 톤의 육류를 싣고 날아와 공중 보급을 해야만 했다. 베트남에서는 아직 미 공군이 없었기 때문이다. 이런 상황에서 미국에서 들어오는 원조 물품을 포함해 비군사적인 용도의 화물은 도착할 때까지 2주 이상 기다려야만 했다.

군이 직접 나서서 '수요가 지극히 제한되어 있는 교회 관련 품목이 지나치게 많이 수입되는' 것과 같은 황당한 수입 행태와 힘들게 씨름하고, 또 나뭇가지 모양의 촛대나 십자가상과 같은 필요하지도, 급하지도 않은 물건들을 따로 젖혀놓는 등의 노력을 기울였지만, 군수품 화물의 조달 상황은 점점 더 나빠졌다.

게다가 사이공에서 이루어지던 하역은 베트남 부두노동자의 저항 때문에 지체되었다. 베트남 부두노동자들은 미군이 부두를 완전히 장악해 민간인들에게 일거리를 주지 않을지도 모른다는 불안을 느꼈다. 1966년 10월, 국방부 장관 맥나마라가 베트남을 방문했을 때 그는 항구와 관련된 문제들과 씨름하면서 많은 시간을 보냈다. 당시 군사신문의 표지 기사 제목도 '맥나마라, 항구의 적체를 끝내기 위해 행동에 나서다'였다.[17]

이런 환경에서 군해상수송지원단은 10월 14일, 베트남에 컨테이너선 서비스를 다시 한 번 더 공개 입찰에 붙였다. 업체 세 곳이 관심을 가졌고, 시랜드서비스는 컨테이너뿐만 아니라 섀시와 트럭 그리고 터미널까지 제공하겠다고 제안함으로써 다른 입찰자들을 압도했다. 게다가 정부도 깜짝 놀란 것은, 시랜드서비스가 전통적인 방식으로 운송료를 부과하지 않고 톤당 고정요금을 제안한 일이었다. 협상을 여러 차례 거친 뒤에 마침내 시랜드서비스는 1967년 3월에 컨테이너선 일곱 척의 운항 서비스를 제공하고 7,000만 달러를 받는 계약을 체결했다. 그 가운데 가장 큰 세 척은 8월까지 오클랜드와 시애틀 그리고 캄란만 구간을 운항하기로 했다. 시랜드서비스는 캄란만 해안에 화물 처리용 크레인을 여러 대 설치할 계획이었다. 갑판 크레인을 달고 있는 작은 배 세 척은 6월부터 태평양 연안에서 다낭을 오가는 노선을 맡을 예정이었다. 이것은 제1군수사령부가 가능하다고 보았던 일정보다 4개월이나 빨랐다. 그리고 마지막으로 일곱 번째 배는 베트남 내에서 항구와 항구 사이를 오가는 운행용으로 사용될 예정이었다. 시랜드서비스는 냉동 컨테이너를 도입할 것, 하역 작업을 직접 할 것, 항구까지 운송한 컨테이너를 부두에서 약 48킬로미터 이내의 거리면 어디든 자사의 트럭과 섀시를 동원해 최종 목적지까지 운송할 것 등도 함께 합의했다.[18]

그야말로 하룻밤 사이에 캄란만은 대형 컨테이너 항구로 바뀌었다. 캄란만에 마련된 여러 개의 드롱부두 중 하나가 대형 컨테이너 크레인들을 지탱할 수 있도록 새롭게 설계되었다. 한국의 용접공들은 목제 데크를 강화하기 위해서 뜨거운 열기와 싸우며 부지런히 일했다. 데크에 크레인 레일이 깔렸고, 두 대의 크레인은 필리핀에서 조립을 마쳤다. 그리고 6월이었다. 바지선 두 척이 부분적으로 조립을 마친 크레인 두 대, 컨테이너를 운반할 트럭들, 노동자들이 주거용으로 사용할 자동차들, 심지어 오수 처리 시설까지 싣고 필리핀을 출발해 남지나해를 거쳐 캄란만에 도착했다. 그러나 교전 지역 한가운데에서 이루어지는 건설 과정이 순탄할 리 없었다. 예를 들어, 다낭 작전은 예정보다 몇 주 늦어진 8월 1일에 시작되었고, 오클랜드항에서 출발한 베트남 운항 최초의 컨테이너선 비앙빌Bienville호가 다낭항에 도착했다. 226개의 컨테이너가 15시간 만에 내려졌다. 캄란만의 컨테이너 항구가 첫 번째 컨테이너선을 맞이한 날도 예정된 일정보다 3개월 늦은 1967년 11월이었다. 약 209미터 길이의 오클랜드Oakland호는 35피트 컨테이너 609개를 내려놓았는데, 베트남으로 운항하던 브레이크벌크선 10척이 나르는 화물량과 동일한 양이었다.[19]

또 다른 거대한 컨테이너선이 2주에 한 번씩 캄란만에 600개가량의 컨테이너를 실어날랐다. 5분의 1은 육류와 농산물, 아이스크림 등을 넣은 냉동 컨테이너였다. 나머지 컨테이너들은 탄약을 제외한 대부분의 군수품이었다(탄약을 컨테이너에 싣는 것은 당국으로부터 아직 허가를 받지 못했다). 시랜드서비스의 트럭들은 이렇게 운송된 식량의 약 절반을 인근 기지로 운송했으며, 나머지는 시랜드서비스가 피더선으로 사용하던 낡은 배에 실어 사이공이나 그 밖의 다른 연안 항구로 보냈다. 캄란만에 있던 시랜드서비스의 첨단 컴퓨터 시스템은 미국에서 선적할 때부터 베트남에 도착할 때까지, 그리고 또다시 미국으로 돌아갈 때까지 모든 컨테이너를 추적하기 위해 천공카드를 사용했다. 군수품이 물밀듯이 들어왔지만 화물 적체 현상은 일어나지 않았다. 1967년의 미군 역사 문건은 다음과 같이 자랑스럽게 기록했다.

"항구의 만성적인 적체 현상 문제는 해결되었다."

군해양수송지원단 사령관 로슨 래미지Lawson Ramage는 일곱 척의 시랜드서비스 컨테이너선이 기존의 브레이크벌크선 20척 몫을 해냄으로써 만성적인 화물선 부족 문제가 해결됐다고 추정했다.[20]

상업용 화물 선적인뿐만 아니라 군수품 선적인도 컨테이너를 최대한 잘 활용하는 방법을 배울 필요가 있었다. 처음에 그들은 컨테이너를 커다란 빈 상자 다루듯 다루었다. 초기에 시랜드서비스가 오키나와를 오가는 운항을 할 때의 화물 대부분은 상대적으로 작은 강철 코넥스 박스였다. 코넥스 박스 네 개가 35피트 시랜드서비스 컨테이너에 들어갔다. 즉 컨테이너에 실은 화물 중량의 4분의 1이 코넥스 박스의 자체 무게였던 것이다. 당시에 군수 담당 장교들은 (비#냉동 컨테이너의 경우) 4만 5,000파운드(약 20톤)라는 무게 한도와 약 60세제곱미터의 용적을 어떻게 하면 효율적으로 사용할 수 있는지 잘 알지 못했다. 그래서 무게 한도에 한참 미치지 못하는 화물을 싣거나 적재공간을 절반만 채우기도 했다. 정부는 필리핀의 수빅만과 일본의 오키나와로 각각 향하는 노선에서 사용되는 컨테이너의 최소 수량을 보장해줘야 했다. 그래서 어처구니없는 일이 벌어지기도 했는데, 이 점에 대해 군해상수송지원단의 관리자조차도 다음과 같이 불평했다.

"보증된 최소 할당량을 채우기 위해서라도 브레이크벌크선에 적재해야 할 화물을 시랜드서비스의 컨테이너에 싣는 행위는 거의 관행이 되다시피 했다."

군대에서 기록을 꼬박꼬박 작성하는 작업도 컨테이너의 효율성을 최대한 활용하기에 적절하지 않았다. 그리고 1968년 초에 군해상수송지원단이 캘리포니아에서 하와이로 가는 노선에서 맷슨내비게이션의 컨테이너를 사용하기 시작한 뒤로, 선박들의 적화 목록(선적 화물의 명세서. 배 이름, 국적, 하인荷印, 번호, 품명, 출하주出荷主, 선적인, 하수인荷受人, 수량, 무게, 부피 따위를 상세히 기입하게 되어 있다-옮긴이)에 기재된 컨테이너들이 호놀룰루에 들어왔던 그 컨테이너들이 아니라는 사실을 군해상수송지원단은 반

복해서 발견했다. 즉 굳이 동일한 컨테이너가 아니어도 상관없었던 것이다.[21]

이런 시행착오가 있긴 했지만, 새해 첫날부터 그해 마지막 날까지 온전하게 컨테이너 운송이 진행되었던 최초의 해인 1968년에 태평양에서 운송된 전체 군수품 화물의 5분의 1이 컨테이너로 운송되었다. 비〓연료 화물 중 컨테이너가 점유한 비율은 5분의 2에 가까웠다고 추정된다. 다만 예정된 일정과 시간에 맞게 이루어져야 하는 하역 작업이 그렇지 못한 경우가 자주 발생했다. 다낭으로 운항하던 컨테이너선의 갑판 크레인이 수차례 문제를 일으켰고, 그 바람에 하역과 다음 운항 일정이 지연됐다. 그러나 캄란만에 컨테이너 운송을 개시한 첫 한 해 동안 시랜드서비스는 매달 컨테이너를 1,230개~1,320개 운송했다.

1968년 6월, 다낭의 미군 군수 책임자는 군해상수송지원단에 컨테이너 운송량을 더 늘려달라고 요청했다. 10월에 시랜드서비스는 네 번째로 큰 C-4 유형의 컨테이너선을 베트남에 추가로 배치했고, 배송 지역을 14개 내륙 지역으로 확대했다. 다른 해운사들이 이 시장에 진입하려고 경쟁하는 와중에 합동참모본부는 1968년 말에 베트남에서의 컨테이너 적재량을 두 배로 늘릴 방법을 모색했다. 그런데 수심이 깊은 베트남의 컨테이너 부두를 모두 시랜드서비스가 통제하고 있었다. 시랜드서비스는 계약 내용을 수정해 서비스 적재량을 늘리자고 제안했다. 이와 관련해 군수 담당 참모는 "수백만 달러의 비용 절감 가능성이 시각적으로 뚜렷하게 나타났다"고 보고했다.[22]

아닌 게 아니라 운송비용이 감소하고 화물 파손이 줄어들었다는 증거는 차고도 넘쳤다. 1967년에 맥린은 컨테이너선에 화물을 선적하고 베트남으로 운항해 그곳에서 화물을 하역하는 비용을 계산했다. 파손이나 절도에 따른 손실분을 제외해도 해군 소유 상선에 동일한 양의 화물을 운송할 때 드는 비용의 절반밖에 되지 않는다는 결과가 나왔다. 육군 군수품 운용을 총괄했던 베슨 장군은 1970년 시점에서 당시를 되돌아보면서, 미군이 1965년부터 1968년까지 베트남에서의 전력 증강이 이루어질 때 컨테이너화를 채택했더라면 선적, 재고, 항구, 보관 등에 들어갈 비용에서 8억 8,200만 달러를 절약했을 것이라고 계산했다.[23]

컨테이너 기술을 채택하길 꺼리던 군대가 이제는 컨테이너의 가장 열렬한 지지자가 되었다. 컨테이너화가 개혁적임을 인정받은 것이다. 군해상수송지원단의 래미지 단장은 1968년 10월에 "군수 관련 기관들이나 책임자들이 지금까지 해왔던 공정들을 개조하지 않는 한 컨테이너 체계의 잠재력은 온전하게 발휘되지 않을 것"이라고 경고했다. 미군 측은 군수창고 책임자에게 베트남으로 화물을 보낼 때는 다른 화물과 한데 섞어 선적하지 말라고 하며, 컨테이너container, 고객customer, 품목commodity을 가리키는 이른바 '3C 규정'을 지키라고 권고했다.

1968년, 맥나마라 국방부 장관은 군대 내에서 컨테이너화를 가장 열렬하게 지지하던 인물인 베슨을 베트남에서의 군수 체계 성과를 평가할 합동군수검토위원회Joint Logistics Melvin Laird의 도움을 받아 더욱더 일원화된 군 수송 체계를 구축하고자 노력했다. 이 체계는 육군이 운영했다. 기본적으로 컨테이너를 바탕으로 육지와 바다 양 수송을 하나로 결합한 복합운송이었다. 5톤밖에 들어 올리지 못하는 크레인과 코넥스 박스는 이제는 퇴출되어야 했다. 군대는 민간 부문에서 사용하던 20피트 길이의 컨테이너를 구입했다. 코넥스 박스의 6.5배나 되는 무게의 화물도 거뜬하게 들어 올릴 수 있으며, 최신형 컨테이너선과도 호환하는 크레인이었다.[24] 컨테이너화 방침이 확고히 정해지자 다음은 신속하게 진행되었다. 유럽으로 가는 군사 화물의 절반이 1970년까지 컨테이너로 보내졌다. 군 소속 엔지니어들은 컨테이너 하역 시설이 없는 곳에서도 컨테이너를 하역할 수 있는 이동식 터미널 계획의 초안을 세웠다. 육군과 해군은 탄약을 제조 공장에서 컨테이너에 넣고, 이 컨테이너를 전용선에 실은 뒤 베트남의 전투부대로 보내는 운송 방식을 시험했다. 그리고 컨테이너야말로 탄약을 안전하게 운송할 완벽한 방법임을 확인했다. 비록 포탄은 너무 무거워 20피트보다 긴 컨테이너에 넣을 경우 공간을 많이 비워야 하는 문제가 있었더라도 말이다. 이와 관련해 베슨은 1970년에 의회에서 다음과 같이 증언했다.

"컨테이너를 그저 또 하나의 운송수단이라고만 생각해서는 안 됩니다. 컨테이너의 이점을 온전하게 누리려면 컨테이너를 최대한 활용할 수 있도록 군수 체계가 먼저 마련되어야 합니다."

베슨의 발상에서 보자면 민간 부문의 선적인들도 이제 막 첫걸음을 뗐을 뿐이었다.[25]

▥

말콤 맥린이 컨테이너화를 끈질기게 밀어붙인 추진력과 정열은 베트남과 전쟁 중인 미국에 반드시 필요한 것이었다. 그의 노력이 없었더라면 지구 거의 반대편에 있는 나라에서 대규모 전쟁을 치러야 했던 미국의 전력은 심각한 문제를 드러냈을 것이다. 장병들의 의식주를 해결하는 일, 1969년 1월 기준으로 베트남에 있던 54만 명의 군인과 선원에게 필요한 물자들을 제공하는 일 모두 상상도 할 수 없을 정도로 어렵고 힘들었을 것이다. 군수품 절도, 공급 부족, 군수품의 대규모 낭비 등에 관한 언론 보도가 잇따랐다면, 전쟁에 찬성하던 국내 여론은 발 빠르게 반대쪽으로 돌아섰을 것이다. 컨테이너 덕분에 미국은 전투가 벌어지는 현장에서, 미군의 힘이 도무지 미치지도 않았을 곳에서, 군인들에게 식량과 필요한 장비를 넉넉하게 지원할 수 있었다.

컨테이너화는 시랜드서비스의 성장에도 결정적 역할을 했다. 국방부와의 계약은 미국 국적의 국제노선 해운사들에게는 생사를 가르는 중요한 사항이었다. 군 내부에서 군수물자 운송을 담당하던 기관들이 민간업체들을 상대로 처음으로 경쟁 입찰을 시행했던 1966년과 1967년까지는, 특정 노선의 군사 화물은 그 노선을 운영하는 미국 국적의 모든 해운사들이 나누어 맡았다. 모든 해운사가 조금씩의 이익은 보장받았다는 뜻이다. 국방부가 컨테이너 운송에 관여했던 부분은 전체에 비하면 지극히 일부분이었다. 심지어 국방부는 시랜드서비스에게 일감을 주지도 않았다. 푸에르토리코와 알래스카로 가는 국내노선도 그랬다. 군대에서는 35피트 컨테이너를 사용할 수 있는 시설이나 장비를 갖추고 있지 않았기 때문이었다. 그런데 베트남전쟁이 장벽을 부수었다. 시랜드서비스가 국방부와 관련해서 올린 수입은 1965년에는 거의 제로였지만 1967년과 1973년 사이 총 4억 5천만 달러로 늘어났다. 수입이 가장 많았던 1971년 회계연도에는 시랜드서비스가 베트남전쟁과 관련해 1억 200만 달러의 수입을 올렸는데, 회사의 전체 수입 중 무려 30퍼센트였다.[26]

맥린이 또 성공을 거둔 순간이었다. 다른 도전들과 마찬가지로 베트남 진출은 거대한 보상을 고대하며 감수한 엄청난 모험이었다. 캄란만 부두 강화 공사, 크레인 조립, 필리핀에서부터 캄란만까지 시설과 장비 운송, 그리고 트럭 터미널 건설과 관련된 비용과 위험은 전적으로 시랜드서비스가 부담했다. 피해가 발생했을 때 미국 정부가 보상을 약속한 부분은 오로지 적군의 공격으로 피해를 입은 시랜드서비스의 트럭과 장비뿐이었다. 정부는 시랜드서비스가 관련 시설을 운영하는 데 어떤 인적·물적 자원도 제공하지 않았다. 기계나 설비가 고장이 나 부품을 교체해야 할 경우에도 국내처럼 인근 도매업자에게 편하게 주문할 상황이 아니었다. 일이 잘못돼 예산을 몽땅 날릴 수도 있었고 비용 계산에 착오가 있을 가능성은 매우 높았다. 게다가 맥린은 교전 지역에서 상업용 기관을 운영해야 했으며, 처음 입찰하면서 투자한 고정비용을 기반으로 수익을 창출해야 했기에 비용 관리를 더욱 철저하게 해야만 했다.[27]

이 도박은 맥린에게 막대한 이득을 주었다. 비용 위험을 기꺼이 감수한 대가로 맥린은 시랜드서비스의 수입을 확실하게 보장받도록 계약을 맺었다. 군해상수송지원단은 시랜드서비스의 컨테이너선이 오키나와나 필리핀으로 운항할 때마다 최소 컨테이너 수량을 보장했다. 시랜드서비스는 베트남으로 가는 컨테이너 한 대당 운송료는 고정 가격으로 계약했다. 대신 시애틀항과 오클랜드항에서 베트남으로 향하는 화물 중 '컨테이너에 실을 수 있는 모든 화물'은 시랜드서비스가 운송 위탁을 하도록 되어 있었다. 그 덕분에 컨테이너선은 높은 적재율을 기록하며 베트남으로 향했다. 1968년에는 이 배들의 컨테이너 셀 중 99퍼센트를 컨테이너로 채웠다.

시랜드서비스가 군수품 베트남 운송에서 얼마나 많은 이득을 올렸는지 자료를 구할 수 없어 알 수 없다. 하지만 설비 가동률이 매우 높았으므로 막대한 수익을 올렸을 것임은 분명하다. 군해상수상지원단이 대형 브레이크벌크선을 임대할 때 하루에 5,000달러를 지불하던 시기에, 시랜드서비스는 태평양 연안에서 출발해서 캄란만까지 한 차례 운항할 때마다 하루에 2만 달러 이상씩 받았다. 그리고 상대적으로 작은 배가 다낭에 다녀올 때는 하루에 약 8,000달러씩 받았다. 시랜드서비스는 컨테이너가 베트남의 정글에서 사라져 찾을 수 없는 위험에도 대비해야 했다. 그래서 중앙통제실을 설치해 각 컨테이너의 이동을 추적했다. 베트남으로 간 모든 컨테이너는 반드시 제한된 기간 안에 돌아오도록 했는데, 지켜지지 않을 경우에는 해당 컨테이너를 반환하지 않은 부대에 추가 요금을 부과했다.[28]

계약서 내용에 따르면 시랜드서비스는 별도의 사업으로도 부수적인 수입을 올렸다. 필리핀 운송 서비스는 마닐라항과 수빅만을 거치도록 되어 있었다. 그러나 마닐라항에서 선박 지연이 잦아지자 시랜드서비스는 마닐라항에서 지체되면 시간당 500달러의 추가 요금을 요구했다. 공군 측은 아예 수빅만에서 모든 화물을 받는 것으로 방침을 바꾸었는데, 이 계약이 계속 유지된 덕분에 시랜드서비스는 마닐라항을 들르지 않음으로써 6,800달러를 절약할 수 있었다.

또 부대가 미국에 화물을 보내려고 컨테이너에 실을 때도 시랜드서비스는 추가 운송료를 받을 수 있었다. 애초 군해상수송지원단과 계약한 내용은 미국에서 베트남으로 가는 화물에만 한정되어 있었기 때문이다. 미국으로 향하는 화물에 부과되는 운송료는 순수익이었고, 운송료도 높은 편이었다. 이 수입 역시 엄청났기에 1969년 3월 미군 측에서는 시랜드서비스가 부과하는 요금을 '바람직하지 않은 운송료'라는 이유를 대면서 미국으로 들어오는 컨테이너 운송을 막으려 하기도 했다.[29]

|||||||||

말콤 맥린은 이득을 남길 수 있는 기회를 그냥 넘기는 사람이 아니었다. 이제 명백한 기회가 기다리고 있었다. 그에게는 미국의 태평양 연안에서 베트남으로 운항하는 여섯 척의 배가 있었다. 세 척은 큰 배였고 세 척은 작은 배였다. 베트남으로 향할 때의 배는 군수품 화물로 꽉 찬 상태였지만, 미국으로 돌아갈 때는 텅 빈 컨테이너만 실었다. 그래도 정부로부터 받는 운송료는 왕복 운항에 드는 비용을 모두 제하고도 남았다. 만일 시랜드서비스가 베트남에서 태평양을 거쳐 미국으로 돌아올 때 빈 배로 올 게 아니라 유료 화물을 실을 수만 있다면 수익은 한층 더 늘어날 터였다. 이 문제를 곰곰이 고민하던 맥린은 한 가지 생각을 떠올렸다.

'일본에 들르면 어떨까?'

1960년대의 일본은 세계에서 가장 빠르게 성장하던 국가 중 하나였다. 1960년부터 1973년 사이 일본의 산업 생산량은 네 배로 늘어났다. 일본은 이미 미국에서 두 번째로 큰 수입국이었는데, 1960년대 말의 일본 경제는 의류와 트랜지스터 라디오에서 첨단 오디오 제품을 포함한 전자제품, 자동차, 산업 장비 등으로 중심 산업이 빠르게 바뀌고 있었다. 이것은 일본이 컨테이너 운송의 좋은 고객이 될 수 있다는 뜻이었다. 마침 일본 정부는 컨테이너화를 적극적으로 장려하는 정책을 펼쳤다. 1966년에 해운조선합리화위원회Shipping and Shipbuilding Rationalization는 신기술을 이용해 국가 이익을 최대화할 목적으로, 운수성에 과도한 경쟁과 혼란을 해소하라고 촉구했다. 그러면서 1968년까지 일본과 미국 태평양 연안 구간의 컨테이너 서비스, 1970년까지 일본과 미국 대서양 연안, 유럽, 호주 구간의 컨테이너 서비스를 시작하라고 촉구했다. 이 위원회는 정부가 도쿄/요코하마와 오사카/고베 두 지역에 컨테이너 터미널을 짓도록 하고, 일본과 외국 해운사들과 연합해 컨테이너선과 터미널을 운영하도록 했다. 다만 이 협력 관계가 일본 해운사들의 기반을 무너뜨려서는 안 된다는 점을 강조했다. 만일 계획대로 진행된다면, 1971년까지 일본 수출품의 절반은 컨테이너로 나를 것이며 12척의 배들이 각각 1,000개의 컨테이너를 실어 운송될 것이라는 이 위원회의 전망이었다.[30]

이런 권고에 정부는 놀라울 정도로 빠르게 대응했다. 일본 정부 대표단은 오클랜드항 및 그 밖의 다른 항구를 방문해 컨테이너 항구 운영 방법을 배웠다. 1967년 8월에는 새로운 항구 법안도 의결되었고, 그해 말에는 일본 최초의 컨테이너 크레인 두 척이 도쿄와 고베에서 가동에 들어갔다. 그러나 육상운송 쪽은 쉽게 풀리지 않았다. 일본에서 표준 크기의 트럭은 11톤 미만의 화물을 운송했으며, 고속도로 관련 법률에서는 어떤 경우든 고속도로에서 (신설된 소수의 유료 고속도로를 제외하고는) 대형 컨테이너를 운송할 수 없도록 되어 있었다.

일본 국철은 길이 20피트를 초과하는 컨테이너를 운송할 장비를 아예 갖추고 있지도 않았다. 1966년부터 북아메리카와 유럽에서 이루어 지던 복합운송 유형은 컨테이너가 배에서 트럭으로 혹은 기차에서 화물 수령인의 짐 싣는 곳으로 물이 흐르듯이 자연스럽게 옮겨지는 것인데, 일본에서는 이런 운송 방식을 그대로 가져와 실행하기란 쉽지 않을 것 같았다.[31]

일본에 처음으로 컨테이너에 관한 문을 두드린 기업은 맷슨내비게이 션이었다. 1966년 2월 맷슨내비게이션은 태평양 연안에서 하와이, 그 리고 극동에 화물운송 서비스 운영권을 미국 정부로부터 땄다. 이때 정 부에서 어떤 보조금도 받지 않았다. 맷슨사 경영진은 텔레비전과 손목 시계 등을 적재한 고속 화물선들이 앞다투어 태평양을 건넌 뒤에 오클 라호마에서 이 화물을 내린 후, 기차를 통해 대륙을 가로질러 동쪽으로 운송하는 모습을 상상했다. 돌아올 때는 일본과 한국에 있는 미군 기지 로 보낼 군수품 화물을 실으면 되었다. 그런데 중요한 전제 조건이 있었 다. 맷슨내비게이션은 다른 해운사들이 시장에 뛰어들기 전에 일본의 선도적 수출업체들을 잡아야 한다는 것이었다. 맷슨내비게이션은 자사 소유의 C-3형 브레이크벌크선 두 척을 일본 조선소로 보냈다. 컨테이 너 464개를 넣을 수 있는 화물선으로 개조하기 위해서였다. 빠르게 성 장하는 일본의 자동차 수출을 감안해 자동차 49대를 적재하고 자체적 으로 화물을 하역할 수 있는 배로 개조했다. 그리고 독일에 고속 컨테이 너선 두 척을 주문해 1969년에 인도받기로 했다. 일본 고객들을 끌어오 기 위해 일본 해운사인 일본우선회사日本郵船會社, N.Y.K. Line와 합작회사를 세 웠다. 1967년 9월. 일본에서 컨테이너 전용 크레인이 탄생하기 전, 맷슨 내비게이션은 일본에 화물운송 서비스를 시작했다.[32]

경쟁자들은 많이 뒤쳐져 있지 않다. 1960년 1월에 일본의 해운사 네 곳이 오클랜드항에 있는 컨테이너를 임대했다. 2개월 뒤인 3월에는 (이 3월은 베트남에서 육군이 미국으로 들어가는 화물을 시랜드서비스를 경유해서 운송하지 말라는 지시를 받은 바로 그 달이었다) 시랜드서비스가 일본에서 매주 한 번씩 미국으로 향하는 화물운송 서비스를 개시할 것이라고 발표했다.

말콤 맥린의 일들이 그랬듯 시랜드서비스의 일본 진출은 철저한 분석이 아닌 본능적 직관에 따른 것이었다. 시랜드서비스의 임원이었던 스콧 모리슨Scott Morrison은 당시를 다음과 같이 회상했다.

"우리는 베트남에서 빈 배를 끌고 돌아왔거든요. 이게 아까워 회의를 했는데, 그때 말콤이 뭐라고 했느냐 하면, '미쓰이를 아는 사람을 아는 사람 혹시 없나?'라고 했지요."

맥린은 미쓰이상사의 회계 보고서를 사람들에게 돌리고는 일본에 가 미쓰이 사장을 만나고 싶다고 했다. 그리고 2주 뒤에 미쓰이에서 온 상당한 규모의 대표단이 엘리자베스항에 있는 시랜드서비스의 부두들을 둘러보았다. 말콤 맥린은 합작회사에는 전혀 관심이 없었다. 대신 그는 대표단 중 한 사람을 선택해 일본에 시랜드서비스의 터미널을 지을 사람으로 채용했다. 대표단 중 다른 한 사람은 일본의 시랜드서비스 대리인이 되겠다고 했다. 그리고 또 다른 한 사람은 일본 내에서 국내 트럭운송을 맡아서 하기로 했다. 이렇게 해서, 베트남으로 군수품을 운송하면서 화물선 왕복 비용까지 충분히 받고 있던 시랜드서비스로서는, 일본에서 아무리 적은 화물을 싣는다 하더라도 싣는 족족 무조건 백퍼센트 수입이 되는 손쉬운 사업을 새로 확보한 셈이었다.[33]

맷슨내비게이션의 동업자인 일본우선회사가 소유하던 일본 최초의 컨테이너선은 1968년 9월에 미국으로 첫 출항을 했다. 그리고 6주 뒤에 시랜드서비스는 일본의 여러 공장에서 생산된 텔레비전과 스테레오 제품을 싣고 요코하마에서 태평양 연안까지 1개월에 6회씩 운항하는 서비스를 개시했다. 그런데 그 뒤에 일본의 다른 해운사들도 이 노선에 대거 몰려들었다. 1968년 말을 기준으로, 일곱 개 회사가 태평양을 건너 미국으로 향하는 화물 최소 7,000톤을 놓고 치열하게 경쟁했다. 게다가 이보다 더 많은 해운사가 시장에 추가로 들어올 참이었다. 바야흐로 일본 해운 산업에서 치열한 경쟁이 전개될 것처럼 보였다. 하지만 일거리 부족은 일시적인 현상에 지나지 않았다. 일본에서 미국으로 가는 화물은 그 누구도 예상하지 못했을 정도로 홍수처럼 쏟아져 나왔던 것이다.[34]

10장

폭풍 속의
항구들

코스트와이즈스팀십Coastwise Steamship Company은 제지 산업을 뒷받침하는 해운사로 창립했다. 1930년대 이후로 이 회사의 배들은 워싱턴주의 엔젤스앤캐머스항에 있는 크라운젤러바흐의 공장에서 신문 용지를 받아 캘리포니아 연안으로 운송했다. 제지 운송 사업은 성공을 거뒀다. 하지만 서던퍼시픽Southern Pacific과 유니언퍼시픽Union Pacific과 같은 철도 회사들이 운송 사업에 들어오면서 사정이 달라졌다. 1950년대 철도 회사는 전반적인 운송료 인상의 흐름 속에서도 물량 확보를 위해 오히려 신문 용지를 운송료 인상 대상 품목에서 제외하고 운송료를 내렸다. 코스트와이즈는 여기에 맞서기 위해 신문 용지 운송료를 1톤당 32달러에서 18달러로 내렸지만, 1958년에는 파산 직전까지 몰렸다. 결국 태평양 연안 해운업에서 신문 용지 사업은 종말을 고했다.[1]

면, 오렌지, 화학제품, 목재 사업도 신문 용지와 마찬가지였다. 1950년대에 미국의 연안 해운업은 기차, 트럭의 맹공격을 받고 빈사 상태에 빠졌다. 연안 해운업에 속하던 화물선의 수는 유조선을 제외할 때 1950년의 66척에서 1960년에 35척으로 줄었으며, 실제로 운항하던 배들의 총톤수로 따지면 감소 폭은 더 커서 3분의 1로 떨어졌다. 배가 줄어들자 한때 지역 경제의 활력소였던 부두도 쇠락의 길로 접어들었다. 사람들은 부두를 떠났으며 창고도 폐쇄되었다. 1945년부터 1957년까지 13년 동안 뉴욕항 이외의 북아메리카 전역의 항구들의 건설 및 현대화에 투자된 총액을 따지면 한 달에 기껏 4,000만 달러밖에 되지 않았다.[2]

그런데 컨테이너화와 관련된 두 가지 사건이 맥 빠진 항구 산업을 흔들어 깨웠다. 1955년 12월, 뉴욕항만청이 뉴저지의 해변 습지 450에이커를 컨테이너선이 드나드는 현대식 항구로 바꾸겠다고 결정했다. 전 세계의 어떤 항구보다 화물 처리 능력이 월등하게 높은 항구를 만들겠다는 야심찬 계획이었다. 그런데 이보다 덜 알려졌지만 훨씬 심상치 않은 일이 있었는데, 바로 말콤 맥린의 컨테이너 서비스에서 일어난 변화였다.

맥린은 보스턴항에서 갤버스턴항에 이르는 항구들을 사용할 권리를 얻기 위해 많은 어려움을 겪어야 했다. 1957년에 팬애틀랜틱이 도입한 100퍼센트 컨테이너화한 화물선들은 어떤 항구에서나 정박해 화물을 처리할 수 있도록 갑판에 값비싼 크레인을 갖추었다. 팬애틀랜틱의 배들이 기존의 전통식인 배들과 마찬가지로 노선을 따라 이어져 있던 중요한 지점에서 모두 기항할 수 있도록 하기 위함이었다. 그런데 이 계획은 한순간에 없던 일이 됐다. 항구 네 곳(뉴어크, 잭슨빌, 휴스턴, 푸에르토리코의 산후안)에 컨테이너 서비스를 집중하는 대신, 나머지 항구에는 적게 들르거나 아예 들르지 않는 방향으로 팬애틀랜틱이 방침을 바꾸었기 때문이다.

이로 인해 두 가지 상반된 결과가 생겼다. 하나는 뉴욕항이 새롭게 부상하고 다른 하나는 플로리다 탬파항과 앨라배마 모빌항의 쇠퇴다. 연관이 없어 보이는 두 사건은 사실, 컨테이너 운송이 발전하면서 항구에 미치는 경제 효과를 나타내는 현상이었다. 항구로서는 컨테이너 화물을 수용할 환경을 만들려면 많은 예산이 필요하다. 그것도 이전까지와는 비교되지 않을 정도로 큰 금액을 투자해야만 했다. 해운사들의 입장에서는 화물을 찾아 구불구불한 해안선을 따라 모든 항구를 다 찾는 시대가 곧 끝난다는 뜻이었다. 컨테이너선이 기항하는 항구는, 이 항구가 수입과 이득을 창출할 수 있는 비싼 컨테이너선이 정박할 수 있는 환경이라는 뜻이기도 했다. 컨테이너선은 화물을 대규모로 확보할 항구들만 찾을 것이고, 그 외의 항구들은 트럭이나 바지선에 의존해야 했다.

1950년대 말에는 항구가 있는 도시의 공무원들이 무슨 선택을 해야 할지가 이미 분명하게 드러났다. 컨테이너 운송이 확대됨에 따라 해상 화물은 소수의 대형 항구들에 집중될 터였다. 기존의 여러 해양 산업 중심지들은 더는 필요 없어지고, 항구들도 살아남기 위해 경쟁해야 했다. 특히 중요한 사실은, 이 과정에서 필요한 투자 규모가 해운사들이 조달할 수 있는 규모를 훨씬 뛰어넘는다는 점이었다. 바다를 메워서 수백 에이커의 부지를 조성하고, 거대한 규모의 크레인들과 조차장을 준비하고, 도로나 교량과 같은 부두 바깥의 기반 시설을 구축해야 했기 때문이다. 컨테이너 운송 시대에는 어떤 정부 기관이든 주요 운송 중심지를 키워 일자리를 창출하고 세수를 확보하되, 이전보다 더욱 자금 조달, 토목·건

축 사업, 항구 운영 등에 더 긴밀하게 관여해야 했다.[3]

〰〰〰

새로운 경제 현실이 가장 먼저 뚜렷하게 나타난 곳은 미국의 태평양 연안이었다. 1950년대만 해도 이곳의 항구들은 중심지가 아닌 후미진 곳 혹은 외지였다. 시애틀과 알래스카 사이의 교역이나 캘리포니아의 여러 항구들과 하와이 사이의 교역처럼 다른 대안이 없는 항구들을 제외하면, 태평양 연안의 무역은 침체 상태였다.

미국의 국제무역은 유럽과의 거래가 압도적으로 많았다. 1955년에 수입·수출량의 11퍼센트를 차지한 연료 및 유조선 화물이 태평양의 여러 항구들에서 이루어지기도 했다. 그러나 태평양의 항구들에서 처리한 연료 및 화학제품을 모두 합쳐도 뉴욕항 한 군데의 처리량보다 적었을 정도다.[4]

태평양의 항구들이 번성하지 못한 가장 이유는 지정학적 조건을 꼽을 수 있다. 태평양 연안의 도시들은 규모도 크고 빠른 속도로 성장했지만, 이 도시들을 제외한 주변 지역의 인구밀도는 매우 낮았다. 로스앤젤레스와 샌프란시스코 너머 지역의 캘리포니아의 전체 인구는 1960년 기준으로 겨우 600만 명이었다. 로키산맥과 맞닿은 여덟 개 주는 동쪽으로 1,600킬로미터나 뻗어 있지만 모든 인구를 합해도 뉴욕시 인구보다 적었다. 시애틀에서 내륙 쪽으로 가장 먼저 나오는 최대 도시는 미니애폴리스지만, 시애틀에서 무려 2,670킬로미터 가깝게 떨어져 있었다. 서부 지역에서 여러 산업이 빠르게 발전했으나 로스앤젤레스에서 롱비치에 이르는 구간만이 제조업 기지 덕에 동부 지역과 중부 지역의 공장 중심지들과 어깨를 견줄 수 있었다. 볼티모어와 필라델피아가 피츠버그와 시카고의 외국 무역 화물을 처리할 수 있었던 데 비해, 태평양의 여러 항구도시들은 국내시장도 확보하지 못했다. 게다가 태평양 건너 한국, 중국, 인도차이나 반도의 여러 국가 등 잠재적인 무역 상대국들이 있었으나 전쟁이나 정치적 문제로 무역이 진행되지 않았다. 석유를 제외한 화물 흐름이 침체된 상황에서 항구들이 발전할 수 있는 길은 어디에도 없었다. 1960년에 시애틀항의 부두들에서 처리한 화물은 1950년보다 오히려 10퍼센트 떨어졌다. 퓨젓사운드에서 남쪽으로 수 킬로미터 떨어져 있으며 주로 목재를 다루던 항구도시 타코마는, 목재 화물운송 수단이 철도로 옮겨감에 따라 화물운송량의 3분의 1이 감소했다. 포틀랜드의 화물 처리량도 무게 기준으로 17퍼센트나 줄었다. 1950년대에도 꾸준하게 성장한 태평양의 유일한 항구는 로스앤젤레스항이었는데, 이 항구는 샌프란시스코 지역을 지배하겠다는 포부로 새로운 부두와 창고에 적지 않은 금액의 투자를 했었다.[5]

그러나 컨테이너화 덕분에 지정학적 제약을 극복할 기회가 생겼다. 시민사회의 지도자들은 맷슨내비게이션이 기울이던 노력에서 통찰을 얻어 (하와이로 왕복하는 노선의 컨테이너 서비스에 대한 맷슨내비게이션의 연구는, 태평양의 항구들이 장차 덴버와 솔트레이크시티에 트럭으로 화물을 보내는 중심지가 될 것이라고 전망했다) 쇠퇴하는 부두 산업을 새로운 시각으로 보았다.

실제적인 움직임은 샌프란시스코에서 시작되었다. 샌프란시스코에는 캘리포니아주 정부가 감독하는 96개의 구식 부두가 있었다. 1920년대, 상당수가 폭이 좁은 목제 부두 그대로 남아 있었으며, 그나마 구조적으로 튼튼한 것들조차도 대형 트럭은 접근할 수 없도록 설계되어 있었다. 컨설턴트들은 시내 남쪽 아미스트리트에 대양 항해선 여덟 척의 화물을 처리할 수 있을 정도로 큰 '슈퍼터미널'을 새롭게 건설하라고 촉구했다. 1958년에 캘리포니아 유권자들은 항구 건설을 위해 5,000만 달러 규모의 공채公債 발행을 승인했는데, 당시로서는 대단히 큰돈이었다.[6]

시애틀도 샌프란시스코의 선례를 따라가고자 했다. 그리하여 항구를 살릴 방안을 찾기 위해 컨설턴트를 고용했다. 시애틀항의 21개 부두 모두 2차 세계대전 이전에 만들어졌다. 대부분이 1900년 직후에 배를 정박시킬 용도로 생겼다. 1950년대 말, 겨우 여섯 개 부두만이 일반화물을 싣고 내리는 목적으로 사용되었는데, 그나마도 24시간이 아닌 일이 있는 때만 열렸다. 이 항구에서 관세 혜택을 받는 외국 무역 구역은 너무나 한산해 주 기관인 시애틀항만청은 구역을 폐쇄할 생각까지 했을 정도였다.

그런데 지역 방송국이 황량한 항구의 모습을 다큐멘터리로 제작해 방송했다. 덕분에 1959년에 항구의 발전을 위한 새로운 관심과 움직임이 있었다. 경제계 지도자들은 항구위원회를 구성했다. 1960년 7월에 시애틀항만청은 3,200만 달러 예산의 건설 계획을 발표했는데, 컨테이너 부두 두 군데도 포함되어 있었다. 순식간에 시애틀항은 주목의 대상이 됐다. 1960년 11월, 무려 17명이나 되는 사람들이 시애틀항만청 선거에 입후보했으며, 유권자들은 1단계 건설에 필요한 1,000만 달러 예산을 확보하기 위한 공채 발행을 승인했다.[7]

로스앤젤레스도 이런 추세에 발을 맞추었다. 새로 설계된 롱비치고속도로와 하버고속도로를 통해 화물운송 트럭을 항구 바깥으로 빠르게 보내고자 했다. 로스앤젤레스 공무원들은 항구의 경제적 중요성을 열정적으로 홍보했다. 그 결과 1959년의 주민투표로 (원리금은 해운사들에게서 받을 부두 임대료로 갚는) 세입보전채권을 발행했다. 1960년에는 자사의 경비로 항구의 시설을 개선해 2년째 하와이로 컨테이너 서비스를 하던 맷슨내비게이션이 로스앤젤레스 항구로 7,000개의 컨테이너를 실어 날랐다. 뉴어크항이 본부인 시랜드서비스의 컨테이너 운송에 비하면 규모가 작았지만, 로스앤젤레스는 태평양 최대의 컨테이너 항구가 되기에 부족함이 없었다. 항구자치운영위원회는 시청의 강력한 지원을 받아 즉각 3,700만 달러 규모의 5년 계획 사업을 시작했다. 컨테이너선을 위한 부두들과 크레인을 건설하고 만드는 일들이 진행됐다.[8]

그러나 다른 어떤 곳보다 극적인 변화가 일어난 곳은 샌프란시스코만의 동쪽에 있는 오클랜드항이었다. 1960년대 초부터 롱비치항이나 시애틀항 혹은 포틀랜드항의 3분의 1밖에 되지 않는 크기로 샌프란시스코에 비하면 훨씬 더 작았다. 게다가 농산물 중심의 항구로 활기라고는 찾아볼 수 없었다. 항구 인근에는 개 사료 공장, 드라이아이스 공장, 자동차 등에 사용되는 부품인 제동자制動子 공장 등 여러 산업이 있었지만, 항구의 주요 고객 명단에서 이들이 빠진 건 이미 오래전이었다. 당시 오클랜드항으로 들어오는 화물은 거의 없었다. 유럽에서 온 선박들은 샌프란시스코항에서 화물을 내린 다음, 오클랜드항에 들어와 과일, 아몬드, 호두 등을 실어 유럽으로 돌아갔다. 1957년에 시청 산하 기관이던 오클랜드항만청이 낡은 부두들을 수리하기 위해 세입보전채권을 발행했지만, 장기적인 계획은 전혀 없었다. 이런 상태에서 예상하지 못했던 기회가 찾아왔다. 맷슨내비게이션이 하와이 노선의 컨테이너 서비스

기지가 있는 샌프란시스코의 공무원들에게 회사 전용 컨테이너 터미널을 요구했다가 묵살당한 것이다. 시청의 항만 담당 책임자는 컨테이너 운송이 그저 지나가는 한때의 유행이라고만 생각했기 때문이다.

그 뒤 1959년에 맷슨내비게이션은 세계 최초로 거대 육상 컨테이너 크레인을 세웠다. 위치는 태평양 연안의 해상운송 중심지인 샌프란시스코항이 아니었다. 바로 오클랜드의 부두가 보이는 작은 마을 앨러미다였다.[9]

오클랜드항만청 공무원들은 맷슨내비게이션의 행보를 보며 컨테이너 운송에 관심을 기울였다. 1961년 초에 이들은 아메리칸하와이안스팀십이 대형 컨테이너선들로 구성된 선단을 구축하기 위해 정부에 보조금을 요청한 사실을 알았다. 캘리포니아에 있는 통조림 공장들이 맡긴 과일과 채소를 실은 배가 파나마운하를 통과해 대서양 연안의 시장으로 운송될 것이었다. 오클랜드항으로서는 놓쳐서는 안 될 화물이었다. 오클랜드항만청장이던 더들리 프로스트Dudley Frost와 수석 엔지니어 벤 너터Ben Nutter는 사실 정보와 수치 자료들을 챙겨 두 개의 바인더로 묶고 '아메리칸하와이안스팀십'이라는 각인을 박은 가죽 표지를 준비해 1961년 4월에 워싱턴행 비행기를 탔다. 두 사람은 워싱턴에서 정부 관계자들을 만나 의논했다. 놀랍게도 처음의 계획이 바뀌었다. 당시 너터는 다음과 같이 회상했다.

"누군가가 그러더군요. '아, 그 친구들은 잊어버리세요. 전혀 도움이 안 될 겁니다. 그러지 말고 시랜드를 만나보세요.' 그래서 내가 그랬지요. '시……뭐라고요?'"

이렇게 해서 사업제안서의 표지는 '시랜드서비스'가 각인된 것으로 바뀌었고 프로스트와 너터는 뉴어크항으로 방향을 돌렸다. 그런데 두 사람이 발표를 마치기도 전에 듣고 있던 임원이 중단시켰다. 그러고는 뉴어크항에서 출발해 캘리포니아까지 가는 컨테이너선 노선을 운영하겠다는 결정을 이미 회사 차원에서 내렸다는 사실을 알려주었다. 만일 합리적인 가격으로 적정한 장소를 제공할 수 있다면 회사로서는 항로의 북쪽 종점을 오클랜드항으로 할 수 있다고 덧붙였다.[10]

오클랜드항으로서는 과거 단 한 번도 컨테이너선을 맞아본 적이 없었지만, 곧바로 미래의 컨테이너 항구라고 선전하며 나섰다. 너터는 화물 1톤당 얼마씩을 부과하는 기존의 임대료 책정 방식과 전혀 다른 방식을 생각했다. 시랜드서비스는 터미널 건설에 들어가는 비용을 충당할 만큼 충분히 높으면서도 최소한의 임대료만 내면 되도록 하겠다는 생각이었다. 즉 화물이 늘어날수록 많은 임대료를 내되, 특정 기준을 넘어서는 화물에는 추가 요금을 부과하지 않는 방식이었다. 이러한 '미니맥스mini-max' 방식은 시랜드서비스가 가급적 많은 화물을 오클랜드항에서 처리하도록 하는 일종의 유인책이었다. 화물이 일정한 기준을 넘으면 1톤당 평균 항구 임대료가 급격하게 떨어지는 구조였기 때문이다.

오클랜드는 정박지 두 곳의 성능을 개선하는 데 60만 달러를 썼고, 미래에 한층 더 큰 대형 컨테이너선이 드나들 수 있도록 항구의 수심을 30피트~35피트로 더 깊게 만드는 일에 연방 정부의 동의를 얻었다. 그리고 1962년 9월, 세계 최대의 컨테이너선이던 시랜드서비스의 엘리자베스포트Elizabethport호가 뉴어크항에서 출발해 파나마운하를 통과해 롱비치항과 오클랜드항에 기항했다.[11]

태평양 연안의 항구들은 지난 2년의 기간을 거치는 동안 각각 연간 투자액을 두 배로 늘렸지만 제대로 된 경쟁은 시작도 하지 않은 상태였다. 항구 바로 곁에 두 개의 철도 기지를 갖춘 오클랜드항이 경쟁에서 유리해 보였다. 1962년, 로스앤젤레스항은 한 차례의 공채를 발행하면서 반격했는데, 이번에는 1,400만 달러 규모였다. 인근에 있던 롱비치항도 새롭게 떠오르고 있었다. 롱비치항은 바다에서 석유를 뽑아 올린 이후 항구 바닥이 가라앉고 부두가 무너지는 일 때문에 1950년대 내내 항구를 원래 상태로 복구하기 위해 노력했었다. 그런데 이런 소동과 혼란이 정리된 뒤에 시 소유의 항구는 로스앤젤레스항보다 수심이 깊다는 사실을 깨달았다. 그래서 1962년에 시랜드서비스의 캘리포니아 지역 남부 종점이라는 지위를 낚아채고, 석유를 팔아 모은 돈으로 310에이커(약 38만 평) 넓이의 땅을 매립해 컨테이너 운송 관련 부지를 조성했다.

롱비치항과 로스앤젤레스항은 곧바로 요금 전쟁을 벌였다. 그러나 석유도 없었고 어떻게든 이익을 내야 했던 로스앤젤레스항이 불리할 수밖에 없었다. 로스앤젤레스항은 샌프란시스코항과 함께 감독 기관인 연방해사위원회에 롱비치항과 오클랜드항이 시랜드서비스에 불공정한 보조금을 약속했다는 이유를 대면서 계약을 막아달라고 요청했지만, 기각되었다. 위쪽에 위치한 시애틀항에서는 두 곳이 컨테이너 터미널 공사를 진행하고 있었다. 당시에는 알래스카스팀십의 계절별로 운항하는 노선이 유일한 컨테이너 사업이었지만, 1962년 8월에 더 많은 터미널을 짓기 위한 3,000만 달러 예산 규모의 사업을 발표했다. 항구들은 활기를 띠었다. 10년 동안 성장세가 멈춰 있던 비▪군사용 화물이 1962년부터 1965년까지 약 30퍼센트나 늘어났다.[12]

오클랜드항도 기대 이상의 성과를 올렸다. 오클랜드항만청은 아우터

하버Outer Harbor(고유명사가 아닌 일반명사의 뜻은 외항外港–옮긴이)에 남다른 야망이 있었다. 아우터하버는 여객열차를 페리 선착장에 있는 종점으로 연결한 둑에 의해 내항과 나뉠 때 항구 바깥에 있는 구역이었다. 오클랜드항만청은 오클랜드 공항 확장 공사에 이미 많은 돈을 써 자금이 모자랐다. 다행히 1963년에 이곳의 지역 철도 체계를 설계하는 작업을 시작한 특별자치기관Bay Area Rapid Transit District, BARTD(만灣 구역고속수송지구를 말한다–옮긴이)의 도움을 받았다. 철도 회사에서 항구 소유의 부지 아래로 터널을 뚫을 수 있도록 허가했고, 그 대가로 제방을 따라 있는 낡은 건물들을 깨끗이 정리해 약 2.8킬로미터 길이의 제방을 새로 건설하기로 했다. 또 터널 공사에서 나오는 폐기물을 폐쇄된 지역에 묻는다는 내용에도 합의했다. 오클랜드항은 140에이커(약 17만 평)의 부지에 12개의 정박장과 철로를 깔아도 될 정도로 충분히 넓도록 설정해 폭이 약 24미터인 부두를 갖춘 거대한 터미널을 설계했다. 항구에서 맨 바깥쪽에 위치한 부두는 샌프란시스코만에서 수심 18미터인 지점부터 1킬로미터 정도밖에 떨어지지 않은 곳에 있어 이후 점점 더 큰 배가 등장하더라도 얼마든지 항구에 접근할 수 있도록 했다.

　오클랜드항의 대표단은 1963년 일본, 그다음 해 유럽 방문에서 많은 해운사가 컨테이너화에 관심이 있음을 알았다. 그러나 어떤 해운사도 세입보전채권을 사겠다는 계약을 선뜻 하지 못했다. 다행히 연방 정부의 경제개발처Economic Development Administration가 불황에 일자리를 창출할 수 있는 용도로 마련한 보조금 1,000만 달러를 받을 수 있었다. 오클랜드항은 이 돈으로 컨테이너화 시설 건설에 착수했다. 당시에는 환경 관련 규제가 발효되기 전이라 새로운 터미널을 건설하는 공사는 발 빠르게 진행됐다.

공사가 진행되던 1965년에 시랜드서비스는 더 많은 공간이 필요하다는 판단을 내리고, 대형 육상 크레인 두 대를 갖춘 26에이커(약 3만 2,000평) 넓이의 터미널을 짓기로 계약했다. 그리고 몇 개월 뒤, 지금까지 국내운송 사업만을 한 맷슨내비게이션이 오클랜드항의 새 매립지에 태평양 연안과 아시아 국가들 사이를 오가며 컨테이너를 운송하는 사업의 본부가 들어설 것이라 발표했다.[13]

오랫동안 아무도 관심을 두지 않던 항구에서 이처럼 열광적으로 확장에 나선 것은, 경제성장에 대한 새로운 발상 덕분이라 할 수 있다. 1960년대에 제조업은 지역 경제의 튼튼한 기반으로 자리 잡았다. 특히 항구는 부두에서 일자리를 창출하는 부분은 물론, 제조업체와 운송업체가 가까이 있으면서 일자리를 만드는 곳이라는 데 의미가 있었다. 그러나 1966년에 시애틀의 공무원들은 산업 시설은 거의 없으면서 외톨이처럼 떨어진 도시 시애틀이 공장이 아닌 운송을 기반으로 새로운 경제를 만들 수 있을 거라 생각했다. 주변 지역에 인구가 적다는 환경도 장해물이 아니었다. 시애틀은 워싱턴 서쪽을 담당하는 한낱 지역 항구가 아닌, 아시아에서 미국 중서부로 뻗어나가는 운송망의 중심이 될 수 있었다. 항구 설계자 팅리 초Ting-Li Cho는 선견지명을 가지고 당시에 다음과 같이 썼다.

"생필품 운송은 독립적인 부문을 훌쩍 넘어설 정도로 성장해서 생산과 소비를 이어주고 있다. 이제 이 부문이 거꾸로 생산과 소비의 경제를 결정하게 되었다."

컨설팅 회사인 아서 D. 리틀Arthur D. Little은 지역 경제에 대해서 정 반대의 함의를 담고 있지만 내용은 거의 동일한 메시지를 같은 해에 샌프란시스코 공무원들에게 보냈다. 이 도시의 도매업, 트럭운송업 그리고 창고업 중 상당히 많은 부분이 샌프란시스코만의 동쪽에서 새롭게 발전하는 항구 가까이에 재배치되었다. 그 이유는 샌프란시스코에서는 어떤 기업이 다른 기업의 활동에 가까이 있을 필요가 없기 때문이라고 아서 D. 리틀은 경고했다.[14]

시애틀, 오클랜드, 로스앤젤레스, 롱비치는 점점 더 많은 자신감으로 충만해 자기 시의 경제 전망을 밝게 가지고 항구를 확장하는 사업을 끊임없이 계속했다. 1964년에 시랜드서비스는 시애틀에서 알래스카 구간의 컨테이너 서비스를 개시했는데 며칠 뒤 알래스카에서 지진이 일어나 건축 장비 및 구호물품 수송이 필요해졌다. 또한 베트남의 미군 전력 증강으로 엄청난 지원품 화물이 로스앤젤레스항과 롱비치항을 통해 베트남으로 나갔다. 1965년에 36만 5,085톤이던 오클랜드항의 비군사용 컨테이너 운송량은 1968년에 150만 톤으로 거의 네 배 늘어났으며, 일본과 유럽 해운사들이 항구를 통해 컨테이너를 마구 들여놓음으로써 1969년에는 300만 톤으로 다시 두 배가 증가했다. 그리고 이제 오클랜드항의 화물 중 60퍼센트 가까이가 컨테이너로 운송되었다.

로스앤젤레스는 새로운 터미널을 개장해 일본 해운사 네 곳을 유치하는 데 성공했다. 롱비치는 로스앤젤레스항이 수심이 얕아 머지않아 해운사들이 다른 곳으로 갈 것을 예측하고 세 군데의 새로운 터미널에서 한 번에 10척의 선박을 처리할 수 있는 시설을 짓기 시작했다. 세 터미널 중에서는 시랜드서비스가 단독으로 사용할 100에이커(약 12만 평) 넓이의 터미널도 포함되어 있었다. 시애틀에서는 터미널 공간이 부족할 경우 컨테이너 운송 수요를 충족하지 못할 것이고, 그러면 배들이 다른 항구를 찾아 떠날 것이라는 판단 아래, 임대할 해운사들이 아직 확정되지 않은 상황이었지만 세 개 이상의 터미널을 짓기 시작했다.[15]

그런데 전통적으로 해양 중심지이던 두 곳이 모든 항구가 들뜬 와중에 소외되어 있었다. 1950년대에 시애틀항만큼이나 많은 화물을 처리했던 포틀랜드항은 컨테이너항을 짓는 데 필요한 자금과 자원을 확보하지 못했고 그 결과는 비참했다. 1963년부터 1972년까지 10년 동안 시애틀항이 처리한 외국 무역 화물은 두 배 이상 늘어났지만 포틀랜드항의 화물은 거의 제자리걸음이었다. 1970년에 일본 컨테이너선이 시애틀에 기항하기 시작하자, 포틀랜드항은 요코하마에서 온 배가 아니라 시애틀에서 온 트럭으로 일본의 상품을 받았다.

샌프란시스코항은 보다 근본적인 문제들에 맞닥뜨렸다. 오로지 남쪽으로만 철도가 직접 닿을 수 있는 반도에 있다는 지정학적 위치 때문에 동쪽의 여러 지점에서 들어오거나 그쪽으로 나가는 화물을 처리하기에 매우 불리했다. 도시의 공무원들은 1968년에 항구의 관리 권한을 주 정부로부터 얻은 뒤 준설 작업을 했지만, 컨테이너 부두 공사는 지연되었다. 그 바람에 합병으로 이름이 사라진 조상 기업들까지 치면 한 세기 이상 샌프란시스코에 자리를 잡았던 해운사 아메리칸프레지던트조차도 오클랜드항으로 떠나버렸다. 시애틀, 오클랜드, 로스앤젤레스, 롱비치 등의 항구가 연달아 거대한 규모의 특수 목적 터미널을 만들어낼 때조차 샌프란시스코의 계획은 갈피를 잡지 못하고 계속 바뀌었다. 1969년에 수십 년 동안 샌프란시스코항에 있던 스웨덴 해운사의 거대한 네온사인 간판 '존슨라인Johnson Line'이 오클랜드항으로 가는 일이 일어났다. 이것은 샌프란시스코항이 주요 항구로 이름을 날리던 시대가 끝났음을 샌프란시스코 시민에게 알리는 사건이었다.[16]

1950년대부터 태평양 연안에서 항구 건설이 폭발적으로 늘어났지만, 대서양 연안에서는 이런 현상이 나타나지 않았다. 그레이스라인은 탈이 많았던 비운의 베네수엘라 컨테이너 운송 서비스를 포기했다. 이에 따라 시랜드서비스는 대서양 연안에서 컨테이너 전용선을 갖추고 운송하는 유일한 해운사가 되었다.

컨테이너 운송을 광고하던 많은 해운사는 컨테이너를 혼합화물과 함께 처리했으며, 따라서 특수 크레인이나 컨테이너 야적장이 따로 필요 없었다. 그런데 중요한 것은 태평양 연안에서 컨테이너화에 대한 열기가 이례적으로 뜨겁게 타올랐음에도 불구하고 대서양 연안에서는 뉴저지에 있는 시랜드서비스의 본거지 항구를 제외하고는 이런 열기를 거의 찾아볼 수 없었다는 점이다. 1950년대 말을 기준으로 볼 때, 태평양 연안의 항구들은 컨테이너화를 받아들인 로스앤젤레스항을 제외하고는 모두 활기를 잃었었는데, 그 뒤에 이들은 컨테이너라는 신기술에서 구원의 빛을 보았다. 대서양 연안 및 멕시코만의 항구들에서는 화물 흐름이 꾸준하게 지속되었다. 1966년만 해도 미국의 주요 국제무역 해상 노선 열에 아홉은 대서양 연안이나 걸프만의 항구를 통했으며, 열에 딱 하나만 태평양 연안에 있었다. 동쪽 연안의 항구들은 컨테이너화로 얻을 수 있는 것이 상대적으로 적었으며, 따라서 뉴욕항 이외에서는 수백만 달러의 공금을 기꺼이 투자하겠다는 열의는 당연히 미약했다.[17]

컨테이너 운송이 국제 사업으로 확장함에 따라 뉴어크항과 엘리자베스항의 뉴욕항만청 부두들은 계속 늘어났다. 1965년에는 해운사 여섯 군데가 뉴저지의 부두에서 유럽으로 가는 컨테이너 운송 사업을 1966년에 개시하겠다고 선언했을 정도다. 컨테이너화를 받아들이는 이런 모습은 뉴욕항을 제외하고 연안의 북쪽이나 남쪽 어디에서도 재현되지 않았다. 컨테이너화를 가로막은 장해물은 어디에서나 동일했다. 바로 노동력과 돈이었다.

먼저 노동력 문제를 보면, 뉴욕해운협회와 ILA는 1964년에 작업조의 구성 인원을 줄인다는 것과 퇴출된 부두노동자의 연간 소득을 보장한다는 내용에 합의했지만 필라델피아항을 제외한 다른 곳의 부두노동조합 지부들에서는 그런 합의가 없었다(노동조합 지부는 부두 단위로 구성되었다-옮긴이). 뉴욕항해양위원회의 노력으로 1950년대에 일용직 부두노동자를 줄인 뉴욕항과 다르게 대서양 및 걸프만에 있던 대부분의 다른 항구에서는 1970년대까지 시간제 부두노동자들이 있었다. 보스턴의 부두노동자들은 한 주에 평균 1.5일을 일했으며, 뉴올리언스의 부두노동자들은 한 주에 평균 2.0일을 일했다. 만약 컨테이너가 허용된다면 시간제 일자리는 모두 사라지고 정규직 전업 일자리만 남을 터였다.

ILA는 컨테이너 운송이 뉴욕에서 부두노동자의 일자리를 어떻게 대량 학살했는지 똑똑히 보았던 터라, 소득이 확실하게 보장되지 않은 한 다른 항구들에서 컨테이너를 허용하려 들지 않았다.[18]

노동조합들 사이의 분쟁도 큰 문제였다. 매사추세츠항만청은 1966년에 110만 달러를 들여 보스턴항에 컨테이너 크레인을 만들었다. 시랜드 서비스의 배들이 뉴욕에서 유럽으로 가다가 도중에 보스턴항에 기항할 수 있었지만, 어려움이 있었다. 보스턴항의 터미널은 처음에 ILA와 부두 고용주들 사이의 분쟁으로 문을 닫았다가, 다음에는 ILA와 팀스터스조합 사이의 분쟁으로 다시 문을 닫아야 했다. 그러자 시랜드서비스 및 다른 해운사들은 유럽으로 갈 컨테이너를 보스턴항에 기항하지 않고 뉴욕항까지 트럭으로 운송하는 방법이 오히려 비용이 적게 든다는 사실을 깨달았다. 결국 보스턴항의 물동량은 다시 회복되지 않았다. 뉴욕항 및 다른 항구들의 팀스터스조합은 소량 화물을 내륙의 창고에서 컨테이너에 집어넣을 수 있는 권한을 ILA 조합원들에게 주는 계약에 반대했다. 자기 몫의 일자리를 빼앗긴다는 불안 때문이었다. 하지만 ILA는 전통적인 항만 작업 기술이 부두에서 멀리 이동해서도 조합원의 일자리를 유지하는 필수적인 조치라고 보았다. 권한이 어떤 노동조합에 속하는지를 두고 벌어진 논쟁은 1970년까지 지속되었다.[19]

볼티모어항을 제외하면 대부분 항구는 컨테이너 전용 시설을 짓는 비용에 부담을 느끼고 컨테이너 수용 결정을 미루었다. 자금이 부족했던 필라델피아시는, 경기 위축을 우려한 경영자들이 채권을 발행할 항만 공사 창설을 요구할 때까지 손을 놓고 있다가 1965년이 돼서야 행동에 나섰다. 필라델피아항이 머지않아 연간 100만 톤의 화물을 놓칠 것이라는 끔찍한 연구 논문이 나온 뒤에야 마지못해 새로운 항만 공사에서 컨테이너 터미널에 투자한 것이다. 이 터미널은 1970년에 문을 열었다. 마이애미항은 크레인을 사용하지 않고 화물을 적재한 트럭이나 트레일러가 그대로 선내에 들어가고 나오는 방식으로 하역이 이루어지는 로로선을 위한 경사로를 만들었지만, 컨테이너선을 위한 특수 부두는 만들지 않았다. 모빌항과 같은 걸프만의 항구들은 컨테이너화에 투자하지 않기로 결정했는데, 이 항구에 기항하는 배들이 주로 가는 카리브해의 섬들이 워낙 작아 대형 컨테이너가 굳이 필요하지 않았기 때문이다. 걸프만에서 가장 큰 항구이던 뉴올리언스항은 다른 유형의 화물을 처리하는 부두에서 컨테이너를 처리했다. 이곳에서 최초로 컨테이너 전용으로 건설된 터미널은 운하에 설치되었는데, 폭이 너무 좁아 1971년에야 문을 열고 컨테이너선을 맞았다. 시랜드서비스의 태평양 연안 노선의 과거 종점이기도 했던 휴스턴항은 비교적 일찍 투자했고, 그 덕분에 걸프만에서 컨테이너 항구로서 확고한 지위를 확보했다.[20]

이런 경쟁들의 결과, 뉴어크와 엘리자베스에 있는 뉴욕항만청 소속의 단일 항구(사실은 뉴어크항과 엘리자베스항의 복합체-옮긴이)가 동부 지역의 컨테이너 운송 강자로 두드러졌다. 그 외 버지니아의 햄프턴로즈항이 1970년에 메인주와 텍사스주 구간에서 유일하게 뉴욕항 컨테이너 화물량의 9분의 1을 처리할 수 있다는 자부심을 가지는 데 만족해야 했다. 컨테이너 운송이 새롭게 부상하는 상황에서 이런 뒤처짐은 장기적으로 심각한 결과를 예고했다. 1960년대 말에 새롭게 건조된 컨테이너선들은 예전의 컨테이너선보다 훨씬 더 많은 화물을 실어 날랐다. 이것은 화물 총량이 아무리 늘어나더라도 운항 횟수는 오히려 줄어든다는 뜻이었다. 하지만 선주들은 배의 운항 횟수가 많아야 배를 건조할 때 투자한 비용을 회수할 수 있었다. 그래서 그들은 자기 배가 한 번 항해에 나설 때 편도 기준으로 네다섯 군데가 아니라 한두 군데 항구만 기항하는 것을 선호했다. 그래서 이류급의 항구들은 대양을 항해하는 컨테이너선을 만나보기 어려웠고, 일류급의 큰 항구에서 짐을 실어오는 피더선을 맞이할 뿐이었다. 그런데 어떤 항구가 한 번 일류급에서 탈락하면 다시 그 지위를 회복하기는 어려웠다. 물동량이 적은 항구는 시설을 마련하는 데 들인 투자비용을 소수의 배들에 물릴 수밖에 없었고, 그러면 배들은 상대적으로 높은 비용 때문에 항구를 기피하기 때문이었다. 컨테이너 산업에 늦게 뛰어든 항구들 역시 투자비용을 회수하기 위해 항구의 시설을 빌리려는 해운사나 새로 생긴 항구를 거점 항구로 삼기 위해 기꺼이 비용을 분담하겠다는 해운사를 어떻게든 찾아야만 하는 높은 위험을 감수해야 했다.[21]

몇몇 후발주자는 막대한 금액의 투자를 감행함으로써 주요 컨테이너항 목록에 이름을 올리는 일에 성공하기도 했다. 1965년에 컨테이너가 최초로 사우스캐롤라이나의 찰스턴항을 통과했다. 이 항구는 정박지가 단 하나였으며 컨테이너를 처리할 특수 크레인도 없었다.

하지만 1960년대 말에 시랜드서비스는 찰스턴항의 운영 규모를 확장하기로 결정했다. 주 정부 소유의 항구는 야심찬 개발 계획을 추진해 처음에는 15에이커(약 1만 8,000평) 넓이의 컨테이너 터미널 하나밖에 없었다가 1980년대 초까지 거의 300에이커(약 36만 7,000평) 넓이에 세 개의 터미널을 갖추었다. 찰스턴항은 1970년에는 컨테이너 화물이 거의 없었지만 1973년에 미국 전체 항구 중 8위를 기록했고, 2000년에는 4위까지 올라갔다. 찰스턴항 인근에 있던 또 다른 후발주자인 조지아의 사바나항 역시 1970년에 뒤늦게 첫 번째 컨테이너 크레인을 설치한 뒤로 비슷한 길을 밟았다. 그러나 컨테이너 운송이 1960년대 초에는 새롭게 떠오르던 기술에서 1970년대 초에 번창하는 사업으로 바뀜에 따라, 항구들이 해양 중심지가 될 수 있는 기회는 점점 빠르게 줄어들었다. 1970년대의 어느 정부 보고서는 "주요 연안 도시마다 주요 항구를 유지하는 일은 더는 합리적이지 않다"고 밝혔다.

보스턴항이나 샌프란시스코항, 미시시피의 걸프포트 그리고 캘리포

니아의 리치먼드항 등은 컨테이너 시대에서 이제 다른 역할을 찾아야
했다.[22]

████

컨테이너 운송 첫 10년의 주인공은 미국이었다. 전 세계의 항구, 철
도, 정부, 노동조합이 10년 동안 컨테이너화가 미국의 화물운송을 완전
히 흔들어놓은 방식과 현황을 연구했다. 그리고 컨테이너가 부두의 일
자리 수천 개를 없앴고, 모든 항구를 낡은 구닥다리로 만들었으며, 공장
입지에 대한 판단을 영원히 바꾸었음을 깨달았다. 무엇보다 컨테이너가
세계무역의 경로를 지배한 압도적 속도에 모든 사람이 깜짝 놀랐다. 이
와중에 세계에서 내로라하는 항구도시들 중 몇몇은 활기를 잃고 무너졌
으며, 별 볼 일 없던 작은 마을의 항구가 해상 통상의 위대한 중심지로
떠올랐다.[23]

이런 변화는 그 어느 곳보다 영국에서 거세게 일어났다. 런던항과 리
버풀항은 1960년대 초에 영국에서 가장 큰 항구들로 손꼽혔다. 두 항
구의 사업은 해당 도시의 산업과 긴밀한 연관성을 가졌다. 수출입업자
들은 트럭운송비용을 절약하려고 공장에서 가까운 항구를 이용했다.
1964년에 영국 수출품의 약 40퍼센트는 수출항으로 사용하는 항구에
서 약 40킬로미터 거리 안에 있는 공장에서 생산되었고, 수입품의 3분
의 2는 상품 하역이 이루어지는 항구에서 약 40킬로미터 거리 안에 있
는 곳으로 배송되었다. 영국 산업의 중심지였던 런던 그리고 (영국) 미들
랜드의 산업 중심지였던 리버풀의 항구 두 곳은 각각 영국 전체 무역의

4분의 1에 해당하는 화물을 처리했으며, 그 밖에 수십 개의 항구들이 나머지를 조금씩 나누어 처리했다.[24]

런던항과 리버풀항의 부두 모두 지방정부 기관이 운영했다. 이 기관들은 1940년대 이후 부두 운영을 개선하는 일, 강력한 위세의 운수·일반노동자조합Transport and General Workers Union, TGWU과 맞서는 일 사이에서 아슬아슬하게 줄타기를 해왔다. 어떤 연구자는 이 상황을, 부두들이 (기관 덕분에) 현대화의 길을 '매우 느긋하게' 걸어왔다는 말로 표현하기도 했다. 한편 수십 개의 소규모 하역 회사들은 배를 잡으려고 치열하게 경쟁했으며, 선적·하역 작업을 할 부두노동자를 하루 단위로 채용했다. 영국의 경우 항구 현대화 과정에는 자본 규모가 크지 않던 업체들이 관여했는데, 이들에게서는 자동화에 장기 투자를 할 여력이나 능력을 기대할 수 없었다. 그리하여 생산성 증가는 1950년대 중반 이후로 부진했으나 임금 증가는 가파르게 이루어졌었다. 1960년대를 기준으로 평균적인 전업 부두노동자의 임금은 영국의 남성 전업 노동자의 평균보다 약 30퍼센트 더 많았다. 임금 격차가 10년 전에는 18퍼센트였는데, 10년 동안 12퍼센트가 증가한 셈이었다.[25]

정부 산하의 수많은 위원회가 항구의 효율성을 키울 방법을 줄곧 모색했다. 1966년, 정부는 하역 회사의 수를 줄인다는 방침을 세웠다. 이 경우 살아남은 하역 회사들이 더 커진 규모로 이전보다 전문적인 서비스, 화물 처리 시설과 장비에 투자할 것이라는 기대를 했다. 대신 정부는 자동화 때문에 부두노동자 수가 줄어드는 일이 없도록 하겠다고 약속했다. 시간이 충분히 주어졌더라면 정부와 노동조합 사이에 협상이 타결되었을 수도 있다. 아닌 게 아니라 미국의 경우, 대서양 연안과 태평양 연안을 각각 장악하던 노동조합을 상대로 한 고용주들의 협상 노력이 그랬다. 컨테이너화의 길을 활짝 열게 될 합의에 이르기까지 5년이라는 긴 시간이 걸렸다. 하지만 영국은 미적거릴 시간이 없었다. 기술 변화가 항구, 즉 부두의 변화를 강력하게 요구하고 있었다. 1966년 3월, 미국 해운사 유나이티드스테이츠라인스가 최초로 대형 컨테이너를 다른 화물과 함께 런던으로 싣고 왔다. 다음 달에는 시랜드서비스의 페어랜드Fairland호가 컨테이너만 싣고 북대서양을 건너 로테르담, 브레멘 그리고 스코틀랜드의 그레인지머스로 운항했다. 그 뒤 1년도 지나지 않아 로테르담 항과 브레멘항은 부두의 길이를 늘이고, 수로를 준설해 수심을 깊게 만들어 컨테이너 크레인을 설치하기 시작했다. 런던항은 컨테이너화를 맞을 준비를 하지 않았고 그 결과 페어랜드호는 굳이 런던항까지 들어오려고 하지 않았다.[26]

런던항의 부두들이 컨테이너 운송에 적합하지 않음은 누가 봐도 명백했다. 부두들은 템스강에서 떨어진 곳에, 마치 울타리를 쳐서 보호받는 형상으로 모여 있어 컨테이너선뿐만 아니라 기존 배들도 접안하기 쉽지 않았다. 그래서 대형 화물선은 강 입구에 최대한 바짝 다가서서 바지선에다 화물을 내려야만 했다. 노동자 문제는 뒤에 생각하더라도 화물을 실은 컨테이너를 대양 화물선에서 바지선으로 옮겨 싣는 일은 비효율적이었다. 게다가 수백 대의 트럭이 40피트 길이의 컨테이너를 싣고 이스트런던의 좁은 도로를 달리는 모습은 상상만 해도 끔찍한 악몽이었다. 리버풀항의 노후한 부두도 컨테이너 운송 책임자의 관심을 끌 매력이 거의 없었다. 정부의 담당 감독 기관이던 영국운수부두위원회British Transport Docks Board는 컨설팅업체 맥킨지McKinsey & Company에 의뢰해 조언을 구했다.

맥킨지는 컨테이너 운송이 표준화된 컨테이너를 운송하는 거대한 배를 이용해 신속하게 해운업계를 평정할 것이라고 예측했다. 배, 기차, 트럭 사이에 컨테이너를 매우 빠르게 옮겨 싣는 작업이 실현될 수 있도록 항구가 매우 커야 할 필요가 있다고 보고했다. 컨테이너화는 영국이 해상 화물운송에 들이는 비용을 절반으로 줄여줄 수 있다고도 했다. 하지만 여기에는 조건이 붙었다. 단 하나의 항구가 북아메리카로 오가는 모든 화물을 처리해야 한다는 것, 또 컨테이너 전용 열차로 이 항구를 영국의 다른 지역들과 연결해야 한다는 것이었다. 맥킨지와 동시에 연구를 한 컨설팅 업체인 아서 D. 리틀도 1970년에, 화물선들은 이제 미국에서 영국으로 가는 노선에서 한 주에 20피트 길이의 컨테이너 1,800개에 해당하는 화물을 운송할 것이고 반대로 영국에서 미국으로 가는 노선에서는 같은 컨테이너 1,580개에 해당하는 화물을 운송할 것이라고 예측했다.

그런데 이 예측들의 공통점이 배도, 항구도, 항구에서 일하는 노동자도 적어진다는 결과여서, 이 변화는 운수·일반노동자조합의 힘을 위협하는 징조였다. 전통적인 부두노동에서 중요한 화물의 선적과 하역이 부두에서 수 킬로미터 떨어진 곳에서 진행될 예정이었고, 그곳에서 부두노동자가 채용되어 일을 할 가능성은 거의 없었던 것이다.[27]

영국운수부두위원회와 지역 항만청은 총 2억 파운드 (2015년 달러화로 환산하면 약 40억 달러) 규모의 투자를 하기로 합의했다. 그중 가장 큰 사업은 틸버리항에 3,000만 파운드 규모의 컨테이너 복합 단지를 건설하겠다는 런던항만청의 사업이었다. 틸버리항은 템스강에서 약 30킬로미터 떨어져 있는 유서 깊은 항구였다. 런던 중심부의 교통 정체 구역에서 멀리 떨어져 있으며 인구가 많은 잉글랜드 남동부 지역과는 가까워

유럽 최고의 컨테이너항이 될 수 있는 잠재력을 가지고 있었다. 아니, 적어도 정부는 그렇게 되길 희망했다. 이곳에는 컨테이너선을 위한 수심 깊은 정박지가 다섯 곳 마련될 계획이었는데, 각 정박지는 컨테이너 야적장으로 쓸 20에이커(약 2만 4,000평)의 부지가 딸려 있었다. 또 다른 컨테이너항은 런던 남서쪽에 있는 사우스햄튼에 마련되었으며, 머지부두항구위원회Mersey Docks and Harbour Board는 시포스항에 컨테이너 터미널 건설을 시작했는데, 시포스항은 리버풀 북쪽에 있으며 수심 깊은 아일랜드해와 가까운 곳에 있었다.[28]

틸버리 컨테이너항은 1967년에 문을 열었다. 이때 '자발적으로' 퇴직하는 부두노동자들을 위한 사업도 동시에 진행되었다. 비용 방침은 주요 항구에서 처리하는 화물에 부과되는 수수료의 일정 금액을 떼 적립하는 것으로 정해져 있었다. 그런데 노동조합은 곧바로 고용자들이 일자리를 없앤다고 문제를 제기하고 나서며 일일 채용이 아닌 정규직 채용 장려 정책에 반대했다. 노동조합은 10년 전 뉴욕에서 ILA가 구사했던 전술을 빌려와 1968년 1월부터 틸버리항에서 컨테이너를 처리하지 않겠다고 파업을 선언했다.[29]

운수·일반노동자노동조합은 막강한 영향력에 비해 유능하지는 않았다. 런던에서 약 140킬로미터 떨어진 북해 어귀에 있는 작은 항구인 펠릭스토우항의 부두노동자들을 조합원으로 확보하지 못했었던 것이다. 펠릭스토우는 영국 연안의 수백 개 마을 가운데 하나였다. 항구에는 부두가 두 개 있었는데, 곡물과 팜유 수입업자가 통제하던 민간 기업 펠릭스토우철도부두Felixstowe Railway and Dock Company가 소유권을 갖고 있었다. 부두들은 1953년에 일어난 몇 차례의 폭풍으로 파괴된 상태였으며, 1959년까지 남아 있던 정규직 노동자 90명이 적도에서 온 물품들을 저장 탱크나 창고에 옮기는 일을 했다.

펠릭스토우항에는 보호해야 할 일반화물 운송업체도, 호전적인 노동조합도 없었다. 일용직 부두노동자를 채용한 적도 없어 전국적인 규모의 부두노동자 퇴직 기금에 돈을 내라는 불편한 부탁을 해운사들에게 하지 않아도 되었다.

1966년, 영국 정부가 컨테이너 운송을 하는 해운사들에게 틸버리항에 기항해 달라고 요청할 때, 펠릭스토우항의 운영자들은 시랜드서비스와 민간 차원의 거래를 하겠다고 방침을 정했다. 이들은 350만 파운드를 들여 (이 금액은 정부가 틸버리항에 쏟은 예산의 8분의 1도 되지 않는다) 부두를 설비하고 컨테이너 크레인을 설치했다. 그리고 시랜드서비스는 1967년 7월에 로테르담항에서 펠릭스토우항까지 오가는 소규모 컨테이너 셔틀 서비스를 시작했다. 1968년에 파업으로 틸버리항이 문을 닫자 그 전까지 별다른 영향력이 없었던 펠릭스토우항은 영국 최대의 컨테이너 터미널이 되었다. 반면 틸버리항은 유나이티드스테이츠가 노동조합과 합의문을 작성하자 항구를 사용하게 해주었다. 그러나 영국 해운사들을 포함해 대부분의 다른 컨테이너 운송업체들에게는 여전히 문을 열지 않았다. 1969년이 되면 펠릭스토우항에는 한 주에 두세 번 북대서양을 건넌 컨테이너선이 들어왔고, 여기에서 북해를 건너 로테르담항까지 오가는 피더선 서비스는 한 주에 일반화물 190만 톤을 컨테이너로 날랐다.[30]

틸버리항의 폐쇄가 길어지자 틸버리항에서 컨테이너 서비스를 시작하겠다는 계획을 세우고 합작한 영국 해운사 두 군데는 (하나는 북대서양을 건너는 노선이었고 또 하나는 호주로 가는 노선이었다) 타격을 입었다. 결국 그들은 독점이라는 전통적 방법으로 경쟁자들을 압박하고자 노력했다. 한편 시랜드서비스는 영국과 미국을 오가는 화물운송료를 정하는 해운 사협회 총회에 회원 자격으로 참석할 수 있게 해달라고 요청했지만 거부당했다. 반발한 시랜드서비스는 영국 법정에 독점에 반대하는 제소를 했고, 그제야 문제의 총회에 협회 회원 자격을 가지고 참석할 수 있었다.

미국의 소규모 해운사이던 컨테이너마린라인스Container Marine Lines는 스코틀랜드의 증류주 생산 회사들에게 공장에서부터 미국 항구까지 전체 운송 구간의 운송료를 한번에 해결하는 일관운송료through rate 방식을 제안했다. 그러나 그 노선의 해운사 협회는 일관운송료 체제가 '규제 붕괴'를 초래할 것이라는 이유로 반대했다. 이에 미국의 연방해사위원회가 총회에 요금을 책정하는 권한을 억제할 것이라 위협하자 결국 백기를 들고 보다 더 치열한 경쟁을 받아들일 수밖에 없었다.[31]

런던항의 불운은 펠릭스토우항의 행운이 되었다. 1960년대까지 런던 항은 무척 분주했다. 컨테이너 운송으로의 변환은 불과 4년 만에 한 사람이 한 시간동안 처리할 수 있는 화물의 양을 66퍼센트나 높였다. 다른 부두들에서 화물 처리 비용이 갑작스럽게 줄면서 런던의 부두들은 몰락할 수밖에 없었다. 틸버리항이 문을 열자 유명한 동인도도크East India Dock가 1967년에 예고도 없이 문을 닫았다. 펠릭스토우항이 막 싹을 틔울 무렵에 런던탑 인근에 있는 세인트캐서린 부두들이 1968년에 문을 닫았다. 인근에 있던 런던 부두들도 뒤를 따랐고, 강 건너편에 있던 서리 부두들도 1970년에 문을 닫았다. 1967년 초에 런던항에 144개 부두가 운영되고 있었지만 1971년 말까지 70개가 문을 닫았으며, 나머지도 곧 그 뒤를 따랐다. 부두노동자의 수는 불과 5년도 되지 않아 2만 4,000명에서 1만 6,000명으로 줄었다. 수출입 업무를 다른 곳에서 보았기 때문에 공장과 창고도 템스강 인근에 있을 필요가 없었으므로 빠져나가기 시작했다. 항구와 긴밀하게 연결된 부두 공동체는 해체 수순을 밟았다.[32]

운수·일반노동자노동조합은 틸버리항에서 고집했던 컨테이너 화물 처리 금지 조치를 27개월 만인 1970년 4월에 마침내 풀었다. 하지만 항구의 문은 열리자마자 다시 닫혔다. 하역 회사가 비싸게 투자한 설비를 운영하면서 일일 노동자보다는 숙련된 정규직 노동자를 선호하자 노동조합이 사흘 동안 전국적으로 부두노동자 파업을 단행했기 때문이었다. 전국적으로 부두노동자들은 7퍼센트의 임금 인상을 쟁취했지만, 런던항의 특별 합의안은 컨테이너화를 수용하는 대가로 임금이 두 배 인상되었다. 그리하여 틸버리항이 마침내 컨테이너 운송 영업을 시작했지만 영업 지체에 따른 비용을 떠안아야만 했다. 어쨌거나 틸버리항은 다시 문을 열었고, 그 바람에 런던항은 유럽의 해상 중심지라는 지위를 잃고 말았다.[33]

새로운 중심지는 네덜란드의 로테르담항이었다. 1400년대 이후로 줄곧 네덜란드의 중심 항구였던 로테르담은 1940년에 독일군의 공습으로 파괴되기도 했었다. 로테르담항구는 오랜 세월 동안 화물을 옮겨 싣는 작업이 특화되어 있었는데, 2차 세계대전 이전에는 곡물이나 광물과 같은 벌크화물들은 대양을 항해한 화물선에서 바지선으로 직접 옮겨졌었다. 그러나 일반화물은 보통 수백 년 전에 범선용으로 설계되었던 도심부 선창에 하역되었다. 그런데 독일의 공습으로 항구가 완전히 파괴된 일이 전화위복이 되어 1950년대에 백지에 그림을 그리듯 마스 강을 따라 현대적인 항구를 새롭게 지을 수 있었다.

독일과 네덜란드는 유럽공동시장European Common Market에 가입함에 따라 네덜란드의 도로, 철도, 바지선이 독일과 쉽게 연결되었고 로테르담은 발전했다. 1962년이 되면, 엄청나게 쏟아져 들어오는 수입 화물 덕분에 로테르담항은 화물 처리량으로는 뉴욕항을 밀어내고 세계 최대 항구가 되었다. 로테르담항은 일찌감치 컨테이너 서비스에 대비한 부지를 따로 마련했다. 1966년에 컨테이너선이 들어오기 시작할 때도 네덜란드의 부두노동자들은 영국의 부두노동자들과 달리 반대하지 않았다. 영국에서 노동조합 때문에 2년 반이나 지체되는 동안, 로테르담항은 6,000만 달러를 들여 정박지 10곳을 갖추고 추가로 정박지를 더 만들 공간인 유럽컨테이너종점European Container Terminus을 세웠다. 예전에는 런던항 및 그 밖의 다른 영국 항구로 갔던 화물들이 로테르담항으로 이동하면서, 로테르담항은 세계 최대의 컨테이너 중심지로 발전했다.[34]

한편 리버풀항에서는 머시부두항구위원회가 돈을 잡아먹는 괴물이 되어 있었다. 화물이 컨테이너항으로 빠져나가면서 상황이 점점 악화되자 1971년에 의회는 긴급구제금융을 의결할 수밖에 없었다. 한편 펠릭스토우항은 모범 도시 항구로 발전해 정부가 직접 부두를 살폈다. 정부 융자와 보조금으로 부두노동자들을 정리 해고했으며 시포스에 컨테이너 터미널 세 개를 포함하는 새로운 부두 복합 단지를 건설했다.

1972년에 로얄시포스도크Royal Seaforth Docks가 문을 열자 리버풀항의 유서 깊은 10개의 부두들은 (이들 가운데 몇몇은 200년의 역사를 가지고 있었다) 영영 문을 닫을 수밖에 없었다. 대영제국의 위대한 해양 중심지이자 면화 산업으로 산업혁명을 이끌었으며, 북대서양을 호령했던 해운사 커나드라인과 화이트스타라인White Star Line의 소재지였던 런던의 항구는 장차 30년 동안이나 계속 이어질 경제 침체의 늪 속으로 빨려들고 말았다.

컨테이너는 영국 항구들의 지형을 근본적으로 바꾸었다. 컨테이너 이전 시대에는 런던항과 리버풀항이 영국의 국제무역을 지배했다. 이 두 항구의 부두와 창고는 인근 공장에서 나왔거나 혹은 그리로 들어갈 온갖 물품들로 가득했다. 게다가 영국 수출품 중 4분의 1씩을 선적했는데, 전체 수출품의 5퍼센트 이상을 처리한 항구는 단 한 곳도 없었다. 그런데 컨테이너가 리버풀항의 경쟁력을 없앴다. 리버풀항의 1톤당 화물 처리 비용이 너무 비쌌고, 영국 본토의 서쪽 연안에 위치해 있었으므로, 유럽 대륙으로 가야 할 화물로서는 방향이 맞지 않았다. 급기야 1970년에는 빠르게 성장하던 영국 컨테이너 화물 중 8퍼센트만이 리버풀항에서 처리되었다. 영국 제조 분야 해상무역에서 차지하는 비중도 10퍼센트로 추락했다. 몇 년 지나지 않아 항구 관련 제조업체들도 리버풀에서 썰물처럼 빠져나갔고, 도시 경제는 황폐화되고 말았다.[35]

1973년, 영국은 유럽경제공동체EEC에 가입함으로써 유럽 대륙의 국가들과의 무역이 중요하게 떠올랐다. 런던항은 물론이고 북부와 서부의 항구들, 예컨대 글래스고항이나 리버풀항에 유리한 환경이 만들어졌다. 하지만 그럼에도 불구하고 런던항은 여전히 힘든 시련을 겪었다. 이와 관련해 영국의 운송 잡지인 〈페어플레이Fairplay〉는 1975년에 다음과 같이 경고했다.

"로테르담항과 뉴욕항에 이어 세계 3위이던 런던항은 앤트워프항, 함부르크항, 르아브르항에게 추월당했다. 만일 현재 상황이 계속 이어지도록 방치한다면, 런던항은 '빅 리그'에서 탈락해 나중에는 유럽 대륙의 여러 항구들 뒤치다꺼리를 해주는 보조항으로 전락하는 비참한 상황을 맞이할 것이다."

한편 펠릭스토우항은 빠른 속도로 발전을 계속했다. 1968년에 신설된 컨테이너항은 1만 8,252개의 컨테이너를 처리했다. 그리고 1974년에 13만 7,850개의 컨테이너가 이 항구를 거쳤는데, 명실상부 북아메리카와의 영국 무역을 담당하는 주요 항구로 자리를 잡았다. 컨테이너화에서 '규모의 경제'가 작동함에 따라 영국 항구의 전체 컨테이너 물동량 중 40퍼센트 이상이 펠릭스토우항 단 한 곳에서 처리되었다. 컨테이너 시대의 새벽에 이 항구가 처리했던 화물의 양은 너무도 적어 통계로 언급할 수조차 없었던 시절과 비교하면 하늘과 땅 차이였다.[36]

미국과 유럽에서 컨테이너 운송에 대한 준비가 진행되었던 과정은 아시아 여러 국가들에게는 훌륭한 교재였다. 미국에서 항구들은 컨테이너화에 아무런 논리도 없이 대응했다. 즉 필라델피아처럼 중요한 컨테이너 항구가 될 수도 있었던 도시들이 제때 투자받지 못하는 상황에서, 뉴욕이나 샌프란시스코와 같은 도시들은 귀중한 자금인 세금을 초기 투자비용을 회수할 가능성이 거의 없는 부두나 크레인에 투자했던 것이다. 영국에서는 정부가 부두노동자의 노동조합을 너무 두려워한 나머지 컨테이너 시대를 맞을 준비를 거의 하지 못했다가 컨테이너선이 항구에 들어오고 나서야 비로소 행동에 나섰다. 유럽 대륙에서는 컨테이너 운송에 대비할 통찰과 계획을 가지고 있던 항구들이 (예컨대 로테르담항, 앤트워프항, 브레멘항 등은) 가장 먼저 컨테이너 화물을 붙잡았다. 아시아의 환태평양 국가들에서도 컨테이너화가 보다 큰 변화를 초래할 것은 분명했다. 그러므로 그 변화를 적극적으로 준비하고 계획해야 했다.[37]

시간은 아시아 국가들의 편인 것 같았다. 브레이크벌크 운송에서 컨테이너 운송으로의 전환으로 화물 선적·하역비용이 엄청나게 줄어들었다. 그러나 이것 이외의 비용들, 즉 항구 운영 관련 비용은 거의 달라지지 않았다. 운송 방식 전환에 따른 이득이 단거리 노선에서 가장 크다는 뜻이었다. 단거리 노선일수록 화물 처리 시간과 배가 항구에 머무는 시간을 절약하는 것이 해상운송의 전체 과정에 들어가는 총비용을 많이 절감할 수 있기 때문이다. 그래서 전문가들은 미국에서 일본으로 가거나 영국에서 호주로 가는 장거리 노선은 항해하는 과정에 들어가는 비용의 절감이 상대적으로 적을 수밖에 없다고 추론했다. 심지어 어떤 사람들은 태평양의 아시아 국가들이나 호주와의 무역에서는 컨테이너화가 도입될 수 없다고까지 주장했다. 상대적으로 비싼 배들이 너무 긴 항해 일정에 묶일 테고, 또 빈 컨테이너를 싣고 1만 1,000킬로미터의 태평양을 돌아오려면 수지타산이 맞지 않는다는 게 근거였다.[38]

북대서양에 컨테이너선을 서로 띄우려고 난리를 치던 경쟁이 1966년 겨울이 되면 아시아에서 불이 붙기 시작했다. 시랜드서비스가 일본 오키나와에 있는 미군 기지에 컨테이너 화물 배송을 준비하던 무렵인 1966년 초에 일본 운수성 산하의 한 위원회가 컨테이너 서비스를 촉진하기 위한 지시를 내렸다. 운수성은 곧 도쿄항과 고베항에 22개의 컨테이너선 정박지를 건설하겠다는 계획을 내놓았다. 또한 시랜드서비스는 요코하마에 여러 개의 부두 건설에 나섰다. 호주해양청도 발 빠르게 나섰다. 시드니에 전통적인 방식의 부두를 짓겠다는 계획이 있었지만, 이 계획을 엎고 1966년 9월에 컨테이너 터미널 건설 입찰 공고를 냈다. 극동 지역에서 백퍼센트 컨테이너화 운송 서비스를 실시한 해운사는 맷슨

표-5

컨테이너 화물 처리 톤수별 컨테이너항 순위(1969년)

항구	컨테이너 화물(톤)
뉴욕(뉴저지)	4,000,800
오클랜드	3,001,000
로테르담	2,043,131
시드니	1,589,000
로스앤젤레스	1,316,000
앤트워프	1,300,000
요코하마	1,262,000
멜버른	1,134,200
펠릭스토우	925,000
브레멘(브레멘하벤)	822,100

출처 : Bremer Ausschuß für Wirtschaftsforschung, Container Facilities and Traffic (1971)

내비게이션이었는데, 해운사 소속 컨테이너선은 1967년 9월에 도쿄항을 출항해 샌프란시스코로 컨테이너를 운송했다. 다음 해부터 본격적으로 대규모 컨테이너 운송이 시작되었다. 1969년에는 호주의 시드니항에 국제 컨테이너선이 들어갔다. 그리하여 시드니항, 요코하마항, 멜버른항 등은 순식간에 세계 최고 수준의 컨테이너항 자리에 올랐다.[39]

아시아의 다른 나라들도 뒤지지 않았다. 대만의 국립항만청은 항구 다섯 곳에 컨테이너 터미널을 짓는 계획을 진행했다. 1966년 8월에 영국 식민지 정부가 설치한 홍콩컨테이너위원회Hong Kong Container Committee는 다른 아시아 지역의 컨테이너화 사업을 살펴본 뒤에 그해 12월에 다음과 같이 경고했다.

"만일 홍콩에 컨테이너 터미널을 건설하지 않으면, 홍콩의 무역 위상은 위험해질 것이다."

그런데 아시아의 어떤 나라보다 컨테이너 시대에 공격적으로 대비한 나라가 있었는데, 바로 싱가포르였다.[40]

싱가포르는 영국의 식민지로 있다가 1959년 6월에 자치령이 되었다. 그 뒤 1963년 말레이연방, 사바, 사라왁과 함께 '말레이시아'를 결성하였으며, 1965년 8월에는 말레이시아에서 분리 독립하였다. 그러므로 싱가포르는 1960년대 말에는 그야말로 신생국가였다. 싱가포르의 항구는 해운 중심지보다는 군사기지로서의 가치가 더 높았다. 영국은 700평방킬로미터의 섬에 3만 5,000명의 군인 및 선원을 상주시켰으며, 2만 5,000명의 민간인이 해군 기지 및 해군 조선소에서 일했다. 상업적인 용도의 항구 시설이라고 해봐야 몇 개의 부두와 작은 무역선들끼리 화물을 주고받던 정박지인 싱가포르 로드Singapore Roads가 고작이었다. 실제로 부두를 경유하는 일반화물의 양은 뉴욕에서 처리되는 화물의 양의 5분의 1밖에 되지 않았다. 싱가포르항만청은 싱가포르에 있는 대부분의 부두를 관리 감독하는 임무를 안고 1964년에 발족하긴 했지만, 실제로 이 기관이 다룰 일이라고는 별로 없었다. 처음 이 기관에 속한 자산이라고 해봐야 부두와 창고, 그리고 아파트 단지와 사무실 건물들까지 모두 포함해 5,000만 달러가 되지 않았기 때문이다.[41]

정부는 싱가포르 독립 직후에 외국 투자를 유치함으로써 경제를 (특히 제조업 분야에서) 일으켜 세우겠다는 노력을 단기에 집중적으로 쏟았다.

정부는 반대 의견을 용납하지 않는 강력한 사회 분위기를 주도했다. 이런 분위기 속에서 싱가포르항만청은 부두노동자 작업조의 인원을 27명에서 23명으로 줄이고, 2교대 운영제를 도입했으며, 단위 인·시간당 화물 처리량을 약 50퍼센트 개선했다. 또 이스트라군$^{\text{East Lagoon}}$에 전통적인 방식의 화물선 정박지 네 곳을 건설하겠다는 계획을 내놓았다. 거기에는 방파제만 하나 있었을 뿐 이렇다 할 부두는 없었기 때문이다. 그러나 이 계획은 4개월 만에 백지화되었다. 대서양을 건너려던 컨테이너선이 싱가포르항만청의 관심을 잡아끌었기 때문이다. 그리고 싱가포르항만청은 1966년에 전통적인 방식의 정박지 네 군데가 아니라 컨테이너항 하나를 건설하겠다고 발표했다.[42]

싱가포르의 전략은 컨테이너 화물을 매개로 남아시아의 상업 중심지가 되겠다는 것이었다. 싱가포르항만청은 예산의 거의 절반이나 되는 세계은행 차관 1,500만 달러를 유치해서, 일본, 북아메리카, 유럽에서 오는 장거리 화물선이 풀어놓는 컨테이너들을 작은 화물선에 옮겨 지역의 여러 항구로 운송하는 터미널 건설 작업을 시작했다. 이 공사는 컨테이너가 싱가포르의 부두들에 최초로 하역되었던 1967년에 시작되었다(그 컨테이너들 중 3,100개는 화물이 없는 빈 컨테이너였다). 그리고 영국이 1968년에 해군 기지 및 조선소를 3년 안에 폐쇄하겠다고 발표했을 때 싱가포르 정부는 선박을 건조하고 상업을 개발해 싱가포르항을 확장하겠다는 야심찬 포부를 드러냈다.

예를 들어 싱가포르항만청은 최초의 컨테이너 사업이 진행 중이었음에도 불구하고 추진력 있게 다음 계획을 발표했다.

"해상운송 및 컨테이너 물동량이 늘어남에 따라 추가 건설 사업을 계속 추진할 필요가 있다."[43]

1970년에 일본 이외의 지역에서도 대규모 컨테이너 운송이 도입되자, 장거리 노선에는 컨테이너 서비스가 도입되기 어렵다던 예측은 웃음거리가 되고 말았다. 3,600만 달러를 투입한 이스트라군 단지는 예정보다 3개월 이른 1972년 6월에 문을 열었다. 이로써 효율성을 자랑하는 싱가포르항의 명성은 더욱 탄탄해졌다. 길이 270미터의 컨테이너선도 거뜬하게 접안할 수 있는 부두들을 갖춘 남아시아의 유일한 항구로서 싱가포르항은 주요 환적항이 되었는데, 여기에서 3세대 화물선에서 나온 컨테이너를 작은 배들에 옮겨 실으면 이 작은 배들은 태국, 말레이시아, 인도네시아, 필리핀 등지로 그 컨테이너를 운송했다. 그리고 부두노동자 작업조의 정원을 15명으로 줄이고 새로 지은 120에이커(약 15만 평) 넓이의 컨테이너 야적장에 4일 이상 보관하는 컨테이너에는 높은 추가 요금을 물려 세계 어떤 곳의 항구에서보다 화물이 빠르게 처리되었다.[44]

싱가포르의 컨테이너항은 모든 예상을 뛰어넘으며 발전했다. 새로운 터미널이 문을 열기 전인 1971년에 싱가포르항만청은 10년 뒤에 19만 개의 컨테이너를 처리할 것이라고 내다보았다. 하지만 1982년에 무려 100만 개를 넘는 컨테이너를 처리했으며, 싱가포르항은 세계 여섯 번째의 컨테이너항으로 성장했다.

그리고 1986년에는 프랑스의 모든 항구를 다 합친 양보다 많은 컨테이너를 처리했다. 1996년에는 싱가포르를 경유하는 컨테이너의 수는 일본을 경유하는 컨테이너 수보다 많아졌다. 2005년에는 일반화물 물동량 기준으로 싱가포르항이 홍콩항을 제치고 세계 1위의 항이 되었다. 전 세계의 약 5,000개 회사가 싱가포르를 물류 창고 및 배송의 중심지로 삼았다. 2014년에는 트럭 1,700만 대 분량의 컨테이너가 싱가포르의 부두를 경유했다. 정부 소유의 항구 관리 회사는 다국적기업으로 성장해 전 세계에서 컨테이너 터미널을 운영하며 싱가포르의 물류를 주요 수출 품목으로 활용하기에 이르렀다. 이것이야말로 운송의 힘이 무역의 흐름을 새롭게 바꾸었다는 강력한 증거인 셈이다.[45]

11장

호황에서
불황으로

THE BOX

1969년 1월 10일, 뜻밖의 소식이 해운업계를 흔들었다. 컨테이너 운송의 아버지 말콤 맥린이 시랜드서비스 매각에 나섰다는 소식이었다. 이번에도 그의 시기 포착은 다시 한 번 정확했다.

3년 전인 1966년 초만 하더라도 컨테이너 운송은 걸음마 단계를 벗어나지 못했다. 시랜드서비스와 맷슨내비게이션 두 회사만 컨테이너를 대량으로 운송했을 뿐이었다. 그러나 두 회사는 국내 화물만 취급했으며, 다양한 용도로 쓰였던 낡은 배들을 개조해 사용하고 있었다. 당시에는 국제무역에서 컨테이너가 거의 사용되지 않았고 미국 이외의 항구에서는 컨테이너를 배에 실을 기계화 시설을 갖추지 못했다. 컨테이너를 배에 실을 때는 인부가 컨테이너 위로 기어올라가 윗부분 네 모서리에 크레인의 갈고리를 일일이 손으로 끼워야 했다. 전 세계의 제조상품과 식품은 300년 전부터 해오던 방식 그대로 처리되고 있었다. 화물을 일일

382

이 힘들게 브레이크벌크선의 선창 안으로 집어넣었던 것이다. 해상운송 업계에서 앞서나간다고 모두가 인정한 사람조차도 1966년에는 이렇게 말했다.

"완전히 컨테이너화가 된 배가 등장하는 시대는 지금도, 다음 세대에도 오지 않을 것이라는 게 내 생각입니다."[1]

하지만 3년 뒤에 세상은 완전히 달라졌다. 1968년 기준으로 한 주에 20피트 길이의 컨테이너 3,400개에 해당하는 (즉 3,400TEU의) 컨테이너 수출입 화물이 미국의 항구들을 경유했는데, 이는 컨테이너 물동량이 제로이던 1965년과 비교하면 하늘과 땅 차이다(브레이크벌크 화물은 무게 단위로 측정할 수도 있었고 부피를 톤수로 바꾸는 표준 방식인 용적톤measurement ton으로 측정할 수도 있다. 용적톤 방식은 컨테이너 화물에 처음 적용됐다. 그러나 컨테이너선과 크레인의 용량은 컨테이너의 무게가 아닌 양에 따라 결정돼 1960년대 중반부터 항구들과 해운사들은 처리하는 컨테이너의 개수를 강조하기 시작했다. 그런데 이 수치가 문제가 있음이 판명되었는데, 비어 있는 컨테이너와 화물이 가득 찬 컨테이너, 그리고 대용량 컨테이너와 소용량 컨테이너를 구분하지 않았기 때문이다. 그래서 1968년에 미국해양청은 표준화한 20피트 길이 단위의 컨테이너(즉 TEU)로 컨테이너 운송량을 표시하기 시작했다. 그러므로 40피트 컨테이너는 2TEU가 되고 맷슨내비게이션의 24피트 컨테이너는 1.2TEU가 된다).

로테르담, 브레멘, 앤트워프, 펠릭스토우, 글래스고, 몬트리올, 요코하마, 고베, 사이공 그리고 캄란만 등의 항구 모두 현대적인 컨테이너 처리 시설을 갖추고 있었다. 31척의 컨테이너선을 보유해 세계 최대의 컨테이너 서비스 운용 해운사의 지위를 누리던 시랜드서비스에서 발생한 수입은 1965년에 1억 200만 달러에서 1968년 2억 2,700만 달러로 늘어났다. 시랜드서비스가 베트남, 서유럽 그리고 일본으로 사업을 확장한 덕분이었다. 컨테이너 운송은 바야흐로 떠들썩한 성공 사업 그리고 매우 많은 자금을 들여야 하는 사업으로 바뀌어 있었다. 1968년 말에 시랜드서비스의 부채는 1억 100만 달러나 되었으며, 그중 2,200만 달러는 그해 안에 갚아야 했다. 1969년에는 배 여섯 척을 개조할 계획이었는데, 여기에 들어갈 자금만 추가로 3,900만 달러가 필요했다. 뿐만 아니라 컨테이너와 관련 장비를 구입하는 데도 3,200만 달러가 추가로 들었다.[2]

하지만 이게 다가 아니었다. 해운업계의 군비 경쟁이 가열되면서 재무 압박은 더욱 심해질 전망이었다.

1세대 컨테이너선들은 (태평양 연안과 걸프만 연안을 정기적으로 왕복했고, 푸에르토리코, 하와이, 알래스카, 유럽에 컨테이너 혁명을 불러온 주인공이었다) 다른 용도로 건조되었다가 화물선으로 개조된 낡은 배였다. 길이도 150미터 정도밖에 되지 않을 정도로 작았으며, 속도도 느려 16~17노트밖에 내지 못했다. 초기의 이 컨테이너선의 상당수는 다른 브레이크벌크 화물이나 냉동화물, 심지어 승객도 함께 태웠으나 컨테이너는 200개밖에 싣지 못했다. 전 세계에서 세 척만이 20피트 길이 컨테이너 1,000개를 실을 수 있는 셀을 갖추었다. 1세대 컨테이너선은 해운사가 비용을 거의 들이지 않아도 되었다. 1968년 말을 기준으로 컨테이너 운송 장비를 갖춘 미국 국적의 배는 77척이었는데, 53척은 2차 세계대전의 유물로 정부로부터 헐값에 불하받은 것이었다. 당시 대부분의 해운사가 선창에 컨테이너 셀을 갖춘 배가 없었으며, 전통적인 브레이크벌크선에 컨테이너를 적재하는 방식으로 수요를 맞추려고 했다.

하지만 브레이크벌크선은 빠른 속도로 작업하는 컨테이너 크레인에 적합하지 않았다. 컨테이너 하나를 처리할 때마다 인부가 컨테이너 위로 기어올라가 네 모서리를 크레인과 연결하고, 크레인이 컨테이너를 적당한 위치로 옮긴 뒤에 크레인과 연결된 줄을 풀어야 했다. 사정이 이렇다 보니 셀을 갖추지 않은 컨테이너선들은 컨테이너 하나를 운송할 때마다 비효율적인 과정 때문에 오히려 손해를 보았다.[3]

2세대 컨테이너선은 완전히 다른 모습이었다. 1969년 말을 기준으로 새로 건조된 2세대 컨테이너선 16척이 운항하고 있었고 50척은 조선소에서 제작 중이었다. 이 배들은 처음부터 부두에 설치된 컨테이너 크레인과 함께 쓸 수 있게 설계되었다. 1세대보다 크고 빠르고 또 매우 비쌌다.

2세대의 최초 컨테이너선은 북대서양 노선에서 시랜드서비스의 최대 경쟁자이던 유나이티드스테이츠 소유의 아메리칸랜서호였다. 1968년 5월에 뉴어크에서 출발해서 로테르담, 런던, 함부르크까지의 노선으로 처녀 항해했으며, 당시 지구상의 그 어떤 배보다도 월등하게 컸다. 20피트 컨테이너 1,210개를 싣고 23노트(시속 약 42.6킬로미터)의 속도로 항해할 수 있었다. 23노트는 시랜드서비스가 개조해서 보유 중이던 어떤 배보다도 1.5배는 빠른 속도였다. 1968년에 유나이티드스테이츠는 이런 배를 여섯 척 더 짓겠다면서 해양청에 9,500만 달러의 보조금을 요청했다. 미국과 유럽과 일본의 다른 해운사들도 질세라 보다 크고 빠른 컨테이너선을 경쟁적으로 도입했다. 배의 크기는 특정 노선을 염두에 두고 설계했다. 가령 대서양을 횡단하는 컨테이너선은 1,000~1,200개의 컨테이너를 싣도록 만들어졌는데, 배가 지나치게 크면 운항 시간에 비해 항구에 있는 시간이 상대적으로 길었기 때문이다.

아시아로 가는 노선에 투입되는 배는 이보다 더 길다. 20피트 컨테이너를 1,300~1,600개 싣도록 설계했는데, 미국이나 유럽에서 일본으로 항해하는 데 걸리는 시간이 더 길어 배에 투입하는 추가 자본을 충분히 상쇄할 수 있을 정도의 수입이 보장되었기 때문이다.[4]

2세대 컨테이너선의 가격이 너무 비싸 최대 규모의 해운사들조차 투자 부담이 컸다. 어느 컨설팅 보고서에 따르면, 1967년부터 1972년 말 사이에 컨테이너화에 투입된 전 세계 총비용은 100억 달러 가까이 된다(2015년 화폐 가치로 환산하면 약 600억 달러). 유럽의 민간 해운사들은 이런 막대한 자금을 동원할 여력이 없었다. 1966년을 기준으로 영국 해운사 37곳의 세후 이익 총합은 6,000만 파운드 미만이었다. 다른 대안이 없었으므로 영국은 오버시즈컨테이너스와 같은 컨소시엄을 구성했는데, 여기에 참여한 해운사들은 1967년부터 1969년 사이 여섯 척의 배를 건조하고 배에 실을 컨테이너를 장만하는 데 드는 1억 8,500만 달러를 공동으로 부담했다. 벨기에, 프랑스, 스칸디나비아의 비교적 규모가 작은 해운사들도, 참여하는 해운사의 숫자를 더 많이 늘림으로써 막대한 비용을 공동 분담했다. 만약 해운사 네 곳이 힘을 합쳐 한두 척의 컨테이너선을 건조한다면 컨테이너 운송 시장에서 무시할 수 없는 지위를 누릴 수 있었다.[5]

미국 해운사들은 정부로부터 보조금을 받았고 전쟁 특수特需를 누릴 수 있었으므로 상대적으로 형편이 좋은 편이었지만, 돈을 크게 벌어들일 정도는 아니었다. 시랜드서비스는 1965년부터 1967년까지 총 3,000만 달러의 수익을 기록했는데, 대부분이 국내노선에서 번 수익이었다. 미국 최대 해운사이던 유나이티드스테이츠는 이 3년 동안 400만 달러의 수익을 기록했다.

미국 해운사들은 군이 컨소시엄을 구성하지 않아도 되었다. 유럽 해운사들에 없던 선택권이 있었기 때문이다. 1960년대 말에 미국의 대기업들은 경제계에서 전통적으로 중간 이율이 낮았던 해운 산업에 끼어들어 컨테이너 붐에 편승하고자 했다. 리턴인더스트리즈는 물론 시랜드서비스에 투자를 했었고, 월터키디앤드컴퍼니^{Walter Kidde & Company}는 1969년에 유나이티드스테이츠를 인수했다. 또 다른 대기업이던 시티인베스팅^{City Investing}은 무어맥코맥라인스를 두고 입찰 전쟁을 벌여 이겼지만, 무어맥코맥라인스가 1968년에 거대한 손실을 입었다고 발표한 뒤에 그 거래는 무산되었다. 일련의 사건을 두고 해운 산업의 한 임원은 다음과 같이 불평했다.

"냉철하고 실용주의 사고방식을 가진 대기업이 해운 산업을 위협하고 있다. 시장에 새로 진입한 그들은 바다의 낭만이나 철도나 고속도로의 전통이 가지는 가치를 완전히 무시한다. 그저 재무 보고서의 손익 계산에만 철저할 뿐이다."⁶

하지만 말콤 맥린은 어떤 대기업보다도 손익 계산을 꼼꼼히 따졌다. 그는 경쟁에 따른 비용이 얼마나 될 것인지 잘 알았으며, 시랜드서비스의 재무 상황으로는 더 이상 돈을 빌릴 수 없다는 사실도 잘 알았다. 시랜드서비스 주식의 10퍼센트를 가지고 있던 대기업 후원자 리턴인더스트리즈도 투자한 금액을 잃고 관심을 끈 상태였다. 이런 상황에서 맥린은 아무도 예상치 못했던 자금원으로 눈을 돌렸다. 바로 R. J. 레이놀즈인더스트리즈^{R.J. Reynolds Industries}였다. 노스캐롤라이나의 윈스턴세일럼에 본사를 둔 레이놀즈는 미국 최대 담배 회사였다. 담배 사업으로 벌어들인 막대한 현금으로 대기업이 되었지만, 1968년에 미국의 담배 소비가 급격히 줄고 마케팅 활동에 제제가 가해질 터라 (정부는 1971년 1월부터 텔레비전에 담배를 광고하는 행위를 금지했다) 핵심 사업에 제동이 걸렸다. 그런데 끊임없는 투자를 필요로 하는 시랜드서비스에 투자하면 납부해야 할 법인소득세를 손쉽게 회피할 수 있었다. 그리고 레이놀즈의 관심을 끈 또 하나의 요소는 윈스턴세일럼 지역에서 맥린의 사업적 위상이었다. 맥린은 2차 세계대전이 끝난 뒤에 맥린트럭을 윈스턴세일럼으로 이전했으며, 그 지역에서 10년 동안 살았었다. 레이놀즈는 5억 3,000만 달러를 내놓으며, 맥린인더스트리즈의 주주들이 레이놀즈의 증권이나 주당 50달러를 현금으로 받거나 원하는 대로 선택할 수 있도록 했다. 이때 리턴인더스트리즈는 투자금을 현금화해 막대한 이익을 남겼다.

1965년에 시랜드서비스에 850만 달러를 투자했던 아메리칸하와이안스팀십의 대니얼 K. 루드위그도 같은 해 5,000만 달러의 현금을 챙겼다. 그리고 시랜드서비스의 경영진은 자사가 매각된다는 소식에 깜짝 놀랐지만 결과적으로 하루아침에 백만장자가 되었다.[7]

맥린의 매각 타이밍에 의문이 있었던 사람들이 많았지만 곧 그가 옳았음이 드러났다. 1968년 10월에 맥린은 완전히 새로운 종류의 컨테이너선 SL-7을 주문했었다. 이 배는 유나이티드스테이츠 소유의 아메리칸랜서호를 구식으로 만들 의도로 설계된 최첨단의 배였다. 길이는 유명한 퀸메리호보다 조금 짧아서 300미터 가까이 되었다. 적재량은 시랜드서비스의 35피트 컨테이너 1,096개를 실을 수 있었는데, 20피트 컨테이너를 1,900개 이상 실을 수 있는 적재량이었다. 기존의 어떤 컨테이너선보다 월등하게 많은 컨테이너를 실을 수 있었다. 무엇보다 가장 뚜렷한 특징은 33노트(시속이 약 61킬로미터)라는 속도였다. 시랜드서비스의 배보다 두 배나 빨랐다. 56일 만에 세계를 한 바퀴 돌 정도여서 이 배로 구성된 여덟 척의 선단이 세계를 돌면 한 주에 한 번씩 주요 항구를 들를 수 있었다. 유나이티드스테이츠는 아메리칸랜서호와 자매 배들이 뉴어크항에서 로테르담항까지 6.5일 만에 컨테이너를 운송할 수 있다고 자랑했는데, SL-7은 4.5일 만에 마칠 수 있었고 오클랜드항에서 태평양을 건너 요코하마까지 가는 항해도 5.5일 만에 끝낼 수 있었다. 군함을 제외하고 이 배보다 빠른 배는 여객선 유나이티드스테이츠호뿐이었다.[8]

맥린에게는 과대망상증을 넘는 무언가가 있었다. 그는 전략적 우위를 확보할 방법을 줄곧 생각했었다. 오랜 생각 끝에 태평양에 새로운 배들을 배치하겠다는 계획을 세웠다. 시랜드서비스는 태평양을 운항하는 해운사들이 속한 협회의 회원사여서, 경쟁자들과 운송료가 동일했다. 만일 SL-7이 운송 기간을 한결 빠르게 단축하면, 고객들은 시랜드서비스에 몰릴 것이고, 협회의 합의 사항에 묶인 다른 해운사들은 운송료를 내리려고 해도 내릴 수 없을 터였다. 1969년 여름에 레이놀즈의 시랜드서비스 사업부는 SL-7 운항 계획을 발표하면서, 유럽의 여러 조선소에 이 배를 여덟 척 주문했다. 가격은 한 척당 3,200만 달러로 컨테이너와 다른 장비들까지 포함하면 SL-7 여덟 척의 총비용은 4억 3,500만 달러였다. 맥린인더스트리즈였다면 이러한 엄청난 자금을 투자하는 일이 기업의 운명을 건 거대한 도박이었겠지만 레이놀즈로서는 푼돈에 지나지 않았다. 담배 산업의 거인 레이놀즈는 현금을 운용할 여윳돈이 많아

1970년에는 석유 회사 아메리칸인디펜던트오일컴퍼니American Independent Oil Company를 인수해 시랜드서비스의 선단이 쓸 연료를 싼 값에 공급했다.[9]

|||||||||

컨테이너 붐의 제1단계는 북대서양에서만 일어났다. 그리고 제2단 계는 태평양에서 일어났다. 1967년 9월, 맷슨내비게이션은 최초로 백 퍼센트 컨테이너화한 배를 일본에서 출항시키며 일본 해운사들과 손을 잡으려고 했다. 그러나 일본 업계는 돌아가는 상황을 파악한 다음, 맷슨 내비게이션의 손을 뿌리치고 1968년 9월부터 독자적으로 캘리포니아 를 오가는 컨테이너 운송 서비스를 시작했다. 그런데 바로 그다음 달부 터, 베트남에서 출발해 미국으로 향하는 배들을 보유한 시랜드서비스가 요코하마와 고베에서 미국으로 35피트 컨테이너를 운송하기 시작했다. 일본 수출업자들이 과연 컨테이너화를 수용할 것인가 의문이 있었지 만, 이는 빠르게 풀렸다. 1년 만에 일본과 캘리포니아를 오가는 컨테이 너 물동량은 북아메리카와 미국을 오가는 물동량의 3분의 2 수준에 도 달했다. 컨테이너는 무역 흐름을 크게 바꾸었다. 일본의 해상 수출 물량 은 2,710만 톤이었는데, 1968년 말 컨테이너화의 본격적인 시작과 함께 3,030만 톤으로 늘어났으며, 캘리포니아로 가는 노선에서 완전한 컨테 이너화 서비스가 시작된 1969년에는 4,060만 톤으로 또 늘어났다. 일 본의 미국 수출품 총액은 1969년 한 해에만 21퍼센트 증가했다.[10]

컨테이너로 운송할 수 없는 자동차 수출도 일본의 대미 수출액 총액 의 갑작스러운 증가를 상당 부분 설명하지만, 일본의 늘어난 대미 무역의 많은 부분은 컨테이너화에 따른 것임을 부정할 수 없다. 미국으로 수출되는 일본 상품의 컨테이너 운송 서비스가 시작된 지 3년 만에 3분의 1이 컨테이너로 운송되었다. 또한 호주로 수출되는 일본 상품도 절반이 컨테이너 운송이었다.[11]

전자제품 생산업체들은 파손되거나 도둑맞기 쉬운 전자제품을 컨테이너에 담아 운송할 때 가장 안전하다는 사실을 누구보다도 먼저 깨달았다. 1960년대 초부터 일본의 전자제품 수출은 꾸준하게 성장했는데, 컨테이너로 운송할 때의 운송료와 재고비용이 상대적으로 낮고 보험료 부담도 적었다. 즉 컨테이너가 일본의 전자제품이 미국에서, 또 얼마 지나지 않아 유럽에서 일상용품으로 자리를 잡는 데 중요하게 기여한 것이다. 1968년에 텔레비전 수출은 350만 대에서 1971년에 620만 대로 증가했다. 같은 기간 동안 녹음기 수출도 1,050만 대에서 2,020만 대로 늘었다. 심지어 컨테이너화는 일본의 의료 공장과 직물 공장에도 생기를 불어넣었다. 높아지는 임금 때문에 일본의 의류 수출품 성장세는 1967년에 정점을 찍었다가 하락세로 돌아섰지만, 운송비용의 급격한 하락 덕분에 일본의 의류업체들은 미국 시장에서 경쟁력을 회복했다.[12]

1969년, 유나이티드스테이츠라인스가 여덟 척의 고속 컨테이너선을 미국-일본 노선에 추가로 투입할 준비를 했다. 일본 정부는 해상운송업을 경제개발 전략의 중심으로 보았다. 새로운 5개년계획에 컨테이너선은 물론, 유조선과 광물을 나르는 화물선을 포함해 일본 상선을 50퍼센트 늘린다는 내용이 포함되었다. 일본 정부는 4억 4,400만 달러를 일본 해운사들에게 융자금을 지원했다. 그리하여 일본이 만든 배들로 뉴욕, 태평양 북서부 지역, 동남아시아 지역을 대상으로 한 컨테이너 운송 서비스를 시작할 수 있도록 했다. 정부의 융자금 지원은 파격적인 특혜였다. 해운사로서는 배를 건조하는 비용의 5퍼센트만 초기 투자하면 되었다. 이 지원에 들어가는 자금은 정부의 개발은행이 제공했다. 거치기간은 3년이었고 연이자율은 5.5퍼센트였으며 (이자율은 정부가 개발은행에서 빌리면서 약정한 이자율보다도 낮았다) 10년에 걸쳐 분할상환하는 조건이었다. 배를 건조하는 데 들어가는 나머지 자금은 민간은행에서 나왔고, 이때도 민간은행이 정한 연이자율의 2퍼센트를 정부가 부담했다. 전폭적으로 지원한 덕분에 1970년 말 기준으로 일본 해운사들이 주문 및 제조한 배는 최소 158척이었으며, 모두 일본 조선소에서 제작되었다.[13]

홍콩에서는 1969년 7월, 백퍼센트 컨테이너화한 배가 처음 입항했는데 이때는 홍콩의 컨테이너 터미널이 준비되기 전이었다. 다음 해인 1970년에 시랜드서비스가 한국과의 컨테이너 운송 노선을 열었고, 맷슨내비게이션은 2주에 한 번씩 대만, 홍콩, 필리핀을 방문했다. 이렇게 해서 태평양을 오가는 노선 전체의 컨테이너 적재량은 73척의 배에 총 25만 개였다. 또한 호주와 유럽, 북아메리카와 일본을 잇는 노선도 열렸다. 1971년에는 유럽과 극동 구간을 오가는 컨테이너 운송 정기 노선이 시작되었다.[14]

전 세계의 조선소는 밀려드는 주문으로 정신없이 바빴다. 1971년과 1972년에 새로운 배들이 취항하자 여러 해 동안 기다렸던 동아시아의 항구들도 분주해졌다. 환태평양 아시아의 여러 국가는 일본과 비슷한 수순을 밟았고 무역량은 큰 폭으로 증가했다. 한국의 해상 수출은 1969년에 290만 톤에서 1973년에 600만 톤으로 늘어났다. 이 기간 동안 한국의 대미 수출량도 세 배로 늘어났다. 해상운송비용이 낮아지자 미국 시장에서 한국의 의류 제품이 경쟁력이 생긴 것이다. 홍콩도 마찬가지였다. 컨테이너항을 짓기 위해 95에이커(약 11만 6,000평)의 항구 부지를 확보하기 전에는, 원양선박이 항구 밖 먼 곳에 닻을 내린 채 대기하고, 작은 배들이 화물선과 해변을 오가며 수출품이나 수입품을 조금씩 실어 날랐을 정도로 해운 상황이 원시적이었다. 하지만 새로운 터미널 건설로 컨테이너선이 화물을 부두에서 곧바로 싣거나 내릴 수 있게 되면서 홍콩의 의류, 플라스틱, 소형 가전제품 수출량은 1970년에 300만 톤에서 1972년에 380만 톤으로 늘어났으며, 무역 총액도 35퍼센트 올랐다.

1970년에 대만의 수출액은 14억 달러였지만, 3년 뒤인 1973년에는 43억 달러로 늘어났다. 수입도 두 배 이상 증가했다. 싱가포르도 크게 다르지 않았다. 또한 호주에서는 컨테이너 운송의 도입 시기와 제조업 상품 수출량의 급증 시기가 일치하는데, 전통적으로 주류 수출 품목이던 육류, 광석, 원모原毛 등이 전체 수출액에서 차지하는 비중은 그 시점부터 줄어들었다. 1966년에서 1967년부터, 1969년에서 1970년 사이 광물이나 농산물 이외 품목의 수출량은 연간 16퍼센트씩 증가했다. 1968년 이전에는 호주의 공산품 수출액은 곡물과 육류를 합친 수출액의 절반이 채 되지 않았지만, 1970년이 되면 호주의 일반상품 수출품은 이미 컨테이너로 운송되었으며, 공산품 수출액이 농산품 수출액과 거의 비슷해졌다. 이 과정에서 호주는 예전의 자원 기반 경제에서 벗어나 훨씬 더 균형 잡힌 경제 구조를 만들기 시작했다.[15]

이러한 국제무역 양상의 변화가 순전히 컨테이너 덕분이라고 말할 수는 없지만, 커다란 기여를 했음은 분명하다. 국제 컨설팅 회사인 맥킨지의 1972년 보고서에 따르면, 컨테이너화가 유럽과 호주 사이의 무역을 활성화한 몇 가지 양상을 보여준다. 1967년에 두 지역 사이의 무역에서 컨테이너는 혼합화물을 운송하는 데 처음 사용되었고, 1969년에 백퍼센트 컨테이너 운송 서비스가 시작되었다. 그 전에는 호주로 향하는 화물선은 몇 주간에 걸쳐 유럽의 11개 항구를 들른 뒤에야 비로소 남쪽으로 방향을 돌렸었다. 하지만 새로 도입된 컨테이너선은 틸버리항, 함부르크항 그리고 로테르담항 등 주요 컨테이너항에만 기항했다. 컨테이너선이 '규모의 경제'를 실현하면서 컨테이너 하나당 화물 처리 비용을 낮출 수 있었기 때문이다. 예전에는 함부르크항에서의 선적에서부터 시드니항에서 짐을 내리기까지 걸리는 시간은 최소 70일이었고, 도중에 다른 항구에 기항하면 그만큼 시간이 더 걸렸다. 그러나 컨테이너선이 소요 시간을 34일로 줄여 최소 36일만큼의 재고유지비용을 절약했다. 유럽과 호주 사이 노선은, 브레이크벌크 화물운송 방식보다 보험료도 85퍼센트 낮아졌다. 포장비용은 그보다 훨씬 더 줄었고, 해상운송료도 떨어졌다. 이렇게 컨테이너화로 절약할 수 있는 금액이 워낙 커 전통적인 방식의 화물선은 호주 노선에서 퇴출될 수밖에 없었다.[16]

새로운 컨테이너선들이 맹렬한 속도로 건조되면서 전 세계 상선의 구도가 완전히 바뀌었다. 1967년만 해도 2차 세계대전 기간이나 1950년대, 1960년대에 개조된 50척의 미국 해운사 소유 화물선 대부분이 전 세계의 해운업을 주름잡고 있었다. 그런데 1968년부터 1975년까지 최소 406척의 컨테이너선이 해운 산업에 투입되었다. 새로운 배들 대부분은 1967년에 들어온 배들보다 최소한 두 배 이상 컸다. 해운사들은 완전하게 컨테이너화한 배는 물론 부분적으로 컨테이너화한 (즉 일부 선창에만 컨테이너 셀을 설치한) 배 200척, 컨테이너선만으로 수지를 맞출 수 없는 노선에 투입할 로로선 300척을 추가로 투입했다. 이처럼 수백 척의 새로운 화물선이 해운 산업에 등장하면서 컨테이너 운송은 활짝 꽃을 피웠다.[17]

미국의 상선 변화는 급속도로 진행됐다. 1968년만 하더라도 615척의 일반화물 화물선이 미국 국기를 달고 있었다. 그런데 6년 만에 이들 중 절반 이상이 가난한 나라로 팔려가거나 고철로 처리되었다. 이들을 대체하면서 나타난 배는 수가 적었지만 크기는 훨씬 더 컸고 속도도 더 빨랐다. 수적으로는 줄었지만 새로 등장한 컨테이너선들은 퇴출된 수백 대의 녹슨 브레이크벌크선이 운송하던 양보다 훨씬 많은 양의 화물을 운송할 수 있었다. 즉 미국 국적의 화물선 수가 거의 절반으로 줄어도 1만 5,000톤 이상의 화물을 운송하는 배의 수는 1968년의 49척에서 1974년에 119척으로 늘어난 것이다. 그리고 미국의 대형 화물선의 속도도 1968년에는 17노트(시속 약 31.5킬로미터)에서 1974년 21노트(시속 약 31.9킬로미터)로 훨씬 빨라졌다. 이런 속도 차이는 대서양을 횡단하는 데 온전하게 하루를 절약할 수 있다는 뜻이었다.[18]

많은 배가 투입되면서 운송 가능한 적재량도 비약적으로 늘어났다. 컨테이너화의 토대도 그만큼 강력해졌다. 어떤 해운사가 특정 노선에 컨테이너선을 도입하기로 결정하면, 대개 다른 해운사들도 뒤처지지 않으려고 컨테이너선을 도입했다. 컨테이너 운송이 자본집약적이어서 규모를 키우는 해운사일수록 유리했다. 이 점은 브레이크벌크선과 완전히 달랐다. 부정기선의 선주는 운송 화물이 있는 곳이면 어디든 가 화물을 받아 처리함으로써 겨우 이윤을 챙겼다. 그러나 컨테이너선을 가진 해운사가 주요 항구들 사이를 정기적으로 오가면서 효율성 높은 서비스를 제공할 수 있으려면 충분히 많은 배와 컨테이너와 섀시를 확보하고 있어야 했다. 그래서 어떤 해운사가 어떤 노선에 정기 컨테이너 운송 서비스를 시작하기로 결정을 내릴 때는 대규모로 시작해야 했다. 이 말은 모든 주요 노선마다 여러 경쟁자가 여러 척의 컨테이너선을 동원해 달려든다는 뜻이다. 1968년에서 1974년 사이, 물동량이 가장 많은 노선들에 투입된 해운사들의 총 적재량은 14배나 증가했다. 1966년에는 미국과 북유럽을 오가는 노선에서 아주 적은 수의 컨테이너만 오갔지만 1974년에는 연간 100만 개 가까운 컨테이너를 운송할 수 있을 정도로 많은 신형 컨테이너선이 대기했다. 1970년에 일본과 미국의 대서양 연안을 잇는 컨테이너 노선이 처음 열렸는데, 1973년에 이 노선에 투입된 배는 모두 30척이었다.[19]

수요가 많고 활발히 공급도 이뤄졌지만 폭발적으로 증가하는 공급량을 계속 맞출 수는 없었다. 그 결과 해운 산업은 이전에는 없던 고통스러운 경험을 겪었다. 운송료 전쟁이었다.

대양 해운업계에서 공급과잉overcapacity은 옛날 이야기였다. 경제성장, 관세 및 거래 규제 등의 변화 그리고 전쟁이나 엠바고 등과 같은 정치적 요인들로 화물 흐름은 언제나 유동적이었다. 1950년대와 1960년대에는 브레이크벌크선의 공간과 일반화물의 적재량 사이에 일시적인 불균형이 있어도 큰 문제가 아니었다. 미국 상선의 대부분은 전쟁 때 군대가 사용하던 배를 정부가 거의 공짜나 다름없는 헐값으로 해운사에 넘겼다. 선주들은 융자금을 갚아야 하는 부담에 시달리지 않았다. 이들이 지출했던 비용은 화물 처리 비용, 부두 사용료, 선원 인건비, 연료비 등 주로 운영비용이었다. 불경기라면 선주는 폐선시키면 그만이었다. 그러면 비용이 발생할 일이 없었다.

하지만 컨테이너 운송의 경제학은 완전히 달랐다. 우선, 배와 컨테이너 그리고 섀시를 사는 데 막대한 금액을 대출받았으므로, 원리금 상환의 압박이 기다리고 있었다. 최첨단 시설을 자랑하는 컨테이너 터미널도 그렇다. 해운사로서는 빚을 내서 짓거나, 사용료를 내고 빌려서 써야 했다. 이런 식으로 들어가는 고정비용이 컨테이너 운송 서비스를 유지하는 총비용의 4분의 3이나 되었다. 이 비용은 해운사가 얼마나 많은 화물을 운송하는가 하는 문제와 상관없이 무조건 지불해야 하는 돈이었다. 운송할 화물이 지나치게 적다는 이유로 컨테이너선을 폐선해도 될 정도의 여유를 가진 해운사는 어디에도 없었다. 그러므로 한 차례 운항에 나설 때마다 최소 운영비용만이라도 건질 수 있다면 울며 겨자 먹기로 운항에 나서야 했다. 브레이크벌크와 다르게 컨테이너 운송에서는, 선주들이 일시적으로 자기 배를 놀려도 수요에 비해 선박이 지나치게 많은 공급과잉은 줄지 않는다. 더군다나 해운사들이 화물을 닥치는 대로 선점하려고 들기 때문에 운송료가 떨어지며, 해상운송에 대한 수요가 공급을 따라가기 전까지는 공급과잉이 지속되는 경향이 있다.[20]

공급과잉의 문제는 컨테이너화와 관련된 모든 사람의 고민이었다. 영국 정부의 의뢰로 작성된 한 보고서는 이 문제와 관련해 1967년에 다음과 같이 경고했다.

"표준화된 컨테이너가 도입된 이상, 컨테이너의 인기에 편승하려는 움직임이 한꺼번에 몰릴 테고, 필연적으로 상당한 수준의 공급 경쟁이 나타날 것이다."

또 다른 조사는 다섯 척의 배가 각각 1,200개의 컨테이너를 25노트(시속 약 46.3킬로미터)의 속도로 운송할 때, 미국과 영국 사이에서 오가는 컨테이너화가 가능한 모든 화물을 운송할 수 있다고 추정했다. 다른 보고서는 컨테이너선 25척만 있으면 미국과 유럽을 오가는 모든 일반화물을 운송할 수 있을 것이라고 했다. 어느 기관은 미국 해운사 패럴라인Farrell Line이 주문한 컨테이너선 다섯 척만 있으면 호주의 대미 수출품을 모두 운송할 수 있다고 했다. 1974년에는 수백 척이 경쟁하는 바람에 컨테이너선들이 적재량의 절반도 채우지 못한 채 대서양과 태평양을 건널 것이라고 예측했다. 1968년 미국 정부 조사에 따른 보고서도, "1970년대 초만 되어도 북대서양에서는 컨테이너 적재량이 남아돌 것"이라고 진단했다.[21]

그러나 문제는 그 모든 예상보다 빨리 나타났다. 백퍼센트 컨테이너선이 도입된 지 1년도 지나지 않은 시점이었던 1967년 초에 북대서양의 해운사 협회는 컨테이너 운송료를 10퍼센트 인하했다. 당시 미국의 해운업계 선두주자였던 한 임원은 이 조치를 두고 '재앙'이라고 표현했지만 시작에 지나지 않았다. 오랜 세월 지켜졌던 해상 화물운송료 구조는 배는 많고 화물은 적은 상황에 맞닥뜨리면서 무너지고 있었다.[22]

국제운송료는 국내운송료와 달리 정부 규제 대상이 아니었다. 운송료 책정은 해당 노선에서 자발적으로 카르텔을 구성한 해당 해운사들의 협의를 통해 이루어졌다. 110회가 넘는 협의가 미국으로 들어가고 또 미국에서 나가는 노선들의 운송료를 책정했으며, 비슷한 담합이 전 세계 모든 노선에서 나타났다. 카르텔에 속한 해운사들은 그들끼리 담합해 운송료를 책정했으며, 전체 화물을 특정 비율에 따라 해운사별로 나누었다. 해운사들의 이러한 서비스를 이용해야 하는 선적인들은 책정된 공식적인 운송료를 예외 없이 지불해야 했지만, 불문율을 어기는 행위는 일상이었다. 이른바 '리베이트' 지불이 공공연하게 일어났다. 미국 무역과 관련된 해운사 협회들은 각자 정한 운송료를 공개하는 일이 의무였지만 (즉, 이렇게 함으로써 새롭게 시장에 진입하는 해운사를 받아들이도록 했지만) 전 세계의 다른 많은 노선에서 운송료를 비밀에 붙이며 신규 해운사가 시장에 들어오지 못하도록 문을 닫았다. 각 정부는 대부분 노선에서 해운사들에게 각 협회의 회원 자격을 갖추어야 한다고 요구하지 않았다. 그런데 만약 어떤 해운사가 기존의 카르텔과 무관하게 '독립적으로' 영업 활동을 시작하면, 기존의 카르텔은 운송료를 깎고 적재량을 늘려서 이 진입자를 철저하게 따돌려서 쫓아냈다. 대체로 해운사들은 이런 식으로 자기 노선을 지키려고 했다.[23]

　그런데 운송료를 책정하는 해운사들의 행태는 철도 회사들의 모습과 매우 비슷했다. 화물 품목별로 운송료를 다르게 책정하거나, 두 개의 운송료를 책정할 때 하나는 화물의 무게, 하나는 화물의 부피로 따졌다. 브레이크벌크 화물운송은 이럴 이유가 있었다. 어떤 화물은 다른 화물에 비해 선적이 매우 복잡하고 또 어떤 화물은 공간을 많이 차지했으므로, 운송료 책정 방식을 다르게 하는 것이 합리적 방법이었다. 그러나 컨테이너는 품목별로 운송료를 다르게 책정할 근거가 없었다. 어떤 해운사든 자전거 타이어가 가득 든 40피트 컨테이너를 운송하는 비용이나 책상용 전등이 가득 든 40피트 컨테이너를 운송하는 비용은 같았기 때문이다.

그러나 컨테이너의 등장에도 브레이크벌크선을 가지고 사업하던 해운사들이 지배하던 해운사 협회는 이미 유효성이 입증된 체계라고 우기며 품목을 기반으로 한 운송료 체계에 여전히 의존했다. 북대서양에서 컨테이너 하나에 실린 제품의 1톤당 운송료가 브레이크벌크선으로 운송될 경우의 운송료와 동일했다. 컨테이너 하나를 단일 품목으로만 채웠을 때는 운송료가 5~10퍼센트 할인되었다.

그런데 여러 품목이 섞인 혼합화물은 더 말이 안 되는 방식으로 운송료가 책정되었다. 1967년에 해운사 협회가 유럽과 호주를 오가는 노선에 대한 운송료를 책정하면서, 여러 화물이 하나의 컨테이너에 실렸을 때는 품목별로 톤당 운송료를 정한다는 기준을 발표한 것이다. 정확한 운송료를 계산하려면 컨테이너를 열고 품목별로 모든 화물의 무게를 측정해야 한다는 말이었다.[24]

경제적 관점에서 이치에 맞지 않는 이 방법은 당연히 오래가지 않았다. 해운사들은 운송하는 컨테이너 안에 뭐가 들어 있는지 신경 쓸 이유가 전혀 없었고, 아무리 적재량을 초과하더라도 컨테이너를 운송하는 비용보다 이윤이 남는다면 얼마든지 운송 화물로 받고 싶어 했다. 1967년 초가 되면 (시랜드서비스의 전신이던) 워터맨스팀십은 미국에서 남유럽으로 가는 화물에 일관운송료 제도를 도입했다. 컨테이너에 실린 내용물과 상관없이, 선적인 소유의 20피트 컨테이너 하나에 400달러, 40피트 컨테이너에는 800달러를 책정한 것이다. 당시 워터맨스팀십은 컨테이너선을 가지고 있지 않았고, 경쟁사의 운송료 구조를 모방하는 해운사는 아무 데도 없었다. 그러나 이 새로운 운송료 구조는 시간이 지나면서 다른 해운사들에게 가격 인하 압력으로 작용했다. 해운사 협회의 구성원들은 운송료를 내리지 않으면 탈퇴하겠다고 위협했다. 해운사 협회는 기존 구조를 유지하려고 애를 썼지만 결국 백기를 들 수밖에 없었다. 1969년 여름에 대서양의 해운사 협회는 두 개로 나뉘었다. 여덟 개 해운사가 기존의 품목별 운송료 구조를 버리고 컨테이너 시대에 합당한 운송료 체계를 세우는 일을 목표로 새로운 협회를 만든 것이다.[25]

인위적으로 높게 책정된 운송료 구조가 무너지자 해운사들의 이익은 줄어들었다. 운송료 구조를 재조정하는 방법이 유일한 탈출구였다. 컨테이너 운송이 국제노선에 사업을 개시한 지 채 3년도 지나지 않은 1969년 7월에, 서독에서 가장 큰 두 해운사가 하파그로이드라는 단일 해운사로 합병하기로 합의했다. 하파그로이드는 순식간에 북대서양의 새로운 강자로 떠올랐다. 그리고 3개월 뒤에 말콤 맥린이 같은 방식으로 대응했다. 맥린은 늘 경쟁보다 합병을 선호했다. 미국 정부가 제재를 하지 않았더라면 아마도 그는 태평양 연안에서 시랜드서비스의 유일한 경쟁자였던 시트레인라인스를 1959년에 합병했을 것이며, 푸에르토리코 노선의 강력한 경쟁자였던 불인슐라라인을 1962년에 인수했을 것이다. 그리고 이제 맥린은 시랜드를 위해 레이놀즈의 자금 12억 달러로 유나이티드스테이츠와의 대담한 거래에 나섰다. 유나이티드스테이츠는 컨테이너선 16척을 주문했었는데, 모든 배가 컨테이너를 1,000개 이상 실을 수 있었으며, 20노트(시속 약 37킬로미터)가 넘는 속도로 항해할 수 있었다. 조만간에 이 해운사는 세계 최대의 적재량을 확보할 판이었다. 시랜드서비스는 유나이티드스테이츠에게 배 16척을 모두 20년 동안 빌려달라고 제안했다. 그러면 유나이티드스테이츠로서는 정부 보조금을 받을 수 있는 자격을 잃겠지만, 시랜드서비스는 그 배들을 정부의 승인을 받지 않은 채로 원하는 노선 어디에든 배치할 수 있었다. 이 거래가 성사만 된다면 가장 큰 경쟁자가 사라지고 시랜드서비스는 미국의 태평양 연안과 대서양 연안 양쪽에서 모두 최대 해운사가 될 터였다.[26]

경쟁사들은 크게 항의하며 반격에 나섰다. 1970년대 초, 그레이스라인은 프루덴셜라인스Prudential Lines로 합병되었다. 맷슨내비게이션은 국제노선에서의 야망을 접고 1970년에 배들을 팔았으며, 호놀룰루항을 태평양을 오가는 무역의 허브항으로 만들겠다는 생각과 노력을 모두 포기했다. 무어맥코맥라인스는 신형 화물선 네 척을 팔고 북대서양 노선에서 발을 뺐다. 영국 해운사이던 벤라인Ben Line과 엘러만라인Ellerman Line은 영국과 극동을 오가는 노선에서 힘을 모았다. 그리고 스칸디나비아의 세 개 해운사가 스칸서비스Scanservice라는 국제 해운사로 통합했다.

이런 굵직한 변화들이 있긴 했지만, 해운 산업은 안정되지 않았다. 오버시즈컨테이너스는 1969년부터 1971년 사이 호주 무역에서 3,600만 달러의 손실을 입었다. 하파그로이드는 1969년부터 3년 연속 적자를 기록했다. 전체 적재량의 3분의 1이 놀고 있던 북대서양에서 아메리칸엑스포트라인스는 1970년과 1971년에 막대한 손실을 입은 나머지 모기업의 주식이 뉴욕증권시장에서 거래 중지 종목이 되었고 회장은 강제로 퇴출되기까지 했다. 태평양과 대서양에서 사업하던 유나이티드스테이츠는 1970년에 1,400만 달러의 손실을 입었고, 다음 해에도 비슷한 규모의 손실을 기록했다. 심지어 시랜드서비스조차도 어려움을 겪었다. 정부 반대로 유나이티드스테이츠와의 합병이 무산된 뒤에 수익은 1969년에 3,900만 달러, 1970년에 2,100만 달러로 떨어졌으며 1971년에는 겨우 1,200만 달러밖에 되지 않았다. 해운사에 투자했던 다른 대기업들과 마찬가지로 레이놀즈는 컨테이너 운송이 생각처럼 황금 광맥을 캐는 사업이 아님을 비싼 대가를 치르고서 깨달았다.[27]

중요한 노선을 운영하던 선도적인 해운사들은 필사적으로 해결책을 모색했다. 그렇게 해서 얻은 해결책은 결국 구시대의 방식이었다. 경쟁을 줄이는 방법이었다. 유럽과 극동을 오가는 노선에 참여하던 경쟁사 다섯 군데가 (둘은 영국의 해운사였고, 둘은 일본 해운사였으며, 나머지 하나는 독일의 하파그로이드였다) 이른바 트리오 그룹Trio Group이라는 동맹을 1972년 12월에 결성해 컨테이너선을 공동으로 배선配船하는 방식으로 이권을 추구하기로 했다. 이들은 대형 화물선 19척을 건조하기로 합의했는데, 각 배에 해운사별로 실을 수 있는 화물 할당량을 정해서 나누었다(이 연맹은 1991년 2월 말에 해체한다-옮긴이). 그 뒤에 유럽과 태평양 사이를 오가는 노선에 두 번째 컨소시엄이 등장했는데, 스웨덴의 몇 개 해운사와 네덜란드의 네드로이드Nedlloyd가 각 아시아 사업부를 합병해 스캔더치ScanDutch라는 해운사를 만들었다. 두 동맹은 유럽과 일본 사이 노선에서 경쟁자들의 수를 획기적으로 줄여 운송료를 안정시키는 데 도움을 줬다.

하지만 1971년, 이보다 한층 더 강력한 연합인 NAPANorth Atlantic Pool Agreement가 탄생했다. 유럽 6개국 정부의 강력한 후원을 받던 이 단체는 기존에 6개국의 15개 해운사들의 어수선한 경쟁이 횡행하던 상황에서 각 해운사의 협력을 이끌고자 하는 것이었다. 이 단체는 전체 화물운송량을 각 회원사들이 정확하게 어떤 비율로 맡을지 정했다. 그리고 회원사 모두 동일한 운송료 책정에 합의했으며, 북아메리카와 유럽을 오가는 노선의 서비스에서 발생하는 이윤을 공정하게 나누기로 약속했다. 이 연합은 곤두박질치던 운송료를 안정적으로 만들었다. 1972년, 이 기관에 참여했던 해운사의 한 임원은 "이 단체를 만들지 않았더라면 우리 중 많은 해운사가 파산했을 것이다"라고 말했다.[28]

1972년에 전 세계의 경제성장은 한층 두드러졌고, 이와 함께 무역 규모도 커졌다. 1971년부터 1973년까지 컨테이너 운송량은 거의 두 배로 늘어났으며, 해운사들은 충분히 많은 화물을 운송하면서 다시 한 번 더 많은 돈을 벌었다. 그러나 컨테이너화의 첫 번째 주기 대량학살에서 살아남은 해운 산업은 1967년과 완전히 다른 상황을 맞았다. 독립적으로 존재하는 해운사는 소수였고, 또 이런 해운사들은 미래를 장밋빛으로 바라보지도 않았다. 운송료 전쟁은 컨테이너 운송 산업에서 영원히 지워지지 않을 특징이 될 것임이 분명했고 세계 경제가 뒷걸음질치거나 해운사들이 선단을 늘릴 때마다 반복해서 나타날 터였다. 선적인들은 컨테이너에 실린 화물의 무게나 특징과 상관없이 컨테이너가 운송되는 거리에 따라 운송료를 지불했다. 그리고 사정이 좋지 않을 때는 해운사가 배를 움직일 때 들어가는 경비만 가까스로 보전할 수 있는 수준까지 운송료가 내려갔다. 해운사들은 더욱 큰 배, 그리고 더욱 빠르게 작동하는 크레인을 만들어 컨테이너당 운송비용을 낮추어야 한다는 압박에 끊임없이 시달렸다. 왜냐하면 어떤 시점에선가 공급과잉이 나타날 것이고, 또 운송료가 폭락하면 최저비용만 들이는 해운사가 살아남을 테기 때문이었다.[29]

▥

다음 차례의 운송료 붕괴가 오기까지는 그다지 긴 시간이 필요하지 않았다. 나중에 밝혀지는 사실이지만 1972년과 1973년은 장차 닥칠 경제적 격변의 10년을 예비하는 일종의 평화로운 전주곡이었다. 산업 생산은 미국에서 18퍼센트, 캐나다에서 19퍼센트, 일본에서 22퍼센트 그리고 유럽에서 12퍼센트 증가했다. 불과 2년 만에 컨테이너선 143척 이 진수했음에도 불구하고 국제무역은 컨테이너 운송 공급이 수요를 따라가지 못할 정도로 강력하게 성장했다. 1973년에 시작된 유가의 급격한 상승은 해운 산업에게는 예기치 못한 축복이었다. 컨테이너선은 그때까지도 석유 1배럴로 운송할 수 있는 화물의 양이 여전히 남아 있던 브레이크벌크선에 비해서 훨씬 많았기 때문이다. 전 세계에서 컨테이너화한 해상 화물의 양은 1973년에만 40퍼센트 증가했다. 해운사들은 자사 선박에 운항 속도를 늦춰서 기름을 아끼라고 지시했으며 또 연간 운항 횟수까지 줄였는데, 그 바람에 컨테이너 운송 수요는 한층 더 모자랐다. 그러자 화물운송료가 치솟았다. 해운사 협회들은 담합해 운송료를 높였고, 뿐만 아니라 환율변동, 고유가, 항구에서의 지연 등의 이유를 들어서 추가 요금을 부과했다. 이와 관련해 유엔의 한 보고서는 다음과 같이 지적했다.

"운송료가 15퍼센트 이상 오르고 게다가 추가 요금까지 부담해야 했던 많은 선적인은 운송료가 예전에 비해 25~35퍼센트나 오른 사실을 알고는 깜짝 놀랐을 것이다."[30]

이런 호황은 1974년까지 지속되었다. 1974년에는 달러화가 약세를 보였던 터라 미국 공장에서 생산되어서 외국으로 나간 수출품은 그해 한 해에만 전년도보다 42퍼센트 증가했다. 운송료 인상은 전 세계에서 컨테이너 적재량을 제한하는 온갖 협정과 이익 공동 배분 그리고 담합 등의 조건과 어우러져 마침내 해운 산업의 최종 수지 결산에 마법을 부렸다. 시랜드서비스는 1973년에 전년도보다 1,600만 달러 늘어난 1억 4,200만 달러의 이익이 발생했다고 보고했다. 새로 건조한 컨테이너선 16척 덕분에 가까스로 적자를 면했던 유나이티드스테이츠조차도 1974년에 1,600만 달러의 이익을 냈다고 보고했다. 어틀랜틱컨테이너Atlantic Container의 경영자는 "만약 북대서양에서 수익을 내지 못하는 경영자가 있다면 그는 어디에서도 영원히 수익을 내지 못할 것이다"라는 말까지 했다.[31]

그러나 석유파동이 발생했고, 그 결말은 해운 산업의 황폐화였다. 각국의 중앙은행은 예전보다 한층 더 비싸진 석유에 따른 인플레이션을 억제하기 위해 긴축정책을 폈고, 세계 경제는 1974년 하반기에 경기 후퇴기로 접어들었다. 산업생산량은 저조했고, 그 여파로 무역 흐름도 줄어들었다. 전 세계 제조업 상품의 수출액은 2차 세계대전 이후 처음으로 줄어들었으며, 해상무역도 6퍼센트 줄어들었다. 그런데 무역 흐름이 감소하는 데도 조선소에서는 계속 새로운 컨테이너선을 선주에게 인도하고 있었고, 배가 한 척씩 새로 투입될 때마다 운송료를 높은 수준으로 유지하려는 해운사들의 담합력은 약화되었다. 소련의 컨테이너선이 태평양과 대서양에서 벌어지는 경쟁에 합류하면서 담합 구조는 한층 더 약해졌다. 결국 해운사 협회들은 1974년부터 1976년 사이 어쩔 수 없이 추가 요금을 없애거나 낮춘 경우도 600번이나 되었다.[32]

컨테이너 운송의 두 번째 위기는 해운사들이 자초한 몇 가지 요인으로 한층 더 악화되었다. 1970년대 전반기에 만들어진 수백 척의 컨테이너선은 1960년대 말에 설계됐다. 빠른 속도가 중요했던 때였다. 1967년에 일어났던 아랍과 이스라엘 전쟁 와중에 수에즈운하가 폐쇄되었기 때문에 유럽과 아시아 및 호주 사이 노선은 아프리카를 돌아가야 하는 훨씬 먼 항로로 운항해야 했기 때문이다. 빠른 속도를 유지하려면 연료 소모율이 상대적으로 높을 수밖에 없었는데, 당시에는 유가가 낮아 크게 문제되지 않았다. 하지만 1970년대 중반은 그때와는 완전히 다른 세상이었다. 연료 가격이 네 배로 뛰어올랐기 때문이다. 북대서양에서 연료비는 1972년에 전체 운영비용의 4분의 1밖에 되지 않았지만, 1975년에는 2분의 1로 늘어났다. 유럽과 극동 사이 노선에서 수에즈운하가 1975년 6월에 예상보다 빠르게 다시 문을 열었고, 그 덕분에 연료를 대량으로 소비하는 고속 화물선이 굳이 아프리카를 돌아서 갈 이유가 없어졌다. 많은 해운사가 고속 컨테이너선을 마련하지 않아도 되었다고 후회했지만 돌이킬 수 없는 일이었다.[33]

이런 사례들 중 유명한 것이 레이놀즈의 시랜드서비스 사업부였다. 늘 그랬듯이 세밀한 분석보다는 직관에 따라서 행동하던 말콤 맥린은 1968년에 SL-7을 밀고나가려던 자기 의견에 반대하던 시랜드이사회의 의견을 묵살했었고, 1969년에 레이놀즈도 시랜드서비스를 인수하면서 SL-7 여덟 척을 건조하겠다는 맥린의 주장에 동의했다. 역대 최고로 비싼 돈을 들인 이 배들은 하루에 무려 500톤이나 되는 연료를 소모했다. 최고속도로 운항할 때는 경쟁사들의 배보다 세 배나 많은 연료를 소모했다. 벙커유의 가격이 불과 몇 개월 사이 1톤에 22달러에서 70달러로 오르자 SL-7은 골칫덩이가 되었다.

비록 레이놀즈가 자기 주주들에게 이 배야말로 "세계에서 가장 빠른 컨테이너 운송 서비스를 제공한다"고 자랑했지만, 사실 이 배들은 툭하

면 연착했으며 돈을 벌어다주지도 못했다.[34]

대가를 치러야 하는 과정은 피할 수 없이 닥쳤다. 레이놀즈의 관료적 기업 분위기에 행복하지 못했던 맥린은 1975년에 자기 주식을 팔기 시작했고 1977년에 이사회를 영원히 떠났다. 반면, 해운 사업부의 터무니없는 변동성을 통제할 능력이 없어 좌절감에 휩싸여 있던 레이놀즈는 시랜드서비스 사업부를 전체 기업 차원에서 엄격하게 통제할 수 있도록 재편성했지만 이런 변화도 도움이 되지 않았다.

1980년에 레이놀즈는 마침내 8년 동안 바다를 누볐던 SL-7 여덟 척 때문에 1억 5,000만 달러의 손실을 본 다음 배들을 미 해군에 떠넘겼다. 이 배들은 고속 보급선으로 개조되었다. 그리고 4년 뒤에 레이놀즈는 시랜드서비스를 독립회사로 매각하면서 해운 산업에서 완전히 손을 뗐다. 레이놀즈의 새로운 경영진은 투자분석가들에게 다음과 같이 말했다. "우리 주식에 관심을 가지는 투자자라면, 자본집약적이며 주기적인 운송 회사에 관심을 보이는 사람들은 아닐 것입니다."[35]

맞는 말이었다. 레이놀즈에게 그리고 1960년대 말에 해운업에 진출해서 빠른 성장을 추구했던 다른 기업들에게 해운업 투자는 실망만 안겨주었다. 시랜드서비스와 경쟁사들은 폴라로이드Polaroid나 제록스Xerox처럼 독창적인 기술과 끊임없는 혁신으로 수십 년 동안 유례없는 고수익을 창출했던 회사가 전혀 아니었다. 해운사들의 최종 산물은 기본적으로 운송이었다. 농부나 제강업자들처럼 그들은 늘 외부의 여러 요인에 좌우되었으며, 그들이 책정하는 가격, 거둬들이는 이익은 주로 경제성장과 경쟁자들이 새로운 배를 건조하겠다는 의사 결정에 의해 좌우되었다. 마냥 좋기만 하던 시절은 끝났다. 컨테이너 운송이 국제무역에 도입된 지 채 10년도 지나지 않은 1976년에 〈파이낸셜타임스Financial Times〉는 다음과 같이 선언했다.

"컨테이너의 혁명적인 충격, 즉 여러 세대에 걸쳐 등장한 화물운송 최대의 발전은 이제 충분히 다 했다."[36]

하지만 〈파이낸셜타임스〉는 잘못 짚었다. 컨테이너화의 혁명적인 충격은 아직 끝나지 않았던 것이다. 이 사실은 나중에야 밝혀진다.

12장

규모를
키워라

말콤 맥린은 보유하던 주식을 팔고 레이놀즈 이
사진 자리를 조용히 떠났다. 1977년 2월의 일이었다. 여러 기록에 따르
면 시랜드서비스와 레이놀즈의 결합은 행복하지 않았다. 맥린은 담배업
계의 거인, 레이놀즈의 관료주의에 좌절했으며, 반복되는 전략 변화가
당황스러웠다. 무엇보다 그는 불안했다.

"나는 건설자고 그들은 운영자이지요. 건설자를 운영자들이 득실대
는 곳에 혼자 두어서는 안 됩니다. 양쪽 모두가 혼란스러워지니까요."[1]

맥린은 1970년에 시랜드서비스에 매일매일 책임을 다했지만, 이제
내려놓고 900만 달러를 들여 파인허스트Pinehurst를 손에 넣었다. 고향 맥
스턴에서 그리 멀지 않은 노스캐롤라이나 중앙에 있는 유명한 골프 리
조트였다. 그는 또 작은 생명보험회사, 앨라배마에 있는 부동산, 무역 회
사를 인수했다. 그리고 1973년 노스캐롤라이나 동부 습지에 44만 에이

커(약 5억 4,000평) 크기의 농장 퍼스트콜러니팜스First Colony Farms 운영을 시작했다. 친구 대니얼 루드위그가 아마존에서 운영하던 농장을 모델로 만든 맥린의 농장은 미국 역사상 가장 큰 규모의 농업 개발 사업일 것이다. 맥린은 이 습지에서 물을 빼내는 데 수백만 달러를 썼다. 이탄泥炭을 추출해 메탄올로 바꾸기 위해서였다. 그러기 위해 공장도 지었으며 그 인근에서 세계 최대의 돼지농장을 운영할 생각으로 도살장도 만들었다. 맥린은 돼지를 사육한 다음 도살하는 과정까지 모두 일관된 공정으로 처리하고자 했다. 그러나 이탄 채취 계획은 초기의 환경운동으로 기록될 반대에 부딪쳤고, 한 해에 10만 마리를 사육할 수 있었던 돼지 농장은 돈이 되지 않았다. 1977년에 돼지 농장을 인수하겠다는 사람이 나타나자 맥린은 주저 없이 팔았다. 1,200만 달러를 지급받고 추가로 농장에서 발생하는 이익의 40퍼센트를 20년 동안 받는다는 조건이었다. 맥린은 다른 새로운 일거리를 찾아 나섰다.[2]

1977년 10월에 그는 새 일거리를 발견했다. 모든 사람이 깜짝 놀랐다. 바로 유나이티드스테이츠라인스를 인수하고자 한 것이다.

유나이티드스테이츠는 정확하게 말하면 승리나 성공의 트로피가 아니었다. 오랜 세월 동안 시랜드서비스에 가려 미국 최대의 해운사 지위에 오르지 못했으며, 이 해운사를 소유한 대기업인 월터키디조차 1969년에 회사를 인수한 날부터 팔려고 애를 썼다. 유명한 주력 선박인 고급 정기 여객선 유나이티드스테이츠호도 이미 미국 정부에 팔리고 없었다. 유나이티드스테이츠는 1970년대 내내 적자를 기록했다. 그러나 맥린은 이 회사의 가치를 알아보고 1억 6,000만 달러를 투자해 인수했다(인수 대금 중 5,000만 달러는 회사가 진 부채를 갚는 데 썼다). 그는 30척의 선박과 5,000만 달러의 현금, 뉴욕항의 스태튼아일랜드의 신식 컨테이너 터미널, 유럽과 아시아로 향하는 중요한 운항 노선들을 손에 넣었다. 유나이티드스테이츠는 시랜드서비스와 다르게 국제노선에서 정부 보조금을 받고 있었다. 보조금은 축복인 동시에 저주였다. 해운사는 일정한 소득을 보장받았지만 해양청이 지정하는 운항 장소와 횟수에 따라야 했다.

1978년에 맥린의 새 해운사는 아주 약간의 수입을 냈다. 이때 그는 다시 한 번 대담한 계획을 품었다. 여러 척의 거대 컨테이너선을 만들어 (절반은 규모 면에서 기존의 다른 컨테이너선에 뒤처지지 않는 것이었다) 전 세계로 내보내겠다는 계획이었다. 시기도 적절했다. 1970년대 맹렬하게 배를 만들어낸 시절 이후로 선박 주문이 줄면서 단가가 떨어졌기 때문이다. 맥린은 세계를 일주하는 노선이 해운 산업의 고질적 문제, 즉 컨테이너선이 목적지로 갈 때는 화물을 잔뜩 싣고 가고 돌아올 때는 반은 비운 채 돌아오는 화물 흐름의 불균형 문제를 해결해줄 것이라고 생각했다. 새로 건조하는 배들은 전 세계의 어떤 컨테이너선보다 컨테이너 하나당 운영비용뿐만 아니라 컨테이너 슬롯당 제작비가 낮을 것이었다. 이렇게만 된다면 유나이티드스테이츠는 컨테이너 운송 사업에서 성공하기 위해 반드시 갖추어야 하는 조건인 '규모의 경제'를 확보할 수 있었다.

1970년대 말이 되면 규모는 해양 산업의 성배聖杯가 되었다. 배가 클수록 컨테이너 운송 단가는 낮았으며, 항구가 크고 부두의 크레인이 클수록 각 배의 화물을 처리하는 비용이 절약됐다. 마찬가지로 컨테이너가 클수록 (1970년대 초에 선적인들이 선호했던 20피트 컨테이너는 40피트 컨테이너에 컨테이너의 왕좌를 내주었다) 동일한 톤수의 화물을 처리할 때 크레인의 움직임을 줄이고 하역과 선적 시간을 절약해 자본을 효율적으로 사용할 수 있었다. 이렇게 컨테이너 하나당 비용이 줄면서 운송료가 낮아지고, 운송료가 낮아져 화물을 맡기는 고객이 늘어나고, 축적된 자금으로 단위당 비용을 한층 더 낮춰 투자로 이어지는 선순환이 이루어질 수 있었다. 규모의 경제가 가장 잘 작동하는 사업 분야를 꼽는다면 컨테이너 운송은 단연 그 목록에 포함되었다.

해운사들은 운송 범위를 확대하는 방식으로 규모의 문제에 대응했다. 강력한 해운사이던 커나드라인부터 배를 한 척만 보유한 작은 해운사인 아메리칸인디펜던스라인American Independence Line, 아이리시시핑Irish Shipping Limited 등과 같이 오래된 브레이크벌크선 회사들은 단일 노선을 고수하면서 만족했다. 그리하여 1960년에는 북대서양을 항해하던 배는 28척 이상이었으나 컨테이너 시대에는 피라미가 살아남을 수 없었다. 시랜드서비스나 유나이티드스테이츠 혹은 하파그로이드와 같은 업계의 거물들은 주요 무역 노선을 무대로 사업 계획을 세웠다. 자사의 배를 보내거나 다른 해운사의 배를 빌려 시장에 들어갔다. 보유한 배가 많을수록 보다 많은 항구에서 서비스를 할 수 있었고, 고정된 운영비용으로 넓은 지역에서 활약할 수 있었다. 보다 먼 지역까지 서비스를 할수록 컨테이너에 채울 화물과 배에 실을 컨테이너를 찾는 일도 더욱 수월했다. 서비스 네트워크가 광범위하면 전 세계 제조업체들과의 관계를 더욱 효과적으로 맺을 수 있었다.[3]

1976년부터 1979년 사이 대양 해운사들의 배는 272척이 더 늘어났다. 전 세계의 컨테이너 선적 톤수는 1970년대에 네 배로 늘어났고, 1979년 한 해 만에 20퍼센트 이상 늘었다. 1970년에 컨테이너선 적재 총량은 190만 톤이었지만 1980년에는 다른 화물과 컨테이너를 함께

싣는 화물선의 적재량을 빼고도 1,000만 톤으로 늘었다.[4]

규모를 키우려는 움직임은 배의 수뿐만 아니라 크기에도 나타났다. 1966년에 대서양을 건넜던 시랜드서비스 최초의 컨테이너선 페어랜드호의 길이는 약 143미터밖에 되지 않았다. 그런데 1960년대 말에 처음부터 컨테이너선으로 제작된 화물선은 이물(앞쪽)에서 고물(뒷쪽)까지의 길이가 약 180미터였고, 1972년과 1973년에 제작된 고속 화물선들은 길이가 대개 270미터를 넘었으며, 폭 24미터, 흘수도 12미터나 되었다. 컨테이너선 설계에 관한 한 한계치에 접근한 크기처럼 보였다. 아시아와 북아메리카의 대서양 연안 사이를 오가는 거의 모든 화물이 통과해야만 하는 파나마운하의 원래 갑문은 길이가 약 300미터이고 폭이 약 34미터여서 매우 큰 배는 통과할 수 없었다. 해운사에 큰 재정적인 부담을 안겨주었던 석유파동은 예상치 못한 결과를 만들었다. 선주들이 연료 절약을 위해 속도가 상대적으로 느린 배를 건조할 결심을 한 것이다. 그래서 새로 인도된 컨테이너선의 속도는 1973년에 25노트였지만 1984년에는 20노트였다. 배를 만들 때 더욱 빠른 속도를 내도록 유선형으로 만들어야 한다는 압박에 시달리지 않고 오로지 많은 화물을 실을 수 있도록 하는 데만 초점을 맞출 수 있었다. 배를 예전보다 더 길게 만들지 않고도 더 많은 화물을 실을 수 있게 된 것이다. 1978년에 운항에 들어간 배들은 20피트 컨테이너 3,500개를 실을 수 있었는데, 1968년에 미국의 모든 항구가 한 주에 평균적으로 받았던 화물의 총량보다 많은 양이다.

파나마운하를 통과할 수 있는 최대 규모의 배인 파나맥스Panamax 배들은 예전의 화물선보다 훨씬 저렴한 비용으로 컨테이너를 운송했다. 일단 배를 만드는 비용이 적게 들었다. 적재량이 컨테이너 3,000개인 배라고 해서 적재량이 컨테이너 1,500개인 배를 만들 때보다 철강 재료가 두 배로 들거나 엔진이 두 배로 커야 할 필요가 없었다. 새로 설계되는 배의 자동화 수준이 발전했음을 감안한다면 승무원도 예전보다 적게 필요했고, 인건비도 훨씬 절약됐다. 연료 소비도 배의 크기에 비례하지 않았다. 1980년대가 되면 20피트 컨테이너 4,200개에 해당하는 컨테이너 화물을 적재한 신형 컨테이너선은 같은 크기의 컨테이너 3,000개를 적재하도록 설계된 예전의 컨테이너선보다 연료 소모를 40퍼센트 절약했으며, 컨테이너 1,800개를 적재하도록 설계된 컨테이너선에 비해서는 연료비용이 3분의 1밖에 들지 않았다.[5]

배의 수는 점점 더 늘어났다. 규모의 경제가 주는 이점은 너무도 분명하고 또 컸다. 1988년에 해운사들은 파나마운하를 통과할 수 없을 정도로 폭이 넓은 배도 사들이기 시작했다. 이른바 포스트 파나맥스 배는 많은 항구의 기존 부두보다 더 긴 부두를 필요로 했고 수심도 더 깊어야 했다. 이런 배들은 세계 대부분의 항로를 운항하기에는 경제적이지 않았고 유연성을 기대할 수 없었다. 하지만 확실한 강점이 있었다. 화물 흐름이 많은 두 항구 (예컨대 홍콩항과 로스앤젤레스항 혹은 싱가포르항과 로테르담항) 사이를 오가는 노선에서 도중에 기항하는 항구를 최소하면서 보다 많은 화물을 저렴하게 운송할 수 있었다. 21세기가 시작할 무렵이 되면 해운사들은 20피트 컨테이너 1만 개 혹은 40피트 컨테이너 5,000개를 적재할 수 있는 배를 주문했다. 뿐만 아니라 더 큰 배를 설계하는 작업도 진행되고 있었다.

배들이 점차 커지자 항구들도 커졌다. 1970년 한 해 동안에 20피트 컨테이너 29만 2,000개가 세계 최고 수준의 컨테이너 복합 단지이던 뉴어크항과 엘리자베스항을 경유했다. 그런데 1980년에 스태튼아일랜드에 있는 유나이티드스테이츠라인스의 터미널을 포함해 뉴욕항 주변에 있던 부두들은 그보다 일곱 배나 되는 화물을 처리했다. 심지어 미국 전체의 컨테이너 화물에서 뉴욕항의 점유율이 줄었는데도 그랬다. 영국에서 출발해 유럽 이외의 지점으로 가는 컨테이너 화물은 (이 화물은 거의 대부분 펠릭스토우항이나 틸버리항을 경유했는데) 영국 경제 침체에도 불구하고 10년 만에 세 배로 늘어났다. 로테르담항과 앤트워프항, 그리고 함부르크항에서 홍콩항, 요코하마항, 대만의 가오슝항에 이르는 심해 항구들은 1970년대 말보다 두 배나 많은 컨테이너 화물을 처리했다. 시간이 지날수록 규모가 큰 항구들까지 오가는 화물의 양은 점점 더 많아졌다. 1976년에 미국의 컨테이너 국제무역 화물의 4분의 1이 일본의 고베항과 네덜란드의 로테르담항으로 갔고 다른 4분의 1은 아시아와 유럽의 다섯 개 항구로 유입됐다.[6]

선박의 적재량과 항구들의 화물 처리 능력이 끊임없이 증가한 이유는 컨테이너 하나당 보다 낮은 비용을 추구하는 수요의 압박 때문이었다. 1970년대에 새로 건조하는 배는 조선업의 불경기라는 상황에서 한 척에 6,000만 달러라는 놀라운 가격에 팔렸다. 해운사들은 배를 건조할 때 빌린 돈을 갚기 위해 배를 최소한의 시간 동안 운항해야 했고, 수입이 되는 화물을 가급적 많이 실어야 했으며, 배가 항구에 발이 묶이는 시간을 최소한으로 줄여야 했다. 어떻게 해야 할까? 계산은 간단했다. 항구를 크게 만들면 이전보다 큰 배를 처리할 수 있고 선적·하역 작업 시간도 단축해 신속하게 배를 내보낼 수 있었다. 항구의 규모가 크면 부두와 정박지의 수심이 깊어져야 하고 크레인의 크기가 커져 선적이 빨라지고, 컨테이너를 추적하는 정교한 기술을 확보해 오가는 화물을 정확히 처리할 수 있었다. 또 도로 및 철도도 접근이 쉽게 해 운송 서비스를 효율적으로 만들 수 있었다. 항구가 많은 컨테이너를 처리하면 각 컨테이너의 비용은 당연히 낮아진다. 이와 관련해 어느 논문은 이 문제를 거침없이 한 마디로 정리했다.

"규모가 문제다."[7]

규모의 중요성은 커졌지만 항구의 위치는 점점 의미가 없어졌다. 전통적으로 항구는 무역 흐름을 잠깐 멈추게 함으로써 번성했다. 통관중개업, 도매업, 배송은 항구도시에 집중되어 있었고, 뉴욕시가 대표적이었다. 들어오고 나가는 모든 화물이 도시에서 일단 멈춰 있어야 했다. 또한 항구는 그 항구의 배후 도시와 금융·상업적으로 철저하게 연결되어 있었다. 예전에는 지리학자들도 배후 도시를 항구의 '지류tributary'라는 말로 표현했다.

그런데 컨테이너 운송에서는 배후지가 없었다. 컨테이너는 항구를 단순한 화물집하장load center 으로 만들었다. 그저 엄청난 규모의 화물이 쉬지 않고 들어오고 또 나갈 뿐이다. 각 해운사는 비싸게 구입한 대형 컨테이너선이 기항하는 항구의 수를 최소화하기 위해 몇 개의 대규모 화물집하장을 만들었다. 고객들로서는 물건이 제때 온다면 화물집하장의 위치는 중요하지 않았다. 미국 일리노이에 있는 제조업체가 기계제품을 한국으로 보내려 한다고 가정하자. 이 회사는 자사 제품이 트럭에 실려 롱비치항으로 가든 혹은 기차에 실려 시애틀항으로 가든 상관하지 않는다. 한국에 들어갈 때도 한국의 인천항으로 가든 부산항으로 가든 중요하지 않다. 이런 고민과 판단은 해운사의 편리성에 따라 결정되는데 선박 운영비용, 항구 사용료, 육상운송료 등의 변수를 놓고 오로지 컨테이너당 총비용이 가장 낮은 조합을 선택할 뿐이다.[8]

새로운 해양지리학의 등장으로 예전에는 볼 수 없었던 비전통적 무역 양상들이 나타났다. 남부 프랑스에서 나가는 수출품은 영국해협의 르아브르항을 경유할 때 가장 저렴했다. 스코틀랜드로 들어가는 수입품은 잉글랜드 남동부 지역에서 기차로 운송하는 방법이 비용이 절감됐다. 샌프란시스코만으로 가는 일본 화물은 오클랜드보다 시애틀을 경유하는 게 나았다. 양방향에서 운항 시간을 하루 절약할 수 있어 시애틀과 캘리포니아 구간을 기차로 운송하는 방법보다 총비용이 적게 들었다. 멕시코만을 따라 이루어진 항구도시들은 찰스턴항이나 로스앤젤레스항을 통해 유럽과 아시아와 무역하는 비중이 늘었는데, 해운사들이 멕시코만으로 항해하는 방법이 경제적이지 않다고 판단했기 때문이다. 버지니아의 햄프턴로즈항은 볼티모어항을 제치고 (볼티모어항에는 아무런 하자가 없었음에도 불구하고!) 주요 화물집하장으로 떠올랐다. 유럽 노선을 운항할 때 이 항을 이용하면 1년에 네 차례 더 노선 운항을 편성할 수 있기 때문이었다. 6,000만 달러를 들인 컨테이너선을 네 차례 더 운항할 수 있다는 점은 이익과 손실을 가르는 변수가 될 수 있었다.[9]

항구의 성공이 인근 지역에 미치는 경제적 이익은 여전히 대단했다. 항구를 갖춘 대도시 지역은 트럭운송과 철도운송 그리고 창고 관련 일자리가 늘었고, 기업들의 항구 관련 사업들 덕에 정부는 많은 세금을 거둘 수 있었다. 그러나 이런 일자리들은 지리적 조건보다 상업적인 계산을 기반으로 했다. 지역 시장이 크지 않은 시애틀과 같은 항구도시는 컨테이너 관문이 되고자 하는 현실적 기대를 가지고 있었다. 한 논문에 따르면 이 경우 '엄청난 경제적 이득을 얻을 수 있을 것'이라고 주장했다. 그러나 많은 인구가 밀집한 시장을 가까이에 두고 있는 도쿄항이나 런던항은 미래를 알 수 없었다. 해운사가 칼자루를 쥐고 있어 항구들은 해운사를 유치하기 위해 그들의 편의를 봐주는 경쟁을 벌여야 했다.[10]

항구 간의 경쟁에는 막대한 규모의 투자도 포함되었다. 세계은행과 아시아개발은행은 1970년대에 개발도상국의 항구 건설 사업에 13억 달러를 투자했다. 미국의 항구들은 1973년에서 1989년 사이 컨테이너 처리 시설에만 23억 달러를 썼다. 해운사들은 새로운 정박지 건설, 크레인 구입, 수로 공사 등에 따르는 위험 부담을 항구를 운영하는 정부 기관에 강요했다. 항구들은 해운사에 임대계약서에 서명하라고 요구했지만, 계약하더라도 화물 흐름이 보장되지는 않았다. 해운사가 전략을 바꿀 때마다 중심 화물집하장이 이 항구에서 저 항구로 얼마든지 달라질 수 있었고(실제로 많은 해운사가 그렇게 했다), 해운사가 떠날 때는 항구에 최소한의 보상만 해주면 그만이었다. 북아메리카에서 한 해 동안 30개의 해운사가 서비스 항로를 바꾸었는데, 버려진 항구들은 심각한 손실을 입을 수밖에 없었다.

1970년대 말에 오클랜드항은 전체 수입 중 터무니없이 많은 돈을 투자해 여러 컨테이너 터미널을 지었지만 롱비치항에 시장을 빼앗기면서 치명적인 손실을 입었다.

1983년에는 아메리칸프레지던트라인스가 많은 자금을 오클랜드항에 투자했는데 환경 관련 소송 때문에 공사가 중단되자 물동량을 시애틀항으로 옮겨버렸다. 그런데 시애틀항은 1985년에 퓨젓사운드에서 남쪽으로 몇 킬로미터 떨어진 타코마항이 4,400만 달러 예산의 터미널을 짓고 시랜드서비스를 유치하자, 다시 그만큼의 화물을 잃어버렸다.[11]

━━━━━━

결국 항구 시설에 투자된 많은 자금이 쓸데없이 낭비되었다. 볼티모어항의 새로운 부두들은 1979년과 1980년에 많은 화물을 유치했다. 그러나 처리한 컨테이너의 수는 20년 전보다 더 적었다. 많은 자금을 투자한 대만의 가오슝항은 막대한 성공을 거두었지만, 타이중에 항구를 건설하겠다는 정부의 결정은 엄청난 손실을 초래한 실수였다. 항구들은 대규모로 자금을 투자해 크레인을 설치했는데 (샌디에이고항도 그런 항구 중 하나였지만) 결국 크레인들을 제대로 사용하지도 못했다. 부두에 철로를 놓는 것과 같은 기술들은 밑 빠진 독이나 다름없었다. 부두에 철로를 깔아 크레인으로 배에서 꺼낸 컨테이너를 직접 화차에 실을 수 있도록 한 부두들도 있었지만, 크레인이 작업할 때 화차를 움직여 위치를 잡는 시간 때문에 결국 배가 항구에 머무는 시간은 늘어났고 그 바람에 생산성이 떨어진다는 값비싼 교훈을 치렀다. 이 철로들은 쓸모가 없어졌고, 실패로 끝난 투자는 항구 입장에서는 뼈에 사무치는 기억으로 남았다.[12]

결국 항구 사업에 동반되는 리스크를 많은 사람이 인식했다. 정부 투자는 1960년대와 1970년대에 컨테이너 운송 발달에 결정적인 역할을 했다. 펠릭스토우항이나 홍콩항은 예외지만 당시의 주요 컨테이너항은 공적자금으로 건설되었다. 자금을 충분하게 조성하지 못한 해운사나 하역 회사들은 자기들 힘만으로는 항구를 개발할 수 없었기 때문이다. 투자 필요성이 더 커지자 공무원들의 항구 운영에 관한 열정은 빠르게 식었다. 예컨대 시애틀항의 책임자는 1981년에 이렇게 말했다.

"비용이 점진적으로 상승해 지금은 어마어마한 수준이다."

해운사가 떠나거나 망할 수 있었고, 놀고 있는 크레인이나 텅 빈 컨테이너 야적장이 생길 위험 부담 등으로 결국 각 정부는 새로운 항구 개발에 나서지 않았다.[13]

1981년에 영국 수상 마가렛 대처Margaret Thatcher는 21개 항구를 민간 기업에 매각하는 방식으로 돌파구를 모색했다. 다른 여러 나라에서도 영국의 전례를 따랐다. 말레이시아는 1986년에 클랑항에 있는 컨테이너 터미널을 민간에 임대했으며, 얼마 뒤에 멕시코, 한국, 뉴질랜드의 항구들 역시 민간으로 넘어갔다. 항구를 인수한 투자자 중에서는 하역 회사나 운송업체뿐만 아니라 선도적인 해운사들도 포함되어 있었다. 그 무렵 컨테이너 서비스를 운영하던 해운사들은 대기업이었고, 항구 개발에 소요되는 엄청난 규모의 자금을 어렵지 않게 조성할 수 있었다. 항구를 사용하는 주체로서 해운사들은 자사 배의 화물을 빠르게 처리하는 시설을 항구에 설치하는 일에 관심을 가졌다.

항구를 운영하는 민간 기업은 정부의 담당 기관과 다르게 지역 경제 발전을 위해 항구를 확장하겠다는 사업 동기가 전혀 없었다. 민간 기업은 어떤 투자를 하든 투자금 회수를 분명히 보장받을 수 있도록 은행이나 담보의 힘을 빌리는 장기투자를 고집했다. 정부는 지주의 역할로 돌아가서 해안가의 땅을 민간 기업에 빌려주었다. 이렇게 20세기가 끝나 갈 무렵에는 전 세계 컨테이너 물동량의 거의 절반은 민간이 운영하는 항구를 경유했다.[14]

1977년에 컨테이너 운송은 또 하나의 이정표를 세웠다. 드디어 컨테이너선은 남아프리카와 유럽을 운항하는 노선에 투입되었다. 그 전만 해도 브레이크벌크선이 오가던 노선이었다. 당시 컨테이너는 결코 세계적으로 보편적인 화물 형태가 아니었던 것이다. 특히 아프리카와 라틴아메리카로 가는 노선을 포함해 화물이 적은 수많은 노선에서는 브레이크벌크선을 선호했다. 상업적인 차원에서 보자면 이 노선들은 틈새시장이었지 큰 수익을 기대할 곳은 아니었다. 하지만 대양의 주요 노선들은 말콤 맥린이 꿈꿨던 대로 바다의 고속도로가 되어 있었다. 1980년, 매주 20피트 컨테이너 2만 개에 해당하는 화물을 실은 컨테이너선 17척이 미국 태평양 연안에서 일본으로 항해했다. 북유럽에서 북아메리카의 대서양 연안과 오대호로도 매주 23척의 컨테이너선이 항해했다. 심지어 총 1만 5,000개가 넘는 컨테이너를 실은 여덟 척 이상의 컨테이너선이 유럽을 출발해 일본으로 향했다. 호주와 미국 대서양 연안 사이의 긴 노선에도 매주 양방향으로 각 평균 2.5대의 컨테이너선이 항해하면서 호주산 육류를 미국으로, 제조업 상품을 호주로 보냈다.[15]

그런데 해운사들은 규모를 키워야 한다는 끝없는 갈증에 시달렸다. 그러다 자사에서 이미 서비스 중인 항구들을 하나로 연결하는 새로운 방법에 눈을 돌렸다. 바로 세계를 일주하는 컨테이너 운송 방식이었다.

세계 일주 서비스는 브레이크벌크 운송 시대에는 감히 생각도 못할 일이었다. 배의 속도가 느렸고 항구에 한 번 정박할 때마다 오래 머물러야 했기 때문에 뉴욕항을 떠나 북대서양을 지나고 지브롤터해협을 지나고 수에즈운하를 지나 싱가포르항, 홍콩항, 요코하마항, 로스앤젤레스항을 차례대로 경유해 파나마운하를 거쳐서 다시 뉴욕항으로 돌아오는 여정은 적게 잡아도 6개월은 걸렸다. 그런데 배의 속도가 빨라지고 항구에 체류하는 시간이 줄어 3개월이면 가능했다. 맥린이 레이놀즈를 떠난 다음 해인 1978년에 레이놀즈는 디젤 엔진을 장착한 12척의 컨테이너선을 5억 8,000만 달러에 주문했으며, 시랜드서비스가 '주 1회 세계 일주 운송 서비스'를 시작할 것이라고 약속했다.[16]

무모한 발상만은 아니었다. 대부분의 해운사는 컨테이너선이 본부 항구를 떠날 때와 돌아올 때의 화물 적재량이 심각하게 다른 문제에 시달리고 있었다. 시랜드서비스는 북태평양의 주요 해운사였지만, 일본의 수출품을 싣고 미국으로 향할 때의 화물이 일본의 수입품을 싣고 일본으로 향할 때의 화물보다 훨씬 많았다. 그런데 중동에서는 이 현상이 뒤집어졌다. 석유 수출로 돈이 많은 중동 국가들이 미국에서 수입하는 물품은 많았지만, 컨테이너에 실어 미국으로 수출할 물품은 많지 않았던 것이다. 동쪽으로 세계를 일주하는 운송 서비스를 실행하면 상황은 달라졌다. 예전이라면 중동의 여러 항구에 화물을 가득 실은 컨테이너를 내려놓은 다음 빈 컨테이너로 미국으로 돌아왔지만, 이제는 일본으로 향하는 도중에 싱가포르항이나 홍콩항에 들러 (무역량이 많지 않아 일본이나 미국과 컨테이너 운송 노선이 개설되어 있지 않은) 인도나 태국과 같은 개발도상국에서 화물을 가져온 작은 셔틀 화물선을 실을 수도 있었다.

그러나 세계 일주 서비스는 위험한 모험이었다. 왕래하는 두 항구 사이의 화물 흐름은 완전히 다른 양상이었다. 뉴욕항과 로테르담항 사이를 오가는 화물에 최적화된 배는 싱가포르항과 홍콩항을 오가는 노선에는 지나치게 클 수 있다. 폭풍에 따른 일정 지연, 부두노동자의 파업, 기계 결함 등으로 배가 매주 정해진 날에 정해진 항구에 들어가기 어려울 수 있다. 결코 단순한 문제가 아니었다. 미국의 대서양 연안에서 수에즈 운하를 지나 미국의 태평양 연안까지 가는 노선을 (1980년에 운항되었던 이 노선은 세계 일주 컨테이너 운송 서비스에 가장 가까운 사례다) 항해했던 이스라엘 해운사 짐라인Zim Line은 전체 여정의 64퍼센트만 예정된 일정에서 하루 이상 벗어나지 않았으며, 한 주 이상 연착한 경우는 일곱 번이나 되었다. 만일 선적인들이 '특정 지점에서 특점 지점으로의 서비스point-to-point service'가 일정을 맞출 가능성이 더 높다고 판단한다면, 세계 일주 운송 서비스에 화물을 맡길 이유가 없었다. 이런 리스크 때문에 시랜드서비스는 결국 포기하고 말았다.

하지만 시랜드서비스의 경쟁사 두 곳은 포기하지 않았다. 그중 하나는 에버그린마린Evergreen Marine이었다. 대만의 야심찬 기업가 창용파張榮發가 1968년에 설립한 부정기 해운사였던 에버그린마린은 기존 해운사 카르텔의 견제를 뚫고 운송료를 낮게 책정하는 정책으로 태평양 노선 및 극동-유럽 노선을 운항하는 주요 해운사로 성장했다. 1982년 5월에 에버그린은 일본과 대만의 여러 조선사에 컨테이너선 16척을 10억 달러에 주문하고, 동쪽과 서쪽으로 각각 항해하는 세계 일주 운송 서비스를 할 것이라고 발표했다. 처음에 20피트 컨테이너 2,240개를 싣도록 설계되었던 이 배들은 2,728개를 싣도록 바뀌었다. 창융파는 배들을 'G-클래스'라고 부르며 각각 에버기프티드Ever Gifted 호, 에버글로리Ever Glory 호, 에버글리미Ever Gleamy 호 등의 이름을 붙였다. 배들은 21노트(시속 약 38.9킬로미터) 속도로 항해할 수 있었는데, 이 속도면 총 19개 항구에 양방향 모두 10일마다 한 대씩 들르기에 충분한 속도였다. 계획대로라면 에버그린마린의 배들은 동쪽으로 81일 만에, 그리고 서쪽으로는 82일 만에 세계 일주 운송을 마칠 수 있었다.[17]

세계 일주 운송에 관심을 가졌던 또 다른 경쟁자는 여전히 자신감이 넘치던 해운업계의 거물 말콤 맥린이었다. 그의 유나이티드스테이츠라인스는 1982년에 대형 컨테이너선 14척을 주문했다. 한국의 대우조선소에서 선박 건조를 주문했기 때문에 미국 정부의 보조금을 받을 수는 없었지만, 정부의 간섭을 받지 않고 원하는 노선 어디든 배들을 배치할 수 있었다. 새로 건조된 배들은 각각 에버그린마린 G-클래스 적재량의 약 1.5배인 20피트 컨테이너 4,482개를 실을 수 있었다. 또한 이 배들은 폭이 넓고 평평하며 실용적이었는데, 조선기사인 찰스 쿠싱의 표현을 빌리자면 '물 위에 떠 있는 신발 상자'와 비슷한 모양으로 설계되었다. 맥린의 전략은 창융파의 전략과 달랐다. 배들을 오로지 동쪽으로만 항해하도록 할 생각이었고 항해 속도도 보다 더 느리게 잡았다. 속도가 빨랐던 SL-7을 운송 노선에 투입한 실수에서 교훈을 얻었기 때문이다. SL-7은 운송 서비스에서 남는 이익을 연료비로 모두 쓴 것이다. 새로운 배들은 유가가 비싸던 시기에 건조되었는데, 18노트(시속 약 38.4킬로미터)의 느린 속도로 항해하면 연료비를 아낄 수 있었다. 하지만 세계 일주에 걸리는 기간은 에버그린마린보다 더 길 수밖에 없었다.[18]

맥린은 새로 건조한 배들을 '경제economy'와 '배ship'의 합성어인 '에콘십 Econship'이라 불렀다. 배의 연료 절감 효과가 배의 거대한 규모에 따른 경제 효과, 즉 규모의 경제와 시너지 효과를 일으켜 다른 어떤 컨테이너선보다 컨테이너당 비용이 적게 든다는 이유 때문이었다. 하지만 배 건조 비용만 5억 7,000만 달러였다. 맥린이 세운 새로운 공개상장사이자 지주회사의 이름은 예전의 회사와 같은 맥린인더스트리즈였다. 자금을 조성하는 데는 큰 어려움이 없었다. 컨테이너 운송의 아버지인 그가 유나이티드스테이츠를 '세계를 무대로 하는 버스 서비스업체'로 만들려고 하자 세상 사람들이 기꺼이 투자했기 때문이다.[19]

그러나 이 새로운 서비스에서 얼마나 많은 이윤이 창출될지는 애초부터 의문이었다. 컨테이너 운송업계에서는 대부분이 생존 투쟁을 벌이고 있었다. 시트레인라인스는 1981년에 파산했고, 델타스팀십Delta Steamship과 무어맥코맥라인스는 1982년에 유나이티드스테이츠에 합병되었으며, 하파그로이드는 빚을 갚기 위해 본사 건물을 팔았고, 대만의 오리엔트 오버시즈인터내셔널Orient Overseas International Limited은 강제적으로 27억 달러의 채무 구조를 개혁해야 했으며, 컨테이너선 15척과 컨테이너 임대 회사뿐만 아니라 영국 페리 운항 노선을 소유하던 씨컨테이너스Sea Containers는 파산 직전까지 몰려 있었다. 에버그린마린과 유나이티드스테이츠가 세계 일주 운송 서비스를 시작한 1984년과 1985년에 상황은 더욱 악화되었다. 새로운 선적 적재량이 시장에 추가되면서 공급 과잉 현상이 진행되고 있었던 것이다. 1983년 5월부터 1984년 5월 사이에 북태평양에서의 컨테이너 총 적재량은 20퍼센트 늘어나 북아메리카에서 일본으로 가는 화물선은 적재공간의 절반을 비운 채로 항해했다. 이와 관련해서 〈로이드시핑이코노미스트Lloyd's Shipping Economist〉는 '시장 점유율을 위해 운송료를 낮추는 해운사들의 여러 행태'에 대해 썼다.[20]

게다가 실제 세계 일주 운송 서비스는 기대와 전혀 달랐다. 경유하는 각 항구마다 부두에 접안해 있는 시간뿐만 아니라 기상 악화 등의 이유로 예정과 다른 항구에 들러야 하는 일이 생겨 일정과 비용이 낭비됐다. 기항지의 체류 일정을 줄이지 않으면 이익을 얻지 못할 만큼 항해 시간도 길었다. 그래서 대부분의 항구가 주요 화물집하장 역할을 하는 항구들과 보조선인 피더선으로 연결되었지만, 보조선들이 주변 항구들에서 컨테이너를 싣고 와 세계 일주 컨테이너선에 옮겨 싣는 과정에서 시간을 그만큼 더 지체할 수밖에 없었다. 에버그린마린의 세계 일주 배들은 결국 영국 기항을 중단하고, 프랑스의 르아브르항을 지역 화물집하장으로 활용했다. 이곳에서 연간 20만 개의 컨테이너가 보조선을 통해 잉글랜드, 스코틀랜드, 아일랜드에 있는 여러 항구들로 운송했다.

맥린의 '에콘십'들도 문제가 있었다. 배의 구조상 기항하는 항구 수심이 매우 깊어야 했다. 때로는 밀물이 들어올 때까지 하역 작업을 미루고 기다려야 할 때도 있었다. 에머그린마린이나 유나이티드스테이츠 모두 자사 컨테이너선이 화물을 운송하기에 최상의 선택이 아닐지도 모른다는 사실을 받아들여야 했다. 비록 컨테이너를 화차에 2단으로 쌓아 기차로 운송하는 방법이 파나마운하를 통해 배로 운송하는 방법보다 비용이 들었지만 말이다.

아메리칸프레지던트라인스가 시도했던 배-철도 복합운송 서비스의 사정은 달랐다. 일본에서 뉴욕으로 가는 데 걸리는 기간이 14일밖에 되지 않았다. 14일은 유나이티드스테이츠나 에버그린마린이 흉내도 낼 수 없을 만큼 짧은 이동 시간이었다. 그러나 약속된 시간을 지키는 일이 여전히 중요한 문제가 됐다. 배로 세계를 일주할 경우에는 비스케이만에서의 기상 악화나 두바이에서의 크레인 고장 등으로 특정일에 요코하마항이나 롱비치항에 입항하기로 고객과 했던 약속을 지키지 못할 가능성은 매우 높았다.[21]

재앙의 시간은 가까이 왔다. 유가는 맥린의 예상처럼 28달러에서 50달러로 오르지 않았고 오히려 14달러까지 폭락했다. 유나이티드스테이츠가 선택한 느린 속도의 연료 절감 컨테이너선은 잘못된 선택이 되고 말았다. 중동의 석유 부국들은 더는 에콘십을 컨테이너 화물로 가득 채워줄 정도로 수입품을 사들일 능력이 없었다. 해운사들 사이의 경쟁도 한층 더 치열해졌다. 컨테이너 운송이 업계 전체를 도살하기 전에 경영을 잘못한 브레이크벌크 해운사가 차례로 쓰러졌던 1970년대와 달리, 1980년대의 해운사들은 전문 경영인이 경영했으며 포기를 몰랐다. 맥린인더스트리즈는 1984년에 6,200만 달러의 수익을 기록했지만, 다음 해에는 6,700만 달러의 손실을 기록했다. 1986년에는 맥린이 부채 구조를 조정하느라 맥린인더스트리즈는 대출금의 이자도 지불하지 못했다. 더는 어쩔 수 없었다. 1986년 첫 9개월 동안 8억 5,400만 달러의 매출에 2억 3,700만 달러의 손실을 기록했다. 유럽에 있는 컨테이너 터미널들은 에콘십에게 사용료를 선적 작업을 하기 전 현찰로 먼저 내라고 요구했다. 결국 그해 11월 24일, 12억 달러의 부채에 비틀거리던 맥린인더스트리즈는 모든 서비스를 중단하고 파산 신청을 했다.[22]

유나이티드스테이츠의 붕괴는 그때까지의 미국 역사에서 가장 큰 파산 사건이었다. 채무 채권 관계가 복잡하게 얽힌 사건 중 하나이기도 했다. 싱가포르에서 그리스에 이르는 총 52척의 배가 여러 항구에서 압류되었다. 에콘십을 담보로 대출을 해준 미국의 일곱 개 은행이 모여 어떤 해운사도 인수하려 들지 않는 배들에서 무엇을 건져낼 수 있을지 의논했다. 그리고 16개월 뒤 시랜드서비스 장부 가격의 28퍼센트라는 헐값에 맥린의 배를 구입했다. 1만 개가 넘는 컨테이너와 5,500개가 넘는 새시는 그동안 이것을 유나이티드스테이츠에 빌려주었던 플렉시밴리싱Flexivan Leasing으로 넘어갔다. 유나이티드스테이츠는 스태튼아일랜드의 신축 컨테이너 터미널을 1년에 1,200만 달러로 임대해서 쓰고 있었는데, 임대권은 무효가 되었고, 뉴욕뉴저지항만청은 준설 및 건설에 들어간 비용 6,000만 달러를 책임지게 되었다. 농장 퍼스트콜러니팜스는 은행 손으로 넘어갔고, 야생 동물의 쉼터와 같은 황폐한 곳이 되고 말았다. 2억 6,000만 달러 규모의 무담보 채권자들은 빈손을 털고 물러났다. 맥린인더스트리즈 보통주 88퍼센트에 해당되던 말콤 맥린의 주식은 완전히 사라졌다. 그와 부사장이던 그의 아들 말콤 맥린 주니어는 경영진에서 쫓겨났으며 수천 명이 일자리를 잃었다.[23]

"말콤 맥린은 유나이티드스테이츠의 파산 뒤로 끝내 재기하지 못했습니다."

오랜 세월 그와 알고 지내던 사람이 나중에 한 말이다. 맥린은 칩거 생활에 들어갔고, 언론과 대중 앞에 모습을 드러내지 않았다. 그의 실패는 계속 그를 따라다녔다. 수천 명의 사람들에게 상처를 줬다는 자책으로 맥린은 늘 수치스러워했다. 하지만 여전히 투지에 넘쳤다. 유나이티드스테이츠가 파산하고 5년이 지난 뒤인 1991년. 일흔일곱 살의 나이에 무료함을 더는 참지 못하고 또 다른 해운사를 준비했다.

한편 과거 시랜드서비스의 임원들 중 많은 사람은 해운업계를 주도하는 인물이 되어 있었다. 그들은 맥린을 설득해 이따금씩 공식석상에 나타나 그의 공로를 기리는 상이나 찬사를 받도록 했다.

2001년 5월 30일 아침, 그의 장례식이 있었다. 이때 전 세계의 모든 컨테이너선에서 그를 기리며 뱃고동 소리를 길게 울렸다.[24]

비록 유나이티드스테이츠의 파산이 많은 사람에게는 개인적인 재앙이었겠지만 말콤 맥린이 창조한 산업에서는 전혀 재앙이 아니었다. 유나이티드스테이츠가 파산한 해인 1986년까지, 전 세계의 항구, 운송 회사, 선적인은 화물을 컨테이너로 운송하기 위해 총 760억 달러를 투자했다. 그리고 21세기가 새로 시작하기 전까지 보다 큰 배, 12시간 안에 하역 작업을 끝내고 배를 돌려보낼 수 있는 항구, 1분에 컨테이너 하나 이상을 옮길 수 있는 크레인 등에 더해 1,300억 달러가 추가 투자될 전망이었다. 컨테이너 운송은 거대 산업으로 바뀌고 있었으며, 이런 추세와 나란히 화물을 컨테이너로 운송하는 비용은 점차 줄고 있었다.[25]

13장

선적인의 복수

국제 컨테이너 운송은 처음 몇 해는 투자자들에게는 실망을 주었지만, 그럼에도 불구하고 따분하기만 하던 낡은 화물 운송 역사에 새로운 바람을 불어넣었다. 독일 해운사 하파그로이드의 사장 카를 하인츠 세이거는 다음과 같이 논평했다.

"10년 동안 지속된 운송료 전쟁은 배의 주인들에게 막대한 손실을 주었지만, 선적인들에게는 획기적인 돌파구였다."

새로 등장한 컨테이너 기술은 널리 퍼져나갔고, 이제 곧 세계 경제 속으로 깊이 들어올 참이었다.[1]

컨테이너와 관련된 초기의 여러 노력은 해운사, 항구 관리 기관, 부두 노동자 등 주로 해운업계에 속한 조직이나 사람들만 피부로 느꼈다. 해운사들은 컨테이너 운송으로의 변화에 드는 막대한 비용 때문에 휘청거렸으며, 몇몇 해운사들은 도태되었다. 항구들은 화물을 대량으로 처리할 능력을 갖추기 위해 문자 그대로 완전히 탈바꿈을 해야 했다. 예전에는 상상도 하지 못한 대규모의 터미널을 개발하고 자금을 조성해 시설에 투자하는 새로운 역할을 담당했다.

부두노동자들은 많은 경우에 노동조합이 나서 컨테이너화에 강력하게 저항했다. 장차 부두에서 진행될 노동 형태를 빠른 속도로 바꿀 여러 변화를 수용하는 대가로 상당한 보상을 얻었지만, 거의 모든 항구에서 일자리를 잃었다.

해운업계에 일어났던 전면적인 변화들은 처음에는 폭넓게 적용되지 않았다. 해상운송 자체가 세계 경제에서 차지하는 비중이 크지 않았기 때문이다. 부두노동자의 일자리도 부두 주변에 형성된 공동체가 아닌 전체 사회의 일자리로 놓고 보자면 일부에 불과했다. 그런데 화물운송 분야에서 나타난 이 혁명이 가지는 진가는 해운사나 부두노동자에 끼친 영향이 아니라, 컨테이너 보급으로 운송하는 상품들이 확산돼 수십만 개의 공장, 도매상, 무역업자, 정부 기관에 주었던 영향에서 확인된다. 그것도 나중에 가서 말이다. 어쩌면 화물운송비용은 정부 기관을 제외한 거의 대부분의 선적인들에게 어떤 제품을 만들지, 제품을 만들고 파는 장소, 수입과 수출 중 어느 쪽이 이윤이 남을지 등을 판단하는 결정적인 기준이었다. 그런데 컨테이너라는 의미 있는 방식은 선적인들이 부담해야 하는 비용을 바꿔 세계 경제의 틀 자체를 변화시켰다.

이 일은 짧은 기간 동안 빠르게 진행된 것이 아니었다. 컨테이너 해운사들이 대양을 가로지르는 운송 서비스를 시작한 지 10년 가까이 지난 1975년에 유엔 기관은 다음과 같이 밝혔다.

"정기선 화물운송비용의 장기적인 감소라는 요인 덕분에 이익을 본

선적인들은 그동안 별로 없었다."

하지만 10년 뒤에 상황은 완전히 바뀌었다.[2]

|||||||

국제 컨테이너 운송이 시작된 뒤 1970년 초까지 처음 몇 년 동안 해운사의 부담 비용은 대폭 줄었다. 주목할 부분은 컨테이너 이전 시대에 단일 항목으로 가장 많은 비용이 들어갔던 짐을 싣고 내리는 비용의 절감이었다. 자본비용(자본을 사용함에 따라 지불하는 비용-옮긴이)은 비록 전통적인 화물선보다 높았지만 지나칠 정도로 크지는 않았다. 왜냐하면 연식이 오래된, 그리고 정부로부터 헐값에 불하받은 배에 컨테이너를 실을 수 있도록 셀을 설치하는 개조 작업을 거쳐 컨테이너 선단의 대부분을 구성했기 때문이다. 부두의 컨테이너 정박지를 건설하는 비용은 전통적인 정박지를 건설하는 비용의 10배나 들었지만, 화물 처리 능력이 20배나 높아졌으므로 1톤당 비용은 오히려 더 낮았다. 초기 컨테이너선의 운영비용도 운송 화물의 1톤당 기준으로 따지면 기존의 브레이크벌크선보다 적게 들었다. 컨테이너선은 브레이크벌크선에 비해서 명백하게 더 많은 화물을 운송했기 때문이다. 국제연합무역개발회의United Nations Conference on Trade and Development, UNCTAD는 1970년에, 이 모든 사실을 고려할 때 컨테이너선으로 화물을 운송하면 해운사가 들이는 비용은 예전의 절반이 되지 않는다고 결론을 내렸다.[3]

선적인, 즉 수출업자들은 컨테이너화 보급에 따라 초기에는 비용 절감 효과를 나누었다. 품목별 운송료 구조가 워낙 복잡해 평균 운송료를 추정하기 쉽지 않지만, 국제 컨테이너 운송 방식이 도입되면서 기존에는 불가능했을 정도로 운송료가 많이 내려갔다. 그러나 선주인 해운사들로서는 운송료 하락이 바로 비용 절감으로 이어지지는 않았다. 컨테이너 화물운송료를 결정하던 주체는 기존에 운송료를 책정하던 해운사 협회였다. 협회의 구성원인 해운사들은 컨테이너선을 도입하기 전까지는 브레이크벌크선으로, 즉 비효율적으로 컨테이너 화물을 운송했다. 이들은 손해를 입지 않도록 주문한 컨테이너선이 진수될 때까지 컨테이너화의 진전 속도를 늦추고자, 컨테이너 화물운송료를 브레이크벌크 화물운송료와 비슷한 수준으로 묶어 두었던 것이다.

그 결과, 컨테이너 사용 초기의 운송료는 브레이크벌크 운송료를 근거로 산출되었다. 컨테이너에 여러 품목의 화물이 들어 있을 때 각 품목은 브레이크벌크로 운송될 때보다 조금 적은 수준의 운송료가 매겨졌다. 단일 품목으로 채운 컨테이너는 상대적으로 높은 할인율을 적용받았지만 크게 높지 않았다. 1969년에 유럽에서 호주로 가는 해운 노선이 개설되었다. 웨일스의 어떤 냉장고 제조업체가 컨테이너에 냉장고만 실어 호주로 배송할 때는 브레이크벌크 방식으로 보내는 경우보다 운송료 할인을 11퍼센트밖에 받지 못했다. 소량의 냉장고를 다른 품목과 함께 컨테이너에 실어 브레이크벌크선으로 배송할 경우에는 할인 혜택이 거의 없었다. 컨테이너를 호주산 육류로만 채워 호주에서 영국으로 보내는 경우는 브레이크벌크 화물에 비해 할인율이 겨우 8.65퍼센트였다.[4]

컨테이너선 운영자의 관점에서 보면 같은 컨테이너라도 단일 품목으로 채웠을 때는 여러 품목으로 채웠을 때보다 운송료를 낮게 책정하는 것이 맞았다. 공장에서부터 단일 품목으로 채워 밀봉하고 최종 목적지에 도착할 때까지 문을 열 필요가 없는 컨테이너는 처리 비용이 가장 적은 경제적인 화물 유형이었다. 이에 비해 여러 품목이 들어 있는 컨테이너는 운송취급인이나 해운사가 비싼 노동력을 들여 일일이 화물을 집어넣어야 했으니 매우 번거로웠다. 그러나 1960년대에 제조업체들은 컨테이너 하나에 다 들어갈 수 있을 정도의 분량 단위로 제품을 생산하는 방식이 익숙하지 않았다. 주문이 들어오면 주문량에 맞춰 제작해 배송하는 데 익숙했다. 어느 논문은 1968년에 북아메리카와 서유럽 사이를 오가는 제조업 화물의 배송 의뢰 235건을 연구했다. 그리고 무게가 1톤 미만은 40퍼센트, 10톤 미만은 무려 84퍼센트나 된다는 사실을 확인했다. 이런 화물들은 컨테이너 하나를 채우기에는 터무니없이 적었고, 가장 싼 운송료 범주에 들어갈 수 없었다.[5]

그런데 1969년에 2세대 컨테이너선이 도입되면서 비용 구조가 완전히 바뀌었다. 새로운 배들은 짐을 싣고 내리는 일이 쉽도록 설계되었으며 화물 처리에 들어가는 비용도 매우 적었다. 그러나 브레이크벌크선이나 1세대 컨테이너선과 달리, 배를 소유한 해운사에게 회사가 처한 상황과 상관없이 지켜야 하는 지불 의무가 있었다. 해운사는 배, 섀시, 컨테이너를 구입하기 위해 빌린 원금과 이자를 갚아야 했는데, 상환 압박은 매우 무거웠다. 그리고 항구 사용료를 실제 작업 시간이나 화물의 양에 따라 그때그때 지불하는 게 아니라 부두, 크레인, 컨테이너 야적장 등을 장기 임대해 화물 처리량과 상관없이 고정된 임대료를 물어야 했다. 갈 때는 컨테이너에 화물을 가득 채웠지만 올 때는 빈 컨테이너를 싣고 돌아와야 하는 부담도 컸다(브레이크벌크선은 이런 경우가 없었다).

1969년에 앤트워프항을 통과한 10만 개의 컨테이너 중 절반은 빈 컨테이너였다. 그리고 컨테이너의 이동 경로를 추적하고 배의 선적 계획을 준비하는 컴퓨터 시스템은 중요한 고정비용 항목이었다.[6]

2세대 컨테이너선은 크기도 크고 속도도 빨라 이전의 배들보다 1년 동안 운송할 수 있는 화물이 훨씬 많았다. 유럽의 해운사들이 극동으로 가는 노선에 투입하기 위해 1970년대 초반에 구입한 배들은 브레이크벌크선보다 화물 적재량이 네 배였으며, 운항 속도도 빠르고 부두에서 짐을 싣고 내리는 작업에 들어가는 시간도 적어 과거에 3.3회밖에 되지 않던 연간 왕복 운항 횟수도 6.0회로 늘어났다. 1년 기준으로 볼 때 신형 화물선은 여섯 배 내지 일곱 배나 많은 화물을 운송할 수 있었다. 수익성 차원에서 보자면 배에 마련한 전체 컨테이너 셀의 85퍼센트를 채워야 했다. 이 기준을 넘어야 고정비용이 충분히 분산돼 컨테이너 하나당 비용도 낮아졌다. 그런데 수익은 화물을 놓고 경쟁하는 선박의 숫자뿐만 아니라 경기 순환에도 영향을 받았다. 세계적으로 경기가 나쁠 때는 선주는 이중으로 고통을 감당해야 했다. 화물이 부족하면 컨테이너 한 개당 고정비용이 많아지고, 운송료에서 수익을 남기기 어려워졌기 때문이었다.[7]

정확하게 말해 1970년대 초의 화물 부족은 낮은 운송료로 이어졌다. 1971년에 나온 은행의 조사 보고서는, 독일 남부에서 뉴욕으로 운송되는 기계류 화물은 컨테이너선을 사용할 경우, 브레이크벌크선보다 비용이 3분의 1이 적게 든다는 사실을 확인했다. 스코틀랜드의 위스키 생산자부터 호주의 사과 농민까지 국제운송의 주요 고객들은 정기 컨테이너선 서비스가 자기들의 요구를 충족한다는 사실을 알자 곧바로 브레이크벌크선과 작별했다. 컨테이너 운송이 유리하다고 생각하지 않는 한 이렇게 태도를 바꿀 이유가 없었다. 선적인들이 압도적으로 선택한다는 사실은 무역 노선에서 컨테이너화가 운송비용을 낮추었음을 강력하게 입증한다(경제학 용어로는 '현시선호이론theory of revealed preference'이라고 말한다. 소비자의 행동에는 모순이 없다고 가정을 둠으로써 상품의 효용 함수를 알지 못해도 수요법칙을 이끌어낼 수 있다는 이론이다). 컨테이너선 때문에 화물운송료가 마구 떨어지자 1971년에 해운사들이 북대서양의 NAPA와 같은 조직 담합을 통해 이익을 공동으로 추구하고자 한 일도 이런 맥락에서였다.[8]

바로 그때 석유파동이 일어났다. 1972년에 시작되었으며 1973년 10월에 제4차 중동전쟁이 발발한 뒤로 한층 가속화되었던 유가의 급격한 인상은 운송 산업에 특히 더 큰 충격을 가했다. 세계 시장에서 석유 평균 가격은 1972년에 배럴당 3달러에서 1974년에는 12달러까지 치솟았다. 모든 화물의 운송비용은 운송 매체가 트럭이든 기차든 배든 상관없이 제조비용보다 더 상승했다.

새로운 컨테이너선들은 특히 큰 영향을 받았다. 배들이 속도가 빠르다는 것은 동일한 화물량을 운송할 때 자기가 쫓아냈던 브레이크벌크선보다 연료를 두세 배나 소모한다는 뜻이었다. 설계 당시에는 전혀 고려하지 않은 문제였다. 1970년대 초에는 연료비는 컨테이너선 운영비용 중 10퍼센트나 15퍼센트밖에 차지하지 않았다. 그러나 1974년이 되면 비율이 50퍼센트나 될 정도로 엄청나게 큰 부담이었다. 해운사 협회는 운송료를 인상하고 연료비가 오르고 달러화 가치가 꾸준히 떨어지면서 관련 할증료를 선적인에게 계속 부담시켰다. 연료비가 총비용에서 가장 문제가 되는 장거리 노선에서 컨테이너 운송비용은 다른 운송보다 더 큰 폭으로 상승했다. 수출입업자들은 단거리 무역보다 장거리 무역을 상대적으로 더 많이 줄이는 방법으로 대응했다. 전 세계의 화물운송 고

객들에게 컨테이너 선적은 더는 옛날처럼 싼 운송수단이 아니었다.[9]

██████

1972년부터 1970년대 말까지 운송비용이라는 영역에서 일어난 일을 판단하기란 역사학자들도 쉽지 않다. 그 기간 동안 북해를 건너는 것처럼 거리가 짧은 노선들에서만 컨테이너당 운송료는 변동이 없었다. 하지만 다른 노선들에서 운송료는 컨테이너가 아니라 컨테이너 안에 담긴 내용물을 기반으로 해 매겨졌으므로 당시의 평균적인 운송료를 산출하는 데 신뢰할 만한 방법이 없다. 그러니 운송료의 연도별 추이를 추적하기가 매우 어렵다.[10]

연구자들은 해상운송비용의 여러 추세를 살펴볼 때 실제 화물운송료와 관련된 세 가지 자료를 활용했다. 하나는 정기선이 아닌 부정기선을 임대할 때의 비용이다. 적재량 1톤당 임대 가격은 1960년대와 1970년대의 해운 관련 출판물에 많이 소개되었다. 그러나 대부분의 부정기선은 제조업 상품보다 곡물이나 그 밖의 벌크화물을 운송했으므로, 이것을 기준으로 컨테이너 운송 가격을 추정하기는 쉽지 않다. 컨테이너 운송이 점점 중요해짐에 따라 브레이크벌크 부정기선은 효율적으로 컨테이너화할 수 없는 저가 화물을 운송하는 쪽으로 점점 더 밀려났다. 따라서 부정기선 임대 가격은 컨테이너 화물의 운송비용을 추정할 수 있는 지표로서의 근거가 더 줄어든다.[11]

두 번째의 화물운송 가격 자료 원천은 독일 교통부가 편집한 '정기화물선 운임지수Liner Index'다. 이 지수는 컨테이너 운송이 도입되었던 1966년에는 화물운송료의 변동이 없었지만, 1969년과 1981년 사이는 꾸준하게 올랐음을 보여준다. 그러나 당시의 전 세계 운송비용을 추정하기 위한 지표로 삼기에는 문제가 많다. 세계 전 지역이 아니라 독일 북부와 네덜란드 그리고 벨기에 북부에 있는 여러 항구들을 경유하는 화물에 대한 운송료만을 추적하고 있으며, 비=컨테이너 운송 화물들까지 상당수 포함하고 있기 때문이다. 또 독일 마르크화의 환율 변화가 운송료 지수 변동에 커다란 영향을 주었다. 1966년에는 1달러에 4마르크였지만, 1972년에는 3마르크, 1978년에는 2마르크가 1달러였다. 달러화로 결제했던 선적인들로서는, 이 지수로 측정된 해상 화물의 운송료는 1970년대에 인플레이션율보다 낮은 수준으로 올랐던 것이다.[12]

세 번째 자료는 함부르크의 선박 중개인인 빌헬름 A. N. 한센^{Wilhelm A. N. Hansen}이 1977년부터 만들어 발표한 컨테이너선 표준 임대 운송료 추정 지수다. 이 자료는 독일의 '정기화물선 운임지수'와 다르게 1978년과 1979년에 가격이 떨어졌음을 보여준다. 그러나 임대가 훨씬 더 많이 가능했던 매우 작은 컨테이너선에서 나온 추정치일 뿐이어서, 보다 더 크고 효율적이었던 컨테이너선을 가진 해운사들이 매긴 운송료를 정확하게 반영하는지는 확실하지 않다.[13]

이처럼 1960년대와 1970년대의 해상 화물운송료를 측정하는 기술 방안의 한계가 있어, 컨테이너 운송료가 해운업계에 끼친 영향을 보여 주는 믿을 만한 수치를 제시하기 어렵다. 국제 해상운송료는 미국 달러화로 정해졌다. 환율의 급격한 변동은 운송 기술의 변화와 상관없이 해운사가 매기는 운송료에 영향을 주었다. 많은 해운사 협회가 자기 회원사들의 배만 이용하겠다는, 이른바 '충성 협정'에 서명한 선적인들에

442

게는 운송료를 무려 20퍼센트나 깎아주겠다고 제안했다. 그래서 공식적으로 발표된 협회 차원의 운송료는 중요 고객들이 실제 지불한 운송료와 달랐다. 많은 대형 선적인은 공식적으로 발표된 운송료를 지불하는 대가로 해운사에 리베이트를 요구했고, 받았다. 당시 미국으로 가는 노선들에서는 리베이트가 불법이었지만 (그래서 시랜드서비스는 1971년과 1975년 사이 고객들에게 리베이트를 준 일이 적발되어 1977년에 400만 달러의 벌금을 물기도 했다), 다른 여러 노선에서는 관행이었다. 결국 리베이트는 해운사가 공식적으로 발표한 운송료를 낮추는 효과가 있었음은 분명하다.[14]

운송료 파악을 한층 더 복잡하게 만드는 건 전통적인 브레이크벌크선이 컨테이너 운송이 도입된 뒤에도 오랫동안 계속 운항하면서 사업한 사실이다. 1973년까지 브레이크벌크선은 미국의 일반화물 무역에서 컨테이너선보다 더 많은 화물을 운송했다. 1980년대까지도 아프리카와 라틴아메리카의 개발도상국들과의 교역 노선에서 중요한 존재였다. 컨테이너 전용선·전용항에 자본을 투자해도 의미가 없을 정도로 화물 흐름의 규모가 작았기 때문이다. 그러므로 국제 컨테이너 해운 서비스가 도입되고 처음 10년 동안에는, 해상 화물의 전체 운송료 안에는 브레이크벌크 운송에 대한 부분도 상당수 포함되어 있다. 게다가 인플레이션도 감안해야 한다. 모든 산업국가에서 소비자물가는 1970년대에 두 배 넘게 뛰었음에도 불구하고, 컨테이너화가 실제로 해상운송에 들어갔던 통상적 비용을 낮추었다면 컨테이너화는 엄청난 업적을 거둔 셈이다.[15]

컨테이너화가 선적인들이 부담해야 했던 '평균' 해상운송료에 어느 정도로 기여했는지 계산하겠다는 시도는 그야말로 불가능한 일이다. 선적인들은 각국의 통화 계좌를 다 가지고 있으며 또 수백 개의 해운사 협회가 제시하는 다양한 운송료 구조 아래에서 온갖 상품을 운송했기 때문이다. 다만 모든 정황과 증거는 1968년이나 1969년에 컨테이너화가 중요하게 대두되면서 국제 화물의 해상운송비용이 감소하기 시작했음을, 또 1972년과 1973년 내내 그 비용이 줄어들었음을 강력하게 암시한다. 그리고 유가가 가파르게 오르면서 비용 추세는 방향을 바꾸어 1976년 혹은 1977년까지 꾸준하게 올랐다. 유조선을 제외하고 일반화물을 운송하던 미국 국적의 화물선 운송료도 비슷한 추세를 보였다. 해운사들의 매출액은 그들이 운송하던 화물의 가치 총액과 비교할 때, 석유파동으로 1975년에 운송료 인하가 일시적으로 중단되기 전까지는 상대적으로 줄어들었다.[16]

그런데 만약 컨테이너 운송이 운송 세계를 한순간에 사로잡지 않았더라면 어떻게 되었을까? 1970년대에 부두노동자의 임금은 가파르게 인상되었다. 브레이크벌크 운송의 생산성 개선은 미미했다. 브레이크벌크선에서 노동집약적인 짐을 싣고 내리는 작업에 들어가는 1976년의 비용은 10년 전보다 훨씬 비쌌을 것이다. 심지어 유가 인상이 절정에 다다라 연료 할증료가 화물의 해상운송료를 하늘 높은 줄 모르고 높이 끌어올렸던 1976년에도 예전처럼 컨테이너 운송 대신 브레이크벌크 운송을 선택하려던 선적인은 거의 없었다.[17]

물론 수출입 상품의 운송비용에는 해상운송료 외에도 항구로 들어가고 나오는 육상운송료, 창고를 비롯한 항구의 시설 사용료, 파손에 따른 손실 및 보험료, 이동 중인 상품에 재고비용 등 여러 가지 다른 요인이 포함된다. 브레이크벌크 운송 시절에는 각 비용의 중요성이 전체 운송의 세부 항목들에 따라 크게 좌우되었다. 1968년에 포장된 화물 꾸러미

444

하나를 미국에서 서유럽으로 배송할 때 해운사에 지불하는 비용은 1톤당 381달러였지만, 트럭 회사나 철도 회사에 지불하는 비용은 34달러밖에 되지 않았다. 그러나 해상운송보다 육상운송이 운송 거리가 긴 자동차 부품은 1톤당 육상운송비용이 152달러이지만 해상운송은 20달러밖에 들지 않는다. 이 둘을 놓고 볼 때, 포장된 화물은 해상운송료의 변화가 전체 운송료를 크게 좌우하지만, 자동차 부품은 해상운송료가 변해도 전체 운송료는 차이가 거의 없다.[18]

해상운송의 컨테이너화가 도입된 초기에는 육상운송비용이 절감되지 않았다. 많은 나라에서 트럭 회사나 철도 회사에 지불한 운송료는 해상운송과 마찬가지로 물품, 운송 거리를 기반으로 책정되었다. 미국에서는 기관이 정한 규정상 해운사들이 내륙의 특정 최종배송지까지의 일관 운송료가 금지되어 있었다. 수출업체, 즉 선적인이자 고객의 편의를 봐 육상운송에 특별 할인을 적용하는 행위도 봐주지 않았다. 일본의 수출업체가 히로시마에서 시카고로 텔레비전이 든 컨테이너 하나를 배송할 때, 이 업체는 일본 트럭업체에 텔레비전에 대한 표준 운송료를 지불해야 했다. 여기에 더해 해운사에 해상운송료를, 미국의 트럭업체나 철도 회사에 전자제품에 적용되는 운송료를 지불해야 했다. 그뿐만 아니라 운송취급인에게 이 모든 과정을 조정해주는 대가도 줘야 했다. 1970년대에 육상운송료는 급격하게 올랐다. 유가와 임금 인상이 주된 요인이었다. 미국 시장으로 상품을 수출하는 선적인들은 해상 경로가 길고 육상 경로가 짧은 노선을 점점 더 선호했는데, 육상운송에 들어가는 비용이 해상운송보다 상대적으로 더 빠르게 증가했음을 뜻한다.[19]

1970년대에 항구에 인접해 있으면서도 컨테이너 해운사로부터 운송을 거절당한 제조업체로서는 울며 겨자 먹기로 상대적으로 높은 운송비용을 감당해야만 했다. 왜냐하면 이들의 상품은 육상으로 훨씬 더 먼 거리를 이동해야 했기 때문이다. 뉴질랜드에서는 브레이크벌크 시대에 17개의 항구가 국제무역 화물을 처리했다. 그러나 컨테이너는 오로지 네 개의 항구에서만 처리했고, 육류나 양모 가공업자들은 자기 상품을 (뉴질랜드) 오클랜드항이나 웰링턴항으로 보내기 위해 추가로 육상운송료를 지불해야 했다. 이런 일은 맨체스터항 주변에서도 똑같이 일어났다. 맨체스터항은 영국에서 다섯 번째로 컸던 항구였지만 1970년대에 컨테이너선이 들르지 않으면서 효용 가치가 떨어졌다. 컨테이너선을 운영하던 해운사는 바다에서부터 운하로 약 58킬로미터나 더 올라가야 하는 이 항구에 기항할 때 시간이 너무 많이 지체돼 경제성이 없다고 판단한 것이다. 맨체스터항에 컨테이너선이 들어가지 않자 항구 인근에 있던 수출업체들은 어쩔 수 없이 리버풀항이나 펠릭스토우항까지 자기 상품을 운송하는 육상운송료를 추가로 부담했다. 뉴잉글랜드 북쪽에 있던 제조업체들도 마찬가지였다. 전통적으로 이용했던 보스턴항에 컨테이너선이 이따금씩 한 번 들어오게 됨에 따라 수출품을 뉴욕항으로 운송하는 육상운송료를 추가로 부담했다.[20]

컨테이너 운송이 늘어나면서 화물과 상관이 없는 여러 비용들은 대폭 줄었다. 공장에서 컨테이너에 화물을 넣고 밀봉함으로써 상품을 파손이나 절도로부터 보호하기 위한 목제 상자를 따로 만들 필요가 없어졌다. 컨테이너 자체가 이동용 창고여서 예전처럼 선적·하역을 기다리는 동안 따로 창고를 쓰지 않아도 돼 창고 비용도 들지 않았다. 화물을 도둑맞는 사례가 빠르게 없어졌고, 화물 파손 클레임은 95퍼센트까지 내려갔다. 컨테이너 운송에서는 화물 손상이 거의 일어나지 않는다는 사실을 보험사가 인정한 뒤로는 보험료도 30퍼센트나 절감됐다. 컨테이너선은 기존의 브레이크벌크선보다 빨랐고 항구에서의 선적 및 하역에 들어가는 시간도 줄어 운송 기간 동안 발생하는 재고비용도 그만큼 낮아졌다.[21]

선적인들이 중요하게 여기는 것은 (말콤 맥린이 이미 1955년에 깨달았듯이) 해운사나 철도 회사가 정한 운송료가 아니라 화물과 직접 관련이 없는 이런 여러 비용들의 총합이었다. 이상적으로 생각한다면, 특정 화물에 들어가는 운송비용을 공장에서부터 최종 수령자의 문 앞까지 이르는 전체 과정을 추적해 컨테이너화가 이끌어낸 변화를 계량적으로 측정할 수도 있다. 또한 소비재 및 산업재 상품 100가지에 대한 정보를 확보해 화물운송에 들어가는 비용의 합리적인 지수를 만들 수도 있다. 하지만 이 일은 아무리 지칠 줄 모르는 연구자라도 감당하기 어렵다. 1965년에는 문전door-to-door 배송 비용에 대한 자료를 모으지 않았으며, 이런 자료는 지금도 역시 존재하지 않는다.

다만, 우리가 알고 있는 사실은 국제운송의 총비용은 컨테이너화가 진행되었을 때도 1970년대 중반까지 상대적으로 높은 수준이었다는 사실이다. 1976년 해양청이 한 연구에 따르면 미시간주 랜싱에서 프랑스 파리까지 운송된 2만 5,000달러어치의 자동차용 휠림wheel rim에서 5,637달러의 운송료가 발생했다. 이 비용은 화물 가치의 22.6퍼센트였다. 게다가 디트로이트에서 르아브르항까지 가는 데 든 해상운송료 3,600달러(이 비용은 트럭운송비용 600달러보다 더 든 금액이다), 수수료 및 보험료 1,300달러가 포함됐다. 그리고 휠림에는 7퍼센트의 수입관세까지 붙었

는데, 그 결과 프랑스에서의 휠림 가격은 미시간에서보다 3분의 1이 더 비쌌다.[22]

∭

1970년대 후반, 흐름은 다시 변하기 시작했다. 비록 연료비는 지속적으로 올랐지만 상품 선적에 들어간 실질적인 비용은 세계적으로 급격하게 줄어들었다.[23]

어떻게 운송비가 낮아졌을까? 그리고 어째서 이런 현상이 컨테이너 선적이 국제적으로 시작되었던 10년 전이 아닌 1977년 무렵에 나타났을까? 두 질문의 답은 지금까지 이 책에서 상대적으로 관심을 적게 기울였던 선적인 집단과 관계가 있다. 컨테이너화는 수입업자들에게 운송비 관리를 완전히 새로운 눈으로 보도록 했다. 이들이 이전보다 관련 정보를 더 많이 알고, 더욱 정교해지고, 조직화되면서 비용을 떨어뜨리기 시작한 것이다.

선적인은 브레이크벌크 화물 시대에는 영향력이 강한 집단이 아니었다. 많은 나라의 정부가 운송료 경쟁을 못마땅하게 여겨 해운사 협회들의 운송료 고정 방침을 지지했다. 심지어 몇몇 노선에서는 낮은 운송료의 독립 해운사, 즉 운송료를 담합하는 협회 소속이 아닌 해운사를 금지하기까지 했다. 심지어 정부가 독립 해운사들이 시장에 진입해 경쟁할 수 있도록 허용한 노선에서도 실제로 새로 진입한 해운사는 많지 않았다. 해당 노선에 화물이 충분히 많지 않았기 때문이다. 선적인들은 대개 '충성 협정'에 따르는 운송료 할인을 받는 대가로, 자사의 모든 화물을 특정 해운사에 몰아주기로 합의했다. 따라서 독립 해운사가 시장에 진입해 화물을 얻기가 한층 어려웠다. 선적인, 해운사, 정부는 대양 해운사를 트럭 회사나 철도 회사와 동일한 위치로 생각했다. 비용이 올라갈 때마다 거기에 발맞추어 운송료를 올릴 권한이 있는 공공서비스 제공자로 생각했던 것이다. 그래서 1974년, 영국 해운사의 임원은 이렇게 말했다.

"우리의 미래는 강력한 선적인 집단의 막강한 지지를 받는 해운사 협회를 얼마나 견고하게 조직하느냐에 달려 있다."

이런 생각은 해운사와 고객 즉 선적인의 이해관계가 정확하게 일치한다는 발상에서 비롯됐다.[24]

컨테이너 운송에는 상상 이상의 거대한 자금이 들었으므로 각 노선에 남아 있는 해운사 숫자는 줄어들었다. 그리고 살아남은 해운사들이 협회를 강화하는 한편, 업계의 흐름을 선적인들에게 불리한 쪽으로 몰아가는 결과가 빚어졌다. 극단적인 예를 들자면 1971년 북대서양에서 있었던 해운사 협정이다. 이 협정으로 경쟁하던 해운사 15곳이 뭉쳤다. 유럽과 호주를 왕복하는 이 노선에서 1967년에는 해운사 13곳이 뭉쳤지만, 1972년에는 협회의 회원은 일곱 곳으로 줄어들었다. 새로운 해운사 집단이 경쟁을 자제하자, 선적인들은 더 긴밀하게 결속하는 방식으로 대응했다. 그래서 1976년이 되면 민간 부문의 선적인 협의회가 35개국에서 활동할 정도로 활발해졌다.[25]

선적인들이 단합된 목소리로 힘을 발휘하기 시작한 것은, 농부들이 거의 전적으로 수출에 의존하던 호주에서였다. 1971년에 목양업자와 양모 구매업자를 대표하는 집단 네 곳이 연합조직을 만들어 화물운송료 인상에 맞섰다. 1년 뒤에 싱가포르에 있는 고무 무역업자들이 화물을 유럽까지 배송하는 데 기존의 해운사 협회가 책정한 운송료보다 40퍼센트 싼값에 운송하겠다는 독립 해운사에게 일감을 주면서 할증료 부과에 반발했다. 호주의 낙농업자들은 일본으로 수출하는 낙농제품의 운송료를 기존 운송료보다 10퍼센트 싸게 받겠다는 독립 해운사와 계약했다. 1973년이 되면 동아시아에서 유럽을 왕복하는 노선에서 선적인들의 힘은 엄청나게 커졌고, 이제 해운사 협회가 협상을 하자고 어쩔 수 없이 손을 내밀어야 할 정도였다. 말레이시아팜오일생산자협회Malaysian Palm Oil Producers Association는 해운사들로부터 운송료 2년 동결이라는 유례가 없는 약속을 얻었다. 일련의 현상과 관련해 국제연합무역개발회의는 1974년에 다음과 같이 보고했다.

"해상 화물운송료 증가 추세는 특정한 몇몇 상품에서 상당한 수준의 저항에 직면했다."

1975년에는 호주육류이사회Australian Meat Board가 미국의 태평양 연안으로 가는 회원들의 모든 육류 선적을 해운사 네 곳에 몰아주는 대가로 해운사 협회와 운송료 대폭 인하를 협상했다.[26]

미국에서 선적인 단체는 아무런 법률적 지위가 없었다. 그래서 선적인들은 독점금지법 위반으로 기소되는 게 두려워 공동으로 협상에 나서기를 꺼렸다. 그러나 운송 화물 규모가 큰 선적인들이 영향력을 발휘하기 시작했는데, 심지어 컨테이너 운송의 이점을 최대한 활용하기 위해 일하는 방식 자체를 바꾸기까지 했다.[27]

컨테이너화 초기에는 컨테이너 사용자들이 컨테이너 화물을 마치 브레이크벌크 화물을 다루듯이 다루었다. 화물 관리가 중앙에서 일원화되어 있지 않아, 각 공장이나 창고에서 임의로 관리했다. 한 회사가 40피트 컨테이너에 자사 제품을 가득 담아 개별 고객에 배송함으로써 경비를 절감할 수 있었지만, 개별적인 지점에서 화물을 관리하는 사람의 몫은 아니었다. 이들은 그저 제품을 자기가 있는 곳의 문 바깥으로 보내는 일만 했을 뿐이다. 대부분의 선적인들은 톤당 선적비용이 상대적으로 비싼 20피트 컨테이너를 선호했는데, 40피트 컨테이너 하나를 가득 채울 수 있도록 여러 건의 주문에 맞춰 생산을 조정할 수 없었기 때문이다. 미국에서 최대 선적인으로 꼽히던 미군 당국은 육상운송 담당자와 해상운송 담당자를 따로 두고 책임을 분산시켰다. 그러나 그 바람에 배송해야 할 화물에 적정하지 않은 크기의 컨테이너를 선택해 운송료를 결과적으로 낭비하는 경우도 자주 있었다.[28]

기업계에서는 어땠을까? 공장은 제품 선적이 쉽도록 항구 근처에 있었고, 이 공장에는 상품 배송 담당 부서가 있었다. 부서의 업무는 생산 부서가 생산하는 상품을 선적하는 일이었다. 배송 부서의 운송료 담당 직원의 책상에는 해운사 협회, 트럭운송 협회, 철도 회사들이 설정한 화물 품목별 운송료 안내 자료가 수북하게 쌓여 있다. 이 직원은 특정 화물을 특정 지점에 있는 고객에게 가장 낮은 운송료를 지불하고 보낼 방법을 연구한다. 한편 수출 담당 책임자는 해운사에 전화해 화물을 실을 배를 선택하고, 특정 해운사에 의존하지 않으면서도 화물을 빠르게 배송하는 방법 사이에서 균형을 잡는다. 배송 화물 관리가 중앙으로 일원화되어 있지 않았고, 원시적인 수준의 컴퓨터 체제 때문에, 규모가 크고 매우 정교한 방식으로 일을 처리하는 다국적기업들도 운송료 담당 직원과 수출 담당 책임자의 합의에 따라 동일한 화물에 전혀 다른 운송료를 지불했다. 어느 화학 기업의 임원은 당시를 이렇게 회상했다.

"우리는 북대서양을 건너는 40피트 컨테이너에 1,600달러를 운송료로 내기도 했지만 때로는 동일한 컨테이너에 무려 8,000달러를 내기도 했습니다."[29]

　대형 선적인들은 수많은 노선으로 제품을 수출했는데, 이 노선들에서 모두 각 해운사 협회와 충성 협정을 맺다 보면 무려 수십 개가 되기도 했다. 배송할 모든 화물을 해당 노선의 해운사 협회에 몰아주고서 운송료를 할인받았지만 결과가 만족스럽지 않은 때가 매우 많았다. 화물선에서 적재공간을 보장받을 수 없었던 것이다. 예를 들어 생산업체가 특정 화물을 인도로 보내야 하는데 협회 소속 해운사가 보유하는 정기선의 모든 배에 화물을 실을 공간이 없다면, 협회 소속의 다른 해운사 배에서 적재공간이 생길 때까지 무작정 기다려야 했다. 이때 생산업체가 독립 해운사나 부정기선을 임대해 화물을 인도로 보내면 계약 위반이 돼 해운사 협회가 부과하는 무거운 벌칙을 받아야 했다. 또 해운사 협회 소속의 유일한 배가 대양으로 나가기 전에 여러 항구를 들러 화물을 받을 경우에는, 배가 예정된 모든 항구를 다 거쳐서 올 때까지 기다려야 했다. 해운사들과의 거래 관계를 관리하고 화물을 하나씩 내보내는 일은 대규모 제조업체들로서는 끔찍할 정도로 힘들고 까다로운 일이었으며, 이 업무를 수행하는 직원의 수도 엄청나게 많았다.[30]

　해운사들이 자기들끼리 결속해서 시장 지배력을 확보하자, 제조업체들, 즉 선적인들도 서서히 공격적으로 대응하기 시작했다. 첫 번째 단계는 해운사 협회 외의 다른 곳 즉 독립 해운사로 눈을 돌리는 방법이었다.

　독립 해운사들은 늘 주요 무역 노선에서 나름대로의 역할을 했다. 하지만 크지는 않았다. 대형 선적인들은 독립 해운사에 거의 일을 주지 않았다. 독립 해운사들은 협회가 정한 운송료보다 10~20퍼센트 싼 운송료를 받았지만, 대부분의 업체는 해당 노선에 자주 배를 띄울 수 없을 정도로 영세했다. 만일 선적인이 독립 해운사에 화물운송을 맡기고 서비스를 요구했는데 독립 해운사가 제공하지 못한다면, 선적인은 다시 협회에 소속된 해운사를 찾아야 했다. 그리고 충성 협정을 어긴 대가를 톡톡하게 치러야만 했다. 화물 흐름을 높은 수준으로 예측할 수 있는 선적인이라면 리스크를 얼마든지 관리하겠지만, 갑작스럽게 수출 주문을 받을 수 있는 업체로서는 높은 비용을 감수하더라도 대형 해운사 협회와 손을 잡고 함께 가는 방법이 상대적으로 안전한 전략이었다.[31]

컨테이너가 해운업에 등장했을 때 많은 사람이 컨테이너 운송의 경제학은 독립 해운사들에게 불리한 방향으로 움직일 거라 생각했다. 컨테이너 운송 체계를 마련하는 데 들어가는 비용이 너무 높아 소규모 해운사들은 시장에 진입도 못 할 것이라는 예측이 일반적이었다. 1978년에 어느 경제학자가 주장하기를, "미국과 아시아 사이 노선에서 컨테이너 운송을 하는 해운사를 설립하려면 3억 7,400만 달러가 든다"고 했다. 컨테이너선 다섯 척을 사야 하고 여기에다 컨테이너와 섀시 그리고 크레인 등을 사는 데 그만큼의 돈이 든다는 말이었다. 상식적으로 보자면, 누구든 그만한 돈이 있어야 해운사 협회에 가입해 운송 사업을 할 수 있었고, 운송료를 높게 책정해 투자비용을 회수할 수 있었다.

그런데 1970년대 후반기에, 시장의 진입 장벽이 보이는 것처럼 높지 않은 것으로 드러났다. 유조선 건조 주문이 끊어지고 유조선 시장이 붕괴됨에 따라 1970년 말부터 1975년 말까지 무려 네 배 인상된 선박 건조비용이 떨어지기 시작했다. 조선소에서는 생산 시설을 놀리지 않으려고 선박 건조비용을 대폭 깎았고 주문자의 대출금 상환 기한을 연장해

주었다. 컨테이너선을 새로 건조하는 데 들어가는 비용과 부담이 줄자 덴마크의 머스크라인과 대만의 에버그린마린과 같은 전통적인 선박 회사들이 해상운송 분야로 비집고 들어올 수 있었다. 두 회사는 대부분의 무역 노선에서 독립 해운사로 운송 영업을 했는데, 운송료는 해운사 협회가 정한 운송료보다 훨씬 쌌다. 그리고 배를 추가로 구입해 덩치를 키워 선적인들에게 든든한 신뢰를 주었고, 그 결과 해운사 협회에 매여 있던 선적인들이 하나둘씩 일감을 맡겼다. 1973년부터 두 회사는 컨테이너선을 가지게 됐다. 머스크라인은 1981년까지 25척의 컨테이너선을 갖추고서 세계 3위의 컨테이너선 운영 해운사로 성장했다. 한편 에버그린마린은 15척의 컨테이너선을 마련해서 세계 8위에 이름을 올렸다.[32]

다른 독립 해운사들도 활약했는데, 특히 태평양에서 두드러졌다. 1972년, 해운업계의 거물 씨와이퉁C. Y. Tung 소유인 대만의 오리엔트오버시즈인터내셔널은 아시아와 뉴욕 노선에 컨테이너선을 도입한 최초의 독립 해운사가 되었다. 이 해운사는 해운사 담합에서 정한 운송료보다 10~15퍼센트 싼값에 화물을 운송했다. 또 다른 독립 해운사인 대한해운Korea Shipping Corp(1980년에 대한선주, 1988년에 대한상선으로 바뀌었는데, 그 뒤 한진해운으로 바뀌었다-옮긴이)은 1973년에 8,800만 달러를 들여 여덟 척의 컨테이너선을 구입했다. 러시아의 독립 해운사인 극동해운Far Eastern Shipping Company은 요코하마항에서 롱비치항과 오클랜드항으로 1개월에 두 척의 컨테이너선을 보냈다. 선적인들이 줄지어 해운사 협회 소속의 배를 이용하지 않자, 카르텔이 정한 운송료는 휴지조각이 되고 말았다. 1970년대 말에 컨테이너당 고정운송료를 부과하는 제도로 완전히 바뀌었는데, 품목별로 다른 운송료를 매기는 해운사 협회의 방침이 완전히 힘을 잃었다는 뜻이기도 했다. 펠릭스토우항에서 홍콩항으로 운송되는 20피트 컨테이너에 해운사 협회가 매기는 운송료는 1980년에 3,645달러에서 3년 뒤인 1983년에 2,136달러로 내렸고, 1988년에는 여기에서 다시 내렸다. 40피트 컨테이너를 유럽에서 뉴욕으로 운송하는 비용은 1979년 중반에는 2,000달러였지만 1980년 여름에는 1,000달러 아래로 떨어졌다. 1981년 1월에는 너무도 많은 독립 해운사가 마닐라에서 선적인을 붙잡으려고 치열한 경쟁을 벌인 나머지, 필리핀과 북아메리카 노선을 지배하던 해운사 카르텔이 무너지고 말았다.[33]

1970년대에 선적인들이 새로운 힘을 가지면서 해운사 카르텔의 독점이 깨졌는데, 또 하나의 중요한 결과는, 선적인들이 지금까지 불가능하다고만 여겼던 이것을 실천하고 나섰다. 바로 운송업계를 지배하고 있던 규제를 철폐하는 것이었다.

트럭운송업은 1970년대에 호주를 제외한 거의 모든 곳에서 엄격한 규제를 받았다. 대부분의 철도 회사들은 주 정부 소유였는데 주 정부에 의해 경쟁은 철저하게 배제했다. 정치권력이 운송업계의 고객이 아니라 운송기업이나 이 기업의 노동조합을 책임지는 한, 규제의 구조는 흐트러질 수 없었다. 만일 구조가 붕괴된 근원을 단 하나의 사건에서 찾아야 한다면, 미국 최대 철도 회사이던 펜실베이니아센트럴Penn Central Transportation Company이 1970년 6월에 파산한 일이다. 이 철도 회사의 파산으로 (그 직후에 여섯 개의 철도 회사가 줄을 이어 파산했다) 철도 회사가 트럭과의 경쟁에 적응하지 못하도록 가로막았던 규제에 사람들의 관심이 모였다. 숱한 논란 속에서 정부는 공적자금인 긴급구제금융을 투입했는데, 이 과정을 통해 규제에 대한 기존의 관념이 바뀌었다. 민주당과 공화당 모두 규제

축소를 이야기하고 나섰다. 1975년 11월에 제럴드 R. 포드Gerald R. Ford대통령은 주간통상위원회가 주 경계선을 넘어 화물을 운송하는 트럭에 대한 감독권 중 상당 부분을 철폐하는 방안을 제안했다. 그리고 다음 해에 의회는 철도에 대한 규제를 없애는 첫 단추를 꿰었다.[34]

전국적으로 격렬한 논쟁이 꼬리에 꼬리를 물었다. 한쪽에서는 트럭 회사와 경쟁할 수 있는 유연한 권한을 원하는 철도 회사들과 선적인들을 포함한 소비자들이 규제 철폐가 비용 절감을 가져올 것이라고 주장했다. 트럭 회사들도 (특히 상대적으로 소규모인 화물을 운송하는 트럭업체들이) 규제를 철폐해야 한다고 목소리를 높였다. 그런데 트럭 한 대 단위로 화물을 운송하던 많은 회사는 이 제도가 사라질까봐 (즉, 트럭 한 대에 여러 건의 다른 화물을 실을 수 있도록 제도가 바뀔까봐) 격렬하게 반대했다. 철도 회사의 노동자와 트럭 운전사를 대표하는 노동조합은 노동조합의 힘을 약하게 만들며 조합원의 일자리를 보장하는 제도를 없애는 변화를 받아들일 수 없다고 주장했다. 느린 속도로 하나씩 규제를 없애던 규제 당국자들은 의회에 서둘지 말라고 경고했는데, 주간통상위원회의 위원장은 이런 말을 했다.

"선적인들은 '을'이 아니라 '갑'의 지위를, 때로는 아무도 말리지 못하는 무소불위의 힘을 가진 '갑'의 지위를 누리고 있음을 알아야 한다."

그러므로 정부는 트럭 회사와 철도 회사를 고객들로부터 보호하기 위해 감독 권한을 절대로 놓아서는 안 된다는 논지였다.[35]

열띤 분위기 속에서 컨테이너는 시대착오적인 규제 때문에 오히려 비효율성을 상징하는 존재로 부각되었다.

컨테이너의 기본 의의는 화물이 기차와 트럭 그리고 배 사이에서 환적될 때조차도 멈춤 없이 계속 (즉 도중에 창고에서 분류 과정을 거치는 일 없이) 움직일 수 있다는 것이었다. 말콤 맥린의 최초 컨테이너선이 세상에 선을 보인 지 20년이나 되었지만 컨테이너 운송은 여전히 자주 멈추었다. 원칙적으로 트럭 회사나 철도 회사는 수출업자에게 세인트루이스와 스페인 사이의 화물에 대해 일관운송료를 제안할 수 있었지만, 이는 화물을 세인트루이스에서 어떤 항구로 운송하는 공표된 트럭·철도 운송료에다, 화물을 대서양 너머 스페인의 항구로 운송하는 공표된 해상운송료를 합친 것이었다. 그런데 국내에서 트럭 회사는 해운사가 항구와 항구 사이의 먼 거리에 걸쳐 컨테이너를 운송하는 것을 좋아하지 않았다. 왜냐하면 화물을 운송한 트럭이 돌아올 때는 빈 차로 돌아와야 했기 때문이다. 또한 국내의 선적인들은 컨테이너보다 전통적인 방식인 트레일러, 즉 섀시와 분리되지 않는 트레일러를 선호했다.

한편 철도 회사들은 국내용 화물 '피기백' 트럭 트레일러를 무개화차에 실어서 운송하는 사업을 하고 있었다. 그러나 이 서비스도 상대적으로 먼 거리 운송을 바라는 선적인들만 매력을 느낄 뿐이었다. 피기백 트레일러를 미니애폴리스에서 시카고로 운송하는 데 18시간에서 20시간이 걸렸는데, 트럭을 사용하면 여덟 시간 정도밖에 걸리지 않았다. 또한 피기백에서는 일반적인 할인도 없었다. 철도 회사들은 선적인들이 유개화차를 사용할 것이라는 근거 없는 기대를 하며 운송료를 높게 책정했다. 그래서 트레일러를 화차에 올려놓는 방식은 트레일러를 트럭에 달아 도로를 달리게 하는 방식보다 비용이 더 드는 경우가 흔했다.[36]

철도 회사들은 트럭 섀시나 바퀴가 달려 있지 않은 컨테이너가 등장했을 때 더는 공격적이지 않았다. 1967년에 시랜드서비스와 철도 회사들이 대륙횡단 운송 서비스를 놓고 논의를 시작했다. 철도 회사들은 해운사들이 기꺼이 낼 수 있는 금액보다 세 배나 많은 금액을 요구했고 협상은 결렬되었다. 그리고 1972년에 이른바 '미니브리지minibridge'라는 서비스를 두고 다시 협상을 벌였다. 미니브리지는 예를 들어 화물을 도쿄에서 오클랜드항을 거쳐 뉴욕으로 운송할 때 해운사와 철도 회사가 협력하는 운송 방식이었다. 두 운송업체는 전체 운송의 단일 운송료를 합의한 뒤 이 내용을 철도 회사 감독 기관인 주간통상위원회와 해운사 감독 기관인 연방해사위원회에 보고한다. 그다음 전체 운송료를 배분하는 방식을 결정하는 과정을 거친다. 이때 해운사들은 미니브리지가 파나마운하를 통과하는 길고 연료가 많이 소모되는 항해를 하지 않아도 돼 비용을 줄일 수 있었다. 그런데 실질적인 이득은 화물을 선적·하역하는 비용이 대서양 연안보다 태평양 연안이 훨씬 싸다는 데 있었다. 미니브리지로 뉴욕을 경유해 캘리포니아에서 유럽으로 수출하는 번거로움을 감수하려는 경우가 거의 없었기 때문이다. 철도 회사들로서도 기존의 표준적인 무개화차보다 더 효율적인 장비를 설계해야 하는 번거로움을 겪어야 한다는 사실 때문에 그다지 관심을 가지지 않았다. 선적인 입장에서도 비용 절감 효과를 기대할 수 없었다. 일본 기업이 텔레비전을 뉴욕으로 배송할 때 해상운송만 하면 운송 기간을 며칠 줄일 수 있지만 비용은 거의 절감되지 않았다. 텍사스에서 생산한 합성고무를 일본으로 보낼 때도 로스앤젤레스를 경유하는 미니브리지 방식은 휴스턴항까지 트럭으로 운송한 다음 그곳에서 배에 실어서 보낼 때 비용이 세 배나 든다는 사실을 미국 정부의 조사 보고서가 확인했다.[37]

규제 완화는 거의 모든 것을 바꾸었다. 1980년에 의회에서 두 가지

법률안이 통과되었다. 그중 한 가지는 주 경계선을 넘나드는 트럭 회사들은 어떤 운송료로 협상했든 어디에서든, 무엇이든 거의 모든 것을 자유롭게 운송할 수 있게 되었다. 주간통상위원회는 석탄이나 화학물질 등과 같은 몇 가지 품목을 제외한 거의 모든 품목에 철도 운송료 감독권을 잃었다. 주간통상위원회가 정한 규정 때문에 돌아오는 길에는 빈 트럭 혹은 빈 화차로 돌아와, 그만큼 손해를 보았던 트럭 회사와 철도 회사는 돌아올 때도 화물을 운송할 수 있게 되었다. 최초로 철도 회사와 고객이 운송료 설정 및 서비스 기간을 놓고 장기 계약을 맺었다. 모든 고객이 동일한 제품에 동일한 운송료를 부과해야 했던 관행이 깨지고 규모가 큰 선적인들은 많은 운송료 할인 혜택을 받을 수 있었다. 그 뒤 5년 동안 주간통상위원회에 보고된 철도 회사와 선적인 사이의 계약은 4만 1,021건이었다. 미국 내의 화물운송 틀도 완전히 바뀌었다. 육상운송료는 급격히 떨어졌고, 1988년에 이르면 미국의 선적인들은 (그리고 궁극적으로 미국의 소비자들은) 과거보다 육상운송료를 6분의 1이나 절감했다.[38]

컨테이너 운송은 다른 어떤 부문보다 많은 변화가 일어났다. 장기 계약이 가능해지자 철도 회사들은 개발비 투자가 헛된 낭비가 아님을 확신했다. 그리고 지난 20년 동안이나 활기를 잃었던 사업을 개발하겠다는 강력한 동기를 가졌다. 화차에 컨테이너를 2단으로 쌓고, 상차와 하차를 쉽게 할 수 있도록 설계된 차대가 낮은 화차를 개발했다. 1967년에 말콤 맥린이 과거에 철도 회사들을 설득해 만들려다 끝내 뜻을 이루지 못했던 바로 그 화차였다. 규제 완화로 철도 회사들은 갈 때는 수출품을 담은 컨테이너를 2단으로 쌓아 갔고, 반대로 돌아올 때는 내수용 상품을 채운 컨테이너를 싣고 돌아올 수 있었다. 그리하여 국제운송은 수출품을 담은 컨테이너를 항구까지 실어온 화차가 빈 차로 다시 돌아가면서 부담해야 하는 비용을 절감할 수 있었다.

1983년 7월, 아메리칸프레지던트라인스는 (컨테이너를 2단으로 적재할 수 있도록) 새로 마련한 2단 화차로만 구성된 첫 번째의 실험 운송을 후원했다. 그리고 몇 개월 뒤 해운사들과 철도 회사들은 10년 장기 계약을 체결했다. 이로써 컨테이너를 2단으로 실은 기차가 시애틀항, 오클랜드항, 롱비치항으로 들어온 수입품을 곧바로 중서부 지역에 특별히 마련한 컨테이너 야적장으로 실어 날랐다. 운송 시간도 여러 날이 줄었다. 규제가 아니라 협상으로 책정된 운송료는 예전보다 훨씬 저렴했다. 또한 운송량이 많을수록 단위 운송료가 떨어지는 구조로 설정되었다. 평균적으로, 1982년에 기차로 1톤의 컨테이너 화물을 1마일 운송할 때의 운송료는 4센트였다. 그 뒤 6년 만에 운송료는 인플레이션을 감안하더라도 40퍼센트 이상 줄었다. 철도 운송료가 얼마나 빠른 속도로 떨어졌던지, 1987년이 되면 아시아에서 미국의 대서양 연안 지역으로 운송되는 컨테이너의 3분의 1이 처음부터 끝까지 배가 아닌 태평양 연안에서 기차로 환적되어 대륙을 횡단했을 정도다. 국제무역을 가로막던 주요 장해 요소가 없어진 것이다.[39]

███████

미국의 트럭과 기차가 규제에서 벗어나자 선적인들은 해상운송 산업으로 눈을 돌렸다. 육상운송 산업에서 그랬던 것처럼 다시 압도적인 승리를 거두었다. 1984년의 해운법은 미국 항구를 경유하는 국제운송을 관장하는 규정을 완전히 다시 정했다. 선적인들은 해운사들과 장기 계약을 체결했다. 선적인은 해운사에 최소 화물량을 보장해주는 대가로 낮은 운송료 및 운항 횟수 등과 같은 구체적인 서비스 조건들을 협상할 수 있었다. 계약 내용은 공표하도록 했는데, 이로써 비슷한 화물을 가지고 있는 다른 선적인들도 동일한 계약 내용을 해운사에게 주장할 수 있었다. 비록 해운사 협회가 여전히 운송료 책정을 했지만, 협회의 회원 자격이 있는 개별 해운사도 대외적으로 공표하기만 하면 얼마든지 협회가 정한 운송료와 다른 운송료 체계를 선적인과 합의할 수 있었다.

선적인의 힘이 예전과 다르게 막강해졌고, 선적인의 영향력은 화물운송료 인하의 강력한 요인이 되었다. 물론 철도 회사나 해운사가 정한 공식 운송료는 떨어지지 않았다. 〈로이드시핑이코노미스트〉에 믿기지 않는 수치가 실렸는데, 이 수치가 사실이라면 영국에서 뉴욕으로 운송된 20피트 컨테이너 하나에 매겨진 해운사 협회의 운송료는 1980년부터 1988년 사이 두 배로 뛰었다. 그러나 공식 운송료는 아무런 의미가 없었다. 실제 시장에서 운송료가 어떻게 책정되었는지 조금 더 정확하게 추정할 수 있는 지표는 미군이 공개 입찰에 붙인 화물에 응찰에 나선 해운사들이 제시한 운송료다. 미군 군수품 운송 시장은 오로지 미국의 해운사들에게만 열려 있었다. 해운사들은 최소 32피트 길이의 컨테이너로 일반화물을 운송하는 일감을 따내려 6개월에 한 번씩 입찰에 참가했다. 입찰 참가는 의무는 아니었고, 해운사들이 낸 입찰 가격은 적어도 민간용 화물운송료보다 높았을 것이다. 1979년 10월에 아시아에서 미국 태평양 연안으로 향하거나 그 반대 경로일 때 40입방피트에 대한 해상운송료의 최저입찰가는 40.94달러였지만, 이 운송료는 1986년에 이르면 태평양을 서쪽으로 항해하는 노선에서는 2.39달러로, 또 반대로 아시아에서 태평양을 동쪽으로 항해하는 노선에서는 15.89달러로까지 폭락했다. 심지어 미국의 생산자물가가 1979년부터 1986년 사이에 3분의 1 가까이 올랐음에도 불구하고, 해상운송료는 떨어지고 있었다.[40]

1970년대 후반기가 시작될 때부터 독립 해운사가 성장하고 선적인들의 협상력이 강화되었다. 이에 따라 해운사 협회가 정한 공식적인 운송료 체계는, 해운사와 선적인 사이에 수입품과 수출품이 실제로 어느 수준에서 운송료가 결정되었는지 알 수 있는 지표로서의 지위를 상실했다. 이런 사실은 세계은행도 확인했다.

"실제로 부과되는 운송료는 천차만별이었으며, 공식적으로 책정된 운송료와는 동떨어진 경우가 많다."

1986년, 〈뉴욕타임스〉는 이 사실을 더욱 직설적으로 표현했다.

"해운업계는 5년 만에 완전 뒤집어졌다. 지난 5년 동안 화물운송료는 곤두박질쳤고 비용은 늘어났으며 중고 선박의 가격은 계속 떨어지기 때문이다."

아메리칸프레지던트라인스가 몇 년 뒤에 이 문제를 연구했다. 보고서에 따르면 아시아에서 북아메리카로 가는 화물의 운송료는 컨테이너로 인해 무려 40퍼센트에서 60퍼센트 줄었다고 결론을 내렸다. 2013년에, 대니얼 M. 베른호펜Daniel M. Bernhofen, 주헤어 엘사흘리Zouheir El-Sahli, 리처드 넬러Richard Kneller 등 세 명의 경제학자는 1966년부터 1990년 사이는 각 정부가 형식적인 무역 장벽을 제거하려는 노력을 기울인 와중에 컨테이너가 선진국들 사이의 무역량 증가에 두 배나 더 중요한 역할을 했다고 보고했다. 컨테이너가 세계 경제의 규모를 훨씬 더 크게 만들었던 것이다.[41]

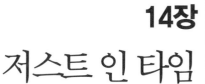

14장

저스트 인 타임

사람들은 바비 인형이 완벽하게 미국 태생이라고 생각했지만 실제로는 그렇지 않았다. 1959년, 장난감 제조업체 마텔^{Mattel}이 바비를 처음 출시할 때 일본의 공장에 주문해 생산했다. 그리고 몇 년 뒤에는 대만에도 공장을 하나 추가했다. 이 공장 외에도, 엄청나게 많은 대만 여성 인력이 자기 집에서 바비가 입을 옷을 만들었다. 1990년대 중반이 되면 바비의 국적은 더욱 모호해졌다. 중국의 노동자들이 미국제 주물과 일본 및 유럽에서 만든 그 밖의 다른 기계류를 사용해 바비를 제작했기 때문이다. 바비의 나일론 머리카락은 일본제였고, 몸체를 구성한 플라스틱은 대만제였고, 안료는 미국제였고, 면 소재의 옷은 중국제였다. 바비는 단순한 소녀 인형이었지만 자신만의 세계적인 규모의 제조 공급망을 만들어냈다.[1]

바비 인형과 같은 공급망은 셀 수 없이 많다. 이런 공급망들은 컨테이너 운송이 나타나면서 생긴 변화의 직접적인 결과이다. 말콤 맥린이 최초의 컨테이너를 아이디얼엑스호에 선적했던 1956년에는, 또 고유가 때문에 운송 원가가 하늘 높은 줄 모르고 치솟아 세계무역의 흐름이 막힌 1976년에는 찾을 수 없는 모습이었다. 그때만 하더라도 수직적 통합은 제조업에서 거스를 수 없는 표준이었다. 회사는 원재료를 자사가 운영하는 광산이나 유전에서 구했고, 자사의 트럭, 배, 기차로 원재료를 공장으로 보냈다. 일련의 공정을 거쳐 완제품이 만들어졌다. 그런데 1970년대 말에 화물운송비가 뚝 떨어지고 하나의 운송 매체에서 다른 운송 매체로 옮기는 과정이 빠르고, 기계적인 반복으로 바뀌자, 공장은 모든 것을 직접할 필요가 없다는 사실을 깨달았다. 다른 회사와 계약을 맺어 원재료나 부품을 조달받았으며, 완제품을 만들면 따로 계약을 맺은 운송 회사가 제품을 배송지까지 정확하게 배송한다. 일관생산 체계는 비*일관생산 체계에 자리를 내주었다. 좁은 제품 범위 안에 집중해 전문성을 확보한 각 공급자는 산업 내의 최첨단 기술에 초점을 맞춰 특정 생산 공정 속에서 규모의 경제를 얻을 수 있다. 운송비용이 적어 중국에 있는 공장이 일본제 나일론 머리카락, 대만제 플라스틱, 미국제 안료로 바비 인형을 만들어 전 세계의 소녀들에게 배송하는 일이 경제적으로 충분히 합리적인 행동이 되도록 변화했다.

이런 가능성이 '적기생산'이라는 개념이 등장했던 1980년대 초에 처음 관심을 끌었다. '적기just-in-time, JIT'는 재고를 대폭 줄여 품질과 효율성을 높이자는 발상으로 일본의 도요타자동차가 처음 고안한 개념이었다. 도요타는 다른 경쟁자들처럼 직접 만들지 않고 외부의 공급업체들과 장기 계약을 맺어 이들로부터 조달받았다. 공급업자(협력업체)들은 도요타와 긴밀하게 결합해 제품 설계를 돕고 생산 계획의 세부 사항까지 자세하게 알았다. 공급업자들은 도요타가 사용하기 전에 굳이 따로 시험할 필요가 없도록 엄격한 품질 기준을 지켜야 했고 불량률도 매우 낮은 수준으로 유지해야 했다. 또한 도요타의 조립 라인에서 필요할 때마다 자사의 부품을 소규모로 즉시 공급했고, 공급 주기도 짧게 설정하기로 합의했다. 이렇게 해서 '적기'라는 이름이 붙었다. 재고 수준을 최소한으로 유지해 전체 생산 공정은 엄격하게 돌아가야 했다. 재고가 적어지면서 실수가 용납되는 범위도 줄었다. 공급망 안에 있는 모든 협력업체 역시 한 치의 빈틈없이 (즉, 여유분의 생산성 누수 없이) 돌아가야 했다.[2]

JIT의 경이로움은 1981년 이전에는 일본에만 있었고 다른 곳에서는 찾아볼 수 없었다. 1984년에 도요타가 캘리포니아의 제너럴모터스 공장에서 자동차를 조립하기로 합의하자 미국의 경영 관련 출판물은 JIT에 대한 글을 34건이나 게재했다. 1986년에는 이 수치가 81건으로 늘었다. 전 세계의 기업들은 도요타가 거둔 성공을 모델로 삼아서 JIT를 모방하려고 안달이었다. 1987년에는 미국에서 〈포춘Fortune〉에서 선정한 500대 기업 중 20퍼센트가 이미 JIT 프로그램을 시작했을 정도였다. 기업들은 JIT를 제대로 수행하려면 운송 문제를 매우 다양한 방식으로 처리해야 한다는 사실을 깨달았다. 따라서 한두 개의 운송업체에 화물을 모두 맡기는 관행은 사라졌다. 시간을 정확하게 지키는 배송이라는 까다로운 요구를 충족할 수 있는 훨씬 많은 수의 소규모 운송업체들과 관계를 맺어야 했다. 그래서 기업들은 운송업체들에게 운송 지연에 따른 벌칙을 명확하게 규정하는 계약서를 요구했다. 심지어 다른 대륙에서 선적한 화물도 예정한 날짜에 정확하게 도착해야 한다는 문구가 계약서에 덧붙었다. 그러자 대규모의 운송노선망과 정교한 화물 추적 체계를 갖춘 철도 회사, 해운사, 트럭업체가 강점을 드러냈다.[3]

1980년대 이전에 'logistics(병참, 물류, 택배)'라는 용어는 군사 용어였다. 그러나 1985년이 되면 생산·재고·운송·배송의 전체 일정을 관리하는 'logistics management(군수 관리, 물류 관리)'는 경영의 일상 용어로 자리를 잡았다. 또한 제조업체들만의 전유물도 아니게 되었다. 소매유통업체들도 공급망을 관리할 수 있음을 깨닫고, 제조업체와 소비자 사이에서 중간 마진을 챙기는 도매업체를 배제했다. 현대적 통신수단 및 컨테이너 운송이 존재하면서 소매유통업체가 고유의 브랜드로 셔츠를 디자인하고, 디자인을 태국에 있는 공장으로 보내면, 공장은 태국의 노동력으로 미국제 면으로 만든 중국제 직물, 대만제 플라스틱으로 만든 말레이시아제 단추, 일본제 지퍼, 인도네시아제 장식물 등을 하나로 결합해 완제품 셔츠를 만들었다. 완제품은 40피트 컨테이너에 실려 1개월도 걸리지 않아 테네시의 유통센터나 프랑스의 대형 슈퍼마켓으로 배송된다. 세계적 규모의 공급망은 이미 일상이다. 그러다 보니 2001년 9월에는 예전에는 상상도 하지 못할 일이 일어났다. 뉴욕의 세계무역센터가 테러 공격을 받은 뒤 미국 세관 당국이 화물을 이전보다 훨씬 꼼꼼하게 검사했다. 미시간에 있는 자동차 공장들이 외국에서 수입해 써야 하는 부품이 제대로 조달되지 않았고 불과 3일 만에 조업을 중단해야만 했다.

물류 관리의 개선은 통계적으로 재고 감축으로 나타난다. 재고도 비용이다. 재고품을 떠안을 때 재고품의 가격을 누군가에게 지불해야 하지만, 그렇게 지불할 돈은 재고품을 팔지 않으면 생기지 않는다. 그러므로 몇 주 혹은 몇 개월씩 재고품을 창고나 선반에 묵히지 않고 물건을 필요로 하는 그 시점에 신뢰할 만한 운송 주체가 물건을 정확하게 배송한다면 가장 이상적이다. 미국에서 재고는 1980년대 중반부터 감소하기 시작했다. 바로 JIT 생산이라는 개념이 막 뿌리를 내리던 시점이었다. 델Dell과 같은 제조업체나 월마트Wal-Mart와 같은 소매유통업체는 이 개념을 얼마나 철저하게 따랐던지, 과정과 과정 혹은 공정과 공정 사이의 시간을 (예컨대 제품을 공장에서 매장으로 그리고 고객에게로 이동시키는 시간을) 최소화하는 일에 기업 전체 전략의 초점을 맞추었다. 그 덕분에 2014년의 미국 내 전체 재고 규모는 1980년대의 재고 관행이 그대로 유지되었을 때보다 1조 2,000억 달러나 적었다. 재고품을 만드는 총비용을 은행에서 연이율 8퍼센트로 빌렸다면, 재고 감축은 미국 전체 기업계에 연간 약 1,000억 달러의 비용 절감 효과를 발휘했다고 볼 수 있다.[4]

톱니바퀴가 맞물리듯 착착 맞아떨어지는 재고 관리는 컨테이너화가 없었다면 불가능했다. 화물을 한 번에 한 꾸러미씩 처리했다면, 배가 항구에 접안해서 화물이 하역될 때까지 여러 날을 하염없이 기다렸다면, 또 트럭과 기차와 배와 비행기 사이에 화물을 옮겨 싣는 과정이 여전히 복잡했다면, 제조업체들이 먼 곳에서 배송되는 원재료나 부품이 제시간에 도착하는 일은 불가능했을 것이다. 이런 경우에 대비해 생산 라인이 쉬지 않고 돌아갈 수 있도록 원재료나 부품을 대량으로 쌓아두어야 했을 것이다. 그러지 않고 과연 무작정 낮은 수준의 재고량을 유지하는 모험을 감행할 기업가가 얼마나 있었을까? 그러나 컴퓨터와 결합한 컨테이너는 위험 부담을 엄청난 수준으로 낮추면서 세계화로 나아가는 길을 열었다. 기업은 각국의 임금 수준, 세금, 보조금, 에너지 비용, 수입관세 등을 고려한다. 그리고 이동 시간과 보안 등과 같은 요소들도 함께 살펴 모든 비용의 총합이 가장 작은 지점을 세계의 어느 한 곳에서 선택해 특화된 제품(부품 혹은 완제품)을 만들 수 있게 되었다. 운송비용은 여전히 비용 방정식의 변수로 남아 있지만, 많은 경우 변수의 변동폭이 예전처럼 크지 않다.

‖‖‖‖‖

역사학자들과 경제학자들은 세계화가 결코 새로운 현상이 아니라고 줄곧 지적했다. 세계 경제는 19세기에 이미 고도로 통합된 수준에 도달했다. 수입관세를 포함해 자유로운 국제무역을 가로막던 여러 장벽은 나폴레옹 전쟁 이후에 낮아지거나 제거되었다. 덕분에 국제무역은 수십 년 동안의 정체를 벗어나 증가하기 시작했다. 1840년대에 증기선에 의한 해상운송이 도입되면서 운송비용은 한층 더 낮아졌다. 1840년에서 1910년 사이 해상운송료는 70퍼센트나 떨어졌는데, 덕분에 생필품 및 제조업 생산품의 해상운송을 한층 자극했고, 19세기의 인터넷에 해당하는 전신의 등장으로 세계 각지의 사람들은 다른 지역의 물가를 실시간으로 알았다. 곡물, 육류, 도자기, 그 밖의 일용품 가격이 국경선을 넘어 각각 하나의 가격대로 수렴하는 경향을 보였으며, 무역업자들은 어떤 물품의 국내 가격이 오르거나 국내 인건비가 외국보다 오를 때 손쉽게 외국에서 해당 물품을 수입할 수 있었다.[5]

그러나 20세기 말의 세계화는 전혀 다른 양상을 띠었다. 국제무역이 더는 원재료나 완제품의 지배를 받지 않았다. 1998년에 서던캘리포니아를 통해 미국에 수입된 컨테이너의 3분의 1보다 적은 비율이 소비재였다. 나머지는 대부분 세계적 공급망에 따른 것으로 경제학자들이 '중간재'라고 부르는 것이었다. 중간재는 공장에서 완제품을 만들기 위한 소재로 어느 한 지점에서 부분적인 공정이 진행되었고 다른 지점에서 다른 공정이 진행된다. 전 세계를 돌아다니는 금속 상자인 컨테이너는 텔레비전이나 드레스만 담는 게 아니라 합성수지, 엔진 부품, 헌 종이, 나사, 바비의 나일론 머리카락도 담는다.[6]

이런 유형의 국제적인 생산물분배협정production-sharing arrangements, PSA에서 공급망의 꼭대기에 있는 제조업체나 소매유통업체는 해당 공정의 각 부분에 가장 경제적으로 유리한 지점을 찾으려 한다. 그런데 이는 통상적으로 불가능했다. 높은 운송비용은 수입품에 매겨지는 높은 관세처럼 거래 장벽과 같았다. 생산 공정에 종사하는 노동자들은 외국과의 경쟁에서 안전하게 보호받았지만, 대신 소비자는 상품 가격 인상의 부담을 져야 했다. 그런데 컨테이너가 국제운송을 이전보다 더 싸고 안전하게 만들면서 장벽의 높이를 낮추었고, 북아메리카나 제조업체가 투입 비용이 싼 곳을 찾아 해외로 나가기 쉽게 만들었다. 서유럽 그리고 일본의 제조업 일자리는 서서히 줄어들었다. 즉 노동집약적인 조립 작업은 저임금 국가에서 이루어진다는 말이다. 그런데 저임금 국가는 한두 군데가 아니라 많다. 그래서 다양한 부품과 원재료가 가장 쉽게 또 싸게 들어올 수 있는 지점을 저임금 국가 중 다시 선택한다(하지만 완전히 다른 몇 군데 지역도 비용이 비슷하게 드는 경우가 많이 있다). 심지어 운송비용의 작은 변화가 어떤 제품의 특정 공정이 어느 국가 혹은 어느 지점에서 이루어져야 할지 결정적으로 판가름할 수도 있다.[7]

컨테이너화의 경제학은 이런 세계적 공급망들을 여러 가지 특이한 방식으로 형성해왔다. 이제 운송 거리는 큰 문제가 아니다. 운송 거리가 두 배여도, 예를 들어 도쿄에서 로스앤젤레스가 아니라 홍콩에서 로스앤젤레스까지 운송되는 화물이어도 추가 운송비는 18퍼센트밖에 되지 않는다. 최종시장(상품이 최종적으로 소비자를 만나서 거래가 이루어지는 곳-옮긴이)에서 멀리 떨어진 장소여도, 원활하게 운영되는 항구가 있고 유통되는 물량이 많다면 얼마든지 국제적인 공급망의 한 부분이 될 수 있다.[8]

컨테이너 운송은 화물의 양이 많을수록 번성한다. 항구를 경유하는 컨테이너, 배나 기차로 이동하는 컨테이너가 많을수록 컨테이너당 비용은 적어진다. 비교적 컨테이너 수요가 적거나 기반 시설이 미비한 장소에서는 운송비용이 상대적으로 높으며 세계 시장을 노리는 매력적인 공장이 들어설 가능성은 그만큼 적다. 미국에서 많은 산업 단지가 죽어가던 1970년대와 1980년대에 로스앤젤레스는 공장이 들어서기에 좋은 곳으로 발전했는데, 미국에서 가장 활동량이 많은 컨테이너항을 안고 있었기 때문이다. 로스앤젤레스가 항구로서 번성한 이유는 아시아에서 들어오는 수입품을 캘리포니아뿐만 아니라 미국 전체로 배송하기에 최적의 위치에 있었기 때문이다. 환태평양 지역은 세계 소비재 상품의 워크숍이 열리는 곳이 되었다. 바로 세계에서 내로라하는 컨테이너항들이 있어 운송비용이 세계에서 가장 저렴하기 때문이다. 중국은 1990년부터 2013년 사이, 국가 차원에서 투자된 수십억 달러 외에, 민간이 운영하는 항구 사업에 140억 달러가 투자되었다. 앤트워프는 1987년부터 1997년 동안 4,500에이커(약 551만 평)의 토지 수용을 포함해 항구 확장에 40억 달러를 썼다. 목적은 단 하나, 컨테이너항의 규모를 키워 경쟁에서 뒤처지지 않기 위해서였다. 반대로 항구가 효율적이지 않고 컨테이너선 서비스가 거의 되지 않는 아프리카의 여러 나라는 운송비용 부분에서 너무 불리했다. 그리하여 최저노동비용이 아무리 낮아도 제조업 분야의 투자자에게는 공장을 세워 세계적인 공급망의 부분으로 삼기에는 전혀 매력적이지 않았다.[9]

바쁘게 움직이는 항구와 육상운송 기반 시설을 갖춘 곳에 있는 제조업체는 상대적으로 낮은 운송료 뿐만 아니라 운송 시간도 줄이는 이익을 누린다. 컨테이너 시대 이전에는 워리어호와 같은 브레이크벌크선들이 전 세계의 무역품의 대부분을 실어 날랐다. 화물들은 일반적으로 공장에서 출고된 지 몇 주가 지난 뒤에야 수출지의 항구를 빠져나왔다. 이 배는 16노트(시속 약 29.6킬로미터)의 느린 속도로 항해했고, 여러 항구에 기항할 때마다 화물은 배의 갑판 아래 선창에서 한 주씩 대기해야 했다. 그러나 컨테이너 시대가 열리자, 월요일에 제작된 기계는 목요일에 뉴어크항으로 운송돼, 예전에 워리어호에 선적되던 그 시간에 이미 독일의 슈투트가르트로 운송이 완료된다. 하지만 시간은 여전히 문제였다. 어떤 연구에 따르면, 수출품이 하루 지연되면 비용이 0.8퍼센트 상승하는 효과가 발생하는데, 중국에서 미국까지 가는 데 일반적으로 걸리는 운송 시간 13일은 10퍼센트의 관세와 동일한 비용 발생 효과가 있다는 뜻이다. 일급 컨테이너항 가까이에 있는 제조업체로서는 시간 절약이야말로 엄청난 경쟁력이다. 상대적으로 규모가 작은 항구 인근의 제조업체들은 화물이 대양을 항해하는 컨테이너선에 최종적으로 선적될 때까지 더 많은 시간을 기다려야 하고, 그만큼 많은 비용을 부담해야 한다. 항공운송 화물의 경우, 시간을 많이 단축하지만, 생산 과정에서 추가되는 부가가치가 거의 없다는 이유 때문에 가난한 나라에서 생산되는 대부분의 제품을 운송하기에는 너무 비쌌다.[10]

"기술 분야에서 일어나는 변화는 거의 예외 없이 어느 한 지역에는 이득을 안겨주지만 다른 지역에는 쇠퇴를 강요한다."

경제학자 조엘 모키어Joel Mokyr의 말이다. 이것은 컨테이너도 마찬가지였다. 컨테이너는 국제적 차원에서 불균형을 초래했다. 지리적 입지에 불이익을 발생시키지는 않았지만, 문제를 한층 심각하게 만들었음은 분명하다.[11]

컨테이너가 등장하기 이전에 운송은 누구에게나 값비싼 과정이었다. 국제 화물운송에서 가장 비용이 많이 들어가는 부분인 선적은 모든 선적인들에게 같은 영향을 미쳤다. 컨테이너화는 국제운송비용을 어느 쪽에는 상대적으로 많이 줄여주었지만 어느 쪽에는 덜 줄여주었다. 사방이 육지인 나라들, 기반 시설이 부실한 나라의 내륙, 컨테이너 운송 수요를 창출할 정도로 많은 경제활동이 이루어지지 않는 나라들 등은 과거 브레이크벌크선 시대보다 지금 더 경쟁력이 취약하다. 어느 논문의 계산에 따르면 사방이 육지일 때 화물을 배에 싣는 선적 과정에 들어가는 비용은 그렇지 않은 경우보다 평균적으로 1.5배나 된다. 또 다른 논문은 미국의 대서양 연안에 있는 볼티모어항에서 컨테이너 하나를 선적해 남아프리카의 더반까지 운송하는 데 2,500달러가 드는데, 이 화물을 더반에서 346킬로미터 떨어진 레소토의 수도 마세루까지 육상으로 운송하면 추가로 7,500달러가 든다는 사실을 확인했다. 2002년 세계은행은 중국 내에서도 중국 중심부에서 항구까지 컨테이너 하나를 운송하는 비용은 항구에서 미국까지 컨테이너를 운송하는 비용의 세 배가 들어간다고 밝혔다. 중국은 늦게야 이를 깨우쳤다. 21세기 초에 상하이 인근에 세계 최대의 컨테이너항을 목표로 양산심수항洋山深水港을 건설하면서도, 화물을 부두로 값싸게 들여오고 내어갈 철도 연결선도 만들지 않았던 것이다.[12]

운송비와 항구 사용료가 비싸고 대기시간이 길어도 어떤 나라가 경제적으로 불리한 위치에 놓이지 않을 수 있다. 그러나 컨테이너화에서는 수출 화물과 수입 화물의 양이 현저히 차이 나는 '화물 불균형'이 쉽게 일어날 수 있다. 무역 노선의 수가 상대적으로 적을 때는 해상 수입량과 수출량이 균형을 잡는 것으로 밝혀졌다. 하지만 화물 흐름이 균형을 벗어나면, 화물이 몰리는 방향으로 물품을 보내는 선적인들은 갈 때 꽉 채웠던 컨테이너를 올 때는 비운 채 와야 하는 경제적 부담이 있었다. 국제노선에서 오가는 컨테이너의 20퍼센트는 빈 컨테이너이지만, 몇몇 노선에서는 이 불균형이 더욱 심각하게 나타난다. 2014년에 미국 최대의 컨테이너항인 로스앤젤레스항에서 바깥으로 나가는 컨테이너의 절반은 빈 컨테이너였다. 그러나 국제무역에서 이런 불균형은 불행 중 한 가닥 희망일 수 있다.

2002년, 중국이 세계무역기구WTO에 가입한 뒤로 중국의 대미 무역 수지 흑자는 폭발적으로 증가했다. 2009년에 동아시아에서 북아메리카로 운송된 컨테이너의 수는 북아메리카에서 동아시아로 운송된 컨테이너의 수의 2.5배였다. 그러자 기업가들은 서쪽으로 향하는 화물운송료가 싸므로 빈 컨테이너에 휴지나 곡물과 같은 가격이 낮은 물건을 실어 운송하면 어느 정도 수익을 낼 수 있다는 사실을 재빨리 간파했다. 2014년에 미국 농민은 5만 개가 넘는 40피트 컨테이너에 콩을 실어 수출했다. 그동안 컨테이너로 운송하기에는 너무 비싸 도무지 이익이 남지 않는다고 여겼던 콩이었지만, 운송료가 워낙 싸 가능해진 일이다. 농작물 수출에 컨테이너를 사용하는 일이 많아지자 과거에는 상상도 못했던 시장들이 새로 열렸다. 아시아 사람들이 재배 농장 및 생산자 이력을 추적할 수 있는 보리와 카놀라에 별도의 추가금까지 주면서 사려 한다는 사실을 캐나다 농민이 깨달았고, 선적인들은 일회용 플라스틱 용기에 이 내용물을 담아서 컨테이너에 실었는데, 그다지 많지 않은 비용으로 이 작물을 아시아 사람들에게 팔면서 새로운 시장이 열렸던 것이다.[13]

컨테이너 운송의 혁명적인 나날들은 1980년대 초에 끝나고 있었다. 그러나 컨테이너 혁명의 후폭풍은 계속 이어졌다. 지난 30년 동안 컨테이너 운송이 국제 화물의 운송비용을 떨어뜨리기 시작하면서 컨테이너에 실려 해상으로 운송되는 화물의 양은 다섯 배로 늘어났다. 독일의 최대 항구인 함부르크항은 1960년에 일반화물 1,100만 톤을 처리했다. 하지만 1996년에는 4,000만 톤이 넘는 일반화물이 함부르크 부두를 경유했으며, 88퍼센트가 컨테이너 화물이었다. 또 전체 화물의 절반 이상이 아시아에서 온 것이었다. 2014년에는 함부르크항이 처리하는 일반화물 무역량은 1억 톤이나 되었다. 유럽, 일본, 북아메리카에서는 수입품이 국산품을 대체함에 따라 전자제품과 의류 그리고 그 밖의 소비재 상품의 가격은 뚝 떨어졌다. 컨테이너 운송이 없었더라면 수출품으로 자리 잡을 수 없었을 값싼 제품들이 빠른 속도로 전 세계에 퍼졌다. 1990년대 말에 대량의 수입품으로 상품 가격이 떨어졌는데, 이 현상은 30년 동안이나 지속되었던 인플레이션이 종지부를 찍는 데도 기여했다.[14]

컨테이너 운송이 몇몇 도시나 국가가 새로운 세계적인 공급망으로 편입되는 데 기여했지만, 또 어떤 도시나 국가는 배제되었다. 한국은 컨테이너 운송 덕분에 급속한 경제성장을 이룰 수 있었지만, 남아메리카의 (육지로 둘러싸인) 파라과이는 컨테이너 운송의 혜택을 누리지 못했다. 컨테이너화로 인해 촉진된 무역 양상도 얼마든지 변했다. 1980년대에는 해운사들이 전격적으로 노선을 신설해 한국의 부산항, 사우스캐롤라이나의 찰스턴항, 프랑스의 르아브르항 등과 같은 후발 컨테이너 항구들이 성공을 거둘 수 있었다. 1990년대에 해운사들은 확신을 갖고 아시아에 더욱 거대한 규모로 투자했다. 방글라데시의 치타공이나 베트남의 하이퐁과 같은 곳 등 말이다. 이 도시의 나라들이 주요 의류 수출국이 되면서 거점 항구들도 싹을 틔우기 시작했다. 인도양에서도 과거에 활력이라고는 찾아볼 수 없었던 스리랑카의 항구 콜롬보가 새로운 터미널들을 확보하면서 컨테이너 무역로의 주요 교차로로 변신했다. 인구 밀도가 적었던 오만의 살랄라항도 1998년에야 컨테이너를 처음 보았다. 해운사들이 인도양의 컨테이너 환승항의 존재를 강력하게 원한 덕분에 살랄라항은 불과 10년 만에 트럭 크기의 컨테이너를 연간 150만 개씩 처리하였다.

21세기 초가 되면서 컨테이너 운송 사업은 소수자로 구성된, 전 세계를 아우르는 동맹의 지배를 받았다. 회사의 초대형 선박들은 두 항구 구간만을 왕복해 운항할 수도 있었지만, 실어나르는 화물의 최종 행선지가 항구인 경우는 점점 더 줄었다. 거대 해운사들이 자사 배를 배치하는

476

위치에 따라 항구의 흥망성쇠가 달려 막강한 힘을 휘둘렀다. 몇몇 경우에 이런 선택은 어쩔 수 없는 이유로 결정되었다. 모든 항구가 거대한 컨테이너선이 정박할 수 있을 정도로 충분한 수심을 확보한 게 아니었기 때문이다.

그러나 해운사들이 항구가 갖고 있는 비교적 유리한 부분을 강화하기 위해 해당 정부의 관리나 해당 항구의 민간 항만운영 기관 관계자와 손을 잡기도 했다. 세기가 바뀌던 시점에서 컨테이너항으로서 전 세계에서 내로라하는 항구들의 목록은 많은 점을 일깨워준다. 2014년에 세계에서 컨테이너를 가장 많이 처리하던 상위 20개 항구 중 11개 항구는 1990년에 컨테이너를 아예 처리하지 않았거나 처리했더라도 미미한 수준이었다. 또 어떤 항구는 그 시점에서 항구로서의 기능을 아예 하지도 않았다. 홍콩항은 2000년이 되어서야 비로소 중국 국제무역의 대부분의 화물을 처리했는데, 중국 본토에는 대형 컨테이너항이 없었기 때문이다. 그런데 2014년이 되면 전 세계의 10대 컨테이너항 중 일곱 곳이 중국에 있었고, 유럽이나 서반구에서는 이 목록에 이름을 올리지도 못했다.

새로운 항구들은 대체로 민간이 운영했으며 민간 자본이 일부 투자되었다. 이런 항구들이 나타난 것은 컨테이너 운송 경제학에 따르면 배를 계속 움직이도록 하는 일이 수익을 창출하는 가장 중요한 요소로 작동하기 때문이다. 그런데 컨테이너선으로 운송할 때는 기항에 시간을 쓸 가치가 있는 곳은 규모가 큰 항구뿐이었다. 2014년에 전 세계 컨테이너 선적물의 46퍼센트가 불과 20개 항구를 경유했는데, 가장 적은 항구도 연간 40피트 컨테이너 400만 개 이상을 처리했다.

표-6
세계 최대 컨테이너항(화물 단위: 20피트 컨테이너 100만 개)

항구	국가	1990년	2003년	2014년
상하이	중국	0.5	11.4	35.3
싱가포르	싱가포르	5.2	18.4	33.9
선전	중국	0.0	10.7	24.0
홍콩	중국	5.1	20.8	22.2
닝보-저우산	중국	0.0	2.8	19.5
부산	한국	2.3	10.4	18.7
칭타오	중국	0.1	4.2	16.6
가오슝	중국	0.1	2.8	16.6
두바이	두바이	1.1	5.1	15.3
톈진	중국	0.3	3.0	14.0
로테르담	네덜란드	3.7	7.1	12.3
클랑	말레이시아	0.5	4.8	10.9
가오슝	대만	3.5	8.8	10.6
다롄	중국	0.0	1.7	10.1
함부르크	독일	2.0	6.1	9.3
앤트워프	벨기에	1.6	5.4	9.0
샤먼	중국	0.0	2.3	8.6
도쿄-요코하마	일본	1.5	3.3	8.5
탄중 펠레파스	말레이시아	0.0	3.5	8.5
로스앤젤레스	미국	2.6	6.6	8.3

출처 : Containerisation International Yearbook and UN Economic and Social Commission
for Asia and the Pacific

시간당 많은 컨테이너를 선적할 수 있는 항구는 컨테이너선의 귀중한 시간을 덜 잡아먹는다. 대량의 화물 흐름을 처리하는 효율적인 항구에는 지구 구석구석으로 곧바로 향하는, 보다 많은 컨테이너선이 보다 자주 들르게 된다. 1990년부터 2010년 사이 중국, 말레이시아, 태국에서 건설된 대규모 항구들은 세계화에 대한 투자 자산이었다. 고대 그리스의 항구였으며 컨테이너 물동량이 적었던 피레우스는 중국 국영 해운사인 중국원양운수집단China Ocean Shipping Company이 2009년에 인수해 현대화에 10억 달러를 투자한 뒤 불과 5년 만에 경제 규모가 10배로 성장했다. 이런 항구들을 수출입 항구로 사용하는 공장들은 운송료를 가장 적게 내고 시간도 가장 적게 소비할 수 있어 수입품은 비용을 줄이고 수출품 시장에서는 비용 우위의 강점을 가질 수 있다. 항구가 한산하고 운영이 매끄럽지 못한 가난한 나라의 제조업체들은 높은 물류비용 부담 때문에 해외시장에서 불리하다는 사실을 깨달을 수밖에 없다.[15]

이런 불리함은 이따금 일어나는 수출 계약 무산보다 훨씬 심각한 수준이다. 항구 사정이 좋지 못한 나라는 세계 경제 안에서 보다 큰 역할을 수행하고 싶어도 여러 장해물에 부딪쳐 좌절할 수밖에 없다. 2004년에 세계은행은 페루가 항구 관리를 호주만큼만 효율적으로 수행한다면, 이 요인만으로도 외국과의 무역량은 25퍼센트 증가할 것이라고 추정했다. 페루 정부는 세계은행의 판단을 진지하게 받아들여 10년 동안 항구에 20억 달러를 투자했다. 덕분에 페루의 무역량은 두드러지게 증가했다. 한편 탄자니아는 현대화에 끈덕지게 저항했다. 다르에스 살람에 있는 항구가 인근 케냐의 몸바사항만큼만 효율적이었다면 탄자니아 가구는 2012년에 연간지출의 평균 8.5퍼센트를 아낄 수 있었을 것이다. 항구를 현대화하는 데 실패한 나라들은 복선이 아닌 단선 철도만 가지고 있을 때의 불편함을 해상운송 부문에서 겪는 셈이다. 세계적인 공급망 속에서 각 국가의 경제를 연결하는 대형 컨테이너선은 금속으로 만든 상자들만이 아니라 각 나라의 경제를 실어나르고 있다.[16]

컨테이너선 자체도 21세기의 처음 몇 년 동안 훨씬 더 크게 바뀌었다. 2001년에 트럭 크기의 컨테이너를 3,000개 이상 운송할 수 있는 배는 몇 척 되지 않았다. 그러나 2015년이 되면 40피트 컨테이너 1만 개를 적재하는 거대한 배들이 전 세계의 상선단에 속속 합류했으며, 20년 전에 첨단을 자랑하던 배들은 고철로 팔려나갔다. 일부 연구에 따르면, 거대한 배들은 컨테이너 하나를 아시아에서 유럽으로 운송할 때 들어가는 비용을 30퍼센트 이상 줄였다. 최대 크기의 컨테이너 1만 개를 실은 배가 컨테이너 하나당 소모하는 연료는, 컨테이너 3,000개를 운송하던 배와 비교하면 절반밖에 소모하지 않는다는 계산이 나온다. 게다가 승무원도 이전보다 적어도 된다.

그러나 이 모든 장점에도 불구하고 새로운 배는 심각한 약점도 갖고 있었다. 최근 50년간 무역성장률이 기준으로 할 때, 가장 느렸던 2008년부터 2010년 사이 금융 위기 이후에 운항을 시작한 배들은 전체 해운 산업에 엄청난 양의 적재량을 추가함으로써 해운 산업의 많은 부분이 더는 수익을 낼 수 없도록 만들어버렸다. 대형 선박들은 대규모 모기지를 부담하는 조건으로 탄생했으며 유연성도 제한되어 있어 화물이 충분하게 조달되지 않을 경우, 선주들은 치명적인 위험에 노출될 수밖에 없었다. 대형 선박은 이전의 배들보다 느린 속도로 운항해 운송 시간을 늘리고, 선적인이 부담하는 비용을 상승시켜 이익을 남기는 구조였다. 워낙 크기가 커 보다 많은 컨테이너를 선적·하역할 수 있으려면 거대한 해상 터미널이 있어야 했지만, 역설적이게도 배 자체가 워낙 커 그에 맞는 규모의 해상 터미널 건설이 어려웠다. 컨테이너 23개를 나란히 실을 정도로 배의 폭은 넓은데, 화물을 처리하려면 크레인이 한층 더 길어야 한다는 뜻이었다. 하지만 더 많아진 화물을 처리하기 위해 부두를 따라 더 많은 크레인을 작동할 수 있을 정도로 부두의 폭이 넓지 않다는 게 문제였다. 그래서 이 배들은 부두가 상대적으로 더 긴 항구들에만 기항해야 했고, 그 바람에 항해에서 적립한 효율성이 몽땅 낭비될 수밖에 없었다.

거대 선박에 대한 수요 역시 항구 및 항구의 공공 부문 소유자의 재정 상태를 압박했다. 2015년에 발표된 권위 있는 어느 논문도 다음과 같이 결론을 내렸다.

"해운사들은 일반적으로 자기들이 하는 활동과 관련, 해운 사슬 속에 존재하는 다른 분야 주체들과 협의하려 들지 않는다. 이 점에 대해 어떤 해운사도 조정이나 경고하는 등의 시도를 했다는 증거는 어디에서도 찾아볼 수 없다."

전 세계의 항구들은 15미터 수심을 확보하기 위해 해저 바닥의 바위를 깨는 데 수십 억 달러의 돈을 썼다. 육지에서도 새로운 투자는 진행되었다. 터미널마다 새로운 트럭 출입문, 고속도로로 이어지는 연결도로, 몰려드는 컨테이너를 처리하기 위한 야적장이 필요했다. 네덜란드 정부는 컨테이너를 로테르담항에서 독일 국경선까지 운송하기 위해 화차 전용의 복선 철로를 부설하는 데 58억 달러(다시 말하면, 47억 유로)를 썼다. 하지만 이런 투자비용을 회수하는 일은 쉽지 않다. 다른 항구들과 경쟁해야 하고 해운사나 철도 회사가 다른 형태의 운송수단으로 눈을 돌릴

지도 모르기 때문에 항구 사용료나 철도 운송료를 올리기도 어렵다. 게다가 배들이 점점 커지는 추세라 큰 배가 항구에 들르는 횟수도 차츰 줄었다. 예전에는 작은 배들이 부두로 끊임없이 들어와서 북적거렸지만, 이제는 어마어마하게 큰 대형 컨테이너선이 한 주에 한 번만 들르다 보니, 값비싼 시설물들을 여러 날씩 그냥 두어야 했다. 게다가 전 세계의 수십 개 항구가 거대 선박을 유치하기 위해 준설 작업을 했지만, 투자한 만큼 성과를 얻지 못하는 경우가 더 많았다. 독일의 빌헬름스하펜항은 2012년에 심해 항구로 문을 열었다. 이 항구는 너무 커 함부르크항이나 브레멘항에 기항할 수 없는 컨테이너선을 유치하기 위해 4억 3,400만 달러를 들였다. 그런데 이 항구는 문을 연 뒤로 2년 동안 항구를 드나드는 화물을 거의 구경도 하지 못했다.[17]

파나마운하 확장 공사만큼 새로운 환경이 줄 수 있는 위험성을 잘 보여주는 사례는 없다. 1914년에 문을 연 원래의 운하는 과거 시대의 필요에 맞게 설계된 것이어서, 40피트 컨테이너 2,500개를 싣고 다니는 컨테이선이 통과하기에는 너무 작았다. 그래서 운하를 관장하는 정부 기관은 6,500개의 컨테이너를 운송하는 배를 유치하기 위해 2007년부터 60억 달러에 가까운 돈을 들여 보다 길고, 넓고, 깊은 운하를 건설했다. 운하가 확장되면 동아시아에서 태평양을 건너온 훨씬 더 큰 배들이 운하를 통해 멕시코만과 대서양 연안까지 곧바로 운항할 수 있었다. 그리고 미국 항구들도 큰 배들을 유치하기 위해 상당한 돈을 투자해 준설하고 깊은 수심을 확보했다. 그러나 2016년에 새로운 운하의 갑문이 열렸을 때 그곳으로 화물을 실은 배가 지나갈 것이라는 보장은 없었다. 왜냐하면 파나마운하는 아시아와 북아메리카를 잇는 유일한 경로가 아니었기 때문이다. 만일 미국의 철도 회사들이 운송료를 내리고 동부 연안의 항구들이 효율성을 높인다면, 운하의 통행세를 내고 또 여러 날에 걸쳐 배를 더 많이 운항할 때 드는 운영비용을 물어야 한다면, 차라리 로스앤젤레스와 롱비치를 경유해 육상으로 피츠버그나 신시내티로 가는 게 더 쌀 수도 있었다. 만일 노동집약적인 제조업의 임금이 점점 비싸지는 중국에서 남아시아나 아프리카의 가난한 (즉, 비용이 적게 드는) 나라들로 이전한다면, 미국을 향하는 배는 굳이 태평양을 지나 파나마운하를 통과하기보다 차라리 새로 확장된 수에즈운하를 지나 서쪽으로 항해하는 경로를 선택할 것이다. 대규모 운하 확장 공사, 북아메리카 여러 항구의 준설 작업에 투입된 수십억 달러의 자금은 커다란 규모의 수익을 안겨줄 수도 있었지만 수익을 한 푼도 올리지 못하게 할 수도 있다(파나마운하 확장 공사는 시작한 지 9년 만인 2016년 6월에 완료되었다. 대형 컨테이너선의 통항이 가능해지면서 파나마 주요 항만들의 컨테이너 물동량이 증가할 것으로 기대됐으나, 2017년 기준으로 오히려 전년 대비 약 9퍼센트 줄어들었다-옮긴이).

컨테이너 운송 분야에서 끊임없이 일어난 변화로 영향을 받은 것은 항구들만이 아니었다. 기술 분야의 획기적인 전환은 노동조합이라는 노동자 단체에게도 시련을 안겼다. 1960년대에 노동조합과 부두의 고용주들은 컨테이너화가 준 인간적 차원의 고통스러운 결과를 놓고 씨름했고, 그 결과 부두가 자동화되면서 필요없어진 노동자 수천 명에 대한 여러 가지 보상을 합의했다. 컨테이너가 부두를 장악한 뒤에도 부두에 남아 있던 소수의 부두노동자들에게는 부두노동이 과거 브레이크벌크선 운송 시절보다 더 안전하고 많은 보수를 주는 일자리였다. 예상치 않게도 노동조합들은, 컨테이너화가 자기들 일자리를 뺏어가는 한편 협상력을 한층 강화해주었다는 사실을 깨달았다.

컨테이너선 한 척에 수억 달러가 투자되었으므로, 선주들로서는 자기 배에서 언제든지 일어날 수 있는 조업 중단을 감당할 여유가 없었다. 따라서 이들은 항구 운영 기관에 가급적 노동조합과 협상하고 타협할 것을 끊임없이 종용했다. 얼마 뒤에 부두노동은 가장 많은 임금을 받는 블루칼라 직종으로 몇 손가락 안에 꼽혔다. 해양 문화와 독특한 관습 때문에 오랜 세월에 걸쳐서 폄하되었던 부두노동자들이 이제는 노동자 계급의 귀족이라는 말을 들으며 질투의 대상이 된 것이다.

그러나 부두를 변형하고 확장하는 일은 멈추지 않았다. 1990년대가 되면 검사관이 하던 일은 컴퓨터의 몫이 됐다. 과거에 부두노동에 속했던 작업을 컴퓨터 운영자가 냉방 시설이 빈틈없이 잘 되는 사무실에서 모니터의 스크린을 바라보며 수행했다. 노동조합은 자기들의 영향력을 유지하기 위해 모든 것을 받아들여야 했다. 그 뒤에 이어지는 타격은 2000년대 초에 나타났다. 오래전부터 사용된 무인 운반차가 부두에 등장한 것이다. 무인 운반차가 도입되자 컨테이너를 야적장에서 배로, 배에서 야적장으로 옮기는 트랜스포터를 노동자가 운전할 필요가 없었다. 뒤를 이어 무인 자동 크레인의 등장으로 배에 실린 컨테이너를 트랜스포터에 올려주었다. 한때 그런 기계들을 작동했던 부두노동자들이 하던 일을 이제 엔지니어가 중앙통제실에서 가만히 앉아 여섯 대 혹은 여덟 대의 적재기를 동시에 살피면서 수행하고 있다. 2014년, 로테르담항에서는 '마스블락트Maasvlakte2'라는 이름의 거대한 터미널이 문을 열었다. 이곳의 자동화 시스템은 트럭 기사들에게 항구 바깥으로 가져갈 컨테이너가 언제 들어올지 일러주었다. 예고했던 시각에 트럭 기사는 자동화된 문 앞에서 센서가 그의 신분을 확인하고 트럭 및 컨테이너의 내용을 스캐닝할 때까지 기다린 뒤, 문을 통과한다. 또 다른 자동화 시스템은 그에게 야적장을 둘러싸고 있는 보안 담장까지 트럭을 후진하라고 지시한다. 여기에서는 컴퓨터가 통제하는 장치가 섀시에 놓인 컨테이너를 들어 올려 울타리 너머로 정해진 지점의 적당한 곳에 쌓는다. 만일 모든 것이 정상적으로 작동한다면 트럭 기사는 살아 있는 사람과 얼굴을 맞대는 일 없이 주어진 모든 일을 할 수 있다.

컨테이너를 배에서 해변으로, 해변에서 배로 옮기는 일은 컨테이너 처리 과정의 한 부분인데, 아직 자동화에 강하게 저항하는 공정으로 남아 있다. 이 공정에서 사용되는 크레인을 운전하는 부두노동자는 부두노동자 중에서도 엘리트였다. 이들은 경력을 쌓고 충분히 기다리기만 하면 은행원이나 엔지니어보다 더 많은 돈을 벌 수 있었다. 모든 부두노동자가 이 일을 할 수 있는 것은 아니었다. 짐을 내릴 때 파도에 흔들리는 배 위의 컨테이너 더미에서 원하는 컨테이너를 정확하게 집어 부두에서 대기하는 트럭(혹은 트랜스포터)에 부드럽게 옮기려면, 반대로 짐을 실을 때 부두에서 대기하던 트럭에서 컨테이너를 집어 배의 선창 안 정해진 셀에 정확하게 넣으려면, 날카로운 눈과 민첩한 손이 필요했다. 컨테이너 하나를 수평으로 이동하는 동시에 다른 컨테이너를 수직으로 들어 올리는 작업을 할 수 있는 크레인과 같은 혁신은 작업을 훨씬 빠르게 끝낼 수 있겠지만, 크레인 기사가 반드시 있어야 한다. 허공 50미터에 떠 있는 좁은 운전석에 앉아 투명 바닥을 통해 멀리 새까맣게 보이는 컨테이너를 확인하면서 작업하는 크레인 기사는, 배의 일렁거림에 어떤 컴퓨터보다도 정확하게 크레인의 팔을 조작할 수 있다.

2010년에 STS^Ship To Shore 크레인(배와 부두 간의 하역 작업을 하는 크레인-옮긴이) 기사들은 바싹 긴장했다. 파나마운하가 있는 콜론의 만사니요국제터미널^Manzanillo International Terminal의 상황 때문이었다. 부두에서 자그마치 800미터나 떨어진 통제실에서 컨테이너선의 화물을 처리했던 것이다. 기사들은 모니터 화면을 바라보면서 조이스틱을 조작해 크레인을 움직였다. 이 명령은 리모컨으로 현장의 크레인으로 전달되는 시스템이었다. 처음 시스템은 매끄럽게 진행되지 않았다. 베테랑 크레인 기사들은 부분적으로는 소리에 의존해서 판단을 내렸는데, 통제실 공간에서는 현장 소음을 들을 수 없어 크레인 조작의 정확도가 떨어졌던 것이다. 그래서 현장 크레인에 마이크를 설치하고 통제실에 스피커를 두어 둔중한 소리부터 가벼운 소리까지 현장의 모든 소리를 생생하게 들을 수 있도록 하자 화물 처리는 평상시 속도까지 향상되었다. 시스템은 믿을 만했고, 2014년에 터미널은 STS 크레인을 운전석 없이 제작해 오로지 리모컨으로만 작동하도록 했다. 이 리모컨 크레인은 아직은 리모컨 기사의 자리를 완전히 빼앗지 않았다. 그러나 언젠가는 그런 날이 올 것이다. 베테랑 크레인 기사들이 은퇴를 하면, 화물 처리보다는 비디오게임에 더 익숙한 젊은 사람들이 그 자리를 차지할 것이다.

15장

부가가치 창출

앤트워프는 벨기에 북쪽 끝의 스켈트강을 따라 형성된 저지대에 있으며 작지만 세계적인 도시다. 중세 때부터 항구도시였으며, 유럽에서 일어났던 숱한 전쟁으로 오랜 파괴의 역사를 겪었지만, 동양적이고 기업가적 성향으로 부富를 일구었다. 역사학자 페르낭 브로델Fernand Braudel은 "16세기에 이 도시는 국제 경제의 중심지였다"라고 썼다. 20세기 후반에 앤트워프항은 세계 최대의 항구 중 하나로 이름을 올렸다.[1]

그러나 21세기가 시작되자 여기저기에서 경고등이 켜졌다. 많은 장점이 있지만 앤트워프는 느리게 성장하는 세상의 한 부분에 속해 있었다. 서유럽 경제는 예년에 비해 두드러지게 활력을 잃었다. 앤트워프의 핵심적 시장인 독일은 인구가 감소했다. 소비자들의 소비 양상도 변화해 화물운송을 요구하지 않는 서비스들(예를 들면 요가 강습이나 적도의 섬으로 여행 가기 등)의 비중이 커지고 있었다. 이런 양상은 앤트워프의 발전에 기여한 수입 무역에는 좋지 않은 징조였다. 게다가 세계의 제조업 부문에서 엄청난 변화가 일어나고 있었다.

1960년대 말부터 2000년대 초까지 유럽의 경제가 1퍼센트 성장하면 외국과의 무역은 3~4퍼센트까지 성장했었다. 그리고 이 성장은, 우선 유럽연합EU이 회원국들 사이에 놓여 있던 장벽을 무너뜨리고 동아시아에서 제조업이 팽창하는 과정에서 새로운 공급망들이 개발되자 더욱 빨라졌다. 그러나 이런 산업 구조 조정은 영원하지 않았다. 항구 운영 기관 소속의 경제 전문가는 앤트워프의 부두를 경유하는 상업 화물의 양은 유럽 경제보다 빠른 속도로 성장하지는 않을 것이라고, 즉 별로 늘어나지 않을 것이라 추정했다.

무역에서의 호황이 끝날 것이라는 깨달음은 공개적 논의에 불을 붙였다. 그리고 이 논의가 끝났을 때 앤트워프의 지도자들은 앤트워프항이 지금까지 해왔던 것과 다른 방향으로 나아가야 한다는 데 동의했다. 더는 화물을 좇지 말아야 하며, 북쪽으로 100킬로미터 떨어진 경쟁 항구인 로테르담항에 뒤처지지 않으려고 항구를 확장하려는 노력을 중단해야 한다는 것이었다. 특히, 단순히 앤트워프항을 지나가기만 하는 무역을 탐내서는 안 된다는 데 의견을 모았다. 대신 최대 자원인 부두 주변의 토지를 이용해 해운 관련 기업들을 유치하기로 했다. 항구 운영 기관의 한 임원은 새로운 규칙을 이렇게 설명했다.

"화물 톤수를 따지는 게임이 아닙니다. 고용과 다양화, 그리고 부가가치 창출을 추구하는 게임이 되어야 한다는 거지요."[2]

이런 논의는 항구 사업에서의 극적인 변화를 반영했다. 20세기 후반기에는 항구들이 화물을 좇아 미친 듯이 경쟁했다. 때로는 부두 사용료, 창고 사용료, 그 밖의 시설물 및 기계 사용료까지 물어가면서 많은 배가 자기 항구를 찾아와주길 바랐다. 부두를 경유하는 화물 총톤수, 20피트 컨테이너에 해당하는 단위화물의 양은 항구의 성공과 실패를 가르는 지표였다. 그러나 항구의 규모가 너무나 엄청난 수준으로 증가하자 (2014년에 싱가포르항이 처리한 화물량은 1990년에 처리한 화물량의 여섯 배로 증가했고, 부산항은 같은 기간 여덟 배로 증가했다) 항구들은 보기 좋고 유쾌한 풍경이 아니라 공해로 보이기 시작했다. 예전에는 항구 가까이에서 이루어진 많은 일이 다른 곳으로 옮겨갔다. 컨테이너는 부두에서 멀리 떨어진 배송센터에서 화물을 채우고 꺼내는 경우가 점점 더 많아졌으며, 배에 화물을 싣는 구체적인 방식과 순서는 컴퓨터 단말기와 인터넷 연결선만 있으면 어디에서든 알아낼 수 있었다. 제노바항에서 롱비치항에 이르기까지 모든 항구의 지역 주민들은 소음과 디젤엔진이 뿜어내는 오염물질, 그리고 해운 관련 일자리는 거의 제공하지 않으면서 자리만 차지한 온갖 거대한 시설물이 야기하는 교통 정체를 참아야 하는 이유가 무엇이냐고 항의했다.

이런 의문에 대한 앤트워프항의 대답은 어느 소송 사건에서 영향을 받았다. 항구 운영 기관에 제기된 소송이었는데, 항구 운영 기관이 편익이나 적합성을 생각하지도 않은 채 토지를 임대하기로 한 결정이 잘못되었다는 내용이었다. 여기에 항구 당국은 어떤 회사가 부두 인근에 있는 토지를 구하려 한다면, 얼마나 많은 컨테이너를 처리할지, 얼마나 많은 노동자를 고용할지, 노동자들이 부가가치를 얼마나 많이 창출할지 등을 상세하게 정리해야 한다고 판단했다. 항구 주변의 토지를 희소가치가 있는 자원으로 다루어야 하며, 지역 경제에 가장 큰 편익을 제공하는 사업을 하겠다는 입찰자에게 배분한다는 원칙을 정한 것이다. 계약서를 작성할 때는 그런 목적을 달성하지 못하면 일정한 벌금을 내는 조항을 넣기로 했다. 그리하여 고용하는 노동자의 수가 몇 명 되지 않는 연료 탱크 집합소는 퇴출시키고, 컨테이너로 들어오는 상품을 제조하거나 처리하는 과정을 포함하는 시설들은 세웠다.

앤트워프항은 부가가치를 창출하려고 노력했는데, 이 방면에도 경쟁이 치열했다. 경쟁자는 가까이 있는 로테르담항이나 르아브르항만이 아니었다. 컨테이너 양이 많아지고 선적인들이 화물 관리를 더 정밀하게 하면서 항구들은 바다에서 몇 킬로미터씩 떨어진 곳에서 생겨나기 시작했다. 물류 클러스터logistics cluster나 화물 마을freight village이라는 이름으로 불리는 복합 단지는 철도 야적장이나 하항河港, 심지어 공항에 자리를 잡았다. 한 지점에 여러 기업의 배송센터를 동시에 유치함으로써(반면 여러 개의 물류센터는 단일 개발업자의 소유인 경우가 흔하다), 물류 클러스터는 배송센터가 하나 있을 때보다 운송 횟수는 물론 질적인 면에서도 더 나은 운송 기반 시설을 제공할 수 있었다. 그러나 종합 물류센터의 경제적 중요성은 배송센터의 역할이 과거에는 제조에 속했던 일, 즉 단순히 화물을 쌓는 일을 넘어서 최종 소비자에게 배송하기 전에 마지막으로 상품을 처리하는 일이라는 데 있다.[3]

이렇게 컨테이너는 다시 한 번 경제 지형을 바꾸었다. 파나마운하로

들어가는 대서양의 입구 가까이 있는 항구인 콜론은 수십 년 동안 자유무역지대를 운영해왔다. 수백 개의 노후한 창고와 사무실은 라틴아메리카와 카리브해로 갈 상품들을 다루었다. 이곳에서는 대개 40피트 컨테이너를 열어 신발이나 텔레비전 등을 창고에 쌓고 베네수엘라나 자메이카에서 주문이 들어오면 소규모로 포장하는 일 등이었다. 지역의 도매업자나 소매업자의 주문을 받지 못한 많은 상품은 결국 창고에서 오랜 시간 묵혀 있다 쓸모가 없어지는 경우가 비일비재했다.

1995년에 미국 기지가 있던 곳에서 문을 연 만사니요국제터미널은 한층 더 정교하고 세련된 제품 공정을 처리할 업체들을 위해 토지를 따로 떼놓았다. 현대식으로 지은 깨끗한 건물에서는 노동자들이 항구를 통해 들어온 화물을 최종 완제품으로 만드는 작업을 했다. 어느 제약사는 이곳에서 자사 제품의 최종 공정을 작업했다. 외국의 공장에서 만든 약이 항구를 통해 들어오면, 온도를 적정 수준으로 유지하는 방에서 보관하다 주문이 들어오는 대로 개별 소비자용으로 포장해 필요한 정보와 주의사항을 담은 라벨 및 (콜롬비아나 브라질 소비자에게 적정한) 가격 표를 붙여 출하했던 것이다. 그러니까 예전에 제약 회사의 공장에서 하던 마지막 공정, 즉 소비지의 나라별로 필요한 사항들이 너무나 달라 쉽게 실수가 일어날 수도 있는 작업을 이곳에서 했다. 어느 순간부터 예전에는 공장에서 했던 일들이 파나마의 배송센터에서 이루어지고 있었다.

앤트워프항에는 물류센터가 여러 곳이 있다. 이스라엘산 오이와 에콰도르산 바나나가 들어 있는 컨테이너가 들어왔다가, 바지선이나 기차로 네덜란드의 벤로에 운송되었다. 수십 개의 기업이 농산물을 씻고 분류하고 포장해 유럽 전역의 슈퍼마켓으로 배송했다. 그리고 바지선과 기차가 화물을 독일의 라인강 상류 뒤스부르크까지 운송했다. 뒤스부르크에는 과거 철강 공장들이 있었는데 이제 그곳에는 물류센터 여러 곳이 입주해 수천 명의 노동자들 그곳에서 이 일을 한다. 나이키는 앤트워프에서 동남쪽으로 80킬로미터쯤 떨어진 라크달에 유럽에서도 내로라할 정도로 큰 배송센터를 앨버트운하를 따라 짓고, 의류를 포함한 스포츠용품을 바지선으로 배송받았다. 이로써 나이키는 환경 친화적인 물류 체계를 자랑하게 되었다. 컨테이너는 물류센터들로 하여금 전 세계의 공급망에 부가가치를 보탬으로써, 과거에는 다른 곳에 있었거나 혹은 아예 존재하지도 않았던 일자리를 만들어냈다.

그러나 항구는 항구로서의 고유 사업을 언제나 보장받지는 못한다. 공급망은 기차, 트럭, 항구, 해운사 등을 조합해 온갖 가능한 경우의 수를 만들어내는데, 어떤 공급망이 앤트워프항을 공급망 안에 포함하는 이유는 총비용이나 운송 시간 등에서 조금이라도 더 유리하기 때문이다. 어떤 항구든 화물이 들어오고 나가는 과정이 막힘없이 이어지도록 함으로써 공급망에 상대적으로 더 잘 기여할 수 있다. 앤트워프항은 컨테이너를 싼값으로 독일, 프랑스, 스위스로 운송하는 서비스를 발전시켰다. 덕분에 가뜩이나 각종 계산 때문에 머리 아픈 수입업자들의 골칫덩어리인 수입품 서류 과정을 간단하게 만들었다 그러나 앤트워프항이 아시아에서 오는 컨테이너선의 유럽 첫 번째 기항지가 될지 아니면 마지막 기항지가 될지를 결정하는 일은 앤트워프항의 의지와는 상관이 없다. 한 주 정도의 시간 차이에 따라 선적인은 앤트워프항을 이용할 수도 있고 외면할 수도 있다.

패권을 놓고 항구들 사이에서 벌어지는 투쟁을 가장 잘 보여주는 사례는 두바이연방의 페르시안 걸프Persian Gulf일 것이다. 오랜 세월 동안 작은 어항이었던 두바이가 다우선(고대 인도양에서 항해하던 선박으로, 3각 돛을 단 일반 목조선에 대한 범칭-옮긴이)이 인근을 오가면서 물건을 나르는 데 사용했던 조류세곡潮流細谷, tidal creek(연안의 주 조류로와 조간대를 연결하는 비교적 작은 규모의 수로-옮긴이)을 경제의 중심지로 삼았다. 1976년에 정부는 제벨 알리라는 작은 마을에 컨테이너항을 건설하겠다는 계획을 발표했다. 이 마을은 두바이에서 남서쪽으로 35킬로미터 정도 떨어진 곳에 있었다. 자연항이 부족하다는 조건은 두바이 경제 발전에 아무런 장해물이 되지 않았다. 몇 년 지나지 않아 제벨 알리는 세계 최대의 항이 되었고 이곳의 다우선은 관광객이 즐겨 찾는 명물이 되었기 때문이었다.

사업의 시기에도 행운이 따라주었다. 1979년에 제1단계 공사가 끝났을 때 유가가 치솟은 덕분에 사우디아라비아에는 현금이 넘쳐났다. 반면 외국에서 물밀듯이 들어오는 소비재 수입품을 처리할 현대식 항구가 부족했고 두바이는 재빨리 틈새를 공략했다. 그리하여 1985년에 작은 성공을 거둬 이를 발판으로 자유무역지대를 만들었다. 선적인들이 국내로 상품을 들여오면 항구 근처의 창고에 무관세로 저장했다가 다른 곳으로 실어나갈 수 있도록 했다. 이로써 제벨 알리는 최종 수입항이 아니라 중동 지역의 허브항이 되었다. 효율적이기도 했지만 부패가 없다는 명성 덕분에 한층 더 빠르게 발전할 수 있었다. 부분적인 이유였으나 노동조합이 없어, 2013년에는 배 한 척이 한 시간에 처리하는 컨테이너

수를 기준으로 세계 최고의 항구 반열에 가깝게 올라설 수 있었다. 또한 이 항구의 컴퓨터 시스템 덕분에 하루에 9,000대의 트럭이 예정된 발착 시간에 맞춰 거의 정확하게 컨테이너를 나를 수 있었다. 항구의 운영 주체인 국영기업 두바이포츠월드Dubai Ports World는 더 나아가 영국, 콜롬비아, 세네갈 그리고 필리핀 등지에 있는 해상터미널까지 임대해서 운영했다.

제벨 알리항은 2008년부터 2010년까지 이어진 세계 금융 위기 이후에도 확장을 멈추지 않았다. 결국 세계 최대의 컨테이너항 목록에 이름을 올렸다. 2015년, 이 항구의 터미널 세 곳은 가장 최근에 건조된 초대형 컨테이너선 10척을 동시에 정박시킬 수 있게 되었으며, 뉴욕항과 로스앤젤레스항을 합친 것보다 더 많은 컨테이너를 처리했다. 그런데 여기에서 멈추지 않고, 한층 더 야심찬 계획들을 추진했다. 이 항구의 지도는 제4, 제5, 제6 그리고 제7의 터미널이 들어설 위치를 보여주는데, 필요하면 언제든 착공에 들어가겠다는 뜻이었다. 항구로 들어온 컨테이너를 아랍에미리트연합을 지나 사우디아라비아까지 운송할 철도 공사를 시작했다. 그리고 이 항구 바로 가까이에 새로운 국제공항이 문을 열면서 아시아와 유럽 사이에 해상운송과 항공운송을 결합한 서비스에 대한 이야기까지 나왔다. 이것은 말콤 맥린이 1950년대에 했다가 끝내 결실을 맺지 못했던 바로 그 발상이었다.

비록 공식적인 통계는 많지 않지만 현재 확인할 수 있는 증거만 본다면, 제벨 알리 컨테이너항이 두바이의 경제를 완전히 새롭게 바꾸는 데 큰 도움을 주었음은 분명하다. 2013년에 두바이에미리트 및 자유무역지대에서 나가는 재수출 규모는 두바이의 국내총생산보다 훨씬 더 크다. 전체 수입액의 절반 가까이 되는 1,000억 달러 규모의 상품이 아랍에미리트연합의 다른 연방국들, 사우디아라비아, 아프리카 동부 지역, 아시아 남부 지역으로 재수출되었다. 제벨 알리항이 페르시아만의 무역 허브로서 가지고 있는 위상 덕분에 두바이에미리트는 그 지역의 금융 허브가 되었는데, 두바이에미리트의 재산권과 기업 관련 서비스, 금융 관련 서비스가 아랍에미리트연합 전체 경제생산economic output의 4분의 1이나 된다.

두바이가 세계 최대 항구의 반열에 들어설 것이라고는 누구도 생각하지 못했다. 페르시아만 입구에서 안쪽으로 깊숙이 들어가 있는 위치는 전혀 이상적이지 않다. 중국과 동남아시아에서 출발해 수에즈운하로 향하는 배들은 항로를 벗어나야 하기 때문이다. 자연항도 없고 인구도 적으며 땅은 척박하다. 세계 최대의 모래사막 엠티쿼터에는 상주하는 주민이 없다. 페르시아만에는 배와 화물을 유치하려는 경쟁이 치열하게 벌어졌다. 자동차로 한 시간 거리에 있는 아부다비, 북동쪽에 있는 코르파칸과 샤르자가 그런 경쟁자들이다. 이런 여러 가지 이유로 두바이는 컨테이너가 없었더라면 조류세곡에 있는 그저 작은 마을로 남아 있을 것이다. 하지만 컨테이너 열풍을 타고 대규모 투자와 세심한 관리를 아끼지 않은 결과, 사막 끝에 있던 작은 토후국이었던 두바이는 여러 공급망들에서 결정적으로 중요한 연결점이 될 수 있었다.

1956년 봄에는 누구도 세계적인 공급망이라는 개념을 가지고 있지 않았다. 그 뒤 반세기가 지나는 동안 화물운송은 아이디얼엑스호가 최초의 컨테이너를 싣고 뉴어크항을 출발하는 모습을 지켜봤던 사람들이 도저히 상상할 수 없었던 온갖 방식으로 발전을 거듭했다. 컨테이너라는 금속 상자의 역사에서 가장 뚜렷한 사실은, 전문가들조차도 일이 발전될 길을 놓고 잘못 판단했다는 점이 아닐까 싶다. 컨테이너의 손이 닿아 변하지 않은 게 없었으며 변화를 대부분 예상하지 못했을 정도로 컨테이너는 역동적인 힘을 가지고 있었다.

모두가 말콤 맥린의 천재성을 인정했다. 부두노동자들의 노동조합을 제외한 거의 모든 사람이 화물을 컨테이너에 집어넣는 일은 탁월한 발상이라고 생각했다. 그러나 컨테이너가 운송 분야에 혁명을 일으킨다는 생각은 가능성이 없는 것으로 비쳐졌다. 기껏해야 전체 국내운송 분야에서 선박이 차지하는 점유율을 조금 높이며 하와이와 푸에르토리코에 이익을 안겨줄 것이라는 정도로 생각했다. 트럭 회사들은 컨테이너를 무시했고, 철도 회사들은 컨테이너를 기피했다. 해운사들도 컨테이너를 그저 선창에 적재하는 다양한 크기와 모습을 한 화물들 중 하나에 지나지 않거나 사업에서 부수적인 부분이라고만 생각했다.

미래를 내다보지 못하기는 노동자들도 마찬가지였다. 태평양 연안의 부두노동자 노동조합의 지도자였던 해리 브리지스는, 1960년에 자동화 무제한 수용을 놓고 합의할 때 컨테이너가 해운 산업의 노동을 완전히 바꿀 속도를 너무도 낮게 평가했다. 그리하여 조합원들이 받을 수 있는 보상도 지나치게 적게 요구했다. 1959년, 뉴욕의 부두노동자 지도자였던 테디 글리슨은 컨테이너가 뉴욕의 자기 노동조합 조직원 30퍼센트를 현업에서 퇴출시킬 것이라고 경고했는데, 이것도 틀린 예측이었다. 1963년부터 1976년 사이 뉴욕시에서 수행되었던 부두노동자의 전체 노동시간은 4분의 1수준으로 떨어졌다.

컨테이너 운송의 경제학은 해운사들에게도 시련을 겪게 했다. 많은 해운사가 컨테이너와 함께 다른 유형의 화물들을 실을 수 있는, 심지어 승객까지도 태울 수 있는 배를 주문함으로써 컨테이너화가 가져다줄 잠재적인 이익을 놓쳤다. 어떤 해운사들은 배와 컨테이너의 적절한 크기를 임의로 판단하고 실행했지만 결국 일이 잘못되었다. 맥린도 여러 차례 잘못된 판단으로 일을 그르쳤다. 1973년의 석유파동 직전에 연료를 무지막지하게 소모하던 컨테이너선 SL-7을 여러 척 주문했다. 게다가 유가가 폭락하기 직전에는 속도가 느리지만 연료 효율성이 높은 컨테이너선 '에콘십'을 건조했고, 이 배로 세계 일주 노선을 운항해 잠깐은 돈을 벌었지만, 결국 치명적인 적자를 기록했다.

태평양을 건너는 장거리 노선에서는 컨테이너선이 경쟁력을 갖지 못할 것이라고 생각했던 이른바 '전문가들'의 예측도 터무니없이 빗나갔다. 그 뒤 멀지 않은 시기에 북아메리카와 유럽으로 향하는 아시아의 컨테이너항들은 세계 최대의 항구의 반열에 이름을 올렸다.

해운업계에 속한 많은 사람의 생각과 달리 서두른다고 해서 컨테이너 시대에서 살아남는 건 아니었다. 예전 미국 국내 거래에서만 활발하게 활동했던 해운사 맷슨내비게이션은, 고객을 확보하면 고객이 끝까지 의리를 지킬 것이라는 헛된 믿음을 가졌다. 컨테이너를 싣고 태평양을 건너는 노선을 가장 먼저 열려는 경쟁을 치열하게 벌였고 뜻을 이루었다. 그러나 나중에 후발주자들이 이 노선에 뛰어들었을 때 고객들은 의리 따위는 애초부터 마음에 두지 않았음이 드러났다. 무어맥코맥라인스가 컨테이너를 싣고 대서양을 건넌 최초의 해운사였을 수도 있지만, 장기적으로 봤을 때는 시장 선점의 효과가 없었다. 그레이스라인도 마찬가지였다. 남아메리카 컨테이너 운송을 최초로 한 해운사였지만, 그 사실이 그레이스라인의 생존을 보장하지는 않았다.

21세기 초에 세계 최대 컨테이너 운송사로 부상한 해운사들은 후발주자들이었다. A. P. 묄레르A. P. Møller가 세운 머스크라인이라는 해운사가 최초의 컨테이너선을 만든 것은 아이디얼엑스호의 역사적인 출항이 있은 지 17년 뒤이자, 컨테이너 운송이 북대서양에서 시작되고 7년이 지난 1973년이었다. 스위스에 본사가 있는 MSC^{Mediterranean Shipping Company}도 1970년에 설립되었으며, 에버그린마린은 1968년에 설립되었다. 이런 해운사들은 이전 세대의 해운사들에게는 낯설기만 한 금융·관리 기법들, 즉 자본을 모으거나 정보를 관리하는 시스템이 강점이었다. 그리하여 이 시스템이 해상 관련 지식보다 훨씬 더 중요한 컨테이너 해운 산업에 적합한 방법들로 진출했다. 모국의 조선소에서 건조한 배를 사거나 정부가 지정한 노선만 운항해야 한다는 조건에 매여 제대로 경쟁력을 갖추지 못하게 한 정부 보조금이나 강제적인 명령이라는 유산 없이 사업을 시작했다. 민족주의가 크게 영향을 미치는 컨테이너 해운 산업에서 오래 살아남으려면 국제적이어야 했다. 머스크라인의 본사는 덴마크에 있었지만 2015년까지 영국의 오버시즈컨테이너스, 사우스아프리칸마린, 네덜란드 운송업계의 거인 네드로이드, 말콤 맥린이 소유했다가 매각한 시랜드서비스 등과 같은 전 세계의 다양한 해운사를 흡수했다. 그로써 국제적인 면모를 갖춘 머스크라인은 600척이 넘는 컨테이너선과 세계시장의 6분의 1을 효율적으로 통제하고 지배했다.

시장에 들어간 해운사들이 번번이 컨테이너를 잘못 판단했지만 이는

각국 정부 기관도 마찬가지였다. 뉴욕시와 샌프란시스코시는 컨테이너
화가 몰고 온 결과를 무시하고 시대에 뒤떨어진 항구를 옛날 방식 그대
로 재건축하는 데 수십억 달러를 들였다. 영국 정부는 야심찬 계획을 세
우고 값비싼 돈을 들여 새 항구를 만들었지만 부질없었다. 영국의 공무
원들은 외딴 곳에 있는 민간 소유의 부두가 하룻밤 사이에 세계 최대의
컨테이너 터미널로 바뀔 것이라고는 상상도 하지 못했다. 운송 분야의
감독 당국도 사정은 다르지 않았다.

일본의 해운사 협회는 국내 해운사들이 협력하도록 강제함으로써 적
재량이 넘치는 상황을 피하고 해운사가 넉넉한 수익성을 보장받을 것
이라고 판단했지만, 태평양 노선에서 해상운송료가 폭락하는 상황에 놀
라야만 했다. 미국의 감독 당국과 정치인들은 조선업계, 해운사, 트럭 회
사, 철도 회사를 보호하는 데 초점이 맞추어져 있던 체계를 필사적으로
유지하려고 노력했다. 이는 컨테이너가 국제 해상운송비용을 진작 낮추
었을 여러 가지 개혁을 뒤로 미루는 결과를 만들었다. 특정 집단에만 혜
택을 주는 보조금 및 규제가 미국의 해운업을 강화할 것이라고 믿으며
여러 정책을 고집한 결과, 궁극적으로는 미국 국적의 해운사들의 경쟁
력을 무너뜨렸다.[4]

컨테이너 운송이 도입됨에 따라 장거리 무역은 빠르게 증가했다. 이
를 예견한 사람은 아무도 없었다. 하버드대학교의 경제학자 벤자민 치
니츠Benjamin Chinitz가 1950년대에 뉴욕 지역에서 화물의 의미를 연구했다.
그는 컨테이너화 덕분에 뉴욕의 공장들이 남쪽으로 화물을 운송할 때 뉴
잉글랜드나 중서부 지역에 있는 공장들보다 가격이 저렴해지면서 뉴욕의
산업적 기반을 발전시킬 것이라 예측했다. 이 지역 제조업의 가장 큰 부문

을 차지하던 의료 산업은 '운송이라는 요소에 민감하게 반응하지 않으므로' 운송비용의 변화와 무관할 것이라 했다. 하지만 운송비용이 낮아짐에 따라 무역이 얼마나 활발하게 일어날지 인식하지 못한 사람은 치니츠뿐만이 아니었다. 1960년대 내내 수많은 논문이 기존의 수출입 경향이 지속될 것이라고 가정함으로써 컨테이너화의 발전을 예견했다. 점점 더 많은 화물이 컨테이너에 실린 것이라고 보았던 것이다. 하지만 이런 과정을 통해 컨테이너가 전 세계 경제의 판을 새로 짤 것이고, 무역량도 폭발적으로 늘어날 것이라는 전망을 진지하게 다룬 연구자는 없었다.[5]

'시장'(해운사)과 '정부' 모두 컨테이너에 대해 잘못 판단했다. 민간 부문과 공공 부문 양쪽의 오판은 컨테이너화의 진전을 늦췄으며, 컨테이너가 가져다줄 경제적 편익도 늦게 누리게 했다. 그러나 화물을 컨테이너에 담아 운송한다는 발상은 너무나 매력적이었고, 절감한 비용의 규모가 워낙 컸기에, 결국 세상을 완전히 사로잡고 대성공을 거두었다. 아이디얼엑스호가 최초로 컨테이너를 싣고 출항한 지 60년이 지난 지금, 20피트 컨테이너 3억 개에 해당하는 컨테이너 화물이 해마다 전 세계의 바다를 누빈다. 그리고 이 화물의 4분의 1은 중국 한 곳에서만 수출되고 있다. 그리고 이보다 더 많은 컨테이너 화물은 트럭으로 혹은 기차로 국경선을 넘고 있다.[6]

컨테이너는 지금 어디에나 존재하고 어디로나 연결되는 유비쿼터스가 되었다. 그런데 컨테이너는 값싼 제품을 가져다주면서도, 새로운 사회문제의 원인이 되기도 한다. 너무 찌그러져 사용할 수 없거나, 너무 비싸 수리할 수 없거나, 혹은 그냥 필요하지 않아 버려진 컨테이너들이 전세계에서 처리 곤란한 쓰레기로 나뒹굴고 있다. 컨테이너를 날랐던 낡은 배와 트럭과 기차도 거대한 환경문제다. 점점 규모가 커지는 항구에 점점 더 불어나는 컨테이너 물동량은 항구 주변의 주민들에게 교통지옥, 소음, 이산화탄소 배출로 인한 높은 암 발생률이라는 달갑지 않은 피해를 주고 있다. 로스앤젤레스항과 롱비치항을 청소하는 비용만 해도 약 110억 달러다. 홍수처럼 쏟아지는 컨테이너는 보안 담당자들에게 여간 골치 아픈 일이 아니다. 많은 컨테이너 중 단 하나라도 사제 핵폭탄이 들어 있고, 컨테이너가 주요 항구에 도착하는 시간에 맞춰 폭발하도록 설정되어 있다면, 그래서 실제 폭탄이 폭발한다면, 도시 전체는 방사능으로 오염되고 국제무역은 혼돈에 빠질 것이다. 그렇기 때문에 테러리스트가 폭탄을 설치한 컨테이너가 출발지에서부터 국제 컨테이너선에 선적되지 않도록 수없이 많은 컨테이너 터미널의 출입문마다 방사능 탐지기가 있다. 불법 이민을 하려는 사람들이 컨테이너에 매트리스를 깔고 변기를 설치한 다음 여기에 숨어서 화물인 것처럼 위장하고, 수십만 개의 컨테이너에 섞여 입국하는 사례는 어제 오늘의 이야기가 아니다.[7]

이런 문제들은 그 자체만으로도 심각하지만 컨테이너 운송의 성장에는 조금도 위협되지 않는다. 컨테이너의 크기가 점점 커지는 추세는 계속되고 있다. 48피트(약 14.6미터) 컨테이너에 이어 심지어 53피트(약 16.1미터) 컨테이너까지 등장했다. 트럭이 한 번씩 운행할 때마다 더욱 많은 화물을 나를 수 있게 하기 위해서다. 비록 컨테이너선의 수가 2014년에 처음으로 감소했지만, 이는 노후하고 적재량이 적은 배를 폐기하고 훨씬 더 큰 배를 투입하기 위한 조치다. 2005년과 2015년을 비교하면 전체 컨테이너선의 순적재량은 두 배로 늘어났다. 국제무역량의 증가폭을 훌쩍 뛰어넘는 수준이며, 그 때문에 운송료는 급락했다. 2005

년에 40피트 컨테이너 4,000개를 운송할 수 있었던 배를 (즉, 8,000TEU의 적재량을 갖춘 배를) 업계에서는 찾기 힘들 만큼 큰 크기라 여겼다. 그러나 10년 뒤에는 2만 TEU의 적재량을 갖춘 배가 컨테이너 운송에 투입되었다. 이 배 한 척만으로 와인 1억 4,400만 병을 운송할 수 있다. 그런데 이보다 더 큰 배도 주문에 들어가 있다.

과거에 파나마운하의 갑문 때문에 배의 크기가 제한을 받은 적이 있었다. 21세기에 들어서 컨테이너선이 얼마나 커졌는가 하면, 조선 기사들은 배를 만들 때 말레이시아와 인도네시아 사이를 연결하는 경로인 말라카해협을 충분히 통과하도록 신경 써야 할 정도다. 컨테이너선이 말라카해협을 통과하려면 길이는 약 400미터, 폭은 약 64미터, 흘수는 약 17미터보다 작아야 한다. 그런데 이런 배를 건조하는 작업은 경제적 효과를 보지 못할 수 있다. 폭이 넓으려면 보다 두꺼운 강판을 써야 하는데, 그만큼 화물 적재공간이 줄어들기 때문이다. 게다가 만일 배가 침몰이라도 한다면 배와 함께 20억 달러 가까운 손실이 발생한다. 이런 배의 적재용량은 2만 5,000TEU다. 즉 40피트 컨테이너 1만 2,500개를 너끈하게 넘을 것이다. 이 정도면 이 배의 화물을 실어가려고 항구에 들어서는 모든 트럭을 차례로 줄 세울 경우, 총 190킬로미터가 넘는다. 또한 배가 어느 항에 기항할 것인지도 심각한 문제다. 이 정도 크기의 배를 정박시킬 수 있는 항구는 몇 개 되지 않기 때문이다.

이 문제를 해결할 수 있는 한 가지 방법은 해안에서 조금 떨어진 수심 깊은 연안에 완전히 새로운 항구를 짓는 것이다. 그리고 거대한 배가 항구에 정박해 있을 때 작은 배들이 부지런히 항구와 육지를 오가면서 컨테이너를 실어나르는 것이다. 컨테이너선과 컨테이너항이 각각 최대로 효율적인 크기에 도달하는 한도가 존재하는지 아니면 훨씬 더 크고 더 비용이 많이 들어가는 배와 항구가 규모의 경제를 보장해 화물운송비용을 한층 더 낮출 수 있을지는 세계 경제에서 상당히 중요한 의미가 있는 숙제다.[8]

저자 주
참고문헌

| 저자 주 |

약어 설명 |||||||||||||||||||||||||||||||||||||||||||||||||||||||||||||||||||||||||||||||||||||||||||||||||||||||||||||||||||

ASA	American Standards Association. 미국규격협회.
COHP	Containerization Oral History Project. 컨테이너화 구술기록 프로젝트. 스미소니언협회의 국립미국사박물관National Museum of American History이 수행했다.
GPO	Government Printing Office. 연방 정부 인쇄국.
HQ	headquarters. 본부 · 본사.
ICC	Interstate Commerce Commission. (미국) 주간통상위원회.
ILA	International Longshoremen's Association. (미국) 국제부두노동자연맹.
ILWU	International Longshoremen's and Warehousemen's Union. 국제항만노동조합.
ISO	International Organization for Standardization. 국제표준화기구.
JOC	*Journal of Commerce*. 〈통상신문〉(수출입 상품의 발착을 상세히 보도하는 뉴욕시 발행의 일간지-옮긴이)
MACV	Military Assistance Command Vietnam. 베트남군사원조사령부.
Marad	Maritime Administration. (미국) 해양수산청.
MCC	*Motor Carrier Cases*. 〈모터캐리어케이시스〉.
MH-5	Materials Handling Sectional Committee 5. 화물취급5분과위원회.
MSTS	Military Sea Transportation Service. 군해상수송지원단.
NACP	National Archives at College Park. (메릴랜드) 칼리지파크 국립문서보관소.
NARA	National Archives and Records Administration. 국립문서기록보관소.
NBER	National Bureau of Economic Research. 전국경제조사국.
NYMA	New York Municipal Archives. 뉴욕주기록보관소.
NYT	*New York Times*. 〈뉴욕타임스〉.
OAB/NHC	Operational Archives Branch, Naval Historical Center. (미국) 해군역사센터의 작전기록보관소.
OECD	Organisation for Economic Co-operation and Development. 경제협력개발기구.
PACECO	Pacific Coast Engineering Company. 기업명.
PANYNJ	Port Authority of New York and New Jersey. 뉴욕 · 뉴저지항만관리청.
PMA	Pacific Maritime Association. 태평양해운협회.
PNYA	Port of New York Authority. 뉴욕항만청.

RG   Record Group. 기록 분류 체계.

ROHP   Regional Oral History Program. 캘리포니아대학교 버클리 캠퍼스. 밴크로프트
            도서관Bancroft Library의 구술기록 프로그램.

UNCTAD   United Nations Conference on Trade and Development. 국제연합무역개발
            회의.

VVA   Virtual Vietnam Archive. 텍사스테크대학교의 인터넷베트남기록보관소. http://
            www.vietnam.ttu.edu/virtualarchive/

한국어판 서문 ||||||||||||||||||||||||||||||||||||||||||||||||||||||||||||||||||||||||||||||||||||||||||||

1. Estimate by Ministry of Finance official Chang Tok-jin in *Shin Dong-A*, October
    1969, cited in Joungwon Alexander Kim, "Divided Korea 1969: Consolidating for
    Transition,"*Asian Survey* 10 (1970), p. 34.

2. U.S. Census Bureau, *Statistical Abstract 1970* (Washington 1970), pp. 788, 790; Matson
    Research Corp., "The Impact of Containerization on the U.S. Economy,"Sept. 1970,
    pp. 114, 136.

3. Sang-Chul Suh, "South Korea's International Economic Relations,"*Asian Survey*
    11 (1970), p. 1143. Import statistics are from the KOTIS. 수입 관련 통계의 출처는
    KOTIS(한국무역협회에서 지원하는 인터넷 서버-옮긴이).

4. 조선 산업이 차지하는 경제적인 중요성에 대해서는 다음을 참조하라. Byung-Nak Song,
    "The Production Structure of the Korean Economy: International Comparisons,"
    Econometrica 45 (1977), pp. 147-162, and Sudip Chaudhuri, "Government and
    Economic Developoment in South Korea, 1961-79,"*Social Scientist* 24 (1996), pp.
    18-35. 전 세계의 컨테이너선 관련 통계 수치의 출처는 다음이다. U.S. Department
    of Transportation, Maritime Administration, "Merchant Fleets of the World,
    2005,"viewed March 18, 2007, at http://www.marad.dot.gov/marad_statistics/index.
    html.

5. 부산항 개발과 관련된 정부의 출처는 다음이다. Asian Urban Information Center
    of Kobe, First Round In-Depth Study, ch. 7, viewed March 28, 2007, at http://
    www.auick.org/database/ids/ids01/ids01-07.htm;ChristianCaryl,"The Box is
    King,"*Newsweek International*, April 10, 2006; "South Korea to Expand Busan New
    Port,"*World Maritime News*, April 30, 2015.

1. Steven P. Erie, *Globalizing L.A.: Trade, Infrastructure, and Regional Development* (Stanford, 2004).

2. Christian Broda and David E. Weinstein, "Globalization and the Gains from Variety," Working Paper 10314, NBER, February 2004.

3. 제퍼슨 코위^{Jefferson Cowie}가 결정적으로 중요한 사례 연구로 입증했듯, 생산비가 더 낮은 곳을 찾아 자본을 재배치하는 경우는 새로운 일이 아니다. 다음을 참조하라. *Capital Moves: RCA's Seventy-Year Quest for Cheap Labor* (Ithaca, NY, 1999). 이 책이 주장하는 요지는 컨테이너화가 산업 생산의 지리적 변화를 촉발했다는 것이 아니라, 상품이 소비되는 지역에서 멀리 떨어진 곳에서도 경제적으로 제조가 이루어져 상품의 범위, 부두에서 상품을 생산하는 공장 사이의 최적 거리, 제조업체가 완성품을 만드는 데 필요한 다양한 원재료를 수합하는 능력 확대에 컨테이너화의 기여가 크다는 것이다.

4. 현대 컨테이너선에서의 생활을 자세하게 알고 싶으면 다음을 참조하라. Richard Pollak, *The Colombo Bay* (New York, 2004), and Rose George, *Ninety Percent of Everything* (New York, 2013).

5. 미국 연안경비대 사령관을 역임했던 스티븐 E. 플린^{Stephen E. Flynn}은 2004년에, 40피트 컨테이너 하나를 완벽하게 검사하는 데 직원 다섯 명을 동원할 때 세 시간이 걸린다고 추정했다. 로스앤젤레스항과 롱비치항을 통해 외국에서 들어오는 모든 컨테이너를 완벽하게 검사하려면 2014년을 기준으로 하루 평균 30만 인·시간의 인력이 필요하다. 이것은 로스앤젤레스항과 롱비치항 두 군데만 해도 4만 명의 세관 검사관이 필요하다는 뜻이다. 컨테이너 운송의 보안 검색을 개선하기 위한 여러 가지 방안에 대한 상세한 토론 내용을 알고 싶으면 다음을 참조하라. Flynn, *America the Vulnerable: How the U.S. Has Failed to Secure the Homeland and Protect Its People from Terror* (New York, 2004), chap. 5.

6. 몇 가지 요인 때문에 화물운송 비용과 관련된 자료를 신뢰하기 어렵다. 첫째, 화물의 다양한 품목에 따라 평균비용은 크게 달라졌기 때문이다. 지금은 없어진 주간통상위원회는 철도 화물 1톤을 1마일 운송하는 데 들어가는 평균비용을 주기적으로 고시했다. 이 비용의 연간 변동은 석탄 수요에 따라 좌우되었다. 그런데 석탄은 제조품보다 훨씬 싼 운송료가 매겨졌다. 둘째, 비용과 관련된 대부분 정보는 운송 과정에 소요되는 여러 과정 중 단 일부(출발지 항구에서 도착지 항구까지의 항해)만 다루고 있다. 즉 화물이 생산된 공장부터 최종적으로 구매자의 손에 들어가는 전체 과정에서 발생하는 비용을 다루지 않았다는 뜻이다. 셋째, 오랜 기간에 걸친 화물운송비용의 적절한 측정 및 비용의 변화 추

이는 부두에서 선적과 하역이 예전보다 빨라졌다거나 화물 절도 피해율이 낮아졌다거나 하는 등의 서비스 질을 고려해야 하지만, 이런 점을 고려하지 않았다. 넷째, 많은 화물운송이 대기업 내부에서 혹은 선적인과 운송업체 사이의 은밀한 협상을 통해 진행되면서 관련 정보가 제대로 공개되지 않고 또 이런 정보에 접근하기 어렵기 때문이다. Edward L. Glaeser and Janet E. Kohlhase, "Cities, Regions, and the Decline of Transport Costs," Working Paper 9886, NBER, July 2003, p. 4.

7. U.S. Congress, Joint Economic Committee, *Discriminatory Ocean Freight Rates and the Balance of Payments,* November 19, 1963 (Washington, DC, 1964), p. 333; John L. Eyre, "Shipping Containers in the Americas," in Pan American Union, *Recent Developments in the Use and Handling of Unitized Cargoes* (Washington, DC, 1964), pp. 38 – 42. 에이레의 자료는 미국항만협회가 개발한 것이다.

8. 25퍼센트라는 수치는 다음 자료에 나와 있다. Douglas C. MacMillan and T. B. Westfall, "Competitive General Cargo Ships," *Transactions of the Society of Naval Architects and Marine Engineers* 68 (1960): 843. 파이프와 냉장고에 대한 해상운송료는 다음에 정리되어 있다. Joint Economic Committee, *Discriminatory Ocean Freight Rates*, p. 342. 무역량 자료는 다음에 정리된 자료를 근거로 했다. U.S. Bureau of the Census, *Historical Statistics of the United States* (Washington, DC, 1975), p. 887.

9. Eyre, "Shipping Containers in the Americas," p. 40.

10. Paul Krugman, "Growing World Trade: Causes and Consequences," *Brookings Papers on Economic Activity* 1995, no. 1 (1995): 341; World Trade Organization, *World Trade Report 2004* (Geneva, 2005), pp. 114 – 129. 홈멜스[David Hummels]의 논문은 "비용이 갑자기 줄어든 것이 컨테이너화에 따른 결과라는 증거는 없다"고 주장한다.

11. Robert Greenhalgh Albion, *The Rise of New York Port* (New York, 1939; reprint, 1971), pp. 145 – 146; Peter L. Bernstein, *Wedding of the Waters: The Erie Canal and the Making of a Great Nation* (New York, 2005); Douglass North, "Ocean Freight Rates and Economic Development, 1750 – 1913," *Journal of Economic History* 18 (1958): 537 – 555. W. W. 로스토우[W. W. Rostow]는 철도가 특히 1840년대와 1850년대에 미국 경제가 도약하는 데 결정적인 토대가 되었다고 주장하는데, 자세한 내용은 다음 그의 저서를 참조하라. *Stages of Economic Growth* (Cambridge, UK, 1960), pp. 38 – 55. 알프레드 D. 챈들러 주니어[Alfred D. Chandler Jr.]의 저서 *The Visible Hand: The Managerial Revolution in American Business* (Cambridge, MA, 1977) 역시 근거가 여러 가지 점에서 다르지만 철도를 결정적인 기여자로 규정한다. 그러나 로버트 윌

리엄 포겔Robert William Fogel은 로스토우의 견해를 반박하면서 "철도는 미국 경제의 잠재적 생산력에 압도적인 기여를 하지 않았다"고 주장했다. *Railroads and American Economic Growth* (Baltimore, 1964), p. 235. 앨버트 피시로Albert Fishlow 역시 철도 건설이 미국의 제조업을 자극하는 데 근본적인 역할을 수행했다는 로스토우의 주장을 반박했다. 또한 비교적 싼 화물운송이 농업에 중요한 영향을 주어 지역 경제가 재정립되기에 이르렀다고 주장했는데, 다음 그의 저작을 참조하라. *American Railroads and the Transformation of the Ante-bellum Economy*(Cambridge, MA, 1965) 및 "Antebellum Regional Trade Reconsidered," *American Economic Review* (1965 supplement): 352–364. 시카고가 발전하는 데 철도가 담당한 역할은 다음 두 저서를 참조하라. William Cronon, *Nature's Metropolis: Chicago and the Great West* (New York, 1991), 그리고 Mary Yeager Kujovich, "The Refrigerator Car and the Growth of the American Dressed Beef Industry," *Business History Review* 44 (1970): 460–482. 영국 사례는 다음을 참조하라. Wray Vamplew, "Railways and the Transformation of the Scottish Economy," *Economic History Review* 24 (1971): 54. 수송 및 도시 개발에 대해서는 다음을 참조하라. James Heilbrun, *Urban Economics and Public Policy* (New York, 1974), p. 32, 그리고 Edwin S. Mills and Luan Sendé, "Inner Cities," *Journal of Economic Literature* 35 (1997): 731. 항공 부문에 대해서는 다음을 참조하라. Caroline Isard and Walter Isard, "Economic Implications of Aircraft," *Quarterly Journal of Economics* 59 (1945): 145–169.

12. 이 견해와 관련된 핵심적인 논문은 다음에 있다. Robert Solow, "Technical Change and the Aggregate Production Function," *Review of Economics and Statistics* 39, no. 2 (1957): 65–94. 혁신과 관련된 여러 문제는 다음 여러 저작을 참조하라. Joel Mokyr, "Technological Inertia in Economic History," *Journal of Economic History* 52 (1992): 325–338; Nathan Rosenberg, "On Technological Expectations," *Economic Journal* 86, no. 343 (1976): 528; 그리고 Erik Brynjolfsson and Lorin M. Hitt, "Beyond Computation: Information Technology, Organizational Transformation, and Business Performance," *Journal of Economic Perspectives* 14, no. 4 (2000): 24. 전기가 제품 제조에 최초로 사용된 것은 1883년이었는데, 전기가 제조업에 상대적으로 늦게 적용된 것에 대해서는 다음을 참조하라. Warren D. Devine Jr., "From Shafts to Wires: Historical Perspective on Electrification," *Journal of Economic History* 43 (1983): 347–372. 컴퓨터를 둘러싼 논쟁의 여러 사례들로는 다음을 들 수 있다. Paul A. David, "The Dynamo and the Computer: An Historical Perspective on the

Modern Productivity Paradox,"*American Economic Review* 80 (1990): 355 – 361; Stephen D. Oliner and Daniel E. Sichel, "The Resurgence of Growth in the Late 1990s: Is Information Technology the Story?"*Journal of Economic Perspectives* 14, no. 4 (2000): 3 – 22; 그리고 Dale W. Jorgenson and Kevin J. Stiroh, "Information Technology and Growth,"*American Economic Review* 89, no. 2 (1999): 109 – 115.

13.   Paul M. Romer, "Why, Indeed, in America? Theory, History, and the Origins of Modern Economic Growth,"Working Paper 5443, NBER, January 1996.

14.   David Ricardo, *The Principles of Political Economy and Taxation* (London, 1821; reprint, New York, 1965), pp. 77-97. 리처드 E. 케이브스 Richard E. Caves와 로널드 W. 존스Ronald W. Jones는, 현재 강단에서 널리 가르치는 헥셔-올린 모형Heckscher-Ohlin model은 (이 모형은 어떤 국가가 특정 상품 생산에 비교 우위를 가지고 있을 경우 이 상품을 생산하는 데 상대적으로 집중한다는 사실을 보여준다) 운송비용이 무역에 영향을 주지 않는다고 설정하고 있음을 지적한다. 두 사람의 저서를 참조하라. *World Trade and Payments: An Introduction,* 2nd ed. (Boston, 1977). 무역에서 운송비용이 전혀 들지 않는다는 가정 하에 국제시장의 균형을 묘사하는 전형적인 저서로는 다음을 들 수 있다. Miltiades Chacholiades, *Principles of International Economics* (New York, 1981), p.333.

15.   이 분야의 시조 격인 논문은 폴 크루그먼Paul Krugman의 다음 논문이다. "Increasing Returns and Economic Geography,"*Journal of Political Economy* 99, no. 3 (1991): 483 – 499. 변화하는 운송비용이 경제에 미치는 영향은 다음 저서가 한층 더 깊이 파고들었다. "Globalization and the Inequality of Nations," Quarterly Journal of Economics 110, no. 4 (1995): 857 – 880, and in Masahisa Fujita, Paul Krugman and Anthony J. Venables, *The Spatial Economy: Cities, Regions, and International Trade* (Cambridge, MA, 1999).

16.   다음 두 저작은 해상운송비용은 최근 수십 년 동안에 극적인 수준으로 낮아지지 않았다고 주장한다. David Hummels, "Have International Transportation Costs Declined?" Working Paper, University of Chicago Graduate School of Business, 1999, and the International Monetary Fund, *World Economic Outlook, September* 2002, p. 116. 그러나 다음 저작들은 무역 흐름을 결정하는 데 운송비용이 여전히 중요한 요인으로 작용한다고 주장한다. Céline Carrere and Maurice Schiff, "On the Geography of Trade: Distance Is Alive and Well,"World Bank Policy Research Working Paper 3206, February 2004. 데이비드 코에David Coe와 세 명의 다른 공저자들은 그런 주장들을 기술적인 차원에서 비평한 다음에, 무역 당사국들 사이 현실적으로 존재하던 거

리가 점점 더 멀어졌다는 사실은 낮아진 운송비용이 세계화를 앞당겼음을 암시한다고 결론을 내렸다. 여기에 대해서는 다음을 참조하라. "The Missing Globalization Puzzle," International Monetary Fund Working Paper WP/02/171, October 2002. 그러나 컨테이너가 무역의 양상을 바꾸는 중요한 역할을 했다고 주장하는 학자들도 있다. 여기에 대해서는 다음을 참조하라. Daniel M. Bernhofen, Zouheir El-Sahli, and Richard Kneller, "Estimating the Effects of the Container Revolution on World Trade," CESifo working paper 4136, February 2013. 다음 논문도 마찬가지다. Gisela Rua, "Diffusion of Containerization," Federal Reserve Board of Governors Working Paper, October 2014.

17. 컨테이너의 역사를 총체적으로 가장 정확하게 다룬 논문으로는 다음을 들 수 있다. Theodore O. Wallin, "The Development, Economics, and Impact of Technological Change in Transportation: The Case of Containerization"(Ph.D. diss., Cornell University, 1974). 아울러 다음도 참조해라. Brian Cudahy, *Box Boats: How Container Ships Changed the World* (New York, 2006), and Arthur Donovan and Joseph Bonney, *The Box That Changed the World: Fifty Years of Container Shipping—An Illustrated History* (East Windsor, NJ, 2006).

2장 정체된 부두 ||||||||||||||||||||||||||||||||||||||||||||||||||||||||||||||||||||||||||||||||||||||||||||||||||||||

1. 태평양 연안 항구에서 화물을 처리하는 모습을 찍은 극적인 사진들은 뉴욕의 여러 부두에서 화물을 처리하는 모습을 찍은 사진들과 비슷한데, 이 사진들은 다음에서 볼 수 있다. Otto Hagel and Louis Goldblatt, *Men and Machines: A Story about Longshoring on the West Coast Waterfront* (San Francisco, 1963). 커피 화물을 나르는 모습에 대한 묘사는 데브라 베른하트Debra Bernhardt가 브루클린의 부두노동자 피터 벨Peter Bell을 상대로 한 인터뷰에서 발췌했다. 1981년 8월 29일, New Yorkers at Work Oral History Collection, Robert F. Wagner Labor Archive, New York University, Tape 10A. 아울러 다음 여러 자료도 참조해라. 다음 책에 소개되는 전직 부두노동자 족 맥두걸Jock McDougal의 회상. Ian McDougall, *Voices of Leith Dockers* (Edinburgh, 2001), p. 28; 다음 책에 소개되는 전직 부두노동자 빌 워드Bill Ward의 회상, ILWU oral history collection, viewed July 5, 2004, 다음 웹페이지에서도 확인할 수 있다. http://www.ilwu.org/history/oral-histories/bill-ward.cfm?renderforprint=1. 그레이스라인 관련 일화는 앤드루 깁슨과의 인터뷰에서 참조했다. Box AC NMAH 639, COHP

2. Alfred Pacini and Dominique Pons, *Docker a Marseille* (Paris, 1996), p. 174; T. S.

512

Simey, ed., *The Dock Worker: An Analysis of Conditions of Employment in the Port of Manchester* (Liverpool, 1956), p. 199; New York Shipping Association, "Annual Accident Report Port of Greater New York and Vicinity," January 15, 1951, in Vernon H. Jensen Papers, Collection 4067, Box 13, Folder "Accidents-Longshore Ind."

3.　Charles R. Cushing, "The Development of Cargo Ships in the United States and Canada in the Last Fifty Years" (manuscript, January 8, 1992); Peter Elphick, *Liberty: The Ships That Won the War* (London, 2001), p. 403.

4.　Ward interview, ILWU; interview with former longshoreman George Baxter in McDougall, *Voices of Leith Dockers*, p. 44.

5.　하역 과정의 생생한 모습은 다음을 참조하라. Pacini and Pons, *Docker a Marseille*, p. 137.

6.　U.S. Department of Commerce, Bureau of Economic Analysis, "Estimates of Non-Residential Fixed Assets, Detailed Industry by Detailed Cost," 다음 웹페이지에서 볼 수 있다 http://www.bea.gov/bea/dn/faweb/Details/Index.html; 앤드루 깁슨과의 인터뷰, 폴 리처드슨과의 인터뷰, July 1, 1997, Box ACNMAH 639, COHP. 상선의 비용 추정은 다음 증언에서 나온다. Geoffrey V. Azoy, Chemical Bank, in U.S. House of Representatives, Committee on Merchant Marine and Fisheries, *Hearings on HR 8637, To Facilitate Private Financing of New Ship Construction*, April 27, 1954, p. 54. 맥밀런과 웨스트폴Westfall은 화물 처리와 항구에 들어가는 비용은 1958년에 C-2 화물선을 이용한 단기 항해의 경우에 전체 비용의 51.8퍼센트, 같은 해 장기 항해의 경우에 전체 비용의 35.9퍼센트로 추정했다. "Competitive General Cargo Ships," p. 837.

7.　여러 나라의 부두노동자가 처했던 노동 환경은 다음을 참조하라. Sam Davies et al., eds., *Dock Workers: International Explorations in Comparative Labour History, 1790-1970* (Aldershot, UK, 2000).

8.　U.S. Bureau of the Census and Bureau of Old-Age and Survivors Insurance, *County Business Patterns*, First Quarter, 1951 (Washington, DC, 1953), p. 56; 조지 백스터 George Baxter와의 인터뷰, McDougall, *Voices of Leith Dockers*, p. 44; 다음에 인용된 익명의 부두노동자, William W. Pilcher, *The Portland Longshoremen: A Dispersed Urban Community* (New York, 1972), p. 41; Pacini and Pons, *Docker a Marseille*, p. 46; Paul T. Hartman, *Collective Bargaining and Productivity* (Berkeley, 1969), p. 26; David F. Wilson, Dockers: *The Impact of Industrial Change* (London, 1972), p. 23.

9.　부두에서 일어나는 여러 문제는, 뉴욕주 조사위원회New York State Board of Inquiry가 부

두노동자의 노동 환경을 조사한 1951년 보고서에 상세하게 열거되어 있다. 보고서의 요약 내용을 알고 싶으면 다음을 참조하라. New York State Department of Labor, "Employment Conditions in the Longshore Industry," New York State Department of Labor *Industrial Bulletin* 31, no. 2 (1952):7. ILA의 회장이었으며 나중에 부패 혐의로 기소되면서 회장직을 잃은 조셉 라이언은 1951년에 고용주들 노동자들이 대출과 관련된 착취를 당하지 않도록 노동자에게 대출을 해주어야 한다고 제안했다. 다음을 참조하라. "Ryan Message to Members 1951" in Jensen Papers, Collection 4067, Box 13, Folder "Bibliography—Longshoremen Study Outlines," and Waterfront Commission of New York Harbor, *Annual Report*, various years. 뮬란Mullman의 증언은 다음에 보도 되었다. "Newark Kickback Inquiry," *NYT*, December 16, 1954. 강제로 도박했던 사실 에 대해서는 다음을 참조하라. Paul Trilling, "Memorandum and Recommendations on the New York Waterfront," December 14, 1951, in Jensen Papers, Collection 4067, Box 12, Folder "Appendix Materials." Information on New Orleans taken from Eric Arnesen, *Waterfront Workers of New Orleans: Race, Class, and Politics*, 1863-1923 (New York, 1991), p. 254.

10. 이런 주장들 가운데 몇몇은 다음에서 개관할 수 있다. Peter Turnbull, "Contesting Globalization on the Waterfront," *Politics and Society* 28, no. 3 (2000): 367-391, 그리고 Vernon H. Jensen, *Hiring of Dock Workers and Employment Practices in the Ports of New York, Liverpool, London, Rotterdam, and Marseilles* (Cambridge, MA, 1964), pp. 153, 200, and 227. 로테르담에 대해서는 다음을 참조하라. Erik Nijhof, "Des journaliers respectables: Les dockers de Rotterdam et leurs syndicates 1880-1965," in *Dockers de la Mediterranee a la Mer du Nord* (Avignon, 1999), p. 121.

11. Wilson, *Dockers*, p. 34.

12. 암스테르담항과 로테르담항에서 대부분의 부두노동자가 하역 회사에 직접 고용되었다. 전업직으로 고용되지 않은 부두노동자들은 하루에 두 번 고용센터에 가서 이런 내용을 보고하면 정규 임금의 80퍼센트에 해당하는 지원금을 받았다. 평균 39시간 임금을 받았 으며 주 48시간 노동에 대해서 아홉 시간을 보장받았다. 다음을 참조하라. 다음의 제목 이 없는 문건, Scheefvaart Vereeniging Noord, dated May 1, 1953, in Jensen Papers, Collection 4067, Box 13, Folder "Reports on Foreign Dock Workers." 영국의 연 금 제도는 다음을 참조하라. Wilson, *Dockers*, p. 118. 함부르크항은 다음을 참조하라. Klaus Weinhauer, "Dock Labour in Hamburg: The Labour Movement and Industrial Relations, 1880s-1960s," in Davies et al., *Dock Workers*, 2:501.

13. Raymond Charles Miller, "The Dockworker Subculture and Some Problems in Cross-Cultural and Cross-Time Generalizations,"*Comparative Studies in Society and History* 11, no. 3 (1969): 302 - 314. 임금을 제때 제대로 지급하지 않았다는 사실에 대해서는 다음을 참조하라. Horst Jürgen Helle, "Der Hafenarbeiter zwischen Segelschiff und Vollbeschäftigung,"*Economisch en Sociaal Tijdschrift* 19, no. 4 (1965): 270. Oregon comments in Pilcher, *The Portland Longshoremen*, p. 22. 마르세유의 노동자들은 정상적인 근무조 편성을 요구하면서 1955년에 파업했다. 다음을 참조하라. Pacini and Pons, *Docker a Marseille*, p. 118. 영국 노동성 자료에 따르면 2차 세계대전 이전에 전업 부두노동자의 기본 주급은 건설업이나 중공업 분야의 노동자가 받던 주급보다 30~40퍼센트 많았지만 평균 주간소득은 10퍼센트밖에 많지 않았다. 일이 늘 일정하게 주어지지 않았기 때문이다. 다음을 참조하라. Wilson, *Dockers*, p. 19.

14. Richard Sasuly, "Why They Stick to the ILA,"*Monthly Review*, January 1956, 370; Simey, *The Dock Worker*, pp. 44-45; Malcolm Tull, "Waterfront Labour at Fremantle, 1890-1990,"in Davies et al., *Dock Workers*, 2:482; U.S. Bureau of the Census, *U.S. Census of Population and Housing*, 1960 (Washington, DC, 1962), Report 104, Part I.

15. 부두노동자의 흑인 비율은 다음 책에 수록된 인구 통계 자료를 인용했다. Lester Rubin, *The Negro in the Longshore Industry* (Philadelphia, 1974), pp. 34 - 44. 뉴욕과 뉴올리언스 그리고 캘리포니아의 부두노동자 사이에 있었던 인종 선호와 차별의 양상을 상세하게 분석한 내용을 알고 싶으면 다음을 참조하라. Bruce Nelson, *Divided We Stand: American Workers and the Struggle for Black Equality* (Princeton, 2001), chaps. 1-3. 뉴올리언스항의 부두노동자에 대해서는 다음을 참조하라. Daniel Rosenberg, *New Orleans Dockworkers: Race, Labor, and Unionism, 1892 - 1923* (Albany, 1988), 그리고 Arnesen, *Waterfront Workers of New Orleans*. 다음 논문은 인종에 대한 의도적으로 생략하면서도 특이할 정도로 상세하게 묘사하고 있다. William Z. Ripley, "A Peculiar Eight Hour Problem,"*Quarterly Journal of Economics* 33, no. 3 (1919): 555 - 559. 인종차별에 대해서는 다음을 참조하라. Robin D. G. Kelley, "'We Are Not What We Seem': Rethinking Black Working-Class Opposition in the Jim Crow South,"*Journal of American History* 80, no. 1 (1993): 96; Seaton Wesley Manning, "Negro Trade Unionists in Boston,"*Social Forces* 17, no. 2 (1938): 259; Roderick N. Ryon, "An Ambiguous Legacy: Baltimore Blacks and the CIO, 1936-1941,"*Journal of Negro History* 65, no. 1 (1980): 27; Clyde W. Summers, "Admission Policies of Labor Unions,"*Quarterly Journal of Economics* 61, no. 1 (1946): 98; Wilson, *Dockers*, p.

29. 포틀랜드항의 곡물 처리 노동자에 대해서는 다음 책이 언급하고 있다. Charles P. Larrowe, *Harry Bridges: The Rise and Fall of Radical Labor in the United States* (New York, 1972), p. 368.

16. 포틀랜드에 대해서는 다음을 참조하라. Pilcher, *The Portland Longshoremen*, p. 17; 앤트워프에 대해서는 다음을 참조하라. Helle, "Der Hafenarbeiter," p. 273; 에든버러에 대해서는 부두노동자이던 에디 트로터와 톰 퍼거슨Tom Ferguson과의 다음 인터뷰를 참조하라. McDougall, *Voices of Leith Dockers*, pp. 132 and 177; 맨체스터에 대해서는 다음을 참조하라. Simey, *The Dock Worker*, p. 48. 맥밀런의 말은 다음에서 인용했다. Wilson, *Dockers*, p. 160.

17. 부두노동자의 문화에 대해서는 다음을 참조하라. Pilcher, *The Portland Longshoremen*, pp. 12 and 25 – 26; Wilson, *Dockers*, p. 53; 그리고 Miller, "The Dockworker Subculture," passim. 순위는 다음 보고서에 있다. John Hall and D. Caradog Jones, "Social Grading of Occupations," *British Journal of Sociology* 1 (1950): 31 – 55.

18. Wilson, *Dockers*, pp. 101 – 102; Clark Kerr and Abraham Siegel, "The Interindustry Propensity to Strike—an International Comparison," in *Industrial Conflict*, ed. Arthur Kornhauser, Robert Dublin, and Arthur M. Ross (New York, 1954), p. 191; Miller, "The Dockworker Subculture," p. 310. 그런데 가장 두드러진 예외가 뉴욕의 부두노동자였다. 여기에서는 노동조합 간부가 부패했고 아일랜드 가톨릭 집단이 다른 인종 집단과 대립하면서 단단하게 뭉쳤는데, 두 가지 요인이 결합해 노동자의 과격한 투쟁을 없앴고, 1916년과 1945년 사이에 뉴욕에서는 단 한 건의 부두노동자 파업도 일어나지 않았다. 다음을 참조하라. Nelson, *Divided We Stand*, pp. 64 – 71. 부두노동자의 호전성을 허구로 다룬 다음 희곡 작품을 참조하라. Tony Kushner's 2009 play *The Intelligent Homosexual's Guide to Socialism and Capitalism with the Key to the Scriptures*.

19. Rupert Lockwood, *Ship to Shore: A History of Melbourne's Waterfront and Its Union Struggles* (Sydney, 1990), pp. 223 – 225; Arnesen, *Waterfront Workers of New Orleans*, p. 254; David F. Selvin, *A Terrible Anger* (Detroit, 1996), pp. 41 and 48 – 52; Pacini and Pons, *Docker a Marseille*, pp. 46 and 174; 전직 부두노동자 토미 모턴Tommy Morton과의 인터뷰, McDougall, *Voices of Leith Dockers*, p. 112

20. 임금 삭감에 따른 대응으로서의 도둑질에 대해서는 다음 책이 다루고 있다. Selvin, *A Terrible Anger*, p. 54. 인용된 부두노동자의 농담은 다음에 소개된 여러 가지 중 하나다. Wilson, *Dockers*, p. 53. 도둑질에 대해서는 특히 다음에서 깊이 다루고 있다. 전직 부두노동자 토미 모턴과의 인터뷰, McDougall, *Voices of Leith Dockers*, p. 115; 그리고

Pilcher, *The Portland Longshoremen*, p.100.

21. '웰트' 관행은 냉장 상태의 선창에서 일하는 노동자들에게 잠시 휴식을 주는 데서 비롯되었는데, 나중에는 이것이 리버풀이나 글래스고에서 일반화물을 처리하던 노동자들에게로 확산되었다 이곳에서는 '스펠링spelling'라는 말로 불렸다. 다음을 참조하라. Wilson, *Dockers*, pp. 215 and 221. 생산성에 대해서는 다음을 참조하라. Miller, "The Dock-worker Subculture," p. 311; MacMillan and Westfall, "Competitive General Cargo Ships," p. 842; Wilson, *Dockers*, p. 308; 그리고 William Finlay, *Work on the Waterfront: Worker Power and Technological Change in a West Coast Port* (Philadelphia, 1988), p. 53.

22. 1920년과 1921년에 발표된 컨테이너에 대한 두 기사를 흥미롭게 발췌한 다음 글을 참조하라. "Uniform Containerization of Freight: Early Steps in the Evolution of an Idea," *Business History Review* 43, no. 1 (1969): 84.

23. 미국에서 컨테이너 보급화를 위해 이루어졌던 초기의 노력은 다음을 참조하라. G. C. Woodruff, "The Container Car as the Solution of the Less Than Carload Lot Problem," speech to Associated Industries of Massachusetts, October 23, 1929, 그리고 "Freight Container Service," speech to Traffic Club of New York, March 25, 1930. 공공이 누릴 수 있는 잠재적인 경제적 편익을 포함한 컨테이너화의 가능성을 선견지명을 가지고서 요약한 내용은 다음에 수록되어 있다. Robert C. King, George M. Adams, and G. Lloyd Wilson, "The Freight Container as a Contribution to Efficiency in Transportation," *Annals of the American Academy of Political and Social Science* 187 (1936): 27 – 36.

24. 주간통상위원회가 상품을 기반으로 한 운송료를 요구했던 내용은 173 ICC 448에서 찾아볼 수 있다. 노스쇼어라인의 운송료는 다음에서 논의된다. ICC Docket 21723, June 6, 1931. 주간통상위원회의 사례가 암시하는 것에 대해서는 다음을 참조하라. Donald Fitzgerald, "A History of Containerization in the California Maritime Industry: The Case of San Francisco" (Ph.D. diss., University of California at Santa Barbara, 1986), pp. 15 – 20.

25. 호주에 대해서는 다음에 나오는 사진을 참조하라. Lockwood, *Ship to Shore*, p. 379. 유럽에서의 초기 컨테이너화는 다음을 참조하라. Wilson, Dockers, p. 137, 그리고 René Borruey, *Le port de Marseille: Du dock au conteneur, 1844 – 1974* (Marseilles, 1994), pp. 296 – 306. 컨테이너를 운송하는 북아메리카 해운사 사례는 다음에 소개되어 있다. H. E. Stocker, "Cargo Handling and Stowage," Society of Naval Architects and Marine

Engineers, November 1933. 센트럴오브조지아레일로드에 대한 정보는 다음에 나온다. George W. Jordan, personal correspondence, November 15, 1997. 아울러 다음도 참조하라. "Steel Containers,"*Via—Port of New York*, July 1954, pp. 1 - 5.

26. *Containers: Bulletin of the International Container Bureau*, no. 5 (June 1951): 12 and 68; Fitzgerald, "A History of Containerization," p. 35; Padraic Burke, *A History of the Port of Seattle* (Seattle, 1976), p. 115; Lucille McDonald, "Alaska Steam: A Pictorial History of the Alaska Steamship Company," *Alaska Geographic* 11, no. 4 (1984).

27. Pierre-Edouard Cangardel, "The Present Development of the Maritime Container," *Containers*, no. 35 (June 1966): 13 (author's translation). 컨테이너 관련 자료는 다음에 나온다. *Containers*, no. 13 (June 1955): 9, and no. 2 (December 1949): 65. 벨기에 사례는 다음에 나온다. *Containers*, no. 19 (December 1957): 18 and 39.

28. 초기 컨테이너를 주된 화제로 다루었던 피터 벨과의 인터뷰. 이스브란트센컴퍼니 Isbrandtsen Company의 발데마르 이스브란트센Waldemar Isbrandtsen이 했던 '방해' 발언은 다음에 나온다. International Cargo Handling Coordination Association, "Containerization Symposium Proceedings, New York City, June 15, 1955," p. 11. 그리고 불인슐라라인의 프랭크 매카시Frank McCarthy가 지게차에 관해서 한 발언은 같은 저작의 19쪽에 나온다. 아울러 프랑스의 부두노동조합 대표 A. 비센티A. Vicenti가 했던 다음 발언도 참조하라. *Containers*, no. 12 (December 1954): 20. 레비Levy의 연설은 다음에 나온다. *Containers*, no. 1 (April 1949): 48 (필자가 번역했다). 관세 역시 장애가 되었다. 1956년에 협상이 이루어지 전까지는 화물 수입국에서 컨테이너의 내용물뿐만 아니라 컨테이너 자체에도 관세를 부과했다. *Containers*, no. 33 (June 1965): 18. 군대 관련 사항은 다음 보고서에 있다. National Research Council, Maritime Cargo Transportation Conference, *Transportation of Subsistence to NEAC* (Washington, DC, 1956), p. 5.

29. U.S. National Research Council, Maritime Cargo Transportation Conference, *The SS Warrior* (Washington, DC, 1954), p. 21.

30. U.S. National Research Council, Maritime Cargo Transportation Conference, *Cargo Ship Loading* (Washington, DC, 1957), p. 28.

3장 트럭운송업자 말콤 맥린 ||||||||||||||||||||||||||||||||||||||||||||||||||||||||||||||||||||||||

1. Fitzgerald, "A History of Containerization," pp. 30 - 31.

2. *North Carolina: A Guide to the Old North State* (Chapel Hill, 1939), p. 537; *Robesonian*, February 26, 1951.

3. Malcolm P. McLean, "Opportunity Begins at Home," *American Magazine* 149 (May 1950): 21; *News and Observer* (Raleigh), February 16, 1942, p. 7; *Robesonian*, February 26, 1951.

4. McLean, "Opportunity," p. 122.

5. 맥린트럭의 초기 역사의 상세한 사항은 다음을 참조하라. "Malcolm P. McLean, Jr., Common Carrier Application," ICC *Motor Carrier Cases* (hereafter *MCC*) at 30 *MCC* 565 (1941). 경쟁업체들의 합병을 무산시키기 위한 맥린의 시도는 다음 재판에서 다루어 졌다. *McLean Trucking Co. v. U.S.*, 321 U.S. 67, January 14, 1944. 맥린의 새로운 서비 스는 1944년 가을에 승인을 받았다. 43 *MCC* 820. 맥린의 첫 번째 인수합병 상대는 맥레 오드트랜스퍼McLeod' Transfer Inc였고 이 합병은 1942년에 이루어졌으며, 세 군데가 반대했 지만 결국 승인을 받았다. 38 MCC 807. 그는 전쟁 말기에 또 다른 트럭운송업체인 아메 리칸트러킹American Trucking을 인수했다. 40 MCC 841 (1946). 본문에서 언급한 매출액 수 치는 48 MCC 43 (1948)에 나온다.

6. 도시와 도시 사이 트럭으로 운송하는 화물의 양은 1946년 기준으로 304억 5,000만 톤·마일이었다. 이 수치는 1950년에 656억 5,000만 달러로 늘어났다. 다음을 참조하라. ICC, *Transport Economics*, December 1957, p. 9. 그러나 이 기간 동안에 철도 화물의 양은 변하지 않았다. 철도사들의 1톤·마일당 매출액은 1942년과 1956년 사이에 트럭운송사의 23퍼센트와 26퍼센트였다. *Transport Economics*, November 1957, p. 8.

7. 주간통상위원회 감독 아래에서 이루어졌던 경영에 대한 정보는 1992년 1월 14일, 폴 리 처드슨과의 뉴저지 홀름델 인터뷰.

8. *M.P. McLean, Jr.—Control; McLean Trucking Co.—Lease—Atlantic States Motor Lines Incorporated*, ICC No. MC-F-3300, 45 MCC 417; *M.P. McLean, Jr.—Control; McLean Trucking Company, Inc.—Purchase (Portion)—Garford Trucking, Inc.*, ICC No. MC-F-3698, 50 MCC 415.

9. 담배의 예는 다음을 참조하라. *Cigarettes and Tobacco from North Carolina Points to Atlanta*, 48 MCC 39 (1948).

10. 1992년 7월 20일, 폴 리처드슨과의 뉴저지 홀름델 인터뷰. 1992년 6월 30일, 월터 리스턴 Walter Wriston과의 뉴욕 인터뷰. 맥린이 자기만의 경영 기법을 발휘해 1952년에 휘청거리 던 트럭 회사 캐롤라이나모터익스프레스Carolina Motor Express를 잠시 맡아 정상으로 돌려 놓은 사실은 다음에서 자세하게 소개된다. *M.P. McLean, Jr.—Control; McLean Trucking Company—Control—Carolina Motor Express Lines, Inc. (Earl R. Cox, Receiver)*, 70 MCC 279 (1956).

11. *M.P. McLean, Jr.—Control; McLean Trucking Co.—Lease—Atlantic States Motor Lines Incorporated,* 45 MCC 417; *M.P. McLean, Jr.—Control; McLean Trucking Company, Inc.—Purchase (Portion)—Garford Trucking, Inc.,* 50 MCC 415; ICC, *Transport Statistics in the United States* 1954, Part 7, Table 30; 리스턴과의 인터뷰.

12. 1993년 7월 1일. 윌리엄 B. 허바드와의 전화 인터뷰.

13. 1993년 5월 12일, 얼 홀과의 저자 전화 인터뷰. 1993년 6월 25일, 로버트 N.캠벨과의 전화 인터뷰.

14. 컨테이너 계획이 최초로 공개적으로 표명된 것은 다음에서다. A. H. Raskin, "Union Head Backs 'Sea-Land' Trucks," *NYT*, February 17, 1954.

15. PANYNJ, *Foreign Trade 1976* (New York, 1977), p. 23; 1992년 7월 20일, 폴 리처드슨과의 뉴저지 홀름델 인터뷰. PNYA, Weekly Report to Commissioners, March 13, 1954, 16, in Doig Files; PNYA, Minutes of Committee on Port Planning, April 8, 1954, 2, in Meyner Papers, Box 43.

16. Pan-Atlantic Steamship Corporation, "Summary of Post-World War II Coastwise Operations," mimeo, n.d.; 리스턴과의 인터뷰. Phillip L. Zweig, *Wriston: Walter Wriston, Citibank, and the Rise and Fall of American Financial Supremacy* (New York, 1995), p. 78.

17. 이 거래에 대한 자세한 사항은 다음에 개관되어 있다. ICC, Case No. MC-F-5976, *McLean Trucking Company and Pan-Atlantic Steamship Corporation—Investigation of Control,* July 8, 1957.

18. 1955년 9월 기준으로 맥린의 순자산 가치는 다음에 나온다. "I.C.C. Aide Urges Waterman Sale," *NYT*, November 28, 1956. 맥린의 발언 인용은 저자가 1993년 5월 5일 실시한 제럴드 투미와의 뉴욕 인터뷰.

19. 리스턴과의 인터뷰. 맥린 인용은 즈웨그의 맥린 인터뷰에서. Zweig, *Wriston*, p. 79.

20. 리스턴과의 인터뷰. Zweig, *Wriston*, p. 81; Janet Berte Neale, "America's Maritime Innovator," program for AOTOS Award 1984. 언급된 다수의 금액 수치들은 맥린인더스트리즈의 재무 보고서에 포함되어 있지 않았다.

21. McLean Industries, *Annual Report* for the year ending December 31, 1955.

22. 맥린이 이용했던 정부 정책은 애초에 전통적인 해운사를 지원하기 위한 것이었지 개혁적인 해운사를 지원하기 위한 것이 아니었다. 앤드루 깁슨과 아서 도노반은 이와 관련해 다음과 같이 지적한다. "보조금을 지급받는 해운사들을 새롭게 만들기 위해 마련된 정책을 운송 산업 전체를 완전히 바꾸어놓을 혁명에 도움이 되도록 활용하려면 다른 운송 방식

에서 나오는 혁신이 필요했다."

23. "Railroads Assail Sea-Trailer Plan,"*NYT*, February 11, 1955; ICC, *McLean Trucking Company and Pan-Atlantic Steamship Corporation—Investigation of Control McLean Industries, Annual Report*, 1955, pp. 5 and 11; U.S. Department of Commerce, *Annual Report of the Federal Maritime Board and Maritime Administration*, 1955 (Washington, DC, 1955), p. 14, and 1956 (Washington, DC, 1956), p. 7; K. W. Tantlinger, "U.S. Containerization: From the Beginning through Standardization" (paper presented to World Port Conference, Rotterdam, 1982); "T-2's Will 'Piggy Back' Truck Trailers,"*Marine Engineering/Log* (1956), p. 83. 비용 분석은 2004년 1월 13일, 가이 토졸리와의 뉴욕 인터뷰.

24. 1956년 말에 팬애틀랜틱은 로로선을 건조하겠다는 발상을 포기했다. 건조 비용을 줄이고 현금 유동성을 확보하기 위해서였던 것으로 추정된다. 다음을 참조하라. "Pan Atlantic Changes Plans for Roll-On Ships,"*Marine Engineering/Log* (December 1956), p. 112.

25. 이 부분의 많은 내용은 다음에서 인용했다. Tantlinger, "U.S. Containerization"; 이런 컨테이너들은 해운사 오션밴라인스^Ocean Van Lines가 설계했다. 그리고 알래스카프레이트라인스에 의해 바지선에 36개씩 옮겨져 시애틀과 앵커리지 그리고 시워드 사이에서 운송되었다. 컨테이너들은 1953년에 알래스카스팀십이 최초로 사용했던 강철 소재에다 크기도 훨씬 작았던 '카고 가드^Cargo Guard'나 역시 알래스카스팀십이 수시트나^Susitna호에 실어서 날랐던 12피트 길이의 목재 '크립박스'와는 확연하게 달랐다. 한편 수시트나호를 어떤 사람들은 최초의 컨테이너선이라고 정의하기도 한다. 다음을 참조하라. Tippetts-Abbett-McCarthy-Stratton, *Shoreside Facilities for Trailership, Trainship, and Containership Services* (Washington, DC, 1956), p. 45; McDonald, "Alaska Steam,"p. 112; 그리고 Burke, *A History of the Port of Seattle*, p. 115.

26. Tantlinger, "U.S. Containerization"; 1993년 1월 3일, 키스 탠틀링거와의 인터뷰. 1993년 5월 14일, 얼 홀과의 전화 인터뷰.

27. 이 스프레더 바는 미국 특허이며(U.S. Patent 2,946,617) 특허권은 1960년 7월 26일에 발행되었다.

28. 탠틀링거와의 인터뷰에서 얻은 아이디얼엑스호의 출발 지연 및 출발일에 관한 정보는 다음에 실려 있다. "Tank Vessels Begin Trailer Runs in April,"*JOC*, February 19, 1956. 휴스턴 풍경에 관한 논평은 다음에 인용되어 있다. Marc Felice, "The Pioneer,"article appearing in program for the AOTOS Award 1984. 비용 관련 수치에 대해서는 다음

을 참조하라. Pierre Bonnot, "Prospective Study of Unit Loads," *Containers*, no. 36 (December 1956): 25 - 29.

29. Pan-Atlantic Steamship Corporation, "Summary of Operations."

30. "ICC Aide Urges Waterman Sale," *NYT*, November 28, 1956, p. 70; ICC, *McLean Trucking Company and Pan-Atlantic Steamship Corporation—Investigation of Control.*

31. Borruey, *Le port de Marseille*, p. 296. Fitzgerald, "A History of Containerization," p. 2. 1928년에 시험 중인 시트레인의 선박들을 찍은 사진들은 다음을 참조하라. *Fairplay*, June 17, 1976, p. 15.

32. Cangardel, "The Present Development of the Maritime Container."

4장 컨테이너 운송 시스템 ||||||||||||||||||||||||||||||||||||||||||||||||||||||||||||||||||||||||||||||||

1. 1993년 6월 25일, 로버트 캠벨과의 전화 인터뷰.

2. Tantlinger, "U.S. Containerization"; Cushing, "The Development of Cargo Ships."

3. 컨테이너, 섀시, 냉장 설비, 트위스트록 장치는 모두 특허 3,085,707번으로 보호받고 있으며, 이 특허권은 많이 지연돼 1963년 4월 16일에서야 발행되었다.

4. 캠벨과의 인터뷰. Tantlinger, "U.S. Containerization." 스카깃스틸사는 1990년대 초에 문을 닫았는데, 그때 이 회사와 관련된 대부분의 기록이 없어졌다.

5. *Marine Engineering/Log* (November 1955), p. 104; Tantlinger, "U.S. Containerization"; PNYA, Minutes of Committee on Operations, February 2, 1956, Meyner Papers, Box 44; Paul F. Van Wicklen, "New York—The Port That Gave Containerization Its Oomph," in Containerization and Intermodal Institute, *Containerization: The First 25 Years* (New York, 1981); "Tanker to Carry 2-Way Loads," *NYT*, April 27, 1956. C-2 유조선 개조에 대해서는 다음에서 다루고 있다. "Full-Scale Container Ship Proves Itself," *Marine Engineering/Log* (December 1957), p. 67, 1993년 6월 25일, 이 책의 저자 캠벨과의 전화 인터뷰. 보너의 발언 논평은 다음에 나온다. McLean Industries, Annual Report, 1957, p. 8.

6. McLean Industries, *Annual Report*, 1957 and 1958.

7. McLean Industries, *Annual Report*, 1958; 캠벨과의 인터뷰.

8. 1992년 10월 2일, 얼 홀과의 전화 인터뷰. 1993년 7월 1일, 윌리엄 B. 허바드와의 전화 인터뷰. 1993년 4월 7일 찰스 쿠싱과의 뉴욕 인터뷰.

9. William L. Worden, *Cargoes: Matson's First Century in the Pacific* (Honolulu, 1981),

p. 120.

10. Ibid., pp. 114 – 120; Fitzgerald, "A History of Containerization," pp. 39-41.

11. 맷슨의 신중함은 2004년 11월 2일, 레슬리 할랜더가 저자와 전화 인터뷰를 하는 과정에서 확인할 수 있었다. 계보를 숨기는 것과 관련된 내용은 쿠싱과의 인터뷰에서 나온 이야기다. 웰던의 배경에 대해서는 맷슨내비게이션의 사장이던 스탠리 포웰 주니어Stanley Powell Jr.가 하원에서 했던 발언을 참조하라. U.S. House of Representatives, Committee on Merchant Marine and Fisheries, *Cargo Container Dimensions*, November 1, 1967, pp. 48 – 49. 웰던의 논평은 다음의 그의 글에 나온다. "Cargo Containerization in the West Coast – Hawaiian Trade," *Operations Research* 6 (September – October 1958): 650.

12. Weldon, "Cargo Containerization," pp. 652 – 655.

13. Ibid., pp. 661 – 663.

14. 1997년 6월 19일, 아서 도노반과 앤드루 깁슨의 레스 할랜더 인터뷰, COHP.

15. 할랜더 인터뷰, COHP; 1992년 12월 3일 키스 탠틀링거가 조지 D. 손더스George D. Saunders에게 보낸 편지(사본은 저자가 가지고 있다). 이 편지에서 탠틀링거는 다음과 같이 말한다. "나는 레슬리 할랜더가 배를 여기저기 기웃거리는 모습을 보았습니다. 누가 보더라도 무언가를 훔쳐보고 배우려고 하는 게 분명했습니다. 그래서 내가 당장 배에서 내려가라고 했습니다." 그러나 할랜더는 2004년 11월 2일 전화 인터뷰에서 자기는 팬애틀랜틱이 초대한 손님 자격으로 그 배에 올랐다고 했다.

16. 할랜더 인터뷰. COHP; American Society of Mechanical Engineers, *The PACECO Container Crane*, brochure prepared for dedication of national historic mechanical engineering landmark, Alameda, California, May 5, 1983. 컨테이너가 흔들리지 않도록 방지하는 장치에 대한 상세한 내용은 다음에 정리되어 있다. L. A. Harlander, "Engineering Development of a Container System for the West Coast – Hawaiian Trade," *Transactions of the Society of Naval Architects and Marine Engineers* 68 (1960): 1079.

17. 할랜더 인터뷰. COHP; Harlander, "Engineering Development," p. 1053. 이 컨테이너들은 분명 잘 만들어졌다. 제작된 지 23년이 지난 1981년에도 처음 제작되었던 600개의 컨테이너 중 85퍼센트는 여전히 사용되고 있었다고 할랜더가 인터뷰에서 밝혔다.

18. PACECO와의 협상 관련 내용은 할랜더 인터뷰. COHP; 고박 방식에 대한 설명은 다음에 상세히 묘사되어 있다. Harlander, "Engineering Development," p. 1084.

19. Foster Weldon, "Operational Simulation of a Freighter Fleet," in National Research Council, *Research Techniques in Marine Transportation*, Publication 720 (Washington,

DC, 1959), pp. 21-27.

20. Fitzgerald, "A History of Containerization,"p. 47; American Society of Mechanical Engineers, *The PACECO Container Crane*.

21. Leslie A. Harlander, "Further Developments of a Container System for the West Coast - Hawaiian Trade,"*Transactions of the Society of Naval Architects and Marine Engineers* 69 (1961): 7-14; Fitzgerald, "A History of Containerization,"pp. 57-59; Worden, *Cargoes*, pp. 143-144.

22. 벤자민 치니츠는 컨테이너화에 대해 딱 두 마디만 했을 뿐이다. 1960년에 그는 '앞으로 20년 안에' 피기백 서비스를 하는 곳은 거의 없어질 것이며, 컨테이너를 이용하는 해상운송 사례는 한층 더 희귀해질 것이라고 예견했다. 다음을 참조하라. *Freight and the Metropolis: The Impact of America's Transport Revolution on the New York Region* (Cambridge, MA, 1960), pp. 83, 86, and 161. Jerome L. Goldman, "Designed to Cut Cargo-Handling Costs,"*Marine Engineering/Log* (1958), p. 43; McLean Industries, *Annual Reports*, 1957-60; 캠벨과의 인터뷰. John Niven, *American President Lines and Its Forebears, 1848-1984* (Newark, DE, 1987), p. 211. 그레이스라인의 계획은 다음에 묘사되어 있다. U.S. Department of Commerce, *Annual Report of the Federal Maritime Board and Maritime Administration, 1958*, p. 4; Edward A. Morrow, "All-Container Ship Welcomed by Port on Her Debut,"*NYT*, January 13, 1960; John P. Callahan, "Container Vessel on First Run,"*NYT*, January 30, 1960; "Grace Initiates Seatainer Service,"*Marine Engineering/Log* (1960), p. 55; Harold B. Meyers, "The Maritime Industry's Expensive New Box,"*Fortune*, November 1967. 베네수엘라에서 부두노동자들이 그레이스라인의 컨테이너 화물 처리를 거부한 배경에는 분명 ILA가 있었을 것이다. 다음을 참조하라. George Panitz, "NY Dockers Map Annual Wage Drive,"*JOC*, December 20, 1961.

23. PNYA, *Annual Report*, various years; "Puerto Rico Trailer Service,"*NYT*, April 22, 1960; "Bull Line Gets Container Ships,"*NYT*, May 5, 1961; "Transport News: Sea-Land Service,"*NYT*, December 17, 1959. 팬애틀랜틱과 시랜드서비스에 관한 재무 정보는 다음을 참조하라. ICC, *Transport Statistics*, Part 5, Table 4, various years. 모회사의 손실에 대해서는 다음을 참조하라. McLean Industries, *Annual Report*, 1960. 당시 대형 트럭운송사이던 콘솔리데이트프레이트웨이즈에 몸담고 있던 제럴드 투미는 1962년에 회사의 사장이 시랜드서비스가 2년을 버티지 못할 것이라는 말을 했다고 1993년 5월 5일 뉴욕 인터뷰에서 회상했다.

24. Edward A. Morrow, "Seatrain Spurns Shipping Merger,"*NYT*, August 12, 1959; Campbell interview; McLean Industries, *Annual Report*, 1958.

25. '선수 선발'이라는 표현은 1993년 5월 5일 제럴드 투미와의 전화 인터뷰에서 나왔다. 지능과 인성 검사 활용에 대해서는 다음을 참조하라. 아서 도노반과 앤드루 깁슨의 1998년 7월 8일 스콧 모리슨 인터뷰, COHP. 동전 던지기는 1993년 4월 7일, 쿠싱과의 인터뷰.

26. 1992년 1월 14일, 폴 리처드슨과의 뉴저지 홀름델 인터뷰. 1991년 12월 16일, 케네스 영거와의 전화 인터뷰. 1993년 7월 1일, 윌리엄 B. 허바드와의 전화 인터뷰.

27. 컨테이너 무게는 PNYA *Annual Reports*에서. 인용은 1960년에 시랜드서비스에 합류한 찰스 쿠싱과의 인터뷰.

28. Sea-Land Service, presentation to Sea-Land management meeting, Hotel Astor, New York, December 12 - 14, 1963, mimeo.

29. Werner Baer, "Puerto Rico: An Evaluation of a Successful Development Program,"*Quarterly Journal of Economics* 73, no. 4 (1959): 645-671; A. W. Maldonado, *Teodoro Moscoso and Puerto Rico's Operation Bootstrap* (Gainesville, 1997).

30. 1993년 5월 5일, 제럴드 투미와의 인터뷰. 1993년 7월 1일, 윌리엄 B. 허바드와의 저자 인터뷰. Edward A. Morrow, "U.S. Antitrust Inquiry Begun into Proposed Sale of Bull Lines,"*NYT*, March 29, 1961.

31. 시랜드서비스에서는 선박의 대손상각 기간을 6년으로 설정했다. 선박이 장기 보유 자산임을 고려하면 이례적으로 짧은 기간이었다. 그랬기에 실제보다 단기 수익이 낮게 나왔는데, 대손상각 기간이 지나면 수익이 매우 높게 평가된다는 뜻이기도 했다. 단기 수익을 줄이려고 의도적으로 회계 처리를 했지만, 회사의 재무 보고서를 검토한 분석가들은 이런 사정을 폭넓게 감안하지 않았다. 1960년대 중반에 국세청은 시랜드서비스가 대손상각 기간을 6년이 아닌 15년으로 설정하도록 명령했고, 시랜드서비스의 재무 보고서는 예전보다 투명해졌다. 1993년 5월 21일, 얼 홀과의 전화 인터뷰. 그리고 McLean Industries *Annual Report*, 1965. 불인슐라라인 인수 제안에 대해서는 다음을 참조하라. "Bull Steamship Company Sold to Manuel Kulukundis Interests,"*NYT*, April 22, 1961; Edward A. Morrow, "Decision Put Off in Bull Line Case,"*NYT*, August 4, 1961. 불인슐라라인이 해군으로부터 중고 선박 두 척을 인수하지 못하도록 차단하고 나선 시도는 맥린의 경력에서 불명예스러운 일화 중 하나다. 긴급히 소집된 청문회에서 그는 이 문제와 관련해, 보조금을 지급받지 않는 해운사에 중고 선박을 매각하는 것은 '공짜로 주는 것'이나 마찬가지라고 주장했으며, 워터맨스팀십 역시 그 정책의 혜택을 보려고 지원했다는 사실도 인정했다. 그는 그 지원이 '실수'였다고 말했는데, 이 '실수'를 바로잡으려는

시도는 하지 않았다. "M'Lean Attacks Ship Exchanges,"*NYT*, August 17, 1961.

32. "Bull Line Stops Puerto Rico Runs,"*NYT*, June 25, 1962; "Sea-Land to Add to Trailer Runs,"*NYT*, June 26, 1962; 1993년 5월 5일, 제럴드 투미와의 전화 인터뷰. 1993년 7월 1일, 윌리엄 B. 허바드와의 인터뷰. 2005년 4월 28일, 아마데오 프란시스Amadeo Francis와 의 전화 인터뷰.

33. 투미와의 인터뷰. U.S. Census Bureau, *Statistical Abstract*, various issues.

34. Sea-Land Service, "The Importance of Containerized Ocean Transportation Service to Puerto Rico,"mimeo, n.d. [1969].

35. McLean Industries, *Annual Reports*, 1962 and 1965; 쿠싱과의 인터뷰. McLean Industries, *Annual Report*, 1962; 투미와의 인터뷰.

36. 고용 관련 수치는 다음에서. ICC, *Transport Statistics*, 1963, Part 5, Table 4. 1994년 1월 19일, 리처드 힐리Richard Healey와의 인터뷰. 1992년 7월 12일, 투미 및 리처드슨과의 인터 뷰. 허바드와의 인터뷰.

37. 아침 인사 관련 내용은 힐리와의 인터뷰. 캠벨과의 인터뷰. 허바드와의 인터뷰. 1992년 1월 14일, 리처드슨과의 인터뷰.

38. 얼 홀과의 인터뷰. presentations to Sea-Land management meeting, Hotel Astor, New York, December 12-14, 1963; ICC, *Transport Statistics*, various issues.

5장 뉴욕항에서 벌어진 전쟁 |||||||||||||||||||||||||||||||||||||||||||||||||||||||||||||||||||||||||||||||||||||||||

1. Chinitz, *Freight and the Metropolis*, pp. 21, 50. 부두의 숫자는 다음 편지에 나와 있 다. Edward F. Cavanagh Jr., New York City commissioner of marine and aviation, to Board of Inquiry on Longshore Work Stoppage, January 14, 1952, in Jensen Papers, Collection 4067, Box 16. 뉴저지 화물 야적장에 대한 묘사는 다음을 참조하라. Carl W. Condit, *The Port of New York, vol. 2, The History of the Rail and Terminal System from the Grand Central Electrification to the Present* (Chicago, 1981), pp. 103 – 107. 뉴저지의 이해 당사자들이 단일운송료 제도를 철폐하고자 한 시도들은 1921년 뉴욕항 만청 설립으로 이어졌다. 다음을 참조하라. Jameson W. Doig, *Empire on the Hudson: Entrepreneurial Vision and Political Power at the Port of New York Authority* (New York, 2001).

2. 전체 화물운송 방식 중 트럭의 비율에 대한 추정치는 다음 책에 인용된 뉴욕항만청의 미발표 자료를 근거로 했다. Chinitz, *Freight and the Metropolis*, p. 41. 평균 대기 시 간은 다음에 나온다. PNYA, "Proposal for Development of the Municipally Owned

Waterfront and Piers of New York City,"February 10, 1948, p. 64; *NYT*, May 17, 1952.

3. Waterfront Commission of New York Harbor, *Annual Report for the Year Ended June 30, 1954*, p. 33, and *Annual Report for the Year Ended June 30, 1955*, p. 13. 공인부두노동자에 대한 노동조합 견해를 다루는 흥미로운 해석은 1952년 7월 28일의 다음 편지에서 찾아볼 수 있다. Waldman & Waldman, the ILA's counsel, to ILA president Joseph P. Ryan recommending changes in the operation of Local 1757, in Vertical File, "International Longshoremen's Association,"Tamiment Library, New York University. '승인을 받은' 공인부두노동자의 공식 명단은 다음에 나온다. Truck Loading Authority, "Official Loading Charges in the Port of New York,"in Jensen Papers, Collection 4067, Box 13. 1963년 말에 가서야 비로소 트럭운송업체들은 부두에서 1년 에 100만 달러를 급행료 명목으로 뇌물로 써야 한다고 불평했다. 다음을 참조하라. New York City Council on Port Development and Promotion, minutes of November 18, 1963, Wagner Papers, Reel 40532, Frame 728.

4. *County Business Patterns*, 1951, p. 56.

5. *County Business Patterns*, 1951, pp. 2, 56; Chinitz, *Freight and the Metropolis*, pp. 31, 96. 20세기 초반에 산업별 중심지 위치에 대한 상세한 내용은 다음에 나온다. Robert Murray Haig, *Major Economic Factors in Metropolitan Growth and Arrangement* (New York, 1927; reprint, New York, 1974), esp. pp. 64-65 and 96-97. 헤이그의 지도 는 다른 산업들, 특히 의류 산업은 해안운송 접근성에 전혀 구애받지 않았음을 보여준다.

6. *County Business Patterns*, 1951. 브루클린과 관련된 추정치는 다음에서 참조했다. New York City marine and aviation commissioner Vincent A. G. O'Connor, Address to Brooklyn Rotary Club, October 17, 1956, Wagner Papers, Reel 40531, Frame 1585.

7. PNYA, *Outlook for Waterborne Commerce through the Port of New York*, November 1948, Table VIII; Census Bureau, *Historical Statistics*, p. 761; Thomas Kessner, *Fiorello H. LaGuardia and the Making of Modern New York* (New York, 1989), p. 559.

8. Chinitz, *Freight and the Metropolis*, pp. 77-78.

9. Ibid., p. 202. 트럭의 추가 운송료에 대해서는 다음을 참조하라. PNYA, "Proposal for Development,"p. 65. 선적인들은 대기하는 시간에까지 매기는 지불 청구서, 부두의 협 소함, 터미널 이용료 등에 대한 89개 항목을 정리해 1955년 6월 30일에 끝나는 회계 연 도에 '비공식적인 불만'을 제출했다. 불만 중 많은 부분이 뉴욕항 지역에서 해운 화물을 트럭에 싣고 내리는 요금과 관련된 것이었다. U.S. Department of Commerce, *Annual*

Report of the Federal Maritime Board and Maritime Administration, 1955, p. 33.

10. Nelson, *Divided We Stand*, pp. 71 – 73; Vernon Jensen, *Strife on the Waterfront* (Ithaca, NY, 1974), pp. 105 – 110 and chap. 6; Philip Taft, "The Responses of the Bakers, Longshoremen and Teamsters to Public Exposure,"*Quarterly Journal of Economics* 74, no. 3 (1960): 399. 뉴욕항해양위원회의 사무총장이던 새뮤얼 M. 레인 Samuel M. Lane은 1955년 1월에, 부패를 일소하려고 나섰지만 뉴욕항의 고용주 단체이던 뉴욕선적협회는 "가망이 없다"고 목소리를 높였다. 다음을 참조하라. Waterfront Commission Press Release 1040, January 27, 1955, in Jensen Papers, Collection 4067, Box 16.

11. 해양위원회에 제시한 제안은 듀이가 임명해서 구성한 뉴욕주 범죄위원회와 뉴욕항만 청에서 나왔다. 다음을 참조하라. State of New York, *Record of the Public Hearing Held by Governor Thomas E. Dewey on the Recommendations of the New York State Crime Commission for Remedying Conditions on the Waterfront of the Port of New York*, June 8-9, 1953, and PNYA, "Comparison of Plans for Improvement of Waterfront Labor Conditions in the Port of New York,"January 29, 1953; A. H. Raskin, "C-Men on the Waterfront,"*NYT Magazine*, October 9, 1955, p. 15; letters from Lee K. Jaffe, director of public relations, PNYA, to Steve Allen, NBC Television, November 1, 1957, and from Daniel P. Noonan, director of Public Relations, Department of Marine and Aviation, to Steve Allen, October 31, 1957, Wagner Papers, Reel 40531, Frames 1920 and 1922. 뉴욕항을 배경으로 예전부터 패권을 잡았 던 노동조합과 반발하는 집단 사이에 벌어지는 정치적인 다툼을 그린 뮤지컬 영화는 결 국 개인 소유의 부두에서 촬영되었다.

12. 오래되고 유서 깊은 부두들이 파괴된 뒤에 정리된, 예전부터 있었던 부두의 목록은 다음 에서 볼 수 있다. New York City Planning Commission, *The Waterfront* (New York, 1971), p. 89; Cavanagh letter to Board of Inquiry; George Home, "City Action Seen on Port Program,"*NYT*, August 7, 1952; Austin J. Tobin, *Transportation in the New York Metropolitan Region during the Next Twenty-five Years* (New York, 1954), p. 7.

13. 로어 맨해튼에 1932년에 문을 연 거대한 트럭 터미널은 예외적인 상황이었다. 다음을 참 조하라. Doig, *Empire on the Hudson*, pp. 84 – 104 and 118 – 119.

14. Wallace S. Sayre and Herbert Kaufman, *Governing New York City: Politics in the Metropolis* (New York, 1960), p. 341; cover letter in PNYA, *Marine Terminal Survey of the New Jersey Waterfront* (New York, 1949); Doig, *Empire on the Hudson*, pp.

259 - 260. 전쟁이 끝나고 9개월 뒤에 컬먼이 쓴 유명한 글은 항만 및 공항 시설을 개선하는 일이 시급하며, 뉴욕항만청이 대규모 건설 프로젝트들을 성공적으로 완수했음을 알린다. 이 글의 부제는 (이 글이, 뉴욕항만청이 공항이나 항구에 대한 아무런 권한이나 의무가 없을 때 쓰였음을 눈여겨보기 바란다) '뉴욕항만청이 25년이나 늦은 이때 새로운 해상·육상·항공 교통 시대를 준비한다'였다. 다음을 참조하라. "Our Port of Many Ports," *NYT Magazine*, May 5, 1946, p. 12.

15. John I. Griffin, *The Port of New York* (New York, 1959), p. 91; PNYA, "Proposal for Development"; Austin J. Tobin, statement to New York City Board of Estimate, July 19, 1948, Doig Files; PNYA, *Annual Report* 1949, p. 7; PNYA, *Marine Terminal Survey*, 5; Doig, *Empire on the Hudson*, pp. 353-354 and 538. 1946년, 이미 뉴욕시 해양항공 국장은 뉴욕항만청이 항구 개선 운동을 조직해야 한다는 제안을 거부하면서 이렇게 말했다. "뉴욕항만청은 뉴욕항과 아무런 관련이 없으며 아무런 권한도 없다." 다음을 참조하라. "Rejuvenated Port to Rise in Future," *NYT*, November 23, 1946. 반대의 입장에서 ILA가 했던 역할은 다음에 정리되어 있다. Joshua Freeman, *Working-Class New York* (New York, 2000), p. 161.

16. PNYA, Weekly Report to Commissioners, April 5, 1952; "Betterments Set for Port Newark," *NYT*, April 9, 1952; Charles Zerner, "Big Port Terminal Near Completion," *NYT*, January 31, 1954; Edward P. Tastrom, "Newark Port to Start Operating New $6 Million Terminal Soon," *JOC*, March 9, 1954; "Awaits Bid for Piers," *Newark Evening News*, December 8, 1952; "Modernizing the Docks," *New York World-Telegram*, December 9, 1952; "City's Port Costs Show Blunder in Rejecting Authority's Aid," *Brooklyn Eagle*, December 17, 1952.

17. 맥린의 계획은 신속하게 구체화되었고 2, 3개월 안에 발표되었다. 다음을 참조하라. Raskin, "Union Head Backs 'Sea-Land' Trucks." Tobin, "Transportation in the New York Metropolitan Area during the Next Twenty-five Years," pp. 10-12.

18. PNYA, Minutes of Committee on Port Planning, September 2, 1954, Meyner Papers, Box 43; PNYA, Minutes of the Commissioners, December 9, 1954, 232, Meyner Papers, Box 43; June 29, 1955, 216; October 26, 1955, 316 and 322, all in Meyner Papers, Box 44; PNYA, *Thirty-fifth Annual Report*, 1956, pp. 1 - 4.

19. Press release, Office of the Governor, December 2, 1955; PNYA, Minutes of Committee on Port Planning, January 5, 1956, Meyner Papers, Box 44. 엘리자베스항의 잠재성에 대한 뉴욕항만청의 예전 견해는 *Marine Terminal Survey*(p. 26)에 드러나

있다. 이 보고서는 뉴어크, 저지시티, 호보켄, 위호켄, 노스버겐 등을 항구 개발 예정지로 검토했지만 산업적인 활용도 부분에서는 엘리자베스가 가장 적합하다고 강조했다.

20. Newark share derived from data in PNYA, *Annual Report* 1955, p. 9, and PANYNJ, *Foreign Trade* 1976.

21. Chris McNickle, *To Be Mayor of New York: Ethnic Politics in the City* (New York, 1993), pp. 97 – 107; proposed 1954 capital budget, Wagner Papers, Reel 7709, Frame 1372; John J. Bennett, chairman, City Planning Commission, to Henry L. Epstein, deputy mayor, March 11, 1954, Wagner Papers, Reel 7709, Frame 1179; New York Department of Marine and Aviation, press release, August 24, 1955, Wagner Papers, Reel 40531, Frame 1220; Jensen, *Strife on the Waterfront*, p. 147; Wagner letter to City Planning Commission in Wagner Papers, Reel 40507, Frame 843.

22. Cullman to Lukens, December 9, 1955; Lukens to file, December 12, 1955, in Doig Files.

23. O'Connor address to New York Symposium on Increasing Port Efficiency, November 28, 1956, Wagner Papers, Reel 40531, Frame 1554; Department of Marine and Aviation, "Rebuilding New York City's Water-front," September 5, 1956, Wagner Papers, Reel 40531, Frames 1603 – 1639.

24. 뉴욕시가 설립한 항구의 홍보발전위원회Council on Port Promotion and Development는 1963년에 일반화물 1톤 처리 비용이 뉴욕에서는 10달러지만, 볼티모어에서는 5달러가 든다고 추정했다. Wagner Papers, Reel 40532, Frame 866; "Statement of Vincent A. G. O'Connor, Commissioner of Marine & Aviation, regarding Operation of Grace Line Terminal at Marine & Aviation Piers 57 and 58, North River," Wagner Papers, Reel 40531, Frame 1268; O'Connor address to convention of ILA, July 11, 1955, Wagner Papers, Reel 40531, Frame 1314. 민영 부두노동자들은 '정규regular'와 '추가 정규regular extra'로 개별 부두에 우선적으로 채용될 수 있는 노동자의 자격이 있었다. 만일 화물선이 화물을 싣거나 내리는 부두를 바꿀 경우에는 새로운 부두에서 우선권의 배분을 놓고 격렬한 분쟁이 벌어지곤 했다.

25. Department of City Planning, Newsletter, November 1956, Wagner Papers, Reel 40507, Frame 1596; oral history interviews with Robert F. Wagner, May 21, 1988, Julius C. C. Edelstein, April 5, 1991, and Thomas Russell Jones, June 10, 1993, in LaGuardia and Wagner Archive, LaGuardia Community College, Queens, NY; Mc-Nickle, *To Be Mayor of New York*, p. 121; Downtown – Lower Manhattan

Association, "Lower Manhattan" (1958), p. 6.

26. Press release, September 4, 1957, Wagner Papers, Reel 40531, Frame 1945; press release, September 11, 1957, Wagner Papers, Reel 40531, Frame 1957; O'Connor statement at Board of Estimate capital budget hearing, November 18, 1958, Wagner Papers, Reel 40532, Frame 1149; interview with Guy F. Tozzoli, New York, January 13, 2004; letter from Howard S. Cullman and Donald V. Lowe to Mayor Wagner and the Board of Estimate, September 18, 1957, Wagner Papers, Reel 40531, Frame 1448; "Statement by Vincent A. G. O'Connor, Commissioner of Marine and Aviation, regarding Port of New York Authority's Attack on Lease with Holland-America Line for $18,723,000 Terminal, New Pier 40, to Be Built at the Foot of West Houston Street, Manhattan," September 19, 1957, Wagner Papers, Reel 40531, Frame 1936.

27. James Felt, chairman, City Planning Commission, to O'Connor, September 23, 1959, Wagner Papers, Reel 40508, Frame 691; City of New York Department of City Planning, "Redevelopment of Lower Manhattan East River Piers," September 1959, Wagner Papers, Reel 4058, Frame 693; Moses to Felt, September 29, 1959, Wagner Papers, Reel 40508, Frame 688; O'Connor to Board of Estimate, November 25, 1959, Wagner Papers, Reel 40531, Frame 2179. 이 기간 동안 뉴욕시 및 그 지역에서 여전히 강력한 영향력을 과시하는 인물이었던 모지스는 화물운송에는 아무런 관심도 없는 것처럼 보였다. 로버트 A. 카로Robert A. Caro가 쓴 모지스 전기 *The Power Broker: Robert Moses and the Fall of New York* (New York, 1974)에서는 항구와 화물운송 등 해양 관련 전반에 대한 어떤 언급도 찾을 수 없으며, 모지스의 회고록 *Public Works: A Dangerous Trade*(New York, 1970), p. 894.을 보더라도 단순한 관찰 이상의 내용도 없다. 모지스와 오래 알고 지냈던 가이 토졸리에 따르면, 모지스는 자동차와 여객운송에 매우 깊은 관심이 있었지만 항구와 관련된 문제들이나 뉴욕 기업의 화물운송 문제들은 전혀 관심이 없었다. 2004년 1월 13일, 가이 토졸리와의 인터뷰.

28. Condit, *The Port of New York*, 2:346.

29. U.S. Department of Commerce, *Annual Report of the Federal Maritime Board and Maritime Administration*, 1957 (Washington, DC, 1957), p. 12; PNYA, Minutes of the Commissioners, February 14, 1957, p. 98, Meyner Papers, Box 44; PNYA, Weekly Report to the Commissioners, November 15, 1965, Doig Files; "Full-Scale Container Ship Proves Itself," 6; U.S. National Academy of Sciences, *Roll-On, Roll-Off Sea Transportation* (Washington, DC, 1957), p. 9; "Propeller Club Annual

Convention,"*Marine Engineering/Log* (November 1958), pp. 64-65.

30. PNYA, "Report on Port Authority Operation of Port Newark & Newark Airport, January 1, 1960-December 31, 1960"; Chinitz, *Freight and the Metropolis*, p. 156.

31. 엘리자베스시의 공무원들은 뉴욕항만청이 시의 동의가 없는 한, 시의 토지를 독단적으로 수용하지 않을 것이라는 1951년 협약을 파기했다고 항의했다. 다음을 참조하라. PNYA, Weekly Report to the Commissioners, March 31, 1956; letter, Austin J. Tobin to Elizabeth mayor Nicholas LaCorte, May 21, 1956; New Jersey governor Robert B. Meyner to Elizabeth city attorney Jacob Pfeferstein, June 4, 1956; Memo, Francis A. Mulhearn, PNYA legal department to Tobin, June 29, 1956, all in Doig Files. 컨테이너에 대한 서로 다른 반응들에 대해서는 다음을 참조하라. PNYA, Minutes of Committee on Construction, March 26, 1958, Meyner Papers, Box 44; O'Connor address on Marine and Aviation Day, May 23, 1961, Wagner Papers, Reel 40532, Frame 325; "Creation of a Container Port,"*Via—Port of New York*, Special Issue: *Transatlantic Transport Preview* (1965): 31; Anthony J. Tozzoli and John S. Wilson, "The Elizabeth, N.J. Port Authority Marine Terminal,"*Civil Engineering*, January 1969, pp. 34-39.

32. New York Department of Marine and Aviation, press release, January 23, 1961, Wagner Papers, Reel 40532, Frame 357; Remarks by Mayor Robert F. Wagner, August 30, 1962, Wagner Papers, Reel 40532, Frame 457; Walter Hamshar, "Face-Lift for the Waterfront,"*New York Herald Tribune*, November 2, 1963; "NY Port Development Scored,"*JOC*, December 23, 1963; New York City Planning Commission, "The Port of New York: Proposals for Development" (1964), pp. 8, 13, and Plate 2; Minutes of New York City Council on Port Development and Promotion, November 18, 1963, Wagner Papers, Reel 40532, Frame 728; "Report on Recommendations by the Steering Committee to the Committee for Alleviating Truck Congestion and Delay at the Waterfront of the City of New York,"October 7, 1965, Wagner Papers, Reel 40532, Frame 978.

33. King to Tobin, November 8, 1965; PNYA, Minutes of the Commissioners, November 10, 1965; PNYA, press release, November 15, 1965; PNYA, Minutes of the Commissioners, September 8, 1966; PNYA, transcript of "New Jersey Observations,"WNDT-TV, November 15, 1965, all in Doig files; "One Dispute at a Time,"*NYT*, July 12, 1966.

34. PNYA, *Annual Report*, 1996, p. 14; First National City Bank, "The Port of New York:

Challenge and Opportunity,"June 1967, pp. 27, 30; *Longshore News*, October-November 1966, p. 4,

35. Edward C. Burks, "Jersey Facilities Set Port Agency Pace,"*NYT*, May 11, 1975; Edith Evans Asbury, "Port Agency Scored on Jersey Project,"*NYT*, July 17, 1966; PANYNJ, *Foreign Trade 1976*, p. 12.

36. Brown to Lindsay, May 12, 1966, in Mayor John V. Lindsay Papers, NYMA, Reel 45087, Frame 1560; PNYA, "The 1970 Outlook for Deep Sea Container Services (New York, 1967),"p. 2; PNYA, *Container Shipping: Full Ahead* (New York, 1967); "Containers Widen Their World,"*Business Week*, January 7, 1967; George Home, "Container Revolution, Hailed by Many, Feared,"*NYT*, September 22, 1968; memo, Halberg to Brown, May 11, 1966, Lindsay Papers, Reel 45087, Frame 1561.

37. Halberg to Deputy Mayor Robert W. Sweet, September 29, 1967, in Lindsay Papers, Department of Marine and Aviation, Reel 45087, Frame 1653; *Longshore News*, April 1967, p. 4, November 1967, p. 4, October 1968, p. 1, and October 1969, p. 1; Werner Bamberger, "A 90-Second Depot for Containerships Studied,"*NYT*, December 1, 1966; Paul F. Van Wicklen, "Elizabeth: The Port of New York's Prototype for the Container Era"(manuscript prepared for *Ports and Terminals*, April 28, 1969); memo, Patrick F. Crossman, commissioner of economic development, to Lindsay, April 2, 1970, in Lindsay Papers, Confidential Subject Files, Reel 45208, Frame 707; Lindsay to Tobin, June 29, 1970, in Lindsay Papers, Confidential Subject Files, Reel 45208, Frame 668. 수직 부두는 2,000개의 컨테이너를 수용하는 용량이었는데, 이 제안서는 스피드파크Speed-Park Inc.라는 뉴욕의 한 회사가 작성했다. 다음을 참조하라. R. D. Fielder, "Container Storage and Handling,"*Fairplay*, January 5, 1967, p. 31.

38. Joseph P. Goldberg, "U.S. Longshoremen and Port Development,"in *Port Planning and Development as Related to Problems of U.S. Ports and the U.S. Coastal Environment*, ed. Eric Schenker and Harry C. Brockel (Cambridge, MD, 1974), pp. 76–78; *Containerisation International Yearbook 1974* (London, 1974), p. 76; Waterfront Commission of New York Harbor, *Annual Report*, various years; *County Business Patterns*, 1964, 34–91, and *County Business Patterns*, 1973, pp. 34-111.

39. Condit, *The Port of New York*, 1:346; Bill D. Ross, "The New Port Newark Is Prospering,"*NYT*, December 12, 1973; Goldberg, "U.S. Longshoremen and Port Development,"p. 78; David F. White, "New York Harbor Tries a Comeback,"*New*

York, October 16, 1978, p. 75; Richard Phalon, "Port Jersey Development Could Cut Brooklyn Jobs,"*NYT*, January 14, 1972; New York City Planning Commission, *The Waterfront*, p. 35; William DiFazio, *Longshoremen: Community and Resistance on the Brooklyn Waterfront* (South Hadley, MA: Bergin & Garvey, 1985), pp. 34 – 35.

40. Bureau of the Census, *U.S. Census of Population and Housing 1960* (Washington, DC, 1962), Report 104, Part I, and 1970 *Census of Population and Housing* (Washington, DC, 1972), New York SMSA, Part I. 1970년, 인구조사 표준 지역들의 구획 경계선은 1960년과 같지 않았다. 그러므로 작은 지역에서 일어난 경제적 변화에 대한 결론은 예외적으로 가능했을 뿐이다. 주택 건축 관련 자료는 다음에서 인용했다. New York City Planning Commission, "New Dwelling Units Completed in 1975,"Mayor Abraham Beame Papers, NYMA, Departmental Correspondence, City Planning Commission, Reel 61002, Frame 167.

41. *County Business Patterns*, 1964, 1967, and 1976, Part 34. 컨테이너화가 뉴욕시의 경제에 미친 영향에 대해서는 다음을 참조하라. Marc Levinson, "Container Shipping and the Decline of New York, 1955 – 1975,"*Business History Review* 80 (2006): 49 – 80.

42. 통계에 따르면, 1970년대 말, 브루클린에서 트럭을 이용해 컨테이너 하나를 기차가 대기하는 철도역 구내로 옮기는 비용은 85달러에서 120달러가 든다. 그러나 뉴저지에서는 21달러밖에 들지 않았다. 다음을 참조하라. White, "New York Harbor Tries a Comeback,"p. 78. 에드거 M. 후버Edgar M. Hoover와 레이먼드 버넌Raymond Vernon은 산업 구조에 따른 차이를 정리한 뒤에, 1945년에서 1956년 사이에 지어진 뉴욕시 지역의 공장들은 노동자 1인당 4,550평방피트를 차지하지만, 1922년 이전에 지어진 공장들은 1인당 1,040평방피트를 차지한다는 사실을 확인했다. 두 사람은 계산을 통해 대도시 산업체에 부과된 세금이 뉴욕주의 다른 지역에 있는 산업체에 부과된 세금보다 훨씬 많다는 사실도 확인했다. 다음을 참조하라. *Anatomy of a Metropolis* (Cambridge, MA, 1959), pp. 31, 57 - 58. 공장 이전 관련 자료는 다음에서 인용했다. Marilyn Rubin, Ilene Wagner, and Pearl Kamer, "Industrial Migration: A Case Study of Destination by City-Suburban Origin within the New York Metropolitan Area,"*Journal of the American Real Estate and Urban Economics Association* 6 (1978): 417 - 437.

43. Ellen M. Snyder-Grenier, *Brooklyn! An Illustrated History* (Philadelphia, 1996), pp. 152-163; "Red Hook,"in *The Columbia Gazeteer of North America*, 2000 on-line edition; Finlay, *Work on the Waterfront*, p. 61; Richard Harris, "The Geography of Employment and Residence in New York since 1950,"in *Dual City: Restructuring

New York, ed. John Mollenkopf and Manual Castells (New York, 1992), p. 133; New York State Department of Labor, *Population and Income Statistics* Brian J. Godfrey, "Restructuring and Decentralization in a World City,"*Geographical Review*, Thematic Issue: *American Urban Geography* 85 (1995): 452.

6장 노동조합의 투쟁 |||||||||||||||||||||||||||||||||||||||||||||||||||||||||||||||||||||||||||||||||

1. New York Shipping Association, "Proposed Revision of General Cargo Agreement for the Period October 1, 1954 to September 30, 1956,"October 20, 1954, and "Proposed Revision of the General Cargo Agreement for the Period October 1, 1954 to September 30, 1956,"December 28, 1954, both in ILA files, Robert F. Wagner Labor Archive, New York University, Collection 55, Box 1.

2. ILA와 맥린과의 관계에 관한 정보는 1992년 9월 29일 뉴욕에서 진행한 토머스 글리슨 과의 인터뷰 및 2004년 1월 14일 뉴욕에서 진행한 가이 토졸리와의 저자 인터뷰에서. 이 시기 동안의 ILA 관련 배경은 다음을 참조하라. Jensen, *Strife on the Waterfront*, pp. 173－183; Philip Ross, "Waterfront Labor Response to Technological Change: A Tale of Two Unions,"*Labor Law Journal* 21, no. 7 (1970): 400; and "General Cargo Agreement Negotiated by the New York Shipping Association Inc. with the International Longshoremen's Association (IND) for the Port of Greater New York and Vicinity, October 1, 1956-September 30, 1959,"in Jensen Papers, Collection 4096, Box 5.

    뉴욕해양위원회는 후보 인부들을 줄 세운 뒤 선택하는 '셰이프업(구성하기)' 관행에서 비롯되는 비리를 없애기 위해 뉴욕항에서의 채용 과정을 바꿀 방법을 찾았다. 일반적으로 고용주들은 노동자를 개별적으로 고용하기보다 21명으로 구성된 작업조 단위로 고용했다. 각 부두나 전통적인 부두가 없던 뉴어크항에 있던 고용주는 먼저 일감을 주는, 하나 이상의 '정규직' 작업조가 있었다. 그런데 만일 이 작업조 이외에 추가 인원이 필요하면 고용주는 '추가' 작업조를 쓴다. 이때 고용은 부두의 여러 상황에 맞추되 다양한 추가 작업조 결정 규칙을 따랐다. 팬애틀랜틱은 여덟 개의 '정규직' 작업조를 보유하고 있었고, 흑인 작업조와 백인 작업조가 각각 네 개였다. 그런데 정규직 작업조들이 일할 수 있는 일감이 날마다 충분하게 보장되지 않았으므로, 한 부두에 속한 '정규직' 작업조는 다른 부두에 일이 있으면 그 부두의 '추가 정규직' 작업조가 될 수 있었다. 고용주들은 '추가' 작업조들을 임의로 선택할 권한을 원했지만, ILA는 고용주들이 나이 든 부두노동자에게 일을 맡기지 않고 젊은 부두노동자들만 선택할 상황을 우려했다. ILA는 이 문제와 관련된 쟁점이 매우 난감한 일이었다. 뉴어크와 브루클린 일부에서는 각 작업조의 소득을 동일하게 맞추는 규정이 있었고, ILA 지도자들은 해양위원회가 항구 전체에서 채용 과정을 표준화하려는 시도에 반대했다. 이에 비해 맨해튼과 저지시 그리고 호보켄 지부에서는 해양위원회와 합의하려는 모습이 보였다. ILA의 우려에도 불구하고 작업조별 소득을 동일하게 유지하는 일에 성공을 거두지 못한 것 같다. 1956년 10월부터 1957년 9월 사이 팬애틀랜틱에 고용되어 일했던 여섯 개의 작업조 중 한 곳은 평균 6,000달러 이상의 소득을 올렸고, 두 곳은 4,500달러에서 4,999달러, 또 한 곳은 평균 3,500달러 미만의 소득밖에 올리지 못했다. 연공서열과 관련된 문제는 뉴욕해양위원회의 다음 노사 협의 내용을 참조하라. ILA District 1 Papers, Kheel Center, Catherwood Library, Cornell University, Collection 5261, Box 1. Wage data are in New York Shipping Association, "Port-Wide Survey of Gang Earnings," September 12, 1958, in Jensen Papers, Collection 4067, Box 13.

공식적으로는 뉴욕항에서 ILA는 단일 조직이었지만 실질적으로 지부가 존재했다. 두 개의 '흑인' 지부가 있었다. 하나는 브루클린의 968지부였고 또 하나는 뉴어크의 1233지부였다. 브루클린 지부는 단 한 번도 자기 부두의 통제권을 가진 적이 없었는데, 그래서 이 지부의 지도자들은 고용주들이 추가 작업조를 채용할 때 흑인을 차별한다고 불평했다. 968지부의 회사 측 대리인이던 토머스 폰틀로이Thomas Fauntleroy의 다음 증언을 참조하라. "In the Matter of the Arbitration between ILA-Independent, and Its Affiliated Locals, and New York Shipping Association," September 29, 1958, in Jensen Papers, Collection 4096, Box 5. 1959년에 968지부는 거대 지부였던 1814지부에 흡수되었다. 뉴어크 지부는 비교적 처우가 좋았다. 왜냐하면, 뉴어크는 뉴욕시와 다르게 특정 지부나 작업조에 우선권을 주지 않았다. 해양위원회는 각 작업조들을 'I(이탈리아인)', 'N(흑인)', 'S(스페인인)' 등의 암호로 표기하는 방식으로 구분했다. 다음을 참조하라. P. A. Miller Jr., "Current Hiring Customs and Practices in All Areas in the Port of New York," Waterfront Commission, December 20, 1955, in Jensen Papers, Collection 4067, Box 14. On race relations on the New York docks, see Rubin, *The Negro in the Longshore Industry*, pp. 59 – 69, and Nelson, *Divided We Stand*, pp. 79 – 86.

3.　New York Shipping Association, "Proposals for Renewal of the General Cargo Agreement Submitted by the New York Shipping Association, Inc., to the I.L.A. (Ind.)," October 29, 1956; ILA Locals 1418 and 1419 proposal, September 5, 1956; New Orleans Steamship Association counterproposal, October 1, 1956; Board of Inquiry Created by Executive Order No. 10689, "Report to the President on the Labor Dispute Involving Longshoremen and Associated Occupations in the Maritime Industry on the Atlantic and Gulf Coast,"November 24, 1956, all in ILA files, Collection 55, Box 1, Folder "Agreement, Negotiations, & Strikes, June – Dec. 1956, 1 of 2."

4. McLean Industries, *Annual Report*, 1958, p. 4; Pacific Maritime Association, *Monthly Research Bulletin*, January 1959; "Hopes Dim for Accord between Dock Union, New York Shippers, Pacts Expire Tonight,"*Wall Street Journal*, September 26, 1959. Field comment in Jensen, *Strife on the Waterfront*, p. 228.

5. *NYT*, November 18, 1958; and November 27, 1958; Port of New York Labor Relations Committee press release, December 17, 1958, in Jensen Papers, Collection 4067, Box 13.

6. Jacques Nevard, "I.L.A. Demands Six-Hour Day and Curbs on Automation,"*NYT*, August 11, 1959; Ross, "Waterfront Labor Response,"p. 401.

7. Jack Turcott, "Pier Strike Ties Up E. Coast, Spurs Revolt,"*New York Daily News*, October 2, 1959; Jensen, *Strife on the Waterfront*, pp. 235-247.

8. Jensen, *Strife on the Waterfront*, pp. 247 – 250; "Dock Union, Shippers Sign Agreement on Labor Contract,"*Wall Street Journal*, December 4, 1959. 바넷의 논평은 다음에 나온다. New York Shipping Association, "Progress Report 1959,"p. 5, and his views were echoed in Walter Hamshar, "I.L.A. Container Pact Gives N.Y. Cargo Lead,"*Herald Tribune, January* 3, 1960; Jacques Nevard, "Port Gains Noted in New Pier Pact,"*NYT*, January 3, 1960.

9. Jensen, *Strife on the Waterfront*, pp. 250 – 253. 장기 비용에 대한 업계의 관심은 뉴욕해운협회의 알렉산더 쇼팽 회장이 했던 발언에서도 볼 수 있다. New York Shipping Association, "Progress Report 1959,"p. 8.

10. ILWU의 배경은 다음을 참조하라. Bruce Nelson, *Workers on the Waterfront: Seamen, Longshoremen, and Unionism in the 1930s* (Champaign, 1990); Selvin, *A Terrible Anger* Larrowe, *Harry Bridges* Howard Kimeldorf, *Reds or Rackets? The Making of Radical and Conservative Unions on the Waterfront* (Berkeley, 1988); Stephen Schwartz, *Brotherhood of the Sea: A History of the Sailors' Union of the Pacific, 1885 – 1985* (Piscataway NJ, 1986); Henry Schmidt, "econdary Leadership in the ILWU, 1933 – 1966,"interviews by Miriam F. Stein and Estolv Ethan Ward (Berkeley, 1983); 그리고 ILWU, *The ILWU Story: Two Decades of Militant Unionism* (San

Francisco, 1955). The number of stoppages is from Charles P. Larrowe, Shape Up and Hiring Hall (Berkeley, 1955), p. 126. 다음 책은 조합의 힘을 유지하는 지리적 입지의 중요성을 강조한다. Andrew Herod, *Labor Geographies: Workers and the Landscapes of Capitalism* (New York, 2001). 비록 그는 ILA를 주로 다루었지만 ILWU에도 동일하게 적용되는 논의다. 태평양해운협회가 제시하는 로스앤젤레스항의 48개 '뒷주머니' 규칙 목록은 다음에 나온다. U.S. House of Representatives, Committee on Merchant Marine and Fisheries, *Study of Harbor Conditions in Los Angeles and Long Beach Harbor*, July 16, 1956, p. 14. 임시직 노동자에 의존하는 산업의 노동조합에서 작업 규칙이 갖는 중요성은 다음 책이 강조한다. Hartman, *Collective Bargaining*, p. 41. 태평양 연안의 여러 항구에 존재하던 작업 규칙의 다양한 사례는 다음을 참조하라. Hartman, *Collective Bargaining*, pp. 46-72, and Lincoln Fairley, *Facing Mechanization: The West Coast Longshore Plan* (Los Angeles, 1979), pp. 16-17.

11. "Working Class Leader in the ILWU, 1935-1977," interview with Estolv Ethan Ward, 1978 (Berkeley, 1980), p. 803.

12. J. Paul St. Sure, "Some Comments on Employer Organizations and Collective Bargaining in Northern California since 1934" (Berkeley, 1957), pp. 598-609.

13. Louis Goldblatt, "Working Class Leader in the ILWU, 1935-1977," interviews by Estolv Ethan Ward (Berkeley, 1977), p. 784; Clark Kerr and Lloyd Fisher, "Conflict on the Waterfront," *Atlantic* 183, no. 3, (1949): 17.

14. 세인트 슈어의 몇몇 코멘트들("Some Comments," p. 643)은 관할권을 위협받는 상황을 막기 위해 브리지스가 파업이나 ILWU의 계약 파기를 조심스럽게 피했다고 주장한다. 아울러 다음을 참조하라. Larrowe, *Harry Bridges*, p. 352. 브리지스의 증언과 로스앤젤레스항의 당시 상황에 대한 많은 정보를 다음에서 찾을 수 있다. Merchant Marine and Fisheries Committee hearings, *Study of Harbor Conditions in Los Angeles and Long Beach Harbor*, October 19-21, 1955, and July 16, 1956.

15. Larrowe, *Harry Bridges*, p. 352.

16. 공식적인 위원회 성명은 다음에 있다. "Report of the Coast Labor Relations Committee to the Longshore, Ship Clerks and Walking Bosses Caucus," March 13-15, 1956, in ILA District 1 Files, Collection 5261, Box 1, Folder "Pacific Coast Experience."

17. Herb Mills, "The San Francisco Waterfront—Labor/Management Relations: On the Ships and Docks. Part One: 'The Good Old Days'" (Berkeley, 1978), p. 21; Fairley, *Facing Mechanization*, p. 48; Hartman, *Collective Bargaining*, pp. 73-83.

18. Jennifer Marie Winter, "Thirty Years of Collective Bargaining: Joseph Paul St. Sure, Management Labor Negotiator 1902–1966" (M.A. thesis, California State University at Sacramento, 1991), chap. 4. 유명한 일화에 따르면, 샌프란시스코의 노동중재관 한 명이 안전 관련 불만 사항을 해결하려고 화물 처리가 진행되던 배에 올랐다. 선창에서 일하고 있어야 할 노동자는 커피를 마시는 중이었다. 그런데 이 노동자들도 작업조의 네 명뿐이었고, 나머지 노동자는 야구장에 가서 자정에 돌아올 것이라고 했다. 다음을 참조하라. Larrowe, *Harry Bridges*, p. 352. Hartman, *Collective Bargaining*, pp. 84–88; ILWU, "Coast Labor Relations Committee Report," October 15, 1957.

19. Hartman, *Collective Bargaining*, pp. 87–89; Sidney Roger, "A Liberal Journalist on the Air and on the Waterfront," interview by Julie Shearer (Berkeley, 1998), p. 616.

20. 다음 책은 하루 여섯 시간 노동제가 어떻게 해서 관행에 따라 왜곡되었는지 살펴본다. Fairley, *Facing Mechanization*, p. 64. 해당 투표에 대한 구체적인 사항은 다음을 참조하라. Hartman, *Collective Bargaining*, p. 91. 이 쟁점과 관련해 ILA가 발행하던 신문 〈디스패처〉의 만평만 보더라도 지도부가 조합원을 설득하기 어려웠다는 것을 분명하게 알 수 있다. 만평에 묘사된 묘비명은 다음과 같이 되어 있었다. "여기 젊은 초과근무자 잠들다 - 적게 일하고 오래 살기를 소망했던 살아남은 사랑하는 가족이." 다음을 참조하라. ILWU, "Report of the Officers to the Thirteenth Biennial Convention," Part I, April 6, 1959, p. 11.

21. 부두노동자의 논평은 당시 캘리포니아 윌밍턴에 있는 ILWU의 13지부 조합원이었던 빌 워드Bill Ward와의 인터뷰를 참조하라. ILWU-University of California at Berkeley Oral History Project. 자동화에 대한 경고는 다음에 나온다. "Report··· to the Thirteenth Biennial Convention," p. 10. 브리지스에 대한 논평은 다음을 참조하라. Roger, "A Liberal Journalist," p. 187.

22. 이런 논의와 관련된 보다 자세한 내용은 다음을 참조하라. Fairley, *Facing Mechanization*, pp. 103–104; Hartman, *Collective Bargaining*, pp. 90–94; Larrowe, *Harry Bridges*, pp. 352–353. The full text of the ILA proposal is reprinted in Fairley, *Facing Mechanization*, p. 80.

23. Fairley, *Facing Mechanization*, pp. 122–129; Hartman, *Collective Bargaining*, pp. 96–97; Winter, "Thirty Years of Collective Bargaining," chap. 5. Savings per hour calculated from data in Hartman, *Collective Bargaining*, p. 123.

24. Fairley, *Facing Mechanization*, pp. 132–133, and Germain Bulcke, "Longshore Leader and ILWU-Pacific Maritime Association Arbitrator," interview by Estolv Ethan

Ward (Berkeley, 1984), p. 66.

25. Pacific Maritime Association and ILWU, "Memorandum of Agreement on Mechanization and Modernization," October 18, 1960; Ross, "Waterfront Labor Response," p. 413.

26. 태평양해운협회 내부의 이견은 다음에 자세하게 소개되어 있다. Fairley, *Facing Mechanization*, p. 125, 그리고 Winter, "Thirty Years of Collective Bargaining," chap. 5. 그리고 다음 책은 ILWU 내부의 반대파를 다룬다. Hartman, *Collective Bargaining*, pp. 99 – 100. 샌프란시스코 부두노동자의 3분의 1은 54세가 넘었으며, 11퍼센트만이 35세 미만이었다. 다음을 참조하라. Robert W. Cherny, "Longshoremen of San Francisco Bay, 1849 – 1960," in Davies et al., *Dock Workers*, 1:137.

27. Hartman, *Collective Bargaining*, pp. 164 – 166.

28. Ibid., pp. 124 – 144 and 272 – 279; Finlay, *Work on the Waterfront*, p. 65.

29. Hartman quotation, *Collective Bargaining*, p. 150; '브리지스의 화물'은 다음을 참조하라. Larrowe, *Harry Bridges*, p. 356.

30. Bridges statement in ILWU/PMA joint meeting, August 7, 1963, quoted in Hartman, *Collective Bargaining*, p. 147; arbitration award ibid., p. 148.

31. 비용 절감은 위의 책 p. 178에서. 컨테이너 관련 통계는 위의 책 pp. 160-270에서. 하트만은 1960년에서 1963년 사이의 전체 생산성 증가 중 약 4퍼센트, 1964년에는 7~8퍼센트가 컨테이너 덕분이라고 추정한다.

32. 캐나다식 기계근대화협정은 1960년 11월 21일에 서명되었다. 이것은 미국의 한 달 뒤 시점이다. 여기에 대해서는 다음에서 찾을 수 있다. Jensen Papers, Accession 4067, Box 15. 켐프턴의 칼럼은 다음에 인용되어 있다. Jensen, *Strife on the Waterfront*, p. 261.

33. Goldberg, "U.S. Longshoremen and Port Development," 68 – 81; New York Shipping Association, "Progress Report 1959." Gleason discusses his background in a July 31, 1981, interview with Debra Bernhardt, New Yorkers at Work Oral History Collection, Robert Wagner Labor Archive, New York University, Tape 44. 그러나 이 인터뷰 내용의 상당 부분이 신빙성이 없다. 다음 인터뷰도 반대자들을 다룬다. Peter Bell, interview by Debra Bernhardt, August 29, 1981, New Yorkers at Work Oral History Collection, Robert Wagner Labor Archive, New York University, Tape 1OA. discusses dissidents.

34. Waterfront Commission of New York Harbor, *Annual Report 1961 – 62*, p. 16.

35. Werner Bamberger, "Container Users Study Royalties," *NYT*, November 24, 1960;

"Container Board Set Up,"*NYT*, April 11, 1961; Panitz, "NY Dockers." 부두노동자의 노동 시간은 뉴욕해운협회가 집계했으며, 일부는 버넌 젠슨의 문서에서 찾아볼 수 있다. 하지만 불행히도 사라진 기록들이 있어 전체 양상을 파악하기는 불가능하다.

36. 필드의 논평은 뉴욕항의 ILA 조합원들에게 보낸 날짜 미상의 메모에 나온다. ILA Files, Collection 55, Box 1. 그리고 부두 전체에 연공서열을 요구하는 대용은 다음에 나온다. "Local No. 856, ILA, Proposals to 1962 Atlantic Coast District Wage Scale Committee and New York District Council,"n.d., Collection 55, Box 1.

37. ILA, "Changes to Be Made in General Cargo Master Agreement,"June 13, 1962; New York Shipping Association, "Monetary Offer to International Longshoremen's Association,"August 1, 1962; Memo from Walter L. Eisenberg, Ph.D., Economic Consultant, to Thomas W. Gleason, Chairman, ILA Negotiating Committee, Re Employer Proposals of August 1, 1962, n.d.; all in ILA Files, Collection 55, Box 1, Folder "Agreements, Negotiations, & Strikes 1961 – 63"; John P. Callahan, "Anastasia Balks at I.L.A. Demands,"*NYT*, July 17, 1962. Gleason speech to World Trade Club, September 10, 1962, quoted in Jensen, *Strife on the Waterfront*, p. 269.

38. Jensen, *Strife on the Waterfront*, pp. 271 – 279.

39. "Statement by the Mediators,"*"Mediators' Proposal,"* and "Memorandum of Settlement,"mimeographed, January 20, 1963; *Congressional Record*, January 22, 1963, p. 700; *Herald Tribune*, September 12, 1963, p. 27.

40. New York Department of Marine and Aviation, press release, January 23, 1961, Wagner Papers, Reel 40532, Frame 357; Remarks by Mayor Robert F. Wagner, August 30 1962, Wagner Papers, Reel 40532, Frame 457; Walter Hamshar, "Face-Lift for the Waterfront,"*Herald Tribune*, November 2, 1963; Minutes of New York City Council on Port Development and Promotion, November 18, 1963, Wagner Papers, Reel 40532, Frame 728; John P. Callahan, "Automation Fear Haunts Dockers,"*NYT*, June 9, 1964. 글리슨의 논평은 다음에 나온다. Jensen, *Strife on the Waterfront*, p. 301. 필립 로스Philip Ross의 논평도 관련이 있는데, 그는 1964년이 되면서 ILA 지도자들의 과잉 인력 고용을 요구하는 파업을 정부가 더 이상 받아들이지 않을 것이라고 믿었다고 주장한다. 다음을 참조하라. "Waterfront Labor Response,"p. 404.

41. James J. Reynolds, chairman, Theodore W. Kheel, and James J. Healy, "Recommendation on Manpower Utilization, Job Security and Other Disputed Issues for the Port of New York,"September 25, 1964. ILA의 반응은 다음에서 찾을 수

있다. *Brooklyn Longshoreman*, September 1964. 글리슨은 조합장 자격으로 임한 첫 협상에서 파업을 피하고자 했지만 실질적으로 파업을 이끌 힘도 부족했다고 버넌 젠슨은 주장하는데, 그의 주장은 올바르다. 그의 다음 책을 참조하라. *Strife on the Waterfront*, p. 307.

42. 노사 분규에 대한 존슨 정부의 우려는 다음을 참조하라. Edwin L. Dale Jr., "Johnson Voices Inflation Fear," *NYT*, May 10, 1964. Quotation is from ILA Local 1814, "Shop Stewards Information Bulletin," December 17, 1964, ILA Files, Collection 55, Box 1.

43. George Panitz, "New York Pier Talks Hit Surprising Snag," *JOC*, January 5, 1965; Gleason interview by Debra Bernhardt. 투표의 지부별 결과는 다음에 나와 있다. *Congressional Record*, January 12, 1965, p. 582. 대서양 남부 연안 및 멕시코만 여러 항구들에서 조정한 결과 작업조의 최소 규모는 18명으로 축소되었다. 다음을 참조하라. George Home, "2 Southern Lines in Dockers' Pact," *NYT*, February 17, 1965. ILA의 합의에도 불구하고 보스턴 지부에서는 논란이 계속되었다. 결국 시랜드서비스는 보스턴 노선 개항 계획을 취소했다. 다음을 참조하라. Alan F. Schoedel, "Boston Talks in Deadlock," *JOC*, June 29, 1966, "Boston Containership Handling Dispute Ends," *JOC*, August 4, 1966, and "No Progress Reported in Boston Port Dispute," *JOC*, November 22, 1966.

44. 미국 노동부의 우려는 다음에 잘 드러나 있다. Norman G. Pauling, "Some Neglected Areas of Research on the Effects of Automation and Technological Change on Workers," *Journal of Business* 37, no. 3 (1964): 261－273. 미국자동화·고용재단은 1962년 12월 런던에서 열린 국제회의 결과에 따라 1963년 4월 30일에 '미국 대통령에게 보내는 보고서'를 발표했다. 노동운동 진영의 공식적인 입장은 다음에 나와 있다. Arnold Beichman, "Facing Up to Automation' Problems," *AFL-CIO Free Trade Union News* 18, no. 2 (1963). UAW에 대해서는 다음을 참조하라. Reuben E. Slesinger, "The Pace of Automation: An American View," *Journal of Industrial Economics* 6, no. 3 (1958): 254, esp. 케네디의 발언은 1962년 2월 14일 기자회견에서 나온 것이다. 해운 산업과 비슷한 쟁점들이 두드러진 인쇄 산업에서의 자동화 쟁점에 관한 흥미로운 논의는 다음을 참조하라. Michael Wallace and Arne L. Kalleberg, "Industrial Transformation and the Decline of Craft: The Decomposition of Skill in the Printing Industry, 1931－1978," *American Sociological Review* 47, no. 3 (1982): 307－324.

45. Ben B. Seligman, *Most Notorious Victory: Man in an Age of Automation* (New York, 1966), pp. 227 and 231; *Juanita M. Kreps, Automation and Employment* (New York,

1964), p. 20.

46. Seligman, *Most Notorious Victory*, pp. 238 – 241; Benjamin S. Kirsh, *Automation and Collective Bargaining* (New York, 1964), pp. 175-176.

47. Goldblatt, "Working Class Leader," p. 860. 다음 책은 부두노동의 성격과 위치를 둘러싼 쟁점들을 자세하게 소개한다. Herod, *Labor Geographies*. 바지선에 일자리를 빼앗길 수 있다는 우려는 다음에 나온다. *Longshore News*, December 1969, p. 3. ILWU 합의와 ILA 합의를 비판하는 사람들은 컨테이너화에 따라 부두노동자의 작업이 매우 단순화되고 비숙련화되었다는 점을 강조한다. 다음을 참조하라. Herb Mills, "The Men along the Shore," *California Living*, September 1980. 컨테이너화가 부두노동자에게 익숙한 기술들이 필요 없어지게 만들었지만, 한편으로는 다른 기술들을 만들었음은 의심할 여지가 없다. 예를 들어 시랜드서비스는 엘리자베스항에서 1980년에 이보다 20년 전인 1960년에 뉴욕항 전체에서 고용된 사람보다 두 배나 많은 기계 관련 노동자를 고용했다. David J. Tolan, interview by Debra Bernhardt, August 1, 1980, New Yorkers at Work Oral History Collection, Robert F. Wagner Labor Archives, New York University, Tape 123. See also Finlay, *Work on the Waterfront*, pp. 20, 121.

48. Bell interview; Finlay, *Work on the Waterfront*, pp. 174-176; Roger, "A Liberal Journalist," p. 569. 다음 책은 ILWU와 ILA가 더욱 강력하게 저항했다면 부두를 예전 그대로 지킬 수 있다는 낭만적인 생각으로 인해, 그들의 아들들이 '공장 생산직이나 운송직의 절반밖에 되지 않는 임금을 받고 노동조합 없는 소매유통점이나 서비스직을 전전하는' 상황을 만들었다면서 비난했다. Stanley Aronowitz, *From the Ashes of the Old: American Labor and America's Future* (Boston, 1998), p. 31.

49. 연간보장소득은 당시에 상상할 수 있었던 어떤 조건보다도 장기적으로는 유리한 것임이 밝혀졌다. 뉴욕항에서 컨테이너화에 의해 일자리를 잃고 해고된 ILA 조합원들은, 그 협약이 발표된 지 41년이 지난 2006년 말까지 임금 대신 다른 명목의 소득을 보장받았다.

7장 세계화를 연 표준 설정 ||||||||||||||||||||||||||||||||||||||||||||||||||||||||||||||||||||||||||||||||||

1. European container census of 1955 reported in Containers 7, no. 13 (1955): 9; "Grace Initiates Seatainer Service," *Marine Engineering/Log* (February 1960), p. 56. 마린스틸의 홍보 전단은 다음에 있다. International Cargo Handling Coordination Association, "Containerization Symposium Proceedings, New York City June 15, 1955," p. 3. 미국 컨테이너의 수는 다음에서 확인했다. Reynolds Metals Co. study cited in John G. Shott, *Progress in Piggyback and Containerization* (Washington, DC, 1961), p. 11.

2. Douglas J. Puffert, "The Standardization of Track Gauge on North American Railways, 1830-1890,"*Journal of Economic History* 60, no. 4 (2000): 933‒960, and "Path Dependence in Spatial Networks: The Standardization of Railway Track Gauge,"*Explorations in Economic History* 39 (2002): 282‒314.

3. Puffert, "Path Dependence,"p. 286; A. T. Kearney & Co., "An Evaluation of the 35' Container Size as a Major Factor in Sea-Land's Growth,"typescript, 1967; Weldon, "Cargo Containerization"; "Grace Initiates Seatainer Service,"*Marine Engineering/ Log* (February 1960), p. 56.

4. 철도 회사가 고객을 옭아매는 정책인 이른바 '로크인lock-in'은 다음을 참조하라. W. Brian Arthur, *Increasing Returns and Path Dependence in the Economy* (Ann Arbor, 1994), chap. 2. 기술적으로 양립할 수 없는 것에 대한 경제적 비용을 탐구하는 저작은 무척 많은데, 특히 다음을 참조하라. Joseph Farrell and Garth Saloner, "Installed Base and Compatibility: Innovation, Product Preannouncements, and Predation,"*American Economic Review* 76, no. 5 (1986): 940‒955; Michael L. Katz and Carl Shapiro, "Systems Competition and Network Effects,"*Journal of Economic Perspectives* 8, no. 2 (1994): 93‒115; and S. J. Liebowitz and Stephen E. Margolis, "Network Externality: An Uncommon Tragedy,"*Journal of Economic Perspectives* 8, no. 2 (1994): 133‒150.

5. Minutes of November 18, 1958, meeting of Committee on Standardization of Van Container Dimensions (이하에서는, Marad Dimensions Committee).

6. Minutes of November 19, 1958, meeting of Committee on Construction and Fittings (hereafter Marad Construction Committee); 2005년 5월 1일, 빈센트 그레이와의 전화 인터뷰.

7. Minutes of MH-5 Van Container Subcommittee, February 25, 1959.

8. Marad Dimensions Committee, December 9, 1958; Minutes of MH-5 Van Container Subcommittee, February 25, 1959.

9. 철도의 용량은 다음을 참조하라. Tippetts-Abbett-McCarthy-Stratton, *Shoreside Facilities*, p. 8. 한편 철도 표준화는 다음에서 다루고 있다. John G. Shott, *Piggyback and the Future of Freight Transportation* (Washington, DC, 1960), p. 33, and *Progress in Piggyback*, p. 19. 불인슐라라인에 대해서는 다음을 참조하라. F. M. McCarthy, "Aspects on Containers,"presented to Marad Construction Committee, December 10, 1958. 불인슐라라인이 선택한 컨테이너 크기가 옳았음은 다음 논문에서 입증되

었다. International Cargo Handling Coordination Association, "Containerization Symposium Proceedings," p. 19.

10. Minutes of Marad Dimensions Committee, April 16, 1959; letter, Ralph B. Dewey, Pacific American Steamship Association, to L. C. Hoffman, Marad, May 25, 1959; memorandum to various steamship company officials from George Wauchope, Committee of American Steamship Lines, June 16, 1959; minutes of Marad Dimensions Committee, June 24, 1959. 높이에 대한 맷슨내비게이션의 입장은 다음 보고서에 자세하게 진술되어 있다. "Report on why the standard container height and regional supplementary standard van container lengths, as proposed by the ASA Sectional Committee MH5, should not be approved," submitted to Pacific American Steamship Association, February 15, 1960; Edward A. Morrow, "Line Chides I.C.C. on Rate Policies," NYT, April 17, 1960.

11. Letter, W. H. Reich, chairman, Marad/Industry Container Standardization Committee on Construction and Fittings, to L. C. Hoffman, Marad, June, 25, 1959.

12. Morris Forgash, "Transport Revolution at the Last Frontier—The Thought Barrier," in Revolution in Transportation, ed. Karl M. Ruppenthal (Stanford, 1960), p. 59; "Uniformity Urged in Big Containers," NYT, September 12, 1959.

13. Minutes of MH-5 Size Task Force, September 16, 1959. 레슬리 할랜더의 다음 증언을 참조하라. Les Harlander to the House Merchant Marine and Fisheries Committee, November, 1967. 홀에 대한 논평은 다음을 참조하라. Vince Grey, "Setting Standards: A Phenomenal Success Story," in Jack Latimer, Friendship among Equals (Geneva, 1997), p. 40. 팬애틀랜틱은 그 시점까지만 하더라도 아직은 표준화 논의 과정에 참여하지 않았다. 맷슨내비게이션은 참여하고 있었지만 9월 16일 회의는 바로 전날에야 통보를 받았기 때문에 그 회의에는 참석하지 않았다. letter of Robert Tate, Matson, to J. M. Gilbreth, Van Container Subcommittee, September 15, 1959. 홀이 숫자를 좋아했다는 점에 대해서는 다음을 참조하라. MH-5 Executive Committee, minutes, May 4, 1961.

14. Ralph B. Dewey, Pacific American Steamship Association, to Herbert H. Hall, November 12, 1959; Dewey to L. C. Hoffman, Marad, November 12, 1959; Hoffman to Dewey, n.d.; Marad Dimensions Committee, January 14, 1960; Pacific American Steamship Association, minutes of special containerization committee, February 8, 1960; Dewey letter and statement to MH-5 committee, February 25, 1960. 이 투표에 관한 내용은 홀이 듀이에게 보낸 1961년 6월 20일자 편지 속에 들어 있다. 그레이스라인

과 아메리칸프레지던트라인스는 비표준 컨테이너선에는 보조금을 지원하지 않겠다는 정부의 위협을 걱정한 나머지, 그들이 제안한 배가 그레이스라인이 기존에 사용하던 17피트 컨테이너가 아닌, 20피트 컨테이너를 처리하겠다는 내용으로 지원 내용을 수정했다.

15. Letter from George C. Finster, standards manager, American Society of Mechanical Engineers, to members of MH-5 committee, June 29, 1960; letter, George Wauchope to Committee of American Steamship Lines members, July 26, 1960; Pacific American Steamship Association, minutes of containerization committee, August 4, 1960; "U.S. Body Enters Container Field,"*NYT*, April 28, 1961. '모듈' 크기에 대한 홀의 견해는 다음을 참조하라. MH-5 committee minutes, June 6, 1961. 표준이 승인된 절차에 대해서는 다음 하원 청문회 증언을 참조하라. Fred Muller Jr., U.S. House of Representatives, Committee on Merchant Marine and Fisheries, *Cargo Container Dimensions*, November 16, 1967. The standards were codified as ASA MH5.1-1961. Federal Maritime Board and Maritime Administration *press release* NR 61-35, April 28, 1961.

16. MH-5 minutes, June 6, 1961.

17. Tineke M. Egyedi, "The Standardized Container: Gateway Technologies in Cargo Transportation,"Working Paper, Delft University of Technology, 2000.

18. *Containers*, no. 30 (December 1963): 26; Egyedi, "The Standardized Container"; "Is Container Standardization Here?" *Via Port of New York, Special Issue: Transatlantic Transport Preview* (1965): 28.

19. 비용 추정은 다음에 나온다. "Memorandum of Comment" by John J. Clutz, Association of American Railroads, to MH-5 Van Container Subcommittee #3, December 13, 1961.

20. Minutes, MH-5 Van Container Subcommittee #3, December 14, 1961; Tantlinger, "U.S. Containerization."

21. Tantlinger, "U.S. Containerization" letter, M. R. McEvoy, president, Sea-Land Service, to Vincent G. Grey, American Standards Association, January 29, 1963.

22. Letter, James T. Enzensperger, Pacific American Steamship Association, to Eugene Spector, American Merchant Marine Institute, November 5, 1964; Tantlinger, "U.S. Containerization."

23. American Merchant Marine Institute, "Van Containers in Service,"n.d. [circulated January 1965]; Pacific American Steamship Association, minutes of containerization

committee, January 21, 1965; telegram, K. L. Selby, president, National Castings Co., to R. K. James, executive director, Committee of American Steamship Lines, January 7, 1965.

24. Pacific American Steamship Association, "SAAM Proposed Cargo Container Standards," January 20, 1965; Herbert H. Hall, "Facts Concerning the ASA-MH5 Sectional Committee Proposed Van Container Corner Fitting," June 14, 1965; Memorandum, Tantlinger to W. E. Grace, Fruehauf Corporation, August 12, 1965.

25. Murray Harding, "Final World Standards Set for Van Freight Containers," *JOC*, October 5, 1965; Harlander interview, COHP.

26. "Is Container Standardization Here?" p. 30.

27. 전 세계의 사항들은 할랜더가 모서리쇠 특별팀의 의장이던 마틴 로보탐Martin Rowbotham 에게 보낸 편지(1967년 1월 13일) 및 로보탐이 특별팀 위원들에게 보낸 편지(1967 년 2월 1일)에 상세하게 소개된다. 이 밖에 다른 자료는 다음과 같다. Grey, "Setting Standards," p. 41; ISO, "Report of Ad Hoc Panel Convened at London Meeting," January 1967; 그리고 2004년 11월 2일, 레스 할랜더와의 전화 인터뷰. 해운사들의 반대는 5분 과위원회의 '몇몇 위원들'의 회의 내용을 적은 다음 회의록에 기록되어 있다. MH-5 Securing and Handling Subcommittee, February 16, 1967. ISO 컨테이너 및 모서리 쇠 규정은 다음에 나와 있다. *Jane's Freight Containers*, 1st ed. (New York 1968), pp. 4-11.

28. Minutes of MH-5 Demountable Container Subcommittee July 20, 1967; Edward A. Morrow, "Rail Aide Scores Sea Containers," *NYT*, September 17, 1967.

29. ASA-MH-5 committee, cited in L. A. Harlander, "Container System Design Developments over Two Decades," *Marine Technology* 19 (1982): 366; Meyers, "The Maritime Industry's Expensive New Box."

30. 비표준화 컨테이너 사용에 관해 추가로 예상되는 제한 가능성 논의가 1967년 미국 하 원의 소위원회 청문회에서 다루어졌다. U.S. House of Representatives Committee on Merchant Marine and Fisheries, reprinted in *Cargo Container Dimensions* (Washington, DC, 1968).

31. Minutes of MH-5 Demountable Container Subcommittee, November 9, 1965; memo, L. A. Harlander to S. Powell and others, Matson Navigation Company, November 12, 1965.

32. Minutes of ASA Group 1 Demountable Container Subcommittee, February 2, 1966;

minutes of MH-5 Sectional Committee, June 23, 1966; letter, Hall to Tantlinger, November 1, 1966; Harlander interview, COHP; L. A. Harlander, "The Role of the 24-Foot Container in Intermodal Transportation," submitted to ASA MH-5 committee, June 1966; Statement of Michael R. McEvoy, president, Sea-Land Service, in House Merchant Marine and Fisheries Committee, *Cargo Container Dimensions*, p. 130; MH-5 Executive Committee, minutes, June 1, 1967.

33. *Congressional Record*, November 6, 1967, pp. 31144-31151; House Merchant Marine and Fisheries Committee, *Cargo Container Dimensions*, Gulick testimony, October 31, 1967, p. 28; Ralph B. Dewey testimony, November 16, 1967, pp. 162-169.

34. House Merchant Marine and Fisheries Committee, *Cargo Container Dimensions*, Powell testimony November 1, 1967, p. 50, and McLean comment November 16, 1967, p. 121.

35. Ibid., Powell testimony November 1, 1967, pp. 70-71; Harlander interview, COHP.

36. Minutes, combined meeting of MH-5 Load and Testing and Handling and Securing Subcommittees, November 30, 1966; Leslie A. Harlander, "Intermodal Compatibility Requires Flexibility of Standards," *Container News*, January 1970, p. 20; Minutes of MH-5 committee, January 29 and May 20-21, 1970; L. A. Harlander, "Container System Design Developments," p. 368.

37. Marad, "Intermodal Container Services Offered by U.S. Flag Operators," January 1973 (unpaginated).

8장 컨테이너 시대가 열리다 ||||||||||||||||||||||||||||||||||||||||||||||||||||||||||||||||||||||||||||||||||

1. 뉴욕 수치는 뉴욕항만청 자료에서 참조했다. 태평양 연안 수치는 다음 책에서 참조하라. Hartman, *Collective Bargaining*, p. 160.

2. Ernest W. Williams Jr., *The Regulation of Rail-Motor Rate Competition* (New York, 1958), p. 208; Werner Bamberger, "Containers Cited as Shipping 'Must,'" *NYT*, January 21, 1959, and "Industry Is Exhibiting Caution on Containerization of Fleet," *NYT*, December 4, 1960. 1964년 기준으로 군사용 화물은 미국 국적선 수입의 5분의 1을 차지했다. 다음을 참조하라. Werner Bamberger, "Lines Ask Rule on Cargo Bidding," *NYT*, July 14, 1966.

3. McLean Industries, *Annual Reports*, 1957-60; Werner Bamberger, "Lukenbach

Buys 3 of 5 Vessels Needed for Containership Fleet,"*NYT*, November 26, 1960; George Horne, "Luckenbach Ends Domestic Service,"*NYT*, February 21, 1961; "Ship Line Drops Florida Service,"*NYT*, March 2, 1961; "Grace Initiates Seatainer Service,"*Marine Engineering/Log* (1960), p. 55; Niven, *American President Lines*, p. 211.

4. "Coast Carriers Win Rate Ruling,"*NYT*, January 5, 1961.

5. 화물운송업체이던 유나이티드카고United Cargo Corporation는 1959년에 이미 미국에서 유럽으로 컨테이너를 운송하는 사업을 추진했다. 그러나 10.5피트(약 3.2미터)밖에 되지 않는 컨테이너만을 다루었으며, 결국 컨테이너는 선창에 다른 화물들과 함께 적재되었다. Jacques Nevard, "Container Line Plans Extension,"*NYT*, June 6, 1959.

6. Census Bureau, *Historical Statistics*, pp. 711 and 732; Beverly Duncan and Stanley Lieberson, *Metropolis and Region in Transition* (Beverly Hills, 1970), pp. 229–245.

7. Census Bureau, *Historical Statistics*, pp. 732–733; ICC, *Transport Economics*, July 1956, p. 10.

8. 1950년 이전의 피기백 운영에 대한 정보를 알고 싶으면 다음을 참조하라. Kenneth Johnson Holcomb, "History, Description and Economic Analysis of Trailer-on-Flatcar (Piggyback) Transportation" (Ph.D. diss., University of Arkansas, 1962), pp. 9–13.

9. *Movement of Highway Trailers by Rail*, 293 ICC 93 (1954).

10. U.S. Census Bureau, *Statistical Abstract* 1957, Table 705, p. 564; Wallin, "The Development, Economics, and Impact,"p. 220; ICC Bureau of Economics, "Piggyback Traffic Characteristics,"December 1966, p. 6. 팀스터스조합의 반대 입장은 다음을 참조하라. Irving Kovarsky, "State Piggyback Statutes and Federalism,"*Industrial and Labor Relations Review* 18, no. 1 (1964): 45.

11. Curtis D. Buford, *Trailer Train Company: A Unique Force in the Railroad Industry* (New York, 1982); Comments of Roy L. Hayes, "Panel Presentations: Railroad Commercial Panel,"*Transportation Law Journal* 28, no. 2 (2001): 516; Walter W. Patchell, "Research and Development,"in *Management for Tomorrow*, ed. Nicholas A. Glaskowsky Jr. (Stanford, 1958), pp. 31–34; Shott, *Piggyback and the Future of Freight Transportation*, p. 7.

12. Comments of Richard Steiner, "Panel Presentations: Railroad Commercial Panel" Holcomb, "History, Description and Economic Analysis,"pp. 43–44; Eric Rath,

Container Systems (New York, 1973), p. 33.

13. Holcomb, "History, Description and Economic Analysis," pp. 54 – 67; Rath, *Container Systems*, p. 33.

14. 자세한 사항의 출처는 다음 소송 기록이다. U.S. District Court decision, *New York, New Haven & Harford v. ICC*, 199 F. Supp 635.

15. 1958년 운송법에 명시된 해당 내용은 다음과 같다. "해운사의 운송료는, 법률에서 밝힌 전국적인 운송 정책의 목적을 적절하게 고려해야 하며, 다른 모든 유형의 운송을 보호하기 위한 특정 금액 수준에 고정되지 않아도 된다." "Coast Carriers Win Rate Ruling," *NYT*, January 5, 1961; Robert W. Harbeson, "Recent Trends in the Regulation of Intermodal Rate Competition in Transportation," *Land Economics* 42, no. 3 (1966). 이 사건은 대법원에 만장일치로 철도 회사들의 승리로 결정되었다. *ICC v. New York, New Haven & Hartford*, 372 U.S. 744, April 22, 1963. 특정 화물을 운송하는 데 들어가는 철도회사의 '최적 배분 비용'을 결정하는 문제는 이 책이 다루는 범위를 넘는다.

16. Holcomb, "History, Description and Economic Analysis," p. 220; Bernard J. McCarney, "Oligopoly Theory and Intermodal Transport Price Competition: Some Empirical Findings," *Land Economics* 46, no. 4 (1970): 476.

17. 뉴욕센트럴의 플렉시-밴 서비스를 이용하던 상위 업체 10군데 중 다섯 군데는 화물운송업체였다. 하지만 선도적인 제조업체 및 몽고메리워드Montgomery Ward 백화점 체인 등 네 군데도 목록에 이름을 올렸다. 다음 메모를 참조하라. R. L. Milbourne, New York Central, to managers, July 10, 1964, in Penn Central Archives, Hagley Museum and Library, Wilmington, DE, Accession 1810/Box B-1872/Folder 15. Alexander Lyall Morton, "Intermodal Competition for the Intercity Transport of Manufactures," *Land Economics* 48, no. 4 (1972): 360.

18. ICC, "Piggyback Traffic Characteristics," pp. 6 and 58 – 60; Forgash, "Transport Revolution at the Last Frontier," p. 63; Robert E. Bedingfield, "Personality: Champion of the Iron Horse," *NYT*, February 22, 1959; "Trains and Trucks Take to the Ocean," *Via-Port of New York*, Special Issue: *Transatlantic Transport Preview* (1965), p. 26; ICC, *Transport Statistics in the United States, Part 9: Private Car Lines*, Table 5, various years.

19. ICC, "Piggyback Traffic Characteristics," p. 28. Canada's piggyback carloadings from 1959 through 1961 were about one-third those of the United States, despite a much smaller economy. *Containers*, no. 35 (June 1966): 33.

20. Edward A. Morrow, "3-Way Piggyback Introduced Here," *NYT*, August 10, 1960; Robert E. Bedingfield, "PiggyBack Vans Span Ocean Now," *NYT*, March 12, 1961; *Containers*, no. 31 (June 1964): 25.

21. 1992년 1월 24일, 버나드 차코브스키와의 뉴욕 인터뷰.

22. PNYA, *Annual Reports*, various years; Hartman, *Collective Bargaining*, p. 270; McLean Industries, *Annual Report*, 1965.

23. U.S. Department of Commerce, Marad, "United States Flag Containerships," April 25, 1969.

24. "Operators Uneasy on New Ships; Fear of Rapid Obsolescence Cited," *NYT*, May 24, 1959. 대서양을 건너는 국제노선을 열고 컨테이너선을 투입하는 일을 놓고 벌어졌던 1964년 논의에 대해서는 다음을 참조하라. Scott Morrison interview, COHP.

25. Hall interview; George Home, "Intercoastal Trade," *NYT*, January 29, 1961, "Line Will Renew U.S. Coastal Run," *NYT*, February 23, 1961, and "U.S. Aid Is Denied for Coastal Runs," *NYT*, May 13, 1961. 구체적인 사항의 몇몇 부분은 다음을 참조하라. Jerry Shields, *The Invisible Billionaire: Daniel Ludwig* (Boston, 1986), p. 224.

26. 1992년 10월 2일, 얼 홀과의 인터뷰. Sea-Land, *Annual Report*, 1965.

27. 모리슨과의 인터뷰, COHP.

28. Ibid.; Werner Bamberger, "Rules on Cargo Boxes Revised to Spur Use and Ease Shipping," *NYT*, March 17, 1966; Edward Cowan, "Container Service on Atlantic Begins," *NYT*, April 24, 1966.

29. Cowan, "Container Service"; Edward A. Morrow, "New Stage Nears in Container Race," *NYT*, March 28, 1966; A. D. Little, *Containerisation on the North Atlantic* (London, 1967), p. 14.

30. 위스키에 대해서는 모리슨과의 인터뷰(COHP)를 참조하라. 시랜드서비스의 군사용 화물 양 추정의 출처는 다음이다. 국제 화물 판매업 책임자이던 B. P. 오코너[B. P. O'Connor]가 J. R. 설리반[J. R. Sullivan]에게 보낸 비망록, New York Central Railroad, April 27, 1966, in Penn Central Archives, 1810/B-1675/8. 경쟁 입찰에 대해서는 다음을 참조하라. OAB/NHC, Post 1946 Command Files, MSTS, Box 889, Folder 1/1966; U.S. Department of Defense, news release No. 750-66, August 31, 1966; "US Is Firm on Its Plan for Bidding," *JOC*, June 29, 1966.

31. PNYA, *Annual Reports* "The 1970 Outlook for Deep Sea Container Services," p. 2; Edward Cowan, "Container Service on Atlantic Begins," *NYT*, April 24, 1966.

32. Wallin, "The Development, Economics, and Impact,"p. 16; PNYA, *Container Shipping: Full Ahead*; "Countdown on for Container Ships,"*Via-Port of New York*, Special Issue: *Transatlantic Transport Preview* (1965): 8; Werner Bamberger, "A Danger Is Seen in Container Rise,"*NYT*, September 9, 1967; "Containerization Comes of Age,"*Distribution Manager*, October 1968.

33. "Containers Widen Their World,"*Business Week*, January 7, 1967; Frank Broeze, *The Globalisation of the Oceans: Containerisation from the 1950s to the Present* (St. Johns, NF, 2002), p. 41.

34. Statement of Lester K. Kloss, A. T. Kearney & Co., in U.S. House of Representatives, Merchant Marine and Fisheries Committee, *Container Cargo Dimensions*, November 16, 1967, p. 183; "Containerization Comes of Age"; comment by U.S. Navy Capt. D. G. Bryce, "MSTS Area Commanders' Conference,"March 4-7, 1969, OAB/NHC, Command Histories, Box 193, Folder 2/1989, p. 137.

35. Press release, German Federal Railroad, July 26, 1967, in Penn Central Archives, 1810/B-1675/6. 브리티시레일의 책임자 리처드 비칭Richard Beeching이 작성한, 영국 전역에서 수백 개의 역과 수십 개의 노선을 없애야 한다는 권고 내용으로 유명한 비칭 보고서도 제조업 제품의 트럭 운송을 다시 철도로 끌어들이려면 20피트와 27피트 길이의 컨테이너를 운송하는 급행화물열차liner train망을 구축해야 한다고 주장했다. 이 보고서는 컨테이너를 이용한 해외 운송 증가를 예측하면서 "항구의 화물을 운송하기 위한 급행화물 열차 서비스는 특히 매력적이다"라고 했다. 다음을 참조하라. British Railways Board, *The Reshaping of British Railways*, Part 1 (London, 1963), pp. 141-148.

36. Letter, J. R. Sullivan, New York Central, to H. W. Large, Vice President-Traffic, Pennsylvania Railroad, April 11, 1966, in Penn Central Archives, 1810/B-1675/8.

37. Aaron Cohen, "Report on Containerization in Export-Import Trade,"Traffic Executive Association-Eastern Railroads, April 20, 1966, in Penn Central Archives, 1810/B-1675/9. 빈 컨테이너에 부과하는 요금은 그레이스라인의 제임스 A. 호이트 James A. Hoyt의 성명서에서 논의됐다. James A. Hoyt, Grace Line, to Traffic Executive Association Eastern Railroads, January 30, 1967, in Penn Central Archives, 1810/B-1675/10. 월풀의 제안에 국제 배송 책임자이던 해럴드 E. 벤첸Harold E. Bentsen이 뉴욕 센트럴레일로드의 국제화물 담당 책임자 오코너에게 보낸 편지(1967년 6월 28일) 및 오코너가 벤첸에게 보낸 편지(1967년 7월 6일)를 참조하라. Penn Central Archives, 1810/B-1675/8; 맷슨내비게이션에 대해서는 워비가 뉴욕센트럴레일로드에 보낸 메모(1967년

7월 20일)를 참조하라. Penn Central Archives, 1810/B-1675/10.

38. Letter, John A. Daily to J. R. Sullivan, New York Central, February 6, 1967, in Penn Central Archives, 1810/B-1675/10.

39. Kenneth Younger interview, December 16, 1991.

40. "A Railroader on Containerization,"*Distribution Manager*, October 1968; ICC, *Transport Statistics*.

9장 베트남전쟁 ||||||||||||||||||||||||||||||||||||||||||||||||||||||||||||||||||||||||||||||||||||||||

1. 전쟁 확대에 관한 공식적인 결정은 다음에서 논의되었다. National Security Action Memorandum No. 328, April 6, 1965.

2. Command History 1964, Military Assistance Command Vietnam (MACV), Record Group (RG) 472, NACP; Edward J. Marolda and Oscar P. Fitzgerald, *The United States Navy and the Vietnam Conflict*, vol. 2, *From Military Assistance to Combat*, 1959 – 1965 (Washington, DC, 1986), pp. 357-358; *Sealift* 15, no. 6 (1965): 5.

3. Memorandum for the Commander in Chief, Pacific. Terms of reference for Honolulu conference, April 8, 1965, Historians Background Material Files, 1965, MACV, RG 472, NACP. 지원에 관한 정보는 다음에 있다. MACV Fact Sheet, June 19, 1965, Mission Council Action Memorandums, Historians Background Material Files 1965, MACV, RG 472, NACP.

4. Command History 1966, MACV, pp. 709-715, RG 472, NACP; "No Congestion at Saigon Port,"Vietnam Feature Service, Record 154933, VVA, Texas Tech University; Memorandum from W. S. Post Jr., Acting Commander, MSTS, to Secretary of Navy, Monthly Background Reports 1964-65, MSTS Command File, Box 895, OAB/NHC, Washington, DC; William D. Irvin, "Reminiscences of Rear Admiral William D. Irvin" (Annapolis, 1980), p. 634.

5. '밀어내기' 방식은 다음 인터뷰를 참조하라. Lt. Col. Dolan, transportation officer, 1st Logistics Command, by Maj. John F. Hummer, March 30, 1966, in Classified Organizational History Files, 1966, 1st Logistics Command, U.S. Army Pacific, RG 550, NACP. 인용은 다음에서. Joseph M. Heiser Jr., *A Soldier Supporting Soldiers* (Washington, DC, 1991), p. 104.

6. Edwin B. Hooper, *Mobility Support Endurance: A Story of Naval Operational Logistics in the Vietnam War, 1965 – 1968* (Washington, DC, 1972), p. 62; General

Frank S. Besson Jr., speech to Council on World Affairs, Dallas, TX, May 7, 1968, in Oral History Program Former Commanders—Frank S. Besson, Jr., Historical Office, Headquarters, U.S. Army Materiel Command, 1986. James F. Warnock Jr., "Recorded Recollections of Lt. Col. James F. Warnock Jr., Executive Officer, 29th Quartermaster Group, 1st Logistics Command, 9 April 1966," Port Study, April 29, 1966, Classified Organizational History Files, 1st Logistics Command, Records of US Army Pacific, RG 550, NACP; Logistics Summary for the week ending July 30, 1965, General Records, Assistant Chief of Staff for Logistics, MACV, RG 472, NACP.

7.   대사에게 보낸 웨스트 모어랜드와 킬렌의 비망록, March 12, 1965, Historians Background Material Files, MACV, RG 472, NACP; Joint Chiefs of Staff, Historical Division, *The Joint Chiefs of Staff and the War in Vietnam, 1960–1968, Part II*, pp. 21-23 and 21-28, Historical Division, Joint Secretariat, Joint Chiefs of Staff, Record 33179, VVA; Command History 1965, MACV, pp. 107–108 and 409.

8.   Quarterly Command Report, Second Quarter, FY 1966, Classified Organizational History Files, 1st Logistical Command, Records of U.S. Army Pacific, RG 550, NACP; "MACV Fact Sheet," June 19, 1965; MACV, Historians Background Material Files, Minutes of Mission Council Meetings of June 28, 1965, July 6, 1965, and July 13, 1965, NACP 472/270/75/33/03, Box 20; *The Joint Chiefs of Staff and the War in Vietnam, 1960–1968, Part II*, p. 21-25; telegram, Secretary of State Dean Rusk to Vietnam Coordinating Committee, August 8, 1965, in Mission Council Action Memorandums, 1965, Historians Background Material Files, MACV, RG 472, NACP; Talking Paper-End of Year Press Conference-Engineer Effort in Vietnam, December 21, 1965; Miscellaneous Memoranda, Historians Background Material Files 1965, MACV, RG 472, NACP.

9.   Briefing for Secretary McNamara, Ambassador Lodge, General Wheeler, November 28, 1965, Historians Background Material Files, MACV, RG 472, NACP. 군해양수송지원단은 5월 11일에 베트남이 '위험한 지역'이라고 선언했다. 이 선언으로 선원의 임금은 두 배로 늘어났으며, 배가 해상에서나 항구에서 공격을 당하면 추가로 보너스를 받게 되었다. 다음 비망록을 참조하라. Glynn Donaho, Commander, MSTS, to Secretary of Navy, May 11, 1965, in Monthly Reports, MSTS Command File, 1964–65, OAB/NHC. 배를 필리핀으로 보낸 것은 밀턴 스티클레스Milton Stickles와의 전화 인터뷰(2004년 6월 1일). 항구의 등급에 관한 내용은 다음을 참조하라. MACV Command History 1965, p.

118; congressional visit in MACV, Historians Background Material Files, 1965, NACP 472/270/75/33/1-2, Box 8.

10. *Sealift*, March 1966, p. 14; Command History 1965, p. 121, MACV, RG 472, NACP; "AB&T Employees Perform Critical Tasks in Vietnam," *Sealift*, August-September 1969, p. 6; Lawson P. Ramage, "Reminiscences of Vice Admiral Lawson P. Ramage" (Annapolis, 1970), p. 535.

11. Command History 1965, p. 119, MACV, RG 472, NACP; Testimony of General Frank S. Besson Jr. to U.S. House of Representatives, Committee on Government Operations, Military Operations Subcommittee, August 4, 1970, p. 53.

12. 팰릿화 및 그 밖에 다른 변화들은 다음을 참조하라. Highlights, U.S. Naval Operations Vietnam, January 1966, OAB/NHC. 인용은 1993년 6월 25일, 로버트 N. 캠벨과의 인터뷰.

13. 1993년 8월 10일, 윌리엄 허바드와의 인터뷰 및 론 케이팀스 인터뷰. COHP; *Baltimore Sun*, January 22, 1966.

14. *The Joint Chiefs of Staff and the War in Vietnam, 1960 – 1968, Part II*, pp. 37-6 to 37-8; VVA, Record 33179; HQ MACV, Command History 1965, NARA 472/270/75/32/6-7, Box 1, pp. 231 – 232. 시랜드서비스는 베트남 전력 증강 이전에 군해상수송지원단이 했던 주요 사업에는 참여하지 않았다. 이때는 주로 브레이크벌크선이 동원되었다. 다음을 참조하라. *Sealift*, December 1964, p. 4, January 1965, p. 5, and March 1965, p. 13. 컨테이너선으로 코넥스 컨테이너를 운송하는 계획은 다음에서 논의됐다. Alan F. Schoedel, "Viet Containership Plan Eyed," *JOC*, January 26, 1966. 오키나와 계약은 다음 보고서에 있다. Werner Bamberger, "Container Ships Sought for War," *NYT*, May 26, 1966.

15. 이큅먼트렌탈은 다음을 참조하라. 케이팀스와의 인터뷰, COHP 그리고 Operational Report—Lessons Learned for quarter ended July 31, 1966, Command Histories, 1st Logistics Command, USARV, RG 472, NACP. 오키나와 계약과 베트남 계약에 대해서는 다음을 참조하라. Besson speech to National Defense Transportation Association Annual Transportation and Logistics Forum, Washington, DC, October 14, 1968, Historical Office, Headquarters, U.S. Army Materiel Command; 전화 인터뷰, Frank Hayden(전직 MSTS 계약 부책임자), June 29, 2004; Department of Defense news release 458-66, May 25, 1966, Military Sea Transportation Service, Command History 1966, OAB/NHC, Washington, DC. "Ship Run Bid Refused," *Baltimore Sun*, June 24, 1966.

16. Operational Report—Lessons Learned for quarter ended July 31, 1966, 1st Logistical Command, p. 16. 배가 항구에 지체하는 내용은 다음 보고서에 나와 있다. Briefing

Data Prepared in Conjunction with Secretary of Defense McNamara's Visit to RVN, October 1966, General Records, Assistant Chief of Staff for Logistics, MACV, RG 472, NACP. 필요한 노동력 인·시간에 대한 자료는 다음을 참조하라. Besson presentation to Association of the United States Army, October 10, 1966, Historical Office, Headquarters, U.S. Army Materiel Command.

17. 아시아 시찰에 대한 도나호 비망록, August 2-20, 1966, in Command Files, MSTS, OAB/NHC; Financial and Statistical Report, MSTS, various issues, OAB/NHC; Logistics Summary for 5-20 August, 1966, General Records, Assistant Chief of Staff for Logistics, MACV, RG 472, NACP; Operational Report—Lessons Learned for period ending January 31, 1967, 1st Logistics Command, RG 472, NACP Logistics Summary, 15 December 1966, 1st Logistical Command, RG 472, NACP; *Pacific Stars & Stripes*, October 14, 1966.

18. Ramage, "Reminiscences," p. 532; Werner Bamberger, "Navy Augments Shipping for War,"*NYT*, March 30, 1967; *Sealift*, May 1967, pp. 9-10.

19. 케이팁스 인터뷰, COHP; 캠벨 인터뷰; Logistical Summaries, June and September 1967, USRVN, RG 472, NACP; *Sealift*, October 1967, p. 20; "New Supply Concept Comes to Vietnam,"*1st Logistical Command Vietnam Review* 1, no. 1 (1967).

20. Command History 1967, p. 772, MACV, RG 472, NACP; Vice Admiral Lawson P. Ramage, Remarks to Propeller Club of the United States, St. Louis, October 11, 1968, Command History, MSTS, OAB/NHC. 바지선에 대해서는 다음을 참조하라. John Boylston, interview with Arthur Donovan and Andrew Gibson, December 7, 1998, COHP, Box 639.

21. U.S. Army Materiel Command, "Sharpe Army Depot,"November 1966; MSTS Area Commanders' Conference, March 5-8, 1968, p. 92, Command Histories, MSTS, AOB/NHC; MSTS Area Commanders' Conference, March 5-8, 1968, p. 102.

22. MSTS Area Commanders' Conference, March 5-8, 1968, p. 47; Logistical Summaries, 1968, USRVN, RG 472, NACP; Operational Report—Lessons Learned, October 31, 1968, Classified Organizational History Files, 1st Logistical Command, U.S. Army Pacific, RG 550, NACP; Memorandum from COMSERVPAC to COMNAVSUPSTSCOMME, June 30, 1968, Classified Organizational History Files, Assistant Chief of Staff for Logistics, RG 472, NACP; Memorandum from Commander, MSTS, September 26, 1968, Organizational History Files, Assistant

Chief of Staff for Logistics, RG 472, NACP; Memorandum for Record, Expanded Containership Service to RVN, December 31, 1968, Classified Organizational History Files, Assistant Chief of Staff for Logistics, RG 472, NACP; Joseph M. Heiser Jr., *Vietnam Studies: Logistic Support* (Washington, DC, 1974), p. 199.

23. "Remarks of Malcom P. McLean" in MSTS, "MSTS/Industry Conference on Military Sealift, 12-23 December 1967," Command History, MSTS, OAB/NHC; Classified Organizational History Files for the Quarter Ending 30 April 1968, 1st Logistical Command, RG 472, NACP; Besson testimony, August 4, 1970, p. 46.

24. Vice Admiral Lawson P. Ramage, Speech to National Defense Transportation Agency 22nd National Transportation and Logistics Forum, October 6, 1967, Command History, MSTS, OAB/NHC; "New Supply Concept Comes to Vietnam"; Besson remarks to National Defense Transportation Association, October 14, 1968, p. 13, and congressional testimony, August 4, 1970, pp. 73–75. 합동군수검토위원회의 권고 사항은 논란이 돼 일부만 이뤄졌다. 이 권고에 대한 반대 입장은 다음을 참조하라. Edwin B. Hooper, "The Reminiscences of Vice Admiral Edwin B. Hooper" (Annapolis, 1978), pp. 472–474.

25. Frank B. Case, "Contingencies, Container Ships, and Lighter-age," *Army Logistician* 2, no. 2 (1970): 16–22. 탄약의 컨테이너화에 대해서는 다음을 참조하라. "Operation TOCSA: A Containerization First!" *Army Logistician* 2, no. 5 (1970): 14, and *Sealift*, April 1970, pp. 14–16; Besson testimony, August 4, 1970, p. 47.

26. Military Prime Contract Files, July 1, 1965-June 30, 1973, Records of the Office of the Secretary of Defense, RG 330, NACP. 경쟁 입찰에 대해서는 다음을 참조하라. Ramage, "Reminiscences," pp. 540–542. 시랜드서비스의 수입은 다음 보고서에 있다. ICC, *Transport Statistics*, Part 5: Carriers by Water, Table 4.

27. 케이팀스 인터뷰, COHP; 저자 인터뷰, William P. Hubbard, July 1, 1993.

28. MSTS Area Commanders Conference, March 1968, pp. 63, 92, 96; Review and Analysis, March 1968, Command History, 1st Logistical Command, RG 472, NACP.

29. Memorandum from C. F. Pfeifer, Inspector General, on Asia trip October 8–18, 1967, Command Histories, MSTS, OAB/NHC; Classified Organizational History Files for the Quarter Ending April 30, 1968, 1st Logistical Command, Records of U.S. Army Pacific, RG 550, NACP.

30. *Jane's Freight Containers*, p. 309.

31. *Jane's Freight Containers, 1969–70* (New York, 1969), pp. 179–180; Mark Rosenstein, "The Rise of Maritime Containerization in the Port of Oakland, 1950 to 1970" (M.A. thesis, New York University, 2000), p. 95; memo, H. E. Anderson, Traffic Manager, Pacific Command, October 30, 1968, General Records, Assistant Chief of Staff for Logistics, MACV, RG 472, NACP.

32. Worden, *Cargoes*, pp. 150–153; Harlander interview, COHP.

33. 스캇 모리슨 인터뷰, COHP; "Sea-Land Keeps Port Schedule," *Baltimore Sun*, March 18, 1968; 보일스턴Boylston 인터뷰, COHP; Rosenstein, "The Rise of Maritime Containerization," p. 96.

34. Marad, Office of Maritime Promotion, "Cargo Data," March 11, 1969.

10장 폭풍 속의 항구들 ||||||||||||||||||||||||||||||||||||||||||||||||||||||||||||||||||||||||||||||||||||

1. Thomas B. Crowley, "Crowley Maritime Corporation: San Francisco Bay Tugboats to International Transportation Fleet," interview by Miriam Feingold Stein (Berkeley, 1983), p. 33.

2. Census Bureau, *Historical Statistics*, Q495–496, p. 757; Roger H. Gilman, "The Port, a Focal Point," *Transactions of the American Society of Civil Engineers*, 1958, p. 365.

3. 주-2의 로저 H. 길먼Roger H. Gilman의 논문은 원래 1956년에 발표됐던 것이기 때문에 정부 기관이 개입해야 한다는 요청으로 파악해야 한다. 길먼은 뉴욕항만청의 항구 계획 책임자였다.

4. U.S. Census Bureau, *Statistical Abstract* 1951, pp. 590–591.

5. Seattle Port Commission, *Shipping Statistics Handbook* (1963); Erie, *Globalizing L.A.*, p. 80.

6. Fitzgerald, "A History of Containerization," pp. 48, 91–93.

7. Booz-Allen & Hamilton, "General Administrative Survey, Port of Seattle," January 20, 1958, pp. VI-1–VI-12; *Seattle* Port Commission, "Report of the Marine Terminal Task Force to the Citizens' Port Commission," October 1, 1959, pp. 7, 12, 34; Burke, *A History of the Port of Seattle*, pp. 114–117; Foster and Marshall Inc., "Port of Seattle, Washington, $7,500,000 General Obligation Bonds," May 4, 1961.

8. Erie, *Globalizing L.A.*, pp. 80–88.

9. Woodruff Minor, *Pacific Gateway: An Illustrated History of the Port of Oakland* (Oakland, 2000), p. 45; Port of Oakland, "Port of Oakland," 1957; Ben E. Nutter, "The

Port of Oakland: Modernization and Expansion of Shipping, Airport, and Real Estate Operations, 1957 – 1977," interview by Ann Lage, 1991 (Berkeley, 1994), pp. 51, 84, 139; Rosenstein, "The Rise of Maritime Containerization," p. 45.

10. George Home, "Intercoastal Trade," *NYT*, January 29, 1961; Nutter, "The Port of Oakland," pp. 78 – 79. 아메리칸하와이안스팀십은 정부 지원금을 받으려고 갖은 노력을 했지만 결국 받지 못했다.

11. Rosenstein, "The Rise of Maritime Containerization," pp. 47, 69; Nutter, "The Port of Oakland," pp. 79 – 80; Port of Oakland, "60 Years: A Chronicle of Progress," 1987, pp. 17 – 18.

12. Erie, *Globalizing L.A.*, p. 89; Walter Hamshar, "Must U.S. Approve All Pier Leases," *Herald Tribune*, April 5, 1964.

13. Nutter, "The Port of Oakland," p. 82; Rosenstein, "The Rise of Maritime Containerization," pp. 98 – 104.

14. Ting-Li Cho, "A Conceptual Framework for the Physical Development of the Port of Seattle," Port of Seattle Planning and Research Department, April 1966, p. 15; Arthur D. Little, Inc., *Community Renewal Programming: A San Francisco Case Study* (New York, 1966), p. 34.

15. Rosenstein, "The Rise of Maritime Containerization," pp. 65 and 85 – 86; Worden, *Cargoes*, 148; Nutter, "The Port of Oakland," pp. 112, 120; Port of Oakland, "1957 Revenue Bonds, Series P, $20,000,000," October 17, 1978, p. 15; Erie, *Globalizing L.A.*, p. 90; Seattle Port Commission, "Container Terminals 1970 – 1975: A Development Strategy," November 1969, pp. 1, 10.

16. Burke, *A History of the Port of Seattle*, pp. 116, 122; Erie, *Globalizing L.A.*, pp. 85 – 89; Minor, *Pacific Gateway*, p. 53; Fitzgerald, "A History of Containerization," pp. 91 – 93; Niven, *American President Lines*, pp. 250 – 251; Nutter, "The Port of Oakland," p. 84.

17. U.S. Department of Commerce, Marad, "Review of United States Oceanborne Trade 1966" (Washington, DC, 1967), p. 11.

18. Executive Office of the President, Economic Stabilization Program, Pay Board, "East and Gulf Coast Longshore Contract," May 2, 1972.

19. Alan F. Schoedel, "Boston Talks in Deadlock," *JOC*, June 29, 1966, and "No Progress Reported in Boston Port Dispute," *JOC*, November 22, 1966.

20. John R. Immer, *Container Services of the Atlantic*, 2nd ed. (Washington, DC, 1970), chaps. 14 and 15; Philadelphia Maritime Museum, "Delaware Riever Longshoremen Oral History Project: Background Paper,"Vertical File, ILA Local 1291, Tamiment Labor Archive, New York University; *Longshore News*, December 1969; Charles F. Davis, "Ports of Philadelphia Posts Impressive Record,"*JOC*, February 5, 1970; Bremer Ausschuß für Wirtschaftsforschung, *Container Facilities and Traffic in 71 Ports of the World Midyear 1910* (Bremen, 1971).

21. Matson Research Corporation, *The Impact of Containerization on the U.S. Economy* (Washington, DC, 1970), 1:88 – 98.

22. Robert J. McCalla, "From 'Anyport' to 'Superterminal,'" in *Shipping and Ports in the Twenty-first Century*, ed. David Pinder and Brian Slack (London, 2004), pp. 130 – 134; U.S. Department of Commerce, Marad, "Containerized Cargo Statistics Calendar Year 1974" (Washington, DC, 1974), p. 7; Austin J. Tobin, "Political and Economic Implications of Changing Port Concepts,"in Schenker and Brockel, *Port Planning and Development*, p. 269. 컨테이너항으로서의 리치먼드항의 간략한 경험에 대해서는 다음을 참조하라. John Parr Cox, "Parr Terminal: Fifty Years of Industry on the Richmond Waterfront,"interview by Judith K. Dunning (Berkeley, 1992), pp. 181 – 183.

23. PNYA, *Via—Port of New York*, Special Issue: *Transatlantic Transport Preview* (1965): 12 – 16.

24. Anthony G. Hoare, "British Ports and Their Export Hinterlands: A Rapidly Changing Geography,"*Geografiska Annaler, Series B. Human Geography* 68, no. 1 (1986): 30 – 32; *Fairplay*, September 14, 1967, p. 5.

25. Wilson, *Dockers*, pp. 137, 309.

26. Ibid., pp. 181 – 191; Anthony J. Tozzoli, "Containerization and Its Impact on Port Development,"*Journal of the Waterways, Harbors and Coastal Engineering Division, Proceedings of the American Society of Civil Engineers* 98, no. WW3 (1972): 335; *Fairplay*, May 16, 1968, p. 51.

27. McKinsey & Company, "Containerization: The Key to Low-Cost Transport,"June 1967; A. D. Little, *Containerisation on the North Atlantic*, p. 61; Turnbull, "Contesting Globalization,"pp. 367 – 391.

28. "Developments in London,"*Fairplay*, November 17, 1966, p. 29.

29. Wilson, *Dockers*, p. 239; J. R. Whittaker, *Containerization* (Washington, DC, 1975), pp. 35–42.

30. Wilson, *Dockers*, p. 152; *Fairplay*, July 18, 1968, p. 9.

31. Morrison interview, COHP; "UK Dockers Accept Pay Offer,"*JOC*, March 23, 1970; Edward A. Morrow, "'Intermodal' Fee Stirs a Dispute,"*NYT*, April 8, 1968; "Shipping Events: Inquiry Barred,"*NYT*, July 26, 1968.

32. Hoare, "British Ports,"pp. 35–39; D. J. Connolly, "Social Repercussions of New Cargo Handling Methods in the Port of London,"*International Labour History* 105 (1972): 555. 코널리는 '화물 처리의 새로운 기술 적용' 때문에 "전통적인 부두 공동체가 무너지고 이에 따라 부두노동자들 사이의 사회적 삶의 질 또한 낮아졌다"고 말한다. p. 566.

33. Turnbull, "Contesting Globalization,"pp. 387–388; Wilson, *Dockers*, pp. 243–244; *Fortune*, November 1967, p. 152.

34. Bremer Ausschuß für Wirtschaftsforschung, *Container Facilities*, pp. 48–51.

35. National Ports Council, *Container and Roll-On Port Statistics, Great Britain, 1911: Part 1* (London, 1971), p. 31; National Ports Council, *Annual Digest of Port Statistics 1974*, Vol. 1 (London, 1975), Table 41; Henry G. Overman and L. Alan Winters, "The Geography of UK International Trade,"Working Paper CEPDP0606, Centre for Economic Performance, London, January 2004. Overman and Winters's figures have been recalculated to exclude airborne trade.

36. *Fairplay*, April 3, 1975, p. 15, and April 17, 1975, p. 56; National Ports Council, *Annual Digest*. 주-35의 오버만Overman과 윈터스Winters는 항구 기능의 변화를 1973년 이후 영국 무역의 양상이 달라진 현상에 이유가 있다고 바라보며, 컨테이너화가 개별 항구들의 발전 혹은 몰락에 미친 영향을 무시한다. 아울러 다음을 참조하라. Whittaker, *Containerization*, p. 33, and UK Department for Transport, "Recent Developments and Prospects at UK Container Ports" (London, 2000), Table 4. Department for Transport, *Transport Statistics Report: Maritime Statistics 2002* (London, 2003), 〈표 4-3〉은 1965년 영국의 68개 항구의 화물 처리량을 알려준다. 그러나 펠릭스토우항 관련 자료는 찾을 수 없다.

37. 케이팀스 인터뷰, COHP.

38. *Jane's Freight Containers*, p. 324; A. G. Hopper, P. H. Judd, and G. Williams, "Cargo Handling and Its Effect on Dry Cargo Ship Design,"*Quarterly Transactions of the*

Royal Institution of Naval Architects 106, no. 2 (1964).

39. Bremer Ausschuβ für Wirtschaftsforschung, *Container Facilities Fairplay*, October 5, 1967.

40. *Jane's Freight Containers*, pp. 303–309; *Jane's Freight Containers 1969–70*, pp. 175–194; Daniel Todd, "The Interplay of Trade, Regional and Technical Factors in the Evolution of a Port System: The Case of Taiwan,"*Geografiska Annaler, Series B. Human Geography* 75, no. 1 (1993): 3–18.

41. Port of Singapore Authority, *Reports and Accounts*, 1964 and 1966.

42. Port of Singapore Authority, *A Review of the Past and a Look into the Future* (Singapore, 1971), p. 8.

43. Port of Singapore Authority, *Reports and Accounts*, 1968, p. 22.

44. *Fairplay*, November 7, 1974, p. 15; *Containerisation International Yearbook* Gerald H. Krausse, "The Urban Coast in Singapore: Uses and Management,"*Asian Journal of Public Administration* 5, no. 1 (1983): 44–46.

45. *Containerisation International Yearbook* Krausse, "The Urban Coast in Singapore,"pp. 44–46; Port of Singapore Authority *A Review*, p. 19; United Nations Economic and Social Commission for Asia and the Pacific, *Commercial Development of Regional Ports as Logistics Centres* (New York, 2002), p. 45.

11장 호황에서 불황으로 ||||||||||||||||||||||||||||||||||||||||||||||||||||||||||||||||||||||||||||||||||||||||||||

1. Comment by James A. Farrell Jr., chairman of Farrell Lines, to New York World Trade Club, *NYT*, June 7, 1966.

2. Matson Research Corp., *The Impact of Containerization*, 1:151; McLean Industries, Annual Report, 1968.

3. Tozzoli, "Containerization and Its Impact on Port Development,"pp. 336–337; Marad, "United States Flag Containerships,"April 25, 1969. 그레이스라인이 가지고 있던 네 척의 가장 큰 컨테이너선은 1963~1964년에 건조되었는데, 117석의 일등석 여객 좌석을 갖추고 있었다. 다음을 참조하라. *Jane's Freight Containers 1969–70*, p. 389. 컨테이너를 브레이크벌크선으로 운송할 때의 여러 가지 복잡한 문제에 대해서는 다음을 참조하라. Broeze, *The Globalisation of the Oceans*, pp. 29 and 41.

4. 이렇게 해서 순전히 컨테이너만을 운송하도록 설계된 최초의 배는 쿠링가[Kooringa]호였는데, 호주에서 1964년에 건조되었으며 선주는 어소시에이티드스팀십스[Associated Steamships

였다. 쿠링가호는 최대 14.5톤 무게의 컨테이너(크기는 표준적인 20피트 컨테이너보다 조금 작았다)를 국내선, 특히 멜버른항과 프리맨틀항 구간을 오가며 운송했다. 이 두 항구에는 특수하게 지어진 컨테이너 터미널이 마련되어 있었다. 배에는 짐을 싣고 내리는 작업을 위해서 갠트리 크레인 두 대가 설치되어 있었다. 쿠링가호는 컨테이너화 발전의 막다른 골목이었음이 판명되었고, 컨테이너 크기가 표준화된 뒤에는 경쟁력을 완전히 상실했다. 배는 큰 손실을 기록한 뒤에 1975년에 서비스를 중단했다. 다음을 참조하라. Broeze, *The Globalisation of the Oceans*, p. 34, and *The Australian Naval Architect* 2, no. 3 (1998): 6. Roy Pearson and John Fossey, *World Deep-Sea Container Shipping* (Liverpool, 1983), pp. 247 - 253.

5. McKinsey & Co., "Containerization: A 5-Year Balance Sheet" (1972), p. 1-1. 맥킨리가 추정한 비용은 40억 파운드였는데, 이것은 1970년 환율로 96억 달러였다. 나는 이것을 자본 설비에 대한 미국의 생산자물가지수를 사용해서 현재 가치로 보정했다. 영국 해운사들의 수익에 대해서는 다음을 참조하라. *Fairplay*, January 12, 1967, p. 92, and January 11, 1968, p. 92A.

6. ICC, *Transport Statistics*, 1965 - 67; John J. Abele, "Smooth Sailing or Rough Seas?" *NYT*, January 19, 1969; John J. Abele, "Investors in Conglomerates Are Seeing the Other Side of the Coin," *NYT*, April 13, 1969.

7. Toomey interview; John Boylston interview, COHP; Frank V. Tursi, Susan E. White, and Steve McQuilkin, *Lost Empire: The Fall of R. J. Reynolds Tobacco Company* (Winston-Salem, 2000), p. 174; John J. Abele, "Stock Exchange Ends Day Mixed," *NYT*, January 4, 1969.

8. Immer, *Container Services* of the Atlantic, pp. 194 and 198 - 200; Peter Stanford, "The SL-7: Sea-Land's Clipper Ship," *Sea History*, Fall 1978; Sea-Land advertisement, "SL-7," n.d.

9. *Lloyd's Shipping Economist*, August 1982, p. 36; "Sea-Land Line Orders 5 New Containerships," *NYT*, August 14, 1969; Tursi, White, and McQuilkin, *Lost Empire*, p. 176.

10. United Nations Economic and Social Commission for Asia and the Pacific, *Statistical Yearbook 1975* (Bangkok, 1977), pp. 205 - 208; Marad, *Foreign Oceanborne Trade of the United States*, 1970.

11. *Fairplay*, June 15, 1972.

12. United Nations, *Statistical Yearbook 1975*, p. 208.

13. Reuters, August 9, 1969; Marad, "Maritime Subsidies" (Washington, DC, 1971), p. 85.

14. Broeze, *The Globalisation of the Oceans*, p. 50; *Fairplay*, October 7, 1971, p. 41.

15. United Nations, *Statistical Yearbook 1975*, pp. 41–43, 127–129, 230–232, and 390; International Monetary Fund, *Direction of Trade Annual 1969-75* (Washington, DC, 1977), pp. 2–3; Matson Research Corp., *The Impact of Containerization*, 1:114-122; "Matson, Sea-Land to Expand Containership Services,"*JOC*, March 18, 1970; *Fairplay*, February 16, 1967 and July 15, 1971, p. 11; OECD, *OECD Economic Surveys: Australia*, esp. 1979.

16. McKinsey & Co., "Containerization: A 5-Year Balance Sheet,"p. 1-4.

17. Marad, "United States Flag Containerships,"April 25, 1969; Pearson and Fossey, *World Deep-Sea Container Shipping*, p. 220.

18. Marad, "A Statistical Analysis of the World's Merchant Fleet,"1968 and 1974.

19. Pearson and Fossey, *World Deep-Sea Container Shipping*, p. 30; Fairplay, February 10, 1972, p. 40.

20. Matson Research Corp., *The Impact of Containerization*, 1:24.

21. P. Backx and C. Earle, "Handling Problems Reviewed,"*Fairplay*, February 9, 1967, p. 36; McKinsey & Co., "Containerization: The Key to Low-Cost Transport,"p. 57; *Fairplay*, November 24, 1966; Matson Research Corp., *The Impact of Containerization*, 2:4; Forecast,"June 1968, p. 6-2.

22. *Fairplay*, April 20, 1967, p. 42.

23. 카르텔 경향의 해운사 협회가 경쟁을 제한하고 운송료를 올리는 데 과연 얼마나 성공했을까 하는 문제를 두고 오랫동안 논쟁이 이어지고 있다. 최근의 논쟁을 요약한 것으로는 다음을 참조하라. Alan W. Cafruny, *Ruling the Waves* (Berkeley, 1987), and William Sjostrom, "Ocean Shipping Cartels: A Survey,"*Review of Network Economics 3*, no. 2 (2004).

24. *Fairplay*, August 24, 1967, p. 8; J. McNaughton Sidey, "Trans-Atlantic Container Services,"*Fairplay*, October 5, 1967.

25. *Fairplay*, February 9, 1967, p. 41; "U.S. Panel Weight a Boxship Accord,"*NYT*, August 28, 1969.

26. Hans Stueck, "2 Big German Shipping Lines Plan Merger, *NYT*, July 4, 1969; George Horne, "U.S. Lines Plans 16-Ship Charter,"*NYT*, October 4, 1969; Werner Bamberger, "Line Sets Its Course on Time Charters,"*NYT*, January 11, 1970.

27. George Horne, "Grace Line Is Tentatively Sold,"*NYT*, February 7, 1969; Broeze, *The Globalisation of the Oceans*, p. 48; Farnsworth Fowle, "4 Freighters Sold for $38.4 Million,"*NYT*, August 6, 1970; "Cooling the Rate War on the North Atlantic,"*Business Week*, April 29, 1972; "U.S. to Challenge R. J. Reynolds Bid,"*NYT*, December 15, 1970; *Fairplay*, July 15, 1971, p. 62, and December 9, 1971, p. 45; ICC, *Transport Statistics*, Part 5, Table 4, 1970 and 1971.

28. Broeze, *The Globalisation of the Oceans*, pp. 42 and 57 – 59; UNCTAD, *Review of Maritime Transport 1912 – 73*, p. 97; Gilbert Massac, "Le transport maritime par conteneurs: Concentrations et globalisation,"*Techniques avancées*, no. 43 (April 1998); Gunnar K. Sletmo and Ernest W. Williams Jr., *Liner Conferences in the Container Age: U.S. Policy at Sea* (New York, 1981), p. 308; "Cooling the Rate War."

29. Pearson and Fossey, *World Deep-Sea Container Shipping*, p. 25; Wallin,, "The Development, Economics, and Impact,"p. 883.

30. U.S. Council of Economic Advisers, *Economic Report of the President* (Washington, DC, 1982), p. 356; UNCTAD, *Review of Maritime Transport 1974*, p. 40.

31. UNCTAD, *Review of Maritime Transport 1972 – 73*, p. 96; Pearson and Fossey, *World Deep-Sea Container Shipping*, pp. 25, 220; Clare M. Reckert, "R. J. Reynolds Profit Up 3% in Quarter,"*NYT*, February 13, 1975; "Their Ship's Finally Come In,"*NYT*, September 8, 1974.

32. UNCTAD, *Handbook of International Trade and Development Statistics 1981 Supplement* (New York, 1982), p. 45; UNCTAD, *Review of Maritime Transport 1975*, p. 36, and *1976*, p. 32; Robert Lindsey "Pacific Shipping Rate War Flares, Mostly on Soviet Vessel Build-Up,"*NYT*, July 4, 1975.

33. 비용에 관해서는 다음을 참조하라. Sletmo and Williams, *Liner Conferences*, pp. 147 and 156. 영국의 주요 해운사 페닌슐라앤오리엔탈[Peninsula & Oriental]은 1968년에 자사의 계획이 수에즈 운하가 영원히 폐쇄될 것이라는 가정 하에 한 것이라고 발표했다. 다른 해운사들도 마찬가지 관점에서 같은 선택을 했다. 다음을 참조하라. *Fairplay*, July 4, 1968, p. 79, and Pearson and Fossey, *World Deep-Sea Container Shipping*, p. 248.

34. Relative fuel costs appear in Sletmo and Williams, *Liner Conferences*, p. 162. 시랜드서비스 이사회가 SL-7 매입에 반대한 내용은 다음 인터뷰에 들어 있다. 존 볼스턴[John Boylston] 인터뷰, COHP.

35. On relations between Sea-Land and R. J. Reynolds, see Tursi, White, and McQuilkin,

Lost Empire, chaps. 15-16 and 23; R. J. Reynolds Industries, *Annual Reports* from 1975 through 1980; transcript of R. J. Reynolds Industries Analyst Meeting, September 19 – 21, 1976; and comment from R. J. Reynolds Industries' chief financial officer Gwain H. Gillespie at analyst presentation, November 1, 1984, p. 78. 이것들을 포함해 레일놀즈 관련 자료들은 담배 반대 소송 관련 문서들을 모아놓은 다음 웹사이트 에서 확인할 수 있다. https://industrydocuments.library.ucsf.edu/tobacco/.

36. Colin Jones, "Heading for a Period of Consolidation,"*Financial Times*, January 15, 1976.

12장 규모를 키워라 ||||||||||||||||||||||||||||||||||||||||||||||||||||||||||||||||||||||||||||||||||||||||||||||||||||

1. 1993년 5월 21일, 얼 홀과의 전화 인터뷰. "Malcom McLean's $750 Million Gamble,"*Business Week*, April 16, 1979.

2. "Pinehurst Club Is Sold for $9-Million,"*NYT*, January 1, 1971; author's telephone interview with Dena Van Dyk, May 2, 1994; William Robbins, "Vast Plantation Is Carved Out of North Carolina Wilderness,"*NYT*, May 8, 1974; *Business Week*, April 1, 1979.

3. Sletmo and Williams, *Liner Conferences*, p. 39.

4. *Lloyd's Shipping Economist*, September 1982, p. 9; Pearson and Fossey, *World Deep-Sea Container Shipping*, p. 220; UNCTAD, *Review of Maritime Transport*, various issues.

5. Michael Kuby and Neil Reid, "Technological Change and the Concentration of the U.S. General Cargo Port System: 1970 – 88,"*Economic Geography* 68, no. 3 (1993): 279.

6. American Association of Port Authorities; Marad, "Containerized Cargo Statistics,"various years; Pearson and Fossey, *World Deep-Sea Container Shipping*, p. 29; *Containerisation International Yearbook*, various years. 이 기간의 수치들은 조심 스럽게 해석해야 한다. '컨테이너'에 대한 통계적인 정의가 20피트 컨테이너로 확실히 표 준화되지 않았기 때문이다. 각 항구들의 통계도 화물이 든 컨테이너와 빈 컨테이너를 매 번 구분하지는 않았다.

7. Hugh Turner, Robert Windle, and Martin Dresner, "North American Containerport Productivity: 1984-1997,"*Transportation Research Part E* (2003): 354.

8. Yehuda Hayut, "Containerization and the Load Center Concept,"*Economic Geography* 57, no. 2 (1981): 170.

9. Brian Slack, "Pawns in the Game: Ports in a Global Transportation System," *Growth and Change* 24, no. 4 (1993): 579-588; Kuby and Reid, "Technological Change," p. 280; *Containerisation International Yearbook*, 1988.

10. Port of Seattle, Marine Planning and Development Department, "Container Terminal Development Plan," October 1991; Eileen Rhea Rabach, "By Sea: The Port Nexus in the Global Commodity Network (The Case of the West Coast Ports)" (Ph.D. diss., University of Southern California, 2002), p. 86. 항구끼리의 전쟁은 제로섬 게임이라는 라바크Rabach의 주장은 옳지 않다. 이 논문이 주장하듯 운송 체계 전체에 대한 비용 감소 가 국제 무역을 촉진했다.

11. UNCTAD, *Review of Maritime Transport 1979*, p. 29; Marad, "United States Port Development Expenditure Report," 1991; Herman L. Boschken, *Strategic Design and Organizational Change: Pacific Rim Seaports in Transition* (Tuscaloosa, 1988), pp. 61-65. 오클랜드항의 준설 공사에 대해서는 다음을 참조하라. Christopher B. Busch, David L. Kirp, and Daniel F. Schoenholz, "Taming Adversarial Legalism: The Port of Oakland's Dredging Saga Revisited," *Legislation and Public Policy* 2, no. 2 (1999): 179-216; Ronald E. Magden, *The Working Longshoreman* (Tacoma, 1996), p. 190.

12. *Fairplay*, July 3, 1975, p. 37; Slack, "Pawns in the Game," p. 582; Turner, Windle, and Dresner, "North American Containerport Productivity," p. 351; author's interview with Mike Beritzhoff, Oakland, CA, January 25, 2005.

13. Boschken, *Strategic Design*, p. 200.

14. Hans J. Peters, "Private Sector Involvement in East and Southeast Asian Ports: An Overview of Contractual Arrangements," *Infrastructure Notes*, World Bank, March 1995.

15. Pearson and Fossey, *World Deep-Sea Container Shipping*.

16. *Lloyd's Shipping Economist*, January 1983, p. 10.

17. Ibid., p. 12 and March 1985, p. 4.

18. Daniel Machalaba, "McLean Bets That Jumbo Freighter Fleet Can Revive Industry," Wall Street Journal, September 26, 1986; Ron Katims interview, COHP.

19. Broeze, *The Globalisation of the Oceans*, p. 95.

20. Ibid., p. 84; *Lloyd's Shipping Economist*, April 1984, p. 7, and March 1986, p. 3; UNCTAD, *Review of Maritime Transport 1989*, p. 25; JOC, October 15, 1986.

21. Bruce Barnard, "Evergreen Set to Drop Felixstowe," *JOC*, October 22, 1986;

Machalaba, "McLean Bets"; Kuby and Reid, "Technological Change," p. 279.

22. *Lloyd's Shipping Economist, January* 1987; Gibson and Donovan, *The Abandoned Ocean*, p. 218; Susan F. Rasky, "Bankruptcy Step Taken by McLean," *NYT*, November 25, 1986.

23. 이 파산과 관련된 소송 자료는 다음을 참조하라. *In re McLean Industries*, Inc., the Southern District of New York, case numbers 86-12238 through 86-12241. 이 절은 소송사건표 106, 107, 111, 133 그리고 163번을 토대로 한 것이다. 배의 크기에 대해서는 다음을 참조하라. Daniel Machalaba, "Sea-Land Will Buy 12 Superfreighters Idled by U.S. Lines Inc. for $160 Million," *Wall Street Journal*, February 9, 1988.

24. Author's interview with Gerald Toomey, May 5, 1993; Daniel Machalaba, "Container Shipping's Inventor Plans to Start Florida – Puerto Rico Service," *Wall Street Journal*, January 31, 1992. 전직 유나이티드스테이츠 직원의 견해에 대해서는 다음을 참조하라. "McLean Doesn't Deserve Award," letter to the editor, *JOC*, September 16, 1992.

25. R. M. Katims, "Keynote Address: Terminal of the Future," in National Research Council, Transportation Research Board, *Facing the Challenge: The Intermodal Terminal of the Future* (Washington, DC, 1986), pp. 1 – 3.

13장 선적인의 복수 |||||||||||||||||||||||||||||||||||||||||||||||||||||||||||||||||||||||||||||||||||||||||||||||

1. 카를의 논평은 다음에 있다. Broeze, *The Globalisation of the Oceans*, p. 41.

2. UNCTAD, *Review of Maritime Transport 1975*, p. 43.

3. *Fairplay*, July 15, 1971, pp. 47 and 53. UNCTAD가 추정한 운송비용은 다음과 같았다.

1m³ 화물에 들어간 평균비용(1970년) (단위: 달러)

	자본비용	운영비용	화물처리비용	총비용
전통적인 배	2.30	3.81	17.00	23.11
컨테이너선	2.50	2.47	5.90	10.87

출처: UNCTAD

4. Matson Research Corp., *The Impact of Containerization*, pp. 40 – 41; *Fairplay*, February 1, 1968, p. 8.

5. OECD, "Ocean Freight Rates as Part of Total Transport Costs" (Paris, 1968), p. 24.

6. 앤트워프 관련 자료는 다음에서. Bremer Ausschuβ für Wirtschaftsforschung, *Container Facilities*. 다트컨테이너라인Dart Container Line은 1973년에 2만 개의 컨테이너를 추적하기 위한 컴퓨터 설비에 30만 달러를 지출했다. *Fairplay*, April 5, 1973, p. 40. 1974 년이 되면 유나이티드스테이츠라인스는 컴퓨터 운영에 한 해 170만 달러를 지출했다. 다음을 참조하라. *Fairplay*, April 4, 1974, p. 76.

7. Broeze, *The Globalisation of the Oceans*, pp. 55 - 56. 1968년 이전에 건조된 브레이크벌크선이나 컨테이너선은 거의 대부분 20노트나 그 이하의 속도였지만, 1973년에 투입된 컨테이너선은 평균 25노트 속도로 운항했다. Wallin, "The Development, Economics, and Impact," p. 642. 손익분기점이 85퍼센트라는 사실은 다음에서 인용했다. U.S. Congress, Office of Technology Assessment, *An Assessment of Maritime Technology and Trade* (Washington, DC, 1983), p. 71. 1980년에 해운사 세 개를 대상으로 연구 조사한 J. E 데이비스J. E. Davies는 이들의 고정비용은 총비용 중 53~65퍼센트를 차지한다고 밝혔다. 이것은 손익분기점에서 한참 낮은 수준임을 나타낸다. "An Analysis of Cost and Supply Conditions in the Liner Shipping Industry," *Journal of Industrial Economics* 31, no. 4 (1983): 420.

8. *Fairplay*, February 4, 1971.

9. Sletmo and Williams, *Liner Conferences*, chap. 5; Benjamin Bridgman, "Energy Prices and the Expansion of World Trade," Working Paper, Louisiana State University, November 2003. 운영비의 일부로서 연료비용은 다음에서 제공받았다. Office of Technology Assessment, *An Assessment of Maritime Technology and Trade*, p. 71. IMF는 컨테이너가 도입된 뒤에도 해상운송에서의 독점 지수를 나타내는 '시장집중도'가 증가한 것이 해상 운송료가 떨어지지 않은 또 다른 이유라고 지적한다. 그러나 담합 및 반反경쟁 관행들이 장기적인 차원에서 운송료 수준을 경쟁할 때보다 높은 수준으로 유지하는 데 성공했는지 여부는 분명하지 않다. International Monetary Fund, *World Economic Outlook*, September 2002, p. 116; Sjostrom, "Ocean Shipping Cartels," pp. 107-134.

10. *Fairplay*, July 15, 1974, p. 50. 원칙상 두 가지 다른 조건에서 한 국가의 수입품 규모를 비교함으로써, 즉 수출 시점에서 화물의 가치를 나타내는 본선인도가격FOB과 수입 시점에서 화물의 가치를 나타내는 운임보험료포함가격CIF을 비교해 장기간에 걸친 운송료 절감을 계량화할 수는 있다. 그러나 실질적으로 FOB와 CIF의 차이를 가지고 운송료 추세를 추정하기는 어렵다. 또한 해당 자료의 정확성도 신빙성이 떨어진다. 만약 IMF의 수치가 신뢰성이 있다면, 1960년까지 스위스의 수입액 중 단지 1퍼센트만이 보험료를 포함한

운송가격이라는 이야기가 된다. 석탄이나 석유와 같은 벌크화물이 대규모로 거래된 국가와 관련된 자료는 제조품 화물에 영향을 미칠 수 있는 여러 변화들을 반영하지 못한다. 그리고 더욱 문제가 많은 것은 CIF 및 FOB의 총합을 사용하는 것은 수입품의 구성 및 기원이 오랜 시간이 지나도 변하지 않음을 전제한다는 점이다. Scott L. Baier and Jeffrey H. Bergstrand, "The Growth of World Trade: Tariffs, Transport Costs, and Income Similarity,"*Journal of International Economics* 53, no. 1 (2001): 1–27. 이 부분은 부유한 16개국은 1958~1960년 기간과 1986~1988년 기간 사이에 수입품 가격에서 운송료가 차지하는 비율은 8.2퍼센트에서 4.3퍼센트로 줄어들었음을 보여주지만, 위에서 언급한 여러 요인들 때문에 이런 결론은 설득력이 약하다.

11. 비정기선의 특별요금은 1960년대와 1970년대 동안에 다음을 포함한 여러 자료에 남아 있다. *Norwegian Shipping News* and the British Chamber of Shipping. 배의 적재용량을 놓고 보정 작업을 거친 편도 운항 가격은 적재한 화물 1톤당 비용을 나타낸다. 일본의 선적인들은 비정기선의 주요 고객이었다. 비정기선 시장은 1970년대 초에는 활력이 없었고, 대부분의 비정기선 특별요금은 컨테이너 운송을 상대로 해서 경쟁력을 가지고 있던 종류의 브레이크벌크화물이 아니라 벌크화물을 아울렀던 것 같다 *Fairplay*, July 1, 1971, p. 73.

12. 독일의 '정기화물선 운임지수'는 독일 이외 지역의 화물운송료와 관련성을 갖고자 만든 것은 아니다. UNCTAD의 지적대로 운송료 및 할증료의 변화를 반영하지 않았으며, 자료의 범위도 좁다. '독일 마르크화 대비 미국 달러화의 가치가 떨어지는 것에 크게 영향을 받았다.' 다음을 참조하라. UNCTAD, *Review of Maritime Transport 1972–73*, p. 81, and *1984*, p. 42. 1960년대 및 1970년대에 발표된 지수는 정기선의 화물운송료와 컨테이너 운송료를 명확하게 구분하지 않았다. 그러나 1990년대에 발표된 지수는 이 둘을 분명하게 구분해 두 운송료가 매우 다른 양상을 보이고 있음을 드러냈다. 예를 들어 모든 정기선의 운송료 지수는 1994년 1월에 101이었다가 1997년 6월에는 96으로 떨어졌다. 그러나 컨테이너 운송료 지수는 같은 기간에 101에서 90으로 더욱 가파르게 떨어졌다. 다음을 참조하라. UNCTAD, *Review of Maritime Transport 1997*, p. 50. 두 지수에 대한 더욱 많은 논의 및 인플레이션을 고려해 조정한 시도는 다음을 참조하라. Hummels, "Have International Transportation Costs Declined?"

13. 한센 지수는 다음을 참조하라. *Fairplay*, January 15, 1981, p. 15.

14. Tursi, White, and McQuilkin, *Lost Empire*, p. 185.

15. UNCTAD의 연간 *Review of Maritime Transport* provides는 개발도상국에서의 컨테이너 운송 관련 자료를 보여준다. 아울러 다음을 참조하라. Pearson and Fossey, *World*

Deep-Sea Container Shipping, p. 27. 미국 수입품에서 컨테이너화한 화물의 비율은 다음에 나온다. *Review* for 1974, p. 51.

16. Sletmo and Williams, *Liner Conferences*, p. 80. 홈멜스의 "Transportation Costs and International Trade in the Second Era of Globalization"는 컨테이너화가 해양화물의 운송료를 낮췄다는 견해에 반론을 제기한다.

17. PMA의 자료에 따르면, 미국 태평양 연안에서 부두노동자의 기본임금은 1966년 7월 시간당 3.88달러, 1976년 7월 7.52달러로 거의 두 배 가까이 증가했다. 이 자료는 다음 웹페이지에서 볼 수 있다. www.pmanet.org. 미국의 북대서양 연안에 있는 여러 항구에서 1966년에 연간 4주의 휴가와 11일의 유급휴일을 보장받은 부두노동자들은 1970년대 초에는 6주의 휴가와 13일의 유급휴일을 보장받았다. *Longshore News*, November 1969, p. 4A.

18. OECD, "Ocean Freight Rates as Part of Total Transport Costs," p. 31.

19. Hummels, "Have International Transportation Costs Declined?"; *Fairplay*, May 16, 1968, p. 49.

20. On New Zealand, see *Fairplay*, February 19, 1976, p. 3.

21. 보험료 변화에 관해 정확한 수치를 확인할 수 있는 자료는 없다. 보험업자들은 처음에는 컨테이너 화물 보험료를 낮출 수 없다고 저항했다. 컨테이너 화물이 운송 시 사고를 당할 빈도는 적지만 사고가 나면, 즉 컨테이너가 통째로 도난당하거나 훼손될 경우, 피해액이 크다는 게 이유였다. 게다가 컨테이너는 내용물을 확인하는 과정 없이 전달되기 때문에, 만일 화물에 문제가 생기면 어떤 운송업체가 책임지던 구간에서 발생했는지 확인할 수 없다는 것도 보험업자들이 내세운 이유였다. *Fairplay*, September 2, 1971; Insurance Institute of London, "An Examination of the Changing Nature of Cargo Insurance Following the Introduction of Containers," January 1969. 그러다가 1973년이 되어서야 보험업계의 전문가는 "컨테이너로 운송되는 화물에 대한 보험료 청구 건수가 줄어든 것 같다"고 인정했다. *Fairplay*, July 5, 1973, p. 55.

22. Marad, "Current Trends in Port Pricing" (Washington, DC, 1978), p. 19.

23. 달러화의 실제 유가는 1981년까지 계속 올라갔다. 다음을 참조하라 U.S. Department of Energy, *Annual Energy Review* (Washington, DC, 2003), Table 5.21. 위에서 언급한 독일의 정기선 화물운송료 지수는 (인플레이션을 고려한 조정 작업을 거쳤을 때) 1970년대 이후 떨어지기 시작했다.

24. Pedro L. Marin and Richard Sicotte, "Exclusive Contracts and Market Power: Evidence from Ocean Shipping," Discussion Paper 2028, Centre for Economic Policy Research, June 2001; comment from J. G. Payne, vice chairman of Blue Star

Line, in *Fairplay*, April 11, 1974, p. 7.

25. 경쟁을 하다가 NAPA의 기치 아래 손을 잡은 해운사들에는 다음이 포함되어 있었다. American Export-Isbrandtsen Line, Belgian Line, Bristol City Line, Clarke Traffic Services, Cunard Line, French Line, Hamburg-American Line, Holland-America Line, North German Lloyd, Sea-Land Service, Seatrain Lines, Swedish American Lines, Swedish Transatlantic Lines, United States Lines, and Wallenius Line. 선적인들이 모여서 만든 단체는 다음을 참조하라. U.S. General Accounting Office, *Changes in Federal Maritime Regulation Can Increase Efficiency and Reduce Costs in the Ocean Liner Shipping Industry* (Washington, DC, 1982), chap. 5. UNCTAD는 선적인들이 지역 단체를 조직하도록 권고했는데, 그 결과 중앙아메리카, 동아프리카 그리고 동남아시아에서 조직되었다.

26. *Fairplay*, July 1, 1971; UNCTAD, *Review of Maritime Transport 1972 – 73*, p. 80, and 1975, p. 44.

27. Office of Technology Assessment, *An Assessment of Maritime Technology and Trade*, p. 72.

28. U.S. General Accounting Office, *Centralized Department of Defense Management of Cargo Shipped in Containers Would Save Millions and Improve Service* (Washington, DC, 1977).

29. 1992년 1월 24일, 클리프 세이어Cliff Sayre와의 전화 인터뷰. 그는 뒤퐁DuPont에서 운송부 부사장을 역임했다.

30. 세이어가 한 말에 따르며, 뒤퐁은 1978년에 50개가 넘는 충성 협정을 체결했으며, 300개가 넘는 개별 해운사와 거래했다.

31. 컨테이너 이전 시대에 에버그린라인은 일본-홍해 노선에서 해운사 협회에 소속되지 않은 독립 해운사로 활동했으며 운송료는 협회가 책정한 가격보다 10퍼센트에서 15퍼센트 낮았다. 그러나 일본-인도 노선에서는 일본의 철강 회사들이 해운사 협회에 충성 협정을 맺었기 때문에 자기에게 화물을 맡기지 않을 것임을 알고는 에버그린라인도 협회에 가입했다. 다음을 참조하라. *Fairplay*, August 9, 1973, p. 60.

32. Broeze, *The Globalisation of the Oceans*, p. 65.

33. *Fairplay*, September 21, 1972, p. 11; November 23, 1972, p. 59; and June 28, 1973, p. 44; Eric Pace, "Freighters' Rate War Hurting U.S. Exporters,"NYT, September 11, 1980; *Fairplay*, February 12, 1981, p. 9.

34. James C. Nelson, "The Economic Effects of Transport Deregulation in

Australia,"*Transport Journal* 16, no. 2 (1976): 48-71.

35. U.S. General Accounting Office, *Issues in Regulating Interstate Motor Carriers* (Washington, DC, 1980), p. 35.

36. Matson Research Corp., *The Impact of Containerization*, 2:64; U.S. General Accounting Office, *Combined Truck/Rail Transportation Service: Action Needed to Enhance Effectiveness* (Washington, DC, 1977). 1978년에 한 회사는, 트레일러를 무개화차에 실어서 미니애폴리스에서 애틀랜타까지 1,719킬로미터 거리를 보내는 데 723달러가 들었다고 한다. 같은 화물을 트럭으로 운송할 때는 693달러가 들었다. 다음을 참조하라. Frederick J. Beier and Stephen W. Frick, "The Limits of Piggyback: Light at the End of the Tunnel,"*Transportation Journal* 18, no. 2 (1978): 17.

37. Iain Wallace, "Containerization at Canadian Ports,"*Annals of the Association of American Geographers* 65, no. 3 (1976): 444; "The 'Minibridge' That Makes the ILA Boil,"*Business Week*, May 19, 1975; General Accounting Office, *American Seaports-Changes Affecting Operations and Development* (Washington, DC, 1979); Lee Dembart, 'Minibridge' Shipping Is Raising Costs and Costing Jobs in New York,"*NYT*, February 27, 1977; Marad, "Current Trends in Port Pricing,"p. 20.

38. 계약이 화물운송의 경제학을 바꾸는 데 영향을 준 부분은 일반적으로 무시되었다. 이 주제를 탐구한 내용은 다음을 참조하라. Marc Levinson, "Two Cheers for Discrimination: Deregulation and Efficiency in the Reform of U.S. Freight Transportation, 1976-1998,"*Enterprise and Society* 10 (2008): 178-215. 아울러 다음도 참조하라. Robert E. Gallamore, "Regulation and Innovation: Lessons from the American Railroad Industry,"in *Essays in Transportation Economics and Policy: A Handbook in Honor of John R. Meyer*, ed. José A. Gómez-Ibañez, William B. Tye, and Clifford Winston (Washington, DC, 1999), p. 515. 계약건수는 다음에 나온다. Wayne K. Talley, "Wage Differentials of Intermodal Transportation Carriers and Ports: Deregulation versus Regulation,"*Review of Network Economics* 3, no. 2 (2004): 209. 특히 다음 책은 1988년에 규제 완화로 200억 달러가 절감되었을 것이라고 추정하고, 이 과정에서 철도 회사 및 트럭운송 노동자의 손실을 30억 달러로 추정한다. Clifford Winston, Thomas M. Corsi, Curtis M. Grimm, and Carol A. Evans, *The Economic Effects of Surface Freight Deregulation* (Washington, DC, 1990), p. 41.

39. Gallamore, "Regulation and Innovation, p. 516; John F. Strauss Jr., The *Burlington Northern: An Operational Chronology, 1970-1995*, chap. 6, 다음 웹페이지에서 확

인할 수 있다. www.fobnr.org/bnstore/ch6.htm; Kuby and Reid, "Technological Change,"p. 282. 특히 다음은 각종 운송 매체에 의한 화물운송에 대해 정부 규제의 역사를 살핀다. Paul Stephen Dempsey, "The Law of Intermodal Transportation: What It Was, What It Is, What It Should Be,"*Transportation Law Journal 27, no. 3* (2000).

40. Robert C. Waters, "The Military Sealift Command versus the U.S. Flag Liner Operators,"*Transportation Journal* 28, no. 4 (1989): 30 - 31.

41. *Lloyd's Shipping Economist*, various issues; Hans J. Peters, "The Commercial Aspects of Freight Transport: Ocean Transport: Freight Rates and Tariffs,"World Bank *Infrastructure Notes*, January 1991; author's interview with William Hubbard; Daniel M. Bernhofen, Zouheir El-Sahli, and Richard Kneller, "Estimating the Effects of the Container Revolution on World Trade."

14장 저스트 인 타임 ||||||||||||||||||||||||||||||||||||||||||||||||||||||||||||||||||||||||||||||||||||||||||||||||

1. Paul Lukas, "Mattel: Toy Story,"*Fortune Small Business*, April 18, 2003; Holiday Dmitri, "Barbie's Taiwanese Homecoming,"*Reason*, May 2005. 장난감 산업의 공급망에 대해서는 다음을 참조하라. Francis Snyder, "Global Economic Networks and Global Legal Pluralism,"European University Institute Working Paper Law No. 99/6, August 1999.

2. 적기 생산에 대한 묘사는 다음에서 인용했다. G.J.R. Linge, "Just-in-Time: More or Less Flexible?" *Economic Geography* 67, no. 4 (1991): 316-332.

3. 기사 게재 횟수는 약 1,000개의 기업·경영 관련 잡지를 대상으로 조사했으며, 다음에서 인용했다. Paul D. Larson and H. Barry Spraggins, "The American Railroad Industry: Twenty Years after Staggers,"*Transportation Quarterly* 52, no. 2 (2000): 37; Robert C. Lieb and Robert A. Miller, "JIT and Corporate Transportation Requirements,"*Transportation Journal* 27, no. 3 (1988): 5-10; 클리프 세이어[Cliff Sayre] 와의 저자 인터뷰.

4. 미국 NIPA를 바탕으로 한 계산에 따르면, 민간 비[非]농산물 재고는 2004년 평균 약 1조 6,500억 달러였다. 이것은 최종 매출액의 13퍼센트다. 1980년대 초반에는 이 비율이 22퍼센트에서 25퍼센트 범위 안에 있던 것이 9퍼센트 떨어졌다. 이 9퍼센트를 2004년의 최종 매출액 12조 2,000억 달러와 비교하면 연간 절감액이 1조 1,000억 원이나 된다는 계산이 나온다. 또 다른 비교도 가능하다. 상품에 소매업체나 도매업체 그리고 제조업체의 창고에 재고품으로 쌓여 있는 평균 시간을 놓고 따져볼 수 있다. 이런 식으로 분석할 때, 만

약 1980년대 초 이후로 재고가 매출과 동일한 속도로 증가했다면, 미국 정부와 소매점은 2000년 한 해 동안에 추가로 300억 달러 규모의 재고를 안고 있었을 것이며, 내구재 제조업체는 2,400억 달러, 비내구재 제조업체는 400억 달러, 도매업체는 300~400억 달러 규모의 재고를 각각 추가로 안고 있었을 것이다. 이 방법으로 계산하면, 매출에 비례하는 평균 재고 규모의 감소폭이 4,000억 달러가 넘는다는 말이 된다. 다음을 참조하라. U.S. Census Bureau, *Monthly Retail Trade Report*, and Hong Chen, Murray Z. Brank, 그리고 Owen Q. Wu, "U.S. Retail and Wholesale Inventory Performance from 1981 to 2003,"Working Paper, University of British Columbia, 2005.

5. 세계화의 이전 형태에 대해서는 다음을 참조하라. Kevin H. O'Rourke and Jeffrey G. Williamson, *Globalization and History: The Evolution of a Nineteenth-Century Atlantic Economy* (Cambridge, MA, 1999), and O'Rourke and Williamson, "When Did Globalization Begin?" Working Paper 7632, NBER, April 2000.

6. Robert Feenstra, "Integration of Trade and Disintegration of Production in the Global Economy,"*Journal of Economic Perspectives* 12, no. 4 (1998); Rabach, "By Sea,"p. 203.

7. David Hummels, "Toward a Geography of Trade Costs,"mimeo, University of Chicago, January 1999; Will Martin and Vlad Manole, "China's Emergence as the Workshop of the World,"Working Paper, World Bank, September 2003. 글로벌소싱이 이루어지는 방식을 알고 싶으면 다음을 참조하라. Victor K. Fung, William K. Fung, and Yoram (Jerry) Wind, *Competing in a Flat World* (Upper Saddle River, NJ, 2008).

8. Ximena Clark, David Dollar, and Alejandro Micco, "Port Efficiency, Maritime Transport Costs, and Bilateral Trade,"*Journal of Development Economics* 74, no. 3 (2004): 417-450.

9. Erie, *Globalizing L.A.*, p. 208; Miriam Dossal Panjwani, "Space as Determinant: Neighbourhoods, Clubs and Other Strategies of Survival,"in Davies et al., *Dock Workers*, 2:759; Robin Carruthers, Jitendra N. Bajpai, and David Hummels, "Trade and Logistics: An East Asian Perspective,"in *East Asia Integrates: A Trade Policy Agenda for Shared Growth* (Washington, DC, 2003), pp. 117-137. 중국에서 이루어진 항구의 민간 투자 관련 수치는 다음을 참조하라. World Bank Private Participation in Infrastructure Database, ppi.worldbank.org.

10. David Hummels, "Time as a Trade Barrier,"mimeo, Purdue University, July 2001.

11. Joel Mokyr, *The Gifts of Athena: Historical Origins of the Knowledge Economy*

(Princeton, 2002), p. 232.

12. Clark, Dollar, and Micco, "Port Efficiency," p. 422; Nuno Limão and Anthony J. Venables, "Infrastructure, Geographical Disadvantage and Transport Costs," *World Bank Economic Review* 15, no. 3 (2001): 451-479; Robin Carruthers and Jitendra N. Bajpai, "Trends in Trade and Logistics: An East Asian Perspective," Working Paper No. 2, Transport Sector Unit, World Bank, 2002.

13. Clark, Dollar, and Micco, "Port Efficiency," p. 422; Jakov Karmelic, Cedomir Dundovic, and Ines Kolanovic, "Empty Container Logistics," *Transport Logistics Review* 24 (2012): 223-230; Jean-Paul Rodrigue, Claude Comtois, and Brian Slack, *The Geography of Transport Systems* (Abingdon, UK, 2009), ch. 5. 컨테이너를 인용한 미국의 곡물 수출 관련 자료는 다음을 참조하라. U.S. Department of Agriculture, Agricultural Marketing Service, *Grain Transportation Report*.

14. 운송량 증가 수치는 다음에서 인용했다. Carruthers and Bajpai, "Trends in Trade and Logistics," p. 12; 함부르크에 대해서는 다음을 참조하라. Dieter Läpple, "Les mutations des ports maritimes et leurs implications pour les dockers et les regions portuaires: L'exemple de Hambourg," in *Dockers de la Mediterranee*, p. 55.

15. Alkman Granitsas and Costas Paris, "Chinese Transform Greek Port, Winning Over Critics," *WSJ*, November 20, 2014; Claude Comtois and Peter J. Rimmer, "China's Competitive Push for Global Trade," in Pinder and Slack, *Shipping and Ports*, pp. 40-61. 다음은 중국의 항구 개발 이면에 있는 논리를 흥미롭게 다룬다. United Nations Conference on Trade and Development, *Review of Maritime Transport 2014* (New York and Geneva, 2014), p. 67.

16. Clark, Dollar, and Micco, "Port Efficiency," p. 441; United Nations Conference on Trade and Development, *Review of Maritime Transport 2013* (New York and Geneva, 2013), p. 96; World Bank, "Tanzania Economic Update, May 2013," 37.

17. Bruce Barnard, "Third 2M Service Adds to Wilhelmshaven Momentum," *JOC*, December 22, 2014.

15장 부가가치 창출 ||||||||||||||||||||||||||||||||||||||||||||||||||||||||||||||||||||||||||||||||||||||||||||||

1. Fernand Braudel, *The Perspective of the World* (Berkeley, 1992), p. 143.

2. 2014년 10월 23일, 안 블로메Jan Blomme와의 벨기에 앤드워프 인터뷰.

3. Yossi Sheffi, *Logistics Clusters: Delivering Value and Driving Growth* (Cambridge,

MA, 2012).

4. 앤드루 깁슨과 아서 도노반은 미국 해상 정책과 미군 운송업 쇠퇴 사이의 연관성을 상세하게 다룬다. 다음을 참조하라. *The Abandoned Ocean*.

5. Chinitz, *Freight and the Metropolis*, pp. 161-162, 100. 이런 연구의 여러 사례들로는 다음을 참조하라. A. D. Little, *Containerisation on the North Atlantic* Litton Systems Inc., "Oceanborne Shipping: Demand and Technology Forecast," June 1968, p. 6-2.

6. UNCTAD는 2013년에 전 세계의 컨테이너의 적재량을 모두 합하면 6억 5,100만 TEU라고 보고하는데, 이 수치는 아마도 전체 컨테이너의 수를 2배로 계산했던 것 같다. 다음을 참조하라. *Review of Maritime Transport 2014*, p. 65.

7. Jeffrey C. Mays, "Newark Sees Cash in Containers," *Star-Ledger*, February 4, 2004; Natural Resources Defense Council, "Harboring Pollution: The Dirty Truth about U.S. Ports" (New York, 2004); Deborah Schoch, "Pollution Task Force to Meet for Last Time on LA. Port," *Los Angeles Times*, June 21, 2005.

8. Allianz, *Safety and Shipping Review 2015*; Organisation for Economic Co-operation and Development, International Transport Forum, *The Impact of Mega-Ships* (Paris, 2015), p. 19. 해안에서 조금 떨어진 앞바다에 항구를 건설하자는 초기의 여러 제안들 중 하나가 스코틀랜드 북동쪽에 여러 개의 섬으로 구성된 오크니 제도의 내해인 스캐퍼플로에 항구를 짓자는 것이었다. 이 거대한 계획을 제안한 측에서는, 아시아나 북아메리카에서 온 대형 컨테이너선은 북유럽에서 오로지 거기에서만 기항할 것이라고 예상했으며, 이런 규모의 경제에 따른 이득은 앞바다 항구에서 육지로 컨테이너를 실어 나르는 비용을 상쇄하고도 남을 것이라고 예측했다. 다음을 참조하라. Scottish Executive, "Container Transshipment and Demand for Container Terminal Capacity in Scotland" (prepared by Transport Research Institute, Napier University, December 2003).

| 참고문헌 |

공문서 ||||||||||||||||||||||||||||||||||||||||||||||||||||||||||||||||||||||||||||||||||||||||||||||||||||||||||||||

- Containerization Oral History Project, National Museum of American History, Smithsonian Institution, Washington, DC.

- International Longshoremen's Association District 1 Files, 1954–56, Kheel Center, Catherwood Library, Cornell University, Ithaca, NY.

- International Longshoremen's Association Files, Robert F. Wagner Labor Archives, New York University, New York, NY.

- Mayor Abraham Beame Papers, New York Municipal Archives, New York, NY.

- Mayor John V. Lindsay Papers, New York Municipal Archives, New York, NY.

- Mayor Robert F. Wagner Papers, New York Municipal Archives, New York, NY.

- National Archives and Records Administration, Modern Military Records Branch, College Park, MD.

- Operational Archives Branch, Naval Historical Center, Washington, DC.

- Penn Central Transportation Company Archives, Hagley Museum and Library, Wilmington, DE.

- Port of New York Authority Records (Doig Files), New Jersey State Archives, Trenton, NJ.

- Regional Oral History Program, Bancroft Library, University of California, Berkeley, CA.

- Robert B. Meyner Papers, New Jersey State Archives, Trenton, NJ.

- Robert F. Wagner Labor Archives, New York University, New York, NY.

- Robert F. Wagner Papers, LaGuardia and Wagner Archives, LaGuardia Community College, Queens, NY.

- U.S. Army Materiel Command Historical Office, Fort Belvoir, VA.

- Vernon H. Jensen Papers, Kheel Center, Catherwood Library, Cornell University, Ithaca, NY.

미국 국가 문서 ||||||||||||||||||||||||||||||||||||||||||||||||||||||||||||||||||||||||||||||||||||||||||||||||||||

- Interstate Commerce Commission. *Motor Carrier Cases*.
  —. *Revenue and Traffic of Carriers by Water*. 1952–64.

578

—. *Reports.*

—. *Transport Statistics in the United States.* 1954 – 74.

- Interstate Commerce Commission, Bureau of Transport Economics and Statistics. *Monthly Comment on Transportation Statistics.* 1945 – April 1955.

—. *Transport Economics.* May 1955 – December 1957.

- Office of Technology Assessment. *An Assessment of Maritime Trade and Technology.* Washington, DC: U.S. Government Printing Office, 1983.

- U.S. Army, Corps of Engineers. *Waterborne Commerce of the United States.* Annual.

- U.S. Bureau of the Census. *Census of Manufactures.* Washington, DC: U.S. Government Printing Office, various years.

—. *County Business Patterns.* Washington, DC: U.S. Government Printing Office, various years.

—. *Historical Statistics of the United States.* 2 vols. Washington, DC: U.S. Government Printing Office, 1975.

—. *U.S. Census of Population and Housing.* Washington, DC: U.S. Government Printing Office, various years.

- U.S. Congress, Joint Economic Committee. *Discriminatory Ocean Freight Rates and the Balance of Payments.* Washington, DC: U.S. Government Printing Office, 1964.

- U.S. Department of Commerce, Bureau of Economic Analysis. *National Income and Product Accounts.*

- U.S. Department of Commerce, Federal Maritime Board and Maritime Administration. *Annual Reports.*

- U.S. Department of Transportation, Bureau of Transportation Statistics. *Transportation Statistics Annual Report.* Washington, DC: U.S. Department of Transportation, 1994 – 2004.

- U.S. Department of Transportation, Maritime Administration. *United States Port Development Expenditure Report, 1946 – 1989.* Washington, DC: Office of Port and Intermodal Development, 1989.

- U.S. Economic Stabilization Program, Pay Board. "East and Gulf Coast Longshore Contract." May 2, 1972.

- U.S. General Accounting Office. *American Seaports—Changes Af-fecting Operations and Development.* Washington, DC: GAO 1979.

—. *Centralized Department of Defense Management of Cargo Shipped in Containers Would Save Millions and Improve Service*. Washington, DC: GAO, 1977.

—. *Changes in Federal Maritime Regulation Can Increase Efficiency and Reduce Costs in the Ocean Liner Shipping Industry*. Washington, DC: GAO, 1982.

—. *Combined Truck/Rail Transportation Service: Action Needed to Enhance Effectiveness*. Washington, DC: GAO, 1977.

—. *Issues in Regulating Interstate Motor Carriers*. Washington, DC: GAO, 1980.

• U.S. House of Representatives, Committee on Merchant Marine and Fisheries. *Cargo Container Dimensions*. October 31 and November 1, 8, and 16, 1967. Washington, DC: U.S. Government Printing Office, 1968.

—. *Hearings on HR 8637, To Facilitate Private Financing of New Ship Construction*. April 9, 27, 28, 29, and 30, 1954.

—. *Study of Harbor Conditions in Los Angeles and Long Beach Harbor*. October 19–21, 1955 and July 16, 1956.

• U.S. National Academy of Sciences. *Roll-On, Roll-Off Sea Transportation*. Washington, DC: U.S. Government Printing Office, 1957.

• U.S. National Research Council. *Research Techniques in Marine Transportation*. Publication 720. Washington, DC: National Academy of Sciences, 1959.

• U.S. National Research Council, Maritime Cargo Transportation Conference. *Cargo Ship Loading*. Publication 474. Washington, DC: National Academy of Sciences 1957.

—. *The SS Warrior*. Publication 339. Washington, DC: National Academy of Sciences, 1954.

—. *Transportation of Subsistence to NEAC*. Washington, DC: National Academy of Sciences 1956.

• U.S. National Research Council, Transportation Research Board. *Facing the Challenge: The Intermodal Terminal of the Future*. Washington, DC: Transportation Research Board, 1986.

기타 미국 정보 문서 |||||||||||||||||||||||||||||||||||||||||||||||||||||||||||||||||||||||||||||||||||||

• Arthur D. Little, Inc. *Community Renewal Programming: A San Francisco Case Study*. New York, 1966.
• Board of Inquiry into Waterfront Labor Conditions, New York 1951.

- Booz-Allen & Hamilton. "General Administrative Survey of the Port of Seattle." January 20, 1958.

- British Railways Board. *The Reshaping of British Railways*, Part 1. London: Her Majesty's Stationery Office, 1963,

- New York City Planning Commission. "The Port of New York: Proposals for Development." 1964.

- New York City Planning Commission. "Redevelopment of Lower Manhattan East River Piers." September 1959.

  —. *The Waterfront.* New York, 1971.

- New York State Department of Labor. "Employment Conditions in the Longshore Industry." *Industrial Bulletin* 31, no. 2 (1952).

  —. *Population and Income Statistics.*

- Port Authority of New York and New Jersey. *Foreign Trade 1976.*

- Port of New York Authority (subsequently Port Authority of New York and New Jersey). *Annual Reports.*

  —. *Container Shipping: Full Ahead.* 1967.

  —. *Marine Terminal Survey of the New Jersey Waterfront.* February 10, 1949.

  —. *Metropolitan Transportation 1980.*

  —. *Outlook for Waterborne Commerce through the Port of New York.* 1948.

  —. *The Port of New York.* 1952.

  —. "Proposal for Development of the Municipally Owned Waterfront and Piers of New York City." February 10, 1948.

  —. *Via—Port of New York.*

- Port of Seattle, Marine Planning and Development Department. "Container Terminal Development Plan." October 1991.

- Port of Seattle, Planning and Research Department. "A Conceptual Framework for the Physical Development of the Port of Seattle." April 1966.

- Port of Singapore Authority. *Annual Report and Accounts.* Various years.

  —. *A Review of the Past and a Look into the Future.* Singapore: Port of Singapore Authority, 1971.

- Scottish Executive. "Container Transshipment and Demand for Container Terminal Capacity in Scotland." Transport Research Institute, Napier University, Edinburgh,

December 2003.

- Seattle Port Commission. "Container Terminals 1970‒1975: A Development Strategy." November 1969.

  —. "Report of the Marine Terminals Task Force to the Citizens' Port Committee." 1959.

  —. "Review of Port Development and Financing." December 1968.

  —. *Shipping Statistics Handbook.* 1963.

- State of New York. *Record of the Public Hearing Held by Governor Thomas E. Dewey on the Recommendations of the New York State Crime Commission for Remedying Conditions on the Waterfront of the Port of New York.* June 8‒9, 1953.

- Tippetts-Abbett-McCarthy-Stratton. *Shoreside Facilities for Trailership, Trainship, and Containership Services.* Washington, DC: U.S. Department of Commerce, Maritime Administration, 1956.

- UK Department for Transport. "Recent Developments and Prospects at UK Container Ports." London, 2000.

  —. *Transport Statistics Report: Maritime Statistics 2002.* London, 2003. Waterfront Commission of New York Harbor. *Annual Reports.*

국제 에이전시 문서   IIIIIIIIIIIIIIIIIIIIIIIIIIIIIIIIIIIIIIIIIIIIIIIIIIIIIIIIIIIIIIIIIIIIIIIIIIIIIIIIIIIIIIIIIIIIIIIIII

- International Monetary Fund. *World Economic Outlook.* September 2002.

- Organisation for Economic Co-operation and Development, International Transport Forum. *The Impact of Mega-Ships.* Paris, 2015.

  —. "Ocean Freight Rates as Part of Total Transport Costs." Paris, 1968.

- Pan American Union. *Recent Developments in the Use and Handling of Unitized Cargoes.* Document UP/CIES-8 ES-CTPP-Doc. 12. Washington, DC, 1964.

- United Nations Conference on Trade and Development. *Review of Maritime Transport.* Annual.

- United Nations Department of Economic and Social Affairs. "An Examination of Some Aspects of the Unit-Load System of Cargo Shipments: Application to Developing Countries." 1966.

- United Nations Economic and Social Commission for Asia and the Pacific. *Commercial Development of Regional Ports as Logistics Centres.* New York, 2002.

- World Bank. *East Asia Integrates: A Trade Policy Agenda for Shared Growth*. Washington, DC: World Bank, 2003.
- World Trade Organization. *World Trade Report 2004*. Geneva, 2005.

개인 보고서 및 문서 ||||||||||||||||||||||||||||||||||||||||||||||||||||||||||||||||||||||||||||||||

- A. D. Little. *Containerisation on the North Atlantic*. London: National Ports Council, 1967.
- AOTOS Awards. Program. 1984.
- Association of American Railroads. *Carloads of Revenue Freight Loaded*.
- Containerization and Intermodal Institute. *Containerization: The First 25 Years*. New York, 1981.
- Downtown–Lower Manhattan Association. "Lower Manhattan." 1958.
- First National City Bank. "The Port of New York: Challenge and Opportunity." 1967.
- Insurance Institute of London, Advanced Study Group No. 188. "An Examination of the Changing Nature of Cargo Insurance following the Introduction of Containers." 1969.
- International Cargo Handling Coordination Association. "Containerization Symposium Proceedings, New York City, June 15, 1955."
- International Longshoremen's and Warehousemen's Union. "Report of the Officers to the Thirteenth Biennial Convention." April 6–7, 1959.
- Litton Systems Inc. "Oceanborne Shipping: Demand and Technology Forecast." Report for U.S. Department of Transportation, Office of the Secretary, June 1968.
- Matson Research Corporation. *The Impact of Containerization on the U.S. Economy*. 2 vols. Report for U.S. Department of Commerce, September 1970.
- McKinsey & Co. "Containerization: A 5-Year Balance Sheet." 1972.
   —. "Containerization: The Key to Low Cost Transport." Report for British Transport Docks Board, June 1967.
- McLean Industries Inc. *Annual Reports*.
- Muncy, Dorothy. "Inventory of Port-Oriented Land: Baltimore Region." Report for Maryland Economic Development Commission, Arlington, VA, 1963.
- National Ports Council. *Annual Digest of Port Statistics*.
   —. *Container and Roll-On Port Statistics, Great Britain*. New York Shipping

참고문헌　583

Association. "Progress Report 1959."

- Pacific Maritime Association and International Longshoremen's and Warehousemen's Union. "Memorandum of Agreement on Mechanization and Modernization." October 18, 1960.
- Pan-Atlantic Steamship Corporation. "Summary of Post-World War II Coastwise Operations." Mimeo, n.d.
- Schott, John G. *Piggyback and the Future of Freight Transportation.* Washington, DC: Public Affairs Institute, 1960.

  —. *Progress in Piggyback and Containerization.* Washington, DC: Public Affairs Institute, 1960.
- Tantlinger, K. W. "U.S. Containerization: From the Beginning through Standardization." Paper presented to the World Port Conference, Rotterdam, 1982.
- Tobin, Austin J. *Transportation in the New York Metropolitan Region during the Next Twenty-five Years.* New York: Regional Plan Association, 1954.
- Woodruff, G. C. "The Container Car as the Solution of the Less Than Carload Lot Problem." Speech to Associated Industries of Massachusetts, October 23, 1929.

  —. "Freight Container Service." Speech to Traffic Club of New York, March 25, 1930.

신문 및 정기간행물 ||||||||||||||||||||||||||||||||||||||||||||||||||||||||||||||||||||||||||||||||||||||||||||||

- *Army Logistician*
- *Baltimore Sun*
- *Brooklyn Eagle*
- *Business Week*
- *Civil Engineering*
- *Containerisation International Yearbook*
- *Containers: Bulletin of the International Container Bureau*
- *Fairplay International Shipping Journal*
- *Jane's Freight Containers*
- *Journal of Commerce*
- *Longshore News*
- *Marine Engineering/Log*

- *Newark Evening News*
- *News and Observer* (Raleigh)
- *New York*
- *New York Herald Tribune*
- *New York Times*
- *New York World Telegram and Sun*
- *Robesonian*
- *Sealift*

인터뷰 및 구전기록 ‖‖

- Bell, Peter. Interview by Debra Bernhardt, August 29, 1981. New Yorkers at Work Oral History Collection, Robert F. Wagner Labor Archive, New York University.
- Blome, Jan. Author's interview, October 23, 2014, Antwerp, Belgium.
- Boylston, John. Interview by Arthur Donovan and Andrew Gibson, December 7, 1998. Containerization Oral History Project, National Museum of American History, Smithsonian Institution, Washington, DC.
- Bulcke, Germain. "Longshore Leader and ILWU – Pacific Maritime Association Arbitrator." Interviews by Estolv Ethan Ward, 1983. Berkeley: Regional Oral History Office, Bancroft Library, University of California, 1984.
- Campbell, Robert N. Author's telephone interview, June 25, 1993.
- Cox, John Parr. "Parr Terminal: Fifty Years of Industry on the Richmond Waterfront." Interviews by Judith K. Dunning, 1986. Berkeley: Regional Oral History Office, Bancroft Library, University of California, 1992.
- Crowley, Thomas B. "Crowley Maritime Corporation: San Francisco Bay Tugboats to International Transportation Fleet." Interviews by Miriam Feingold Stein, 1973 – 75. Berkeley: Regional Oral History Office, Bancroft Library, University of California, 1983.
- Cushing, Charles. Author's interviews, New York, NY, April 7, 1993, and June 2, 1993.
- Czachowski, Bernard. Author's interview, New York, NY, January 24, 1992.
- Francis, Amadeo. Author's telephone interview, April 28, 2005.
- Gleason, Thomas W. Author's interview, New York, NY, September 29, 1992.
  —. Interview by Debra Bernhardt, July 31, 1981. New Yorkers at Work Oral History

Collection, Robert F. Wagner Labor Archive, New York University.

- Goldblatt, Louis. "Working Class Leader in the ILWU, 1935–1977." Interviews by Estolv Ethan Ward, 1977–78. Berkeley: Regional Oral History Office, Bancroft Library, University of California, 1980.
- Grey, Vincent. Author's telephone interview, May 1, 2005.
- Hall, Earl. Author's telephone interview, May 12, 1993.
- Harlander, Les. Author's telephone interview, November 2, 2004.

  —. Interview by Arthur Donovan and Andrew Gibson, June 19, 1997. Containerization Oral History Project, National Museum of American History, Smithsonian Institution, Washington, DC.
- Hayden, Frank. Author's telephone interview, June 29, 2004.
- Healey, Richard. Author's telephone interview, January 9, 1994.
- Hooper, Edwin B. "Reminiscences of Vice Admiral Edwin B. Hooper." Annapolis: U.S. Naval Institute, 1978.
- Hubbard, William. Author's telephone interview, July 1, 1993.
- Irvin, William D. "Reminiscences of Rear Admiral William D. Irvin." Annapolis: U.S. Naval Institute, 1980.
- Katims, Ron. Author's interview, New York, NY, October 30, 1992.

  —. Interview by Arthur Donovan and Andrew Gibson, August 15, 1997. Containerization Oral History Project, National Museum of American History, Smithsonian Institution, Washington, DC.
- Morrison, Scott. Interview by Arthur Donovan and Andrew Gibson, March 27, 1997. Containerization Oral History Project, National Museum of American History, Smithsonian Institution, Washington, DC.
- Nutter, Ben E. "The Port of Oakland: Modernization and Expansion of Shipping, Airport, and Real Estate Operations, 1957–1977." Interview by Ann Lage, 1991. Berkeley: Regional Oral History Office, Bancroft Library, University of California, 1994.
- Ramage, Lawson P. "Reminiscences of Vice Admiral Lawson P. Ramage." Annapolis: U.S. Naval Institute, 1970.
- Richardson, Paul. Author's interviews, Holmdel, NJ, January 14, 1992, and July 20, 1992.

- Roger, Sidney. "A Liberal Journalist on the Air and on the Waterfront." Interviews by Julie Shearer, 1989-90. Berkeley: Regional Oral History Office, Bancroft Library, University of California, 1983.
- Sayre, Cliff. Author's telephone interview, January 24, 1992.
- Schmidt, Henry. "Secondary Leadership in the ILWU, 1933-1966." Interviews by Miriam F. Stein and Estolv Ethan Ward, 1974, 1975, 1981. Regional Oral History Office, Bancroft Library, University of California, Berkeley, 1983.
- Stickles, Milton J. Author's telephone interview, June 1, 2004.
- St. Sure, J. Paul. "Some Comments on Employer Organizations and Collective Bargaining in Northern California since 1934." Interview by Corinne Gilb, 1957. Institute of Industrial Relations Oral History Project, University of California, Berkeley, 1957.
- Tantlinger, Keith. Author's interview, San Diego, CA, January 3, 1993.
- Tolan, David J. Interview by Debra Bernhardt, August 1, 1980. New Yorkers at Work Oral History Collection, Robert F. Wagner Labor Archive, New York University.
- Toomey, Gerald. Author's interview, New York, NY, May 5, 1993.
- Tozzoli, Guy F. Author's interview, New York, NY, January 13, 2004.
- Van Dyk, Dena. Author's telephone interview, May 2, 1994.
- Ward, William. ILWU Oral History Collection, viewed July 5, 2004, at http://www.ilwu.org/history/oral-histories/bill-ward.cfm.
- Wriston, Walter. Author's interview, New York, NY, June 30, 1992.
- Younger, Ken. Author's telephone interview, December 16, 1991.

학위 논문 및 논문 ||||||||||||||||||||||||||||||||||||||||||||||||||||||||||||||||||||||||||||||||||||

- Fitzgerald, Donald. "A History of Containerization in the California Maritime Industry: The Case of San Francisco." Ph.D. diss., University of California at Santa Barbara, 1986.
- Holcomb, Kenneth Johnson. "History, Description and Economic Analysis of Trailer-on-Flatcar (Piggyback) Transportation." Ph.D. diss., University of Arkansas, 1962.
- Rabach, Eileen Rhea. "By Sea: The Port Nexus in the Global Commodity Network (The Case of the West Coast Ports)." Ph.D. diss., University of Southern California,

2002.

- Rosenstein, Mark. "The Rise of Maritime Containerization in the Port of Oakland, 1950 – 1970." M.A. thesis, New York University, 2000.
- Wallin, Theodore O. "The Development, Economics, and Impact of Technological Change in Transportation: The Case of Containerization." Ph.D. diss., Cornell University, 1974.
- Winter, Jennifer Marie. "Thirty Years of Collective Bargaining: Joseph Paul St. Sure, Management Labor Negotiator 1902 – 1966," M.A. thesis, California State University at Sacramento, 1991.

책 ||||||||||||||||||||||||||||||||||||||||||||||||||||||||||||||||||||||||||||||||||||||||||||||||||||

- Albion, Robert Greenhalgh. *The Rise of New York Port*. New York: Scribner, 1939. Reprint, 1971.
- Arnesen, Eric. *Waterfront Workers of New Orleans: Race, Class, and Politics, 1863 – 1923*. New York: Oxford University Press, 1991.
- Aronowitz, Stanley. *From the Ashes of the Old: American Labor and America's Future*. Boston: Houghton Mifflin, 1998.
- Arthur, W. Brian. *Increasing Returns and Path Dependence in the Economy*. Ann Arbor: University of Michigan Press, 1994.
- Beckert, Sven. *The Monied Metropolis*. Cambridge, UK: Cambridge University Press, 1993.
- Bernstein, Peter L. *Wedding of the Waters: The Erie Canal and the Making of a Great Nation*. New York: Norton, 2005.
- Borruey, Rene. *Le port de Marseille: Du dock au conteneur*. Marseilles: Chambre de commerce et d'industrie Marseille-Provence, 1994.
- Boschken, Herman L. *Strategic Design and Organizational Change: Pacific Rim Seaports in Transition*. Tuscaloosa: University of Alabama Press, 1988.
- Braudel, Fernand. *The Perspective of the World*. Berkeley: University of California Press, 1992.
- Bremer Ausschuss fur Wirtschaftsforschung. *Container Facilities and Traffic in 71 Ports of the World Midyear 1970*. Bremen: University of Bremen, 1971.
- Broeze, Frank. *The Globalisation of the Oceans: Containerisation from the 1950s to*

the Present. St. John's, NF, 2002.

- Burke, Padraic. *A History of the Port of Seattle.* Seattle: Port of Seattle, 1976.
- Cafruny, Alan W. *Ruling the Waves: The Political Economy of International Shipping.* Berkeley and Los Angeles: University of California Press, 1987.
- Cannato, Vincent J. *John Lindsay and His Struggle to Save New York.* New York: Basic Books, 2001.
- Caro, Robert A. *The Power Broker: Robert Moses and the Fall of New York.* New York: Knopf, 1974.
- Chandler, Alfred D., Jr. *The Visible Hand: The Managerial Revolution in American Business.* Cambridge, MA: Harvard University Press, 1977.
- Chinitz, Benjamin. *Freight and the Metropolis: The Impact of Amer ica's Transport Revolution on the New York Region.* Cambridge, MA: Harvard University Press, 1960.
- Condit, Carl W. *The Port of New York.* 2 vols. Chicago: University of Chicago Press, 1980–81.
- Cowie, Jefferson. *Capital Moves: RCA's Seventy-Year Quest for Cheap Labor.* Ithaca, NY: Cornell University Press, 1999.
- Cronon, William. *Nature's Metropolis: Chicago and the Great West.* New York: Norton, 1991.
- Cudahy, Brian. *Box Boats: How Container Ships Changed the World.* New York: Fordham University Press, 2006.
- Davies, Sam., et al., eds. *Dock Workers: International Explorations in Comparative Labour History.* 2 vols. Aldershot, UK: Ashgate Publishers, 2000.
- DiFazio, William. *Longshoremen: Community and Resistance on the Brooklyn Waterfront.* South Hadley, MA: Bergin & Garvey, 1985.
- *Dockers de la Mediterranee a la Mer du Nord.* Avignon: EDISUD, 1999.
- Doig, Jameson W. *Empire on the Hudson: Entrepreneurial Vision and Political Power at the Port of New York Authority.* New York: Columbia University Press, 2001.
- Donovan, Arthur, and Joseph Bonney. *The Box That Changed the World: Fifty Years of Container Shipping—An Illustrated History.* East Windsor, NJ: Commonwealth Business Media, 2006.

- Duncan, Beverly, and Stanley *Lieberson. Metropolis and Region in Transition*. Beverly Hills: Sage Publications, 1970.
- Elphick, Peter. *Liberty: The Ships That Won the War*. London: Chatham Publishing, 2001.
- Erie, Steven P. *Globalizing L.A.: Trade, Infrastructure, and Regional Development*. Stanford: Stanford University Press, 2004.
- Fairley Lincoln. *Facing Mechanization: The West Coast Longshore Plan*. Los Angeles: University of California at Los Angeles Institute of Industrial Relations, 1979.
- Finlay, William. *Work on the Waterfront: Worker Power and Technological Change in a West Coast Port*. Philadelphia: Temple University Press, 1988.
- Fishlow, Albert. *American Railroads and the Transformation of the Antebellum Economy*. Cambridge, MA: Harvard University Press, 1965.
- Flynn, Stephen E. *America the Vulnerable: How the U.S. Has Failed to Secure the Homeland and Protect Its People from Terror*. New York: Harper Collins, 2004.
- Fogel, Robert William. *Railroads and American Economic Growth*. Baltimore: Johns Hopkins University Press, 1964.
- Freeman, Joshua. *Working-Class New York*. New York: New Press, 2000.
- Fujita, Masahisa, Paul Krugman, and Anthony J. Venables. *The Spatial Economy: Cities, Regions, and International Trade*. Cambridge, MA: MIT Press, 1999.
- Fung, Victor K., William K. Fung, and Yoram (Jerry) Wind, *Competing in a Flat World*. Upper Saddle River, NJ: Wharton School Publishing, 2008.
- George, Rose. *Ninety Percent of Everything*. New York: Metropolitan Books, 2013.
- Gibson, Andrew, and Arthur Donovan. *The Abandoned Ocean: A History of United States Maritime Policy*. Columbia: University of South Carolina Press, 2000.
- Glaskowsky Nicholas A., Jr., ed. *Management for Tomorrow*. Stanford, CA: Graduate School of Business, Stanford University, 1958.
- Gomez-Ibanez, Jose A., William B. Tye, and Clifford Winston, eds. *Essays in Transportation Economics and Policy: A Handbook in Honor of John R. Meyer*. Washington, DC: Brookings Institution, 1999.
- Griffin, John I. *The Port of New York*. New York: Arco Publishing, 1959.
- Grunwald, Joseph, and Kenneth Flamm. *The Global Factory: Foreign Assembly in International Trade*. Washington, DC: Brookings Institution, 1985.

- Hagel, Otto, and Louis Goldblatt. *Men and Machines: A Story about Longshoring on the West Coast Waterfront.* San Francisco: Pacific Maritime Association and International Longshoremen's and Warehousemen's Union, 1963.

- Haig, Robert Murray. *Major Economic Factors in Metropolitan Growth and Arrangement.* New York: Regional Plan Association, 1927. Reprint, New York: Arno Press, 1974.

- Hannes, Matt. *The Container Revolution.* Anaheim: Canterbury Press, 1996.

- Hartman, Paul T. *Collective Bargaining and Productivity.* Berkeley and Los Angeles: University of California Press, 1969.

- Heilbrun, James. *Urban Economics and Public Policy.* New York: St. Martin's, 1974.

- Heiser, Joseph M. Jr. *A Soldier Supporting Soldiers.* Washington, DC: U.S. Army Center of Military History, 1991.

    —. *Vietnam Studies: Logistic Support.* Washington, DC: Department of the Army, 1974.

- Herod, Andrew. *Labor Geographies: Workers and the Landscapes of Capitalism.* New York: Guilford Press, 2001.

- Hooper, Edwin B. *Mobility Support Endurance: A Story of Naval Operational Logistics in the Vietnam War, 1965–1968.* Washington, DC: Naval History Division, 1972.

- Hoover, Edgar M., and Raymond Vernon. *Anatomy of a Metropolis.* Cambridge, MA: Harvard University Press, 1959.

- Immer, John R. *Container Services of the Atlantic,* 2nd ed. Washington, DC: Work Saving International, 1970.

- International Longshoremen's and Warehousemen's Union. *The ILWU Story: Two Decades of Militant Unionism.* San Francisco: ILWU, 1955.

- Jensen, Vernon. *Hiring of Dock Workers and Employment Practices in the Ports of New York, Liverpool, London, Rotterdam, and Marseilles.* Cambridge, MA: Harvard University Press, 1964.

    —. *Strife on the Waterfront.* Ithaca: Cornell University Press, 1974.

- Kessner, Thomas. *Fiorello H. LaGuardia and the Making of Modern New York.* New York: McGraw-Hill, 1989.

- Kimeldorf, Howard. *Reds or Rackets? The Making of Radical and Conservative*

Unions on the Waterfront. Berkeley and Los Angeles: University of California Press, 1988.

- Kirsh, Benjamin S. *Automation and Collective Bargaining*. New York: Central Book Co., 1964.

- Kornhauser, Arthur, Robert Dublin, and Arthur M. Ross, eds. *Industrial Conflict*. New York: McGraw-Hill, 1954.

- Kreps, Juanita M. *Automation and Employment*. New York: Holt, Reinhart & Winston, 1964.

- Larrowe, Charles P. *Harry Bridges: The Rise and Fall of Radical Labor in the United States*. New York: Lawrence Hill, 1972.

  —. *Shape Up and Hiring Hall*. Berkeley and Los Angeles: University of California Press, 1955.

- Larson, John L. *Internal Improvement*. Chapel Hill: University of North Carolina Press, 2001.

- Latimer, Jack. *Friendship among Equals*. Geneva: International Standards Organisation, 1997.

- Lockwood, Rupert. *Ship to Shore: A History of Melbourne's Waterfront and Its Union Struggles*. Sydney: Hale & Iremonger, 1990.

- Magden, Ronald E. *The Working Longshoreman*. Tacoma: International Longshoremen's and Warehousemen's Union Local 23, 1996.

- Magden, Ronald E., and A. D. Martinson. *The Working Waterfront: The Story of Tacoma's Ships and Men*. Tacoma: International Longshoremen's and Warehousemen's Union Local 23 and Port of Tacoma, 1982.

- Maldonado, A. W. *Teodoro Moscoso and Puerto Rico's Operation Bootstrap*. Gainesville: University Press of Florida, 1997.

- Marolda, Edward J., and Oscar P. Fitzgerald. *The United States Navy and the Vietnam Conflict*. Vol. 2, *From Military Assistance to Combat, 1959–1965*. Washington, DC: Naval Historical Center, 1986.

- McDougall, Ian. *Voices of Leith Dockers*. Edinburgh: Mercat Press, 2001.

- McNickle, Chris. *To Be Mayor of New York: Ethnic Politics in the City*. New York: Columbia University Press, 1993.

- Minor, Woodruff. *Pacific Gateway: An Illustrated History of the Port of Oakland*.

Oakland: Port of Oakland, 2000.

- Mokyr, Joel. *The Gifts of Athena: Historical Origins of the Knowledge Economy.* Princeton: Princeton University Press, 2002.
- Mollenkopf, John, and Manuel Castells, eds. *Dual City: Restructuring New York.* New York: Russell Sage Foundation, 1992.
- Moses, Robert. *Public Works: A Dangerous Trade.* New York: McGraw-Hill, 1970.
- Nelson, Bruce. *Divided We Stand: American Workers and the Struggle for Black Equality.* Princeton: Princeton University Press, 2001.

  —. *Workers on the Waterfront: Seamen, Longshoremen, and Unionism in the 1930s.* Champaign: University of Illinois Press, 1990.
- Niven, John. *American President Lines and Its Forebears, 1848–1984.* Newark: University of Delaware Press, 1987.
- *North Carolina: A Guide to the Old North State.* Chapel Hill: University of North Carolina Press, 1939.
- O'Rourke, Kevin H., and Jeffrey G. Williamson. *Globalization and History: The Evolution of a Nineteenth-Century Atlantic Economy.* Cambridge, MA: MIT Press, 1999.
- Pacini, Alfred, and Dominique Pons. *Docker a Marseille.* Paris: Payot & Rivages, 1996.
- Pearson, Roy, and John Fossey. *World Deep-Sea Container Shipping: A Geographical, Economic, and Statistical Analysis.* Liverpool: Marine Transport Centre, University of Liverpool, 1983.
- Pelzman, Sam, and Clifford Winston, eds. *Deregulation of Network Industries: What's Next?* Washington, DC: AEI-Brookings Joint Center for Regulatory Studies, 2000.
- Pilcher, William W. *The Portland Longshoremen: A Dispersed Urban Community.* New York: Norton, 1972.
- Pinder, David, and Brian Slack, eds. *Shipping and Ports in the Twenty-first Century: Globalisation, Technological Change, and the Environment.* London: Routledge, 2004.
- Pollak, Richard. *The Colombo Bay.* New York: Simon & Schuster, 2004.
- Rath, Eric. *Container Systems.* New York, Wiley, 1973.

- Ricardo, David. *The Principles of Political Economy and Taxation*. London, 1821. Reprint, New York, 1965.

- Rodrigue, Jean-Paul, Claude Comtois, and Brian Slack. *The Geography of Transport Systems*, 2nd ed. Abingdon, UK: Routledge, 2009.

- Rosenberg, Daniel. *New Orleans Dockworkers: Race, Labor, and Unionism, 1892–1923*. Albany: State University of New York Press, 1988.

- Rostow, W. W. *Stages of Economic Growth*. Cambridge, UK: Cambridge University Press, 1960.

- Rubin, Lester. *The Negro in the Longshore Industry*. Philadelphia: Wharton School, 1974.

- Ruppenthal, Karl M., ed. *Revolution in Transportation*. Stanford: Stanford University Graduate School of Business, 1960.

- Sayre, Wallace S., and Herbert Kaufman. *Governing New York City: Politics in the Metropolis*. New York: Norton, 1960.

- Schenker, Eric, and Harry C. Brockel, eds. *Port Planning and Development as Related to Problems of U.S. Ports and the U.S. Coastal Environment*. Cambridge, MD: Maritime Press of America, 1974.

- Schwartz, Stephen. *Brotherhood of the Sea: A History of the Sailors' Union of the Pacific, 1885–1985*. Piscataway, NJ: Transaction Books, 1986.

- Seligman, Ben B. *Most Notorious Victory: Man in an Age of Automation*. New York: Free Press, 1966.

- Selvin, David F. *A Terrible Anger*. Detroit: Wayne State University Press, 1996.

- Sharpsteen, Bill. *The Docks*. Berkeley: University of California Press, 2011.

- Sheffi, Yossi. *Logistics Clusters: Delivering Value and Driving Growth*. Cambridge, MA: MIT Press, 2012.

- Shields, Jerry. *The Invisible Billionaire: Daniel Ludwig*. Boston: Houghton Mifflin, 1986.

- Simey, T. S., ed., *The Dock Worker: An Analysis of Conditions of Employment in the Port of Manchester*. Liverpool: Liverpool University Press, 1956.

- Sletmo, Gunnar K., and Ernest W. Williams Jr. *Liner Conferences in the Container Age: U.S. Policy at Sea*. New York: Macmillan Publishing, 1981.

- Snyder-Grenier, Ellen M. *Brooklyn! An Illustrated History*. Philadelphia: Temple

University Press, 1996.

- Starr, Roger. *The Rise and Fall of New York City*. New York: Basic Books, 1985.
- Tursi, Frank V., Susan E. White, and Steve McQuilkin. *Lost Empire: The Fall of R. J. Reynolds Tobacco Company*. Winston-Salem: Winston-Salem Journal, 2000.
- Vernon, Raymond. *Metropolis 1985: An Interpretation of the Findings of the New York Metropolitan Region Study*. Cambridge, MA: Harvard University Press, 1960.
- Whittaker, J. R. *Containerization*. Washington, DC: Hemisphere Publishing, 1975.
- Williams, Ernest W. *The Regulation of Rail-Motor Rate Competition*. New York: Harper, 1958.
- Wilson, David F. *Dockers: The Impact of Industrial Change*. London: Fontana, 1972.
- Wilson, Rosalyn A. *Transportation in America*. Washington, DC: Eno Transportation Foundation, 2002.
- Winston, Clifford, Thomas M. Corsi, Curtis M. Grimm, and Carol A. Evans. *The Economic Effects of Surface Freight Deregulation*. Washington, DC: Brookings Institution, 1990.
- Worden, William L. *Cargoes: Matson's First Century in the Pacific*. Honolulu: University Press of Hawaii, 1981.
- Zweig, Phillip L. *Wriston: Walter Wriston, Citibank, and the Rise and Fall of American Financial Supremacy*. New York: Crown Publishers, 1995.

기사와 취업 신문 자료 ‖‖

- Anderson, James E., and Eric van Wincoop. "Trade Costs." *Journal of Economic Literature* 42 (September 2004): 691–751.
- Baer, Werner. "Puerto Rico: An Evaluation of a Successful Development Program." *Quarterly Journal of Economics* 73, no. 4 (1959).
- Beier, Frederick J., and Stephen W. Frick. "The Limits of Piggyback: Light at the End of the Tunnel." *Transportation Journal* 18, no. 2 (1978).
- Bernhofen, Daniel M., Zouheir El-Sahli, and Richard Kneller. "Estimating the Effects of the Container Revolution on World Trade." CESifo Working Paper 4136, February 2013.
- Bougheas, Spiros, Panicos O. Demetriades, and Edgar L. W. Morgenroth. "Infrastructure, Transport Costs, and Trade." *Journal of International Economics* 47 (1999).

- Broda, Christian, and David E. Weinstein. "Globalization and the Gains from Variety." Working Paper 10314, NBER, February 2004.

- Brynjolfsson, Erik, and Lorin M. Hitt. "Beyond Computation: Information Technology, Organizational Transformation, and Business Performance." *Journal of Economic Perspectives* 14, no. 4 (2000).

- Carrere, Celine, and Maurice Schiff. "On the Geography of Trade: Distance Is Alive and Well." World Bank Policy Research Working Paper 3206, February 2004.

- Carruthers, Robin, and Jitendra N. Bajpai. "Trends in Trade and Logistics: An East Asian Perspective." Working Paper No. 2, Transport Sector Unit, World Bank, 2002.

- Chen, Hong, Murray Z. Brank, and Owen Q. Wu. "U.S. Retail and Wholesale Inventory Performance from 1981 to 2003." Working Paper, University of British Columbia, 2005.

- Clark, Ximena, David Dollar, and Alejandro Micco. "Port Efficiency, Maritime Transport Costs, and Bilateral Trade." *Journal of Development Economics* 74, no. 3 (2004): 417–450.

- Coe, David, et al. "The Missing Globalization Puzzle." International Monetary Fund Working Paper WP/02/171, October 2002.

- Connolly, D. J. "Social Repercussions of New Cargo Handling Meth- ods in the Port of London." *International Labour Review* 105 (1972): 543–568.

- Cushing, Charles R. "The Development of Cargo Ships in the United States and Canada in the Last Fifty Years." Manuscript, January 8, 1992.

- David, Paul A. "The Dynamo and the Computer: An Historical Perspective on the Modern Productivity Paradox." *American Economic Review* 80 (1990): 355–361.

- Davies, J. E. "An Analysis of Cost and Supply Conditions in the Liner Shipping Industry." *Journal of Industrial Economics* 31 (1983): 417–436.

- Dempsey, Paul Stephen. "The Law of Intermodal Transportation: What It Was, What It Is, What It Should Be." *Transportation Law Journal* 27, no. 3 (2000).

- Devine, Warren D., Jr. "From Shafts to Wires: Historical Perspective on Electrification." *Journal of Economic History* 43 (1983): 347–372.

- Egedyi, Tineke M. "The Standardized Container: Gateway Technologies in Cargo Transportation." Working Paper, Delft University of Technology, 2000.

- Farrell, Joseph, and Garth Saloner. "Installed Base and Compatibility: Innovation,

Product Preannouncements, and Predation." *American Economic Review* 76, no. 5 (1986): 940-955.

- Feenstra, Robert. "Integration of Trade and Disintegration of Production in the Global Economy." *Journal of Economic Perspectives.* 12, no. 4 (1998).
- Fishlow, Albert. "Antebellum Regional Trade Reconsidered." *American Economic Review* (1965 supplement).
- Fujita, Masahisa, and Tomoya Mori. "The Role of Ports in the Making of Major Cities: Self-Agglomeration and Hub-Effect." *Journal of Development Economics* 49 (1996).
- Gilman, Roger H. "The Port, a Focal Point." *Transactions of the American Society of Civil Engineers*, 1958.
- Glaeser, Edward L. "Reinventing Boston: 1640-2003." Working Paper No. 10166, National Bureau of Economic Research, 2003.
- Glaeser, Edward L., and Janet E. Kohlhase. "Cities, Regions, and the Decline of Transport Costs." Working Paper No. 9886, National Bureau of Economic Research, 2003.
- Godfrey, Brian J. "Restructuring and Decentralization in a World City." *Geographical Review*, Thematic Issue: *American Urban Geography* 85 (1995).
- Hall, John, and D. Caradog Jones. "Social Grading of Occupations." *British Journal of Sociology* 1 (1950): 31-55.
- Harbeson, Robert W. "Recent Trends in the Regulation of Intermodal Rate Competition in Transportation." *Land Economics* 42, no. 3 (1966).
- Harlander, L. A. "Container System Design Developments over Two Decades." *Marine Technology* 19 (1982): 364-376.

  —. "Engineering Development of a Container System for the West Coast-Hawaiian Trade." *Transactions of the Society of Naval Architects and Marine Engineers* 68 (1960).

  —. "Further Development of a Container System for the West Coast-Hawaiian Trade." *Transactions of the Society of Naval Architects and Marine Engineers* 69 (1961).

  —. "The Role of the 24-Foot Container in Intermodal Transportation." Paper for American Standards Association MH-5 Sectional Committee, June 1966.

- Helle, Horst Jurgen. "Der Hafenarbeiter zwischen Segelschiff und Vollbeschaftigung." *Economisch en Sociaal Tijdschrift* 19, no. 4 (1965).
- Hoare, Anthony. "British Ports and Their Export Hinterlands: A Rapidly Changing

Geography." *Geografiska Annaler, Series B. Human Geography* 68, no. 1 (1986).

- Hopper, A. G., P. H. Judd, and G. Williams. "Cargo Handling and Its Effect on Dry Cargo Ship Design." *Quarterly Transactions of the Royal Institution of Naval Architects* 106, no. 2 (1964).

- Hummels, David. "Have International Transportation Costs Declined?" Working Paper, University of Chicago Graduate School of Business, 1999.

    —. "Time as a Trade Barrier." Mimeo, Purdue University, 2001.

    —. "Towards a Geography of Trade Costs." Mimeo, University of Chicago, 1999.

    —. "Transportation Costs and International Trade in the Second Era of Globalization." *Journal of Economic Perspectives* 21, no. 3 (2007): 131–154.

- Isard, Caroline, and Walter Isard. "Economic Implications of Aircraft." *Quarterly Journal of Economics* 59 (1945): 145–169.

- Jorgenson, Dale W., and Kevin J. Stiroh. "Information Technology and Growth." *American Economic Review* 89, no. 2 (1999): 109–115.

- Katz, Michael L., and Carl Shapiro. "Systems Competition and Network Effects." *Journal of Economic Perspectives* 8, no. 2 (1994): 93–115.

- Kelley, Robin D. G. " 'We Are Not What We Seem': Rethinking Black Working-Class Opposition in the Jim Crow South." *Journal of American History* 80, no. 1 (1993).

- Kerr, Clark, and Lloyd Fisher. "Conflict on the Waterfront." *Atlantic* 184, no. 3 (1949).

- King, Robert C., George M. Adams, and G. Lloyd Wilson, "The Freight Container as a Contribution to Efficiency in Transportation." *Annals of the American Academy of Political and Social Science* 187 (1936): 27–36.

- Konishi, Hideo. "Formation of Hub Cities: Transportation Cost Advantage and Population Agglomeration." *Journal of Urban Economics* 48 (2000).

- Kovarsky, Irving. "State Piggyback Statutes and Federalism." *Industrial and Labor Relations Review* 18, no. 1 (1964).

- Krausse, Gerald H. "The Urban Coast in Singapore: Uses and Management." *Asian Journal of Public Administration* 5, no. 1 (June 1983): 33–67.

- Krugman, Paul. "Growing World Trade: Causes and Consequences." *Brookings Papers on Economic Activity* 1995, no. 1 (1995): 327–377.

    —. "Increasing Returns and Economic Geography." *Journal of Political Economy* 99, no. 3 (1991): 483–499.

- Krugman, Paul, and Anthony J. Venables. "Globalization and the Inequality of Nations." *Quarterly Journal of Economics* 110, no. 4 (1995): 857–880.
- Kuby, Michael, and Neil Reid, "Technological Change and the Concentration of the U.S. General Cargo Port System: 1970–88." *Economic Geography* 68, no. 3 (1993).
- Kujovich, Mary Yeager. "The Refrigerator Car and the Growth of the American Dressed Beef Industry." *Business History Review* 44 (1970): 460–482.
- Lamoreaux, Naomi R., Daniel M. G. Raff, and Peter Temin. "Beyond Markets and Hierarchies: Toward a New Synthesis of *American Business History*." American Historical Review 108 (2003).
- Larson, Paul D., and H. Barry Spraggins. "The American Railroad Industry: Twenty Years after Staggers." *Transportation Quarterly* 52, no. 2 (2000): 5–9.
- Levinson, Marc. "Container Shipping and the Decline of New York, 1955–1975." *Business History Review* 80 (2006): 49–80.
  —. "Freight Pain: The Rise and Fall of Globalization." *Foreign Affairs* 87, no. 6 (2008): 133–140.
  —. "Two Cheers for Discrimination: Deregulation and Efficiency in the Reform of U.S. Freight Transportation, 1976–1998." *Enterprise and Society* 10 (2008): 178–215.
- Lieb, Robert C., and Robert A. Miller. "JIT and Corporate Transportation Requirements." *Transportation Journal* 27, no. 3 (1988): 5–10.
- Liebowitz, S. J., and Stephen E. Margolis. "Network Externality: An Uncommon Tragedy." *Journal of Economic Perspectives* 8, no. 2 (1994): 133–150.
- Limao, Nuno, and Anthony J. Venables. "Infrastructure, Geographical Disadvantage and Transport Costs." *World Bank Economic Review* 15, no. 3 (2001): 451–479.
- Linge, G.J.R. "Just-in-Time: More or Less Flexible?" *Economic Geography* 67, no. 4 (1991): 316–332.
- MacMillan, Douglas C., and T. B. Westfall. "Competitive General Cargo Ships." *Transactions of the Society of Naval Architects and Marine Engineers* 68 (1960).
- Manning, Seaton Wesley. "Negro Trade Unionists in Boston." *Social Forces* 17, no. 2 (1938).
- Marin, Pedro L., and Richard Sicotte. "Exclusive Contracts and Market Power: Evidence from Ocean Shipping." Discussion Paper 2028, Centre for Economic

Policy Research, June 2001.

- Martin, Will, and Vlad Manole. "China's Emergence as the Workshop of the World." Working Paper, World Bank, 2003.

- McCarney, Bernard J. "Oligopoly Theory and Intermodal Transport Price Competition: Some Empirical Findings." *Land Economics* 46, no. 4 (1970).

- McDonald, Lucille. "Alaska Steam: A Pictorial History of the Alaska Steamship Company." *Alaska Geographic* 11, no. 4 (1984).

- McLean, Malcolm P. "Opportunity Begins at Home." *American Magazine* 149 (May 1950).

- Miller, Raymond Charles. "The Dockworker Subculture and Some Problems in Cross-Cultural and Cross-Time Generalizations." *Comparative Studies in Society and History* 11, no. 3 (1969).

- Mills, Edwin S., and Luan Sende. "Inner Cities." *Journal of Economic Literature* 35 (1997).

- Mills, Herb. "The San Francisco Waterfront—Labor/Management Relations: On the Ships and Docks. Part One: 'The Good Old Days.' " Berkeley: University of California Institute for the Study of Social Change, 1978.

  —. "The San Francisco Waterfront—Labor/Management Relations: On the Ships and Docks. Part Two: Modern Longshore Operations." Berkeley: University of California Institute for the Study of Social Change, 1978.

- Mokyr, Joel. "Technological Inertia in Economic History." *Journal of Economic History* 52 (1992): 325–338.

- Morton, Alexander Lyall. "Intermodal Competition for the Intercity Transport of Manufactures." *Land Economics* 48, no. 4 (1972).

- Nelson, James C. "The Economic Effects of Transport Deregulation in Australia." *Transportation Journal* 16, no. 2 (1976): 48–71.

- North, Douglass. "Ocean Freight Rates and Economic Development 1750–1913." *Journal of Economic History* 18 (1958): 537–555.

- Oliner, Stephen D., and Daniel E. Sichel. "The Resurgence of Growth in the Late 1990s: Is Information Technology the Story?" *Journal of Economic Perspectives* 14, no. 4 (2000): 3–22.

- O'Rourke, Kevin H., and Jeffrey G. Williamson. "When Did Globalization Begin?"

Working Paper 7632, National Bureau of Economic Research, 2000.

- Overman, Henry G., and L. Alan Winters. "The Geography of UK International Trade." Working Paper CEPDP0606, Centre for Economic Performance, London, January 2004.

- Pauling, Norman G. "Some Neglected Areas of Research on the Effects of Automation and Technological Change on Workers." *Journal of Business* 37, no. 3 (1964): 261 – 273.

- Puffert, Douglas J. "Path Dependence in Spatial Networks: The Standardization of Railway Track Gauge." *Explorations in Economic History* 39 (2002): 282 – 314.

  —. "The Standardization of Track Gauge on North American Railways, 183 0 – 1890." *Journal of Economic History* 60, no. 4 (2000): 933 – 960.

- Ripley, William Z. "A Peculiar Eight Hour Problem." *Quarterly Journal of Economics* 33, no. 3 (1919).

- Romer, Paul M. "Why, Indeed, in America? Theory, History, and the Origins of Modern Economic Growth." Working Paper 5443, NBER, January 1996.

- Rosenberg, Nathan. "On Technological Expectations." *Economic Journal* 86, no. 343 (1976): 523 – 535.

- Ross, Philip. "Waterfront Labor Response to Technological Change: A Tale of Two Unions." *Labor Law Journal* 21, no. 7 (1970).

- Rua, Gisela. "Diffusion of Containerization." Federal Reserve Board of Governors Working Paper, October 2014.

- Rubin, Marilyn, Ilene Wagner, and Pearl Kamer. "Industrial Migration: A Case Study of Destination by City-Suburban Origin within the New York Metropolitan Area." *Journal of the American Real Estate and Urban Economics Association* 6 (1978).

- Ryon, Roderick N. "An Ambiguous Legacy: Baltimore Blacks and the CIO, 1936 – 1941." *Journal of Negro History* 65, no. 1 (1980).

- Sasuly, Richard. "Why They Stick to the ILA." *Monthly Review* (January 1956).

- Sjostrom, William. "Ocean Shipping Cartels: A Survey." *Review of Network Economics* 3, no. 2 (2004).

- Slack, Brian. "Pawns in the Game: Ports in a Global Transportation System." *Growth and Change* 24, no. 4 (1993).

- Slesinger, Reuben E. "The Pace of Automation: An American View." *Journal of*

Industrial Economics 6, no. 3 (1958): 241 – 261.

- Solow, Robert. "Technical Change and the Aggregate Production Function." *Review of Economics and Statistics* 39, no. 2 (1957): 65 – 94.

- Stocker, H. E. "Cargo Handling and Stowage." Society of Naval Architects and Marine Engineers, November 1933.

- Summers, Clyde W. "Admission Policies of Labor Unions." *Quarterly Journal of Economics* 61, no. 1 (1946).

- Sung, Nai-Ching, and Michael C. Bunamo. "Competition for Handling U.S. Foreign Trade Cargoes: The Port of New York's Experience." *Economic Geography* 49, no. 2 (1973): 156 – 162.

- Taft, Philip. "The Responses of the Bakers, Longshoremen and Teamsters to Public Exposure." *Quarterly Journal of Economics* 74, no. 3 (1960).

- Todd, Daniel. "The Interplay of Trade, Regional and Technical Factors in the Evolution of a Port System: The Case of Taiwan." *Geo-grafiska Annaler, Series B. Human Geography* 75, no. 1 (1993).

- Tozzoli, Anthony J. "Containerization and Its Impact on Port Development." *Journal of the Waterways, Harbors and Coastal Engineering Division, Proceedings of the American Society of Civil Engineers* 98, no. WW3 (1972).

- Turnbull, Peter. "Contesting Globalization on the Waterfront." *Politics and Society* 28, no. 3 (2000).

- "Uniform Containerization of Freight: Early Steps in the Evolution of an Idea." *Business History Review* 43, no. 1 (1969): 84 – 87.

- Vamplew, Wray. "Railways and the Transformation of the Scottish Economy." *Economic History Review* 24 (1971).

- Wallace, Michael, and Arne L. Kalleberg. "Industrial Transformation and the Decline of Craft: The Decomposition of Skill in the Printing Industry, 1931 – 1978." *American Sociological Review* 47, no. 3 (1982): 307 – 324.

- Waters, Robert C. "The Military Sealift Command versus the U.S. Flag Liner Operators." *Transport Journal* 28, no. 4 (1989): 28 – 34.

- Weldon, Foster L. "Cargo Containerization in the West Coast – Hawaiian Trade." *Operations Research* 6 (September – October 1958).

《더 박스》가 이야기하는
현실과 미래

《더 박스》는 컨테이너에 관해 이야기하는 책이다. 컨테이너의 소재, 생김새, 규격의 변화부터 컨테이너를 다루는 트럭과 기차와 배의 변화, 컨테이너로 운송할 상품을 생산·유통하는 기업과 시장과 항구의 변천까지. 컨테이너를 둘러싼 모든 것을 이야기한다. 그리하여《더 박스》는 최근 수십 년 동안에 진행되었던 세계 경제의 역사를 말한다.

사람들이 역사를 즐겨 이야기하고 듣고자 하는 이유는 아마도 자신이 역사의 연장선 어디쯤에 서 있는지, 나아갈 길이 어떤 모습일지 확인하고 싶기 때문일 것이다. 확인하는 과정에서 기쁨을 느끼거나 아쉬움과 후회에 잠기거나, 새로운 목표를 정해 계획을 세우고 또 열의에 차기도 한다.

《더 박스》는 이런 역할을 분명하게 해준다. 무엇보다《더 박스》는 '현실적으로' 우리에게 무엇을 말할까? 좀 더 구체적으로 표현하면, 우리는 경제 현실을 어떻게 파악해야 하며, 우리 경제가 나아가야 할 바람직한 경로는 어떠해야 할까?

역사를 이야기하는 방식은 여러 가지다. 중요한 사건들을 시간 순서대로 (혹은 그 반대로) 제시하면서 각 사건의 의미를 풀거나, 중요한 인물들이나 집단이 했던 중요한 선택의 의미를 시간 순서대로 (혹은 역시 그 반대로) 풀어낼 수도 있다.

하지만 이 책의 주인공은 컨테이너 혁명의 일등 공신인 말콤 맥린이라는 인물이 아닌 컨테이너 그 자체다. 컨테이너는 말콤 맥린 이전에 이미 등장해 말콤 맥린 이후까지도 꾸준하게 혁명을 이어갔으니 말이다. 컨테이너화를 도입하자는 사람들과 반대하는 사람 모두 저마다의 이해관계와 논리에 따라 대립하고 시행착오를 거쳤지만, 결국 컨테이너는 전 세계의 무역 양상을 바꾸고, 이를 넘어 상품의 생산-소비 체계까지 완전히 바꾸었다. 이른바 '세계화'의 혁명이 일어났다.

이렇다 할 천연자원을 가지고 있지 않았고 세계 경제의 변방에 자리한 한국의 경제는 '세계화', 그리고 컨테이너 덕분에 기회를 잡았다. 한국 경제의 규모는 제3차 경제개발 5개년계획이 시작된 1970년대 초부터 시작해 1980년대를 거치면서 비약적으로 성장했는데 (포장·운송 단위가 가마니에서 컨테이너로 바뀌었음을 머리에 떠올려보라!) 이 기간은 정확하게 컨테이너화에 따른 혁명이 빠르게 진행되던 시기였다. 컨테이너화에 따른 세계 경제 환경의 급격한 변화로 한국 경제가 성장 동력으로 삼았던 수출 산업이 날개를 달 수 있었던 것이다.

'세계화'는 각 나라의 모습을 바꾸었다. 컨테이너를 받아들이거나 반대했던 도시들의 운명은 달라졌다. 컨테이너가 들어오면서 사람들의 생활 방식과 사고방식이 바뀌었으며, 양극화의 양상과 이에 대한 원인도 바뀌었다. 물론 한국 사회도 바뀌었다. 저자가 혁명이라고 말하는 어마어마한 변화의 한가운데에 컨테이너가 있었다(그리고 그 변화의 흐름에서 한진해운이 세계 7위의 해운사로 성장했다가 2017년 2월에 파산했다. 또한 한때 세계 조선업계에서 수주량 1위를 기록하며 한국 경제의 튼튼한 기반이던 한국의 조선 산업은 불황에 늪에서 허우적거리다 결국 무너졌다. 그만큼 실업자가 넘친다는 말이고, 또 조선업이 중심이던 도시 전체가 흔들리고 있다는 이야기다).

자, 그렇다면 이제 또 앞으로는 세계가 그리고 한국 사회는 얼마나 바뀔까? 어떻게 바뀔까?

너무 거창한가?

걱정하지 않아도 된다. 이 책을 먼저 읽은 사람으로서 독자에게 한 가지 희망적인 소식을 전하자면, 굳이 '연구'와 '노력'을 하지 않아도, 이 책을 다 읽고 나면 변화의 그림이 자연스럽게 그려진다.

또, 자신의 분야에 깊이 있는 저자가 새롭게 발견한 의미를 전달하기 위해 애를 쓴 책들이 그렇듯, 이 책에서 다루는 컨테이너·운송 분야가 아닌 다른 분야에 대한 영감도 줄 것이다. 이 책은 컨테이너의 발전 과정에서 있었던 온갖 일들을 다 소개한다. 형태와 소재와 규격의 변천, 이를 둘러싼 이해관계자들의 대립과 협상, 컨테이너의 발전이 다른 것에 미치는 연쇄효과 등이 그런 것들이다. 그리고 장차 혁명적인 움직임을 이끌어줄 작은 변화를 도입하기 위해서 선구자들이 기울인 자잘하기 짝이 없는 온갖 노력들……. 나중에 돌이켜볼 때야 비로소, 선구자들의 그런 노력과 선택이 없었다면 컨테이너 혁명은 불가능했거나 오랜 기간 연기되었을 수도 있었음을 알 수 있다.

'그때 왜 변화의 근본적인 지향점을 알아차리지 못했을까!'

이 책에서 소개하는 컨테이너 혁명을 바라보면서 이런 생각을 하는 사람이 많을 것이다. 아닌 게 아니라 이런 한탄은 누구나 하고, 이런 현상은 어느 분야에서나 자주 마주친다. 앞으로 본격적으로 전개될, 이른바 '4차 산업혁명'이 끝난 뒤에도 그런 한탄을 하는 사람은 많을 것이다. 하지만 분명한 점은, 우리 주변에는 이미 이것을 지향점으로 둔 작은 변화와 조짐들이 있다. 그게 무엇인지 정확하게 모르지만, 혹은 그런 게 있는지도 모르지만 말이다.

핵심은 근본적인 변화에 앞선 여러 조짐들, 때로는 터무니없어 보이는 사소한 변화에 담겨 있는 지향점을 간파하는 통찰력이다. 예를 들어 컨테이너의 길이가 굳이 20피트와 40피트가 표준으로 설정되어야만 하는 구체적인 이유, 그 규격이 보장하는 경제적인 편익에 대한 통찰력이다.

이 책 《더 박스》를 통해, '4차 산업혁명'의 진정한 선구자인지 아닌지 지금은 알 수 없는 사람들이 기울이는 노력의 결과로 현재 우리 주변에서 일어나는 흐름을 꿰뚫어볼 수 있기를 바란다. 《더 박스》를 통해 독자가 현재 관심을 기울이는 분야에 대한 통찰력이 자극받기를 바란다. 한 가지 더 덧붙이자면, 《더 박스》는 이 책의 주인공인 컨테이너가 겪는 홀대와 시련과 분투와 성공 그리고 자만심이 빚어내는 온갖 이야기들로 시종일관 생기 넘치는 재미를 준다.

역사와 통찰과 재미를 모두 붙잡는 행운이 독자와 함께하기를 빈다.

컨테이너는 어떻게 세계 경제를 바꾸었는가

더 박스

1판 1쇄 발행 2017년 8월 16일
1판 3쇄 발행 2023년 8월 9일

지은이 마크 레빈슨
옮긴이 이경식
펴낸이 고병욱

기획편집실장 윤현주 **기획편집** 장지연 유나경 조은서
마케팅 이일권 함석영 김재욱 복다은 임지현 **디자인** 공희 진미나 백은주
제작 김기창 **관리** 주동은 **총무** 노재경 송민진

펴낸곳 청림출판(주)
등록 제1989-000026호

본사 06048 서울시 강남구 도산대로 38길 11 청림출판(주) (논현동 63)
제2사옥 10881 경기도 파주시 회동길 173 청림아트스페이스 (문발동 518-6)
전화 02-546-4341 **팩스** 02-546-8053
홈페이지 www.chungrim.com
이메일 cr1@chungrim.com
블로그 blog.naver.com/chungrimpub
페이스북 www.facebook.com/chungrimpub

ISBN 978-89-352-1176-0 (03320)

THE
BOX